SCHÜLER DUDEN

Rechtschreibung und Wortkunde

DUDEN für Schüler

Rechtschreibung und Wortkunde
Vom 4. Schuljahr an

Grammatik
Vom Aktiv bis zum zweiten Futur

Wortgeschichte
Sprachgeschichte und Etymologie für den modernen Sprachunterricht

Bedeutungswörterbuch
Weil viele Wörter mehrdeutig sind

Fremdwörterbuch
Von relaxed bis marginal

Die richtige Wortwahl
Auf einen Schlag den inhaltlich und stilistisch treffenden Ausdruck

Lateinisch-Deutsch
Die Neufassung des »Taschen-Heinichen«

Die Kunst
Von der Farbenlehre bis zur Aktionskunst

Die Musik
Bach und Bebop, Farbenhören und farbiges Rauschen

Die Literatur
Absurdes Theater, Naturalismus, Hinkjambus: die Literatur in ihrer ganzen Vielseitigkeit

Die Chemie
Von der ersten Chemiestunde bis zum Abiturwissen

Die Ökologie
Klassische Ökologie und moderne Umweltproblematik

Die Pflanzen
Vom Gänseblümchen bis zum Mammutbaum: Antwort auf Fragen, die im Unterricht offen bleiben

Die Biologie
Auf dem neuesten Stand der Forschung

Die Tiere
Rötelfalken und Rötelmäuse. Für kleine und große Biologen

Die Physik
Die wichtigsten Begriffe und Methoden der Physik

Die Astronomie
Von hellen Sternen und schwarzen Löchern. Sternstunden verständlich gemacht

Die Geographie
Von der Geomorphologie bis zur Sozialgeographie

Die Geschichte
Die wichtigsten historischen Begriffe aus der gesamten Geschichte

Die Wirtschaft
Vom Break-even-Point bis zur Schattenwirtschaft

Politik und Gesellschaft
Vom Bruttosozialprodukt bis zur Pressefreiheit

Die Religionen
Aberglaube, Christentum, Zwölfgöttersystem: die Welt der Religionen auf einen Blick

Die Philosophie
»Logik des Herzens« und kategorischer Imperativ: die wichtigsten Modelle und Schulen

Die Psychologie
Das Grundwissen der Psychologie unter Berücksichtigung aktueller Themen

Die Pädagogik
Alles zum Thema Schule, Ausbildung und Erziehung

Die Informatik
Algorithmen und Zufallsgenerator: das Informationszentrum für Anfänger und Fortgeschrittene

Die Mathematik I
5.–10. Schuljahr

Die Mathematik II
11.–13. Schuljahr

DUDEN-Schülerlexikon
Ein Lexikon nicht nur für die Schule

SCHÜLER DUDEN

Rechtschreibung und Wortkunde

5., auf der Grundlage der amtlichen Neuregelung
der deutschen Rechtschreibung
überarbeitete und erweiterte Auflage

Herausgegeben und bearbeitet von
Matthias Wermke und Werner Scholze-Stubenrecht
unter Mitwirkung von Christine Beil,
Annette Klosa und Ursula Kraif;
in Zusammenarbeit mit Peter Gallmann
und Thomas Lindauer

DUDENVERLAG
Mannheim · Leipzig · Wien · Zürich

Die Deutsche Bibliothek – CIP-Einheitsaufnahme
Schülerduden. Rechtschreibung und Wortkunde. –
5., auf der Grundlage der amtlichen Neuregelung
der deutschen Rechtschreibung überarb. und erw. Aufl. /
hrsg. und bearb. von Matthias Wermke
und Werner Scholze-Stubenrecht. Unter Mitw.
von Christine Beil… in Zusammenarbeit
mit Peter Gallmann und Thomas Lindauer. –
Mannheim; Leipzig; Wien; Zürich: Dudenverl., 1997
ISBN 3-411-05175-2 kart.
ISBN 3-411-04215-X Pp.
NE: Wermke, Matthias [Bearb.];
Rechtschreibung und Wortkunde

Das Werk wurde in neuer Rechtschreibung verfasst.

Satz: Bibliographisches Institut & F. A. Brockhaus AG,
Mannheim / Kittelberger GmbH, Reutlingen
(PageOne Siemens Nixdorf)
Druck: Ebner, Ulm
Bindearbeit: Graphische Betriebe Langenscheidt,
Berchtesgaden
Printed in Germany
ISBN 3-411-04215-X (geb.)
ISBN 3-411-05175-2 (kart.)

Vorwort

Seit Beginn des Schuljahres 1996/97 wird die neue deutsche Rechtschreibung an den Schulen eingeführt. Damit werden Schreibungen nach den alten Regeln aber nicht einfach falsch. Im Gegenteil: Bis zum 31. Juli 2005 dürfen sie z.B. im Diktat oder Klassenaufsatz nicht als Fehler gewertet werden. Deshalb ist es gut, wenn in einem Wörterbuch alte und neue Schreibweisen der Wörter konsequent und ausführlich dargestellt werden. Das ist in diesem Schülerduden der Fall.

Das vorliegende Wörterbuch zur alten und neuen Rechtschreibung ist ein Nachschlagewerk, das in der Übergangszeit bis ins Jahr 2005 vor allem denjenigen Schülerinnen und Schülern, aber auch Eltern und Lehrern nutzt, die sich jetzt umgewöhnen müssen. Sie werden von den alten Schreibweisen auf die neuen geführt und können sich so allmählich mit ihnen vertraut machen. Neuschreibungen werden nicht allein durch Rotdruck besonders hervorgehoben, sondern – bei möglichen Schreibvarianten – auch durch entsprechende Hinweise als Hauptschreibungen oder Nebenschreibungen kenntlich gemacht.

Das in diesem Schülerduden enthaltene alphabetisch geordnete Wörterverzeichnis umfasst vor allem Wörter, die die Schüler vom 4. Schuljahr an selbst gebrauchen oder im Unterricht kennen lernen. Da in erster Linie die richtige Schreibung und Worttrennung sowie die Beugungsformen gezeigt werden sollen, finden sich Bedeutungsangaben im Wesentlichen nur bei nicht allgemein bekannten Wörtern und bei Fremdwörtern. In diese 5. Auflage des Schülerdudens wurden zahlreiche neue Wörter wie CD-Rom, Cyberspace, Gameboy, Handy und Shuttle aufgenommen.

Völlig überarbeitet wurde auch das Kapitel »Regeln zur Rechtschreibung und Zeichensetzung«, in dem die wichtigsten neuen Regeln schülergerecht aufbereitet sind und präsentiert werden. Im Kapitel »Wortkunde« wird anhand typischer Beispiele gezeigt, wie in unserer Sprache Wörter gebildet werden und wie sie sich in Wortfamilien auffächern. Auch mehrdeutige und gleich lautende Wörter werden behandelt sowie landschaftliche und fachsprachliche Besonderheiten. Eine Darstellung der geschichtlichen Entwicklung

des deutschen Wortschatzes rundet diesen Teil ab, der die Schülerinnen und Schüler durch eingeschaltete Fragen und unterhaltsame Sprachspiele auch zur Mitarbeit und zum Weiterdenken anregen will.
Dieser Schülerduden ist ein Nachschlagewerk, das behutsam in die neue Rechtschreibung einführt und auch Raum lässt zur eigenständigen Arbeit innerhalb und außerhalb des Deutschunterrichts.

Die Dudenredaktion

Inhalt

Hinweise zur Benutzung 9

Wörterverzeichnis 13

Regeln zur deutschen Rechtschreibung 289
A Buchstabenregeln 289
1 Die Wortstammregeln 289
2 Ergänzende Regeln für die Schreibung der Konsonanten (Mitlaute) 292
3 Ergänzende Regeln für die Schreibung der Vokale (Selbstlaute) 295
B Regeln zur Getrennt- und Zusammenschreibung 298
1 Verbindungen mit Verben (Zeitwörtern) 298
2 Verbindungen mit Adjektiven (Eigenschaftswörtern) und Partizipien (Mittelwörtern) 300
3 Zusammensetzungen mit Substantiven (Nomen, Hauptwörtern) 301
C Regeln zur Schreibung mit Bindestrich 304
1 Der Bindestrich bei Ziffern, Einzelbuchstaben und Abkürzungen 304
2 Der Bindestrich bei unübersichtlichen Zusammensetzungen 305
3 Der Bindestrich bei Zusammensetzungen mit Eigennamen 307
D Regeln zur Groß- und Kleinschreibung 307
1 Satzanfänge und Überschriften 308
2 Die Großschreibung der Substantive 310
3 Die Großschreibung der Eigennamen 318
E Regeln zur Zeichensetzung 320
1 Satzschlusszeichen 321
2 Der Doppelpunkt 322
3 Der Strichpunkt (das Semikolon) 322
4 Das Komma 322
5 Der Gedankenstrich 327
6 Die Klammern 328

7 Die Anführungszeichen 328
8 Die Auslassungspunkte 330
9 Der Apostroph (das Auslassungszeichen) 330
10 Der Ergänzungsstrich 332
11 Der Abkürzungspunkt 332

F Regeln zur Silbentrennung (Trennung am Zeilenende) . . 333
1 dro-hen *oder* droh-en?
Schü-le-rin *oder* Schül-er-in? 333
2 stam-pfen *oder* stamp-fen?
Schwe-ster *oder* Schwes-ter? 334
3 Zuc-ker *oder* Zu-cker?
kat-ho-lisch *oder* ka-tho-lisch? 334
4 Zusammensetzungen oder Wörter
mit Präfixen (Vorsilben) 334

Wortkunde 336
A Die Wortbildung 337
I Ableitungen 339
II Zusammensetzungen 343
III a Zusammenbildung 347
III b Zusammenrückung 348
IV Wortfamilien (=Wortfächer) 348

B Wörter mit mehreren Bedeutungen
und gleich lautende Wörter 357
I Wörter mit mehreren Bedeutungen 359
II Gleich lautende Wörter 361

C Sinnverwandte Wörter - Wortfelder 364
I Stilistische Unterschiede 364
II Landschaftliche Unterschiede 365
III Deutsche Wörter - Fremdwörter 366
IV Allgemeine und fachsprachliche Wörter 368
V Wortfelder 369

Zur Wortgeschichte 381

Hinweise zur Benutzung

A) Die Anordnung der Stichwörter

In diesem Wörterbuch sind bei allen Stichwörtern, deren Schreibung sich geändert hat, die alten und neuen Schreibungen nebeneinander gestellt. Neue Schreibungen erkennst du am Hinweis *neue Schreibung:* und an der roten Farbe.

Auch bei den Beugungsformen sind alte und neue Schreibung aufgeführt; die neue Schreibung ist rot hervorgehoben und wird mit dem Hinweis *neu:* angekündigt:

halt|ma|chen, *neue Schreibung:* **Halt ma|chen;** er macht halt, *neu:* Halt; er hat haltgemacht, *neu:* Halt gemacht

Für manche Wörter gibt es jetzt mehrere richtige Schreibweisen. An dem Hinweis *Hauptform:* oder *Nebenform:* kannst du erkennen, welche Schreibweise die Vorzugsschreibung ist:

der **Hard Rock,** *Hauptform:* **Hard|rock** [*ha(r)drok*] (Stilrichtung der Rockmusik); des Hard Rock[s], *auch:* Hardrock[s]

In diesem Beispiel bleibt die alte Schreibung richtig. Nach der neuen Rechtschreibung solltest du das Wort aber besser zusammenschreiben.

In anderen Fällen treten zur alten Schreibung, die bis zum 31. Juli 2005 nicht als Fehler gewertet werden darf, mehrere neue Schreibweisen:

das **Bettuch,** *neue Schreibung:* **Bett|tuch,** *auch möglich:* **Bett-Tuch**

das **Hap|py-End,** *neue Schreibung:* **Hap|py|end,**
Nebenform: **Hap|py End** [*häpi änt*] (glücklicher Ausgang);
des Happy-Ends, *neu:* Happyends, *auch:* Happy Ends;
die Happy-Ends, *neu:* Happyends, *auch:* Happy Ends

In diesem Beispiel wird deutlich, dass die alte Schreibung mit Bindestrich durch die neue Zusammenschreibung abgelöst wird. Als Nebenform ist aber auch die Getrenntschreibung korrekt. Innerhalb der Beugungsformen wird die Nebenform mit *auch:* angekündigt.

Wenn zwischen zwei Schreibweisen *auch:* steht, dann darfst du also beide verwenden. Die auch in Zukunft richtige alte Schreibung wird nicht durch eine besondere Farbe markiert. Die zusätzlich mögliche neue Schreibung erkennst du, wie immer, an der roten Farbe.

Durch die neue Schreibweise verändern manche Wörter ihren Platz im Alphabet. In diesen nicht sehr zahlreichen Fällen findest du das gesuchte Wort in alter und neuer Schreibweise. Ein Hinweis erklärt dir, ob es sich um die alte oder um die neue Schreibung handelt:

die **Gem|se,** *neue Schreibung:* **Gäm|se**

die **Gäm|se,** *alte Schreibung:* **Gem|se**

Schließlich gibt es Wörter, zu denen neue Schreibungen hinzutreten, ohne dass klar geregelt wäre, welche Schreibweise nun Hauptform oder Nebenform sein soll. In diesen Fällen steht zwischen der schwarz gedruckten alten und der rot gedruckten neuen Schreibung der Hinweis *auch:*

Alb|drü|cken, *auch:* **Alp|drü|cken**
Alp|drü|cken, *auch:* **Alb|drü|cken**

B) Die Darstellung der Worttrennung

Wie du weißt, können Wörter am Zeilenende getrennt werden. Nach der neuen Rechtschreibung gibt es jetzt viel mehr Möglichkeiten als vorher. Damit wird dir die Worttrennung erleichtert. Auf den Seiten 333 – 335 dieses Buches findest du die Regeln der Worttrennung erklärt.

An welcher Stelle du ein Wort trennen kannst, wird im Stichwort durch einen senkrechten Strich (|) angezeigt. Ist dieser Strich rot, dann bedeutet das, dass es sich um eine neue Trennmöglichkeit handelt. Ein Beispiel:

das **Ka|b|ri|o|lett** (Pkw mit zurückklappbarem Verdeck); ...

An den Trennstrichen kannst du ablesen, dass man das Wort **Kabriolett** folgendermaßen trennen kann:

Ka-briolett *oder* Kab-riolett *oder* Kabri-olett *oder* Kabrio-lett

Für das Wort **Apostroph** sind nach den neuen Regeln folgende Trennungen erlaubt:

A-postroph *oder* Apo-stroph *oder* Apos-troph *oder* Apost-roph

Alle diese Möglichkeiten sind korrekt und werden im Schülerduden gezeigt.

In manchen Wörtern kannst du andere Wörter ziemlich klar erkennen. Dann wird die Worttrennung nur zwischen den Bestandteilen, aus denen sich das ganze Wort zusammensetzt, angezeigt. Ein Beispiel hierfür ist:

Ge|o|gra|phie, *Nebenform:* **Ge|o|gra|fie**

Hier wird darauf verzichtet, die nach den neuen Regeln ebenfalls denkbare Trennung *Geog-raphie* anzuzeigen, weil der Bestandteil *-graphie/-grafie* auch in vielen anderen Wörtern vorkommt und als eigenständiger „Baustein" dieser Wörter gut erkannt werden kann.

Nach den neuen Regeln könnte man ein zusammengesetztes Wort wie **Feierabend** folgendermaßen trennen:

Fei-erabend *oder* Feier-abend *oder* Feiera-bend

Da die letzte Möglichkeit das Lesen behindert, werden solche Trennungen im Schülerduden nicht angezeigt, also auch nicht *alla-bendlich* (statt: *all-abendlich*), Seeu-fer (statt: *See-ufer*) oder *Schneeeu-le* (statt: *Schnee-eule*) und ähnliche Fälle.

Die Buchstabengruppe *ck* wird nach den neuen Regeln nicht mehr als *k-k* getrennt. Deshalb steht in Stichwörtern wie **Be|cken** nur ein roter Trennstrich vor *ck*. In einer Fußnote findest du die alte Trennung.

Das gilt auch für *st*. Im Stichwort **Küs|te** zeigt ein roter Trennstrich die neue Trennung an. Die alte Trennung *Kü-ste* kannst du in einer Fußnote nachlesen. Ähnlich wird es bei Wörtern wie **Schifffahrt** und **Betttuch** gemacht.

In alten Schreibungen, die zukünftig nicht mehr gelten werden, werden neue Möglichkeiten der Worttrennung nicht angezeigt. Diese erkennst du an der daneben stehenden Neuschreibung:

Ab|schuß|li|ste, *neue Schreibung:* **Ab|schuss|lis|te**

C) Erklärung einiger weiterer Zeichen

Eckige Klammern [ ]
bedeuten, dass die zwischen ihnen stehenden Buchstaben [e] oder Zeichen [,] weggelassen werden können. Satzzeichen, die in roter Klammer stehen, müssen nach den neuen Regeln nicht gesetzt werden. Sie können aber gesetzt werden.

Runde Klammern ( )
umschließen Worterklärungen und Angaben zu dem Fachbereich, in dem ein Wort vorkommt. In diesen Angaben wird nur die neue Rechtschreibung verwendet: die **Ko|a|li|ti|ọn** (Bündnis; Zusammenschluss) ...

Der Pfeil ↑
sagt aus: Schlage das Wort hinter dem Pfeil nach. Dort findest du weitere Angaben, z. B. der **Montag;** ↑ Dienstag.

Der Punkt unter einem Vokal
(Selbstlaut) gibt betonte Kürze an, z. B. das **Dạmwild.**

Der Strich unter einem Vokal
(Selbstlaut) gibt betonte Länge an, z. B. die **Anekdo̲te.**

Drei Punkte ...
deuten an, dass der Satz weitergeht, z. B. gesetzt den Fall, dass ...

Die Lautschrift
steht bei schwer auszusprechenden Wörtern *kursiv* gedruckt hinter dem Stichwort in eckigen Klammern. Dabei ist zu beachten:

å ist als sehr offenes o zu sprechen, z. B. **Shorts** [*schå'z*],

das hochgestellte *ᵉ* ist schwach zu sprechen, z. B. **Blamage** [*blama̲~~sch~~ᵉ*],

das hochgestellte *ⁱ* ist nur angedeutet zu sprechen, z. B. **Lady** [*le̲ⁱdi*],

~~ng~~ bedeutet, dass der vorhergehende Vokal (Selbstlaut) durch die Nase zu sprechen ist, z. B. die **Bouillon** [*buljo̲~~ng~~*],

das hochgestellte ^{r} ist nur angedeutet zu sprechen, z. B. **Girl** [*gö̱*^{r}*l*],
~~sch~~ ist das stimmhafte sch, z. B. **Journalist** [*~~sch~~urnali̱ßt*],
s bedeutet in der Lautschrift stimmhaftes s, z. B. das **Souvenir** [*suw*^{e}*ni̱r*],
ß bedeutet in der Lautschrift stimmloses s, z. B. das **Chaos** [*ka̱oß*],
~~th~~ ist der mit der Zungenspitze hinter den oberen Vorderzähnen erzeugte stimmlose Reibelaut, z. B. **Thriller** [*~~th~~rịl*^{e}*r*],
das hochgestellte ^{u} ist nur angedeutet zu sprechen, z. B. **Soul** [*ßo̱*^{u}*l*].

Wenn du ein zusammengesetztes Wort nicht im Wörterverzeichnis findest, dann zerlege es in seine Teile und schlage das Grundwort nach, wenn nötig auch die anderen Teilwörter:

Hanfseil ↑**Hanf** und **Seil**
Fuchspelzmütze ↑**Fuchs** und **Pelz** und **Mütze**
hinüberschwimmen ↑**hinüber** und **schwimmen**

A

das **A** (Buchstabe); des A; die A; aber: das a in Land; das A-Dur, a-Moll
der **Aal;** ↑auch: Älchen; sich **aa|len;** du aalst dich; sie aalt sich; sie aalte sich; sie hat sich geaalt; **aal|glatt**
a. a. O. = am angeführten, angegebenen Ort (Hinweis auf eine Buchseite o. Ä.)
das **Aas;** (als Schimpfwort auch *Plural:*) die Äser; **aa|sen** (*umgangssprachlich für:* verschwenderisch umgehen); du aast; er aast; er aaste; er hat mit dem Geld geaast; aase nicht mit dem Geld!
ab; ab und zu; ab Bremen
Abb. = Abbildung
der **Ab|bau; ab|bau|en;** er baut das Gerüst ab; er hat es abgebaut; Vorurteile abbauen
ab|be|kom|men; er bekam sein[en] Teil ab
ab|bie|gen; sie bog ab; sie hat das Blech abgebogen; das Auto ist abgebogen
das **Ab|bild;** die **Ab|bil|dung**
ab|bin|den; er band das verletzte Bein ab; der Gips hat abgebunden (ist fest geworden)
die **Ab|bit|te;** Abbitte leisten, tun
ab|blen|den; du blendest ab; sie blendete ab; sie hat abgeblendet; das **Abblend|licht**
ab|blit|zen; du blitzt ab; er blitzt ab; er blitzte bei ihm ab; er ist bei ihm abgeblitzt
ab|bre|chen; du brichst ab; sie brach ab; sie hat den Ast abgebrochen
ab|bren|nen; sie brennt ein Feuerwerk ab; sie hat ein Feuerwerk abgebrannt; ↑abgebrannt
der **Ab|bruch**
ab|bu|chen; du buchst ab; sie buchte ab; sie hat den Betrag abgebucht; buche den Betrag ab!
das **Abc,** *auch:* das **A|be|ce;** der **Abc-Schüt|ze,** *auch:* der **A|be|ceschüt|ze**
ab|dan|ken; sie dankt ab; sie hat abgedankt
ab|de|cken[1]**;** sie hat den Tisch abgedeckt; decke ihn ab!

[1]*Alte Trennung:* ...k|k...

ab|dre|hen; er dreht ab; das Flugzeug hat abgedreht
ab|drif|ten; du driftest ab; das Boot driftete ab; das Boot ist abgedriftet; drifte nicht ab!
der **Ab|druck;** die Abdrücke (in Gips, Lehm u. a.); aber: die Abdrucke (von Bildern, Zeitschriften u. a.)
der **A|bend;** eines Abends; gegen Abend; am Abend; zu Abend essen; guten Abend, *auch:* Guten Abend sagen; es wird Abend; gestern, heute, morgen abend, *neu:* Abend; der Dienstagabend; an einem Dienstagabend; das **A|bend|brot;** die Abendbrote; das **A|bend|es|sen;** das **A|bend|land;** das **A|bend|mahl;** die Abendmahle; das **A|bend|rot** *oder* die **A|bend|röte; a|bends;** von morgens bis abends; spätabends, aber: abends spät; um 8 Uhr abends; dienstags abends, *auch:* dienstagabends
das **A|ben|teu|er; a|ben|teu|er|lich; a|ben|teu|er|lus|tig**[1]**;** der **A|benteu|rer**
a|ber; aber und abermals; tausend und abertausend, *auch:* Tausend und Abertausend; Tausende und Abertausende, *auch:* tausende und abertausende; das **A|ber;** es ist ein Aber dabei; er brachte viele Wenn und Aber vor
der **A|ber|glau|be; a|ber|gläu|bisch**
a|ber|hun|dert; ↑aber
a|ber|mals
a|ber|tau|send; ↑aber
A|bes|si|ni|en [*abäßinịᵉn*] (älterer Name von Äthiopien); der **A|bes|sini|er** [*abäßiniᵉr*]; **a|bes|si̱|nisch**
Abf. = Abfahrt
ab|fah|ren; der Zug fährt ab; der Zug ist abgefahren; die **Ab|fahrt;** der **Abfahrts|lauf** (Skilauf)
der **Ab|fall; ab|fal|len;** die Blätter fallen ab; sie sind abgefallen; **ab|fäl|lig**
ab|fer|ti|gen; du fertigst ihn ab; sie hat den Zug abgefertigt; die **Ab|fer|tigung;** der **Ab|fer|ti|gungs|schal|ter**
ab|fin|den; sie haben ihn abgefunden; sich mit etwas abfinden müssen; die **Ab|fin|dung**

[1]*Alte Trennung:* ...|st...

ab|flau|en; der Wind flaut ab; der Wind flaute ab; der Wind ist abgeflaut
ab|flie|gen; sie fliegt ab; sie ist abgeflogen; der **Ab|flug**
ab|flie|ßen; das Wasser fließt ab; das Wasser floß, *neu:* floss ab; das Wasser ist abgeflossen; der **Ab|fluß,** *neue Schreibung:* **Ab|fluss**
ab|fra|gen; sie fragt ab; sie hat mich *oder* mir die Vokabeln abgefragt
die **Ab|fuhr;** die Abfuhren; das **Ab|führ|mit|tel**
die **Ab|ga|be;** der **Ab|ga|be|ter|min**
der **Ab|gang;** das **Ab|gangs|zeug|nis;** des Abgangszeugnisses; die Abgangszeugnisse
das **Ab|gas;** meist *Plural:* die Abgase
ab|ge|ar|bei|tet
ab|ge|ben; du gibst ab; sie hat den Aufsatz abgegeben
ab|ge|brannt (*umgangssprachlich auch für:* ohne Geldmittel)
ab|ge|dro|schen (zu oft gebraucht); eine abgedroschene Redensart
ab|ge|flacht
ab|ge|hen; der Schüler ging ab; ein Knopf ist abgegangen
ab|ge|hetzt
ab|ge|kämpft
ab|ge|kar|tet; ein abgekartetes Spiel
ab|ge|klärt
ab|ge|le|gen
ab|ge|lenkt
ab|ge|macht!
ab|ge|neigt
der **Ab|ge|ord|ne|te;** ein Abgeordneter; die Abgeordneten; zwei Abgeordnete; die **Ab|ge|ord|ne|te;** eine Abgeordnete
ab|ge|plat|tet
der **Ab|ge|sand|te;** ein Abgesandter; die Abgesandten; zwei Abgesandte; die **Ab|ge|sand|te;** eine Abgesandte
ab|ge|schmackt (geschmacklos, platt)
ab|ge|schnit|ten
ab|ge|spannt
ab|ge|stan|den; abgestandene Limonade
ab|ge|stumpft
ab|ge|tö|tet; abgetötete Viren
ab|ge|tra|gen; ein abgetragenes Kleid
ab|ge|wöh|nen; sie gewöhnt es sich ab; sie hat ihm das Rauchen abgewöhnt
ab|gie|ßen
der **Ab|gott;** die Abgötter; **ab|göt|tisch**
der **Ab|grund;** die Abgründe; **ab|grün|dig; ab|grund|tief**
ab|gu|cken[1]**;** er guckt ab; er hat abgeguckt
der **Ab|guß,** *neue Schreibung:* **Ab|guss**
ab|ha|ken; sie hat den Posten in der Liste abgehakt
ab|hal|ten; du hältst ab; die Regierung hat Wahlen abgehalten
ab|han|den; abhanden kommen
die **Ab|hand|lung** (wissenschaftliche Untersuchung)
der **Ab|hang;** die Abhänge; **ab|hän|gen;** es hing vom Wetter ab; es hat von ihr abgehangen; **ab|hän|gig**
sich **ab|här|ten;** er härtet sich ab; er hat sich abgehärtet
ab|hau|en (*umgangssprachlich auch für:* davonlaufen); er hieb den Ast ab; wir hauten ab; wir sind abgehauen
ab|he|ben; sie hob den Hörer ab; sie hat Geld [vom Konto] abgehoben; die Rakete hat [von der Plattform] abgehoben
ab|hef|ten; sie heftet das Blatt ab; sie hat es abgeheftet
die **Ab|hil|fe**
ab|ho|len; sie hat ihn am Bahnhof abgeholt
ab|hol|zen; du holzt das Waldstück ab; er holzt das Waldstück ab; er holzte es ab; er hat es abgeholzt
das **A|b|i|tur** (Reifeprüfung); der **A|b|i|tu|ri|ent;** des/dem/den Abiturienten; die Abiturienten
Abk. = Abkürzung
ab|kan|zeln (scharf tadeln); er hat den Schüler abgekanzelt; kanz[e]le ihn nicht ab!
sich **ab|kap|seln** (verschließen); sie hat sich von der Umwelt abgekapselt; kaps[e]le dich nicht ab!
der **Ab|klatsch** (minderwertige Nachahmung); die Abklatsche
ab|kom|men; sie ist vom Weg abgekommen; das **Ab|kom|men** (Vertrag); ein Abkommen treffen, schließen; der **Ab|kömm|ling** (Nachkomme)
die **Ab|kunft** (Herkunft)
die **Ab|kür|zung**
die **Ab|la|ge;** die **Ab|la|ge|rung**
der **Ab|laß,** *neue Schreibung:* **Ab|lass** (Nachlass von Sündenstrafen); des Ablasses; die Ablässe; **ab|las|sen;** sie ließ ab; sie hat Dampf abgelassen

[1] *Alte Trennung:* ...k|k...

der **Ablla|tiv** (Woherfall, 5. Fall); des Ablativs; die Ablative
ab|le|gen; er legt den Mantel ab; das Schiff hat abgelegt; der **Ab|le|ger** (Pflanzentrieb)
ab|leh|nen; sie lehnt den Vorschlag ab; sie hat es abgelehnt; die **Ab|leh-nung**
ab|lei|ten; sie leitete das Wasser ab; ein abgeleitetes Wort; die **Ab|lei|tung**
ab|len|ken; er lenkt ihn ab; er hat ihn abgelenkt; die **Ab|len|kung**
die **Ab|lö|se|sum|me** (Geldsumme, für die ein Verein einen Sportler freigibt)
ab|luch|sen; du luchst mir das Messer ab; sie hat mir das Messer abgeluchst
ABM = Arbeitsbeschaffungsmaßnahme
ab|ma|chen; sie macht ab; sie hat Kirschen abgemacht; wir haben nichts abgemacht (vereinbart); die **Ab|ma-chung**
ab|ma|gern; du magerst ab; er magert ab; er magerte ab; er ist abgemagert
ABM-Stel|le; ↑ABM
ab|murk|sen; man hat ihn abgemurkst (*umgangssprachlich für:* umgebracht)
die **Ab|nah|me; ab|neh|men;** sie nimmt ab; sie hat mir den Weg abgenommen; der **Ab|neh|mer;** das **Ab|neh|mer-land**
die **Ab|nei|gung**
ab|norm (vom Normalen abweichend)
ab|nut|zen *und* **ab|nüt|zen;** sich abnutzen *und* sich abnützen; der Stoff hat sich schnell abgenutzt *und* abgenützt
das **A|bo** (*Kurzwort für:* Abonnement); das **A|bon|ne|ment** [*abonemang*] (Dauerbezug von Zeitungen u. Ä.; Dauermiete für Theater u. Ä.); die Abonnements; der **A|bon|nent;** des/dem/den Abonnenten; die Abonnenten; **a|bon|nie-ren;** du abonnierst; sie abonniert; sie abonnierte; sie hat die Zeitung abonniert; abonniere die Zeitung!
die **Ab|ord|nung**
der **A|bort;** die Aborte
der **Ab|pfiff** (Pfiff des Schiedsrichters zur Beendigung oder Unterbrechung eines Spiels)
ab|pral|len; das prallt von ihm ab; das ist von ihm abgeprallt
sich **ab|ra|ckern**[1] (sich abarbeiten); du rackerst dich ab; sie rackert sich ab; sie rackerte sich ab; sie hat sich abgerackert; rackere dich doch nicht so ab!
A|b|ra|ham (Stammvater Israels)
ab|räu|men; er räumt ab; er hat abgeräumt
die **Ab|rech|nung**
die **Ab|rei|se; ab|rei|sen;** du reist ab; sie reist ab; sie ist abgereist
ab|rei|ßen; du reißt das Blatt ab; sie reißt das Blatt ab; sie riß, *neu:* riss das Blatt ab; sie hat das Blatt abgerissen; reiße das Blatt ab!; der **Ab|reiß|ka-len|der**
ab|run|den; du rundest die Summe ab; sie rundet die Summe ab; sie rundete die Summe ab; sie hat die Summe abgerundet; runde die Summe ab!
a|b|rupt (plötzlich)
ab|rüs|ten[1]; die **Ab|rüs|tung**[1]
ab|rut|schen; du rutschst ab; sie rutscht ab; sie ist abgerutscht
ABS = Antiblockiersystem
Abs. = Absatz; Absender
ab|sa|cken[2]; das Flugzeug sackt ab; er ist in seinen Leistungen abgesackt
die **Ab|sa|ge;** eine Absage erhalten
der **Ab|satz;** die Absätze
ab|schaf|fen; man schaffte die Todesstrafe ab; sie hat das Auto abgeschafft
ab|schal|ten; sie schaltet den Strom ab; sie hat abgeschaltet (hört nicht mehr zu)
ab|schät|zen; du schätzt ab; sie schätzt ab; sie hat den Wert abgeschätzt
der **Ab|schaum;** des Abschaum[e]s
der **Ab|scheu; ab|scheu|lich**
die **Ab|schie|be|haft; ab|schie|ben;** die Behörden schoben den Asylanten ab; er hat die Schuld auf ihn abgeschoben
der **Ab|schied;** des Abschied[e]s; Abschied nehmen; die **Ab|schieds|fei|er**
der **Ab|schlag** (Teilzahlung); **ab|schla-gen;** sie schlug den Ast ab; sie hat mir die Bitte abgeschlagen; **ab|schlä|gig**
der **Ab|schlepp|dienst; ab|schlep-pen;** sie schleppt ab; sie hat den Wagen abgeschleppt; der **Ab|schlepp|wa-gen**
ab|schlie|ßen; du schließt ab; sie schließt ab; sie schloß, *neu:* schloss ab; sie hat abgeschlossen; der **Ab|schluß,** *neue Schreibung:* **Ab|schluss;** des Abschlusses; die Abschlüsse

[1] *Alte Trennung:* ...k|k...

[1] *Alte Trennung:* ...|st...
[2] *Alte Trennung:* ...k|k...

ab|schnei|den; sie schneidet den Faden ab; sie hat gut abgeschnitten; der **Ab|schnitt**
ab|schre|ckend[1]
ab|schrei|ben; er schreibt ab; er hat abgeschrieben; die **Ab|schrift**
ab|schrub|ben; er schrubbt ab; er hat den Tisch abgeschrubbt
der **Ab|schuß,** *neue Schreibung:* **Ab-schuss; ab|schüs|sig;** die **Ab-schuß|li|ste,** *neue Schreibung:* **Ab-schuss|lis|te**
ab|schwä|chen; er schwächt seine Behauptung ab; er hat seine Behauptung abgeschwächt
ab|seh|bar; in absehbarer Zeit (bald); **ab|se|hen;** der Schwerhörige sieht vom Munde ab; wir haben von einer Anzeige abgesehen (darauf verzichtet)
ab|sein, *neue Schreibung:* **ab sein;** der Knopf ist ab; der Knopf war ab; der Knopf ist abgewesen, *neu:* ab gewesen; ... weil der Knopf ab ist, ab war
ab|seits; abseits stehen; das **Ab-seits;** der Schiedsrichter pfiff Abseits
ab|sen|den; sie sendet ab; sie sandte ab, *seltener:* sendete ab; sie hat einen Brief abgesandt, *seltener:* abgesendet; der **Ab|sen|der**
ab|set|zen; du setzt die Tasse ab; sie setzte den Koffer ab; man hat den König abgesetzt; die **Ab|set|zung**
die **Ab|sicht;** die Absichten; **ab|sicht-lich**
ab|so|lut; ein absoluter (unbeschränkter) Herrscher; das ist absolut (völlig) unmöglich; die **Ab|so|lu|ti|on** (Lossprechung, insbesondere von den Sünden); die Absolutionen; der **Ab|so|lu-tis|mus** (unbeschränkte Herrschaft eines Monarchen); **ab|so|lu|tis|tisch**[2]
der **Ab|sol|vent** (Schulabgänger mit Abschlussprüfung)
ab|son|dern; der Baum sondert Harz ab; der Baum sonderte Harz ab; der Baum hat Harz abgesondert; sich absondern; sie sonderten sich von der Gruppe ab
ab|sor|bie|ren (aufsaugen); die Brille absorbiert; die Brille absorbierte; die Brille hat das Sonnenlicht absorbiert; die **Ab|sorp|ti|on**
ab|spens|tig[2]**;** jemandem einen Freund abspenstig machen

[1] *Alte Trennung:* ...k|k...
[2] *Alte Trennung:* ...|st...

die **Ab|spra|che** (Vereinbarung); **ab-spre|chen;** sie haben den Überfall miteinander abgesprochen
ab|sprin|gen; sie springt ab; sie ist abgesprungen; der **Ab|sprung**
ab|stam|men; er stammt von einer alten Familie ab; die **Ab|stam|mung**
der **Ab|stand;** die Abstände
ab|stat|ten; du stattest einen Besuch ab; sie stattet einen Besuch ab; sie stattete einen Besuch ab; sie hat einen Besuch abgestattet
ab|stau|ben; er staubt ab; er hat abgestaubt
der **Ab|ste|cher**
ab|ste|hend; abstehende Ohren
ab|stei|gen; sie stieg vom Rad ab; der Verein ist abgestiegen; der **Ab|stieg;** des Abstieg[e]s; die Abstiege
ab|stim|men; sie stimmt ab; sie hat sich mit ihm abgestimmt; die **Ab|stim-mung**
der **Ab|stoß;** des Abstoßes; die Abstöße;
ab|sto|ßen; du stößt ab; sie stößt ab; sie hat das Boot vom Ufer abgestoßen;
ab|sto|ßend
der **Ab|s|t|ract** [äpßträkt] (kurze Inhaltsangabe eines Artikels oder Buches)
ab|s|t|rakt (unwirklich, begrifflich, nur gedacht); am abstraktesten; die **Ab|s|t|rak|ti|on;** die Abstraktionen
ab|strei|ten; er streitet ab; er hat alles abgestritten
ab|s|t|rus (verworren, schwer verständlich)
ab|stump|fen; du stumpfst ab; er stumpft ab; er stumpfte ab; er ist abgestumpft
der **Ab|sturz;** die Abstürze; **ab|stür|zen;** du stürzt ab; er ist abgestürzt
ab|surd (unvernünftig, sinnwidrig, sinnlos); am absurdesten
die **Ab|s|zis|se** (x-Achse)
der **Abt;** die Äbte
Abt. = Abteilung
die **Ab|tei;** die Abteien
das **Ab|teil;** die Abteile
die **Äb|tis|sin;** die Äbtissinnen
ab|tra|gen; er trug ab; er hat die Schulden abgetragen; **ab|träg|lich;** das ist der Gesundheit abträglich (schädlich)
ab|trei|ben; das Boot treibt ab; es ist abgetrieben; sie hat abgetrieben (eine Schwangerschaft abgebrochen); die **Ab|trei|bung**
ab|tre|ten; sie trat vom Podium ab

(verließ es); er hat mir seinen Platz abgetreten (überlassen)
ab|trock|nen; er trocknete [Geschirr] ab; trockne dir die Hände ab!; ich habe mich abgetrocknet
ab|trün|nig
A|bu Dha|bi (Scheichtum der Vereinigten Arabischen Emirate; dessen Hauptstadt)
ab|wä|gen; sie wägt ab; sie hat alles gegeneinander abgewogen
ab|wärts; sie ist diesen Weg abwärts gegangen; **ab|wärts|ge|hen,** *neue Schreibung:* **ab|wärts ge|hen** (schlechter werden); mit ihm ist es ständig abwärtsgegangen, *neu:* abwärts gegangen
ab|wa|schen; er wusch das Geschirr ab; er hat abgewaschen
das **Ab|was|ser;** die Abwässer
ab|wech|seln; sie wechseln [sich] ab; sie haben [sich] abgewechselt; **abwech|selnd;** die **Ab|wechs|lung; ab|wechs|lungs|reich**
ab|we|gig
die **Ab|wehr; ab|weh|ren;** sie wehrt ab; sie wehrte ab; sie hat abgewehrt; wehre ihn ab!
ab|wei|sen; er weist ihn ab; er hat ihn abgewiesen
ab|wen|den; sich abwenden; sie wendet sich ab; sie wandte *oder* wendete sich ab; sie hat sich abgewandt *oder* abgewendet
ab|wer|ben; du wirbst ab; sie warb ab; die Firma hat ihn abgeworben; wirb ihn ab!
ab|wer|fen; sie wirft Ballast ab; die Hochspringerin warf die Latte ab; der Torwart hat abgeworfen; wirf (leg die Karte) ab!
ab|wer|ten; sie wertet ab; die Regierung hat das Geld abgewertet; die **Abwer|tung**
ab|we|send; der **Ab|we|sen|de;** ein Abwesender; die Abwesenden; zwei Abwesende; die **Ab|we|sen|de;** eine Abwesende; die **Ab|we|sen|heit**
ab|wi|ckeln[1]**;** sie wickelt das Garn ab; sie hat es abgewickelt; das Verfahren wurde abgewickelt; wickle ab!
ab|wim|meln ([mit Ausreden] abweisen); sie hat uns abgewimmelt; wimm[e]le ihn nicht ab!
ab|wi|schen; ich wischte mir den Schweiß ab; er hat den Tisch abgewischt
der **Ab|wurf;** die Abwürfe
ab|zah|len sie zahlt ab; sie hat ihre Schulden abgezahlt; die **Ab|zah|lung**
ab|zäh|len; sie zählt ab; sie hat abgezählt; die **Ab|zäh|lung**
das **Ab|zei|chen**
das **Ab|zieh|bild; ab|zie|hen;** sie zieht ab; sie zog ab; sie hat den Ring abgezogen; aber: der Feind ist abgezogen; zieh[e] ab!; der **Ab|zug; ab|züg|lich**
ab|zwei|gen; der Weg zweigt ab; der Weg ist abgezweigt
das **Ac|ces|soire** [akßäßoar] (modisches Zubehör, z. B. Gürtel, Schmuck)
Ac|c|ra [*akra*] (Hauptstadt von Ghana)
das **A|ce|tat** (Salz der Essigsäure; eine Chemiefaser); des Acetats; die Acetate
ach!; ach so!; das **Ach;** die Ach; mit Ach und Krach
der **A|chat** (ein Halbedelstein); des Achat[e]s
die **A|chil|les|seh|ne** (Sehne zwischen Ferse und Wadenmuskel)
die **Ach|se**
die **Ach|sel;** die Achseln; das **Ach|sel|zucken**[1]
acht; wir sind acht; wir sind zu acht; die ersten, letzten acht; acht und eins ist neun; die Zahlen von acht bis zwölf; acht zu vier (8:4); ein Kind von acht Jahren; er ist über acht; es ist acht Uhr; es schlägt eben acht; ein Viertel auf, vor acht, halb acht, gegen acht; Punkt acht; die **Acht** (Ziffer, Zahl); die Achten; die Zahl Acht; eine Acht schreiben; eine Acht beim Eislauf fahren; wir fahren mit der Acht (mit der Linie 8)
die **Acht** (Aufmerksamkeit); etwas außer acht, *neu:* Acht lassen; außer aller Acht lassen; sich in acht, *neu:* Acht nehmen; das Außerachtlassen, *neu:* Außer-Acht-Lassen; vgl. auch: achtgeben *und* achthaben
die **Acht** (Ächtung); in Acht und Bann tun
acht|bar
ach|te; er war der achte, *neu:* Achte (der Reihe nach, z. B. beim Wettlauf); er ist der Achte (der Leistung nach, z. B. in der Klasse); jeder achte, *neu:* Achte; der achte Mai; aber: am Achten (des Monats); Heinrich der Achte
ach|tel; ein achtel Zentner; ein achtel Liter, aber (wenn das Maß gemeint ist):

[1] *Alte Trennung:* ...k|k...

[1] *Alte Trennung:* ...k|k...

ein Achtelliter; das **Ach|tel;** die Achtel; ein Achtel vom Zentner; ein Achtel des Weges; ein Achtel Rotwein; drei Achtel des Ganzen, aber: im Dreiachteltakt (*mit Ziffern:* im 3/8-Takt); das **Ach|tel|fi|na|le;** die **Ach|tel|no|te**

ach|ten; du achtest; sie achtet; sie achtete; sie hat geachtet; achte darauf!

äch|ten; du ächtest; sie ächtet; sie ächtete; sie hat ihn geächtet

ach|tens; der **Ach|ter;** die Achter; die **Ach|ter|bahn**

acht|ge|ben, *neue Schreibung:* **Acht ge|ben;** du gibst acht, *neu:* Acht; er gibt acht, *neu:* Acht; er gab acht, *neu:* Acht; er hat achtgegeben, *neu:* Acht gegeben; gib acht, *neu:* Acht beim Überqueren der Straße!; auf etwas größte Acht legen; **acht|ha|ben,** *neue Schreibung:* **Acht ha|ben;** wir müssen auf ihn achthaben, *neu:* Acht haben

acht|hun|dert

acht|jäh|rig (*mit Ziffer:* 8jährig, *neu:* 8-jährig); der **Acht|jäh|ri|ge** (*mit Ziffer:* 8jährige, *neu:* 8-Jährige); ein Achtjähriger; die Achtjährigen; zwei Achtjährige; die **Acht|jäh|ri|ge** (*mit Ziffer:* 8jährige, *neu:* 8-Jährige); eine Achtjährige

acht|los

acht|mal (*mit Ziffer:* 8mal, *neu:* 8-mal); achtmal so groß wie ...; acht- bis neunmal; aber: acht mal zwei (*in Ziffern:* 8 mal 2) ist sechzehn; **acht|tau|send; acht|und|zwan|zig**

die **Ach|tung;** Achtung!

die **Äch|tung**

ach|tungs|voll

acht|zehn; acht|zig; sie ist achtzig Jahre alt; mit achtzig kannst du das nicht mehr; sie fährt Tempo achtzig; der Mensch über Achtzig, *neu:* achtzig; Mitte Achtzig, *neu:* achtzig; in die Achtzig, *neu:* achtzig kommen; die **Acht|zig** (Zahl); **acht|zi|ger** (*mit Ziffern:* 80er); achtziger Jahrgang (aus dem Jahre achtzig); in den Achtzigerjahren, *auch:* achtziger Jahren (des Jahrhunderts); in den Achtzigerjahren, *auch:* achtziger Jahren (über achtzig Jahre alt); Mitte der Achtziger; in den Achtzigern (über achtzig Jahre alt) sein; der **Acht|zi|ger** (Mann, der über 80 Jahre alt ist; Wein aus dem Jahre achtzig eines Jahrhunderts); die **Acht|zi|ge|rin** (Frau, die über 80 Jahre alt ist); die Achtzigerinnen

der **Acht|zy|lin|der|mo|tor**

äch|zen; du ächzt; sie ächzt; sie ächzte; sie hat geächzt; ächze nicht so laut!

der **A|cker[1];** der **A|cker|bau[1];** des Ackerbau[e]s; **a|ckern[1];** sie ackert; sie ackerte; sie hat geackert; ackere das Feld!

das **A|c|ryl** (eine Chemiefaser)

die **Ac|tion** [*äksch^e^n*] (spannende Handlung [im Film])

a. D. = außer Dienst

A. D. = Anno Domini (im Jahre des Herrn)

ADAC = Allgemeiner Deutscher Automobil-Club

a|da|gio [*adadscho*] (sanft, langsam); das **A|da|gio** (Musikstück in langsamem Tempo); des Adagios; die Adagios

A|dam (männlicher Vorname; in der Bibel: der erste Mensch)

der **A|dap|ter** (Verbindungsstück zum Anschluss von [Zusatz]geräten); des Adapters; die Adapter

ad|die|ren (zusammenzählen); sie hat addiert; addiere die Zahlenreihe!

Ad|dis A|be|ba [auch: ... *abeba*] (Hauptstadt von Äthiopien)

die **Ad|di|ti|on** (das Zusammenzählen); die Additionen

a|de!; ade, *auch:* Ade sagen; das **A|de**

der **A|del; a|deln;** du adelst; sie adelt; sie adelte; sie hat ihn geadelt

die **A|der**

ADFC = Allgemeiner Deutscher Fahrrad-Club

die **Ad|hä|si|on** (das Aneinanderhaften zweier Stoffe oder Körper)

das **Ad|jek|tiv** (Eigenschaftswort); die Adjektive

der **Ad|ju|tant** (beigeordneter Offizier); des Adjutanten; die Adjutanten

der **Ad|ler**

ad|lig; der **Ad|li|ge;** ein Adliger; die Adligen; zwei Adlige; die **Ad|li|ge;** eine Adlige

der **Ad|mi|ral;** die Admirale, *auch:* die Admiräle

a|d|op|tie|ren (als Kind annehmen); sie hat adoptiert; adoptiere ein Kind!; die **A|d|op|ti|on;** die Adoptionen; das **A|d|op|tiv|kind**

Adr. = Adresse

das **Adreß|buch,** *neue Schreibung:* **A|d-**

---

[1] *Alte Trennung:* ...k|k...

ress|buch; die **A|d|res|se; a|d|res|sie|ren;** sie hat adressiert; adressiere den Brief!
die **A|d|ria** (das Adriatische Meer)
der **Ad|vent;** der **Ad|vents|kranz**
das **Ad|verb** (Umstandswort); die Adverbien; **ad|ver|bi|al;** eine adverbiale Bestimmung (Umstandsbestimmung)
der **Ad|vo|kat** (Rechtsanwalt); des/dem/den Advokaten; die Advokaten
[das] **Ae|ro|bic** [*ärobik*] (tänzerische Gymnastik); des Aerobics; die **A|e|ro|dy|na|mik** [*a-erodünamik*] (Wissenschaft von den strömenden Gasen, besonders von der strömenden Luft)
die **Af|fä|re** (Angelegenheit, Vorfall, Streitsache)
das **Äff|chen;** der **Af|fe;** des Affen; die Affen
der **Af|fekt** (Gemütsbewegung); die Affekte; **af|fek|tiert** (geziert, gekünstelt)
af|fen|ar|tig; die **Af|fen|hit|ze** (*umgangssprachlich für:* eine sehr große Hitze); **af|fig** (eitel)
der **Af|gha|ne** (Einwohner von Afghanistan); des/dem/den Afghanen; **af|gha|nisch; Af|gha|nis|tan**[1] (Staat in Vorderasien)
A|f|ri|ka; der **A|f|ri|ka|ner;** die **A|f|ri|ka|ne|rin;** die Afrikanerinnen; **a|f|ri|ka|nisch;** der **A|f|ro|ame|ri|ka|ner** (Amerikaner schwarzafrikanischer Abstammung)
der **Af|ter**
das **Af|ter-shave,** *neue Schreibung:* **Af|ter|shave** [*aft^e rsche^i w*] (*kurz für:* Aftershavelotion); die **Af|ter-shave-Lo|tion,** *neue Schreibung:* **Af|ter|shave|lo|tion,** *auch möglich:* **Af|ter-Shave-Lo|tion** [*...lo^u sch^e n*] (Rasierwasser)
AG = Aktiengesellschaft; Arbeitsgemeinschaft
die **Ä|gä|is** (das Ägäische Meer)
der *oder* das **A|gar-A|gar** (Gallerte aus ostasiatischen Algen); des Agar-Agars
die **A|ga|ve** [*agaw^e*] ([sub]tropische Pflanze); die Agaven
der **A|gent** (Vermittler; Spion); des/dem/den Agenten; die Agenten; die **A|gen|tur** (Vertretung; Vermittlungsbüro)
das **Ag|g|re|gat** (Vereinigung zusammenwirkender Maschinen, Teile); die Aggregate; der **Ag|g|re|gat|zu|stand** (eine Erscheinungsform eines Stoffes)

[1]*Alte Trennung:* ...|st...

die **Ag|g|res|si|on** (Angriff, feindseliges Verhalten); die Aggressionen; **ag|g|res|siv** (angriffslustig)
a|gie|ren (handeln; als Schauspieler auftreten); sie agierte selbstständig; 50 Figuren haben in dieser Szene agiert
die **A|gi|ta|ti|on** (politische Hetze; intensive politische Aufklärungstätgkeit); der **A|gi|ta|tor;** die Agitatoren; **a|gi|tie|ren;** sie hat agitiert; agitiere!
der **A|g|ra|ri|er** (Großgrundbesitzer); die **A|g|rar|po|li|tik** (Politik, die die Landwirtschaft betrifft)
Ä|gyp|ten (Staat in Nordostafrika); der **Ä|gyp|ter; ä|gyp|tisch**
ah! ah so!; **a|ha!** [auch: *aha*]
die **Ah|le** (Werkzeug)
der **Ahn;** des Ahn[e]s *und* des Ahnen; die Ahnen
äh|neln; du ähnelst ihr; er ähnelt ihr; er ähnelte ihr; er hat ihr geähnelt
ah|nen; sie hat etwas geahnt
der **Ah|nen|kult**
ähn|lich; ähnliche Gedanken; das Ähnliche; Ähnliches und Verschiedenes; etwas, nichts Ähnliches; oder ähnliche[s], *neu:* oder Ähnliche[s] (*Abkürzung:* o. ä., *neu:* o. Ä.); und ähnliche[s], *neu:* und Ähnliche[s] (*Abkürzung:* u. ä., *neu:* u. Ä.)
die **Ah|nung; ah|nungs|los;** am ahnungslosesten
a|hoi!
der **A|horn;** die Ahorne
die **Äh|re**
Aids [*e^i dß*] = acquired immune deficiency syndrome (erworbenes Immunschwächesyndrom, eine gefährliche Infektionskrankheit); **aids|krank;** der **Aids|kran|ke**
der **Air|bag** [*ä(r)bäk*] (Luftkissen im Auto, das sich bei einem Aufprall automatisch vor dem Armaturenbrett aufbläst); das **Air-con|di|tio|ning** [*ä(r)-kondisch^e ning*], *neue Schreibung:* **Air-con|di|tio|ning** *auch:* **Air-Con|di|tio|ning** (Klimaanlage); der **Air|port** [*ä(r)port*] (Flughafen)
der **A|ja|tol|lah** (Ehrentitel im iranischen Islam); die Ajatollahs
die **A|ka|de|mie** (gelehrte Gesellschaft; Hochschule); die Akademien; der **A|ka|de|mi|ker** (jemand, der die Universität besucht hat); **a|ka|de|misch**
die **A|ka|zie** [*akazi^e*]
die **A|ke|lei** (eine Zier- und Wiesenpflanze); die Akeleien

sich **ak|k|li|ma|ti|sie|ren** (sich an ein verändertes Klima, an veränderte Verhältnisse anpassen); sie hat sich akklimatisiert

der **Ak|kord** (Zusammenklang; Stücklohn); die Akkorde; die **Ak|kord|ar|beit**

das **Ak|kor|de|on** (Handharmonika); die Akkordeons

der **Ak|ku** (*Kurzwort für:* Akkumulator); des Akkus; die Akkus; der **Ak|ku|mu|la|tor** (ein Stromspeicher); die Akkumulatoren

ak|ku|rat (sorgfältig, ordentlich; genau); am akkuratesten

der **Ak|ku|sa|tiv** (Wenfall, 4. Fall); die Akkusative

der **A|k|ro|bat** (ein Turnkünstler); des Akrobaten; die Akrobaten

der **Akt;** des Akt[e]s; die Akte

die **Ak|te** (Schriftstück; Urkunde); die Akten; die **Ak|ten|ta|sche**

die **Ak|tie** [*akzie*] (Anteilschein); die Aktien; die **Ak|ti|en|ge|sell|schaft**

die **Ak|ti|on** (Unternehmung; Handlung)

der **Ak|ti|o|när** (Besitzer von Aktien); die Aktionäre

ak|tiv (tätig, wirksam); das **Ak|tiv** (in der Grammatik: die Tatform, Tätigkeitsform); die **Ak|ti|vi|tät** (Tätigkeit)

die **Ak|tu|a|li|tät** (Wichtigkeit für die Gegenwart); **ak|tu|ell** (zeitgemäß)

die **A|ku|punk|tur** (Heilbehandlung durch Nadelstiche)

die **A|kus|tik**[1] (Lehre vom Schall, von den Tönen; Klangwirkung); **a|kus|tisch**[1]

a|kut (dringlich, brennend); am akutesten

AKW = Atomkraftwerk

der **Ak|zent** (Betonung; Tonfall); die Akzente

ak|zep|tie|ren (annehmen, billigen); sie hat den Vorschlag akzeptiert

der **A|la|bas|ter**[1] (eine Gipsart); des Alabasters

der **A|larm;** die Alarme; **a|lar|mie|ren;** sie hat die Polizei alarmiert; alarmiere die Feuerwehr!

die **Alb** (Gebirge); die Schwäbische Alb

der **Al|ba|ner; Al|ba|ni|en** [*albanien*] (Balkanstaat); **al|ba|nisch**

der **Al|ba|t|ros** (ein Sturmvogel); des Albatros; die Albatrosse

das **Alb|drü|cken**, *auch:* **Alp|drü|cken**[2]

[1]*Alte Trennung:* ...|st...
[2]*Alte Trennung:* ...k|k...

al|bern (dumm, kindisch); albernes Geschwätz; **al|bern;** du alberst; er albert; er alberte; er hat gealbert; albere nicht!; die **Al|bern|heit**

der **Al|bi|no** (Mensch, Tier, dessen Haut, Haare, Augen keinen Farbstoff bilden; Pflanze ohne Farbstoffbildung); des Albinos; die Albinos

der **Alb|traum**, *auch:* **Alp|traum**

das **Al|bum;** die Alben

das **Äl|chen** (kleiner Aal)

der **A|le|man|ne;** des/dem/den Alemannen; die Alemannen; **a|le|man|nisch**

A|le|xan|der (männlicher Vorname; altgriechischer König)

die **Al|ge** (eine Wasserpflanze); die Algen

die **Al|ge|b|ra** (Lehre von den mathematischen Gleichungen); **al|ge|b|ra|isch**

Al|ge|ri|en [*algerien*] (Staat in Nordafrika); der **Al|ge|ri|er** [*algerier*]; **al|ge|risch; Al|gier** [*alschir*] (Hauptstadt von Algerien)

der **Al|go|rith|mus** (Schema, nach dem ein Rechenvorgang abläuft); des Algorithmus; die Algorithmen

das **A|li|bi** (Nachweis der Abwesenheit vom Tatort des Verbrechens); des Alibis; die Alibis

das **Al|ka|li** (laugenhafte chemische Verbindung); des Alkalis; die Alkalien; **al|ka|lisch** (laugenhaft)

der **Al|ko|hol;** die Alkohole; **al|ko|hol|frei;** der **Al|ko|ho|li|ker; al|ko|ho|lisch;** der **Al|ko|hol|miß|brauch,** *neue Schreibung:* **Al|ko|hol|miss|brauch**

all, al|le, al|les; all das Schöne; vor allem; allen Ernstes; alle beide; alle ehrlichen Menschen; alle vier Jahre; alle neun[e] (beim Kegeln); alles und jedes; wer alles; alles Gute, Schöne; alles Mögliche (alle Möglichkeiten); alles mögliche, *neu:* Mögliche (viel, allerlei); alles übrige, *neu:* Übrige; alles beliebige, *neu:* Beliebige; mein alles, *neu:* Alles

das **All** (das Weltall)

all|abend|lich

Al|lah (der Name Gottes im Islam)

die **Al|lee** (mit Bäumen eingefasste Straße); die Alleen

die **Al|le|go|rie** (Sinnbild, Gleichnis); die Allegorien

al|le|g|ro (lebhaft, schnell); das **Al|le|g|ro** (Musikstück in lebhaftem Tempo); des Allegros; die Allegros *und* die Allegri

al|lein; allein sein, stehen, bleiben; jemanden allein lassen; das **Al|lein|sein; al|lein|ste|hend,** *neue Schreibung:* **al|lein ste|hend;** ein alleinstehender, *neu:* allein stehender Mann

al|le|mal (*umgangssprachlich für:* natürlich, in jedem Fall); das kann sie allemal besser; aber: ein für allemal, *neu:* alle Mal; ein für alle Male

al|len|falls; al|lent|hal|ben

al|ler|bes|te[1]; es ist am allerbesten; es ist das allerbeste, *neu:* Allerbeste (= sehr gut), wenn er schweigt; es ist das Allerbeste, was er tun kann

al|ler|dings

die **Al|l|er|gie** (krankhafte Überempfindlichkeit); die Allergien; **al|l|er|gisch**

al|ler|hand; allerhand Neues; allerhand Streiche; er weiß allerhand; das ist ja allerhand

Al|ler|hei|li|gen (katholisches Fest zu Ehren aller Heiligen); das **Al|ler|hei|ligs|te**[1]; des Allerheiligsten

al|ler|lei; allerlei Wichtiges; das **Al|ler|lei;** die Allerlei; Leipziger Allerlei

al|ler|letzt

Al|ler|see|len (katholischer Gedächtnistag zu Ehren aller Verstorbenen)

al|ler|seits, all|seits

al|ler|we|nigs|te[1]; das allerwenigste, was ich tun kann; dies werde ich am allerwenigsten tun

al|les; ↑all; der **Al|les|fres|ser**

das **All|gäu** (süddeutsche Landschaft); der **All|gäu|er**

all|ge|mein; im allgemeinen, *neu:* Allgemeinen (gewöhnlich); er bewegt sich stets nur im Allgemeinen (beachtet nicht das Besondere); *Groß:* Allgemeine Ortskrankenkasse; Allgemeiner Deutscher Automobil-Club; das **All|ge|mein|be|fin|den; all|ge|mein|gül|tig,** *neue Schreibung:* **all|ge|mein gül|tig;** die **All|ge|mein|heit; all|ge|mein|ver|ständ|lich,** *neue Schreibung:* **all|ge|mein ver|ständ|lich;** das **All|ge|mein|wohl**

das **All|heil|mit|tel**

die **Al|li|anz** (Bündnis); die Allianzen; die Heilige Allianz (ein Bündnis zwischen Preußen, Russland und Österreich 1815)

der **Al|li|ga|tor;** des Alligators; die Alligatoren

die **Al|li|ier|ten** (die gegen Deutschland verbündeten Länder im 1. und 2. Weltkrieg) *Plural*

all|jähr|lich

die **All|macht; all|mäch|tig;** der **All|mäch|ti|ge** (Gott)

all|mäh|lich

das **Al|lo|t|ria** (Unfug); des Allotria *und* des Allotrias

der **All|rad|an|trieb**

der **All|tag; all|täg|lich; all|tags;** alltags wie sonntags

all|über|all; all|um|fas|send

all|wis|send; die **All|wis|sen|heit**

all|zeit *und* **al|le|zeit** (immer)

all|zu; allzublöd, *neu:* allzu blöd; allzufrüh, *neu:* allzu früh; allzugern, *neu:* allzu gern; allzulang *und* allzulange, *neu:* allzu lang *und* allzu lange; allzuoft, *neu:* allzu oft; allzusehr, *neu:* allzu sehr; allzuselten, *neu:* allzu selten; allzuviel, *neu:* allzu viel; allzuweit, *neu:* allzu weit

die **Alm;** die Almen

der **Al|ma|nach** (Kalender, Jahrbuch); die Almanache

das **Al|mo|sen**

das **Al|pa|ka** (langhaariges, schwarzbraunes Lama in den Anden); des Alpakas; die Alpakas

das **Alp|drü|cken**[1], *auch:* **Alb|drü|cken**

die **Al|pen** (ein Gebirge) *Plural;* die **Al|pen|ro|se;** das **Al|pen|veil|chen;** das **Al|pen|vor|land**

das **Al|pha|bet;** die Alphabete; **al|pha|be|tisch**

das **Alp|horn;** die Alphörner

al|pin (in den Alpen, im Hochgebirge vorkommend); der alpine Skilauf; der **Al|pi|nist** (sportlicher Bergsteiger im Hochgebirge); des/dem/den Alpinisten; die Alpinisten

der **Alp|traum,** *auch:* **Alb|traum**

als; als ob; sie ist größer als ihre Schwester; sie ist größer, als ihre Schwester im gleichen Alter war; **als|bald; als|dann; als daß,** *neue Schreibung:* **als dass**

al|so

alt; älter; am ältesten; er ist immer der alte, *neu:* Alte (derselbe); alt und jung, *neu:* Alt und Jung (jedermann); aus alt mach neu, *neu:* aus Alt mach Neu; der Alte; Altes und Neues; mein Ältester; das ist etwas Altes; der Alte Fritz (Friedrich der Große); das Alte Testament

[1] *Alte Trennung:* ...|st...

[1] *Alte Trennung:* ...k|k...

der **Alt** (tiefe Frauen- oder Knabenstimme; Sängerin mit dieser Stimme)
der **Al|tar;** die Altäre
das **Al|ter; al|tern;** er ist gealtert
al|ter|na|tiv (wahlweise; eine andere, menschlichere und umweltfreundlichere Lebensweise vertretend); die **Al|ter|na|ti|ve** [*...iwe*] (andere Möglichkeit)
al|ters; seit alters; vor alters; von alters her; das **Al|ters|heim;** das **Al|ter|tum;** das klassische Altertum; **al|ter|tüm|lich**
alt|klug; die **Alt|last** (aus der Vergangenheit stammende, noch nicht beseitigte Belastung, Schädigung [bes. der Umwelt]); **alt|mo|disch;** die **Alt|stadt|sa|nie|rung;** der **Alt|wei|ber|som|mer**
das **A|lu** (*umgangssprachlich für:* Aluminium); des Alus; die **A|lu|fo|lie** [*...lie*]; das **A|lu|mi|ni|um**
am (an dem); am nächsten Sonntag, dem *oder* den 27. März; am besten
der **A|ma|teur** [*amatör*] (jemand, der eine Tätigkeit aus Liebhaberei, aber nicht berufsmäßig ausübt); die Amateure
der **A|ma|zo|nas** (Fluss in Südamerika)
das **Am|bi|en|te** (Umgebung, Milieu, Atmosphäre); des Ambiente
die **Am|bi|ti|on** (der Ehrgeiz); die Ambitionen
am|bi|va|lent (doppelwertig; zwiespältig); die **Am|bi|va|lenz** (Doppelwertigkeit; Zwiespältigkeit); die Ambivalenzen
der **Am|boß,** *neue Schreibung:* **Am|boss;** des Ambosses; die Ambosse
am|bu|lant (wandernd; ohne festen Sitz); ambulante Behandlung (Behandlung, bei der der Kranke den Arzt aufsucht); die **Am|bu|lanz** (Krankentransportwagen; Klinikabteilung für ambulante Behandlung); die Ambulanzen
die **A|mei|se;** der **A|mei|sen|bär** (Säugetier, das sich von Termiten und Ameisen ernährt); der **A|mei|sen|hau|fen**
a|men; er sagte zu allem ja und amen, *auch:* Ja und Amen; das **A|men**
A|me|ri|ka; der **A|me|ri|ka|ner; a|me|ri|ka|nisch**
der **A|me|thyst** (violetter Halbedelstein); des Amethyst[e]s; die Amethyste
die **A|mi|no|säu|re;** Aminosäuren (bestimmte organische Säuren; Eiweißbausteine)
Am|man (Hauptstadt Jordaniens)
die **Am|me**
die, *auch:* der **Am|mer** (ein Singvogel); die Ammern
das **Am|mo|ni|ak** (gasförmige Verbindung aus Stickstoff und Wasserstoff); des Ammoniaks
der **Am|mo|nit** (ausgestorbener Kopffüßer oder dessen Versteinerung); des Ammoniten; die Ammoniten
die **Am|nes|tie**[1] (Begnadigung, Straferlass); die Amnestien; **am|nes|tie|ren**[1]**;** man amnestiert sie; man amnestierte sie; man hat sie amnestiert
die **A|mö|be** (ein Einzeller); die Amöben
A|mok [auch: *amok*]; Amok laufen (blindwütig umherlaufen und töten); er läuft Amok; er ist Amok gelaufen; der **A|mok|läu|fer**
A|mor (römischer Liebesgott)
die **A|mor|ti|sa|ti|on** (allmähliche Tilgung einer Schuld); **a|mor|ti|sie|ren;** er hat seine Schulden amortisiert; die Investition hat sich amortisiert
die **Am|pel;** die Ampeln
das **Am|pere** [*ampär*] (Einheit der elektrischen Stromstärke); des Ampere *und* des Amperes; die Ampere
die **Am|phi|bie** [*amfibie*] (Tier, das im Wasser und auf dem Land lebt); das **Am|phi|bi|en|fahr|zeug** (Land-Wasser-Fahrzeug)
das **Am|phi|the|a|ter** (meist dachloses Theatergebäude der Antike in Form einer Ellipse mit stufenweise aufsteigenden Sitzreihen)
die **Am|pul|le** (Glasröhrchen, besonders zum Einspritzen von Lösungen)
die **Am|pu|ta|ti|on** (Gliedabtrennung); **am|pu|tie|ren;** er hat das Bein amputiert; amputiere es!
Am|rum (eine Nordseeinsel)
die **Am|sel;** die Amseln
Ams|ter|dam[1] [auch: *amsterdam*] (Hauptstadt der Niederlande)
das **Amt;** die Ämter; die **Amt|frau; amt|lich;** der **Amt|mann;** die Amtmänner *oder* Amtleute; die **Amt|män|nin;** das **Amts|ge|richt;** der **Amts|rich|ter;** der **Amts|schim|mel** (*umgangssprachlich für:* bürokratisches Verhalten einer Behörde)
das **A|mu|lett** (Glücksbringer, Zaubermittel); die Amulette
der **A|mur** (Fluss in Asien)

---
[1] *Alte Trennung:* ...|st...

a|mü|sant; am amüsantesten; **a|mü|sie|ren;** es hat ihn amüsiert; sich amüsieren; er hat sich köstlich amüsiert

an; er stand an dem Zaun; er stellte sich an den Zaun; an [und für] sich

das **A|na|bo|li|kum** (muskelbildendes Dopingpräparat); des Anabolikums; die Anabolika

a|na|log (ähnlich, entsprechend); ein analoger Fall; die **A|na|lo|gie** (Entsprechung); die Analogien

der **An|al|pha|bet** [auch: *an...*] (jmd., der nicht lesen und schreiben kann); des/dem/den Analphabeten; die Analphabeten

die **A|na|ly|se** (Zergliederung); **a|na|ly|sie|ren;** sie hat analysiert; analysiere diese Lösung!; **a|na|ly|tisch** (zergliedernd, zerlegend)

die **A|na|nas;** *Plural:* die Ananas *und* die Ananasse

die **A|n|ar|chie** (herrschaftsloser oder gesetzloser Zustand); die Anarchien; der **A|n|ar|chist;** des/dem/den Anarchisten; die Anarchisten

die **A|na|to|mie** ([Lehre von] Form und Körperbau der Lebewesen); die Anatomien; **a|na|to|misch**

an|bän|deln (eine Liebesbeziehung anknüpfen; *auch für:* einen Streit anfangen); du bändelst mit ihr an; er bändelt mit ihr an; er bändelte mit ihr an; er hat mit ihr angebändelt; bänd[e]le nicht mit ihr an!

an|bei|ßen; du beißt an; er beißt an; beiß an!; er biß, *neu:* biss das Stück Kuchen an; der Fisch hat angebissen

an|be|ten; du betest an; er betet an; er betete an; er hat sie angebetet; bete ihn nicht so an!

sich **an|bie|dern;** du biederst dich an; er biedert sich an; er biederte sich an; er hat sich angebiedert; bied[e]re dich nicht so an!

an|bin|den; du bindest den Hund an; sie bindet ihn an; sie band ihn an; sie hat ihn angebunden; bind[e] ihn an!

der **An|blick**

an|bre|chen; du brichst an; sie bricht an; brich an!; sie hat eine neue Packung angebrochen; der Tag ist angebrochen

an|bren|nen; die Suppe brennt an; die Suppe brannte an; die Suppe ist angebrannt

der **An|bruch;** bei Anbruch des Tages

die **An|dacht;** die Andachten; **an|däch|tig; an|dachts|voll**

an|dan|te (mäßig langsam); das **An|dan|te** (Musikstück in gemessenem Tempo); des Andante[s]; die Andantes

an|dau|ernd

die **An|den** (Gebirge in Südamerika) *Plural*

das **An|den|ken**

an|de|re, *auch:* **and|re** *(im Allgemeinen kleingeschrieben);* der, die, das, alles and[e]re; kein and[e]rer; etwas, nichts and[e]res; and[e]res mehr; er sprach von etwas and[e]rem; unter and[e]rem; sich eines and[e]ren, andern besinnen; ich bin and[e]rer Meinung; and[e]re ähnliche Fälle; die Suche nach dem anderen, *neu:* Anderen (nach einer neuen Welt)

an|der|mal; ein andermal, aber: ein and[e]res Mal

än|dern; du änderst; sie ändert; sie änderte; sie hat ihren Plan geändert; ändere deinen Plan!; sich ändern; sie hat sich sehr geändert

an|dern|falls, *auch:* **an|de|ren|falls**

an|ders; jemand, niemand anders; er ist anders als ich; wo anders? (wo sonst?); aber: woanders (irgendwo sonst); anderswo; **an|ders|ar|tig; an|ders|den|kend,** *neue Schreibung:* **an|ders den|kend;** der **An|ders|den|ken|de;** ein Andersdenkender; die Andersdenkenden; mehrere Andersdenkende; die **An|ders|den|ken|de;** eine Andersdenkende; der **An|ders|gläu|bi|ge;** ein Andersgläubiger; die Andersgläubigen; zwei Andersgläubige; die **An|ders|gläu|bi|ge;** eine Andersgläubige

an|der|seits, an|de|rer|seits, and|rer|seits

an|dert|halb; in anderthalb Stunden; anderthalb Pfund

die **Än|de|rung**

an|deu|ten; du deutest an; sie deutet an; sie deutete an; sie hat ihre Absicht angedeutet; die **An|deu|tung**

an|do|cken[1] (ein Raumfahrzeug an ein anderes ankoppeln); das Raumschiff hat an der Raumstation angedockt

An|dor|ra (Staat in den Pyrenäen); der **An|dor|ra|ner; an|dor|ra|nisch**

der **An|drang**

das **An|d|re|as|kreuz** (Verkehrszeichen an Bahnübergängen)

[1]*Alte Trennung:* ...k|k...

an|dre|hen; du drehst an; sie dreht an; sie drehte an; sie hat das Licht angedreht

sich an|eig|nen; sie eignet sich an; sie hat sich dieses Buch angeeignet

an|ei|n|an|der; wir werden immer aneinander denken; an|ein|an|der|fü|gen, *neue Schreibung:* an|ei|n|an|der fü|gen (zusammenfügen); sie fügen die Teile aneinander; sie haben die Teile aneinandergefügt, *neu:* aneinander gefügt; an|ein|an|der|ge|ra|ten, *neue Schreibung:* an|ei|n|an|der ge|ra|ten (sich streiten); sie gerieten aneinander; sie sind aneinandergeraten, *neu:* aneinander geraten

die A|n|ek|do|te (eine kurze Geschichte)

die A|ne|mo|ne (Windröschen)

an|er|ken|nen; sie erkennt an, *seltener:* anerkennt; sie erkannte an, *seltener:* anerkannte; sie hat anerkannt; erkenne ihn an!, *seltener:* anerkenne ihn!; die An|er|ken|nung

an|fah|ren; du fährst an; sie fährt an; sie fuhr mit ihrem Auto an; sie ist mit ihrem Auto angefahren; aber: er hat eine alte Frau angefahren; er hat ihn kräftig angefahren (zurechtgewiesen); fahre vorsichtig an!

der An|fall; die Anfälle; an|fäl|lig

der An|fang; die Anfänge; an|fan|gen; sie fängt an; sie hat endlich angefangen; der An|fän|ger; an|fäng|lich; anfangs; der An|fangs|buch|sta|be

an|fas|sen; du faßt, *neu:* fasst an; sie hat das Problem geschickt angefaßt, *neu:* angefasst; faß, *neu:* fass *oder* fasse mich nicht an!

an|fer|ti|gen; du fertigst an; sie fertigt an; sie fertigte an; sie hat angefertigt; fertige an!

die An|for|de|rung; die Anforderungen

die An|fra|ge; an|fra|gen; sie fragt an; sie hat angefragt

an|füh|ren; sie führt an; sie hat diese Bande angeführt; der An|füh|rer; das An|füh|rungs|zei|chen

die An|ga|be

an|gän|gig; das ist nicht angängig

an|ge|ben; er gibt mir die Adresse an; er hat gewaltig angegeben (geprahlt); der An|ge|ber

an|geb|lich

an|ge|bo|ren

das An|ge|bot

an|ge|bracht

an|ge|hen; das geht mich nichts an; er ging ihn um Geld an; er ist, *auch:* hat ihn um Geld angegangen

der An|ge|hö|ri|ge; ein Angehöriger; die Angehörigen; mehrere Angehörige; die An|ge|hö|ri|ge; eine Angehörige

der An|ge|klag|te; ein Angeklagter; die Angeklagten; viele Angeklagte; die An|ge|klag|te; eine Angeklagte

die An|gel; die Angeln

die An|ge|le|gen|heit

der An|gel|ha|ken; an|geln; du angelst; er angelt; er angelte; er hat geangelt

der An|gel|sach|se (Angehöriger westgermanischer Stämme in England; Person englischer Abstammung und Muttersprache); an|gel|säch|sisch

an|ge|mes|sen; etwas für angemessen halten; etwas in angemessener Weise tun

an|ge|nehm

an|ge|nom|men

an|ge|paßt, *neue Schreibung:* an|ge|passt; er ist sehr angepaßt, *neu:* angepasst

an|ge|se|hen (geachtet)

das An|ge|sicht; die Angesichter *und* Angesichte; an|ge|sichts; angesichts des Todes

an|ge|spannt

der An|ge|stell|te; ein Angestellter; die Angestellten; zwei Angestellte; die An|ge|stell|te; eine Angestellte

an|ge|wandt; angewandte Kunst

an|ge|wie|sen; wir sind darauf angewiesen

sich an|ge|wöh|nen; er gewöhnt sich dies an; er hat sich dies angewöhnt; die An|ge|wohn|heit

an|ge|wur|zelt; er stand da wie angewurzelt

die An|gi|na (Mandelentzündung); die Anginen

der Ang|ler

An|go|la [*anggola*] (Staat in Afrika); der An|go|la|ner; an|go|la|nisch

die An|go|ra|wol|le (feine, seidige Wolle)

an|grei|fen; er greift an; er hat angegriffen; der An|grei|fer; der An|griff

die Angst; die Ängste; in Angst sein; Angst haben; aber: mir ist, mir wird angst und bange; der Angst|ha|se; des/dem/den Angsthasen; die Angsthasen; ängs|ti|gen[1]; er ängstigt sie; er hat sie geängstigt; sich ängstigen; er hat sich geängstigt; ängst|lich

[1] *Alte Trennung:* ...|st...

an|hal|ten; du hältst die Luft an; das schöne Wetter hält an; er hielt den Wagen an; er hat angehalten; halt an!; **an|hal|tend** (andauernd, ununterbrochen); der **An|hal|ter;** per Anhalter fahren

an Hand, *neu nur noch:* **an|hand;** an Hand, *neu nur noch:* anhand des Buches; an Hand, *neu nur noch:* anhand von Unterlagen

der **An|hang;** die Anhänge; der **An|hän|ger; an|häng|lich**

an|heim|fal|len, *neue Schreibung:* **an|heim fal|len** (zufallen); das Gut fiel der Kirche anheim; das Gut ist der Kirche anheimgefallen, *neu:* anheim gefallen; **an|heim|stel|len,** *neue Schreibung:* **an|heim stel|len** (überlassen); er stellte es ihm anheim; er hat es ihm anheimgestellt, *neu:* anheim gestellt

an|heu|ern (auf einem Schiff in Dienst stellen oder in Dienst treten); er heuert auf einem Frachter an

An|hieb; auf Anhieb (sofort)

an|hö|ren; du hörst ihn an; ich habe mir alles angehört; hör[e] mich an!

a|ni|ma|lisch (tierisch)

a|ni|mie|ren (anregen, ermuntern); du animierst; er animierte mich; er hat mich zum Malen animiert

der **A|nis** (eine Gewürzpflanze)

An|ka|ra [*angkara*] (Hauptstadt der Türkei)

der **An|ker;** die Anker; vor Anker gehen; vor Anker liegen

die **An|kla|ge; an|kla|gen;** er klagt an; er hat ihn angeklagt; der **An|klä|ger**

an|kli|cken[1]**;** du klickst an; sie klickte an; sie hat das Programm zweimal angeklickt; klick[e] an!

an|klop|fen; du klopfst an; er hat angeklopft; klopf[e] an!

an|kom|men; sie kam in Frankfurt an; sie ist gut angekommen; darauf kommt es mir nicht an (das ist nicht wichtig)

der **An|kreis** (Kreis, der ein Dreieck von außen und zwei verlängerte Seiten von innen berührt); des Ankreises; die Ankreise

an|kreu|zen; du kreuzt an; er kreuzt an; er hat den Fehler angekreuzt

an|kün|di|gen; er kündigt an; er hat angekündigt; die **An|kün|di|gung**

die **An|kunft**

[1] *Alte Trennung:* ...k|k...

die **An|la|ge**

der **Anlaß,** *neue Schreibung:* **An|lass;** des Anlasses; die Anlässe; der **An|las|ser; an|läß|lich,** *neue Schreibung:* **an|läss|lich;** anläßlich, *neu:* anlässlich des Festes, *dafür besser:* zum, beim Feste *oder* aus Anlass des Festes

der **An|lauf;** die Anläufe

der **An|laut** (erster Laut eines Wortes oder einer Silbe)

an|le|gen; das Schiff legt an; sich **an|le|gen;** er hat sich mit uns angelegt (er hat mit uns Streit gesucht)

das **An|lie|gen** (Wunsch); der **An|lie|ger** (Anwohner einer Straße u. Ä.)

Anm. = Anmerkung

an|ma|chen; du machst das Licht an; er hat ihn angemacht (*umgangssprachlich für:* er hat ihn angesprochen oder provoziert)

an|ma|len; du hast dich angemalt

sich **an|ma|ßen;** du maßt dir an; er maßt sich an; er maßte sich an; er hat sich ein Urteil angemaßt; maß[e] dir kein Urteil an!; **an|ma|ßend**

die **An|mel|dung**

die **An|mer|kung**

an|mot|zen (beschimpfen, tadeln); du motzt ihn an; sie hat ihn angemotzt; motz[e] mich nicht an!

die **An|mut; an|mu|tig**

an|nä|hen; du nähst den Knopf an; er hat den Knopf angenäht

die **An|nah|me; an|neh|men;** er nimmt an; er hat dies angenommen

die **An|nehm|lich|keit**

an|nek|tie|ren (sich gewaltsam aneignen); er hat fremdes Land annektiert; die **An|ne|xi|on**

an|no (*veraltet für:* im Jahre); anno elf; anno dazumal; **An|no Do|mi|ni,** *neue Schreibung:* **an|no Do|mi|ni** (im Jahre des Herrn)

die **An|non|ce** [*anongße*] (Zeitungsanzeige); **an|non|cie|ren;** er hat in der Zeitung annonciert; annoncier[e]!

an|nul|lie|ren (für ungültig erklären); er hat den Vertrag annulliert

die **A|n|o|de** (positive Elektrode; Pluspol)

a|n|o|mal (unregelmäßig, regelwidrig)

a|n|o|nym (ungenannt)

der **A|no|rak;** des Anoraks; die Anoraks

an|or|ga|nisch (zur unbelebten Natur gehörend); die anorganische Chemie

der **An|pfiff** (Pfiff des Schiedsrichters als Zeichen für den Beginn oder die Fortsetzung eines Spiels)

an|pflau|men (necken); sie hat ihn angepflaumt

die **An|re|de**

an|re|gen; du regst an; er regt an; er regte an; er hat angeregt; reg[e] das doch einmal in der Schule an!; die **An|re|gung;** das **An|re|gungs|mit|tel**

der **An|reiz**

an|rich|ten; er richtet Verwirrung an; er hat das Essen angerichtet

an|rü|chig

der **An|ruf;** der **An|ruf|be|ant|wor|ter;** **an|ru|fen;** er rief mich an (er telefonierte mit mir); der Posten hat ihn angerufen; ruf[e] mich morgen an!

die **An|sa|ge;** der **An|sa|ger;** die **An|sa|ge|rin;** die Ansagerinnen

an|säs|sig; sie ist in München ansässig

an|schau|en; er schaute uns an; ich habe mir alles angeschaut; **an|schau|lich;** die **An|schau|ung;** aus eigener Anschauung

der **An|schein;** allem Anschein nach; **an|schei|nend**

der **An|schlag;** die Anschläge

an|schlie|ßen; du schließt den Herd an; er schließt ihn an; sie hat sich uns angeschlossen; **an|schlie|ßend** (folgend); der **An|schluß,** *neue Schreibung:* **An|schluss;** die Anschlüsse; der **An|schluß|tref|fer,** *neue Schreibung:* **An|schluss|tref|fer** (Treffer, der den Abstand zur gegnerischen Mannschaft auf 1 verkürzt)

an|schmie|ren (*umgangssprachlich auch für:* betrügen); er hat dich angeschmiert

die **An|schrift**

an|schwel|len; der Fluss schwillt an; er ist angeschwollen

an|se|hen; du siehst dir das an; er sah sie an; er hat sie angesehen; sieh an!; das **An|se|hen;** ohne Ansehen der Person; **an|sehn|lich**

an|sein, *neue Schreibung:* an sein; das Licht soll ansein, *neu:* an sein; das Licht ist angewesen, *neu:* an gewesen; wenn das Licht an ist

die **An|sicht;** meiner Ansicht nach; die **An|sichts|kar|te**

an|span|nen; er spannt an; er hat die Pferde angespannt

das **An|spiel;** **an|spie|len;** einen Stürmer anspielen; auf etwas anspielen (versteckt hinweisen); die **An|spie|lung**

der **An|sporn**

die **An|spra|che**

an|sprin|gen; der Hund hat ihn angesprungen; der Motor ist nicht angesprungen

der **An|spruch;** die Ansprüche; **an|spruchs|los;** **an|spruchs|voll**

die **An|stalt**

der **An|stand;** **an|stän|dig;** **an|stands|hal|ber;** **an|stands|los**

an|statt; anstatt dass

an|ste|cken[1]; er steckt die Blume an; er hat die Blume angesteckt; sich anstecken; er hat sich bei mir angesteckt; **an|ste|ckend**[1]; die **An|ste|ckung**[1]

an|stel|le, *auch:* **an Stel|le;** anstelle, *auch:* an Stelle des Vaters

an|stel|len; er stellt an; er hat ihn angestellt; sich anstellen; stell dich nicht so an!; **an|stel|lig** (geschickt)

an|stif|ten; wer hat euch dazu angestiftet?; der **An|stif|ter**

der **An|stoß;** die Anstöße; **an|sto|ßen;** er stößt überall an; wir haben miteinander angestoßen (uns zugetrunken); **an|stö|ßig**

der **An|strei|cher**

sich **an|stren|gen;** sie strengt sich an; sie hat sich angestrengt; streng[e] dich an!; **an|stren|gend;** die **An|stren|gung**

An|ta|na|na|ri|vo [*...wo*] (Hauptstadt von Madagaskar)

die **Ant|ark|tis** (Südpolgebiet); **ant|ark|tisch**

der **An|teil;** an etwas Anteil nehmen; die **An|teil|nah|me**

die **An|ten|ne**

der **An|th|ra|zit** (glänzende Steinkohle)

die **An|th|ro|po|lo|gie** (Wissenschaft vom Menschen)

an|ti... (gegen...)

der **An|ti|al|ko|ho|li|ker** (Alkoholgegner)

die **An|ti|ba|by|pil|le** [*...bebi...*] (ein Empfängnisverhütungsmittel)

das **An|ti|bi|o|ti|kum** (Wirkstoff gegen Krankheitserreger); des Antibiotikums; die Antibiotika

das **An|ti|blo|ckier|sys|tem**[1, 2] (Abkürzung: ABS)

der **An|ti|christ** (Gegner des Christentums); des/dem/den Antichristen; die Antichristen

der **An|ti|fa|schis|mus**

an|tik (altertümlich); die **An|ti|ke** (das klassische Altertum und seine Kultur)

die **An|ti|lo|pe**

---

[1] *Alte Trennung:* ...k|k...

[2] *Alte Trennung:* ...|st...

die **An|ti|pa|thie** (Abneigung, der Widerwille); die Antipathien
der **An|ti|po|de** (jmd., der auf der gegenüberliegenden Seite der Erdkugel wohnt); des/dem/den Antipoden; die Antipoden
der **An|ti|quar** (Händler mit Altertümern oder mit alten Büchern); die Antiquare; das **An|ti|qua|ri|at;** die Antiquariate; **an|ti|qua|risch**
die **An|ti|qui|tät** (altes Möbelstück, alter Kunstgegenstand); die Antiquitäten; der **An|ti|qui|tä|ten|händ|ler**
das **Ant|litz;** die Antlitze
der **An|trag;** einen Antrag stellen
der **An|trieb**
der **An|tritt**
die **Ant|wort; ant|wor|ten;** du antwortest; er antwortet; er antwortete; er hat geantwortet; antworte!
der **An|walt;** die Anwälte; die **An|wäl|tin;** die Anwältinnen
der **An|wär|ter;** die **An|wart|schaft**
die **An|wei|sung**
an|wen|den; er wendet an; er hat alle Mittel angewendet *und* angewandt; die **An|wen|dung**
das **An|we|sen** (Grundstück); **an|we|send;** der **An|we|sen|de;** ein Anwesender; die Anwesenden; mehrere Anwesende; die **An|we|sen|heit**
an|wi|dern; es widert mich an; es widerte mich an; es hat mich angewidert
an|win|keln; du winkelst die Arme an; er hat die Arme angewinkelt
die **An|zahl;** die **An|zah|lung**
das **An|zei|chen**
die **An|zei|ge; an|zei|gen;** sie zeigt ihn an; sie hat ihn angezeigt
an|zie|hen; sie zog das Kleid an; sie hat sich angezogen; **an|zie|hend** (reizvoll); die **An|zie|hungs|kraft;** der **An|zug;** die Anzüge; **an|züg|lich**
an|zün|den; er zündet an; er hat das Streichholz angezündet
die **AOK** = Allgemeine Ortskrankenkasse
die **A|or|ta** (Hauptschlagader); die Aorten
der **A|pa|che** [*apatsche* und *apache*] (Angehöriger eines Indianerstammes)
a|part (in ungewöhnlicher Weise reizvoll, schön); am apartesten; sie trug ein apartes Kleid
die **A|part|heid** (völlige Trennung zwischen Weißen und Farbigen in einem Staat); das **A|part|ment** [*epartment*] (kleinere Wohnung); die Apartments [*...mentß*]; ↑Appartement

a|pa|thisch (teilnahmslos); am apathischsten
der **A|pe|ri|tif** (appetitanregendes alkoholisches Getränk)
der **Ap|fel;** die Äpfel; der **Ap|fel|baum;** die **Ap|fel|si|ne**
die **A|po|ka|lyp|se** (schreckliches Weltende)
A|pol|lo (ein griechisch-römischer Gott; Name eines amerikanischen Raumfahrtprogramms)
der **A|pos|tel**[1]; die Apostel; die **A|pos|tel|ge|schich|te**[1]; **a|pos|to|lisch**[1] (nach Art der Apostel). *Groß:* das Apostolische Glaubensbekenntnis; der Apostolische Nuntius, Stuhl
der **A|pos|troph** (Auslassungszeichen); des Apostrophs; die Apostrophe
die **A|po|the|ke;** der **A|po|the|ker**
der **Ap|pa|rat;** die Apparate
das **Ap|par|te|ment** [*apartemang*] (Zimmerflucht in einem Hotel); die Appartements [*...mangß*]; ↑Apartment
der **Ap|pell** (Aufruf, Mahnruf; *beim Militär:* Befehlsempfang); die Appelle; **ap|pel|lie|ren** (sich wenden an); er hat appelliert; appelliere an sein Gewissen!
der **Ap|pe|tit;** die Appetite; **ap|pe|tit|an|re|gend;** appetitanregende Mittel; aber: den Appetit anregend; **ap|pe|tit|lich**
ap|p|lau|die|ren; sie hat applaudiert; applaudier[e] doch!; der **Ap|p|laus**
die **Ap|po|si|ti|on** (hauptwörtliche Beifügung; meist im gleichen Fall wie das Bezugswort)
die **Ap|p|re|tur** (Glanz, Festigkeit eines Gewebes); der Appretur; die Appreturen
die **A|p|ri|ko|se**
der **A|p|ril;** des April *und* des Aprils; der **A|p|ril|scherz**
die **Ap|sis** (halbrunde Nische als Abschluss eines Kirchenraums); die Apsiden
der, *auch:* das **A|quä|dukt** (über eine Brücke geführte antike Wasserleitung); des Aquädukt[e]s; die Aquädukte
das **A|qua|rell** (ein mit Wasserfarben gemaltes Bild); die Aquarelle
das **A|qua|ri|um** (Behälter zur Haltung kleiner Wassertiere und -pflanzen); die Aquarien
der **Ä|qua|tor** (größter Breitenkreis)
das, *auch:* der **Ar** (ein Flächenmaß); die Are

[1]*Alte Trennung:* ...|st...

die **Ära** (Zeitalter); die Ära Kohl
der **Araber,** [auch: *arabᵉr*] (Bewohner Arabiens; Pferd einer edlen Rasse); **a\|ra\|bisch;** arabisches Vollblut
der **A\|ral\|see** (See in Mittelasien)
die **Ar\|beit; ar\|bei\|ten;** du arbeitest; er arbeitet; er arbeitete; er hat gearbeitet; arbeite!; der **Ar\|bei\|ter;** der **Ar\|beit\|ge\|ber;** der **Ar\|beit\|neh\|mer;** das **Ar\|beits\|amt; ar\|beits\|fä\|hig;** der **Ar\|beits\|lohn; ar\|beits\|los;** die **Ar\|beits\|lo\|sig\|keit;** die **Ar\|beits\|zeit**
der **Ar\|chä\|o\|lo\|ge** (Altertumsforscher); des/dem/den Archäologen; die Archäologen; die **Ar\|chä\|o\|lo\|gie** (Altertumskunde)
der **Ar\|chä\|o\|p\|te\|ryx** (Urvogel); des Archäopteryx; die Archäopteryxe *und* die Archäopteryges
die **Ar\|che;** die Arche Noah
Ar\|chi\|me\|des (altgriechischer Mathematiker)
der **Ar\|chi\|tekt;** des/dem/den Architekten; die Architekten; die **Ar\|chi\|tek\|tur** (Baukunst; Baustil)
das **Ar\|chiv** (Urkundensammlung); die Archive; der **Ar\|chi\|var** [...*war*] (Archivbeamter); die Archivare
ARD = Arbeitsgemeinschaft der öffentlich-rechtlichen Rundfunkanstalten der Bundesrepublik Deutschland
die **A\|re\|na** (Kampfplatz, Manege im Zirkus); die Arenen
arg; ärger; am ärgsten; im argen, *neu:* Argen liegen; zum Ärgsten kommen; vor dem Ärgsten bewahren; das Ärgste verhüten; nichts Arges denken
Ar\|gen\|ti\|ni\|en [*argentiniᵉn*] (Staat in Südamerika); der **Ar\|gen\|ti\|ni\|er** [*argentiniᵉr*]; **ar\|gen\|ti\|nisch**
der **Är\|ger; är\|ger\|lich; är\|gern;** er hat ihn geärgert; ärgere ihn nicht!; sich ärgern; er hat sich geärgert; das **Är\|ger\|nis;** des Ärgernisses; die Ärgernisse
arg\|los; am arglosesten
das **Ar\|gu\|ment** (Beweis, Begründung); die Argumente; **ar\|gu\|men\|tie\|ren;** er hat gut argumentiert
der **Arg\|wohn; arg\|wöh\|nen;** du argwöhnst; er argwöhnt; er argwöhnte; er hat geargwöhnt; **arg\|wöh\|nisch**
die **A\|rie** [*ariᵉ*] (ein Sologesangsstück mit Instrumentalbegleitung); die Arien
der **A\|ris\|to\|k\|rat**[1] (Angehöriger des Adels; vornehmer Mensch); des/dem/den Aristokraten; die Aristokraten; **a\|ris\|to\|k\|ra\|tisch**[1]
die **A\|rith\|me\|tik** (Zahlenlehre); **a\|rith\|me\|tisch**
die **Ark\|tis** (Gebiet um den Nordpol); **arktisch**
arm; ärmer; am ärmsten; arme Ritter (eine Süßspeise); arm und reich, *neu:* Arm und Reich (*veraltet für:* jedermann); Arme und Reiche; bei Armen und Reichen; der Arme und der Reiche; wir Armen
der **Arm;** die Arme; das **Arm\|band**
die **Ar\|ma\|tur** (Bedienungs- und Messgerät an technischen Anlagen); das **Ar\|ma\|tu\|ren\|brett**
die **Arm\|brust;** die Armbrüste *und* die Armbruste
die **Ar\|mee;** die Armeen
der **Är\|mel;** die Ärmel; **arm\|lang;** ein armlanger Stiel, aber: der Stiel ist einen Arm lang
ärm\|lich; arm\|se\|lig; die **Ar\|mut**
der **Arm\|voll,** *neue Schreibung:* **Arm voll;** ein Armvoll, *neu:* Arm voll Reisig; er hat einen Arm voll *oder* voller Reisig
die **Ar\|ni\|ka** (eine Heilpflanze); die Arnikas
das **A\|ro\|ma** (Duft, Geruch); die Aromen *oder* die Aromas *und* die Aromata; **a\|ro\|ma\|tisch**
ar\|ran\|gie\|ren [*aran~~ngschi~~rᵉn*] (einrichten, zustande bringen); er hat das geschickt arrangiert
der **Ar\|rest;** die Arreste
ar\|ro\|gant (anmaßend); am arrogantesten; die **Ar\|ro\|ganz**
der **Arsch** (*derb für:* Gesäß; derbes Schimpfwort); des Arsches; die Ärsche
das **Ar\|sen** (ein Gift); des Arsens
die **Art;** die Arten; ein Mann der Art (solcher Art), aber: er hat mich derart (so) beleidigt, dass ich ihm böse bin
die **Ar\|te\|rie** [*arteriᵉ*] (Schlagader); die Arterien; die **Ar\|te\|ri\|o\|skle\|ro\|se** (Arterienverkalkung)
die **Ar\|th\|ro\|se** (chronische Gelenkerkrankung)
ar\|tig
der **Ar\|ti\|kel** [auch: *artikᵉl*]; die Artikel
die **Ar\|til\|le\|rie** (eine Waffengattung); die Artillerien
die **Ar\|ti\|scho\|cke**[2] (eine Zier- und Gemüsepflanze)

[1] *Alte Trennung:* ...\|st...

[1] *Alte Trennung:* ...\|st...
[2] *Alte Trennung:* ...k\|k...

der **Ar|tist** (Zirkuskünstler); des/dem/den Artisten; die Artisten; **ar|tis|tisch**[1]

die **Arz|nei;** die Arzneien; der **Arzt;** des Arztes; die Ärzte; die **Ärz|tin;** die Ärztinnen; **ärzt|lich**

das **As,** *neue Schreibung:* **Ass** (eine Spielkarte; Spitzenkönner[in]; *Tennis:* unerreichbarer Aufschlagball); des Asses; die Asse

die **A-Sai|te** (z. B. auf der Geige)

der **As|best** (ein hitzefestes Mineral); des Asbest[e]s

die **A|sche**

die **Ä|sche** (ein Fisch)

die **A|schen|bahn;** der **A|schen|be|cher;** das **A|schen|brö|del** (eine Märchengestalt); der **A|scher|mitt|woch;** die Aschermittwoche; **asch|grau;** aber: bis ins Aschgraue (bis zum Überdruss)

ä|sen; das Reh äst; das Reh hat geäst

der **A|si|at;** des/dem/den Asiaten; die Asiaten; **a|si|a|tisch; A|si|en**

die **As|ke|se** (eine enthaltsame Lebensweise); der **As|ket** (enthaltsam lebender Mensch); des/dem/den Asketen; die Asketen; **as|ke|tisch**

a|so|zi|al (unfähig zum Leben in der Gemeinschaft; am Rand der Gesellschaft lebend)

der **As|pekt** (Gesichtspunkt); die Aspekte

der **As|phalt; as|phal|tie|ren;** er hat die Straße asphaltiert

Ass, *alte Schreibung:* **As;** *vgl. d.*

die **As|sel** (ein Krebstier)

der **As|ses|sor** (Anwärter der höheren Beamtenlaufbahn); des Assessors; die Assessoren

die **As|si|mi|la|ti|on** (Angleichung)

der **As|sis|tent**[1] (Gehilfe, Mitarbeiter); des/dem/den Assistenten; die Assistenten; die **As|sis|ten|tin**[1]; die Assistentinnen; der **As|sis|tenz|arzt**[1]; **as|sis|tie|ren**[1] (zur Hand gehen); sie hat ihm assistiert

die **As|so|zi|a|ti|on** (Vereinigung; Vorstellungsverknüpfung); **as|so|zi|a|tiv**

der **Ast;** die Äste

die **As|ter**[1] (eine Zierpflanze); die Astern

die **Äs|the|tik** (Wissenschaft vom Schönen); **äs|the|tisch** (die Ästhetik betreffend; ausgewogen, schön)

das **Asth|ma** (Kurzatmigkeit durch eine Erkrankung der Bronchien oder des Herzens); **asth|ma|tisch**

[1]*Alte Trennung:* ...|st...

der **As|t|ro|lo|ge** (Sterndeuter); des/dem/den Astrologen; die Astrologen; die **As|t|ro|lo|gie;** der **As|t|ro|naut** (Weltraumfahrer); des/dem/den Astronauten; die Astronauten; der **As|t|ro|nom** (Stern-, Himmelsforscher); des/dem/den Astronomen; die Astronomen; die **As|t|ro|no|mie** (Stern-, Himmelskunde); **as|t|ro|no|misch** (die Astronomie betreffend, *aber auch für:* riesenhaft, sehr hoch)

A|sun|ci|ón [*aßunthion*] (Hauptstadt von Paraguay)

das **A|syl** (Zufluchtsort, Heim); die Asyle; jemandem Asyl gewähren; der **A|sy|lant** (jemand, der sich um politisches Asyl bewirbt); des/dem/den Asylanten; die Asylanten

A.T. = Altes Testament

das **A|te|li|er** [*at^e^lie*] (Arbeitsraum eines Künstlers oder Fotografen; Raum für Filmaufnahmen; Modegeschäft); die Ateliers

der **A|tem;** Atem holen; außer Atem sein; das **A|tem|ho|len; a|tem|los;** die **A|tem|not**

der **A|the|ist** (jemand, der die Existenz eines Gottes leugnet); des/dem/den Atheisten; die Atheisten; **a|the|is|tisch**[1]

A|then [*aten*] (Hauptstadt von Griechenland)

der **Ä|ther** (ein Betäubungsmittel)

Ä|thi|o|pi|en [*ätiopi^e^n*] (Staat in Ostafrika); der **Ä|thi|o|pi|er** [*ätiopi^e^r*]; **ä|thi|o|pisch**

der **Ath|let** (ein Kraftmensch, ein Wettkämpfer); des/dem/den Athleten; die Athleten; die **Ath|le|tin;** die Athletinnen; **ath|le|tisch**

der **At|lan|tik** (der Atlantische Ozean); **at|lan|tisch;** ein atlantisches Kabel; aber: der Atlantische Ozean; der **At|las** (ein Kartenwerk); des Atlas *und* des Atlasses; die Atlasse *und* die Atlanten

at|men; du atmest; er atmet; er atmete; er hat geatmet

die **At|mo|s|phä|re** (Lufthülle; Druckmaß; Stimmung); **at|mo|s|phä|risch**

die **At|mung**

der **Ät|na,** [auch: *ätna*] (Vulkan auf Sizilien)

das **A|toll** (ringförmige Korallen); des Atolls; die Atolle

[1]*Alte Trennung:* ...|st...

das **A|tom** (kleinste Einheit eines chemischen Grundstoffes); **a|to|mar** (das Atom, die Atomenergie betreffend; mit Atomwaffen versehen); die **A|tom|bom|be;** die **A|tom|ener|gie;** der **A|tom|kern;** das **A|tom|kraft|werk;** der **A|tom|müll**

das **A|t|ri|um** (Innenhof); des Atriums; die Atrien

das **At|ten|tat** (Anschlag auf einen politischen Gegner); der **At|ten|tä|ter**

das **At|test** (ärztliche Bescheinigung); die Atteste

die **At|t|rak|ti|on** (Anziehungskraft; Glanznummer); **at|t|rak|tiv** (anziehend, reizvoll)

die **At|t|rap|pe** (täuschend ähnliche Nachbildung)

das **At|t|ri|but** (Beifügung); **at|t|ri|bu|tiv**

ät|zen; die Säure ätzt; die Säure hat geätzt; **ät|zend;** ätzender Spott; Hausaufgaben sind ätzend (*umgangssprachlich für:* schrecklich)

die **Au** *und* **Aue** (eine feuchte Niederung); die Auen

au!; auweh!; au Backe!

die **Au|ber|gi|ne** [*obärsehin*[e]] (Pflanze mit gurkenähnlichen violetten Früchten)

auch; wenn auch; auch wenn

die **Au|di|enz** (Empfang, Unterhaltung); die Audienzen

der **Au|er|hahn;** der **Au|er|och|se**

auf; das Buch liegt auf dem Tisch; ich lege das Buch auf den Tisch; aufgrund, *auch:* auf Grund; aufs neue, *neu:* aufs Neue; auf das Beste, aufs Beste *oder* auf das beste, aufs beste; auf einmal; auf und ab; auf und davon gehen. *Groß:* das Auf und Nieder; das Auf und Ab

auf|bau|en; sie baut auf; sie hat das Zelt aufgebaut

auf|be|kom|men; er bekommt auf; er bekam auf; er hat viele Hausaufgaben aufbekommen

auf|be|wah|ren; er bewahrt auf; er hat meinen Koffer aufbewahrt

auf|bin|den; sie band ihre Schnürsenkel auf; man hat dir einen Bären aufgebunden

auf|bre|chen; er brach die Tür auf; wir sind früh aufgebrochen (fortgegangen); der **Auf|bruch**

auf|drän|gen; er hat mir das Geld aufgedrängt; dräng[e] dich nicht auf!

auf|dre|hen; sie dreht den Hahn auf; sie hat aufgedreht

auf|dring|lich

auf|ei|n|an|der; aufeinander achten, warten; aufeinander auffahren; aufeinanderfahren, *neu:* aufeinander fahren; aufeinanderfolgen, *neu:* aufeinander folgen; aufeinanderlegen, *neu:* aufeinander legen; aufeinandertreffen, *neu:* aufeinander treffen

der **Auf|ent|halt;** die Aufenthalte

die **Auf|er|ste|hung**

auf|es|sen; du ißt, *neu:* isst alles auf; er ißt, *neu:* isst alles auf; er aß alles auf; er hat alles aufgegessen; iß, *neu:* iss auf!

der **Auf|fahr|un|fall**

auf|fal|len; er fällt auf; er ist aufgefallen; **auf|fal|lend; auf|fäl|lig**

die **Auf|fas|sung;** die **Auf|fas|sungs|ga|be**

auf|for|dern; er fordert ihn auf; er hat ihn aufgefordert; die **Auf|for|de|rung**

auf|fres|sen; du frißt, *neu:* frisst alles auf; er frißt, *neu:* frisst alles auf; er fraß alles auf; der Esel hat das Futter aufgefressen; friß, *neu:* friss auf!

die **Auf|ga|be;** die Aufgaben; **auf|ge|ben;** sie gibt das Spiel auf; sie hat ein Telegramm aufgegeben

auf|ge|hen; die Sonne geht auf; sie ist aufgegangen

auf|ge|kratzt (in guter Stimmung)

auf|ge|paßt!, *neue Schreibung:* **auf|ge|passt!**

auf|ge|räumt; in aufgeräumter Stimmung sein

auf|ge|regt; am aufgeregtesten

auf|ge|ta|kelt (übertrieben zurechtgemacht)

auf|ge|weckt; am aufgewecktesten

auf|grund, *auch:* **auf Grund;** aufgrund, *auch:* auf Grund einer Anzeige; aufgrund, *auch:* auf Grund von Zeugenaussagen

auf|ha|ben; er hat einen Hut auf; er hat einen Hut aufgehabt; wir haben für die Schule viel aufgehabt

auf|hän|gen; er hängt den Mantel auf; er hat ihn aufgehängt; der **Auf|hän|ger**

auf|he|ben; sie hebt den Stein auf; sie hob den Stein auf; man hat die Strafe aufgehoben

auf|het|zen; er hetzt ihn auf; er hat ihn aufgehetzt

auf|hö|ren; sie hörte auf; sie hat damit aufgehört; hör[e] auf zu schimpfen!

auf|klä|ren; sie klärt ihn auf; sie hat ihn aufgeklärt; die **Auf|klä|rung**

der **Auf|kle|ber**
auf|la|den; du lädst auf; er lädt auf; er lud die Säcke auf; lad[e] die Säcke auf!
auf|le|gen; sie legt auf; er hat eine CD aufgelegt
sich **auf|leh|nen;** die Bauern haben sich gegen den Adel aufgelehnt
auf|lö|sen; sie löst auf; sie löste auf; sie hat die Brause in Wasser aufgelöst; lös[e] die Tablette auf!
auf|ma|chen; sie macht auf; sie hat die Tür aufgemacht
auf|merk|sam; er machte ihn auf den Unfall aufmerksam; die **Auf|merk|sam|keit**
auf|mun|tern; sie muntert ihn auf; sie munterte ihn auf; sie hat ihn aufgemuntert; muntere ihn ein wenig auf!
die **Auf|nah|me;** die **Auf|nah|me|prü|fung; auf|neh|men;** er nahm uns auf; sie hat es auf Tonband aufgenommen
auf|pas|sen; sie paßt, *neu:* passt auf; sie hat aufgepaßt, *neu:* aufgepasst; paß, *neu:* pass *oder* passe besser auf!
auf|räu|men; er räumt auf; er hat aufgeräumt
auf|recht; aufrecht sitzen, stehen, stellen; er kann sich nicht aufrecht halten, aber: **auf|recht|er|hal|ten** (weiterhin bestehen lassen); er erhält aufrecht; er erhielt aufrecht; er hat seine Behauptung aufrechterhalten
sich **auf|re|gen;** er regt sich auf; er hat sich aufgeregt; reg[e] dich bloß nicht auf!; **auf|re|gend;** die **Auf|re|gung**
auf|rei|ßen; du reißt auf; er reißt auf; er riß, *neu:* riss die Verpackung auf; der **Auf|riß,** *neue Schreibung:* **Auf|riss** (Vorder- oder Seitenansicht); des Aufrisses; die Aufrisse
auf|rei|zen; er hat uns zum Widerstand aufgereizt; **auf|rei|zend;** die **Auf|rei|zung**
auf|rich|ten; du richtest den Mast auf; er hat uns aufgerichtet (getröstet); **auf|rich|tig** (ehrlich, offen)
Auf|riss, *alte Schreibung:* **Auf|riß;** *vgl. d.*
auf|rü|cken[1]; sie rückt auf; sie rückte auf; sie ist zur Klassenbesten aufgerückt; rück[e] auf!
der **Auf|ruhr;** die Aufruhre; **auf|rüh|re|risch**
auf|sa|gen; er sagt auf; er hat das Gedicht aufgesagt

[1]*Alte Trennung:* ...k|k...

auf|säs|sig
der **Auf|satz;** die Aufsätze
auf|schie|ben; er schiebt die Entscheidung auf; er hat die Entscheidung aufgeschoben
der **Auf|schlag** (*Sport:* Schlag, der das Spiel eröffnet oder fortsetzt); die Aufschläge; **auf|schla|gen;** er schlägt auf; er schlug das Buch auf; wir haben das Zelt aufgeschlagen; du schlägst auf (*Sport:* du führst den Aufschlag aus)
der **Auf|schluß,** *neue Schreibung:* **Aufschluss;** des Aufschlusses; die Aufschlüsse; Aufschluß, *neu:* Aufschluss erhalten, geben; **auf|schluß|reich,** *neue Schreibung:* **auf|schluss|reich**
auf|schnei|den; er schneidet die Wurst auf; schneid[e] nicht so auf! (prahle nicht so!); der **Auf|schnei|der;** der **Auf|schnitt;** kalter Aufschnitt
auf|schrei|ben; er schreibt auf; er schrieb auf; ich habe mir die Nummer aufgeschrieben
der **Auf|schub;** die Aufschübe
der **Auf|schwung**
das **Auf|se|hen;** großes Aufsehen erregen; **auf|se|hen|er|re|gend,** *neue Schreibung:* **Auf|se|hen er|re|gend;** ein aufsehenerregender, *neu:* Aufsehen erregender Film
auf|sein, *neue Schreibung:* **auf sein;** der Kranke ist auf; er war auf; er ist aufgewesen, *neu:* auf gewesen; ... weil er auf ist; weil er auf war
auf|set|zen; du setzt dir eine Mütze auf; er hat einen Brief aufgesetzt; der **Auf|set|zer** (Ball, der einmal aufprallt, bevor er das Tor oder den Mitspieler erreicht)
die **Auf|sicht;** der aufsichtführende, *neu:* Aufsicht führende Lehrer; die **Auf|sichts|pflicht;** der **Auf|sichts|rat** (Kontrollorgan einer Aktiengesellschaft); die Aufsichtsräte
der **Auf|stand;** die Aufstände; **auf|stän|disch**
auf|ste|hen; sie steht auf; sie ist aufgestanden
auf|stei|gen; er steigt auf; er stieg auf; der Verein ist in die Bundesliga aufgestiegen; der **Auf|stei|ger**
auf|stel|len; du stellst dich auf; er hat einen Rekord aufgestellt
der **Auf|stieg**
auf|stö|bern; der Hund stöbert auf; er hat den Hasen aufgestöbert

der **Auf|takt** (Beginn; unvollständiger Anfangstakt)
auf|tan|ken; er tankt das Auto auf; er tankte das Auto auf; das Flugzeug hat aufgetankt; tank[e] auf!
der **Auf|trag;** die Aufträge
der **Auf|trieb**
der **Auf|tritt;** das **Auf|tritts|ver|bot**
auf|trump|fen; du trumpfst auf; er trumpft auf; er hat aufgetrumpft; trumpf[e] doch damit nicht so auf!
auf und da|von; die Diebe waren längst auf und davon
auf|wa|chen; du wachst auf; er wacht auf; er ist aufgewacht; wach[e] auf!
der **Auf|wand;** **auf|wän|dig**, *auch:* **auf|wen|dig**
auf|wär|men; er wärmt das Essen auf; der Sportler hat sich/seine Muskeln aufgewärmt
auf|wärts; auf- und abwärts; sie ist den Weg aufwärts gegangen; mit ihrer Gesundheit ist es aufwärtsgegangen, *neu:* aufwärts gegangen
auf|wen|dig, *auch:* **auf|wän|dig**
auf|wer|ten; die Währung wird aufgewertet; die **Auf|wer|tung**
auf|wie|geln; du wiegelst auf; er wiegelt auf; er hat die Bevölkerung aufgewiegelt; wiegel[e] sie nicht auf!
der **Auf|wind** (aufsteigender Wind)
der **Auf|zug;** die Aufzüge
der **Aug|ap|fel;** die Augäpfel; das **Au|ge;** die Augen; der **Au|gen|arzt;** der **Au|gen|blick;** **au|gen|blick|lich;** die **Au|gen|braue;** das **Au|gen|lid;** der **Au|gen|zeu|ge;** die Augenzeugen
der **Au|gust;** des August *und* des August[e]s; die Auguste
die **Auk|ti|on** (Versteigerung)
die **Au|la** (der Fest-, Versammlungssaal); die Aulen *und* die Aulas
aus; aus dem Haus; aus und ein gehen (verkehren); aber: aus- und eingehende Waren; weder aus noch ein wissen; das Spiel ist aus (*umgangssprachlich für:* ist zu Ende); das Radio ist aus (*umgangssprachlich für:* ist ausgeschaltet); das **Aus** (der Raum außerhalb des Spielfeldes); der Ball ist im Aus
aus|ar|bei|ten; er arbeitet aus; er hat ein Konzept ausgearbeitet
aus|bal|do|wern (herausbekommen); er hat es ausbaldowert
aus|bes|sern; du besserst aus; sie bessert aus; sie besserte aus; sie hat den Schaden ausgebessert; bessere es aus!

der **Aus|beu|ter;** die **Aus|beu|tung**
aus|bil|den; er hat ihn zum Facharbeiter ausgebildet; der **Aus|bil|der;** die **Aus|bil|dung;** der **Aus|bil|dungs|platz;** der **Aus|bil|dungs|ver|trag**
der **Aus|blick**
aus|bre|chen; er bricht aus; ein Krieg brach aus; der Gefangene ist ausgebrochen
aus|brei|ten; du breitest aus; er breitet aus; er hat das Tuch ausgebreitet; breite das Tuch aus!; sich ausbreiten; die Krankheit hat sich rasch ausgebreitet
der **Aus|bruch;** die Ausbrüche
die **Aus|dau|er;** **aus|dau|ernd**
der **Aus|druck;** die Ausdrücke *und* (vom Computer:) die Ausdrucke; **aus|drück|lich**
aus|ei|n|an|der (voneinander getrennt); auseinander setzen, liegen; **aus|ein|an|der|ge|hen,** *neue Schreibung:* **aus|ei|n|an|der ge|hen;** sie gingen auseinander; sie sind auseinandergegangen, *neu:* auseinander gegangen; **aus|ein|an|der|set|zen,** *neue Schreibung:* **aus|ei|n|an|der set|zen** (erklären); er setzte ihm diesen Tatbestand auseinander; er hat ihm diesen Tatbestand auseinandergesetzt, *neu:* auseinander gesetzt; die **Aus|ei|n|an|der|set|zung**
die **Aus|fahrt;** die Ausfahrten
aus|flip|pen (*umgangssprachlich für:* sich aus der Realität zurückziehen, z. B. durch Drogenkonsum; außer sich geraten); du flippst aus; er ist total ausgeflippt
die **Aus|flucht;** die Ausflüchte
der **Aus|flug;** die Ausflüge
die **Aus|fuhr;** die Ausfuhren
aus|führ|lich; die **Aus|führ|lich|keit**
die **Aus|ga|be;** seine Ausgaben aufschreiben
der **Aus|gang;** die Ausgänge
aus|ge|fal|len; ausgefallene Ideen
aus|ge|hen; sie geht aus; sie ist ausgegangen
aus|ge|las|sen; ein ausgelassener Junge; die **Aus|ge|las|sen|heit**
aus|ge|nom|men
aus|ge|rech|net; ausgerechnet mir muss das passieren!
aus|ge|schlos|sen; das ist ganz ausgeschlossen
aus|ge|zeich|net
aus|gie|big

der **Aus|gleich;** der **Aus|gleichs|sport**
die **Aus|gra|bung**
der **Aus|guß,** *neue Schreibung:* **Aus-guss;** des Ausgusses; die Ausgüsse
die **Aus|hil|fe**
aus|kom|men; er kam mit dem Geld nicht aus; das **Aus|kom|men;** sein Auskommen haben
die **Aus|kunft;** die Auskünfte
aus|la|chen; er lacht ihn aus; er hat ihn ausgelacht
das **Aus|land;** der **Aus|län|der**
aus|las|sen; er läßt, *neu:* lässt aus; er hat einen Buchstaben ausgelassen
der **Aus|lauf;** die Ausläufe
die **Aus|lei|he; aus|lei|hen;** ich habe mein Fahrrad ausgeliehen; wir leihen uns Bücher aus
aus|lo|sen; er lost aus; er hat den Gewinn ausgelost
aus|lö|sen (in Gang setzen); er löst aus; er hat den Mechanismus ausgelöst; der **Aus|lö|ser** (auslösender Mechanismus; Geschehen, das etwas auslöst)
die **Aus|lo|sung**
aus|ma|chen; sie machte das Licht aus; sie hat das Licht ausgemacht
aus|mer|zen; du merzt aus; er merzt aus; er merzte aus; er hat den Fehler ausgemerzt; merz[e] den Fehler aus!
die **Aus|nah|me;** der **Aus|nah|me|zu-stand** (kritische Situation, in der der Staat besondere Vollmachten erhält); **aus|nahms|wei|se**
aus|nut|zen *und* **aus|nüt|zen;** du nutzt *und* nützt ihn aus; du hast seine Schwächen ausgenutzt *und* ausgenützt
aus|pa|cken[1]**;** er hat ausgepackt
aus|pfei|fen; das Publikum hat ihn ausgepfiffen
aus|po|sau|nen; du posaunst aus; er hat alles gleich ausposaunt
der **Aus|puff;** die Auspuffe
die **Aus|re|de**
aus|rei|chend; er hat die Note „ausreichend“ erhalten; er hat die Prüfung mit „ausreichend“ bestanden; er hat nur ein [knappes] Ausreichend bekommen
aus|rei|ßen; du reißt das Unkraut aus; er reißt das Unkraut aus; er riß, *neu:* riss das Unkraut aus; er hat das Unkraut ausgerissen; aber: er ist zu Hause ausgerissen; reiß[e] nicht aus!; der **Aus|rei|ßer**

[1]*Alte Trennung:* ...k|k...

aus|ren|ken; er renkt den Arm aus; er renkte den Arm aus; er hat den Arm ausgerenkt; sich den Arm ausrenken; er hat sich den Arm ausgerenkt
aus|rot|ten; du rottest aus; er rottet aus; er rottete aus; er hat das Übel mit Stumpf und Stiel ausgerottet; rotte das Übel aus!
aus|rü|cken[1] (*umgangssprachlich auch für:* fliehen, sich heimlich davonmachen); er ist schon dreimal ausgerückt
das **Aus|ru|fe|zei|chen**
sich **aus|ru|hen;** sie ruht sich aus; sie hat sich ausgeruht
aus|rut|schen; du rutschst aus; mir ist das Messer ausgerutscht
die **Aus|saat**
der **Aus|satz; aus|sät|zig**
aus|schau|en; er schaute nach dem Schiff aus; *(süddeutsch, österreichisch:)* die Sache schaut gut aus; er hat schlecht ausgeschaut
aus|schei|den; das Insekt scheidet einen Duftstoff aus; der Verein schied aus dem Wettbewerb aus; der **Aus-schei|dungs|kampf**
aus|schimp|fen; du schimpfst ihn aus; er hat mich ausgeschimpft
aus|schlag|ge|bend; seine Stimme war bei diesen Verhandlungen ausschlaggebend
aus|schlie|ßen; man schloß, *neu:* schloss ihn aus dem Verein aus; ein Versehen ist ausgeschlossen; **aus-schließ|lich;** ausschließlich des Trinkgeldes; der **Aus|schluß,** *neue Schreibung:* **Aus|schluss;** des Ausschlusses; die Ausschlüsse
der **Aus|schuß,** *neue Schreibung:* **Aus-schuss;** des Ausschusses; die Ausschüsse
aus|schwei|fend; ein ausschweifendes Leben führen
aus|se|hen; es sieht nach Regen aus; er sah krank aus; mit ihm hat es schlimm ausgesehen
au|ßen; nach innen und außen; die **Au|ßen|po|li|tik;** der **Au|ßen|sei-ter;** das **Au|ßen|ske|lett** (bei Insekten); der **Au|ßen|ste|hen|de;** ein Außenstehender; die Außenstehenden; mehrere Außenstehende; die **Au|ßen-ste|hen|de;** eine Außenstehende
au|ßer; niemand kann diese Schrift lesen außer er selbst; außer Haus; außer

[1]*Alte Trennung:* ...k|k...

allem Zweifel; er ist außer Rand und Band; ich bin außer mir; außerstande, *auch:* außer Stande sein; etwas außer acht, *neu:* Acht lassen; etwas außer aller Acht lassen; etwas außer Kurs setzen; ich gerate außer mir vor Freude; er ist außer Landes gegangen
au|ßer|dem
äu|ße|re; äußerste; die äußere Tür; das **Äu|ße|re;** sein Äußeres
au|ßer|ge|wöhn|lich
au|ßer|halb; außerhalb Münchens; außerhalb des Campingplatzes
äu|ßer|lich
äu|ßern; du äußerst; er hat diesen Verdacht geäußert; äußer[e] doch etwas!; er hat sich schlecht darüber geäußert
au|ßer|or|dent|lich
äu|ßerst; das Äußerste befürchten; aufs Äußerste gefasst sein; auf das, aufs äußerste, *auch:* Äußerste, (sehr) erschrocken sein; es zum Äußersten kommen lassen; bis zum Äußersten gehen
au|ßer|stan|de, *auch:* **au|ßer Stan|de** sein
die **Äu|ße|rung**
die **Aus|sicht; aus|sichts|los;** am aussichtslosesten
der **Aus|sied|ler**
sich **aus|söh|nen;** sie söhnt sich aus; sie hat sich mit ihrem Freund ausgesöhnt; söhn[e] dich mit ihm aus!
aus|son|dern; du sonderst aus; er sonderte aus; er hat ausgesondert; sondere die schlechten Exemplare aus!
die **Aus|sper|rung** (Maßnahme, durch die die Arbeitnehmer von der Arbeit ausgeschlossen werden)
die **Aus|spra|che;** der **Aus|spruch;** die Aussprüche
aus|staf|fie|ren (herausputzen); er staffierte mich als Indianer aus (er verkleidete mich als Indianer)
der **Aus|stand** (Streik); die Ausstände
aus|stei|gen; sie steigt aus; sie ist am Theater ausgestiegen
aus|stel|len; er stellte mir einen Pass aus; er hat seine Bilder ausgestellt; die **Aus|stel|lung**
aus|ster|ben; diese Pflanzenart stirbt aus; die Dinosaurier starben aus; die Dinosaurier sind ausgestorben
die **Aus|steu|er**
aus|su|chen; er suchte drei Bilder aus; ich habe mir etwas ausgesucht
die **Aus|ter**[1] (essbare Meeresmuschel); die Austern

Au|s|t|ra|li|en; der **Au|s|t|ra|li|er; au|s|t|ra|lisch**
aus|trin|ken; er trank das Bier aus; er hat sein Glas ausgetrunken
der **Aus|ver|kauf;** die Ausverkäufe
der **Aus|wan|de|rer; aus|wan|dern;** er wandert aus; er ist ausgewandert
aus|wär|tig; auswärtiger Dienst; aber: das Auswärtige Amt; der Minister des Auswärtigen
aus|wärts; auswärts essen; nach auswärts gehen; auswärtsgehen, *neu:* auswärts gehen (mit auswärts gerichteten Füßen gehen); er ging auswärts; er ist auswärtsgegangen, *neu:* auswärts gegangen; das **Aus|wärts|spiel** (*Sport*)
aus|wech|seln; ich wechsele *und* wechsle das Teil aus; der Trainer hat den Torwart ausgewechselt
aus|wei|chen; er weicht aus; er ist meiner Frage ausgewichen
der **Aus|weis;** die Ausweise; **aus|wei|sen;** er weist ihn aus; er wies ihn aus; er hat ihn ausgewiesen; weis[e] ihn aus!; sich ausweisen; er hat sich ausgewiesen
aus|wen|dig; etwas auswendig lernen
aus|wer|ten; sie wertet aus; sie hat die Zahlen ausgewertet
aus|wi|schen; du wischst aus; sie hat mir eins ausgewischt
aus|zeich|nen; er zeichnete sich durch Schnelligkeit aus; man hat ihn mit einem Preis ausgezeichnet; die **Aus|zeich|nung**
die **Aus|zeit** (*Basketball, Volleyball:* Spielunterbrechung)
aus|zie|hen; du ziehst die Schuhe aus; ich zog mich aus; er hat den Mantel ausgezogen; sie ist aus der Wohnung ausgezogen
der **Aus|zu|bil|den|de;** ein Auszubildender; die Auszubildenden; zwei Auszubildende; die **Aus|zu|bil|den|de;** eine Auszubildende
au|t|ark (wirtschaftlich unabhängig);
die **Au|t|ar|kie**
das **Au|to;** die Autos; Auto fahren; ich bin Auto gefahren; Auto und radfahren, *neu:* Auto und Rad fahren; rad- und Auto fahren, *neu:* Rad und Auto fahren; die **Au|to|bahn;** die Autobahnen
die **Au|to|bi|o|gra|fie,** *Nebenform:* **Au|to|bi|o|gra|phie** (Beschreibung des eigenen Lebens); die Autobiografien, *auch:* Autobiographien

[1] *Alte Trennung:* ...|st...

der **Au|to|bus;** des Autobusses; die Autobusse
der **Au|to|di|dakt** (jemand, der etwas im Selbstunterricht lernt); des/dem/den Autodidakten; die Autodidakten
das **Au|to|fah|ren,** aber: er kann Auto fahren; der **Au|to|fah|rer;** die **Au|to-fah|re|rin;** die Autofahrerinnen
das **Au|to|gramm** (eigenhändig geschriebener Name); die Autogramme
der **Au|to|mat;** des/dem/den Automaten; die Automaten; die **Au|to|ma|tik** (Vorrichtung, die einen technischen Vorgang steuert); **au|to|ma|tisch**
das **Au|to|mo|bil;** die Automobile
au|to|nom (selbstständig); die **Au|to-no|mie;** die Autonomien
der **Au|tor** (Verfasser); des Autors; dem/den Autor; die Autoren
das **Au|to|ra|dio**
au|to|ri|tär (unbedingten Gehorsam fordernd); die **Au|to|ri|tät** (Ansehen; bedeutender Kenner eines bestimmten Fachgebietes); die Autoritäten
der **Au|to|schlos|ser**
autsch!
au|weh!
das **A|ve-Ma|ria** (Gebet an die Muttergottes); des Ave-Maria[s]; die Ave-Maria[s]
die **A|vo|ca|do** (südamerikanische Baumfrucht); die Avocados
der **A|xel** (*Eiskunstlauf:* Sprung mit einer Umdrehung); des Axels; die Axel
das **A|xi|om** (nicht ableitbarer Grundsatz); des Axioms; die Axiome
die **Axt;** die Äxte
die **A|za|lee** [*...le^e*] (eine Zierpflanze); die Azaleen
die **A|zo|ren** (Inselgruppe im Atlantischen Ozean) *Plural*
der **Az|te|ke** (Angehöriger eines Indianerstamms in Mexiko); des Azteken; die Azteken
der **A|zu|bi;** des Azubis; die Azubis; die **A|zu|bi;** der Azubi; die Azubis (*umgangssprachlich für:* Auszubildende)

B

das **B** [*be*] (Buchstabe); des B; die B; aber: das b in Abend; das B-Dur, b-Moll
Ba|bel (die Stadt Babylon)
das **Ba|by** [*bebi*] (Säugling); des Babys; die Babys
Ba|by|lon (Ruinenstadt am Euphrat)
die **Ba|by|pup|pe;** der **Ba|by|sit|ter**
der **Bach;** die Bäche
die **Bach|stel|ze**
das **Back|bord** (die linke Schiffsseite [von hinten gesehen]); die Backborde
das **Bäck|chen;** die **Ba|cke**[1]
ba|cken[1]; der Bäcker bäckt; der Bäcker backte, *älter:* buk; der Bäcker hat das Brot gebacken; backe den Kuchen!
ba|cken[1]; der Schnee backt (klebt); der Schnee hat an den Sohlen gebackt
der **Ba|cken|zahn**[1]
der **Bä|cker**[1]; die **Bä|cke|rei**[1]
der **Back|fisch;** die **Back|hel|fe;** das **Back|obst;** der **Back|ofen**
die **Back|pfei|fe**
das **Back|pul|ver**
der **Back|stein**
das **Bad;** die Bäder; die **Ba|de|an|stalt;** der **Ba|de|an|zug;** die **Ba|de|ho|se;** der **Ba|de|meis|ter**[2]; **ba|den;** du badest; sie hat gebadet; bade jetzt!; baden gehen
Ba|den-Würt|tem|berg; ba|den-würt|tem|ber|gisch
die **Ba|de|wan|ne;** das **Ba|de|zim|mer**
das **Bad|min|ton** [*bädmint^en*] (ein Federballspiel); des Badminton
baff (verblüfft); sie ist baff
BAföG = Bundesausbildungsförderungsgesetz
die **Ba|ga|ge** [*bagasch^e*, auch: *bagasch*] (*umgangssprachlich für:* Gesindel)
die **Ba|ga|tel|le** (eine unbedeutende Kleinigkeit); die Bagatellen
Bag|dad [auch: *bakdat*] (Hauptstadt des Iraks)
der **Bag|ger; bag|gern;** er hat gebaggert; baggere hier!; der **Bag|ger|see**
die, *auch:* das **Ba|guette** [*bagät*] (französisches Stangenweißbrot); der Baguette, *auch:* des Baguettes; die Baguetten, *auch:* die Baguettes
die **Ba|ha|mas** (Inselgruppe und Staat im Karibischen Meer) *Plural;* der **Ba|ha-ma|er** *oder* **Ba|ha|mer; ba|ha|ma-isch** *oder* **ba|ha|misch**
die **Bahn;** die Bahnen; **bahn|bre|chend;** die bahnbrechende Erfindung; aber: sich eine Bahn brechend[,] ging sie durch die Menge; **bah|nen;** sie hat sich einen Weg gebahnt; bahne dir einen Weg!; der **Bahn|hof;** der **Bahn|steig**

---

[1]*Alte Trennung:* ...k|k...
[2]*Alte Trennung:* ...|st...

die **Bah|re**
die **Bai** (die Bucht); die Baien
die **Ba|ke** (festes Orientierungszeichen im Verkehr)
die **Bak|te|rie** [*bakteri^e*] (einzelliges Kleinstlebewesen); die Bakterien; die **Bak|te|rien|kul|tur**
die **Ba|la|lai|ka** (russisches Saiteninstrument); die Balalaikas *oder* Balalaiken
die **Ba|lan|ce** [*balangß^e*] (Gleichgewicht); Balance halten; **ba|lan|cie|ren** [*balangßir^en*] (das Gleichgewicht halten); du balancierst; sie balanciert; sie balancierte; sie hat auf dem Seil balanciert
bald; eher; am ehesten; möglichst bald; so bald als *oder* wie möglich
der **Bal|da|chin** (Traghimmel; Betthimmel); die Baldachine
bal|digst
der **Bal|d|ri|an** (eine Heilpflanze); die Baldriane
der **Balg** (die Tierhaut); die Bälge
der *oder* das **Balg** (ein unartiges Kind); die Bälger; sich **bal|gen** (raufen); du balgst dich; er hat sich mit ihm gebalgt; balge dich nicht!; die **Bal|ge|rei**
der **Bal|kan** (Gebirge in Südosteuropa); die **Bal|kan|halb|in|sel**
der **Bal|ken**; des Balkens; die Balken
der **Bal|kon** [*balkong*, auch: *balkon*]; des Balkons; die Balkons *und* die Balkone
der **Ball**; Ball spielen; aber: das Ballspielen
die **Bal|la|de** (ein episch-dramatisches Gedicht)
der **Bal|last** [auch: *balaßt*] (tote Last; Bürde); die **Bal|last|stof|fe** (Nahrungsbestandteile, die der Körper nicht verwertet) *Plural*
bal|len; sie ballte die Faust; die Wolken haben sich geballt; der **Bal|len** (Muskelpolster an Hand und Fuß; Packen); zwei Ballen Baumwolle
das **Bal|lett** (der Bühnentanz; die Tanzgruppe); die Ballette; der **Bal|lettän|zer**[1], *neue Schreibung:* **Bal|lett|tän|zer**, *auch möglich:* **Bal|lett-Tän|zer**; die **Bal|lett|trup|pe**, *auch möglich:* **Bal|lett-Trup|pe**
die **Bal|lis|tik**[2] (Lehre von der Bewegung geschleuderter oder geschossener Körper); **bal|lis|tisch**[2]
der **Bal|lon** [*balong*, auch: *balon*]; des Ballons; die Ballons *und* die Ballone

[1] *Trennung:* ...tt|t...
[2] *Alte Trennung:* ...|st...

das **Bal|lungs|ge|biet** (Gebiet mit dichter Besiedlung und Industrie)
das **Bal|sa|holz** (eine sehr leichte Holzart)
der **Bal|sam**; die Balsame (Linderung, Labsal)
die **Ba|lu|s|t|ra|de** (Brüstung, Geländer)
die **Balz** (Paarungszeit bestimmter Vögel); die Balzen; **bal|zen**; der Auerhahn balzt; er hat gebalzt
der **Bam|bus** (ein Riesengras); des Bambusses; die Bambusse
der **Bam|mel**; Bammel haben (*umgangssprachlich für:* Angst haben)
ba|nal (geistlos; alltäglich); die **Ba|na|li|tät**; Banalitäten sagen
die **Ba|na|ne**
der **Ba|nau|se** (Mensch ohne Kunstverständnis); die Banausen
das **Band** (Streifen; Magnetband, Tonband); die Bänder
das **Band** (Fessel); die Bande; sie ist außer Rand und Band
der **Band**; die Bände; eine Goetheausgabe in zehn Bänden
die **Band** [*bänt*] (eine Gruppe von Musikern, besonders eine Jazzband); der Band; die Bands
die **Ban|da|ge** [*bandasch^e*]; die Bandagen; **ban|da|gie|ren** [*bandaschir^en*]; sie bandagierte den Knöchel
die **Ban|de**; der **Ban|den|chef**
der *oder* das **Bän|del**, *alte Schreibung:* **Ben|del**; *vgl. d.*
die **Ban|de|ro|le**; die Banderolen
bän|di|gen; du bändigst; sie hat ihn gebändigt; bändige ihn!
der **Ban|dit** (Räuber); des/dem/den Banditen; die Banditen
der **Band|lea|der** [*bäntlid^e(r)*] (Leiter einer Jazz- oder Rockgruppe); des Bandleaders; die Bandleader
die **Band|schei|be** (knorpelige Scheibe zwischen je zwei Wirbeln der Wirbelsäule)
der **Band|wurm**
bang *und* **ban|ge**; banger *und* bänger; am bangsten *und* am bängsten; mir ist angst und bang[e]; bange, *neu:* Bange machen; das Bangemachen
der **Ban|ga|le** *oder* **Ben|ga|le** (Einwohner von Bangladesch); des/dem/den Bangalen *oder* Bengalen; **ban|ga|lisch** *oder* **ben|ga|lisch**
Bang|kok (Hauptstadt von Thailand)
Bang|la|desch (Staat in Südasien)
das **Ban|jo** [auch: *bändscho*] (Musikinstrument); des Banjos; die Banjos

die **Bank** (Sitzgelegenheit); die Bänke
die **Bank** (Geldinstitut); die Banken; der **Ban|ki|er** [*bankie*] (Inhaber eines Bankhauses); die Bankiers; die **Bank|leit|zahl;** der **Bank|raub**
bank|rott; bankrott sein, werden; bankrott, *neu:* Bankrott gehen; der **Bank|rott** (Zahlungsunfähigkeit); die Bankrotte; Bankrott machen
der **Bann;** die Banne; die **Bann|bul|le** (Bannurkunde des Papstes); **ban|nen;** du bannst; sie hat die Gefahr gebannt
das **Ban|ner** (Fahne)
die **Bann|mei|le** (Bezirk, in dem Versammlungsverbot herrscht)
der **Bap|tist** (Anhänger einer evangelischen Lehre, die nur die Erwachsenentaufe zulässt); des/dem/den Baptisten
bar (bloß); er ist aller Ehre[n] bar; sie hat viel bares Geld; aber: sie hat viel Bargeld; bar bezahlen; in bar geben; gegen bar verkaufen; das ist barer Unsinn; barfuß; barhäuptig
die **Bar** (kleines [Nacht]lokal; Schanktisch); die Bars
der **Bär;** des/dem/den Bären; die Bären; der Große, Kleine Bär (Sternbilder)
die **Ba|ra|cke**[1]
der **Bar|ba|di|er** [*barbadi^er*] (Bewohner von Barbados); **bar|ba|disch; Bar|ba|dos** (Inselstaat in der Karibik)
der **Bar|bar** (roher Mensch); des/dem/den Barbaren; die Barbaren; die **Bar|ba|rei; bar|ba|risch**
die **Bar|be** (ein Fisch)
bär|bei|ßig (brummig-unfreundlich)
das **Ba|rett** (eine Mütze); die Barette
bar|fuß; barfuß gehen; **bar|fü|ßig**
das **Bar|geld;** des Bargeld[e]s; **bar|geld|los;** bargeldloser Zahlungsverkehr
bar|häup|tig
der **Ba|ri|ton** (mittlere Männerstimme; *auch:* Sänger mit dieser Stimme); des Baritons; die Baritone
das **Ba|ri|um** (ein Leichtmetall, chemischer Grundstoff); des Bariums
die **Bar|kas|se** (ein Motorboot); die **Barke** (kleines Boot)
barm|her|zig; barmherzige Leute; aber: Barmherzige Brüder, Barmherzige Schwestern (religiöse Genossenschaften für Krankenpflege); die **Barm|her|zig|keit**
das *oder* der **Ba|rock** (ein Kunststil); des Barocks

[1]*Alte Trennung:* ...k|k...

das **Ba|ro|me|ter** (Luftdruckmesser)
der **Ba|ron** (Freiherr); die Barone
der **Bar|ren** (ein Turngerät); der **Bar|ren** (Handelsform der Metalle in Stangen); zwei Barren Gold
die **Bar|ri|e|re** (Schranke; Sperre); die **Bar|ri|ka|de** (Hindernis)
barsch; am barschesten
die **Bar|schaft;** der **Bar|scheck**
der **Bart**
der **Bar|ten|wal**
bär|tig; bart|los
der **Ba|salt** (ein Gestein); die Basalte
der **Ba|sar** (orientalisches Händlerviertel; Wohltätigkeitsverkauf); die Basare
die **Ba|se** (die Kusine); die Basen
der **Base|ball** [*be^ißbål*] (amerikanisches Schlagballspiel); des Baseballs
die **Ba|si|li|ka** (altrömische Halle; Kirche mit überhöhtem Mittelschiff); die Basiliken
das **Ba|si|li|kum** (eine Gewürzpflanze); des Basilikums; die Basilikums *und* Basiliken
die **Ba|sis** (Grundlage, Unterbau); die Basen; die **Ba|sis|grup|pe**
der **Bas|ket|ball** (Korbball[spiel])
der **Baß,** *neue Schreibung:* **Bass;** des Basses; die Bässe
das **Bas|sin** [*baßäng*]; des Bassins; die Bassins
der **Baß|sän|ger,** *neue Schreibung:* **Bass|sän|ger,** *auch möglich:* **Bass-Sänger**; der **Baß|schlüs|sel,** *neue Schreibung:* **Bass|schlüs|sel,** *auch möglich:* **Bass-Schlüs|sel** (ein Notenschlüssel)
der **Bast;** die Baste
bas|ta[1]**!** (*umgangssprachlich für:* genug!); [und] damit basta!
der **Bas|tard**[1] (ein Mischling); die Bastarde
bas|teln[1]**;** du bastelst; er bastelt; er bastelte; er hat gebastelt
die **Bas|til|le**[1] [*baßtij^e*] (festes Schloss, besonders das 1789 erstürmte Staatsgefängnis in Paris); die **Bas|ti|on**[1] (Bollwerk)
der **Bast|ler**
der, *auch:* die **Ba|tik** (Textilfärbeverfahren unter Verwendung von Wachs); des Batiks *und* der Batik; die Batiken; **ba|ti|ken;** du batikst; sie batikte; sie hat gebatikt; batike!
der **Ba|tist** (ein feines Gewebe); die Batiste

[1]*Alte Trennung:* ...|st...

die **Bat|te|rie** (eine Stromquelle; eine Artillerieeinheit); die Batterien; **bat|te|rie|be|trie|ben**

der **Bat|zen** (eine frühere Münze; der Klumpen); das kostet einen Batzen Geld

der **Bau;** des Bau[e]s; *Plural* (für Gebäude:) die Bauten, (für Tierwohnungen:) die Baue; Fuchsbaue; der **Bau|ar|bei|ter**

der **Bauch;** die Bäuche; **bau|chig;** der **Bauch|la|den;** die **Bauch|lan|dung;** das **Bäuch|lein;** der **Bauch|na|bel; bauch|re|den;** er kann bauchreden; der **Bauch|red|ner;** die **Bauch|spei|chel|drü|se**

bau|en; du baust; sie baut; sie baute; sie hat gebaut; baue hier ein Haus!

der **Bau|er;** des Bauern, *selten:* des Bauers; die Bauern

das **Bau|er** (der Käfig); des Bauers; die Bauer

die **Bäu|e|rin;** die Bäuerinnen; der **Bau|ern|hof;** der **Bau|ern|krieg**

bau|fäl|lig; der **Bau|kas|ten**[1]; das **Bau|kas|ten|sys|tem**[1]; die **Bau|kunst**

der **Baum;** die Bäume

der **Bau|meis|ter**[1]

bau|meln; sie baumelt; sie baumelte; sie hat mit den Beinen gebaumelt

der **Baum|fre|vel;** die **Baum|gren|ze;** die **Baum|schu|le;** der **Baum|stamm;** die **Baum|wol|le**

der **Bau|plan;** der **Bau|platz**

der **Bausch;** die Bausche *und* die Bäusche; in Bausch und Bogen (alles in allem); **bau|schig**

bau|spa|ren; sie will bausparen; der **Bau|spa|rer;** die **Bau|spar|kas|se;** der **Bau|spar|ver|trag**

die **Bau|stof|fe** *Plural;* der **Bau|stoff|han|del;** das **Bau|werk**

der **Bau|xit** (ein Mineral); des Bauxits; die Bauxite

der **Bay|er;** des/dem/den Bayern; die Bayern; **bay|e|risch** *und* **bay|risch;** die bayerischen Seen; a b e r: der Bayerische Wald; **Bay|ern** (deutsches Bundesland)

der **Ba|zil|len|trä|ger;** der **Ba|zil|lus** (ein Krankheitserreger); des Bazillus; die Bazillen

Bd. = Band (bei Büchern); **Bde.** = Bände

[1]*Alte Trennung:* ...|st...

be|ach|ten; du beachtest; sie beachtete; sie hat ihn nicht beachtet; **be|ach|tens|wert; be|acht|lich;** die **Be|ach|tung**

der **Be|am|te;** ein Beamter; die Beamten; zwei Beamte; die **Be|am|tin;** die Beamtinnen

be|an|spru|chen; sie beansprucht; sie hat meine Zeit sehr beansprucht; die **Be|an|spru|chung**

be|an|tra|gen; sie hat beantragt; beantrage doch eine Ermäßigung!

be|ar|bei|ten; du bearbeitest; du hast das Holz bearbeitet; die **Be|ar|bei|tung**

der **Beat** [*bit*] (*im Jazz:* Schlagrhythmus; *kurz für:* Beatmusik); des Beat[s]; **bea|ten** [*bit^en*] (nach Beatmusik tanzen); die **Beat|mu|sik**

die **Beau|fort|ska|la** [*bóf^ertßkala*] (Skala für Windstärken)

be|auf|sich|ti|gen; du beaufsichtigst; sie hat ihn beaufsichtigt; beaufsichtige ihn!; die **Be|auf|sich|ti|gung**

be|auf|tra|gen; du beauftragst; sie hat ihn beauftragt; beauftrage ihn!

be|ben; du bebst; er bebt; er bebte vor Angst; die Erde hat gebebt; das **Be|ben** (Erdbeben); **be|bend**

der **Be|cher**

das **Be|cken**[1]

das **Bec|que|rel** [*bäk^eräl*] (Einheit der Radioaktivität); des Becquerel[s]; 1 000 Becquerel

be|dacht; auf eine Sache bedacht sein; der **Be|dacht;** mit Bedacht; auf etwas Bedacht nehmen; **be|däch|tig**

sich **be|dan|ken;** du bedankst dich; sie hat sich bedankt; bedanke dich bei ihr!

der **Be|darf;** nach Bedarf; sie hat Bedarf daran

be|dau|er|lich; be|dau|ern; du bedauerst; er hat sie bedauert; bedauere sie!; das **Be|dau|ern**

be|de|cken[1]**;** du bedeckst ihn; sie bedeckt ihn; sie bedeckte ihn; sie hat ihn bedeckt; bedecke ihn mit deinem Mantel!; sich bedecken; sie hat sich mit einem Mantel bedeckt; **be|deckt;** bedeckter Himmel

be|den|ken; du bedenkst; sie bedenkt; sie bedachte; sie hat bedacht; bedenke ihn mit einer kleinen Gabe!; bedenke die Folgen!; sich bedenken; sie hat sich kurz bedacht; **be|denk|lich**

[1]*Alte Trennung:* ...k|k...

be|deu|ten; das bedeutet nichts; das hat ihr viel bedeutet; **be|deu|tend;** am bedeutendsten; um ein bedeutendes, *neu:* Bedeutendes zunehmen; das Bedeutendste; etwas Bedeutendes; **bedeut|sam;** die **Be|deu|tung**

be|die|nen; du bedienst ihn; er hat ihn bedient; bediene die Gäste!; sich einer Sache bedienen; die **Be|die|nung**

be|din|gen; das eine bedingt das andere; das eine hat das andere bedingt; **be|dingt;** dies gilt nur bedingt (eingeschränkt); die **Be|din|gung**

be|drän|gen; du bedrängst ihn; er hat ihn bedrängt; die **Be|dräng|nis;** die Bedrängnisse

be|dro|hen; du bedrohst sie; er hat sie bedroht; bedrohe sie nicht!; **be|drohlich;** die **Be|dro|hung**

der **Be|du|i|ne** (arabischer Nomade); des/dem/den Beduinen; die Beduinen

be|dür|fen; du bedarfst ihrer; er bedarf ihrer; er bedurfte ihrer; er hat ihrer Hilfe bedurft; das **Be|dürf|nis;** des Bedürfnisses; die Bedürfnisse; **be|dürftig;** einer Sache bedürftig sein

das **Beef|steak** [*bifßtek*]; des Beefsteaks; die Beefsteaks

sich **be|ei|len;** du beeilst dich; sie beeilt sich; sie beeilte sich; sie hat sich beeilt; beeile dich!

be|ein|fluß|bar, *neue Schreibung:* **be-ein|fluss|bar; be|ein|flus|sen;** du beeinflußt, *neu:* beeinflusst ihn; sie beeinflußt, *neu:* beeinflusst ihn; sie hat ihn beeinflußt, *neu:* beeinflusst; beeinflusse ihn nicht!; die **Be|ein|flussung**

der **Beel|ze|bub** (oberster Teufel im Neuen Testament)

be|er|di|gen; man beerdigt sie; man hat sie beerdigt; die **Be|er|di|gung**

die **Bee|re;** das **Bee|ren|obst**

das **Beet**

be|fan|gen (schüchtern); die **Be|fangen|heit**

der **Be|fehl; be|feh|len;** du befiehlst; er befiehlt; er befahl; er hat befohlen; befiehl es ihm!; **be|feh|li|gen** (das Kommando haben); du befehligst; er befehligte; er hat eine Division befehligt; der **Be|fehls|ha|ber**

be|fes|ti|gen[1]**;** du befestigst; sie befestigte; sie hat befestigt; befestige die Skier auf dem Wagendach!

[1]*Alte Trennung:* ...|st...

sich **be|fin|den;** du befindest dich; sie befindet sich; sie befand sich; sie hat sich in Mannheim befunden; das **Be|finden** (Gesundheitszustand); ihr Befinden hat sich gebessert; **be|find|lich** (vorhanden)

be|flis|sen (eifrig bemüht)

be|fol|gen; du befolgst; sie hat meinen Rat befolgt; befolge meinen Rat!

be|för|dern; du beförderst ihn; sie befördert ihn; sie hat ihn befördert; befördere ihn!; die **Be|för|de|rung**

be|fra|gen; du befragst; sie befragt; sie befragte ihn; sie hat die Zeugen befragt

be|frei|en; du befreist ihn; sie befreit ihn; sie befreite ihn; sie hat ihn befreit; befreie ihn!; sich befreien; sie hat sich aus dieser Lage befreit; die **Be|freiungs|be|we|gung** (Zusammenschluss zur Befreiung von Zwangsherrschaft); der **Be|frei|ungs|schlag** (Eishockey)

be|frem|den; ihr Brief befremdet mich (verwundert mich, ist mir unverständlich); **be|fremd|lich**

sich **be|freun|den;** du befreundest dich; sie hat sich befreundet; befreunde dich doch mit ihr!

be|frie|di|gen; er befriedigt ihn; er befriedigte ihn; er hat ihn befriedigt; befriedige seine Wünsche!; **be|frie|digend;** sie hat die Note „befriedigend" erhalten; sie hat mit der Note „befriedigend" bestanden

be|fruch|ten; die Bienen befruchten; sie befruchteten; sie haben die Blüten befruchtet; die **Be|fruch|tung**

die **Be|fug|nis;** die Befugnisse; **be|fugt;** befugt sein; sie ist zum Betreten des Raumes befugt

be|für|wor|ten (empfehlen, unterstützen); du befürwortest; sie hat das Gesuch befürwortet; der **Be|für|wor|ter**

be|gabt; am begabtesten; ein begabtes Mädchen; die **Be|ga|bung**

die **Be|gat|tung**

sich **be|ge|ben;** du begibst dich; sie begibt sich; sie begab sich nach Hause; es begab sich (es geschah), dass ...; es hat sich begeben; die **Be|ge|ben|heit** (Ereignis)

be|geg|nen; du begegnest ihm; sie begegnet ihm; sie begegnete ihm; sie ist ihm begegnet; die **Be|geg|nung**

be|geh|ren; du begehrst; sie hat Einlass begehrt; begehre dies nicht!

be|geis|tern[1]**;** du begeisterst; sie begeistert; sie begeisterte; sie hat die Zuschauer begeistert; ich war begeistert; begeisterte Zustimmung; die **Be|geis|te|rung**[1]

die **Be|gier;** die **Be|gier|de;** die Begierden; **be|gie|rig**

der **Be|ginn;** von Beginn an; zu Beginn; **begin|nen;** du beginnst; sie beginnt; sie begann; sie hat begonnen; beginne damit!

be|glau|bi|gen; du beglaubigst; sie hat die Abschrift beglaubigt; beglaubige die Unterschrift!; die **Be|glau|bi|gung**

be|glei|ten; du begleitest; sie begleitet; sie begleitete; sie hat ihn begleitet; begleite ihn!; der **Be|glei|ter;** die **Be|gleit|er|schei|nung;** die **Be|glei|tung**

be|glü|cken[2]**;** du beglückst mich; sie beglückte uns; *ironisch:* er hat uns mit seinem Besuch beglückt; **be|glü|ckend**[2]**; be|glück|wün|schen;** du beglückwünschst ihn; sie hat ihn beglückwünscht; beglückwünsche ihn!

be|gna|det; eine begnadete (hochbegabte) Künstlerin; **be|gna|di|gen;** du begnadigst; sie begnadigt; sie begnadigte; sie hat ihn begnadigt; begnadige ihn!; die **Be|gna|di|gung**

sich **be|gnü|gen;** du begnügst dich; sie begnügte sich; sie hat sich damit begnügt

die **Be|go|nie** [*begoni*[e]] (eine Zierpflanze); die Begonien

be|gra|ben; du begräbst; sie begräbt; sie begrub; sie hat begraben; begrabe den toten Hund!; das **Be|gräb|nis;** des Begräbnisses; die Begräbnisse

be|grei|fen; du begreifst; sie begreift; sie begriff; sie hat begriffen; begreife doch endlich!; **be|greif|lich; be|greif|li|cher|wei|se;** der **Be|griff;** im Begriff[e] sein[,] mit dem Auto wegzufahren; **be|griff|lich; be|griffs|stut|zig**

be|grün|den; du begründest; sie begründete ihren Vorschlag; sie hat die Firma begründet (gegründet); die **Be|grün|dung**

be|grü|ßen; du begrüßt; sie begrüßt; sie begrüßte; sie hat die Gäste begrüßt; begrüße die Gäste!; die **Be|grü|ßung**

be|güns|ti|gen[1]**;** du begünstigst; sie begünstigt; sie begünstigte; der Schiedsrichter hat die Gastmannschaft begünstigt; die **Be|güns|ti|gung**[1]

be|hä|big

be|ha|gen; es behagt ihr; es behagte ihr; es hat ihr behagt; das **Be|ha|gen; be|hag|lich**

be|hal|ten; du behältst; sie behält; sie behielt; sie hat etwas behalten; behalte das Buch!; der **Be|häl|ter;** das **Be|hält|nis;** des Behältnisses; die Behältnisse

be|hän|de, *alte Schreibung:* **be|hen|de;** die **Be|hän|dig|keit,** *alte Schreibung:* **Be|hen|dig|keit**

be|han|deln; du behandelst; sie behandelt; sie behandelte; sie hat ihn schlecht behandelt; behandele ihn gut!; die **Be|hand|lung**

be|har|ren; du beharrst; sie beharrt; sie beharrte auf ihrer Meinung; sie hat auf ihrer Meinung beharrt; beharre nicht auf deiner Meinung!; **be|harr|lich;** die **Be|harr|lich|keit**

be|haup|ten; du behauptest; sie behauptet; sie behauptete dies; sie hat dies behauptet; behaupte nichts Falsches!; sich behaupten; die **Be|haup|tung**

der **Be|helf;** die Behelfe; sich **be|hel|fen;** sie hat sich mit einer Decke beholfen; **be|helfs|mä|ßig**

be|hel|li|gen (belästigen); er behelligt ihn; er behelligte ihn; er hat ihn behelligt; behellige ihn nicht!

be|hen|de, *neue Schreibung:* **be|hän|de;** die **Be|hen|dig|keit,** *neue Schreibung:* **Be|hän|dig|keit**

be|her|ber|gen; du beherbergst; sie beherbergt; sie hat die Fremde beherbergt

be|herr|schen; du beherrschst; sie beherrschte drei Sprachen; sie hat sich beherrscht (sich zusammengenommen); die **Be|herr|schung**

be|her|zi|gen; du beherzigst; sie beherzigt; sie beherzigte; sie hat deine Worte beherzigt; beherzige sie!

be|hilf|lich

be|hin|dern; du behinderst; er behindert; er hat ihn behindert; das Kind ist geistig behindert; der **Be|hin|der|te;** ein Behinderter; die Behinderten; zwei Behinderte; die **Be|hin|der|te;** eine Behinderte

[1]*Alte Trennung:* ...|st...
[2]*Alte Trennung:* ...k|k...

[1]*Alte Trennung:* ...|st...

die **Be|hör|de**
be|hü|ten; du behütest; er behütet; er behütete; er hat ihn behütet; behüte ihn gut!; behüt', *neu:* behüt dich Gott!; **be|hut|sam**
bei; bei weitem; bei all[e]dem; bei dem allem/allen; bei diesem allem/allen; bei der Hand sein
die **Beich|te; beich|ten;** du beichtest; er beichtet; er beichtete; er hat gebeichtet; beichte deine Sünden!; das **Beicht|ge|heim|nis;** der **Beicht|stuhl**
bei|de, bei|des; alles beides; beide jungen Leute; alle beide; wir beide, *selten:* wir beiden; ihr beide *und* ihr beiden; wir beiden jungen Leute; sie beide; diese beiden; dieses beides; einer von beiden; die beiden; für uns beide; **bei|de|mal,** *neue Schreibung:* **bei|de Mal;** beide Male; **bei|der|lei;** beiderlei Geschlecht[e]s; **bei|der|seits;** beiderseits des Flusses
bei|ei|n|an|der; beieinander (einer bei dem anderen) sein; aber: beieinandersein, *neu:* beieinander sein (bei Verstand sein; gesund sein); er ist gut beieinander; **bei|ein|an|der|ha|ben,** *neue Schreibung:* **bei|ei|n|an|der haben;** wir werden in einigen Jahren viel Geld beieinanderhaben, *neu:* beieinander haben; **bei|ein|an|der|sit|zen,** *neue Schreibung:* **bei|ei|n|an|der sitzen;** wir saßen beieinander; wir haben beieinandergesessen, *neu:* beieinander gesessen; **bei|ein|an|der|ste|hen,** *neue Schreibung:* **bei|ei|n|an|der stehen;** wir standen beieinander; wir haben beieinandergestanden, *neu:* beieinander gestanden
der **Bei|fah|rer;** der **Bei|fah|rer|sitz**
der **Bei|fall; bei|fäl|lig**
beige [*besch*] (sandfarben); ein beige (*umgangssprachlich auch:* beiges) Kleid; das **Beige** (ein Farbton); **beige|farben**
das **Beil**
bei|läu|fig (nebensächlich; nebenher)
bei|lei|be; beileibe nicht
das **Bei|leid**
das **Bein**
bei|nah, bei|na|he
bein|am|pu|tiert; die **Bein|ar|beit** (*Sport*); der **Bein|bruch**
der **Bei|rat;** des Beirat[e]s; die Beiräte
Bei|rut [*bairut,* auch: *bairut*] (Hauptstadt des Libanons)
bei|sam|men; beisammen (vereinigt) sein; aber: beisammensein, *neu:* beisammen sein (rüstig, bei Verstand sein); **bei|sam|men|ha|ben;** etwas beisammenhaben (z.B. Geld); noch alle beisammenhaben (noch bei Verstand sein); **bei|sam|men|sit|zen;** wir saßen beisammen; wir haben beisammengesessen; **bei|sam|men|ste|hen;** wir standen beisammen; wir haben beisammengestanden
der **Bei|schlaf** (Koitus)
bei|sei|te; etwas beiseite legen; etwas beiseite schaffen
das **Bei|spiel;** zum Beispiel; **bei|spiel|haft; bei|spiel|los;** eine beispiellose Frechheit; **bei|spiels|wei|se**
bei|ßen; du beißt; er beißt; er biß, *neu:* biss; er hat gebissen; beiße!; der Hund beißt ihn (*auch:* ihm) ins Bein; die **Beiß|zan|ge**
der **Bei|stand;** jemandem Beistand leisten; **bei|ste|hen;** du stehst ihr bei; sie steht ihr bei; sie stand ihr bei; sie hat ihr beigestanden; stehe ihr bei!
der **Bei|strich** (Komma)
der **Bei|trag; bei|tra|gen;** du trägst zur Unterhaltung bei; sie hat auch ihr Teil dazu beigetragen
bei|zei|ten
bei|zen; du beizt; sie beizt; sie beizte; sie hat gebeizt; beize die Tür!
be|ja|hen; du bejahst; sie hat dies bejaht; bejahe diese Worte!
be|kannt; am bekanntesten; bekannt sein; bekannt machen; der **Be|kann|te;** ein Bekannter; die Bekannten; zwei Bekannte; die **Be|kann|te;** eine Bekannte; **be|kannt|ge|ben,** *neue Schreibung:* **be|kannt ge|ben** (verkünden); sie gibt bekannt; sie hat die Verfügung bekanntgegeben, *neu:* bekannt gegeben; **be|kannt|lich; be|kannt|ma|chen,** *neue Schreibung:* **be|kannt ma|chen** (veröffentlichen); das Gesetz wurde bekanntgemacht, *neu:* bekannt gemacht; ich habe meine Schwester mit ihr bekannt gemacht (ihr vorgestellt); die **Be|kannt|schaft; be|kannt|wer|den,** *neue Schreibung:* **be|kannt wer|den** (veröffentlicht werden, in die Öffentlichkeit dringen); der Wortlaut ist bekanntgeworden, *neu:* bekannt geworden; wenn der Wortlaut bekannt wird; ich bin mit ihr bekannt geworden (ich habe sie kennen gelernt)

be|keh|ren; du bekehrst ihn; er bekehrt ihn; er bekehrte ihn; er hat ihn bekehrt; bekehre ihn!
be|ken|nen; du bekennst; sie bekennt; sie bekannte; sie hat es bekannt; aber: die Bekennende Kirche; das **Be|kennt|nis;** des Bekenntnisses; die Bekenntnisse
be|kla|gen; du beklagst; er hat ihn beklagt; beklage ihn nicht!; sich beklagen; er hat sich darüber beklagt
die **Be|klei|dung**
be|klom|men (ängstlich, bedrückt); die **Be|klom|men|heit**
be|kom|men; du bekommst; er bekommt; er bekam; er hat einen neuen Anzug bekommen; das Essen ist mir gut bekommen; **be|kömm|lich;** der Wein ist leicht bekömmlich; ein leichtbekömmlicher, *neu:* leicht bekömmlicher Wein
be|krän|zen; du bekränzt; sie bekränzt; sie bekränzte; sie hat ihm die Stirn mit Lorbeer bekränzt
sich **be|kreu|zi|gen;** du bekreuzigst dich; sie bekreuzigte sich; sie hat sich bekreuzigt
be|küm|mert (traurig)
be|la|den; du belädst; sie belädt; sie belud; sie hat den Wagen beladen; belade den Wagen!
der **Be|lag;** die Beläge
die **Be|la|ge|rer** (*meist Plural*); **be|la|gern;** du belagerst; er belagert; er belagerte; der Feind hat die Stadt belagert; die **Be|la|ge|rung**
be|läm|mert, *alte Schreibung:* **be|lem|mert**
der **Be|lang;** von Belang sein; **be|lan|gen;** du belangst ihn; man hat ihn wegen Diebstahls belangt (verklagt); **be|lang|los**
be|läs|ti|gen[1]**;** du belästigst; er hat ihn belästigt; belästige ihn nicht!
be|lau|schen; du belauschst ihn; er belauschte uns; er hat uns belauscht
be|le|gen; du belegst; sie hat den Platz belegt; belege einen Platz!
be|leh|ren; du belehrst ihn; er belehrt ihn; er belehrte ihn; er hat ihn belehrt; belehre ihn nicht!; er belehrte ihn eines and[e]ren *oder* andern; aber *groß:* er belehrte ihn eines Besser[e]n *oder* Bessren
be|lei|di|gen; du beleidigst ihn; er hat ihn beleidigt; beleidige ihn nicht!; **be|lei|digt;** er ist beleidigt; die **Be|lei|di|gung**
be|lem|mert, *neue Schreibung:* **be|läm|mert**
be|leuch|ten; du beleuchtest; sie beleuchtet; sie beleuchtete; sie hat den Saal beleuchtet; die **Be|leuch|tung**
Bel|gi|en; der **Bel|gi|er;** die **Bel|gi|e|rin;** die Belgierinnen; **bel|gisch**
Bel|grad (Hauptstadt der Bundesrepublik Jugoslawien und Serbiens)
be|lie|ben; es beliebt ihr; es beliebte ihr; es hat ihr beliebt; das **Be|lie|ben;** nach Belieben; es steht in ihrem Belieben; **be|lie|big;** x-beliebig; ein beliebiges Beispiel; alles beliebige, *neu:* Beliebige; etwas Beliebiges; jeder beliebige, *neu:* Beliebige; **be|liebt;** am beliebtesten
bel|len; der Hund bellt; der Hund bellte; der Hund hat gebellt
be|loh|nen; du belohnst ihn; sie belohnt ihn; sie belohnte ihn; sie hat ihn belohnt; belohne ihn!; die **Be|loh|nung**
be|lü|gen; du belügst sie; er belügt sie; er belog sie; er hat sie belogen; belüge sie nicht!
Bem. = Bemerkung
sich **be|mäch|ti|gen;** er bemächtigt sich des Geldes; er bemächtigte sich des Geldes; er hat sich des Geldes bemächtigt
be|män|geln (tadeln); du bemängelst; sie bemängelte; sie hat die Ausführung bemängelt
be|män|teln (beschönigen); du bemäntelst; er bemäntelt; er bemäntelte; er hat seine Fehler bemäntelt
be|mer|ken; du bemerkst; sie bemerkt; sie bemerkte; sie hat ihn bemerkt; die **Be|mer|kung**
sich **be|mü|hen;** du bemühst dich; sie bemüht sich; sie bemühte sich; sie hat sich bemüht; bemühe dich!
be|nach|rich|ti|gen; du benachrichtigst ihn; sie benachrichtigte ihn; sie hat ihn benachrichtigt; benachrichtige ihn!
der *oder* das **Ben|del,** *neue Schreibung:* **Bän|del** ([schmales] Band, Schnur); des Bendels, *neu:* Bändels; die Bendel, *neu:* Bändel
der **Be|ne|dik|ti|ner** (Angehöriger eines katholischen Ordens)
sich **be|neh|men;** du benimmst dich; sie benimmt sich; sie benahm sich; sie hat sich gut benommen; benimm dich!; das **Be|neh|men**

[1] *Alte Trennung:* ...|st...

be|nei|den; du beneidest sie; er beneidet sie; er hat sie beneidet; beneide sie nicht!; **be|nei|dens|wert**

die **Be|ne|lux|staa|ten** [auch: *benelux* ...] (die in einer Zollunion vereinigten Länder Belgien, Niederlande und Luxemburg)

be|net|zen; du benetzt die Lippen; sie benetzte die Lippen; sie hat die Lippen benetzt

der **Ben|ga|le** (Angehöriger eines indischen Volksstammes; Einwohner von Bangladesch); des/dem/den Bengalen; ↑Bangale; **ben|ga|lisch**

der **Ben|gel;** die Bengel

Be|nin (Staat in Afrika); der **Be|ni|ner; be|ni|nisch**

be|nutz|bar; be|nut|zen, *landschaftlich auch:* **be|nüt|zen;** du benutzt *oder* benützt; sie benutzt *oder* benützt; sie benutzte *oder* benützte; sie hat die günstige Gelegenheit dazu benutzt *oder* benützt; benutze *oder* benütze diese Gelegenheit!; der **Be|nut|zer**

das **Ben|zin;** die Benzine; das **Ben|zol;** die Benzole

be|o|b|ach|ten; du beobachtest; sie beobachtet; sie beobachtete; sie hat gut beobachtet; beobachte ihn genau!; der **Be|o|b|ach|ter;** die **Be|o|b|ach|tung**

be|quem; sich **be|que|men;** du bequemst dich; sie bequemt sich; sie bequemte sich; sie hat sich bequemt; bequeme dich doch dazu!; die **Be|quem|lich|keit**

be|ra|ten; du berätst; sie berät; sie beriet; sie hat ihn beraten; berate ihn!; sich beraten; sie hat sich mit ihr beraten; eine beratende Ingenieurin; der **Be|ra|ter;** die **Be|ra|tung;** der **Be|ra|tungs|aus|schuß,** *neue Schreibung:* **Be|ra|tungs|aus|schuss**

be|rau|ben; du beraubst sie; er beraubt sie; er beraubte sie; er hat sie beraubt; beraube sie nicht!

die **Ber|be|rit|ze** (Sauerdorn, ein Zierstrauch)

be|rech|nen; du berechnest; sie hat die Kosten berechnet; die **Be|rech|nung**

be|rech|ti|gen; der Ausweis berechtigt dich zu verbilligtem Eintritt; die **Be|rech|ti|gung**

be|red|sam; die **Be|red|sam|keit;** **be|redt;** auf das, aufs beredteste, *auch:* auf das, aufs Beredteste

be|reg|nen; sie beregnet den Rasen; sie hat den Rasen beregnet; die **Be|reg|nung**

der, *selten:* das **Be|reich**

be|rei|chern; du bereicherst; er hat seine Sammlung bereichert; bereichere dich nicht!; die **Be|rei|che|rung**

be|rei|fen; du bereifst das Auto; sie hat ihr Auto neu bereift

be|reift; die Bäume sind bereift (voll Raureif)

die **Be|rei|fung**

be|reit; zu etwas bereit sein; sich zu etwas bereit erklären; sich bereit finden; aber: bereithalten usw.; **be|rei|ten;** du bereitest ein Bad; sie hat mir große Freude bereitet; **be|reit|hal|ten;** sie hielt das Geld bereit; sie hat es bereitgehalten; wir haben uns bereitgehalten; **be|reit|le|gen;** sie legte die Bücher bereit; sie hat die Bücher bereitgelegt; **be|reit|lie|gen;** die Bücher liegen bereit; die Bücher lagen bereit; die Bücher haben bereitgelegen; **be|reit|ma|chen;** ich habe alles bereitgemacht; **be|reit|ste|hen;** das Essen hat bereitgestanden; **be|reit|stel|len;** ich habe die Kisten bereitgestellt; **be|reits**

be|reu|en; du bereust; er bereut; er bereute; er hat es bereut; bereue!

der **Berg; berg|ab; berg|an; berg|auf;** der **Berg|bau;** des Bergbau[e]s

ber|gen; du birgst; sie birgt; sie barg; sie hat den Verschütteten geborgen; birg die Verschütteten!

die **Berg|fahrt** (Fahrt den Strom, den Berg hinauf); der **Berg|fried** (Hauptturm von Burgen, Wehrturm); des Bergfried[e]s; die Bergfriede; der **Berg|füh|rer; ber|gig;** der **Berg|kris|tall**[1] (ein Mineral); des Bergkristalls; die Bergkristalle; der **Berg|mann;** die Bergleute; die **Berg|pre|digt** (auf einem Berg gehaltene bedeutungsvolle Predigt Christi); der **Berg|stei|ger**

die **Ber|gung;** die **Ber|gungs|mann|schaft**

die **Berg|wacht**

das **Berg|werk;** die Bergwerke

der **Be|richt;** Bericht erstatten; **be|rich|ten;** du berichtest; sie berichtet; sie berichtete; sie hat berichtet; berichte!; die **Be|richt|er|stat|tung**

be|rich|ti|gen; du berichtigst; sie berichtigt; sie berichtigte; sie hat ihn be-

[1] *Alte Trennung:* ...|st...

richtigt; berichtige ihn!; sich berichtigen; er hat sich berichtigt; die **Be|rich|ti|gung**

be|rie|chen; der Hund beriecht ihn; der Hund beroch ihn; der Hund hat ihn berochen

be|rie|seln; ich beries[e]le das Feld; sie berieselte das Feld; sie hat es berieselt; die **Be|rie|se|lung,** *auch:* **Be|ries|lung**

das **Be̲|ring|meer** (nördlichstes Randmeer des Pazifischen Ozeans)

Ber|li̲n (Hauptstadt und Land der Bundesrepublik Deutschland); der **Ber|li|ner;** die **Ber|li|ne|rin;** die Berlinerinnen; **ber|li|ne|risch** *und* **ber|li|nisch**

die **Ber|mu|da|shorts** [*...schå'z*] (fast knielange Shorts); *Plural*

der **Bern|stein**

der **Ber|se̩r|ker** (wilder Krieger; *auch für:* blindwütig tobender Mensch)

bers|ten[1]; das Eis birst; das Eis barst; das Eis ist geborsten

be|rüch|tigt

be|rück|sich|ti|gen; du berücksichtigst; sie hat ihn berücksichtigt; berücksichtige ihn!

der **Be|ruf; be|ruf|lich;** die **Be|rufs|be|ra|tung;** die **Be|rufs|ge|nos|sen|schaft;** die **Be|rufs|krank|heit;** die **Be|rufs|schu|le;** der **Be|rufs|sport;** **be|rufs|tä|tig;** der **Be|rufs|tä|ti|ge;** ein Berufstätiger; die Berufstätigen; zwei Berufstätige; die **Be|rufs|tä|ti|ge;** eine Berufstätige; die **Be|ru|fung**

be|ru|hi|gen; du beruhigst ihn; sie beruhigt ihn; sie hat ihn beruhigt; beruhige ihn!; sich beruhigen; er hat sich beruhigt

be|rühmt; am berühmtesten; die **Be|rühmt|heit**

be|rüh|ren; du berührst; er hat ihn berührt; berühre ihn nicht!

bes. = besonders

der **Be|satz;** die Besätze; die **Be|sat|zung**

be|schä|di|gen; du beschädigst; er hat das Auto beschädigt; beschädige es nicht!

be|schäf|ti|gen; du beschäftigst; sie hat ihn beschäftigt; beschäftige ihn!; die **Be|schäf|ti|gung**

be|schä|men; du beschämst ihn; er beschämt ihn; er beschämte ihn; er hat ihn beschämt; beschäme ihn nicht!; er ist von seiner Güte beschämt

der **Be|scheid;** die Bescheide; Bescheid geben, sagen, wissen; **be|schei|den;** er ist bescheiden; die **Be|schei|den|heit**

die **Be|schei|ni|gung**

be|schei|ßen (*derb für:* betrügen); du bescheißt; er bescheißt; er beschiß, *neu:* beschiss; er hat beschissen

be|sche|ren; du bescherst; sie beschert; sie hat beschert; beschere den Kindern Spielzeug!; die **Be|sche|rung**

be|scheu|ert (*derb für:* dumm, schwer von Begriff)

be|schimp|fen; du beschimpfst ihn; er beschimpfte ihn; er hat ihn beschimpft; beschimpfe ihn nicht!

der **Be|schlag;** die Beschläge; etwas in Beschlag nehmen; **be|schla|gen;** du beschlägst; sie beschlägt; sie beschlug; sie hat das Pferd beschlagen; beschlage es!; **be|schla|gen** (kenntnisreich); sie ist in Geschichte gut beschlagen; die **Be|schlag|nah|me**

be|schleu|ni|gen; du beschleunigst; sie beschleunigte; sie hat den Wagen beschleunigt; die **Be|schleu|ni|gung**

be|schlie|ßen; du beschließt; sie beschließt; sie beschloß, *neu:* beschloss; sie hat beschlossen; der **Be|schluß,** *neue Schreibung:* **Be|schluss;** die Beschlüsse

be|schmie|ren; du beschmierst; er hat die Wand beschmiert; beschmiere sie nicht!; sich beschmieren; er hat sich die Hände beschmiert

be|schmut|zen; du beschmutzt; er beschmutzt; er beschmutzte; er hat seine Jacke beschmutzt; beschmutze deine Finger nicht!; sich beschmutzen; er hat sich die Finger beschmutzt

die **Be|schnei|dung**

be|schränkt (dumm, engstirnig)

be|schrei|ben; du beschreibst; sie beschreibt; sie beschrieb; sie hat es gut beschrieben; beschreibe diesen Vorgang!; die **Be|schrei|bung**

be|schul|di|gen; du beschuldigst; er beschuldigte; er hat mich beschuldigt; die **Be|schul|di|gung**

be|schum|meln (*umgangssprachlich für:* ein wenig betrügen)

be|schüt|zen; du beschützt ihn; sie beschützt ihn; sie beschützte ihn; sie hat ihn beschützt; beschütze ihn!

die **Be|schwer|de;** sich **be|schwe|ren;** du beschwerst dich; er beschwert sich;

---

[1] *Alte Trennung:* ...|st...

er beschwerte sich; er hat sich beschwert; beschwere dich doch!; **be|schwer|lich**

be|schwich|ti|gen; du beschwichtigst; er beschwichtigt; er hat beschwichtigt; beschwichtige ihn!

be|schwingt (heiter, schwungvoll)

be|schwipst (*umgangssprachlich für:* leicht betrunken)

be|schwö|ren; du beschwörst ihn; er beschwor ihn; er hat Geister beschworen; die **Be|schwö|rung**

be|seelt (innerlich erfüllt)

be|sei|ti|gen; du beseitigst; er hat das Unkraut beseitigt; beseitige es!

der **Be|sen;** die Besen; der **Be|sen|stiel**

be|ses|sen; er ist von seiner Idee besessen

be|set|zen; du besetzt; sie besetzt; sie hat besetzt; besetze den Platz!; das **Be|setzt|zei|chen;** die **Be|set|zung**

be|sich|ti|gen; du besichtigst; sie besichtigt; sie besichtigte; sie hat den Dom besichtigt; besichtige den Dom!

be|sie|deln; sie besiedelten das Land; die **Be|sie|de|lung** *und* die **Be|sied|lung**

be|sie|gen; du besiegst die Krankheit; sie hat die Krankheit besiegt; besiege sie!

sich **be|sin|nen;** du besinnst dich; sie besinnt sich; sie besann sich; sie hat sich besonnen; **be|sinn|lich;** die **Be|sin|nung; be|sin|nungs|los**

der **Be|sitz;** die Besitze; **be|sit|zen;** du besitzt; sie besitzt; sie besaß; sie hat ein Auto besessen

be|sof|fen (*derb für:* betrunken)

be|son|de|re; zur besonderen Verwendung; insbesond[e]re; das Besond[e]re (das Außergewöhnliche); etwas, nichts Besond[e]res; im besond[e]ren, *neu:* Besond[e]ren; **be|son|ders**

be|sor|gen; du besorgst; er besorgt; er besorgte; er hat ein Geschenk besorgt; besorge eine Kleinigkeit!

be|spre|chen; sie bespricht es; sie besprach es; sie hat es mit mir besprochen; besprich es mit ihr!

bes|ser; es ist besser, wenn ...; aber: es ist das bessere, *neu:* Bessere, wenn ...; jemanden eines Besser[e]n, *auch:* Beßren, *neu:* Bessren belehren; sich eines Besser[e]n, *auch:* Beßren, *neu:* Bessren besinnen; eine Wendung zum Besser[e]n, *auch:* Beßren, *neu:* Bessren nehmen; das Bessere ist des Guten Feind; nichts Besseres, *auch:* Beßres, *neu:* Bessres war zu tun; **bes|ser ge|hen;** mit den neuen Schuhen wird es besser gehen; **bes|ser|ge|hen,** *neue Schreibung:* **bes|ser ge|hen;** dem Kranken wird es bald bessergehen, *neu:* besser gehen; die **Bes|se|rung** *und* die **Beß|rung,** *neu:* **Bess|rung;** der **Bes|ser|wis|ser**

der **Be|stand;** die Bestände; **be|stan|den;** mit Wald bestanden (bewachsen); **be|stän|dig;** der **Be|stand|teil**

be|stä|ti|gen; du bestätigst; sie bestätigt; sie bestätigte; sie hat diese Nachricht bestätigt; bestätige diese Aussage!; die **Be|stä|ti|gung**

be|stat|ten (beerdigen); du bestattest sie; er bestattete sie; man hat sie gestern bestattet; die **Be|stat|tung**

be|stäu|ben; Bienen bestäuben die Blüten; die **Be|stäu|bung**

bes|te[1]; bestens; bestenfalls; wir fangen am besten gleich an; aber: ich halte es für das beste, *neu:* Beste, wenn ...; er ist der Beste in der Klasse; er hat sein Bestes getan; aufs, auf das beste, *auch:* Beste; es steht nicht zum besten, *neu:* Besten; er hatte ihn zum besten, *neu:* Besten; es ist nur zu deinem Besten

be|ste|chen; du bestichst ihn; er besticht ihn; er bestach ihn; er hat ihn bestochen; **be|stech|lich;** die **Be|ste|chung**

das **Be|steck;** die Bestecke

be|ste|hen; du bestehst; sie besteht; sie bestand; sie hat ihr Examen bestanden; besteh[e] auf deiner Forderung!

be|stel|len; du bestellst; sie hat ein Buch bestellt; bestell[e] es!; die **Be|stel|lung**

bes|ten|falls[1]

bes|ti|a|lisch[1] (unmenschlich, grausam); die **Bes|tie**[1] [*bäßtie*] (ein wildes Tier; Unmensch); die Bestien

be|stim|men; du bestimmst; sie bestimmt; sie bestimmte; sie hat dies bestimmt; bestimm[e]!; **be|stimmt;** der bestimmte Artikel; die **Be|stim|mung**

be|stra|fen; du bestrafst; er bestraft; er bestrafte; er hat ihn bestraft; bestraf[e] ihn nicht!; die **Be|stra|fung**

der **Best|sel|ler** (Buch o. Ä., das sehr gut verkauft wird); die **Best|sel|ler|lis|te**[1]

---

[1]*Alte Trennung:* ...|st...

be|stürzt (fassungslos, ratlos)

der **Be|such;** die Besuche; **be|su|chen;** du besuchst sie; sie besuchte ihn; sie hat ihn besucht; besuch[e] ihn!; der **Be|su|cher**

be|täu|ben; du betäubst; sie betäubt; sie betäubte; sie hat ihn betäubt; die **Be|täu|bung**

be|tei|li|gen; du beteiligst ihn; sie beteiligte ihn; sie hat ihn beteiligt; beteilige ihn!; sich beteiligen; sie hat sich an diesem Wettbewerb beteiligt; die **Be|tei|li|gung**

die **Be|tel|nuß,** *neue Schreibung:* **Be|tel|nuss**

be|ten; du betest; er betet; er betete; er hat gebetet; bete!; der **Be|ter**

be|teu|ern; du beteuerst; er beteuerte; er hat seine Unschuld beteuert

Beth|le|hem, *auch:* **Bet|le|hem** (Geburtsort Jesu südlich von Jerusalem)

der **Be|ton** [*betong,* auch: *betong*]; des Betons; die Betons, *auch:* die Betone

be|to|nen; du betonst; sie betont; sie betonte; sie hat dies besonders betont; beton[e] das Wort!

be|to|nie|ren; du betonierst; er betoniert; er betonierte; er hat den Hof betoniert; betonier[e] die Einfahrt!; die **Be|ton|misch|ma|schi|ne**

die **Be|to|nung**

betr. = betreffend; **Betr.** = Betreff

der **Be|tracht;** in Betracht kommen, ziehen; außer Betracht bleiben; **be|trach|ten;** du betrachtest; sie betrachtet; sie betrachtete; sie hat das Bild betrachtet; betracht[e] es!; **be|trächt|lich;** eine beträchtliche Summe; um ein beträchtliches, *neu:* Beträchtliches höher; die **Be|trach|tung**

der **Be|trag;** die Beträge; sich **be|tra|gen;** du beträgst dich; er beträgt sich; er betrug sich; er hat sich schlecht betragen; das **Be|tra|gen**

der **Be|treff;** die Betreffs; in betreff, *neu:* Betreff; betreffs des Neubaus; **be|tref|fen;** dies betrifft mich; dies betraf mich; dies hat mich betroffen

be|tre|ten; du betrittst; sie betritt; sie betrat; sie hat das Zimmer betreten; betritt bitte nicht diesen Raum!

be|treu|en; er betreut dich; er hat die Kinder betreut; der **Be|treu|er;** die **Be|treu|e|rin;** die **Be|treu|ung**

der **Be|trieb;** die Betriebe; eine Maschinenanlage in Betrieb setzen; die Anlage ist in *oder* im Betrieb; **be|trieb|sam;** der **Be|triebs|aus|flug;** die **Be|triebs|fe|ri|en** *Plural;* **be|triebs|fer|tig;** der **Be|triebs|rat;** das **Be|triebs|sys|tem**[1] *(EDV);* der **Be|triebs|un|fall;** die **Be|triebs|wirt|schaft**

be|trübt; sie ist darüber sehr betrübt

der **Be|trug; be|trü|gen;** du betrügst; er betrügt; er betrog; er hat sie betrogen; betrüge sie nicht!; sich betrügen; er hat sich damit selbst betrogen; der **Be|trü|ger; be|trü|ge|risch**

be|trun|ken

das **Bett;** zu Bett[e] gehen; die **Bett|de|cke**[2]

bet|teln; du bettelst; er bettelt; er bettelte; er hat gebettelt; bett[e]le nicht!; der **Bet|tel|or|den**

bett|lä|ge|rig; bettlägerig sein

der **Bett|ler**

das **Bettuch**[3], *neue Schreibung:* **Bett|tuch,** *auch möglich:* **Bett-Tuch;** der **Bett|vor|le|ger**

beu|gen; du beugst; sie hat den rechten Arm gebeugt; beug[e] den Arm!; die **Beu|gung**

die **Beu|le**

be|ur|lau|ben; sie beurlaubt ihn; sie hat ihn beurlaubt; beurlaube ihn!

be|ur|tei|len; sie beurteilt es; sie hat ihn beurteilt; beurteile sie!

die **Beu|te**

der **Beu|tel;** die Beutel; das **Beu|tel|tier**

die **Be|völ|ke|rung;** die **Be|völ|ke|rungs|dich|te;** die **Be|völ|ke|rungs|py|ra|mi|de** (grafisch dargestellte Zusammensetzung der Bevölkerung nach Alter und Geschlecht)

be|vor; be|vor|zu|gen; du bevorzugst; sie bevorzugt; sie bevorzugte; sie hat ihn bevorzugt; bevorzuge niemanden!

be|wa|chen; sie bewacht; sie hat ihn bewacht; bewach[e] ihn!

be|wah|ren; du bewahrst; sie bewahrt; sie bewahrte; sie hat ihn vor Schaden bewahrt; bewahr[e] uns davor!; Gott bewahre dich!; sich **be|wäh|ren;** du bewährst dich; sie bewährt sich; sie bewährte sich; sie hat sich bewährt; bewähr[e] dich!; die **Be|wäh|rung;** die **Be|wäh|rungs|frist;** der **Be|wäh|rungs|hel|fer** (Betreuer während der Bewährungsfrist)

---

[1] *Alte Trennung:* ...|st...
[2] *Alte Trennung:* ...k|k...
[3] *Trennung:* ...tt|t...

be|wäl|ti|gen; sie bewältigt; sie hat die Schwierigkeiten bewältigt

die **Be|wandt|nis;** die Bewandtnisse

die **Be|wäs|se|rung**

be|we|gen (die Lage ändern); du bewegst den Stuhl; sie bewegt den Stuhl; sie bewegte den Stuhl; sie hat den Stuhl bewegt; beweg[e] den Stuhl!; **be|we|gen** (veranlassen); du bewegst ihn; sie bewegt ihn; sie bewog ihn; sie hat ihn bewogen[,] dies zu tun; **be|weg|lich; be|wegt** (ergriffen); bewegt sein; die **Be|we|gung;** der **Be|we|gungs|ap|pa|rat** (Knochen, Gelenke, Bänder und Skelettmuskeln); **be|we|gungs|los**

der **Be|weis; be|weis|bar; be|wei|sen;** du beweist; sie beweist; sie bewies; sie hat es bewiesen; beweis[e] es!; die **Be|weis|füh|rung; be|weis|kräf|tig**

sich **be|wer|ben;** du bewirbst dich; sie bewirbt sich; sie bewarb sich; sie hat sich um eine Stelle beworben; bewirb dich um diese Stelle!; die **Be|wer|bung**

be|wil|li|gen; du bewilligst; sie hat mir keinen Urlaub bewilligt; die **Be|wil|li|gung**

be|wölkt; der Himmel ist bewölkt; die **Be|wöl|kung**

be|wun|dern; be|wun|derns|wert; die **Be|wun|de|rung**

be|wußt, *neue Schreibung:* **be|wusst;** ich bin mir keines Vergehens bewußt, *neu:* bewusst; er hat den Fehler bewußt, *neu:* bewusst (mit Absicht) gemacht; sie hat mir den Zusammenhang bewußt, *neu:* bewusst gemacht (klar gemacht); **be|wußt|los,** *neue Schreibung:* **be|wusst|los;** die **Be|wußt|lo|sig|keit,** *neue Schreibung:* **Be|wusst|lo|sig|keit;** das **Be|wußt|sein,** *neue Schreibung:* **Be|wusst|sein**

Bez. = Bezeichnung; Bezirk

be|zah|len; du bezahlst; sie bezahlte; sie hat die Rechnung bezahlt; bezahl[e] die Rechnung!; die **Be|zah|lung**

be|zau|bern; du bezauberst; er bezaubert; er bezauberte; er hat sie bezaubert; **be|zau|bernd;** ein bezauberndes Lächeln

be|zeich|nen; du bezeichnest; sie bezeichnet; sie bezeichnete; sie hat es als gut bezeichnet; **be|zeich|nend;** es ist bezeichnend für ihn; die **Be|zeich|nung**

be|zeu|gen; sie bezeugt; sie hat es bezeugt; bezeuge die Wahrheit!

be|zich|ti|gen; du bezichtigst ihn; sie bezichtigt ihn; sie bezichtigte ihn; sie hat ihn der Tat bezichtigt; bezichtige ihn nicht!

be|zie|hen; du beziehst; sie bezieht; sie bezog; sie hat die neue Wohnung bezogen; sich auf eine Sache beziehen; die **Be|zie|hung;** in Beziehung setzen; **be|zie|hungs|wei|se** (*Abkürzung:* bzw.)

der **Be|zirk**

der **Be|zug;** in bezug, *neu:* Bezug auf; mit Bezug auf; auf etwas Bezug nehmen (*dafür besser:* sich auf etwas beziehen); Bezug nehmend auf (*dafür besser:* mit Bezug auf); **be|züg|lich;** die **Be|zugs|per|son** (Person, zu der jemand eine persönliche Beziehung hat, die ihm Halt und Orientierung gibt)

be|zwei|feln; ich bezweif[e]le das

Bf., Bhf. = Bahnhof

BGB = Bürgerliches Gesetzbuch

das **Bi|ath|lon** (Kombination aus Skilanglauf und Scheibenschießen); des Biathlons; die Biathlons

bib|bern (*umgangssprachlich für:* vor Kälte zittern); ich bibbere; er hat gebibbert

die **Bi|bel;** die Bibeln

der **Bi|ber;** die Biber

bibl. = biblisch

die **Bi|b|li|o|thek** (die Bücherei); die Bibliotheken; die Deutsche Bibliothek (in Frankfurt); der **Bi|b|li|o|the|kar** (Angestellter einer Bücherei); des Bibliothekars; die Bibliothekare; die **Bi|b|li|o|the|ka|rin;** die Bibliothekarinnen

bi|b|lisch; eine biblische Geschichte (eine Erzählung aus der Bibel); aber: die Biblische Geschichte (das Lehrfach)

die **Bick|bee|re** (*norddeutsch für:* Heidelbeere)

bie|der; der **Bie|der|mann;** die Biedermänner; das **Bie|der|mei|er** (Kunststil vor 1848); **bie|der|mei|er|lich**

bie|gen; du biegst; sie biegt; sie bog; sie hat den Stab gebogen; biege den Stab!; sich biegen; der Stab hat sich gebogen; aber: es geht auf Biegen oder Brechen; **bieg|sam;** die **Bie|gung**

die **Bie|ne;** die **Bie|nen|kö|ni|gin;** der **Bie|nen|korb;** die **Bie|nen|spra|che**

das **Bier;** der **Bier|de|ckel**[1]

[1]*Alte Trennung:* ...k|k...

das **Biest** (Schimpfwort); die Biester
bie|ten; du bietest; sie bietet; sie bot; sie hat geboten; biete mehr!
die **Big Band,** *Hauptform:* **Big|band** [*bigbänd*] (großes Jazz- oder Tanzorchester); die Big Bands, *auch:* Bigbands
der **Bi|ki|ni** (zweiteiliger Damenbadeanzug); des Bikinis; die Bikinis
die **Bi|lanz** (die Gegenüberstellung von Vermögen und Kapital für ein Geschäftsjahr; Ergebnis); die Bilanzen
das **Bild;** im Bilde sein; **bil|den;** du bildest; sie bildet; sie bildete; sie hat einen Satz gebildet; bilde ein Wort aus 3 Buchstaben!; die bildenden Künste; der **Bil|der|bo|gen;** das **Bil|der|buch;** die **Bil|der|ge|schich|te;** das **Bil|der|rät|sel;** der **Bild|hau|er; bild|lich;** das **Bild|nis;** des Bildnisses; die Bildnisse; der **Bild|schirm;** die **Bil|dung;** der **Bil|dungs|mi|nis|ter**[1]
das **Bil|lard** [*biljart*] (ein Kugelspiel; dazugehöriger Tisch); die Billarde
die **Bil|li|ar|de** (tausend Billionen); die Billiarden
bil|lig; das ist nur recht und billig; **bil|li|gen;** du billigst; sie billigte meinen Entschluss; sie hat meinen Entschluss gebilligt; die **Bil|li|gung**
die **Bil|li|on** (eine Million Millionen); die Billionen
bim|meln; du bimmelst; sie bimmelt; sie bimmelte; sie hat gebimmelt; bimmle nicht unentwegt mit dieser Glocke!
der **Bims|stein**
die **Bin|de;** das **Bin|de|ge|we|be** (umhüllendes und verbindendes Gewebe); die **Bin|de|haut** (die durchsichtige Schleimhaut des Auges); **bin|den;** du bindest; er bindet; er band; er hat Blumen gebunden; bind[e] eine Schleife!; der **Bin|de|strich;** der **Bind|fa|den;** die **Bin|dung**
bin|nen; *mit Dativ:* binnen kurzem; binnen einem Jahr (*gehoben auch mit Genitiv:* binnen eines Jahres); binnen Jahr und Tag; der **Bin|nen|ha|fen;** das **Bin|nen|land;** der **Bin|nen|schif|fer**
die **Bin|se;** in die Binsen gehen (verloren gehen); die **Bin|sen|wahr|heit** (allbekannte Wahrheit); die **Bin|sen|weis|heit**
die **Bi|o|che|mie;** der **Bi|o|che|mi|ker; bi|o|che|misch**

[1] *Alte Trennung:* ...|st...

das **Bi|o|gas** (Faulgas als Energiequelle)
der **Bi|o|graph,** *Hauptform:* **Bi|o|graf;** des/dem/den Biographen, *auch:* Biografen; die Biographen, *auch:* Biografen; die **Bi|o|gra|phie,** *Hauptform:* **Bi|o|gra|fie;** (Lebensbeschreibung); die Biographien, *auch:* Biografien; **bi|o|gra|phisch,** *Hauptform:* **bi|o|gra|fisch**
die **Bi|o|kost;** der **Bi|o|la|den**
der **Bi|o|lo|ge;** die **Bi|o|lo|gie** (Lehre von der belebten Natur); **bi|o|lo|gisch;** der **Bi|o|müll**
der *und* das **Bi|o|top** (durch bestimmte Pflanzen- und Tiergesellschaften gekennzeichneter Lebensraum); des Biotops; die Biotope
die **Bir|ke;** der **Birk|hahn;** das **Birk|huhn**
Bir|ma (Staat in Hinterindien); der **Bir|ma|ner; bir|ma|nisch**
der **Birn|baum;** die **Bir|ne**
bis; bis hierher
die **Bi|sam|rat|te**
der **Bi|schof;** die Bischöfe; **bi|schöf|lich**
bis|her (bis jetzt); **bis|he|rig;** der bisherige Außenminister; im bisherigen, *neu:* Bisherigen (weiter oben); das Bisherige
das, *auch:* der **Bis|kuit** [*bißkwit*]; die Biskuits *und* die Biskuite; der **Bis|kuit|teig**
Bis|marck (Gründer und erster Kanzler des Deutschen Reiches)
der **Bi|son** (nordamerikanischer Büffel); des Bisons; die Bisons
der **Biß,** *neue Schreibung:* **Biss;** des Bisses; die Bisse; **biß|chen,** *neue Schreibung:* **biss|chen;** das bißchen, *neu:* bisschen; ein bißchen, *neu:* bisschen (ein wenig); ein klein bißchen, *neu:* bisschen; mit ein bißchen, *neu:* bisschen Geduld; der **Bis|sen; bis|sig**
das **Bis|tum;** die Bistümer
bis|wei|len
das **Bit** (Informationseinheit); des Bit[s]; die Bit[s]
die **Bit|te; bit|te!;** du musst bitte, *auch:* Bitte sagen; **bit|ten;** du bittest; er bittet; er bat; er hat ihn um einen Rat gebeten; bitte ihn um Nachsicht!
bit|ter; bitt[e]rer; am bittersten; **bit|ter|bö|se; bit|ter|kalt;** es ist bitter kalt, *neu:* bitterkalt; ein bitterkalter Wintertag; die **Bit|ter|keit; bit|ter|lich**
das **Bi|wak** (Feldlager); des Biwaks; die Biwaks *und* die Biwake

der **bi|zarr** (seltsam); bizarre Formen
der **Bi|zeps** (Oberarmmuskel); des Bizeps *oder* Bizepses; die Bizepse
blä|hen; der Wind bläht die Segel; der Wind blähte die Segel; der Wind hat die Segel gebläht; sich blähen; der Vorhang hat sich im Wind gebläht; die **Blä|hung**
bla|ma|bel; blamabler; am blamabelsten; eine blamable Niederlage; die **Blama|ge** [*blamasche*] (Schande, Bloßstellung); die Blamagen; sich **bla|mie|ren;** du blamierst dich; er blamierte sich; er hat sich blamiert; blamiere dich nicht!
blank; etwas blank machen, reiben, polieren; der blanke, *neu:* Blanke Hans (die stürmische Nordsee)
das **Blank** [*blängk*] (*EDV:* [Wort]zwischenraum); des Blanks; die Blanks
blank|po|liert, *neue Schreibung:* **blank po|liert;** die blankpolierte, *neu:* blank polierte Dose; die Dose ist blank poliert
die **Bla|se;** der **Bla|se|balg;** die Blasebälge; **bla|sen;** du bläst; er bläst; er blies; er hat die Trompete geblasen
bla|siert (hochnäsig)
das **Blas|in|s|t|ru|ment;** die **Blas|ka|pel|le**
die **Blas|phe|mie** (Gotteslästerung, verletzende Äußerung über etwas Heiliges)
blaß, *neue Schreibung:* **blass;** blasser (*auch:* blässer); am blassesten (*auch:* blässesten); blaß, *neu:* blass sein; blaß, *neu:* blass werden; die **Bläs|se**
das **Bläß|huhn,** *neue Schreibung:* **Bläss|huhn,** *auch:* **Bleß|huhn,** *neue Schreibung:* **Bless|huhn**
das **Blatt;** die Blätter; 5 Blatt Papier; **blät|te|rig** *und* **blätt|rig; blät|tern;** du blätterst; er blätterte; er hat im Buch geblättert; blättere nicht dauernd in diesem Buch!; das **Blatt|gold;** das **Blatt|grün;** die **Blatt|laus**
die **Blat|tern** (*älter für:* Pocken) *Plural;* **blat|ter|nar|big** (*älter für:* pockennarbig)
blau; blauer, am blau[e]sten. *Klein auch:* das blaue Kleid; der blaue Montag; sein blaues Wunder erleben (*umgangssprachlich für:* staunen); einen blauen Brief (ein Mahnschreiben) erhalten; blauer Fleck (Bluterguss); blau sein (*umgangssprachlich auch für:* betrunken sein). *Groß:* die Farbe Blau; etwas ins Blaue reden; eine Fahrt ins Blaue. *Namen und Titel:* das Blaue Band des Ozeans; die Blaue Grotte (von Capri); der Blaue Engel (Siegel für umweltschonende Produkte); der blaue, *neu:* Blaue Planet. *Schreibung in Verbindung mit Verben:* etwas blau färben, machen, streichen; aber: ↑blaumachen; ein blaugestreifter, *neu:* blau gestreifter Stoff; *Schreibung der Farbbezeichnungen:* ein blaugrünes, *auch:* blau-grünes Kleid; das blaurote, *auch:* blau-rote Muster; die blauweißrote, *auch:* blau-weiß-rote Fahne; das **Blau** (die Farbe); des Blaus; die Blau; das Blau des Himmels; er ist in Blau gekleidet; das ist mit Blau bemalt; die **Blau|bee|re** (Heidelbeere); **bläu|en** (blau machen, färben; *umgangssprachlich auch für:* schlagen); sie bläute das Kleid; sein Vater hat ihn gebläut; **bläu|lich;** bläulichgrün, *neu:* bläulich grün; bläulichrot, *neu:* bläulich rot; das **Blau|licht;** die Blaulichter; **blau|ma|chen** (*umgangssprachlich für:* nicht zur Arbeit, Schule o. Ä. gehen); die **Blau|mei|se;** die **Blau|pau|se** (Lichtpause auf bläulichem Papier); die **Blau|säu|re;** die **Blau|tan|ne;** der **Blau|wal**
der **Bla|zer** [*bleser*] (Klubjacke; sportlich-elegante Jacke); des Blazers; die Blazer
das **Blech;** die Bleche; **ble|chen** (*umgangssprachlich für:* notgedrungen und mehr, als einem lieb ist, bezahlen); du blechst; er blechte; er hat geblecht; **ble|chern** (aus Blech); der **Blech|scha|den**
das **Blei** (ein Metall)
die **Blei|be; blei|ben;** du bleibst; er bleibt; er blieb; er ist noch dort geblieben; bleib[e] hier!; **blei|ben|las|sen,** *neue Schreibung:* **blei|ben las|sen;** (*auch für:* unterlassen); er hat es bleibenlassen, *neu:* bleiben lassen, *seltener:* bleibengelassen, *neu:* bleiben gelassen
bleich; blei|chen; die Wäsche bleicht; die Wäsche bleichte; die Wäsche hat gebleicht; bleich[e] die Wäsche!; das **Bleich|ge|sicht**
der **Blei|stift**
die **Blen|de** (*Optik:* Vorrichtung, die einfallende Lichtstrahlen abschirmt); die Blenden; **blen|den;** du blendest; er blendet; er blendete; er hat ihn geblendet; blende ihn nicht!; **blen|dend** (ausgezeichnet)
die **Bles|se** (weißer Stirnfleck; *auch für:* Tier mit weißem Fleck); ↑aber: die

Blässe; das **Bleß|huhn,** *neue Schreibung:* **Bless|huhn**, *auch:* **Bläß|huhn,** *neue Schreibung:* **Bläss|huhn**

der **Blick; bli|cken**[1]; du blickst; er blickt; er hat geblickt; blick[e] nicht so böse!

blind; blind sein, werden; der **Blind|darm;** der **Blin|de;** ein Blinder; die Blinden; mehrere Blinde; die **Blin|de;** eine Blinde; **Blin|de|kuh;** Blindekuh spielen; die **Blin|den|schrift;** der **Blind|flug;** die **Blind|heit; blindlings;** die **Blind|schlei|che**

blin|ken; er blinkt; er hat mit der Taschenlampe geblinkt; der **Blin|ker;** das **Blink|feu|er** (ein Seezeichen); das **Blink|licht;** die Blinklichter

blin|zeln; du blinzelst; er hat geblinzelt; blinzele nicht!

der **Blitz;** der **Blitz|ab|lei|ter; blitzblank;**

blit|zen; es blitzt; es blitzte; es hat geblitzt; **blitz|ge|scheit;** das **Blitzlicht;** die Blitzlichter; **blitz|schnell**

der **Bliz|zard** [*blis^ert*] (schwerer Schneesturm in Nordamerika); des Blizzards; die Blizzards

der **Block;** die Blöcke und (für Abreißblocks, Häuserblocks u. a.:) die Blocks; die **Blo|cka|de**[1] (Sperre, Seesperre); die **Block|flö|te;** das **Block|haus;** die Blockhäuser; **blo|ckie|ren**[1]; er blockiert die Straße; er hat die Straße blockiert; blockier[e] nicht den Verkehr!; die **Block|schrift**

blöd *und* **blö|de;** am blödesten; **blödeln** (Unsinn reden); du blödelst; er blödelte; er hat geblödelt; blödele nicht so!; der **Blöd|sinn; blöd|sin|nig**

blö|ken; das Schaf blökt; das Schaf blökte; das Schaf hat geblökt

blond; blond|ge|färbt, *neue Schreibung:* **blond gefärbt;** blondgefärbtes, *neu:* blond gefärbtes Haar; das Haar ist blond gefärbt; **blond|ge|lockt,** *neue Schreibung:* **blond ge|lockt;** die **Blondi|ne**

bloß; die **Blö|ße; bloß|stel|len;** du stellst ihn bloß; er hat ihn bloßgestellt

die **Blue|jeans,** *auch:* **Blue jeans,** *neu:* **Blue|jeans,** *Nebenform:* **Blue Jeans** [*bludsehinß*] (blaue Hose aus festem Baumwollgewebe) *Plural*

der **Blues** [*bluß*] (Musik der Afroamerikaner; ein Tanz); des Blues; die Blues

der **Bluff;** des Bluffs; die Bluffs; **bluf|fen;** du bluffst; er blufft; er bluffte; er hat geblufft; bluffe nicht!

blü|hen; die Blume blüht; die Blume hat geblüht; die **Blu|me;** der **Blu|men|kohl;** der **Blu|men|strauß;** der **Blu|men|topf;** die **Blu|men|va|se**

die **Blu|se**

das **Blut; blut|arm;** die **Blut|bank;** die Blutbanken; der **Blut|druck**

die **Blü|te;** der **Blü|ten|stand** (Vereinigung mehrerer Blüten); der **Blü|ten|staub**

blu|ten; du blutest; er blutet; er blutete; er hat geblutet; der **Blu|ter** (jemand, der zu schwer stillbaren Blutungen neigt); der **Blut|er|guß,** *neue Schreibung:* **Blut|er|guss;** die Blutergüsse; das **Blut|ge|fäß;** die **Blut|ge|rin|nung;** die **Blut|grup|pe; blu|tig; blut|jung;** die **Blut|kon|ser|ve;** das **Blut|kör|per|chen;** die roten Blutkörperchen; der **Blut|kreis|lauf;** das **Blut|plas|ma;** das **Blut|plätt|chen;** die **Blut|ra|che; blut|rot;** der **Blut|spen|der; blut|stil|lend; bluts|verwandt;** die **Blut|trans|fu|si|on;** die **Blu|tung;** die **Blut|ver|gif|tung;** die **Blut|zu|fuhr**

BLZ = Bankleitzahl

das **BMX-Rad** (geländegängiges Fahrrad)

die **Bö,** *auch* **Böe** (ein heftiger Windstoß); die Böen

die **Boa** (Riesenschlange); die Boas

der **Bob;** die Bobs; die **Bob|bahn**

das *oder* die **Boc|cia** [*botscha*]; (ein Kugelspiel); des Boccia *und* der Boccia; die Boccias

der **Bock;** Bock springen, aber: das Bockspringen; keinen Bock auf etwas haben (keine Lust zu etwas haben); **bock|bei|nig;** das **Bock|bier; bockig**[1]; die **Bock|wurst**

der **Bo|den;** die Böden; die **Bo|den|schät|ze** *Plural*

der **Bo|den|see**

das **Bo|den|tur|nen**

das **Bo|dy|buil|ding** [*bodibilding*] (Training zur besonderen Ausbildung der Körpermuskulatur); des Bodybuilding[s]

die **Böe** ↑Bö

der **Bo|gen;** die Bogen, *landschaftlich auch:* die Bögen; in Bausch und Bogen (ganz und gar); das **Bo|gen|schie|ßen**

Bo|go|tá (Hauptstadt von Kolumbien)

[1]*Alte Trennung:* ...k|k...

[1]*Alte Trennung:* ...k|k...

die **Boh|le** (dickes Brett); ↑aber: die Bowle

Böh|men (Landschaft in der Tschechischen Republik); der **Böh|merwald**

die **Boh|ne;** der **Boh|nen|kaf|fee;** das **Boh|nen|kraut;** die **Boh|nen|stange**

boh|nern; du bohnerst; er bohnert; er bohnerte; er hat den Boden gebohnert; bohnere noch den Flur!; das **Boh|nerwachs**

boh|ren; du bohrst ein Loch; er hat ein Loch gebohrt; bohr[e] nicht in der Nase!; der **Boh|rer;** die **Bohr|in|sel** (ins Meer gebaute Plattform für Öl- und Erdgasförderung)

bö|ig; böiger Wind

der **Boi|ler** [*beuler*] (Warmwasserbereiter)

die **Bo|je** (schwimmendes Seezeichen)

der **Bo|le|ro** (spanischer Tanz; kurze Jacke); die Boleros

der **Bo|li|vi|a|ner** [*boliwianer*]; **bo|li|vi|anisch; Bo|li|vi|en** [*boliwien*] (Staat in Südamerika)

das **Boll|werk**

bol|zen (derb Fußball spielen); du bolzt; er bolzte; er hat gebolzt; bolz[e] nicht so!; der **Bol|zen**

bom|bar|die|ren; du bombardierst; er hat ihn ständig mit Fragen bombardiert; die **Bom|be;** der **Bom|ben|anschlag;** das **Bom|ben|ge|schäft** (*umgangssprachlich für:* sehr gutes Geschäft); **bom|ben|si|cher;** ein bombensicherer Keller; *aber mit Doppelbetonung:* **bom|ben|si|cher** (*umgangssprachlich für:* sehr sicher); der **Bomber**

die **Bom|mel** (*norddeutsch:* Quaste); die **Bom|mel|müt|ze**

der **Bon** [*bong*] (Gutschein); des Bons; die Bons

der *oder* das **Bon|bon** [*bongbong*]; des Bonbons; die Bonbons

Bonn (Stadt am Rhein)

der **Bon|sai** (japanischer Zwergbaum); des Bonsai[s]; die Bonsais

der **Bon|ze** (sturer [Partei]funktionär)

der **Boom** [*bum*] (Hochkonjunktur); des Booms; die Booms

das **Boot**

der **Boot** [*but*] (hoher [Wildleder]schuh); des Boots; *meist Plural:* die Boots [*butß*]

der **Bord** (Schiffsrand, Schiffsdeck); an Bord gehen; Mann über Bord

das **Bord** (Bücherbord); die Borde

die **Bör|de** (fruchtbare Ebene); die Magdeburger Börde

das **Bor|dell** (Haus, in dem Prostituierte ihr Gewerbe ausüben); des Bordells; die Bordelle

der **Bord|stein** (am Bürgersteig)

bor|gen; du borgst ihm Geld; er borgte ihm Geld; er hat ihm Geld geborgt; borg[e] kein Geld!

die **Bor|ke** (Rinde); die Borken; der **Borken|kä|fer**

der **Born** (*veraltet für:* Brunnen); des Born[e]s; die Borne

Bor|neo (Insel in Südostasien)

bor|niert (geistig beschränkt)

die **Bör|se**

die **Bors|te**[1]; **bors|tig**[1]

die **Bor|te;** die Borten

bös; ↑böse; **bös|ar|tig**

die **Bö|schung**

bö|se; am bösesten; ein böser Blick; jenseits von Gut und Böse, *neu:* gut und böse; das Gute und das Böse; im guten wie im bösen, *neu:* im Guten wie im Bösen; der **Bö|se|wicht;** die Bösewichte;

bos|haft; die **Bos|heit**

bös|wil|lig

der **Boß,** *neue Schreibung:* **Boss** (Chef); des Bosses; die Bosse

die **Bo|ta|nik** (Pflanzenkunde); **bo|tanisch,** *aber:* der Botanische Garten in München

der **Bo|te;** des/dem/den Boten; die Boten; die **Bot|schaft;** der **Bot|schaf|ter**

der **Bött|cher;** der **Bot|tich;** die Bottiche

die **Bouil|lon** [*buljongl*]; die Bouillons

die **Bou|tique** [*butik*]; die Boutiques *und* die Boutiquen

die **Bow|le** [*bole*]; die Bowlen

das **Bow|ling** [*bouling*] (amerikanische Art des Kegelspiels); des Bowlings; die Bowlings

die **Box** (abgeteilter Raum; einfache Kamera); die Boxen

bo|xen; du boxt; er boxt; er boxte; er hat geboxt; box[e] mit ihm!; der **Boxer;** der **Box|hand|schuh;** der **Boxkampf**

der **Boy** [*beu*] (Junge; [Hotel]diener); die Boys

der **Boy|kott** [*beukot*] (Ächtung, Abbruch der Geschäftsbeziehungen); des Boykotts; die Boykotte

brach (unbestellt, unbebaut); die **Brache** (Brachfeld); die Brachen; das

---

[1] *Alte Trennung:* ...|st...

Brach|feld; brach|lie|gen; der Acker lag brach; er hat brachgelegen

das **Brack|was|ser** (Gemisch von Süß- und Salzwasser in den Flussmündungen); die Brackwasser

die **Bran|che** [*brangsche*] (Wirtschaftszweig); die Branchen

der **Brand;** die **Brand|bla|se**

Bran|den|burg (deutsches Bundesland); der **Bran|den|burger;** das **Bran|den|bur|ger Tor; bran|den-bur|gisch**

brand|mar|ken (öffentlich bloßstellen); man brandmarkt ihn; man hat ihn gebrandmarkt; die **Brand|stät|te;** der **Brand|stif|ter;** die **Bran|dung;** die **Brand|wun|de**

der **Brannt|wein**

Bra|si|lia (Hauptstadt von Brasilien); der **Bra|si|li|a|ner; bra|si|li|a|nisch; Bra|si|li|en** [*brasilien*] (Staat in Südamerika)

bra|ten; du brätst; sie brät; sie briet; sie hat den Fisch gebraten; brat[e] das Fleisch!; der **Bra|ten;** der **Brat|ling**

die **Brat|sche** (ein Streichinstrument); der **Brat|scher** *und* der **Brat|schist;** des/dem/den Bratschisten

die **Brat|wurst**

der **Brauch;** die Bräuche; **brauch|bar; brau|chen;** du brauchst einen neuen Mantel; er hat einen neuen Hut gebraucht; aber: er hat es nicht zu tun brauchen (nicht tun müssen); das **Brauch|tum;** die Brauchtümer; das **Brauch|was|ser** (für Gewerbe und Industrie)

die **Brau|e|rei**

braun; ↑blau; der **Braun|bär; bräu-nen;** die Sonne bräunte ihn; die Sonne hat ihn gebräunt; sich bräunen lassen; **braun|ge|brannt,** *neue Schreibung:* **braun ge|brannt;** eine braungebrannte, *neu:* braun gebrannte Frau; die Sonne hat uns braun gebrannt; die **Braun|koh|le; bräun|lich**

die **Brau|se; brau|sen;** das Wasser braust; das Wasser hat gebraust; sich brausen; er hat sich gebraust

die **Braut;** die Bräute; der **Bräu|ti|gam;** die Bräutigame; das **Braut|kleid; bräut|lich**

brav; braver; am bravsten; ein braver Junge

bra|vo! [*brawo*]

Braz|za|ville [*brasawil*] (Hauptstadt der Republik Kongo)

BRD = Bundesrepublik Deutschland

der *oder* das **Break** [*breik*] (*Tennis:* Durchbrechen des gegnerischen Aufschlags); der **Break|dance** [*breikdänß*] (akrobatischer Tanz zu Popmusik); der **Break-dan|cer**

bre|chen; der Ast bricht; der Ast brach; der Ast ist gebrochen; brich nicht den Stab über ihn!; der **Bre|cher** (Sturzwelle); die **Brech|stan|ge**

der **Brei; brei|ig**

breit; am breitesten; weit und breit ist niemand zu sehen; er hat die Geschichte des langen und breiten, *neu:* Langen und Breiten (umständlich) erzählt; ins Breite gehen, fließen; die **Brei|te;** die Breiten; nördliche, südliche Breite; der **Brei|ten|grad;** der **Brei|ten|kreis; breit|ma|chen,** *neue Schreibung:* **breit ma|chen** (*umgangssprachlich für:* sich anmaßend benehmen); er hat sich sehr breitgemacht, *neu:* breit gemacht; **breit ma|chen;** sie haben den Weg breit, breiter gemacht; **breit|tre|ten** (etwas unnötigerweise weiterverbreiten); er hat diese Geschichte überall breitgetreten; **breit tre|ten;** ich will die Schuhe nicht breit treten

Bre|men (Hafenstadt an der Weser); der **Bre|mer; bre|misch**

die **Brem|se; brem|sen;** du bremst; er bremst; er hat zu spät gebremst; brems[e] in Zukunft früher!; die **Brems|spur**

bren|nen; die Kerze brennt; die Kerze brannte; die Kerze hat gebrannt; der **Bren|ner;** die **Brennes|sel**[1], *neue Schreibung:* **Brenn|nes|sel,** *auch möglich:* **Brenn-Nes|sel;** die Brennesseln, *neu:* Brennnesseln, *auch möglich:* Brenn-Nesseln; das **Brenn|glas;** der **Brenn|punkt** *(Optik, Geometrie);* der **Brenn|stab** (von einer stabförmigen Hülse umgebener Kernbrennstoff, der in den Kernreaktor eingebracht wird); der **Brenn|stoff;** *meist Plural:* die Brennstoffe; die **Brenn|wei|te; brenz|lig**

die **Bre|sche;** eine Bresche schlagen

das **Brett**

das **Bre|vier** [*brewir*] (ein Gebetbuch)

die **Bre|zel;** die Brezeln

das **Bridge** [*bridsch*]; des Bridge; Bridge spielen

---

[1] *Trennung:* ...nn|n...

der **Brief;** das **Brief|ge|heim|nis;** der **Brief|kas|ten[1]; brief|lich;** die **Brief|mar|ke;** die **Brief|tau|be;** der **Brief|trä|ger**

die **Bri|ga|de** (Truppenabteilung; Arbeitsgruppe in der DDR)

das **Bri|kett;** die Briketts *und* die Brikette

bril|lant [*briljant*] (glänzend, fein); am brillantesten; der **Bril|lant** (geschliffener Diamant); des Brillanten; die Brillanten

die **Bril|le;** die **Bril|len|schlan|ge**

brin|gen; du bringst; er bringt; er brachte; er hat den Korb gebracht; bring[e] ihm das Essen!

die **Bri|se** (ein gleichmäßiger Segelwind)

der **Bri|te** (Einwohner von Großbritannien); **bri|tisch**

brö|cke|lig[2] *und* **bröck|lig; brö|ckeln[2];** der Putz bröckelt von den Wänden; er hat das Brot in die Suppe gebröckelt; der **Bro|cken[2]**

der **Bro|cken[2]** (Berg im Harz)

bro|deln; das Wasser brodelt; das Wasser brodelte; das Wasser hat gebrodelt

die **Brom|bee|re**

die **Bron|chie** [*bronchi^e*] (Luftröhrenast); die Bronchien; die **Bron|chi|tis** (Entzündung der Bronchien)

der **Bron|to|sau|ri|er** [*...i^er*] (ausgestorbene Riesenechse); des Brontosauriers; die Brontosaurier *und* der **Bron|to|sau|rus;** des Brontosaurus; die Brontosaurier

die **Bron|ze** [*brongß^e*] (eine Metallmischung); die Bronzen; die **Bron|ze|zeit** (vorgeschichtliche Kulturperiode)

die **Bro|sa|men** *Plural*

die **Bro|sche**

die **Bro|schü|re** (leicht geheftete Druckschrift); die Broschüren

das **Brot;** die Brote; das **Bröt|chen;** die **Brot|krus|te[1];** die **Brot|zeit** (*süddeutsch für:* Zwischenmahlzeit)

der *und* das **Bruch** (Sumpfland); die Brüche, *auch:* Brücher

der **Bruch;** die Brüche; in die Brüche gehen; **brü|chig;** die **Bruch|lan|dung; bruch|rech|nen;** ich kann gut bruchrechnen; aber: das **Bruch|rech|nen;** der **Bruch|teil;** die **Bruch|zahl**

die **Brü|cke[2]**

der **Bru|der;** die Brüder; die Brüder Grimm; **brü|der|lich;** die **Brü|der|lich|keit;** die **Bru|der|schaft** (religiöse Vereinigung); die **Brü|der|schaft;** Brüderschaft trinken

die **Brü|he; brü|hen;** du brühst die Tomaten; er hat die Tomaten gebrüht; **brüh|warm**

brül|len; du brüllst; er brüllt; er brüllte; er hat gebrüllt; brüll[e] nicht!

brum|men; du brummst; er brummt; er brummte; er hat gebrummt; brumm[e] nicht!; **brum|mig**

brü|nett (braunhaarig, braunhäutig)

der **Brun|nen**

die **Brunst** (Paarungszeit bei einigen Tieren); die Brünste; **brüns|tig[1]**

Brüs|sel (Hauptstadt Belgiens)

die **Brust;** die Brüste; das **Brust|bein;** sich **brüs|ten[1];** du brüstest dich; er brüstet sich; er brüstete sich; er hat sich mit seinen Heldentaten gebrüstet; brüste dich nicht so!; der **Brust|korb; brust|schwim|men;** er kann gut brustschwimmen; aber: das **Brust|schwim|men;** die **Brüs|tung[1]** (Geländer)

die **Brut;** die Bruten

bru|tal (roh; gewalttätig)

brü|ten; das Huhn hat gebrütet; der **Brü|ter** (Kernreaktor, der mehr spaltbares Material erzeugt, als er verbraucht); schneller Brüter; die **Brut|pfle|ge** *(Zoologie)*

brut|to (mit Verpackung; ohne Abzüge); das **Brut|to|ge|halt;** das **Brut|to|so|zi|al|pro|dukt** (jährlicher Gesamtwert aller Dienstleistungen und produzierten Güter)

brut|zeln; das Schnitzel brutzelt; das Schnitzel hat gebrutzelt; sich etwas brutzeln

der **Bub** (*oberdeutsch für:* Junge); des Buben; die Buben; der **Bu|be** (eine Spielkarte); des Buben; die Buben

das **Buch;** Buch führen; die buchführende, *neu:* Buch führende Geschäftsstelle; der **Buch|dru|cker[2];** die **Bü|che|rei;** die Büchereien; die **Buch|füh|rung;** der **Buch|han|del;** der **Buch|händ|ler;** die **Buch|hand|lung**

die **Bu|che;** die **Buch|ecker[2];** die Buchecker; der **Buch|fink;** des/dem/den Buchfinken; die Buchfinken

die **Buch|se;** die Buchsen; die **Büch|se**

[1]*Alte Trennung:* ...|st...
[2]*Alte Trennung:* ...k|k...

[1]*Alte Trennung:* ...|st...
[2]*Alte Trennung:* ...k|k...

der **Buch|sta|be;** des Buchstabens; die Buchstaben; **buch|sta|bie|ren;** du buchstabierst; sie hat buchstabiert; buchstabier[e]!; **buch|stäb|lich**

die **Bucht;** die Buchten

der **Bu|ckel[1];** die Buckel; **buck|lig** *und* **bu|cke|lig[1]**

sich **bü|cken[1];** du bückst dich; er bückt sich; er bückte sich; er hat sich gebückt; bück[e] dich!; der **Bück|ling** (die Verbeugung)

der **Bück|ling** (der geräucherte Hering)

Bu|da|pest (Hauptstadt von Ungarn)

bud|deln (graben); du buddelst im Sand; er hat im Sand gebuddelt; buddele im Sand!

Bud|dha (indischer Religionsstifter); der **Bud|dha** (Bild, Verkörperung von Buddha); die Buddhas; der **Bud|dhismus;** der **Bud|dhist;** des/dem/den Buddhisten; die Buddhisten

die **Bu|de**

das **Bud|get** [*büdsche*] (Haushaltsplan); des Budgets; die Budgets

das **Bu|do** (Sammelbezeichnung für Judo, Karate u. Ä.); des Budos

Bu|e|nos Ai|res (Hauptstadt von Argentinien)

der **Büf|fel;** das **Büf|fel|le|der; büf|feln** (angestrengt lernen); du büffelst; sie büffelt; sie büffelte; er hat Mathematik gebüffelt; büffele nicht so viel!

das **Buf|fet** [*büfe*]; die Buffets *und* das Büfett; die Büfette *und* die Büfetts

der **Bug** (Schulterstück, z. B. des Pferdes oder Rindes; Schiffsvorderteil); die Buge *und* die Büge

der **Bü|gel;** die Bügel; das **Bü|gel|ei|sen; bü|geln;** du bügelst; er bügelte; er hat gebügelt; bügele die Hose!

bug|sie|ren (ins Schlepptau nehmen; mühsam an einen Ort befördern); du bugsierst; er bugsierte den Dampfer; er hat mich ins Vorzimmer bugsiert; bugsiere ihn ins Zimmer!

der **Buh|mann** (böser Mann; Prügelknabe); die Buhmänner

die **Buh|ne** (Damm zum Uferschutz)

die **Büh|ne**

Bu|ka|rest (Hauptstadt von Rumänien)

das **Bu|kett** (Blumenstrauß; Duft des Weines); die Bukette

die **Bu|let|te** (gebratenes Fleischklößchen); die Buletten

[1]*Alte Trennung:* ...k|k...

der **Bul|ga|re;** des/dem/den Bulgaren; **Bul|ga|ri|en** [*bulgariᵉn*]; **bul|ga|risch**

das **Bull|au|ge** (rundes Schiffsfenster)

die **Bull|dog|ge** (eine Hunderasse)

der **Bull|do|zer** [*buldosᵉr*] (Planierraupe)

der **Bul|le;** des/dem/den Bullen; die Bullen; **bul|lig**

die **Bul|le** (päpstlicher Erlass)

der **Bu|me|rang** (ein gekrümmtes Wurfholz); des Bumerangs; die Bumerangs *und* die Bumerange

der **Bum|mel;** des Bummels; die Bummel; **bum|meln;** du bummelst; er hat gebummelt (nichts getan); aber: er ist durch die Straßen gebummelt (geschlendert); bummele nicht so!; der **Bumm|ler**

bums!; bum|sen (*umgangssprachlich für:* dumpf dröhnen, dumpf dröhnend [auf]schlagen; koitieren); du bumst; er ist mit dem Wagen gegen den Baum gebumst; es hat gebumst

der **Bund** (Vereinigung; Gurtband eines Rockes, einer Hose); die Bünde

das **Bund** (Gebinde); die Bunde; 5 Bund Stroh

das **Bün|del;** die Bündel; **bün|deln;** du bündelst; er bündelt; er bündelte; er hat das Reisig gebündelt; bündele es endlich!

das **Bun|des|aus|bil|dungs|för|de|rungs|ge|setz** (Abkürzung: BAföG); die **Bun|des|bahn;** die **Bun|des|ju|gend|spie|le** *Plural;* der **Bun|des|kanz|ler;** die **Bun|des|la|de** (im Alten Testament); das **Bun|des|land;** die neuen Bundesländer; die **Bun|des|li|ga;** der **Bun|des|mi|nis|ter[1];** der **Bun|des|prä|si|dent;** der **Bun|des|rat;** die **Bun|des|re|gie|rung;** die **Bun|des|re|pu|b|lik Deutsch|land;** die **Bun|des|stra|ße;** der **Bun|des|tag;** der **Bun|des|trai|ner;** die **Bun|des|wehr; bün|dig;** kurz und bündig; das **Bünd|nis;** des Bündnisses; die Bündnisse

der **Bun|ga|low** [*bunggalo*] (eingeschossiges Haus); des Bungalows; die Bungalows

das **Bun|gee|jum|ping** [*bandschidschamping*] (Springen aus großen Höhen, wobei der Springer durch ein starkes Gummiseil gesichert ist)

der **Bun|ker**

der **Bun|sen|bren|ner** (Gasbrenner)

[1]*Alte Trennung:* ...|st...

bunt; am buntesten; etwas bunt bemalen; der bunte Abend; **bunt|gestreift,** *neue Schreibung:* **bunt gestreift;** ein buntgestreiftes, *neu:* bunt gestreiftes Tuch; das Tuch ist bunt gestreift; das **Bunt|pa|pier;** der **Bunt|sand|stein** (überwiegend roter Sandstein); **bunt|sche|ckig**[1]**;** am buntscheckigsten; **bunt|schil|lernd,** *neue Schreibung:* **bunt schil|lernd;** buntschillernde, *neu:* bunt schillernde Fische; der **Bunt|stift**

die **Bür|de**

der **Bu|re** (Nachkomme der niederländischen und deutschen Ansiedler in Südafrika); des Buren; die Buren

die **Burg**

der **Bür|ge;** des/dem/den Bürgen; die Bürgen; **bür|gen;** du bürgst; er hat für dich gebürgt; bürge für ihn!

der **Bür|ger;** die **Bür|ger|ini|ti|a|ti|ve;** die Bürgerinitiativen; der **Bür|ger|krieg; bür|ger|lich;** das Bürgerliche Gesetzbuch (Abkürzung: BGB); der **Bür|ger|meis|ter**[2]**;** das **Bür|ger|recht;** die Bürgerrechte; die **Bür|ger|rechts|be|we|gung;** der **Bür|ger|steig**

die **Bürg|schaft**

die **Bur|les|ke** (Posse); die Burlesken

das **Bü|ro;** die Büros; die **Bü|ro|kra|tie; bü|ro|kra|tisch**

das **Bürsch|chen;** der **Bur|sche;** des/dem/den Burschen; die Burschen

die **Bürs|te**[2]**; bürs|ten**[2]**;** du bürstest; er bürstet; er bürstete; er hat die Schuhe gebürstet; bürste die Schuhe!

der **Bus;** des Busses; die Busse

der **Busch;** das **Bü|schel;** die Büschel; **bu|schig**

der **Bu|sen**

der **Bus|fah|rer;** die **Bus|hal|te|stel|le**

das **Busi|neß,** *neue Schreibung:* **Business** [*bisniß*] (Geschäft[sleben]); des Busineß, *neu:* Business

der **Bus|sard;** die Bussarde

die **Bu|ße; bü|ßen;** du büßt; sie büßte; sie hat die Tat gebüßt; büße!; das **Buß|geld;** der **Buß|tag;** der **Buß- und Bet|tag**

die **Büs|te**[2]**;** der **Büs|ten|hal|ter**[2]

der **Butt** (Scholle); des Butt[e]s; die Butte

die **Büt|te** (ein Gefäß); die **Büt|ten|re|de**

die **But|ter;** die **But|ter|blu|me;** das **But|ter|brot;** die Butterbrote; die **But|ter|milch; but|tern;** du butterst; er hat gebuttert; buttere!; **but|ter|weich**

b. w. = bitte wenden!

das **Byte** [*bait*] (*EDV:* Zusammenfassung von acht Bits); des Byte *und* des Bytes; die Byte *und* die Bytes

bzw. = beziehungsweise

[1]*Alte Trennung:* ...k|k...
[2]*Alte Trennung:* ...|st...

C

das **C** [*ze*] (Buchstabe); des C; die C; aber: das c in Licht; das C-Dur, c-Moll

C = Celsius

ca. = zirka

Ca|b|rio ↑Kabrio; **Ca|b|ri|o|let** [*kabriole*] ↑Kabriolett

das **Cad|mi|um** ↑Kadmium

das **Ca|fé** (Kaffeehaus, Kaffeestube); des Cafés; die Cafés; ↑aber: Kaffee; die **Ca|fe|te|ria** (Café oder Restaurant mit Selbstbedienung); die Cafeterias *und* die Cafeterien

das **Cal|ci|um** ↑Kalzium

Cal|vin (Genfer Reformator)

der **Ca|mem|bert** [*kamangbär,* auch: *kamembär*] (ein Weichkäse); des Camemberts; die Camemberts

die **Cam|pa|g|ne,** *Hauptform:* **Kam|pa|g|ne;** *vgl. d.*

cam|pen [*kämpen*] (im Zelt oder Wohnwagen leben); der **Cam|per** [*kämper*]; das **Cam|ping** [*kämping*]; des Campings; die **Cam|ping|aus|rüs|tung**[1]**;** der **Cam|ping|platz**

Can|ber|ra [*känbere*] (Hauptstadt von Australien)

die **Can|de|la** [*kan...*] (Einheit der Lichtstärke); 5 Candela

der **Ca|ñon** [*kanjon* oder *kanjon*] (steilwandiges Tal); des Cañons; die Cañons

Ca|nos|sa (Ort und Burg in Italien)

das **Cape** [*kep*] (ärmelloser Umhang); des Capes; die Capes

der **Cap|puc|ci|no** [*kaputschino*] (ein Kaffeegetränk); des Cappuccino[s]; die Cappuccino[s]

Ca|ra|cas [*karakaß*] (Hauptstadt von Venezuela)

der **Ca|ra|van** [*karawan,* auch: *karawan*] (Wohnwagen); des Caravans; die Caravans

[1]*Alte Trennung:* ...|st...

die **Ca|ri|tas** (der Deutsche Caritasverband); ↑Karitas

der *oder* das **Car|toon** [*kartun*] (Karikatur, Witzzeichnung; kurzer Comicstrip); des Cartoon[s]; die Cartoons

der **Ca|sa|no|va** (*umgangssprachlich für:* Frauenheld, -verführer); des Casanova[s]; die Casanovas

cat|chen [*kätschen*]; du catchst; er catchte; er hat gecatcht; der **Cat|cher** [*kätscher*] (Berufsringer); des Catchers; die Catcher

CB = Citizen-Band [*ßitisenbänd*] (für den privaten Funkverkehr freigegebener Wellenbereich); der **CB-Funk** [*zebe...*]

die **CD** = Compactdisc; die CDs; das **CD-Lauf|werk;** der **CD-Play|er;** des CD-Players; die CD-Player; die **CD-ROM** (Nur-Lese-Speicher auf CD); die CD-ROM[s]

die **CDU** = Christlich-Demokratische Union

der **Cel|list** [*(t)schälißt*]; des/dem/den Cellisten; die Cellisten; das **Cel|lo** [*(t)schälo*] (ein Streichinstrument); des Cellos; die Cellos *und* die Celli

das **Cel|lo|phan,** *Hauptform:* **Zel|lo|phan;** *vgl. d.*

Cel|si|us; 5°C, *auch:* 5 °C

das **Cem|ba|lo** [*tschämbalo*] (eine Sonderform des Klaviers); des Cembalos; die Cembalos *und* die Cembali

der **Cen|tre Court,** *neue Schreibung:* **Cen|tre|court,** *auch möglich:* **Centre-Court** [*ßänterkårt*] (Hauptplatz großer Tennisanlagen); des Centre Courts, *neu:* des Cen|tre|courts, *auch:* des Cen|tre-Courts; die Centre Courts, *neu:* die Cen|tre|courts, *auch:* die Centre-Courts

Cey|lon [*zailon*] (*früherer Name von* ↑Sri Lanka)

der **Cha-Cha-Cha** [*tschatschatscha*] (ein Tanz); des Cha-Cha-Chas; die Cha-Cha-Chas

das **Cha|mä|le|on** [*ka...*] (Echse, die ihre Farbe ändert); die Chamäleons

der **Cham|pa|g|ner** [*schampanjer*] (ein Schaumwein)

der **Cham|pi|g|non** [*schampinjong*] (ein Edelpilz); des Champignons; die Champignons

der **Cham|pi|on** [*tschämpjen*] (Meister in einer Sportart); des Champions; die Champions

die **Chan|ce** [*schangße*] (günstige Möglichkeit, Gelegenheit); die Chancen; die **Chan|cen|gleich|heit**

das **Cha|os** [*kaoß*] (Durcheinander); des Chaos; der **Cha|ot** (jemand, der mit Gewalt und Zerstörungen demonstriert; *umgangssprachlich für:* sprunghafter Mensch, Wirrkopf); des/dem/den Chaoten; die Chaoten; **cha|o|tisch**

der **Cha|rak|ter** [*ka...*]; die Charaktere; die **Cha|rak|te|ris|tik**[1] (treffende Schilderung); die Charakteristiken; **cha|rak|te|ris|tisch**[1]; **cha|rak|ter|lich; cha|rak|ter|los**

char|mant [*scharmant*], *Nebenform:* **schar|mant** (anmutig); am charmantesten; der **Charme** [*scharm*], *Nebenform:* **Scharm** (liebenswürdige Art); des Charmes

die **Char|ta** [*karta*] (Verfassung[surkunde])

der **Char|ter|flug; char|tern** [*(t)schartern*] (ein Schiff oder Flugzeug mieten); du charterst; sie chartert ein Schiff; er hat ein Flugzeug gechartert; chart[e]re ein Flugzeug!

das **Chas|sis** [*schaßi*] (Fahrgestell eines Autos); die Chassis [*schaßiß*]

der **Chauf|feur** [*schoför*]; die Chauffeure

die **Chaus|see** [*schoße*]; die Chausseen

der **Chau|vi** [*schowi*] (*umgangssprachlich für:* Mann, der sich Frauen gegenüber grundsätzlich überlegen fühlt); des Chauvis; die Chauvis; der **Chau|vi|nis|mus** [*schowi...*] (übersteigerter Nationalismus; übertriebenes männliches Selbstwertgefühl); des Chauvinismus; die Chauvinismen

che|cken[2] [*tschäken*] (nachprüfen); du checkst; er checkte; er hat das Gerät gecheckt; check[e] das Gerät!

der **Cheese|bur|ger** [*tschisbörger*] (mit Käse überbackener Hamburger); des Cheeseburgers; die Cheeseburger

der **Chef** [*schäf*]; die Chefs; der **Chef|arzt;** die **Che|fin;** die Chefinnen

die **Che|mie** [*chemi*]; die **Che|mi|ka|lie** [*...ie*] (industriell hergestellter chemischer Stoff); die Chemikalien; der **Che|mi|ker; che|misch;** die chemische Reinigung; chemisches Element; chemische Waffen

Chi|ca|go, *deutsch auch:* **Chi|ka|go** [*schikago*] (Stadt in den USA)

[1] *Alte Trennung:* ...|st...
[2] *Alte Trennung:* ...k|k...

der **Chi|co|rée** [*schikore*], *Nebenform:* **Schi|ko|ree** (ein Gemüse); des Chicorées, *auch:* des Schikorees

der **Chiem|see** [*kimse*]

die **Chif|f|re** [*schifr^e^*, auch: *schif^e^r*] (Geheimzeichen); die Chiffren; **chif|f|rie|ren** (verschlüsseln, in Geheimschrift umsetzen); du chiffrierst; sie hat den Text chiffriert

Chi|ka|go ↑Chicago

Chi|le [*tschile*, oft: *chile*] (Staat in Südamerika); der **Chi|le|ne;** des/dem/den Chilenen; **chi|le|nisch**

der **Chim|bo|ras|so** [*tschimboraßo*] (Berg in Ecuador)

Chi|na [*china*]; der **Chi|ne|se; chi|ne|sisch**

das **Chi|nin** (ein Fiebermittel); des Chinins

der **Chip** [*tschip*] (Spielmarke; Plättchen mit elektronischen Schaltungen, Bauelementen; *meist Plural:* gebackenes Kartoffelscheibchen); des Chips; die Chips; die **Chip|kar|te** (Karte mit einem elektronischen Chip, die als Ausweis, Zahlungsmittel o. Ä. verwendet wird)

der **Chi|r|urg** [*chirurk*] (Facharzt, der operiert); des/dem/den Chirurgen; die Chirurgen; die **Chi|r|ur|gie** (Heilung durch Operation); **chi|r|ur|gisch**

der **Chi|tin|pan|zer** [*chitin...*] (Körperhülle von Insekten, Krebsen u. a.)

das **Chlor** [*klor*] (ein chemischer Grundstoff); des Chlors; das **Chlo|ro|form** (ein Betäubungsmittel); des Chloroforms; **chlo|ro|for|mie|ren** (betäuben); er chloroformierte ihn; er hat ihn chloroformiert; das **Chlo|ro|phyll** (Blattgrün); des Chlorophylls

die **Cho|le|ra** [*ko...*] (eine Infektionskrankheit)

der **Cho|le|ri|ker** [*ko...*] (leicht aufbrausender Mensch); **cho|le|risch;** am cholerischsten

das **Cho|les|te|rin**[1] [*cho...*, auch: *ko...*] (wichtiger Bestandteil der Körperzellen und Körperflüssigkeiten); des Cholesterins

der **Chor** [*kor*] (Singgruppe; Kirchenraum mit Altar); die Chöre

der **Cho|ral** [*k...*]; des Chorals; die Choräle

die **Cho|re|o|gra|phie**, *Hauptform:* **Cho|re|o|gra|fie** (künstlerische Gestaltung, Einstudierung eines Balletts); die Choreographien, *auch:* die Choreografien

[1]*Alte Trennung:* ...|st...

der **Christ** [*k...*]; des/dem/den Christen; die Christen; der **Christ|baum;** die **Chris|ten|heit**[1]; das **Chris|ten|tum**[1]; die **Chris|ten|ver|fol|gung**[1]; das **Christ|kind;** des Christkind[e]s; **christ|lich;** die christliche Seefahrt; aber: die Christlich-Demokratische Union; die Christlich-Soziale Union; **Chris|tus**[1]; vor [nach] Christo *oder* Christus; vor [nach] Christi Geburt

das **Chrom** [*krom*] (ein Metall); des Chroms

das **Chro|mo|som** [*kro...*] (Kernschleife im Zellkern); des Chromosoms; die Chromosomen *meist Plural*

die **Chro|nik** [*kronik*] (Aufzeichnung geschichtlicher Ereignisse nach ihrer Zeitfolge); die Chroniken; **chro|nisch** (langsam verlaufend, langwierig); eine chronische Krankheit; die Krankheit ist chronisch; der **Chro|nist** (Verfasser einer Chronik); des/dem/den Chronisten; die Chronisten

die **Chry|s|an|the|me** [*krü...*] (eine Zierpflanze)

die *und* der **CIA** [*ßiaie^i^*] = Central Intelligence Agency [*ßäntr^e^l intälidsch^e^nß e^i^dsch^e^nßi*] (US-amerikanischer Geheimdienst); des CIA

der **Ci|d|re** [*ßidr^(e)^*] (französischer Apfelwein); des Cidres

die **Ci|ty** [*ßiti*] (Innenstadt, Geschäftsviertel); die Citys

cle|ver [*kläw^e^r*] (klug, listig, geschickt); ein cleverer Mann

der **Clinch** [*klin(t)sch*] (Umklammerung beim Boxen)

der **Clip** (*kurz für:* Videoclip); des Clips; die Clips; ↑Klipp

die **Cli|que** [*klike*, auch: *klike*] (Freundeskreis; Klüngel); die Cliquen

der **Clog** (modischer Holzpantoffel); des Clogs; die Clogs *meist Plural*

der **Clou** [*klu*] (Höhepunkt, Kernpunkt); des Clous [*kluß*]; die Clous [*kluß*]

der **Clown** [*klaun*]; des Clowns; die Clowns

der **Club**, *Hauptform:* **Klub;** *vgl. d.*

cm = Zentimeter

Co. = Compagnie, Kompanie (in Firmennamen)

der **Coach** [*ko^u^tsch*] (Sportlehrer; Trainer und Betreuer eines Sportlers); des Coach[s]; die Coachs; **coa|chen** [*ko^u^tsch^e^n*] (trainieren, betreuen)

[1]*Alte Trennung:* ...|st...

das **Cọck|pit** (Pilotenkabine; Fahrersitz im Rennsport); des Cockpits; die Cockpits

der **Cock|tail** [*kọkteil*] ([alkoholisches] Mischgetränk); des Cocktails; die Cocktails

der **Co|g|nac** [*kọnjak*] (ein französischer Weinbrand); des Cognacs; die Cognacs; ↑aber: Kognak

die **Col|la|ge** [*kolasche*] (durch Zusammenfügen verschiedener Materialien hergestelltes Kunstwerk); die Collagen

der **Colt** (Revolver); des Colts; die Colts

die **Cọm|bo** (kleines Jazz- oder Tanzmusikensemble); die Combos

das **Come|back** [*kambäk*], *Hauptform:* **Come-back** (erfolgreiches Wiederauftreten nach längerer Pause); des Comeback[s], *auch:* des Come-back[s]; die Comebacks, *auch:* die Come-backs

der **Co|mic** [*kọmik*] (*kurz für:* Comicstrip); des Comics; die Comics; der **Co|mic strip**, *neue Schreibung:* **Co|mic|strip** [*kọmikßtrip*] (Bildgeschichte [mit Sprechblasentext]); des Comic strips, *neu:* des Comicstrips; die Comic strips, *neu:* die Comicstrips

die **Com|pact Disc**, *Hauptform:* **Com|pact|disc** [*kompaktdißk*] (kleine durch Laserstrahl abtastbare Schallplatte); die Compact Discs, *auch:* die Compactdiscs

der **Com|pu|ter** [*kompjuter*] (elektronische Rechenanlage); des Computers; die Computer; die **Com|pu|ter|ani|ma|ti|on** (durch Computer erzeugte bewegte Bilder)

der **Con|tai|ner** [*konteiner*] (Großbehälter); des Containers; die Container

cool [*kul*] (überlegen, gelassen; hervorragend); cool bleiben; ein cooler Typ; ein cooles Auto

das **Co|py|right** [*kọpirait*] (Urheberrecht); des Copyrights; die Copyrights

der **Cọrd**, *Nebenform:* **Kọrd** (geripptes Gewebe); des Cord[e]s, *auch:* des Kord[e]s; die Corde *und* die Cords, *auch:* die Korde *und* die Kords

die **Corn-flakes**, *jetzt nur noch:* die **Corn|flakes** [*kårnfleikß*] *Plural*

Cos|ta Ri|ca[1] [*koßta rika*] (Staat in Mittelamerika); der **Co|sta|ri|ca|ner**, *neue Schreibung:* **Cos|ta-Ri|ca|ner**; **co|sta|ri|ca|nisch**, *neue Schreibung:* **cos|ta-ri|ca|nisch**

[1]*Alte Trennung:* ...|st...

die **Couch** [*kautsch*] (Liegesofa); die Couches, *auch:* die Couchen

der *und* das **Count|down**, *Hauptform:* **Count-down** [*kauntdaun*] (Rückwärtszählen bis zum Raketenstart bei 0; letzte Kontrollen und Vorbereitungen); des Countdown[s], *auch:* des Count-down[s]; die Countdowns, *auch:* die Count-downs

die **Coun|try-mu|sic**, *neue Schreibung:* **Count|ry|mu|sic** [*kantrimjusik*] (Volksmusik im Süden und Mittelwesten der USA)

der **Coup** [*ku*] (kühn angelegtes, erfolgreiches Unternehmen); des Coups; die Coups

das **Cou|pé** [*kupe*], *Nebenform:* **Ku|pee** (Auto mit sportlicher Karosserie); die Coupés, *auch:* die Kupees

die **Cou|ra|ge** [*kurasche*] (Mut); **cou|ra|giert** (beherzt); am couragiertesten

der **Cou|sin** [*kusäng*] (Vetter); des Cousins; die Cousins; die **Cou|si|ne**, *Hauptform:* **Ku|si|ne** [*kusine*] (Base)

der **Cow|boy** [*kaubeu*] (berittener amerikanischer Rinderhirt); des Cowboys; die Cowboys

der **Cra|cker**[1] [*kräker*] (Kleingebäck); des Crackers; die Cracker[s]

der **Crash|test** (Test, mit dem das Unfallverhalten von Kraftfahrzeugen ermittelt wird)

das **Cre|do**, *Hauptform:* **Kre|do**; *vgl. d.*

die **Creme**, *Nebenform:* **Krem[e]** [*kräm*, auch: *krem*]; die Cremes, *auch:* die Krem[e]s; **creme|far|ben; cre|men;** du cremst; er cremt; er cremte; er hat die Hände gecremt; **cre|mig**

cre|scen|do [*kräschändo*] (*Musik:* anschwellend)

die **Crew** [*kru*] (Mannschaft eines Schiffes, eines Flugzeugs); die Crews

das **Crois|sant** [*kroaßang*] (Blätterteighörnchen); des Croissant[s]; die Croissants

der **Crou|pi|er** [*krupie*] (Bankhalter einer Spielbank, der sich um die Abwicklung des Spiels kümmert); des Croupiers; die Croupiers

die **CSU** = Christlich-Soziale Union

der **Cup** [*kap*] (Pokal); die Cups

der *und* das **Cur|ry** [*kọri*] (ein indisches Gewürz); des Currys; die **Cur|ry|wurst**

der **Cur|sor** [*kößer*] (*EDV:* Zeichen auf dem Bildschirm, das die Stelle anzeigt,

[1]*Alte Trennung:* ...k|k...

wo die nächste Eingabe erscheint); die Cursors

der **Cut|ter** [*kat^er*] (Schnittmeister bei Film und Funk); die **Cut|te|rin;** die Cutterinnen

der **Cy|ber|space** [*ßaib^erßpe^iß*] (*EDV:* virtueller Raum); des Cyberspace; die Cyberspaces [...*ßis*]

Cy|pern ↑Zypern

D

das **D** [*de*] (Buchstabe); des D; die D; aber: das d in Wild; der Buchstabe D; das D-Dur, d-Moll

da; hier und da; da und dort; da- und dorthin; da (weil) sie krank war, konnte sie nicht kommen; ↑dableiben, dalassen usw.

da|bei; er ist schön und dabei (trotzdem) gar nicht eitel; **da|bei|blei|ben** (bei einer Gesellschaft); er ist an diesem Abend dabeigeblieben; aber: **da|bei blei|ben** (bei seiner Meinung usw. verharren); trotz aller Einwände will er dabei bleiben; **da|bei|sein,** *neue Schreibung:* **da|bei sein;** er wollte dabeisein, *neu:* dabei sein; er ist dabeigewesen, *neu:* dabei gewesen; **da|bei|sit|zen;** er hat während der Unterhaltung dabeigesessen; aber: **da|bei sit|zen** (nicht stehen); er muss dabei (bei dieser Arbeit) sitzen; **da|bei|ste|hen** (stehend zugegen sein); er hat bei dem Unfall dabeigestanden; aber: **da|bei ste|hen;** er musste dabei (bei dieser Arbeit) stehen

da|blei|ben (nicht fortgehen); er ist dageblieben; aber: **da blei|ben;** du sollst da (dort) bleiben

da ca|po (*Musik:* noch einmal von Anfang an)

das **Dach;** die Dächer; der **Dach|bo|den;** der **Dach|de|cker**[1]; das **Dach|ge|schoß,** *neue Schreibung:* **Dach|ge|schoss**

der **Dachs;** die Dachse

der **Dach|zie|gel**

der **Da|ckel**[1]; die Dackel

da|durch

da|für; das Auto ist gebraucht, dafür aber billig; er hat nichts dafürgekonnt, *neu:* dafür gekonnt

[1]*Alte Trennung:* ...k|k...

da|ge|gen; dagegen sein; wenn Sie nichts dagegen haben

da|heim; daheim bleiben, sein, sitzen; von daheim; das **Da|heim;** unser Daheim

da|her; daher (von da) ist er; daher, dass, *und* daher, weil; **da|her|kom|men;** sieh nur, wie er daherkommt!; aber: **da|her kom|men;** es wird daher kommen, dass ...; **da|her|re|den;** er hat dumm dahergeredet

da|hin; wie weit ist es bis dahin?; dahin (an ein bestimmtes Ziel) fahren, gehen, kommen; **da|hi|n|ab; da|hi|n|auf; da|hi|n|aus; da|hi|n|ein; da|hin|ge|hen;** wie schnell sind die Tage dahingegangen; aber: **da|hin ge|hen;** du sollst dahin (und nicht dorthin) gehen; ein dahin gehender Antrag; **da|hin|ge|stellt;** dahingestellt bleiben; **da|hin|raf|fen; da|hin|sie|chen**

da|hin|ten; dahinten auf der Heide; **da|hin|ter;** der Bleistift liegt dahinter; **da|hin|ter|kom|men,** *neue Schreibung:* **da|hin|ter kom|men** (*umgangssprachlich für:* etwas verstehen); er ist endlich dahintergekommen, *neu:* dahinter gekommen; **da|hin|ter kom|men;** dahinter kommen Wiesen; **da|hin|ter|stecken,** *neue Schreibung:* **da|hin|ter ste|cken**[1] (*umgangssprachlich für:* zu bedeuten haben); was mag dahinterstecken, *neu:* dahinter stecken?; **da|hin|ter ste|cken**[1]; er sollte das Geld dahinter stecken; **da|hin|ter|ste|hen,** *neue Schreibung:* **da|hin|ter ste|hen** (*umgangssprachlich für:* etwas unterstützen); sie sollte völlig dahinterstehen, *neu:* dahinter stehen; **da|hin|ter ste|hen;** er kann dahinter (hinter dem Tor) stehen

die **Dah|lie** [*dali^e*] (eine Zierpflanze); die Dahlien

das **Da|ka|po** (*Musik:* Wiederholung); des Dakapos; die Dakapos; ↑da capo

Da|kar (Hauptstadt des Staates Senegal)

da|las|sen; sie lässt mir etwas Geld da; sie hat ihren Mantel dagelassen; aber: **da las|sen;** sie soll ihren Mantel da (an der bestimmten Stelle) lassen

da|ma|lig; der damalige Rektor; **damals**

Da|mas|kus (Hauptstadt von Syrien)

der **Da|mast** (ein Gewebe); die Damaste

[1]*Alte Trennung:* ...k|k...

die **Da|me; da|men|haft;** am damenhaftesten

der **Dam|hirsch**

da|mit; was soll ich damit tun?

däm|lich (*umgangssprachlich für:* dumm, albern)

der **Damm;** die Dämme

däm|mern; es dämmert; es dämmerte, es hat gedämmert; die **Däm|me|rung**

der **Dä|mon** (Teufel, böser Geist); des Dämons; die Dämonen; **dä|mo|nisch** (teuflisch, unheimlich, besessen)

der **Dampf;** die Dämpfe; **damp|fen;** die Suppe dampft; sie hat gedampft; **dämp|fen;** du dämpfst; sie hat das Gemüse gedämpft; der **Damp|fer;** der **Dämp|fer;** sie hat ihm einen Dämpfer aufgesetzt (seinen Überschwang gezügelt); der **Dampf|kes|sel;** die **Dampf|ma|schi|ne;** die **Dampf|nu|del;** die **Dampf|wal|ze**

das **Dam|wild**

da|nach; sich danach richten

der **Dä|ne** (Bewohner von Dänemark); des Dänen; die Dänen

da|ne|ben; da|ne|ben|fal|len; die Äpfel sind danebengefallen (neben den Korb gefallen); **da|ne|ben|ge|hen** (misslingen); es ist danebengegangen; aber: **da|ne|ben ge|hen** (neben einem oder einen Gegenstand gehen); er ist daneben (neben der Kutsche) gegangen; **da|ne|ben|hau|en** (z. B. am Nagel vorbei); er hat danebengehauen

Dä|ne|mark; dä|nisch

dank; *mit Dativ:* dank meinem Fleiße habe ich eine gute Arbeit geschrieben; *auch mit Genitiv:* dank deines guten Willens; der **Dank;** Gott sei Dank!; vielen Dank!; tausend Dank!; habt Dank!; er schuldet, sagt ihm Dank; **dank|bar;** die **Dank|bar|keit; dan|ken;** du dankst; sie hat ihm gedankt; danke ihm!; danke schön!; ich möchte ihr danke schön sagen; sie sagte: „Danke schön!"; aber: das **Dan|ke|schön;** sie sagte ein herzliches Dankeschön; **dank|sa|gen** *und* **Dank sa|gen;** er danksagte *und* er sagte Dank; er hat dankgesagt *und* er hat Dank gesagt; *aber nur:* ich sage vielen Dank

dann; dann und wann; von dannen

da|r|an, *umgangssprachlich:* dran; daran sein; es wird schon etwas daran sein; gut daran tun; **da|r|an|ge|hen** (mit etwas beginnen); er ist endlich darangegangen[,] sein Zimmer aufzuräumen; aber: **da|r|an ge|hen;** er soll daran gehen und nicht hieran; **da|r|an|set|zen** (aufbieten, einsetzen); sie hat alles darangesetzt[,] um dieses Ziel zu erreichen; aber: **da|r|an set|zen;** sie soll sich daran (an diesen Tisch) setzen

da|r|auf, *umgangssprachlich:* drauf; darauf losgehen, eingehen, kommen, aber: draufgehen, drauflosgehen; darauf folgen; am darauffolgenden, *neu:* darauf folgenden Tag; **da|r|auf|hin** (demzufolge, danach, darauf), aber: darauf hindeuten; alles deutet darauf hin

da|r|aus, *umgangssprachlich:* draus

dar|ben; du darbst; er darbt; er darbte; er hat gedarbt

die **Dar|bie|tung** (Auf-, Vorführung)

da|r|in, *umgangssprachlich:* drin; **da|r|in|nen,** *umgangssprachlich:* drin|nen

das **Dar|le|hen;** die Darlehen

der **Darm;** die Därme

dar|stel|len; sie hat es sehr anschaulich dargestellt; die **Dar|stel|lung**

das **Darts** (Wurfspiel); des Darts

da|r|ü|ber, *umgangssprachlich:* drüber; er ist darüber hinaus

da|r|um, *umgangssprachlich:* drum; darum, dass ...; darum, weil ...; **da|r|um|kom|men** (nicht bekommen); er ist darumgekommen; aber: **da|r|um kom|men;** darum (aus diesem Grunde) kommen sie alle

da|r|un|ter, *umgangssprachlich:* drunter; **dar|un|ter|lie|gen,** *neue Schreibung:* **da|r|un|ter lie|gen** (unter etwas liegen); die Zeitung hat daruntergelegen, *neu:* darunter gelegen; **da|r|unter lie|gen;** die Zeitung wird darunter liegen und nicht hierunter; *aber immer zusammengeschrieben:* drunterliegen usw.

das; alles das, was ich gesagt habe

da|sein, *neue Schreibung:* **da sein** (zugegen sein); man muss pünktlich dasein, *neu:* da sein; **da sein** (dort sein); sag[e] ihm, er soll um 5 Uhr da (an jener Ecke) sein; ich bin schon oft da (dort) gewesen; das **Da|sein** (Existieren); des Daseins; der **Da|seins|kampf**

daß, *neue Schreibung:* **dass;** auf daß, *neu:* dass; so daß, *neu:* so dass *oder* sodass; ohne daß, *neu:* dass; ich glaube, daß, *neu:* dass ...

das|sel|be; *Genitiv:* desselben; *Plural:* dieselben; es ist ein und dasselbe

die **Da|tei** (gespeicherte Datensammlung); die Dateien; **Da|ten** (Datum; Zahlenwerte; Angaben); datenverarbeitende, *neu:* Daten verarbeitende Maschinen; die **Da|ten|au|to|bahn** (*EDV:* Einrichtung zur schnellen Übertragung großer Datenmengen [z. B. über das Telefonnetz]); die **Da|ten|bank** (technische Anlage, in der Daten zentral gespeichert sind); die Datenbanken; der **Da|ten|schutz** (gesetzlicher Schutz vor unbefugter Erhebung, Speicherung und Weitergabe persönlicher Daten); die **Da|ten|ver|ar|bei|tung;** die **Da|ten|ver|ar|bei|tungs|an|la|ge**

der **Da|tiv** (Wemfall, 3. Fall); die Dative; das **Da|tiv|ob|jekt**

da|tie|ren (mit einem Datum versehen); er hat den Brief falsch datiert

das **Da|tum;** die Daten; die **Da|tums|an|ga|be**

die **Dat|tel;** die Datteln

die **Dau|er;** der **Dau|er|frost|bo|den; dau|er|haft;** der **Dau|er|lauf; dau|ern;** die Versammlung hat zwei Stunden gedauert; **dau|ernd;** die **Dau|er|wel|le**

der **Dau|men;** der **Däum|ling;** die Däumlinge

die **Dau|ne;** die **Dau|nen|de|cke**[1]

der **Da|vis-Cup,** *Hauptform:* **Da|vis|cup** [*de^i wißkap*] *und* der **Da|vis-Po|kal,** *Hauptform:* **Da|vis|po|kal** (internationaler Tenniswanderpreis); des Davis-Cups, *auch:* Daviscups *und* des Davis-Pokals, *auch:* Davispokals

da|von; auf und davon laufen; davon, dass ...; **da|von|ge|hen** (weggehen); er ist davongegangen; aber: auf und davon gehen; **da|von|kom|men** (Glück haben); er ist noch einmal davongekommen; aber: **da|von kom|men;** davon kommen alle Laster; **da|von|lau|fen** (weglaufen); er ist davongelaufen

da|vor; da|vor|ste|hen, *neue Schreibung:* **da|vor ste|hen;** sie hat schweigend davorgestanden, *neu:* davor gestanden; **da|vor ste|hen;** davor stehen viele Blumen

da|wi|der; er wird dawider (dagegen) stoßen; **da|wi|der|re|den** (widersprechen); er hat ständig dawidergeredet

da|zu; er wird dazu gehören; **da|zu|ge|hö|rig; da|zu|kom|men;** er ist gerade dazugekommen; aber: **da|zu kom|men;** er war nicht dazu gekommen, seinen Wagen zu waschen; **da|zu|schrei|ben;** er hat einige Zeilen dazugeschrieben; aber: **da|zu schrei|ben;** dazu schreibe ich nicht diesen ausführlichen Brief; **da|zu|tun** (hinzutun); er hat viele Äpfel dazugetan; aber: **da|zu tun;** was kann ich dazu tun?

[1] *Alte Trennung:* ...k|k...

da|zwi|schen; da|zwi|schen|kom|men; etwas ist dazwischengekommen; aber: **da|zwi|schen kom|men;** dazwischen kommen wieder Wiesen; **da|zwi|schen|ru|fen;** er hat ständig dazwischengerufen; aber: **da|zwi|schen ru|fen;** dazwischen rufen immer wieder Kinder; **da|zwi|schen|tre|ten;** sie ist dazwischengetreten

dB = Dezibel

DB = Deutsche Bundesbahn (bis 1993); Deutsche Bahn (seit 1994)

die **DDR** = Deutsche Demokratische Republik (1949–1990); der **DDR-Bür|ger;** die DDR-Bürger

dea|len [*dil^en*] (illegal mit Rauschgift handeln); er hat gedealt; der **Dea|ler** [*dil^er*] (Rauschgifthändler); des Dealers; die Dealer

das **De|ba|kel** (Zusammenbruch; Niederlage); des Debakels; die Debakel

die **De|bat|te;** die Debatten; **de|bat|tie|ren;** du debattierst; sie debattiert; sie debattierte; sie hat mit ihm debattiert

das **De|büt** [*debü*] (erstes öffentliches Auftreten); des Debüts; die Debüts

de|chif|f|rie|ren (entschlüsseln); er hat die Geheimschrift dechiffriert

das **Deck;** die Decks; das **Deck|blatt;** die **De|cke**[1]; der **De|ckel**[1]; die Deckel; **de|cken**[1]; du deckst; er hat das Dach gedeckt; deck[e] den Tisch!; die **De|ckung**[1]

der **De|co|der** (*Elektronik:* Datenentschlüssler)

de|cre|scen|do [*dekräschendo*] (*Musik:* schwächer, leiser werdend)

de|fekt (schadhaft); der **De|fekt** (der Schaden); die Defekte

de|fen|siv (verteidigend); defensives (rücksichtsvolles) Fahren; die **De|fen|si|ve** [... *iw^e*] (die Verteidigung); die Defensiven

de|fi|lie|ren (parademäßig oder feier-

[1] *Alte Trennung:* ...k|k...

lich vorbeiziehen); die Soldaten sind *oder* haben vor dem Präsidenten defiliert

de|fi|nie|ren (einen Begriff bestimmen); sie hat das Wort genau definiert; die **De|fi|ni|ti|on; de|fi|ni|tiv** (endgültig, abschließend; ein für alle Mal)

das **De|fi|zit;** die Defizite

die **De|f|la|ti|on** (Geldverknappung, Gegensatz von Inflation)

de|for|mie|ren (verformen, entstellen); durch den Aufprall wurde die Karosserie völlig deformiert

def|tig (kräftig); ein deftiges Essen

der **De|gen;** des Degens; die Degen

de|g|ra|die|ren (im Rang herabsetzen); man hat ihn zum Gefreiten degradiert

dehn|bar; deh|nen; er hat das Gummi gedehnt; dehne es!; sich dehnen; der Stoff hat sich gedehnt; die **Deh|nung;** das **Deh|nungs-h**

der **Deich;** des Deich[e]s; die Deiche

die **Deich|sel;** die Deichseln; **deich|seln** (*umgangssprachlich für:* geschickt bewerkstelligen); das hast du prima gedeichselt

dein *(neu: auch in Briefen kleingeschrieben);* deine, dein (dein Tisch usw.); mein und dein, *neu:* Mein und Dein verwechseln; ein Streit über mein und dein, *neu:* Mein und Dein; das Mein und das Dein; tue dein Möglichstes; wir gedenken dein *oder* deiner; der, die, das deine *oder* deinige; aber: die Deinigen, *auch:* deinigen; die Deinen, *auch:* deinen (deine Angehörigen); du musst das Deinige, *auch:* deinige *oder* das Deine, *auch:* deine tun; **dei|nes|glei|chen; dei|net|we|gen**

de|ka|dent (im Verfall begriffen); die **De|ka|denz**

der **De|kan** (der Vorsteher der Fakultät einer Universität; eine Amtsbezeichnung für Geistliche); die Dekane; das **De|ka|nat** (Amt des Dekans)

die **De|k|la|ma|ti|on** (der kunstgerechte Vortrag); **de|k|la|mie|ren;** du deklamierst; sie hat deklamiert; deklamiere nicht so feierlich!

de|k|las|sie|ren (auf eine niedrigere Stufe verweisen, herabsetzen; *Sport:* in überlegener Weise besiegen); die Mannschaft hat den Gegner deklassiert

die **De|k|li|na|ti|on** (die Beugung der Substantive, Adjektive, Pronomen und Zahlwörter; Abweichung der Magnetnadel von der Nordrichtung); **de|k|li|nie|ren;** du deklinierst; er hat das Adjektiv dekliniert; dekliniere das Pronomen!

das **De|kol|le|té,** *Hauptform:* **De|kol|le|tee** [*dekolte*] (tiefer [Kleid]ausschnitt); des Dekolletés, *auch:* Dekolletees; die Dekolletés, *auch:* Dekolletees

der *oder* das **De|kor** (Verzierung, Muster; Ausschmückung, Dekoration); des Dekors; die Dekors *und* Dekore; der **De|ko|ra|teur** [*dekoratör*]; die Dekorateure; **de|ko|rie|ren** (ausschmücken); sie dekoriert; sie dekorierte; sie hat das Schaufenster dekoriert; dekorier[e] es!

das **De|k|ret** (Beschluss; Verordnung; behördliche oder richterliche Verfügung); des Dekret[e]s; die Dekrete

die **De|le|ga|ti|on** (Abordnung von Bevollmächtigten); der **De|le|gier|te;** ein Delegierter; die Delegierten; mehrere Delegierte; die **De|le|gier|te;** eine Delegierte

der **Del|fin,** *Hauptform:* **Del|phin;** *vgl. d.;* das **Del|fin|schwim|men,** *Hauptform:* **Del|phin|schwim|men;** *vgl. d.*

Del|hi (Hauptstadt der Republik Indien)

de|li|kat (lecker; *auch für:* heikel); am delikatesten; das Gebäck war delikat; das ist eine delikate (heikle) Angelegenheit; die **De|li|ka|tes|se** (Leckerbissen); die Delikatessen

das **De|likt** (Vergehen, Verbrechen); die Delikte

die **Del|le** (eine Vertiefung, Beule)

Del|phi [*delfi*] (altgriechische Orakelstätte)

der **Del|phin,** *Nebenform:* **Del|fin** [*delfin*] (ein Zahnwal); des Delphins, *auch:* Delfins; die Delphine, *auch:* Delfine; das **Del|phin|schwim|men,** *Nebenform:* **Del|fin|schwim|men**

das **Del|ta** (Schwemmland an mehrarmigen Flussmündungen); des Deltas; die Deltas *und* die Delten

dem

der **De|m|a|go|ge** (Politiker, der das Volk durch bewusste Irreführung aufhetzt); des/dem/den Demagogen; die Demagogen; **de|m|a|go|gisch**

de|mas|kie|ren (entlarven); sie hat den Heuchler demaskiert

de|men|tie|ren (etwas offiziell als unrichtig bezeichnen, zurückweisen); die Regierung hat die Meldung dementiert

dem|ent|spre|chend; dem|ge|gen|über; dem|ge|mäß; dem|nach; dem|nächst

die **Demo** (*kurz für:* Demonstration); die Demos

der **De|mo|k|rat;** des/dem/den Demokraten; die Demokraten; die **De|mo|k|ra|tie;** die Demokratien; **de|mo|k|ra|tisch;** die **De|mo|k|ra|ti|sie|rung**

de|mo|lie|ren (zerstören); du demolierst; er demolierte; er hat die Möbel demoliert; demolier[e] die Einrichtung nicht!

der **De|mon|s|t|rant;** des/dem/den Demonstranten; die Demonstranten; die **De|mon|s|t|ra|ti|on** (die [Protest]-kundgebung; Veranschaulichung); **de|mon|s|t|ra|tiv** (betont auffällig); das **De|mon|s|t|ra|tiv|pro|no|men** (hinweisendes Fürwort); **de|mon|s|t|rie|ren;** die Jugend demonstriert; sie hat demonstriert; demonstrier[e]!

de|mo|ra|li|sie|ren (jemandes Moral, Kampfgeist, Mut schwächen); der Misserfolg hat ihn demoralisiert

die **De|mut; de|mü|tig; de|mü|ti|gen;** du demütigst; er demütigte ihn; er hat ihn gedemütigt; demütige ihn nicht!; die **De|mü|ti|gung**

dem|zu|fol|ge (demnach); demzufolge ist die Angelegenheit geklärt; aber: das Vertragswerk, dem zufolge die Staaten sich verpflichtet haben

den|ken; du denkst; sie denkt; sie dachte; sie hat gedacht; denk[e]!; das **Den|ken;** das **Denk|mal;** die Denkmäler *und* die Denkmale; der **Denk|mal[s]|schutz**

denn; es sei denn, dass ...; **den|noch**

der **De|nun|zi|ant** (jemand, der andere aus persönlichen, niedrigen Beweggründen anzeigt oder verrät); des/dem/den Denunzianten; die Denunzianten; **de|nun|zie|ren;** du denunzierst ihn; er denunzierte ihn; er hat ihn denunziert; denunzier[e] ihn nicht!; einen Missstand denunzieren (brandmarken)

das **Deo** (*Kurzwort für:* Deodorant); des Deos; die Deos; das **De|o|do|rant** (Mittel gegen Körpergeruch); des Deodorants; die Deodorants *und* die Deodorante; **de|o|do|rie|ren** ([Körper]geruch hemmen); das Spray hat gut deodoriert

das **De|par|te|ment** [*departᵉmang*] (Verwaltungsbezirk in Frankreich); des Departements; die Departements

die **De|pe|sche** (*veraltet für:* Telegramm)

de|pla|ziert, *auch:* **de|pla|ciert,** *neue Schreibung:* **de|plat|ziert** (fehl am Platz, unangebracht)

die **De|po|nie** (zentraler Müll-, Schuttabladeplatz); die Deponien; eine geordnete Deponie; **de|po|nie|ren** (hinterlegen; legen, ablegen); er hat den Schlüssel auf der Fensterbank deponiert

die **De|por|ta|ti|on** (Zwangsverschickung, Verschleppung, Verbannung); **de|por|tie|ren;** man hat ihn deportiert

das **De|pot** [*depo*] (Aufbewahrungsort; Sammelstelle); die Depots [*depoß*]

der **Depp** (*umgangssprachlich für:* ungeschickter, einfältiger Mensch); des Deppen, *auch:* des Depps; die Deppen, *auch:* die Deppe

die **De|p|res|si|on** (Niedergeschlagenheit; wirtschaftlicher Rückgang); **de|p|ri|miert** (niedergeschlagen, bedrückt)

die **De|pu|ta|ti|on** (Abordnung); der **De|pu|tier|te** (Mitglied einer Abordnung; Abgeordneter); ein Deputierter; zwei Deputierte; die Deputierten; die **De|pu|tier|te**

der; der|art; der|ar|tig; etwas derartig Schönes; wir haben derartiges, *neu:* Derartiges, etwas Derartiges noch nie erlebt

derb

das **Der|by** [*dārbi*] (Pferderennen); die Derbys

der|einst; de|rent|wil|len; der|ge|stalt (so); **der|glei|chen**

der|je|ni|ge; *Genitiv:* desjenigen; *Plural:* diejenigen

der|ma|ßen (so)

der|sel|be; *Genitiv:* desselben; *Plural:* dieselben; ein und derselbe; mit ein[em] und demselben; ein[en] und denselben

der **Der|wisch** (Mitglied eines islamischen religiösen Ordens); des Derwisch[e]s; die Derwische

des

das **De|sas|ter**[1] (schweres Missgeschick; Zusammenbruch); des Desasters; die Desaster

der **De|ser|teur** [*...tör*] (Fahnenflüchtiger, Überläufer); des Deserteurs; die Deserteure; **de|ser|tie|ren;** er ist desertiert

[1]*Alte Trennung:* ...|st...

desgl. = desgleichen; **des|glei|chen**
des|halb
das **De|sign** [*disain*] (Formgebung, Entwurf, Muster); des Designs; die Designs; der **De|si|g|ner** (Formgestalter für Gebrauchs- und Verbrauchsgüter); des Designers; die Designer; **de|si|g|niert** (für ein Amt vorgesehen); die designierte Ministerin
die **Des|in|fek|ti|on** (Entkeimung, Entseuchung); **des|in|fi|zie|ren;** er hat den Raum desinfiziert; desinfizier[e] den Raum!
das **Des|in|te|r|es|se** (Gleichgültigkeit, Uninteressiertheit); des Desinteresses; **des|in|te|r|es|siert**
der **Des|pot** (Gewaltherrscher; herrische Person); des/dem/den Despoten; die Despoten; **des|po|tisch**
des|sen; der Schüler, dessen Vater tot ist, ...; **des|sent|we|gen; des|sent|wil|len;** um dessentwillen; **des|sen|un|ge|ach|tet,** *neue Schreibung:* **des|sen un|ge|ach|tet**
das **Des|sert** [*däßär*] (Nachtisch); des Desserts; die Desserts
de|s|til|lie|ren; du destillierst; sie hat destilliert; destillier[e] diese Flüssigkeit!; destilliertes (chemisch reines) Wasser
des|to[1]; desto besser; desto größer; desto mehr; desto weniger, aber *(in einem Wort)*: nichtsdestoweniger
de|s|t|ruk|tiv (zersetzend, zerstörend)
des|un|ge|ach|tet, *neue Schreibung:* **des un|ge|ach|tet**
des|we|gen; dessentwegen
des|wei|te|ren, *neue Schreibung:* **des Wei|te|ren**
das **De|tail** [*detaj*] (Einzelheit, Einzelteil); des Details; die Details; aber: en détail [*angdetaj*] (im Kleinen; im Einzelverkauf); **de|tail|liert** [*detajirt*] (in allen Einzelheiten)
die **De|tek|tei** (Detektivbüro); der **De|tek|tiv;** die Detektive
die **De|to|na|ti|on** (Knall, Explosion); **de|to|nie|ren;** die Bombe ist detoniert
deu|ten; du deutest; sie deutet; sie hat auf ihn gedeutet; deut[e] nicht auf ihn!;
deut|lich; am deutlichsten; auf das, aufs deutlichste, *auch:* Deutlichste; etwas deutlich machen

[1] *Alte Trennung:* ...|st...

deutsch; das deutsche Volk; die deutsche Sprache; die deutsche Volksvertretung. *In Namen:* der deutsche, *neu:* Deutsche Schäferhund; die Deutsche Bahn; die Deutsche Demokratische Republik (1949–1990); die Deutsche Mark; Deutsche Bundesbank. Beachte jedoch: **A.** Adjektiv: *Steht das Adjektiv „deutsch" nicht am Anfang eines Namens oder Titels, dann wird es oft auch kleingeschrieben:* Gesellschaft für deutsche Sprache; Institut für deutsche Sprache. **B.** Adverb: *in den Bedeutungen „auf deutsche Art; in deutscher Weise; in deutschem Wortlaut":* ein Fremdwort deutsch aussprechen; der Redner hat deutsch (nicht englisch) gesprochen; sich deutsch unterhalten; der Brief ist deutsch (in deutscher Sprache, in deutscher Schreibschrift) geschrieben; deutsch mit einem reden (*umgangssprachlich auch für:* ihm die Wahrheit sagen); zu deutsch, *neu:* Deutsch; auf deutsch, *neu:* Deutsch; auf gut deutsch, *neu:* Deutsch; das **Deutsch** (die deutsche Sprache, besonders als Sprache eines Einzelnen oder einer Gruppe); des Deutsch und Deutschs; dem Deutsch; mein, dein, sein Deutsch ist gut; sie kann, lernt, schreibt, spricht, versteht (kein, nicht, gut, schlecht) Deutsch; das ist gutes Deutsch; sie spricht gutes Deutsch; eine deutschsprechende, *neu:* Deutsch sprechende Ausländerin; sie kann kein Wort Deutsch; sie hat eine Eins in Deutsch; das **Deut|sche** (die deutsche Sprache allgemein); sie hat aus dem Deutschen ins Englische übersetzt; der **Deut|sche;** des Deutschen; die Deutschen; mehrere Deutsche; wir Deutschen, *auch:* wir Deutsche; alle [berufstätigen] Deutschen; **Deutsch|land; deutsch|spra|chig;** die deutschsprachigen Länder
die **De|vi|se** [*dewis*ᵉ] (Wahlspruch); der Devise; die Devisen
die **De|vi|sen** (Zahlungsmittel in ausländischer Währung) *Plural*
de|vot (unterwürfig)
der **De|zem|ber**
de|zent (taktvoll; unaufdringlich)
das **De|zer|nat** (Geschäftsbereich eines Dezernenten; Sachgebiet); des Dezernat[e]s; die Dezernate
das **De|zi|bel** [*...bäl*] (Maß der relativen Lautstärke); des Dezibels; die Dezibel

der, *auch:* das **De|zi|li|ter** ([1/10] Liter); **de|zi|mal** (auf die Grundzahl 10 bezogen); der **De|zi|mal|bruch** (ein Bruch, dessen Nenner mit 10, 100, 1000 usw. gebildet wird); die **De|zi|ma|le** (eine der Stellen hinter dem Komma einer Dezimalzahl); die Dezimalen; das **De|zi|mal|sys|tem**[1] (Zahlensystem mit der Grundzahl 10); die **De|zi|mal|zahl;** der, *auch:* das **De|zi|me|ter** ([1/10] Meter); **de|zi|mie|ren** (stark verringern); der Brand hat die Bestände dezimiert

DFB = Deutscher Fußball-Bund

DGB = Deutscher Gewerkschaftsbund

dgl. = dergleichen

d. Gr. = der Große (z. B. Karl d. Gr.)

d. h. = das heißt

Dha|ka (Hauptstadt von Bangladesch)

d. i. = das ist

das **Dia** (Diapositiv); des Dias; die Dias

der **Di|a|be|tes** (Zuckerkrankheit); des Diabetes

di|a|bo|lisch (teuflisch)

das **Di|a|dem** (kostbarer [Stirn]reif, Kopfschmuck); des Diadems; die Diademe

die **Di|a|g|no|se** (Krankheitserkennung); die Diagnosen; **di|a|g|nos|ti|zie|ren**[1] (einen Befund ermitteln); der Arzt diagnostizierte eine Lungenentzündung

di|a|go|nal (schräg laufend; eine Diagonale bildend); die **Di|a|go|na|le** (eine Gerade, die zwei nicht benachbarte Ecken eines Vielecks miteinander verbindet); die Diagonalen

das **Di|a|gramm** (zeichnerische Darstellung von Zahlenwerten); des Diagramms; die Diagramme

der **Di|a|kon** (in der katholischen Kirche: Geistlicher, der um einen Weihegrad unter dem Priester steht; in der evangelischen Kirche: ein Pfarrhelfer); des Diakons *und* des Diakonen; die Diakone *und* die Diakonen; die **Di|a|ko|nie** (in der evangelischen Kirche: Pflegedienst, Gemeindedienst); die **Di|a|ko|nis|se** (eine evangelische Krankenschwester); der Diakonisse; die Diakonissen; die **Di|a|ko|nis|sin;** die Diakonissinnen

der **Di|a|lekt** (die Mundart); die Dialekte

der **Di|a|log** (Zwiegespräch); die Dialoge

der **Di|a|mant** (ein Edelstein); des/dem/den Diamanten; die Diamanten

das **Di|a|po|si|tiv** (durchscheinendes fotografisches Bild); die Diapositive [...w^e]; ↑Dia

die **Di|a|s|po|ra** (religiöse oder nationale Minderheit)

die **Di|ät** (die Schonkost; spezielle Ernährungsweise); Diät halten

die **Di|ä|ten** (Bezüge der Abgeordneten eines Parlaments) *Plural*

dich *(neu: auch in Briefen kleingeschrieben)*

dicht; am dichtesten; der Verschluss hat dicht gehalten; er musste das Fass dicht machen; a b e r : ↑dichthalten, dichtmachen; **dicht|be|haart,** *neue Schreibung:* **dicht be|haart;** dichter, am dichtesten behaart; das dichtbehaarte, *neu:* dicht behaarte Fell; das Fell ist dicht behaart; **dicht|be|völ|kert,** *neue Schreibung:* **dicht be|völ|kert;** dichter, am dichtesten bevölkert; ein dichtbevölkertes, *neu:* dicht bevölkertes Land; Indien ist dicht bevölkert; die **Dich|te** (dichte Folge, dichte Verteilung, Verhältnis von Masse zu Volumen); **dicht|ge|drängt,** *neue Schreibung:* **dicht ge|drängt**

dich|ten (Verse machen); du dichtest; sie dichtete; sie hat gedichtet; der **Dich|ter;** die **Dich|tung**

dich|ten (dicht machen); du dichtest; sie dichtet; sie dichtete; sie hat die Leitung gedichtet; dichte den Kessel!

dicht|hal|ten (*umgangssprachlich für:* nichts verraten); sie hat dichtgehalten; ↑dicht; **dicht|ma|chen** (*umgangssprachlich für:* schließen); sie haben die Fabrik dichtgemacht; ↑dicht

dick; durch dick und dünn; a b e r : er ist der Dickste in der Klasse; das **Di|ckicht**[1]; der **Dick|kopf; dick|köp|fig; dick|tun** *und* **di|cke|tun**[1] (sich wichtig machen); er tut sich dick[e]; er hat sich dick[e]getan

der **Dieb; die|bisch;** die diebische Elster; er hat sich diebisch gefreut; der **Dieb|stahl;** die Diebstähle

die|je|ni|ge; *Genitiv:* derjenigen; *Plural:* diejenigen

die **Die|le**

die|nen; er dient; er hat gedient; dien[e]!; der **Die|ner;** der **Dienst;** außer Dienst (*Abk.* a. D.); der diensthabende, *neu:* Dienst habende Beamte; a b e r : der Diensthabende wurde gerufen

[1]*Alte Trennung:* ...|st...

[1]*Alte Trennung:* ...k|k...

der **Diens|tag;** des Dienstags; eines Dienstags; aber: dienstags; *Tageszeiten:* [am] Dienstag früh treffen wir uns; aber: am [nächsten] Dienstag abend, *neu:* Dienstagabend spielen wir Schach; Dienstag abends, *neu:* dienstagabends *oder* dienstags abends spielen wir Skat; der **Diens|tag|abend;** meine Dienstagabende sind alle belegt; am Dienstagabend hat sie frei; **dienstags** ↑Dienstag

der **Dienst|grad;** der **Dienst|ha|ben|de;** die **Dienst|leis|tung**[1]; **dienst|lich;** die **Dienst|rei|se**

dies; die|ses

der **Die|sel** (*kurz für:* Dieselmotor oder Auto mit Dieselmotor)

die|sel|be; ein und dieselbe

der **Die|sel|mo|tor**

die|ser; dieser selbe [Augenblick]

die|sig (neblig)

dies|jäh|rig; dies|mal; aber: dieses Mal; dieses *oder* dies eine, letzte Mal

dies|seits; diesseits des Flusses; das **Dies|seits** (Gegensatz: Jenseits); im Diesseits

der **Diet|rich** (Nachschlüssel); die Dietriche

dif|fa|mie|ren (verleumden); er hat ihn als Betrüger diffamiert

das **Dif|fe|ren|ti|al,** *Hauptform:* **Dif|fe|ren|zi|al;** *vgl. d.;* die **Dif|fe|renz** (der Unterschied); die Differenzen; das **Dif|fe|ren|zi|al,** *Nebenform:* **Dif|fe|ren|ti|al** (*Mathematik:* unendlich kleine Differenz); des Differenzials, *auch:* Differentials; die Differenziale, *auch:* Differentiale; **dif|fe|ren|zie|ren** (genauer unterscheiden); die **Dif|fe|renz|men|ge** (Menge, die sich ergibt, wenn man aus einer Menge die Elemente wegnimmt, die zu einer zweiten Menge gehören)

di|gi|tal (in Ziffern darstellend oder dargestellt; auf der Verarbeitung ziffernmäßig verschlüsselter Daten beruhend); die **Di|gi|tal|uhr** (Uhr, die die Zeit nur mit Ziffern angibt)

das **Dik|tat;** die Diktate; der **Dik|ta|tor;** die Diktatoren; die **Dik|ta|tur** (Allein-, Gewaltherrschaft); die Diktaturen; **dik|tie|ren;** du diktierst; sie diktierte; sie hat diktiert; diktiere diesen Brief!

das **Di|lem|ma** (Zwangslage); des Dilemmas; die Dilemmas *und* Dilemmata

[1] *Alte Trennung:* ...|st...

der **Di|let|tant** (Nichtfachmann; Stümper); des/dem/den Dilettanten; die Dilettanten; **di|let|tan|tisch**

der **Dill** (eine Gewürzpflanze); des Dills

die **Di|men|si|on** (Ausdehnung; Bereich); die Dimensionen

DIN = Deutsche Industrie-Norm[en]

das **Ding;** die Dinge, *umgangssprachlich:* die Dinger; guter Dinge sein

das **Din|gi** [*dinggi*] (kleines Beiboot; kleines Segelboot); des Dingis; die Dingis

der **Din|go** [*dinggo*] (australischer Wildhund); des Dingos; die Dingos

der **Di|no** (*umgangssprachlich kurz für:* Dinosaurier); des Dinos; die Dinos; der **Di|no|sau|ri|er** [...*ie r*] (ausgestorbene Riesenechse); des Dinosauriers; die Dinosaurier *und* der **Di|no|sau|rus;** des Dinosaurus; die Dinosaurier

die **Di|op|trie** (Maßeinheit für die Brechkraft von Linsen); die Dioptrien

das **Di|o|xin** (hochgiftige Verbindung von Chlor und Kohlenwasserstoff); des Dioxins; die Dioxine

die **Di|ö|ze|se** (Amtsgebiet des Bischofs); die Diözesen

die **Diph|the|rie** (eine Infektionskrankheit); die Diphtherien

der **Di|ph|thong** (Doppellaut, z. B. ei); die Diphthonge

das **Di|p|lom** (Urkunde); die Diplome; der **Di|p|lom|in|ge|ni|eur,** *oft:* **Di|p|lom-In|ge|ni|eur**

der **Di|p|lo|mat** (der beglaubigte Vertreter eines Landes bei einem anderen Land); des/dem/den Diplomaten; die Diplomaten; die **Di|p|lo|ma|tie** (politische Kunst des Verhandelns mit fremden Mächten; verbindliches, taktisch kluges Verhalten); **di|p|lo|ma|tisch** (staatsmännisch; verbindlich und taktisch klug)

dir (*neu: auch in Briefen kleingeschrieben*)

di|rekt; direkte Rede (wörtliche Rede); die **Di|rek|ti|on;** das **Di|rekt|man|dat** (Mandat, das der Kandidat einer Partei bei einer Wahl persönlich erringt); der **Di|rek|tor;** des Direktors; die Direktoren; der **Di|rex** (*Schülersprache:* Direktor); des Direx; die Direxe

der **Di|ri|gent;** des/dem/den Dirigenten; die Dirigenten; **di|ri|gie|ren;** du dirigierst; sie hat dirigiert; dirigiere diesen Chor!

das **Dirndl;** des Dirndls; die Dirndl

der **Disc|jo|ckey**[1], *Hauptform:* **Disk|jo|ckey**[1]; *vgl. d.;* die **Dis|co,** *Hauptform:* **Dis|ko;** *vgl. d.*

das **Dis|count|ge|schäft** [*dißkaunt...*] (Geschäft, das Waren zu sehr niedrigen Preisen verkauft)

die **Dis|ket|te** (als Datenspeicher dienende flexible Magnetplatte, Floppydisk); die Disketten

der **Disk|jo|ckey**[1], *Nebenform:* **Disc|jo|ckey**[1] [*dißkdschoke*] (jemand, der Schallplatten präsentiert); des Diskjockeys, *auch:* Discjockeys; die Diskjockeys, *auch:* Discjockeys; die **Dis|ko,** *Nebenform:* **Dis|co** (Tanzlokal oder -veranstaltung mit Schallplattenmusik)

der **Dis|kont** (Zinsvergütung bei Zahlung eines Betrags vor Fälligkeit); des Diskonts; die Diskonte

die **Dis|ko|thek** (Tanzlokal mit Schallplattenmusik; Schallplattensammlung); die Diskotheken

die **Dis|k|re|panz** (Missverhältnis); die Diskrepanzen

dis|k|ret (taktvoll; vertraulich; *Physik, Mathematik:* abgegrenzt, getrennt); eine diskrete Andeutung; die **Dis|k|re|ti|on**

dis|k|ri|mi|nie|ren (herabsetzen und benachteiligen; verächtlich machen); die **Dis|k|ri|mi|nie|rung**

der **Dis|kus;** des Diskus; die Disken *und* die Diskusse

die **Dis|kus|si|on** (Erörterung; Meinungsaustausch); der **Dis|kus|si|ons|bei|trag; dis|ku|ta|bel** (erwägenswert, strittig); ein diskutabler Vorschlag; **dis|ku|tie|ren;** du diskutierst; sie diskutierte; sie hat gern diskutiert; diskutiere mit ihm!

die **Di|s|per|si|on** (feinste Verteilung schwebender Teilchen); die **Di|s|per|si|ons|far|be**

das **Dis|play** [*dißple*[i]] (Gerät, Vorrichtung zur Anzeige von Daten, Signalen usw.); des Displays; die Displays

dis|po|nie|ren (verfügen, planen); sie hat gut disponiert; die **Dis|po|si|ti|on** (Gliederung, Plan; Veranlagung, Empfänglichkeit; freie Verwendung)

die **Dis|qua|li|fi|ka|ti|on; dis|qua|li|fi|zie|ren** (aus einem Wettbewerb ausschließen); du disqualifizierst ihn; sie disqualifizierte ihn; sie hat ihn disqualifiziert

[1]*Alte Trennung:* ...k|k...

der **Dis|si|dent** (Mensch, der sich zu einer abweichenden Religion oder politischen Meinung bekennt); des/dem/den Dissidenten; die Dissidenten

die **Dis|so|nanz** (Missklang); die Dissonanzen

die **Dis|tanz**[1] (Abstand, Entfernung; *Sport:* Strecke); die Distanzen

die **Dis|tel**[1]; die Disteln; der **Dis|tel|fink**[1]; des/dem/den Distelfinken; die Distelfinken

der **Di|s|t|rikt** (Bereich, Bezirk); die Distrikte

die **Dis|zi|p|lin** (*nur Einzahl:* Zucht, Ordnung; Fach einer Wissenschaft; Teilbereich des Sports); die Disziplinen; Disziplin halten

die **Di|va** [*diwa*] (erste Sängerin, gefeierte Schauspielerin); die Divas *und* die Diven

di|vers [*diwärß*] (einige, mehrere verschiedene) *Plural;* diverse Sorten

der **Di|vi|dend** [*diwidänt*] (Zähler eines Bruchs); des/dem/den Dividenden; die Dividenden; die **Di|vi|den|de** (der auf eine Aktie entfallende Gewinn); die Dividenden; **di|vi|die|ren** (teilen); du dividierst; sie dividierte; sie hat durch 3 dividiert; dividiere!; zehn dividiert durch fünf ist, macht, gibt zwei; die **Di|vi|si|on** (die Teilung; die Heeresabteilung); die Divisionen; der **Di|vi|sor** (Nenner eines Bruchs); die Divisoren

Dja|kar|ta [*dschakarta*] (*ältere Schreibung für:* Jakarta)

DJH = Deutsche Jugendherberge

DLRG = Deutsche Lebens-Rettungs-Gesellschaft

DM = Deutsche Mark

der **Dnjepr** (osteuropäischer Fluss)

DNS = Desoxyribonukleinsäure

doch; ja doch; nicht doch!

der **Docht;** die Dochte

das **Dock** (Anlage zum Ausbessern von Schiffen); die Docks

die **Dog|ge** (eine Hunderasse)

das **Dog|ma** (Glaubenssatz); des Dogmas; die Dogmen; **dog|ma|tisch** (die [Glaubens]lehre betreffend; lehrhaft; streng [an Lehrsätze] gebunden); der **Dog|ma|tis|mus** (starres, unkritisches Festhalten an einer Anschauung, Lehrmeinung)

die **Doh|le**

der **Dok|tor;** die Doktoren; *Abkürzung:*

[1]*Alte Trennung:* ...|st...

Dr.; *z. B.* Dr. phil. = Doktor der Philosophie; Dr. med. = Doktor der Medizin; Dr.-Ing. = Doktoringenieur; Dr. E. h., Dr. h. c. = Doktor ehrenhalber (honoris causa); die **Dok|t|rin** (Lehrmeinung; politischer Grundsatz); die Doktrinen

das **Do|ku|ment** (Urkunde, Schriftstück; Beweis); die Dokumente; der **Do|ku|men|tar|film; do|ku|men|ta|risch;** die **Do|ku|men|ta|ti|on** (Zusammenstellung von Dokumenten und Materialien jeder Art); die Dokumentationen; **do|ku|men|tie|ren** (beurkunden; belegen; bekunden); diese Entscheidung hat seinen Friedenswillen dokumentiert

das **Dol|by-Sys|tem**[1] (Verfahren zur Rauschunterdrückung bei Tonbandaufnahmen)

der **Dolch;** die Dolche

die **Dol|de**

der **Dol|lar;** die Dollars; 30 Dollar

dol|met|schen (Gesprochenes übersetzen); du dolmetschst; sie dolmetschte; sie hat bei dem Gespräch gedolmetscht; der **Dol|met|scher**

die **Do|lo|mi|ten** (Teil der Südalpen) *Plural*

der **Dom;** die Dome

die **Do|mä|ne** (Staatsgut; besonderes Arbeitsgebiet); die Domänen

die **Do|mi|nan|te** (*Musik:* die Quinte vom Grundton aus); der Dominante; die Dominanten

do|mi|nie|ren (vorherrschen; beherrschen); helle Farben dominierten; sie hat die politische Szene dominiert

der **Do|mi|ni|ka|ner** (Angehöriger eines Mönchsordens); der **Do|mi|ni|ka|ner** (Einwohner der Dominikanischen Republik); **do|mi|ni|ka|nisch;** die **Do|mi|ni|ka|ni|sche Re|pu|b|lik** (Staat in Mittelamerika)

das **Do|mi|no** (Spiel, bei dem rechteckige Spielsteine aneinander gelegt werden); des Dominos; die Dominos; der **Do|mi|no|stein**

der **Dom|pfaff** (ein Vogel); des Dompfaffen *und* des Dompfaffs; die Dompfaffen

der **Domp|teur** [*...tör*] (Tierbändiger); die **Domp|teu|se** [*...tös^e*]

der **Don** (russischer Fluss)

die **Do|nau** (europäischer Strom)

der **Dö|ner** (*kurz für:* Dönerkebab); des Döners; die Döner; der **Dö|ner|ke|bab** (eine türkische Fleischspezialität)

der **Don|ner;** die Donner; **don|nern;** es hat gedonnert; der **Don|ners|tag;** ↑auch: Dienstag; **don|ners|tags;** ↑Dienstag

doof (dumm; einfältig)

do|pen [auch: *dopen*] (durch [verbotene] Anregungsmittel zu sportlicher Höchstleistung bringen); du dopst; er dopte; er hat das Pferd gedopt; er ist gedopt; das **Do|ping** [auch: *Doping*]; des Dopings; die Dopings; die **Do|ping|kon|t|rol|le**

das **Dop|pel;** das **Dop|pel|bett; dop|pel|deu|tig;** der **Dop|pel|gän|ger;** der **Dop|pel|punkt; dop|pelt;** die doppelte Buchführung; doppelt so groß; doppelt so viel; sie ist doppelt so reich wie (*seltener:* als) ich; das **Dop|pel|te;** des Doppelten; um das Doppelte, ums Doppelte größer sein; der **Dop|pel|zent|ner**

das **Dorf; dörf|lich**

der **Dorn;** die Dornen, (in der Technik:) die Dorne; die **Dor|nen|kro|ne; dor|nig;** das **Dorn|rös|chen**

dör|ren; er dörrt; er dörrte; er hat das Obst gedörrt; das **Dörr|obst**

der **Dorsch** (ein Fisch); die Dorsche

dort; dort drüben; von dort aus; **dort|her; dort|hin;** da- und dorthin

Dort|mund (Stadt im Ruhrgebiet)

die **Do|se;** der **Do|sen|öff|ner**

dö|sen (wachend träumen); du döst; sie döst; sie hat gedöst; döse nicht!

do|sie|ren; sie hat das Medikament richtig dosiert; die **Do|sis** (zugemessene Menge); die Dosen

der *und* das **Dot|ter**

das **Dou|ble** [*dub^{e}l*] (*Film:* Ersatzspieler [ähnlichen Aussehens]); des Doubles; die Doubles

der **Do|zent** (Lehrer [an einer Hochschule]); des/dem/den Dozenten; die Dozenten

dpa = Deutsche Presse-Agentur

Dr. = Doktor; ↑Doktor

der **Dra|che** (ein Fabeltier); des Drachen; die Drachen; der **Dra|chen** (ein Fluggerät); des Drachens; die Drachen; das **Dra|chen|flie|gen**

Dra|cu|la (Titelfigur eines Vampirromans)

das **Dra|gée,** *Hauptform:* **Dra|gee** [*drasche*] (Süßigkeit oder Arzneipille mit

---

[1] *Alte Trennung:* ...|st...

wohlschmeckendem Überzug); des Dragées, *auch:* Dragees; die Dragées, *auch:* Dragees

der **Dra|go|ner** (*früher:* Reiter einer Reitertruppe)

der **Draht; drah|tig** (sehnig, schlank); **draht|los;** drahtlose Telegrafie

drall (derb, stramm)

das **Dra|ma;** die Dramen; der **Dra|ma|ti|ker** (Dramendichter); **dra|ma|tisch** (erregend, spannend)

dran (*umgangssprachlich für:* daran); das Drum und Dran; des Drum und Dran

der **Drang; drän|geln;** du drängelst; er drängelt; er hat gedrängelt; dräng[e]le nicht!; **drän|gen;** du drängst; sie drängt; sie hat auf eine Änderung gedrängt; dränge nicht!; sich drängen; sie haben sich um das Feuer gedrängt; **drang|sa|lie|ren** (quälen); er hat ihn mit seinen Fragen drangsaliert

dran|kom|men (*umgangssprachlich für:* an die Reihe kommen, aufgerufen werden); er ist drangekommen

dras|tisch[1] (sehr deutlich; wirksam); am drastischsten

drauf (*umgangssprachlich für:* darauf); drauf und dran (nahe daran) sein; drauf sein (*umgangssprachlich auch für:* ([gut/ schlecht] gelaunt sein)

draus (*umgangssprachlich für:* daraus); **drau|ßen**

das **Dream|team,** *auch:* **Dream-Team** [*drimtim*] (*besonders Sport:* ideal besetzte Mannschaft); des Dreamteams, *auch:* Dream-Teams; die Dreamteams, *auch:* Dream-Teams;

drech|seln; du drechselst; sie drechselt; sie drechselte; sie hat die Figur gedrechselt; drechs[e]le sie!; der **Drechs|ler**

der **Dreck; dre|ckig**[2]

die **Dreh|bank; dre|hen;** sie hat gedreht; drehe!; sich drehen; der Schlüssel hat sich gedreht; der **Dre|her;** das **Dreh|mo|ment** (*Physik*); die **Dreh|or|gel;** die **Dre|hung;** die **Dreh|zahl** (Anzahl der Umdrehungen pro Zeiteinheit)

drei; wir sind zu dreien *oder* zu dritt; herzliche Glückwünsche von uns dreien; er kann nicht bis drei zählen (er ist sehr dumm); ↑auch: dritte; die **Drei** (Ziffer, Zahl); die Dreien; eine Drei würfeln; er schrieb in Deutsch eine Drei; ↑auch: acht, Acht; das **Drei|eck; drei|eckig;** die **Drei|ei|nig|keit; drei|fach;** die **Drei|fal|tig|keit; drei|jäh|rig;** ↑achtjährig; der **Drei|klang** (*Musik*); **drei|köp|fig;** ein dreiköpfiger Vorstand; **drei|mal;** ↑auch: achtmal; die **Drei|mei|len|zo|ne**

drein (*umgangssprachlich für:* darein)

der **Drei|punkt|gurt;** der **Drei|satz** (*Mathematik*); der **Drei|sprung** (*Sport*); **drei|ßig;** ↑auch: achtzig; **drei|ßig|jäh|rig;** eine dreißigjährige Frau; aber: der Dreißigjährige Krieg; **drei|stel|lig**

dreist; dreister; am dreistesten; die **Dreis|tig|keit**[1]

drei|vier|tel, *neue Schreibung:* **drei vier|tel;** in einer Dreiviertelstunde; in drei viertel Stunden, *auch:* drei Viertelstunden; auch: ↑acht; Viertel; Viertelstunde; der **Drei|vier|tel|takt** ($^3/_4$-Takt); der **Drei|we|ge|ka|ta|ly|sa|tor; drei|zehn;** die verhängnisvolle Dreizehn; ↑auch: acht

die **Dre|sche** (*umgangssprachlich für:* Prügel); Dresche bekommen; **dre|schen;** du drischst; sie drischt; sie drosch; sie hat das Korn gedroschen; der **Dresch|fle|gel;** die **Dresch|ma|schi|ne**

Dres|den (Stadt in Sachsen)

der **Dreß,** *neue Schreibung:* **Dress** ([Sport]kleidung); des Dreß, *neu:* Dress *und* des Dresses; die Dresse

dres|sie|ren; du dressierst; sie hat den Affen dressiert; dressiere ihn!; die **Dres|sur;** die Dressuren

drib|beln (*Sport:* den Ball durch kurze Stöße vorwärts treiben); sie dribbelte in den Strafraum; sie hat gedribbelt

die **Drift** (durch den Wind erzeugte Strömung an der Meeresoberfläche); die Driften

der **Drill;** des Drills; **dril|len** (hart schulen); du drillst ihn; er drillte ihn; er hat ihn gedrillt; drille ihn!

der **Dril|lich** (ein festes Gewebe); die Drilliche

drin (*umgangssprachlich für:* darin)

Dr.-Ing. = Doktoringenieur; ↑Doktor

drin|gen; du dringst auf eine Lösung; sie drang darauf; sie hat darauf gedrungen; dringe darauf!; **drin|gend;** auf das, aufs dringendste, *auch:* auf das, aufs Dringendste

[1] *Alte Trennung:* ...|st...
[2] *Alte Trennung:* ...k|k...

[1] *Alte Trennung:* ...|st...

der **Drink** (alkoholisches Getränk; Mischgetränk); des Drinks; die Drinks
drin|nen; drin|sein, *neue Schreibung:* **drin sein** (*umgangssprachlich für:* möglich sein)
dritt; ↑auch: drei; **drit|te;** der dritte Stand (Bürgerstand); aber: das Dritte Reich; die dritte, *neu:* Dritte Welt (die Entwicklungsländer); Friedrich der Dritte; er ist der Dritte im Bunde; von dreien der dritte, *neu:* Dritte; jeder dritte, *neu:* Dritte; zum dritten, *neu:* Dritten (drittens); es bleibt noch ein Drittes zu sagen; ↑auch: achte; das **Drit|tel;** die Drittel; **drit|tens;** der **Drit|te-Welt-La|den; dritt|letz|te;** die drittletzte Seite; der/die/das drittletzte, *neu:* Drittletzte
DRK = Deutsches Rotes Kreuz
dro|ben (da oben)
die **Dro|ge** (Rohstoff für Heilmittel; *auch für:* Rauschgift); die Drogen; **drogen|ab|hän|gig;** der **Dro|gen|miß|brauch,** *neue Schreibung:* **Dro|gen|miss|brauch; dro|gen|süch|tig;** die **Dro|ge|rie;** die Drogerien; der **Dro|gist;** des/dem/den Drogisten; die Drogisten
dro|hen; er hat ihm gedroht; drohe nicht!; die **Dro|hung**
die **Droh|ne** (männliche Biene; Nichtstuer)
dröh|nen; es dröhnt; es hat gedröhnt
drol|lig
das **Dro|me|dar** [oft auch: *dromedar*] (das einhöckerige Kamel); des Dromedars; die Dromedare
der, *auch:* das **Drops** (Fruchtbonbon) *meist Plural*
die **Dros|sel** (ein Singvogel); die Drosseln
dros|seln; du drosselst; sie drosselt; sie drosselte; sie hat den Motor gedrosselt; drossele *und* droßle, *neu:* drossle den Motor!
drü|ben (auf der anderen Seite); **drüber** (*umgangssprachlich für:* darüber)
der **Druck;** die Drücke *und* (für Bücher, Bilder u. Ä.:) die Drucke; der **Drü|ckeber|ger**[1]; **dru|cken**[1]; du druckst; sie druckt; sie hat das Buch gedruckt; drucke es!; **drü|cken**[1]; du drückst; sie drückt; sie hat gegen die Tür gedrückt; drücke!; der **Dru|cker**[1]; die **Dru|ckerei**[1]; **druck|sen** (*umgangssprachlich für:* nicht recht mit der Sprache herauskommen); du druckst; er hat gedruckst
drum (*umgangssprachlich für:* darum); das Drum und Dran; des Drum und Dran
der **Drum|mer** [*dram^e(r)*] (Schlagzeuger in einer Band)
drun|ten (da unten); **drun|ter** (*umgangssprachlich für:* darunter); es geht drunter und drüber; das Drunter und Drüber; des Drunter und Drüber
die **Drü|se**
der **Dschun|gel;** des Dschungels; die Dschungel
die **Dschun|ke** (chinesisches Segelschiff)
Dtzd. = Dutzend
du (*neu: auch in Briefen kleingeschrieben);* Leute wie du und ich; du zueinander sagen; mit jemandem auf du und du, *neu:* Du und Du stehen; jemanden mit du, *neu:* Du anreden; das **Du;** des Du *und* des Dus; die Du *und* die Dus; jemandem das Du anbieten
das **Du|al|sys|tem**[1] (Zahlensystem mit nur zwei Zahlzeichen und der Zahl 2 als Basis)
der **Dü|bel** (Pflock, Zapfen, worin Schrauben, Haken usw. verankert werden); des Dübels; die Dübel; **dü|beln;** sie hat das Regal an die Wand gedübelt
Dub|lin [*dablin*] (Hauptstadt der Republik Irland)
sich **du|cken**[2]; du duckst dich; sie hat sich geduckt; ducke dich!; der **Duck|mäuser**
der **Du|del|sack** (ein Blasinstrument); die Dudelsäcke
das **Du|ell** (Zweikampf); die Duelle
das **Du|ett** (Zwiegesang); die Duette
der **Duf|fle|coat** [*daf^elko^ut*] (dreiviertellanger Sportmantel); des Dufflecoats; die Dufflecoats
der **Duft; duf|te** (*umgangssprachlich für:* ausgezeichnet); **duf|ten;** die Blume duftet; die Blume duftete; die Blume hat geduftet; **duf|tig**
Duis|burg [*düßburk*] (Stadt im Ruhrgebiet)
dul|den; du duldest; er duldet; er duldete; er hat still geduldet; dulde das nicht!; der **Dul|der; duld|sam**
dumm; dümmer; am dümmsten; *aber groß:* er ist sicher der Dümmste in der Klasse; die **Dumm|heit;** der **Dummkopf**

[1] *Alte Trennung:* ...k|k...

[1] *Alte Trennung:* ...|st...
[2] *Alte Trennung:* ...k|k...

dumpf; dump|fig
die **Dü|ne**
der **Dung; dün|gen;** du düngst; sie düngt; sie düngte; sie hat den Boden gedüngt; dünge den Boden!; der **Dün|ger**
dun|kel; dunkler; am dunkelsten; etwas dunkel färben; jemanden im dunkeln, *neu:* Dunkeln (im Ungewissen) lassen; im Dunkeln ist gut munkeln; im dunkeln, *neu:* Dunkeln tappen (nicht Bescheid wissen); im Dunkeln (in der Finsternis) tappte er nach Hause; ein Sprung ins Dunkle; das **Dun|kel;** des Dunkels; im Dunkel des Waldes; **dunkel|blau** usw.
der **Dün|kel; dün|kel|haft;** am dünkelhaftesten
die **Dun|kel|heit;** die **Dun|kel|zif|fer**
dün|ken; mich *oder* mir dünkte; mich *oder* mir hat gedünkt
dünn; durch dick und dünn; sich **dünn|ma|chen** (*umgangssprachlich für:* weglaufen); er machte sich dünn; er hat sich dünngemacht; aber: **dünn ma|chen;** ihr sollt euch dünn machen (*umgangssprachlich für:* weniger Platz einnehmen); sie soll den Kuchenteig recht dünn machen; **dünn|be|völ|kert,** *neue Schreibung:* **dünn be|völ|kert;** dünner, am dünnsten bevölkert; das dünnbevölkerte, *neu:* dünn bevölkerte Land; das Land ist dünn bevölkert; der **Dünn|darm**
der **Dunst;** die Dünste; **düns|ten**[1]; du dünstest; sie dünstet; sie dünstete; sie hat das Fleisch gedünstet; dünste das Fleisch!; die **Dunst|glo|cke**[2] (Ansammlung verunreinigter Luft über Industriegebieten und Städten); **dunstig**[1]
die **Dü|nung;** die Dünungen
das **Duo** (Musikstück für zwei Instrumente; *auch für:* die zwei Ausführenden); des Duos; die Duos
das **Du|p|li|kat** (Abschrift); die Duplikate
das **Dur** (Tongeschlecht mit großer Terz); des Dur; die Dur; A-Dur; die A-Dur-Tonleiter; ↑Moll
durch; durch ihn; durch und durch; **durch|ar|bei|ten** (pausenlos arbeiten; sorgsam bearbeiten); sie hat die ganze Nacht durchgearbeitet; der Teig ist tüchtig durchgearbeitet; aber: **durch|ar|bei|ten;** eine durcharbeitete Nacht; **durch|aus; durch|blät|tern, durch|blät|tern;** er hat das Buch durchgeblättert *oder* durchblättert; der **Durch|blick; durch|bli|cken**[1]; sie hat durchgeblickt; die **Durch|blu|tung;** der **Durch|bruch;** die Durchbrüche; **durch|ei|n|an|der;** durcheinander (verwirrt) sein; alles durcheinander essen und trinken; **durch|ein|an|der|brin|gen,** *neue Schreibung:* **durch|ei|n|an|der brin|gen** (in Unordnung bringen); er hat alles durcheinandergebracht, *neu:* durcheinander gebracht; **durch|ein|an|der|re|den,** *neue Schreibung:* **durch|ei|n|an|der reden** (zugleich reden); sie haben alle durcheinandergeredet, *neu:* durcheinander geredet; **durch|ein|an|der|wer|fen,** *neue Schreibung:* **durch|ei|n|an|der wer|fen;** er hat alles durcheinandergeworfen, *neu:* durcheinander geworfen; die **Durch|fahrt;** der **Durch|fall;** die Durchfälle; die **Durch|füh|rung;** der **Durch|gang;** die **Durch|gangs|stra|ße;** der **Durch|gangs|ver|kehr; durch|gehend;** das Geschäft ist durchgehend geöffnet; **durch|läs|sig;** der **Durchlauf|er|hit|zer** (ein Gas- oder Elektrogerät); **durch|leuch|ten;** der Arzt hat die Lunge durchleuchtet; der **Durchmes|ser; durch|nu|me|rie|ren,** *neue Schreibung:* **durch|num|me|rie|ren;** die Seiten waren durchnumeriert, *neu:* durchnummeriert; die **Durch|sa|ge;** das **Durch|schlag|pa|pier;** die **Durch|schlags|kraft;** der **Durchschnitt;** im Durchschnitt; die **Durchschrift; durch|set|zen** (erreichen); sie setzt es durch; sie hat sich durchgesetzt (Erfolg gehabt); aber: **durchset|zen** (in etwas verteilen); der Lehm ist mit Steinen durchsetzt; **durchsich|tig; durch|su|chen;** er durchsuchte die Wohnung; er hat sie durchsucht; die **Durch|su|chung;** der **Durch|su|chungs|be|fehl;** die **Durch|wahl; durch|wäh|len** ([im Selbstwählfernverkehr] direkt wählen); er hat nach Australien durchgewählt; **durch|weg;** der **Durch|zug**
dür|fen; du darfst; sie darf; sie durfte; sie hat gedurft; sie hat [es] nicht gedurft; aber: das hätte sie nicht tun dürfen

[1]*Alte Trennung:* ...|st...
[2]*Alte Trennung:* ...k|k...

[1]*Alte Trennung:* ...k|k...

dürf|tig
dürr; die **Dür|re**
der **Durst; dürs|ten**[1]; du dürstest; sie dürstet; sie dürstete; sie hat gedürstet; mich dürstet nach Rache; **durs|tig**[1]
die **Du|sche; du|schen;** du duschst; sie duscht; sie duschte; sie hat geduscht; sich duschen; sie hat sich geduscht
die **Dü|se;** das **Dü|sen|flug|zeug**
der **Du|sel** (unverdientes Glück); Dusel haben; **du|seln** (träumen); du duselst; sie duselt; sie duselte; sie hat geduselt
Düs|sel|dorf (Hauptstadt von Nordrhein-Westfalen)
düs|ter[1]; düst[e]rer; am düstersten
der **Dutt** (*landschaftlich für:* Haarknoten); des Dutt[e]s; die Dutte *und* die Dutts
der **Du|ty-free-Shop,** *Hauptform:* **Du|ty-free|shop,** [*djutifrischop*] (Laden, in dem zollfreie Waren verkauft werden)
das **Dut|zend;** die Dutzende; zwei Dutzend Eier; *bei Angabe unbestimmter Mengen auch kleingeschrieben:* es gab Dutzende, *auch:* dutzende von Fehlern; **dut|zend|fach; dut|zend|mal,** *neue Schreibung:* **dutzend Mal;** [viele] Dutzend[e], *auch:* dutzend[e] Mal[e]; ein halbes Dutzend Mal, zwei Dutzend Male; **dut|zend|wei|se**
du|zen; du duzt ihn; sie duzt ihn; sie duzte ihn; sie hat ihn geduzt; duze ihn!
die **Dy|na|mik** (Kräftelehre; Schwung); **dy|na|misch;** das **Dy|na|mit** (ein Sprengstoff); der **Dy|na|mo** [oft auch: *dynamo*] (*Kurzwort für:* Dynamomaschine; ein Stromerzeuger); des Dynamos; die Dynamos
die **Dy|nas|tie**[1] (Herrschergeschlecht)
dz = Doppelzentner
der **D-Zug** (Durchgangszug, Schnellzug)

E

das **E** (Buchstabe); des E; die E; aber: das e in Berg; das E-Dur, e-Moll
die **Eb|be**
ebd. = ebenda
e|ben; ebenes (flaches) Land; eine ebene Fläche; eben sein; eben (soeben) ist sie gekommen; das ist nun eben (einmal) so; das **E|ben|bild; e|ben|bür|tig; e|ben|da; e|ben|der;** die **E|be|ne; e|ben|falls**

[1]*Alte Trennung:* ...|st...

das **E|ben|holz**
das **E|ben|maß; e|ben|mä|ßig**
e|ben|so; ebenso wie. *Nach der alten Rechtschreibung Zusammenschreibung, wenn ein Adverb oder ungebeugtes und unbetontes Adjektiv folgt; Getrenntschreibung, wenn das folgende Adjektiv betont wird oder gebeugt ist. Nach der neuen Rechtschreibung immer getrennt:* **eben|so|gut,** *neue Schreibung:* **e|ben|so gut;** sie hätte ebensogut, *neu:* ebenso gut zu Hause bleiben können; sie spielte ebenso gut Klavier wie ich; ebenso gute Leute; **eben|so|lang, ebenso|lan|ge,** *neue Schreibung:* **e|ben|so lang, e|ben|so lan|ge;** das dauert ebensolang[e], *neu:* ebenso lang[e] wie gestern; er hat ebenso lange Beine wie ich; **eben|so|oft,** *neue Schreibung:* **e|ben|so oft; eben|so|sehr,** *neue Schreibung:* **e|ben|so sehr; eben|so|viel,** *neue Schreibung:* **e|ben|so viel;** ebensoviel, *neu:* ebenso viel sonnige Tage; ebenso viele sonnige Tage; **eben|so|weit,** *neue Schreibung:* **e|ben|so weit;** wir laufen ebensoweit, *neu:* ebenso weit; eine ebenso weite Entfernung; **eben|so|we|nig,** *neue Schreibung:* **e|ben|so we|nig;** ebensowenig, *neu:* ebenso wenig reife Birnen; ebenso wenige reife Birnen; **eben|so|wohl,** *neue Schreibung:* **e|ben|so wohl**
der **E|ber** (männliches Schwein)
die **E|ber|esche** (ein Laubbaum)
eb|nen; sie ebnet den Weg; sie ebnete ihn; sie hat ihn geebnet; ebne ihn!
der **E|b|ro** (Fluss in Spanien)
das **E|cho;** des Echos; die Echos; das **E|cho|lot** (Gerät zur Tiefen- oder Höhenmessung mithilfe von Schallwellen)
die **Ech|se** (ein Kriechtier)
echt; echt|gol|den, *auch:* **echt gol|den;** ein echtgoldener, *auch:* echt goldener Becher; der Becher ist echtgolden, *auch:* echt golden; die **Echt|heit; echt|sil|bern,** *auch:* **echt sil|bern;** ein echtsilberner, *auch:* echt silberner Ring; der Ring ist echtsilbern, *auch:* echt silbern
der **Eck|ball;** die **E|cke**[1]; **e|ckig**[1]; der **Eck|zahn**
der *und* die **E|cu, E|CU** [*ekü*] (europäische Währungseinheit); des Ecus *und* der Ecu; die Ecus *und* die Ecu; 10 Ecu

[1]*Alte Trennung:* ...k|k...

E|cu|a|dor [*ek"ador*] (Staat in Südamerika); der **E|cu|a|do|ri|a|ner; e|cu|a|do|ri|a|nisch**

E|da|mer (aus Edam); Edamer Käse

e|del; edler; am edelsten; das **E|del|gas;** das **E|del|me|tall;** der **E|del|mut;** der **E|del|stein;** das **E|del|weiß** (eine Gebirgspflanze); die Edelweiße

E|den (Paradies); der Garten Eden

e|di|tie|ren (*EDV:* Daten in ein Terminal eingeben, löschen, verändern)

EDV = elektronische Datenverarbeitung; das **EDV-Pro|gramm**

der **E|feu**

Eff|eff; etwas aus dem Effeff (*umgangssprachlich für:* hervorragend) können

der **Ef|fekt** (Wirkung); die Effekte; die **Ef|fek|ten** (Wertpapiere) *Plural;* **ef|fek|tiv** (tatsächlich, wirksam); die **Ef|fek|ti|vi|tät** (Wirksamkeit); der **Ef|fet** [*äfe,* auch: *äfä*] (Drall eines Balles, einer Kugel); des Effets; die Effets

EG = Europäische Gemeinschaft[en]; ↑EU

e|gal (gleichgültig); das ist mir egal

die **Eg|ge; eg|gen;** du eggst; sie eggte; sie hat den Acker geeggt; egge das Feld!

der **E|go|is|mus** (Selbstsucht); des Egoismus; die Egoismen; der **E|go|ist** (selbstsüchtiger Mensch); des/dem/den Egoisten; die Egoisten; **e|go|is|tisch**[1]

eh., e. h., = ehrenhalber; ↑Doktor

e|he; ehedem; ehe denn; seit eh und je

die **E|he;** der **E|he|bruch;** die **E|he|frau;** die **E|he|leu|te** *Plural;* **e|he|lich;** eheliches Güterrecht

e|he|ma|lig; e|he|mals

der **E|he|mann;** das **E|he|paar**

e|her; je eher, je lieber; je eher, desto besser; er wird es um so eher (lieber) tun, als ...

e|hern

e|hes|tens[1]

ehr|bar; die **Eh|re; eh|ren;** du ehrst ihn; er hat ihn geehrt; ehre ihn!; das **Eh|ren|amt; eh|ren|amt|lich;** das **Eh|ren|mal;** die Ehrenmale *und* die Ehrenmäler; **eh|ren|voll;** das **Eh|ren|wort;** die Ehrenworte; **ehr|er|bie|tig;** die **Ehr|furcht;** der **Ehr|geiz; ehr|gei|zig; ehr|lich; ehr|wür|dig**

das **Ei**

die **Ei|be** (ein Nadelbaum); die Eiben

[1]*Alte Trennung:* ...|st...

die **Ei|che;** die **Ei|chel;** die Eicheln; der **Ei|chel|hä|her** (ein Vogel)

ei|chen (das gesetzliche Maß geben; prüfen); du eichst die Waage; sie hat die Waage geeicht

das **Eich|hörn|chen**

der **Eid;** an Eides Statt, *neu:* statt [erklären]

die **Ei|dech|se**

ei|des|statt|lich (an Eides statt); eine eidesstattliche Versicherung

die **Eid|ge|nos|sen|schaft;** Schweizerische Eidgenossenschaft (amtlicher Name der Schweiz); **eid|ge|nös|sisch**

der *und* das **Ei|dot|ter;** die Eidotter

der **Ei|er|stock** (Geschlechtsorgan, das die weiblichen Keimzellen bildet) *meist Plural;* die Eierstöcke

der **Ei|fer; ei|fer|süch|tig**

der **Eif|fel|turm** (in Paris)

eif|rig

das **Ei|gelb;** die Eigelbe; 3 Eigelb

ei|gen; mein eig[e]ner Sohn; das ist ihr eigen (für sie charakteristisch); das ist mein eigen, *neu:* Eigen (*gehoben für:* Besitz); etwas Eigenes besitzen; die **Ei|gen|art;** die Eigenarten; **ei|gen|ar|tig;** der **Ei|gen|bröt|ler;** der **Ei|gen|na|me;** der **Ei|gen|nutz; ei|gen|nüt|zig; ei|gens;** die **Ei|gen|schaft; ei|gent|lich;** das **Ei|gen|tum;** das **Ei|gen|tor** (*Sport*); der **Ei|gen|tü|mer; ei|gen|tüm|lich;** die **Ei|gen|tums|woh|nung; ei|gen|wil|lig**

der **Ei|ger** (Berg in den Berner Alpen)

sich **eig|nen;** es eignet sich; sie hat sich dazu geeignet; die **Eig|nung**

das **Ei|land** (*gehoben für:* Insel); des Eiland[e]s; die Eilande

die **Ei|le; ei|len;** du eilst; sie eilt; sie eilte; sie ist geeilt; eile mit Weile!; **ei|lends; ei|lig;** etwas Eiliges (Wichtiges) besorgen; nichts Eiligeres zu tun haben, als ...; der **Eil|zug;** die Eilzüge

der **Ei|mer; ei|mer|wei|se**

ein, ei|ner; *Zahlwort:* wenn einer das erfährt; einer für alle und alle für einen; der eine, aber: der Eine (Gott); einer von uns; in einem fort; in ein[em] und einem halben Jahr; ein und dieselbe Sache; es läuft alles auf eins (ein und dasselbe) hinaus; sie ist sein ein und alles, *neu:* Ein und Alles. *Unbestimmtes Pronomen:* wenn einer das hört!; sie sollen einen in Ruhe lassen; eins kommt nach dem and[e]ren; von einem zum and[e]ren; die einen klatschten, die and[e]ren/andern pfiffen

ein; nicht ein noch aus wissen (ratlos sein); wer bei dir ein und aus geht (verkehrt); aber: ein- und aussteigen (einsteigen und aussteigen)
ei|n|an|der; ↑aneinander
ein|äschern; er äschert ein; er äscherte ein; er hat das Dorf eingeäschert
die **Ein|bahn|stra|ße**
der **Ein|band** (der Bucheinband); die Einbände
ein|bän|dig
der **Ein|baum** (Boot aus einem ausgehöhlten Baumstamm)
die **Ein|be|ru|fung;** der **Ein|be|ru|fungs|be|fehl**
ein|be|zie|hen; diesen Umstand hat sie in ihre Überlegungen [mit] einbezogen
ein|bie|gen; sie ist in eine Seitenstraße eingebogen
sich **ein|bil|den;** er bildet sich ein; er hat sich viel eingebildet; die **Ein|bil|dung**
ein|bläu|en, *alte Schreibung:* **ein|bleu|en;** *vgl. d.*
ein|blen|den (in eine Sendung, in einen Film einschalten); sie blendete ein Interview in die Reportage ein; sie hat ein Interview eingeblendet
ein|bleu|en, *neue Schreibung:* **ein|bläu|en** (*umgangssprachlich für:* mit Nachdruck einschärfen); sie hat ihm die neuen Vokabeln eingebleut, *neu:* eingebläut
ein|bre|chen; der Dieb brach in das/in dem Haus ein; sie ist auf dem Eis eingebrochen; der **Ein|bre|cher;** der **Ein|bruch;** die Einbrüche; **ein|bruch[s]|si|cher**
ein|bü|ßen; du büßt ein; er büßt ein; er hat seinen guten Ruf eingebüßt
ein|deu|tig
ein|drin|gen; du dringst ein; sie drang ein; sie ist eingedrungen; **ein|dring|lich;** auf das, aufs eindringlichste, *auch:* auf das, aufs Eindringlichste
der **Ein|druck;** die Eindrücke
ein|ein|halb, ein|und|ein|halb; eineinhalb Tage, aber: ein und ein halber Tag; ein[und]einhalbmal so viel
ei|ner; ↑auch: ein; der **Ei|ner** (letzte Stelle einer mehrstelligen Zahl; einsitziges Sportruder- oder -paddelboot); des Einers; die Einer
ei|ner|lei; ei|ner|seits; ei|nes|teils
ein|fach; am einfachsten; aber: das einfachste, *neu:* Einfachste ist, wenn ...; ein einfacher Bruch; sich etwas Einfaches wünschen; die **Ein|fach|heit;** der Einfachheit halber
ein|fä|deln; sie fädelt alles ein; sie hat sich [in den fließenden Verkehr] eingefädelt
die **Ein|fahrt;** die Einfahrten
der **Ein|fall;** die Einfälle; **ein|fal|len;** was fällt dir ein?; das Haus ist eingefallen; der Feind ist in unser Land eingefallen; der **Ein|fall[s]|win|kel**
die **Ein|falt; ein|fäl|tig;** der **Ein|falts|pin|sel** (Dummkopf)
das **Ein|fa|mi|li|en|haus**
ein|fan|gen; er fängt das Tier ein; er fing es ein; er hat es eingefangen
ein|flö|ßen; du flößt ein; sie flößt ein; sie hat mir Vertrauen eingeflößt
die **E̲in|flug|schnei|se** (Flugwesen)
der **Ein|fluß,** *neue Schreibung:* **Ein|fluss;** des Einflusses; die Einflüsse
ein|frie|ren; du frierst ein; die Wasserleitung ist eingefroren; er hat das Gemüse eingefroren
die **Ein|fuhr; ein|füh|ren;** wir führen Erdöl (aus dem Ausland) ein; sie hat neue Lehrbücher eingeführt; die **Ein|füh|rung**
die **Ein|ga|be** (Gesuch; das Eingeben von Daten usw. in einen Computer)
der **Ein|gang;** die Eingänge; Ein- und Ausgang; **ein|gangs;** eingangs des Briefes
ein|ge|ben; sie gab dem Kranken die Tropfen ein; sie hat die Daten [in den Computer] eingegeben
ein|ge|bil|det
ein|ge|bo|ren; der eingeborene (einzige) Sohn Gottes
ein|ge|bo|ren; die eingeborene Bevölkerung
die **Ein|ge|bung** (plötzlicher Einfall)
ein|ge|hend; auf das, aufs eingehendste, *auch:* auf das, aufs Eingehendste
das **Ein|ge|mach|te;** des/dem Eingemachten; Eingemachtes; mit Eingemachtem
ein|ge|mein|den; man gemeindete den Vorort in die Stadt ein; der Ort ist 1996 eingemeindet worden
das **Ein|ge|ständ|nis;** des Eingeständnisses; die Eingeständnisse; **ein|ge|ste|hen;** sie gesteht ein; sie hat alles eingestanden
das **Ein|ge|wei|de;** die Eingeweide *meist Plural*
ein|grei|fen; sie griff in den Streit ein;

die Polizei hat eingegriffen; der **Ein|griff** (das Eingreifen; Operation)

ein|hal|ten; du hältst ein; sie hat die Vorschriften eingehalten; die **Ein|hal|tung**

ein|häu|sig (*Botanik:* mit männlichen und weiblichen Blüten zugleich)

ein|hei|misch; der **Ein|hei|mi|sche;** ein Einheimischer; die Einheimischen; mehrere Einheimische; die **Ein|hei|mi|sche;** eine Einheimische

die **Ein|heit;** die Einheiten; Tag der Deutschen Einheit (3. Oktober); **ein|heit|lich;** einheitliche Bestrebungen

ein|hel|lig (einstimmig)

das **Ein|horn** (ein Fabeltier); die Einhörner

ei|nig; einig sein, werden; einiggehen, *neu:* einig gehen

ein|igeln; ich ig[e]le mich ein; er hat sich eingeigelt

ei|ni|ge; einige Stunden später; dieser Schüler wusste einiges; einige Abgeordnete; mit einigen Abgeordneten; bei einigem guten Willen; die Taten einiger guter (*seltener:* guten) Menschen; **ei|ni|ge|mal,** *neue Schreibung:* **ei|ni|ge Mal; ei|ni|ge Ma|le;** sich **ei|ni|gen;** sie einigen sich; sie haben sich geeinigt; einigt euch!; **ei|ni|ger|ma|ßen; ei|ni|ges** ↑einige; die **Ei|nig|keit**

ein|jäh|rig

der **Ein|kauf;** die Einkäufe; die **Ein|kaufs|ta|sche**

ein|keh|ren; sie kehrte ein; sie ist eingekehrt

das **Ein|kom|men;** die **Ein|kom|men[s]|steu|er**

die **Ein|künf|te** *Plural*

ein|la|den; sie lädt mich ein; sie hat mich eingeladen; die **Ein|la|dung**

die **Ein|la|ge**

der **Ein|laß,** *neue Schreibung:* **Ein|lass;** Einlaß, *neu:* Einlass um 15 Uhr; **ein|las|sen;** sie lässt die Kinder ein; sich auf etwas, mit jemandem einlassen

der **Ein|lauf;** die Einläufe

die **Ein|lei|tung**

ein|len|ken; er lenkt ein; er hat bei den Verhandlungen eingelenkt; sie ist in die Hauptstraße eingelenkt

ein|leuch|ten; das leuchtet mir ein; das hat mir eingeleuchtet

ein|ma|chen; er macht Obst ein; er hat es eingemacht

ein|mal; auf einmal; noch einmal; ein- bis zweimal (*mit Ziffern:* 1- bis 2mal, *neu:* 1- bis 2-mal); ↑mal; das **Ein|mal|eins; ein|ma|lig**

ein|mü|tig

die **Ein|nah|me; ein|neh|men;** er nimmt Tabletten ein; sie hat viel Geld eingenommen

die **Ein|öde;** die Einöden; der **Ein|öd|hof**

ein|prä|gen; sie prägt mir ein; sie hat mir eingeprägt, dass ...; **ein|präg|sam**

ein|rah|men; sie rahmt ein; sie hat das Bild eingerahmt

die **Ein|rei|se;** die **Ein|rei|se|er|laub|nis**

ein|rich|ten; sie hat das Zimmer neu eingerichtet; die **Ein|rich|tung**

eins; es ist, schlägt eins (ein Uhr); ein Viertel auf, vor eins; halb eins; gegen eins; eins und zwei macht, ist drei; eins (einig) sein; es ist mir alles eins (gleichgültig); die **Eins;** die Einsen; sie hat die Prüfung mit der Note „Eins" bestanden; er würfelt drei Einsen; sie hat in Deutsch eine Eins geschrieben; ↑aber auch: Acht (Zahl)

ein|sal|zen; du salzt ein; wir haben die Heringe eingesalzen

ein|sam; die **Ein|sam|keit**

der **Ein|satz;** die Einsätze; der **Ein|satz|be|fehl**

die **Ein|schalt|quo|te** (bei Rundfunk-, Fernsehsendungen)

ein|schen|ken; sie schenkt ein; sie hat mir eingeschenkt

ein|schla|fen; sie schläft ein; sie ist eingeschlafen

ein|schla|gen; der Blitz hat eingeschlagen

ein|schließ|lich; einschließlich des Kaufpreises

sich **ein|schrän|ken;** du schränkst dich ein; er hat sich eingeschränkt; schränke dich ein!; die **Ein|schrän|kung**

der **Ein|schreib|brief** *und* **Ein|schrei|be|brief;** das **Ein|schrei|ben**

ein|schüch|tern; sie hat ihn eingeschüchtert; die **Ein|schüch|te|rung**

ein|schwei|ßen; [in Folie] eingeschweißte Bücher

ein|seg|nen (konfirmieren; weihen); der Pfarrer segnete sie ein; er hat sie eingesegnet; **Ein|seg|nung**

ein|se|hen; er sieht seinen Fehler ein

ein|sen|den; sie sendet ein; sie sandte, *auch:* sendete ein; sie hat die Unterlagen eingesandt, *auch:* eingesendet; sende sie ein; der **Ein|sen|de|schluß,** *neue Schreibung:* **Ein|sen|de|schluss**

ein|set|zen; er setzt den Flicken ein; sie hat sich für die Kinder eingesetzt

die **Ein|sicht;** die Einsichten; in etwas Einsicht nehmen; **ein|sich|tig**

der **Ein|sied|ler**

ein|sper|ren; er sperrt ihn ein; er hat ihn eingesperrt

der **Ein|spruch;** die Einsprüche; Einspruch erheben

ein|spu|rig; eine einspurige Straße

einst

der **Ein|stand** (Dienstantritt; *Tennis:* Gleichstand); die Einstände

ein|stei|gen; sie stieg in den Bus ein; *(umgangssprachlich auch:)* sie ist in die Politik eingestiegen

ein|stel|len; die Firma stellt Arbeiter ein

ein|stel|lig; einstellige Zahlen

die **Ein|stiegs|dro|ge** (Droge, deren ständiger Genuss meist zur Einnahme stärkerer Rauschgifte führt)

ein|stim|mig

einst|mals

ein|stür|zen; das Haus stürzt ein; das Haus ist eingestürzt; die **Ein|sturz|ge-fahr**

einst|wei|len

ein|tas|ten[1] (über eine Tastatur eingeben); er hat die Daten eingetastet

der **Ein|topf;** die Eintöpfe; das **Ein|topf-ge|richt**

die **Ein|tracht; ein|träch|tig**

ein|tre|ten; sie tritt ein; sie ist in das Zimmer eingetreten; sie hat die Tür eingetreten; der **Ein|tritt;** das **Ein|tritts-geld**

ein|ver|stan|den

die **Ein|waa|ge** (Gewicht des Inhalts einer Konservendose, Packung usw.)

der **Ein|wand;** die Einwände

der **Ein|wan|de|rer; ein|wan|dern;** du wanderst ein; sie ist eingewandert

ein|wand|frei

ein|wärts

die **Ein|weg|fla|sche** (Flasche, die nicht zurückgegeben wird)

ein|wen|den; du wendest ein; sie wendet ein; sie wandte, *auch:* wendete ein; sie hat eingewandt, *auch:* eingewendet

der **Ein|woh|ner;** das **Ein|woh|ner|mel-de|amt;** die **Ein|woh|ner|zahl**

der **Ein|wurf** (das Einwerfen; eingeworfene Bemerkung; *Sport:* das Einwerfen des Balls, Pucks); die Einwürfe

[1] *Alte Trennung:* ...|st...

die **Ein|zahl** *Singular*

ein|zah|len; sie zahlt den Betrag ein; die **Ein|zah|lung**

das **Ein|zel** (*Sport:* Einzelspiel); der **Ein-zel|han|del;** die **Ein|zel|heit**

der **Ein|zel|ler** (einzelliges Lebewesen); **ein|zel|lig**

ein|zeln; bitte einzeln eintreten; jede einzelne Mitarbeiterin; der/die/das einzelne, *neu:* Einzelne; jeder einzelne, *neu:* Einzelne ist verantwortlich; die Dinge müssen im einzelnen, *neu:* Einzelnen noch geklärt werden; vom Einzelnen (von der Einzelheit) ins Ganze gehen; vom Einzelnen zum Allgemeinen; das **Ein|zel|zim|mer**

ein|zie|hen; sie hat die Leine eingezogen; sie ist in das neue Haus eingezogen

ein|zig; wir waren die einzigen Gäste; das ist einzig und allein deine Schuld; der/die/das einzige, *neu:* Einzige; kein einziger, *neu:* Einziger; er als einziger, *neu:* Einziger; sie als einzige, *neu:* Einzige; **ein|zig|ar|tig;** das einzigartige, *neu:* Einzigartige ist, dass ...

das **Eis;** Eis essen; die **Eis|bahn;** die Eisbahnen; der **Eis|bär;** des/dem/den Eisbären; die Eisbären; das **Eis|bein** (eine Speise); der **Eis|berg**

das **Ei|sen;** die **Ei|sen|bahn;** die Eisenbahnen; die **Ei|sen|zeit** (letzte Epoche der Vor- und Frühgeschichte)

ei|sern; eiserner Wille; die eiserne Lunge (Gerät zur künstlichen Beatmung); der eiserne Vorhang (der feuersichere Abschluss der Theaterbühne gegen den Zuschauerraum; aber: der Eiserne Vorhang (die frühere undurchlässige Grenze zwischen Ost und West); das Eiserne Kreuz (ein Orden)

die **Eis|hei|li|gen** (bestimmte Tage im Mai mit erhöhter Frostgefahr) *Plural;* das **Eis|ho|ckey**[1]; des Eishockeys; **ei|sig; ei|sig|kalt,** *neue Schreibung:* **ei|sig kalt;** es waren eisigkalte, *neu:* eisig kalte Tage; die Tage waren eisig kalt; **eis|kalt;** der **Eis|kunst|lauf; eis|lau-fen,** *neue Schreibung:* **Eis lau|fen;** sie läuft eis, *neu:* Eis; sie ist eisgelaufen, *neu:* Eis gelaufen; zu kalt, um eiszulaufen, *neu:* Eis zu laufen

der **Ei|sprung** (Ausstoßung des reifen Eis aus dem Eierstock)

der **Eis|schnellauf**[2], *neue Schreibung:*

[1] *Alte Trennung:* ...k|k...
[2] *Trennung:* ...ll|l...

Eis|schnell|lauf; die **Eis|schol|le;** der **Eis|stock** (Gerät zum Eis[stock]-schießen); das **Eis|stock|schie|ßen** (Eisschießen; ein Sport); der **Eis|tanz;** der **Eis|zap|fen;** die **Eis|zeit**
ei|tel; eitler; am eitelsten; ein eitler Mensch; die **Ei|tel|keit**
der **Ei|ter; ei|tern;** der Finger eitert; der Finger eiterte; der Finger hat geeitert; **eit|rig** *und* **ei|te|rig**
das **Ei|weiß;** die Eiweiße; **ei|weiß|arm;** eiweißarme Nahrung; die **Ei|zel|le**
die **E|ja|ku|la|ti|on** (Samenerguss)
EKD = Evangelische Kirche in Deutschland
der **E|kel;** das **E|kel** (unverträglicher, unsympathischer Mensch); **e|kel|haft;** am ekelhaftesten; sich **e|keln;** du ekelst dich; er ekelt sich; er hat sich geekelt; es ekelt mich *oder* mir sehr
EKG, Ekg = Elektrokardiogramm
ek|lig *und* **e|ke|lig**
die **Ek|s|ta|se** (rauschhafte Begeisterung); **ek|s|ta|tisch**
E|ku|a|dor usw. ↑Ecuador usw.
das **Ek|zem** (eine Entzündung der Haut); die Ekzeme
der **E|lan** (Schwung); des Elans
e|las|tisch[1] (dehnbar); die **E|las|ti|zi|tät**[1] (Spannkraft)
die **El|be** (europäischer Strom)
der **Elch** (eine Hirschart); die Elche
der **E|le|fant;** des/dem/den Elefanten; die Elefanten
e|le|gant (geschmackvoll; vornehm); am elegantesten; die **E|le|ganz**
e|lek|t|ri|fi|zie|ren (auf elektrischen Betrieb umstellen); die Deutsche Bahn elektrifiziert; die Deutsche Bahn hat die Strecke elektrifiziert; der **E|lek|t|ri|ker; e|lek|t|risch;** eine elektrische Eisenbahn; ein elektrischer Zaun; sich **e|lek|t|ri|sie|ren;** sie elektrisierte sich; sie hat sich elektrisiert; die **E|lek|t|ri|zi|tät;** das **E|lek|t|ri|zi|täts|werk;** die **E|lek|t|ro|de;** die **E|lek|t|ro|gi|tar|re;** der **E|lek|t|ro|herd;** das **E|lek|t|ro|kar|di|o|gramm** (*Medizin:* grafische Darstellung elektrischer Erscheinungen, die die Herztätigkeit begleiten; *Abkürzung:* EKG); der **E|lek|t|ro|ma|g|net;** der **E|lek|t|ro|mo|tor;** das **E|lek|t|ron** [auch: *eläk...* oder *...tron*] (negativ geladenes Elementarteilchen); des Elektrons; die Elektronen; das **E|lek|t|ro|nen|mi|k|ro|s|kop** (sehr starkes Mikroskop, das mit Elektronenstrahlen arbeitet); die **E|lek|t|ro|nen|röh|re;** die **E|lek|t|ro|nik** (Zweig der Elektrotechnik; elektronische Ausstattung); **e|lek|t|ro|nisch;** elektronische Datenverarbeitung (*Abkürzung:* EDV); der **E|lek|t|ro|schock** (in der Psychiatrie oder als Folter: durch Stromstöße erzeugter Schock); die **E|lek|t|ro|tech|nik**
das **E|le|ment** (Urstoff, Grundbestandteil; chemischer Grundstoff; Naturgewalt; ein elektrisches Gerät); er fühlt sich in seinem Element; **e|le|men|tar** (naturhaft; einfach); eine elementare Gewalt; elementare Kenntnisse; das **E|le|men|tar|teil|chen** (Atombaustein)
e|lend; am elend[e]sten; das **E|lend;** **e|len|dig** [auch: *elendig*]; das **E|lends|vier|tel**
elf; wir sind zu elfen *oder* zu elft; ↑auch: acht; die **Elf** (Zahl; [Fuß-ball]mannschaft)
die **El|fe** (ein Naturgeist); die Elfen
das **El|fen|bein;** [die] **El|fen|bein|küs|te**[1] (Staat in Westafrika)
elf|jäh|rig; elf|mal; ↑achtmal
der **Elf|me|ter** (Strafstoß vom Elfmeterpunkt beim Fußball); der **Elf|me|ter|punkt;** das **Elf|me|ter|schie|ßen**
das **Elf|tel;** die Elftel; **elf|tens**
die **E|li|te** (Auslese der Besten); die Eliten
der **Ell|bo|gen** *und* der **El|len|bo|gen; el|len|lang**
die **El|lip|se** (ein Kegelschnitt); die Ellipsen; **el|lip|tisch** (in Form einer Ellipse; unvollständig)
El Sal|va|dor [*äl salwador*] (Staat in Mittelamerika)
die **Els|ter**[1]; die Elstern
el|ter|lich; die elterliche Fürsorge; die **El|tern** *Plural;* der **El|tern|ver|tre|ter**
die **E-Mail** [*ime^il*] (elektronischer Daten- und Nachrichtenaustausch über Computernetze)
das **E|mail** [auch: *emaj*] (Schmelzüberzug); des Emails; die Emails *und* die **E|mail|le** [*emalj^e*]; der Emaille; die Emaillen; **e|mail|lie|ren** [*emaljir^en, emajir^en*]; emailliertes Geschirr
die **E|man|zi|pa|ti|on; e|man|zi|piert** (mündig; gleichberechtigt)

[1]*Alte Trennung:* ...|st...

[1]*Alte Trennung:* ...|st...

das **Em|bar|go** (staatliches Verbot, mit einem bestimmten Staat Handel zu treiben); des Embargos; die Embargos

das **Em|b|lem** (Symbol; Hoheitszeichen); die Embleme

die **Em|bo|lie** (Verstopfung eines Blutgefäßes); die Embolien

der **Em|b|ryo** (noch nicht geborenes Lebewesen); des Embryos; die Embryos *und* die Embryonen

der **E|mi|g|rant** (Auswanderer); des/dem/den Emigranten; die Emigranten; **e|mi|g|rie|ren;** sie emigriert; sie emigrierte; sie ist emigriert; emigriere!

der **E|mir** [auch: *emir*] (arabischer Fürst); die Emire; das **E|mi|rat** (arabisches Fürstentum); Vereinigte Arabische Emirate

die **E|mis|si|on** (das Ausströmen Luft verunreinigender Stoffe); die Emissionen; der **E|mis|si|ons|grenz|wert**

Em|men|ta|ler; Emmentaler Käse; der **Em|men|ta|ler** (ein Käse)

die **E|mo|ti|on** (Gemütsbewegung); die Emotionen; **e|mo|ti|o|nal** (gefühlsmäßig)

der **Emp|fang;** die Empfänge; **emp|fan|gen;** du empfängst; er empfängt; er empfing; er hat ihn empfangen; empfange ihn doch!; der **Emp|fän|ger;** **emp|fäng|lich;** die **Emp|fäng|nis;** **emp|fäng|nis|ver|hü|tend;** die **Emp|fäng|nis|ver|hü|tung**

emp|feh|len; du empfiehlst; sie empfiehlt; sie empfahl; sie hat empfohlen; empfiehl ihm dies doch!; **emp|feh|lens|wert;** die **Emp|feh|lung**

emp|fin|den; du empfindest; sie empfand; sie hat Reue empfunden; **emp|find|lich;** die **Emp|fin|dung**

em|por; die **Em|po|re** (der erhöhte Sitzraum in der Kirche); die Emporen

em|pö|ren; es empört ihn; es hat ihn empört; die **Em|pö|rung**

die **Ems** (Fluss in Nordwestdeutschland)

em|sig

der **E|mu** (australischer Laufvogel); die Emus

die **E-Mu|sik** (*kurz für:* ernste Musik)

das **En|de;** die Enden; am Ende sein; zu Ende sein, gehen, kommen; Ende Januar; letzten Endes; **en|den;** du endest; sie endet; sie endete; sie hat im Gefängnis geendet; ein nicht enden wollender Beifall

en dé|tail [*angdetaj*] (im Kleinen; einzeln; im Einzelverkauf)

end|gül|tig

die **En|di|vie** [*endiwie*] (eine Salatpflanze); der **En|di|vi|en|sa|lat**

der **End|kampf** (*Sport*); die **End|la|ge|rung** (endgültige Lagerung, besonders von radioaktivem Abfall); der **End|lauf** (*Sport*); **end|lich;** **end|los;** ein endloses Band; bis ins Endlose; die **End|mo|rä|ne;** die **End|run|de;** der **End|spurt;** die Endspurts *und* die Endspurte; die **End|sta|ti|on;** die **En|dung**

die **E|n|er|gie** (die Tatkraft; die Fähigkeit, Arbeit zu leisten); die Energien; der **E|n|er|gie|be|darf;** die **E|n|er|gie|po|li|tik;** die **E|n|er|gie|quel|le;** **e|n|er|gisch**

eng; wir sind auf das, aufs engste, *auch:* auf das, aufs Engste befreundet

en|ga|gie|ren [*anggaschiren*] (verpflichten, binden); der Schauspieler wurde nach München engagiert; du hast dich politisch engagiert (eingesetzt)

eng|be|freun|det, *neue Schreibung:* **eng be|freun|det;** die **En|ge;** die Engen

der **En|gel;** die Engel

der **En|ger|ling** (die Maikäferlarve); die Engerlinge

Eng|land; der **Eng|län|der;** **eng|lisch**

der **Eng|paß,** *neue Schreibung:* **Eng|pass;** des Engpasses; die Engpässe

en gros [*anggro*] (im Großen)

eng|stir|nig

der **En|kel;** die Enkel; die **En|ke|lin;** die Enkelinnen; das **En|kel|kind**

e|norm (außerordentlich; ungeheuer)

das **En|sem|ble** [*angßangb(e)l*] (feste Gruppe von Musikern, Schauspielern usw., die bei Aufführungen gemeinsam auftreten); des Ensembles; die Ensembles

ent|beh|ren; du entbehrst; sie entbehrt; sie entbehrte; sie hat das Buch entbehrt; **ent|behr|lich;** die **Ent|beh|rung**

ent|bin|den; sie ist von einem Mädchen entbunden worden (sie hat ein Mädchen geboren); die **Ent|bin|dung**

ent|blö|ßen; du entblößt; er entblößt; er entblößte den Arm; er hat den Arm entblößt; entblöße deinen Arm!

ent|de|cken[1]**;** du entdeckst; sie ent-

[1] *Alte Trennung:* ...k|k...

deckt; sie hat es entdeckt; der **Ent|de|cker**[1]; die **Ent|de|ckung**[1]

die **En|te**

ent|eig|nen; du enteignest; sie wurde enteignet; die **Ent|eig|nung**

der **En|te|rich;** die Enteriche

en|tern (auf etwas klettern); du enterst ein Schiff; sie hat ein Schiff geentert; entere das Schiff!

ent|fer|nen; du entfernst; er entfernte; er hat den Staub von den Schuhen entfernt; sich entfernen; sie hat sich heimlich entfernt; die **Ent|fer|nung**

ent|füh|ren; du entführst; er entführt; er entführte; er hat das Kind entführt; der **Ent|füh|rer;** die **Ent|füh|rung**

ent|ge|gen; ent|ge|gen|ge|setzt; ent|ge|gen|kom|men; sie kommt mir entgegen; sie ist mir entgegengekommen; **ent|geg|nen;** du entgegnest; sie entgegnet; sie entgegnete; sie hat ihm entgegnet, dass ...; die **Ent|geg|nung**

ent|ge|hen; er entging seinen Verfolgern; dieser Fehler ist mir entgangen (er blieb unbemerkt)

das **Ent|gelt;** die Entgelte; gegen, ohne Entgelt; **ent|gel|ten;** du entgiltst; sie entgilt; sie entgalt; sie hat mir meine Mühe entgolten (sie hat sie belohnt); sie lässt mich meine Fehler nicht entgelten (nicht büßen)

ent|glei|sen; der Zug entgleist; der Zug ist entgleist; die **Ent|glei|sung**

ent|hal|ten; das Wasser enthält; das Wasser enthielt; das Wasser hat Sauerstoff enthalten; sich enthalten; sie enthält sich der Stimme; sie hat sich der Stimme enthalten; **ent|halt|sam;** die **Ent|halt|sam|keit**

ent|hül|len; sie enthüllte das Denkmal; sie hat mir ihre Pläne enthüllt; die **Ent|hül|lung**

der **En|thu|si|as|mus** (Begeisterung); **en|thu|si|as|tisch**[2]

ent|kal|ken; entkalkt

ent|kof|fe|i|nie|ren [*...fe-i...*] (von Koffein befreien); entkoffeinierter Kaffee

ent|kom|men; du entkommst; sie entkam; sie ist ihm entkommen

ent|lang; entlang dem Fluss (*selten:* des Flusses); am Ufer entlang; am, das Ufer entlang laufen (nicht fahren); aber: am, das Ufer entlanglaufen (nicht am Berg *oder* den Berg entlanglaufen)

ent|lar|ven; du entlarvst den Betrüger; sie entlarvte ihn; wir haben ihn entlarvt

ent|las|sen; du entläßt, *neu:* entlässt die Arbeiter; er entläßt, *neu:* entlässt sie; er entließ sie; er hat sie entlassen; entlasse sie nicht ohne Grund!; die **Ent|las|sung**

ent|lau|fen; der Hund ist entlaufen

ent|lee|ren; du entleerst; er hat das Gefäß entleert; entleere den Eimer!

ent|le|gen (weit weg, abseits gelegen); die entlegenen Gebirgsdörfer

ent|lei|hen; du entleihst; sie entleiht; sie entlieh; sie hat das Buch entliehen; entleihe das Buch!

sich **ent|pup|pen;** sie entpuppte sich als eine Betrügerin

ent|rah|men; entrahmte Milch

ent|rich|ten; sie hat eine Gebühr entrichtet

ent|rüm|peln; ich entrümple; sie hat den Keller entrümpelt

sich **ent|rüs|ten**[1]; du entrüstest dich; er entrüstete sich; er hat sich entrüstet; entrüste dich nicht!; die **Ent|rüs|tung**[1]

ent|schä|di|gen; du entschädigst ihn; sie hat ihn entschädigt; entschädige ihn endlich!; die **Ent|schä|di|gung**

ent|schär|fen; man hat die Mine entschärft

ent|schei|den; du entscheidest; sie entscheidet; sie entschied; sie hat den Streit entschieden; entscheide gerecht!; sich entscheiden; er hat sich für ihn entschieden; die **Ent|schei|dung;**

ent|schie|den; auf das, aufs entschiedenste, *neu:* auf das, aufs Entschiedenste; die **Ent|schie|den|heit**

sich **ent|schlie|ßen;** du entschließt dich; sie entschließt sich; sie entschloß, *neu:* entschloss sich; sie hat sich schnell entschlossen; die **Ent|schlie|ßung; ent|schlos|sen;** sie ist zu dieser Tat entschlossen; die **Ent|schlos|sen|heit;** der **Ent|schluß,** *neue Schreibung:* **Ent|schluss;** des Entschlusses; die Entschlüsse

ent|schlüs|seln; ich entschlüssele; sie hat die Nachricht entschlüsselt

ent|schul|di|gen; du entschuldigst;

[1] *Alte Trennung:* ...k|k...
[2] *Alte Trennung:* ...|st...

[1] *Alte Trennung:* ...|st...

sie entschuldigt; sie entschuldigte; sie hat ihren Sohn entschuldigt; sich entschuldigen; er hat sich wegen seines Fehlens entschuldigt; die **Ent|schul|di|gung**

ent|set|zen; dieser Anblick hat ihn entsetzt; du entsetzt dich; sie entsetzt sich; sie hat sich entsetzt; das **Ent|set|zen; ent|setz|lich; ent|setzt**

sich **ent|sin|nen;** du entsinnst dich; sie entsinnt sich; sie entsann sich; sie hat sich entsonnen; entsinne dich doch!; sie hat sich deiner entsonnen

ent|sor|gen (von Müll, von Abfallstoffen befreien); Atomkraftwerke müssen entsorgt werden

ent|span|nen; du entspannst; sie entspannt; sie entspannte; sie hat den Körper entspannt; sich entspannen; sie hat sich ein wenig entspannt; die **Ent|span|nung;** die **Ent|span|nungs|po|li|tik**

ent|spre|chend; entsprechend seinem Vorschlag *oder* seinem Vorschlag entsprechend; aber: Entsprechendes, das Entsprechende gilt für ihn

ent|ste|hen; etwas entsteht; etwas entstand; etwas ist entstanden

ent|stel|len; Narben entstellten sein Gesicht

ent|stö|ren; er hat den Staubsauger entstört; die **Ent|stö|rung**

ent|täu|schen; du enttäuschst ihn; er enttäuschte ihn; er hat ihn enttäuscht; enttäusche ihn nicht!; **ent|täuscht;** die **Ent|täu|schung**

die **Ent|war|nung**

ent|wäs|sern; sie entwässerten das Sumpfgebiet; die **Ent|wäs|se|rung;** der **Ent|wäs|se|rungs|gra|ben**

ent|we|der – o|der; das **Ent|we|der-O̲der,** *neue Schreibung:* **Ent|we|der-o̲|der;** des Entweder-Oder, *neu:* des Entweder-oder; die Entweder-Oder, *neu:* die Entweder-oder

ent|wei|chen; es entwich Gas; der Dieb ist entwichen

ent|wen|den; sie entwendete ihm die Brieftasche; sie hat Geld entwendet

ent|wer|fen; du entwirfst; sie entwirft; sie entwarf; sie hat Pläne entworfen

ent|wer|ten; die Postangestellte entwertete die Briefmarke

ent|wi|ckeln[1]; du entwickelst; sie hat den Film entwickelt; entwickle den Film!; die **Ent|wick|lung** *und* **Ent|wi|cke|lung**[1]; der **Ent|wick|lungs|hel|fer;** die **Ent|wick|lungs|hil|fe;** das **Ent|wick|lungs|land** (Land mit noch unterentwickelter Wirtschaft); die Entwicklungsländer

ent|wi|schen; du entwischst; sie ist entwischt

der **Ent|wurf;** die Entwürfe

ent|zie|hen; er entzog ihm sein Vertrauen; die **Ent|zie|hung;** die **Ent|zie|hungs|kur**

ent|zif|fern; du entzifferst; sie entzifferte; sie entzifferte; sie hat das Schreiben entziffert; entziffere diesen Text!

ent|zü|ckend[1]

der **Ent|zug**

ent|zün|den; du entzündest; er entzündet; er entzündete; er hat das Feuer entzündet; entzünde das Feuer!; die **Ent|zün|dung; ent|zün|dungs|hem|mend**

ent|zwei; entzwei sein; **ent|zwei|bre|chen;** der Spiegel bricht entzwei; der Spiegel brach entzwei; der Spiegel ist entzweigebrochen; **ent|zwei|en;** du entzweist sie; er hat sie entzweit

der **En|zi|an** (eine Alpenpflanze; ein Schnaps); des Enzians; die Enziane; **en|zi|an|blau**

die **En|zy|k|lo|pä|di̲e** (umfassendes Nachschlagewerk); die Enzyklopädi̲en

das **En|zym** (vom Körper gebildetes Eiweiß, das den Stoffwechsel steuert); die Enzyme

die **E̲|pen** ↑Epos

die **E|pi|de|mi̲e** (Seuche, Massenerkrankung); die Epidemi̲en; **e|pi|de̲|misch**

die **E̲|pik** (erzählende Dichtkunst); der **E̲|pi|ker** (Verfasser von erzählenden Dichtungen); **e̲|pisch**

die **E|pi|lep|si̲e** (Fallsucht); der **E|pi|lep|ti|ker; e|pi|lep|tisch**

die **E|pi|so̲|de** (Geschehnis ohne bleibende Bedeutung); die Episoden

die **E|pis|tel**[2] (Apostelbrief im Neuen Testament; Strafpredigt); die Episteln

das **E|pi|zen|t|rum** (Punkt der Erdoberfläche, der senkrecht über dem Erdbebenherd liegt); die Epizentren

die **E|po|che** (Zeitabschnitt)

das **E̲|pos** (erzählende Versdichtung; Heldengedicht); des Epos; die Epen

der **E|qua|li|zer** [*i̲kweˡlaisᵉ(r)*] (Zusatzgerät an Verstärkern von Hi-Fi-Anlagen zur

---

[1] *Alte Trennung:* ...k|k...
[2] *Alte Trennung:* ...|st...

Klangverbesserung); des Equalizers; die Equalizer

die **E|quipe** [*ekip*] ([Reiter]mannschaft); die Equipen

er; er kommt

sich **er|bar|men;** du erbarmst dich; er hat sich erbarmt; erbarme dich meiner!; das **Er|bar|men;** zum Erbarmen; **er-bärm|lich; er|bar|mungs|los**

er|bau|en; sie hat den Turm erbaut; sie war wenig erbaut (erfreut) davon

das **Er|be;** das kulturelle Erbe; der **Er|be;** des Erben; die Erben; der gesetzliche Erbe; **er|ben;** du erbst; sie erbt; sie erbte; sie hat ein Vermögen geerbt

er|beu|ten; du erbeutest einen Schatz; er erbeutet ihn; er erbeutete ihn; er hat ihn erbeutet

die **Erb|fol|ge;** die **Er|bin;** die Erbinnen

er|bit|ten; du erbittest; er erbittet; er erbat; er hat eine Auskunft erbeten; erbitte ihren Rat!

er|bit|tert; ein erbitterter Streit; die **Er|bit|te|rung**

er|blas|sen; du erblaßt, *neu:* erblasst; er erblaßt, *neu:* erblasst; er erblaßte, *neu:* erblasste; er ist erblaßt, *neu:* erblasst; erblasse nicht!

er|blei|chen; du erbleichst; er erbleicht; er erbleichte; er ist erbleicht; erbleiche nicht!

erb|lich

er|bli|cken[1]**;** du erblickst ihn; sie erblickt ihn; sie erblickte ihn; sie hat ihn erblickt

er|bre|chen; er erbricht; er erbrach; das Kind hat seinen Brei wieder erbrochen; ich musste mich erbrechen; das **Er|bre|chen**

die **Erb|schaft**

die **Erb|se**

die **Erb|sün|de** (*christliche Religion:* angeborene Sündhaftigkeit)

das **Erd|be|ben;** die **Erd|bee|re;** der **Erd-bo|den;** die Erdböden; die **Erd|dre-hung;** die **Er|de; er|den;** du erdest; sie erdet; sie erdete; sie hat den Radioapparat geerdet; erde den Radioapparat!; das **Erd|gas;** die **Erd|ge|schich|te;** das **Erd|ge|schoß,** *neue Schreibung:* **Erd|ge|schoss;** des Erdgeschosses; die Erdgeschosse; **er|dig;** die **Erd-kun|de;** die **Erd|nuß,** *neue Schreibung:* **Erd|nuss;** die Erdnüsse; die **Erd|ober|flä|che;** das **Erd|öl**

[1]*Alte Trennung:* ...k|k...

er|dros|seln; er erdrosselt ihn; er erdrosselte ihn; er hat ihn erdrosselt

er|drü|cken[1]**;** der Bär hat ihn erdrückt; **er|drü|ckend**[1]**;** eine erdrückende (sehr große) Übermacht

der **Erd|rutsch;** der **Erd|teil**

er|dul|den; du erduldest großes Leid; er erduldete es; er hat es erduldet; erdulde es nicht länger!

das **Erd|zeit|al|ter**

sich **er|eig|nen;** etwas ereignet sich; etwas hat sich ereignet; das **Er|eig|nis;** des Ereignisses; die Ereignisse

die **E|rek|ti|on** (Anschwellung und Aufrichtung, besonders des Penis); die Erektionen

der **E|re|mit** (Einsiedler); des/dem/den Eremiten; die Eremiten

er|fah|ren; du erfährst; sie erfährt; sie erfuhr etwas Wichtiges; sie hat etwas Wichtiges erfahren; eine erfahrene Frau; die **Er|fah|rung**

er|fas|sen; er erfaßt, *neu:* erfasst die Daten; er erfaßte, *neu:* erfasste sie; er hat sie erfaßt, *neu:* erfasst; erfasse sie!

er|fin|den; du erfindest; sie erfindet; sie erfand; sie hat eine neue Maschine erfunden; der **Er|fin|der;** die **Er|fin-dung**

der **Er|folg; er|fol|gen;** es ist keine Reaktion erfolgt; **er|folg|los;** das war der erfolgloseste Versuch; **er|folg|reich; er|folg|ver|spre|chend,** *neue Schreibung:* **Er|folg ver|spre|chend**

er|for|der|lich; er|for|dern; das hat damals viel Mut erfordert

er|for|schen; du erforschst; sie hat das Leben der Bienen erforscht

er|freu|en; du erfreust sie; er hat sie damit erfreut; sich erfreuen; sie hat sich bester Gesundheit erfreut; **er|freu-lich;** manches Erfreuliche

er|frie|ren; du erfrierst; sie erfriert; sie erfror; sie ist erfroren; sie hat sich die Füße erfroren

er|fri|schen; du erfrischst; ich habe mich erfrischt; die **Er|fri|schung;** Erfrischungen zu sich nehmen

er|fül|len; du erfüllst dein Versprechen; sie erfüllte es; sie hat es erfüllt; erfülle es!; die **Er|fül|lung**

er|gän|zen; du ergänzt; sie ergänzt; sie ergänzte; sie hat den Satz ergänzt; ergänze den Satz!; die **Er|gän|zung**

[1]*Alte Trennung:* ...k|k...

er|gat|tern (*umgangssprachlich für:* sich durch Geschick verschaffen); sie ergatterte; sie hat noch eine Eintrittskarte ergattert

er|ge|ben; die Zählung ergibt eine große Mehrheit; sie ergab eine große Mehrheit; sie hat eine große Mehrheit ergeben; sich ergeben; er hat sich ins Unvermeidliche ergeben; das **Er|geb|nis;** des Ergebnisses; die Ergebnisse; **er|geb|nis|los**

er|ge|hen; es erging ihm schlecht; wie ist es dir ergangen?

er|gie|big

er|göt|zen; du ergötzt mich; sie hat alle ergötzt

er|grei|fen; du ergreifst; sie ergreift; sie ergriff; sie hat den Stock ergriffen; **er|grei|fend;** sie hielt eine ergreifende Rede; **er|grif|fen;** sie war tief ergriffen (bewegt); die **Er|grif|fen|heit**

der **Er|guß,** *neue Schreibung:* **Er|guss;** des Ergusses; die Ergüsse; das **Er|guß|ge|stein,** *neue Schreibung:* **Er|guss|ge|stein** (vulkanisches Gestein)

er|ha|ben (erhöht); erhabene Stellen einer Druckplatte; erhabene (große) Gedanken; sie ist über jeden Verdacht erhaben (steht darüber)

er|hal|ten; du erhältst; sie erhält; sie erhielt; sie hat einen Brief erhalten; erhalten bleiben; etwas frisch erhalten; sich gesund erhalten; **er|hält|lich;** solche Bleistifte sind überall erhältlich

sich **er|hän|gen;** er erhängt sich; er erhängte sich; er hat sich erhängt

er|heb|lich; die **Er|he|bung**

er|hei|tern; das hat ihn erheitert; die **Er|hei|te|rung**

er|hit|zen; du erhitzt das Wasser; er hat es erhitzt; erhitze das Wasser!

sich **er|ho|len;** du erholst dich; sie erholt sich; sie erholte sich; sie hat sich erholt; die **Er|ho|lung**

er|hö|ren; du erhörst ihn; er erhört ihn; er hat ihn erhört; erhöre ihn!

die **E̲|ri|ka** (Heidekraut); die Eriken

er|in|nern; du erinnerst ihn; sie erinnert ihn; sie erinnerte ihn; sie hat ihn an sein Versprechen erinnert; erinnere ihn daran!; sich erinnern; er hat sich an sie erinnert; die **Er|in|ne|rung**

sich **er|käl|ten;** du erkältest dich; sie erkältete sich; sie hat sich erkältet; erkälte dich nicht!; die **Er|käl|tung**

er|ken|nen; du erkennst ihn; sie erkennt ihn; sie erkannte ihn; sie hat ihn erkannt; sich zu erkennen geben; **erkennt|lich;** sich erkenntlich zeigen; die **Er|kennt|nis;** der Erkenntnis; die Erkenntnisse

der **Er|ker;** die Erker

er|klä|ren; du erklärst; sie hat es erklärt; erkläre es ihm!; die **Er|klä|rung**

er|kleck|lich (beträchtlich)

er|klin|gen; ein Lied erklang; die Glocken sind erklungen

er|kran|ken; sie ist erkrankt; die **Erkran|kung**

er|kun|den; du erkundest; sie erkundet; sie erkundete; sie hat den Weg erkundet; erkunde alle Möglichkeiten!; sich **er|kun|di|gen;** du erkundigst dich; sie erkundigt sich; sie erkundigte sich; sie hat sich nach dem Weg erkundigt; erkundige dich doch!

er|lah|men; du erlahmst; er erlahmt; er erlahmte; er ist in seinen Bemühungen erlahmt; erlahm[e] nicht!

der **Er|laß,** *neue Schreibung:* **Er|lass;** des Erlasses; die Erlasse; **er|lassen;** du erläßt, *neu:* erlässt; sie erläßt, *neu:* erlässt; sie erließ; sie hat ihm die Strafe erlassen; erlasse sie mir!

er|lau|ben; du erlaubst es; sie hat es erlaubt; erlaube es ihr!; die **Er|laub|nis;** der Erlaubnis

er|läu|tern; du erläuterst; sie erläutert; sie erläuterte; sie hat diesen Vorgang erläutert; erläutere den Hergang!; die **Er|läu|te|rung**

die **Er|le;** die Erlen

er|le|ben; du erlebst; sie erlebt; sie erlebte; sie hat etwas erlebt; das **Er|leb|nis;** des Erlebnisses; die Erlebnisse

er|le|di|gen; du erledigst; sie hat etwas erledigt; erledige diese Arbeit!

er|leich|tern; du erleichterst; er hat sein Gewissen erleichtert; erleichtere es!

er|lei|den; du erleidest es; er erleidet es; er erlitt eine Niederlage; sie haben den Tod erlitten

er|ler|nen; sie hat ein Handwerk erlernt

die **Er|leuch|tung**

er|lie|gen; sie erlag der Krankheit; sie ist ihr erlegen

der **Er|lös;** die Erlöse

er|lö|schen; die Flamme erlischt; die Flamme erlosch; sie ist erloschen

er|lö|sen; du erlöst; sie erlöst; sie erlöste; sie hat ihn erlöst; erlöse sie!; der **Er|lö|ser;** die **Er|lö|sung**

er|mäch|ti|gen (mit einer Vollmacht ausstatten); das Parlament hat ihn ermächtigt[,] Gesetze zu erlassen

er|mah|nen; du ermahnst; er ermahnt; er ermahnte; er hat ihn ermahnt; ermahne ihn!; die **Er|mah|nung**

er|mä|ßi|gen; ermäßigte Preise; die **Er|mä|ßi|gung**

das **Er|mes|sen;** nach meinem Ermessen

er|mit|teln; du ermittelst; sie ermittelte; sie hat den Täter ermittelt; die **Er|mitt|lung;** das **Er|mitt|lungs|ver|fah|ren**

er|mög|li|chen; du ermöglichst; sie ermöglicht; sie ermöglichte; sie hat es ihm ermöglicht; ermögliche es ihm!

er|mor|den; er ermordet ihn; er ermordete ihn; er hat ihn ermordet; ermorde niemanden!

er|mü|den; du ermüdest; sie ermüdet; sie ermüdete; sie ist ermüdet (müde geworden); die Arbeit hat sie ermüdet (müde gemacht); die **Er|mü|dung;** die **Er|mü|dungs|er|schei|nung**

er|mun|tern; sie hat ihn dazu ermuntert

er|mu|ti|gen; du ermutigst ihn; sie ermutigte ihn; sie hat ihn ermutigt; ermutige ihn!; die **Er|mu|ti|gung**

er|näh|ren; du ernährst ihn; sie ernährt ihn; sie ernährte ihn; sie hat ihn ernährt; die **Er|näh|rung**

er|nen|nen; der Bundespräsident ernannte die Minister; er hat sie ernannt

er|neu|ern; du erneuerst; sie hat die Tapete erneuert; **er|neut** (wiederholt, abermals)

ernst; ernster; am ernstesten; ernst sein, werden, nehmen; der **Ernst; ẹrnst|ge|meint,** *neue Schreibung:* **ernst ge|meint;** ernster, am ernstesten gemeint; die ernstgemeinten, *neu:* ernst gemeinten Vorschläge; die Vorschläge sind ernst gemeint; **ẹrnst|ge|nom|men,** *neue Schreibung:* **ernst ge|nom|men; ernst|haft; ernst|lich**

die **Ern|te;** das **Ern|te|dank|fest; ern|ten;** du erntest; sie erntet; sie erntete; sie hat geerntet; ernte das Obst!

die **Er|nüch|te|rung**

er|o|bern; du eroberst; er erobert; er hat die Stadt erobert; die **Er|o|be|rung**

er|öff|nen; sie hat ein Geschäft eröffnet; glänzende Aussichten eröffnen sich ihr; die **Er|öff|nung**

er|ör|tern; sie erörtert etwas; sie erörterte etwas; sie hat etwas erörtert

die **E|ro|si|o̲n** (Erdabtragung durch Wasser oder Wind)

die **E|ro̲|tik** (den geistig-seelischen Bereich einbeziehende sinnliche Liebe); **e|ro̲|tisch**

er|picht; auf etwas erpicht (begierig, versessen) sein

er|pres|sen; du erpreßt, *neu:* erpresst ihn; er erpreßt, *neu:* erpresst ihn; er erpreßte, *neu:* erpresste ihn; er hat ihn erpreßt, *neu:* erpresst; erpresse ihn nicht!; der **Er|pres|ser;** der **Er|pres|ser|brief;** die **Er|pres|sung**

er|pro|ben; man hat es erprobt

er|qui|cken[1]**;** du erquickst den Durstigen; er hat ihn erquickt; die **Er|qi|ckung**[1]

er|ra|ten; du errätst es; sie errät es; sie erriet es; sie hat es erraten; errate es!

er|re|gen; du erregst Aufsehen; sie hat Aufsehen erregt; sich erregen; er erregt sich wegen jeder Kleinigkeit; der **Er|re|ger** (Krankheitserreger); die **Er|re|gung**

er|rei|chen; du erreichst etwas; sie erreicht etwas; sie erreichte etwas; sie hat etwas erreicht

er|ret|ten; du errettest ihn; sie errettet ihn; sie errettete ihn; sie hat ihn errettet; jemanden von *oder* vor etwas erretten

er|rich|ten; du errichtest; sie errichtet; sie errichtete; sie hat ein Gebäude errichtet; errichte es!

er|rin|gen; sie errang eine Medaille; sie hat sie errungen

er|rö|ten; du errötest; er errötet; er errötete; er ist errötet; erröte nicht!

der **Er|satz;** die **Er|satz|bank** (*Sport*); die Ersatzbänke; der **Er|satz|dienst** (Zivildienst); der **Er|satz|mann;** die Ersatzmänner *und* die Ersatzleute; der **Er|satz|spie|ler** (*Sport*); das, *auch:* der **Er|satz|teil**

er|sau|fen (*umgangssprachlich für:* ertrinken); er ersäuft; er ersoff; er ist ersoffen

er|schaf|fen; Gott erschuf den Menschen; Gott hat die Welt erschaffen

er|schei|nen; du erscheinst; sie erscheint; sie erschien; sie ist erschienen; erscheine doch endlich!; die **Er|schei|nung**

---

[1] *Alte Trennung:* ...k|k...

er|schie|ßen; du erschießt ihn; er erschießt ihn; er erschoß, *neu:* erschoss ihn; er hat ihn erschossen
er|schla|gen; du erschlägst ihn; er erschlägt ihn; er erschlug ihn; er hat ihn erschlagen
er|schlie|ßen; du erschließt; man erschloß, *neu:* erschloss die reichen Bodenschätze; die Gemeinde hat Bauland erschlossen (für die Bebauung vorbereitet)
er|schöpft; alle Mittel sind erschöpft (verbraucht); er war ganz erschöpft (kraftlos); die **Er|schöp|fung**
er|schre|cken[1] (einen Schreck bekommen); du erschrickst; er erschrickt; er erschrak; er ist erschrocken; erschrick nicht!; **er|schre|cken**[1] (in Schrecken versetzen); du erschreckst sie; er erschreckt sie; er erschreckte sie; er hat sie erschreckt; erschrecke sie nicht!
er|schüt|tern; das Erdbeben erschütterte die Häuser; das Erdbeben hat die Häuser erschüttert; **er|schüt|ternd;** die **Er|schüt|te|rung**
er|schwe|ren; das hat [mir] die Arbeit sehr erschwert; das kommt erschwerend hinzu
er|set|zen; du ersetzt mir das; er hat es uns ersetzt
er|spä|hen; du erspähst ihn; sie erspäht ihn; sie erspähte ihn; sie hat ihn erspäht
er|spa|ren; er hat sich ein Häuschen erspart; es ist ihm nichts erspart geblieben; die **Er|spar|nis;** der Ersparnis; die Ersparnisse
er|sprieß|lich
erst; erst recht
er|star|ren; er erstarrte vor Entsetzen; die Lava ist erstarrt
er|stat|ten; die Firma erstattete [ihm] das Fahrgeld; er hat Meldung erstattet
er|stau|nen; du erstaunst; sie ist erstaunt (in Staunen geraten); sie hat mich durch ihren Mut erstaunt (in Staunen versetzt); **er|staun|lich**
erst|bes|te[2]**;** die erstbeste Gelegenheit; wir nehmen nicht gleich den erstbesten, *neu:* Erstbesten, den ersten besten, *neu:* ersten Besten; **ers|te**[2]**;** der, die, das erste, *neu:* Erste; als erster, *neu:* Erster; der erste, *neu:* Erste – der letzte, *neu:* Letzte; er war der erste, *neu:* Erste, der das erwähnte; das erste, *neu:* Erste, was ich hörte; die ersten beiden (beide gehören z. B. der gleichen Riege an), aber: die beiden ersten, *neu:* Ersten (beide sind z. B. die vordersten von zwei Riegen); die Ersten werden die Letzten sein; der Erste des Monats; vom nächsten Ersten an; Otto der Erste; der Erste Weltkrieg; der Erste Mai (Feiertag); die Erste, *neu:* erste Hilfe (bei Unglücksfällen); der **Ers|te-Hil|fe-Kurs**[1]**;** des Erste-Hilfe-Kurses
er|stei|gen; sie erstieg den Berg; sie hat den Berg erstiegen
er|stei|gern (bei einer Versteigerung erwerben); sie ersteigerte das Gemälde; sie hat es ersteigert
das **Ers|te[r]-Klas|se-Ab|teil**[1]**;** des Erste[r]-Klasse-Abteil[e]s; der **Erst|hel|fer** (jemand, der am Unfallort als Erster Hilfe leistet)
er|ste|mal, *jetzt nur noch:* **ers|te Mal;** das erstemal, *jetzt nur noch:* erste Mal; beim, zum erstenmal, *jetzt nur noch:* ersten Mal; **ers|tens**[1]**;** der **Erst|ge|bo|re|ne,** *auch:* **Erst|ge|bor|ne;** ein Erstgebor[e]ner; die Erstgebor[e]nen; mehrere Erstgebor[e]ne; die **Erst|ge|bo|re|ne,** *auch:* **Erst|ge|bor|ne;** eine Erstgebor[e]ne
er|sti|cken[2]**;** du erstickst; er erstickt; er erstickte; er ist erstickt (an Luftmangel gestorben); er hat ihn erstickt (durch Entzug der Atemluft getötet)
erst|klas|sig; der **Erst|kom|mu|ni|kant** (*katholische Religion:* jemand, der erstmals die Kommunion empfängt); des/dem/den Erstkommunikanten;
erst|ma|lig; erst|mals; der **Erst|tags|stem|pel** (besonderer Poststempel)
er|stre|ben; du erstrebst; er erstrebte; er hat etwas erstrebt; erstrebe es!
er|tap|pen; du ertappst ihn; sie ertappt ihn; sie ertappte ihn; sie hat ihn ertappt
er|tei|len; sie erteilte Unterricht; er hat mir einen Befehl erteilt
der **Er|trag;** des Ertrag[e]s; die Erträge;
er|tra|gen; du erträgst; sie erträgt; sie ertrug die Schmerzen; wir haben ihn jahrelang ertragen; **er|träg|lich**

[1] *Alte Trennung:* ...k|k...
[2] *Alte Trennung:* ...|st...

[1] *Alte Trennung:* ...|st...
[2] *Alte Trennung:* ...k|k...

er|trän|ken; er ertränkt ihn; er ertränkte ihn; er hat ihn ertränkt; **er|trin|ken;** du ertrinkst; er ertrinkt; er ertrank; er ist ertrunken

die **E|rup|ti|on** (vulkanischer Ausbruch)

er|wa|chen; du erwachst; sie erwacht; sie erwachte; sie ist erwacht; erwache!

er|wach|sen; sie ist erwachsen; ein erwachsener Mensch; der **Er|wach|se|ne;** ein Erwachsener; die Erwachsenen; mehrere Erwachsene; die **Er|wach|se|ne;** eine Erwachsene

er|wä|gen; du erwägst; sie erwägt; sie erwog; sie hat den Plan erwogen; erwäg[e] ihn!; **er|wä|gens|wert;** die **Er|wä|gung**

er|wäh|nen; du erwähnst es; sie erwähnt es; sie erwähnte es; sie hat es erwähnt; erwähne es nicht!; **er|wäh|nens|wert;** die **Er|wäh|nung**

er|war|ten; du erwartest ihn; er erwartet ihn; er erwartete ihn; er hat ihn erwartet; erwarte ihn nicht mehr!; die **Er|war|tung; er|war|tungs|voll**

er|wei|sen; du erweist ihm eine Gefälligkeit; er erweist ihm eine Gefälligkeit; er erwies sie ihm; er hat sie ihm erwiesen; erweis[e] mir eine Gefälligkeit!

er|wei|tern; er hat seine Kenntnisse erweitert; einen Bruch erweitern (*Mathematik:* Zähler und Nenner mit derselben Zahl multiplizieren)

er|wer|ben; du erwirbst etwas; er erwirbt etwas; er erwarb etwas; er hat etwas erworben; erwirb dir Wissen!; **er|werbs|los; er|werbs|tä|tig;** der **Er|werbs|tä|ti|ge;** ein Erwerbstätiger; die Erwerbstätigen; mehrere Erwerbstätige; die **Er|werbs|tä|ti|ge;** eine Erwerbstätige; **er|werbs|un|fä|hig** (invalide)

er|wi|dern; du erwiderst; er erwidert; er erwiderte; er hat erwidert; erwidere nichts!; die **Er|wi|de|rung**

er|wi|schen; du erwischst ihn; er hat ihn erwischt

er|wür|gen; er hat sein Opfer erwürgt

das **Erz;** die Erze

er|zäh|len; du erzählst; sie erzählt; sie erzählte; sie hat eine Geschichte erzählt; erzähle mir etwas!; die **Er|zäh|lung**

der **Erz|bi|schof;** die Erzbischöfe

erz|dumm

er|zeu|gen; du erzeugst; er erzeugt; er erzeugte; er hat etwas erzeugt; erzeuge es!; der **Er|zeu|ger;** das **Er|zeug|nis;** des Erzeugnisses; die Erzeugnisse

erz|faul

das **Erz|ge|bir|ge** (Gebirge zwischen Deutschland und der Tschechischen Republik)

er|zie|hen; du erziehst ihn; sie erzog ihn; sie hat ihn erzogen; erziehe ihn!; der **Er|zie|her; er|zie|he|risch;** die **Er|zieh|ung;** der **Er|zie|hungs|be|rech|tig|te;** ein Erziehungsberechtigter; die Erziehungsberechtigten; mehrere Erziehungsberechtigte; die **Er|zie|hungs|be|rech|tig|te;** eine Erziehungsberechtigte

er|zie|len; du erzielst ein Tor; er hat ein Tor erzielt

er|zür|nen; du erzürnst; er erzürnt; er erzürnte; er ist erzürnt (zornig geworden); er hat ihn erzürnt (zornig gemacht); erzürne ihn nicht!

er|zwin|gen; du erzwingst; sie erzwang ein Geständnis; sie hat es erzwungen; erzwinge nichts!

es; es sei denn, dass...; er ist's, *auch:* ists, er sprach's, *auch:* sprachs; das unbekannte Es

die **E|sche;** die Eschen

der **E|sel;** die Esel; die **E|se|lei;** das **E|sels|ohr**

die **Es|ka|la|ti|on** (stufenweise Verschärfung der Situation)

der **Es|ki|mo;** des Eskimo *und* des Eskimos; die Eskimo *und* die Eskimos

die **Es|kor|te** (begleitende Schutzwache; Geleit); die Eskorten

die **Es|pe;** die Espen; das **Es|pen|laub**

das **Es|pe|ran|to** (eine künstliche Weltsprache)

der **Es|p|res|so** (ein Kaffeegetränk); des Espresso[s]; die Espressos *und* Espressi

eß|bar, *neue Schreibung:* **ess|bar;** das **Eß|be|steck,** *neue Schreibung:* **Ess|be|steck; es|sen;** du ißt, *neu:* isst; er ißt, *neu:* isst; er aß; er hat gegessen; iß, *neu:* iss!; zu Mittag essen; das **Es|sen**

Es|sen (Stadt im Ruhrgebiet)

die **Es|se** (der Schornstein); die Essen

die **Es|senz** (Auszug aus pflanzlichen oder tierischen Stoffen); der Essenz; die Essenzen

der **Es|ser;** der **Eß|löf|fel,** *neue Schreibung:* **Ess|löf|fel**

der **Es|sig;** die Essige; die **Es|sig|es|senz**

der **Eß|tisch,** *neue Schreibung:* **Ess|tisch;** das **Eß|zim|mer,** *neue Schreibung:* **Ess|zim|mer** der **Es|te** [auch: *äßt*ᵉ] (Einwohner von Estland); des Esten; die Esten; **Est|land** (nordosteuropäische Republik); der **Est|län|der; est|län|disch; estnisch**

der **Es|t|rich** (fugenloser Fußboden); die Estriche

das **Es|zett** (der Buchstabe ß); des Eszett; die Eszett

sich **e|ta|b|lie|ren** (sich fest niederlassen; einen sicheren Platz gewinnen); du hast dich etabliert; etabliert sein

die **E|ta|ge** [*etasch*ᵉ] (Stockwerk, Obergeschoss); die Etagen; das **E|ta|gen|bett;** die **E|ta|gen|woh|nung**

die **E|tap|pe** (Teilstrecke; Versorgungsgebiet hinter der Front); die Etappen

der **E|tat** [*eta*] (Haushaltsplan; Geldmittel); des Etats; die Etats

etc. = et cetera

et ce|te|ra [*ät zetera*] (und so weiter)

e|te|pe|te|te (geziert; zimperlich)

die **E|thik** (Sittenlehre); **e|thisch**

das **E|ti|kett** (Zettel mit Preisaufschrift, Schildchen); die Etikette *und* die Etiketts; die **E|ti|ket|te** (Gesamtheit der gesellschaftlichen Umgangsformen); die Etiketten

et|li|che; etliche Tage; ich weiß etliches (manches); die Taten etlicher guter (*selten:* guten) Menschen; **et|li|che|mal,** *neue Schreibung:* **et|li|che Mal**

die **E|tü|de** (*Musik:* Übungsstück)

das **E|tui** [*ätwi*] (die Schutzhülle); die Etuis

et|wa; in etwa (annähernd); **et|was;** etwas Auffälliges, Derartiges, Passendes, aber: etwas anderes, weniges, einziges, *neu:* Einziges; das **Et|was;** sie hat ein gewisses Etwas

EU = Europäische Union

euch *(neu: auch in Briefen kleingeschrieben)*

die **Eu|cha|ri|s|tie**[1] (Abendmahl in der katholischen Kirche); die Eucharistien

eu|er, eu[e]re; euer sind drei; ich gedenke euer; die Euern, Euren, Eurigen (eure Angehörigen), *auch:* die euern, euren, eurigen; das Eu[e]re, Eurige (eure Habe), *auch:* eu[e]re, eurige; ihr müsst das Eu[e]re *oder* Eurige, *auch:* eu[e]re *oder* eurige tun; *neu: auch in Briefen kleingeschrieben:* Euer, *neu:* euer, Eu[e]re, *neu:* eu[e]re; *in Titeln:* Euer, Eure Hochwürden; **eu|er|seits; eu|rer|seits; eu|ert|we|gen; eu|ret|we|gen**

die **Eu|le;** der **Eu|len|spie|gel** (die Titelgestalt eines deutschen Volksbuches)

die **Eu|pho|rie** (Zustand gesteigerten Hochgefühls); **eu|pho|risch**

der **Eu|phrat** (Fluss in Vorderasien)

Eu|ra|si|en (Europa und Asien umfassende Landmasse); der **Eu|ro|cheque** [*...schäk*] (bei den Banken fast aller europäischen Länder einzulösender Scheck); des Eurocheques; die Eurocheques; **Eu|ro|pa;** der **Eu|ro|pä|er; eu|ro|pä|isch;** das europäische Gleichgewicht; aber: die Europäische Union; die **Eu|ro|pa|meis|ter|schaft**[1]; das **Eu|ro|pa|par|la|ment;** der **Eu|ro|pa|po|kal** (eine Sporttrophäe); **Eu|ro|vi|si|on** (europäische Organisation zur Kettenübertragung von Fernsehsendungen); die **Eu|ro|vi|si|ons|sen|dung**

das **Eu|ter;** die Euter

ev. = evangelisch

e.V. = eingetragener Verein; *in Vereinsnamen auch groß:* **E.V.** = Eingetragener Verein

e|va|ku|ie|ren (ein Gebiet von Einwohnern räumen); sie haben die Bevölkerung evakuiert; die **E|va|ku|ie|rung**

e|van|ge|lisch; die evangelische Kirche; aber: die Evangelische Kirche in Deutschland; **e|van|ge|lisch-lu|the|risch** (Abkürzung: ev.-luth.); der **E|van|ge|list;** des/dem/den Evangelisten; die vier Evangelisten; das **E|van|ge|li|um;** die Evangelien

e|ven|tu|ell (möglicherweise eintretend; gegebenenfalls, unter Umständen)

evtl. = eventuell

die **E|vo|lu|ti|on** (fortschreitende Entwicklung)

e|wig; ein ewiges Einerlei; das ewige Leben; der ewige Schnee, aber: das Ewige Licht (in der katholischen Kirche); die Ewige Stadt (Rom); die **E|wig|keit**

e|x|akt (genau; sorgfältig; pünktlich); am exaktesten; exakte Wissenschaften (Naturwissenschaften und Mathematik)

das **E|x|a|men** (Prüfung); die Examen *und* die Examina

die **E|xe|ku|ti|on** (Vollstreckung eines Ur-

[1]*Alte Trennung:* ...|st...

[1]*Alte Trennung:* ...|st...

teils; Hinrichtung); die **E|xe|ku|ti|ve** (vollziehende Gewalt im Staat)

das **E|x|em|pel** (Beispiel); die Exempel; das **E|x|em|p|lar** (einzelnes Stück); **e|x|em|p|la|risch** (musterhaft; warnend)

e|x|er|zie|ren; du exerzierst; er exerziert; er exerzierte; er hat exerziert; exerziere!

das **E|xil** (Verbannung); die Exile

e|xi|s|tent[1] (wirklich, vorhanden); die **E|xi|s|tenz**[1] (Dasein; Auskommen); die Existenzen; **e|xi|s|tie|ren**[1] (vorhanden sein, leben); du existierst; sie hat für mich nicht mehr existiert

ex|k|lu|siv (ausschließlich einem bestimmten Personenkreis vorbehalten)

die **Ex|kom|mu|ni|ka|ti|on** (*katholische Religion:* Ausschluss aus der kirchlichen Gemeinschaft); **ex|kom|mu|ni|zie|ren;** er wurde exkommuniziert

die **Ex|k|re|men|te** (Ausscheidung, Kot) *Plural*

der **E|x|odus** (Auszug); des Exodus; die Exodusse

der **E|x|or|zist** (Geisterbeschwörer); des/dem/den Exorzisten; die Exorzisten

e|xo|tisch (fremdländisch, fremdartig)

der **Ex|pan|der** (Trainingsgerät zur Stärkung der Arm- und Oberkörpermuskulatur); des Expanders; die Expander; **ex|pan|die|ren** (sich ausdehnen); das Gas ist expandiert; die Wirtschaft hat expandiert; die **Ex|pan|si|on** (Ausdehnung)

die **Ex|pe|di|ti|on** (Forschungsreise; Versand-, Abfertigungsabteilung)

das **Ex|pe|ri|ment** (Versuch); die Experimente; **ex|pe|ri|men|tie|ren;** du experimentierst; sie experimentierte; sie hat experimentiert; experimentiere!

der **Ex|per|te** (Fachmann); des/dem/den Experten; die Experten

Expl. = Exemplar

ex|plo|die|ren; es explodiert; es explodierte; es ist explodiert; die **Ex|plo|si|on; ex|plo|siv** (leicht explodierend)

der **Ex|po|nent** (Hochzahl); des/dem/den Exponenten; die Exponenten; **ex|po|niert** (Angriffen oder bestimmten Wirkungen ausgesetzt)

der **Ex|port** (Ausfuhr); die Exporte; Ex- und Import; **ex|por|tie|ren;** du exportierst; sie hat Maschinen exportiert

das **Ex|preß|gut,** *neue Schreibung:* **Ex|press|gut**

ex|t|ra (nebenbei, außerdem, besonders, eigens); das **Ex|t|ra** (Sonderleistung, zusätzliches Zubehör); des Extras; die Extras

der **Ex|t|rakt** (Auszug aus Büchern; Auszug aus tierischen oder pflanzlichen Stoffen); die Extrakte

die **Ex|t|ra|wurst;** jemandem eine Extrawurst braten (*umgangssprachlich für:* jemanden besonders behandeln)

ex|t|rem (übertrieben); der **Ex|t|re|mis|mus;** der **Ex|t|re|mist** (Radikaler); des/dem/den Extremisten; die Extremisten; die **Ex|t|re|mi|tä|ten** (Gliedmaßen) *Plural*

ex|zel|lent (hervorragend)

ex|zen|t|risch (außerhalb des Mittelpunktes liegend; überspannt)

der **Ex|zeß,** *neue Schreibung:* **Ex|zess** (Ausschreitung); des Exzesses; die Exzesse

F

das **F** [*äf*] (Buchstabe); des F; die F; aber: das f in Schaf; das F-Dur, f-Moll

f = forte

die **Fa|bel** (Tiererzählung); die Fabeln; **fa|bel|haft;** das **Fa|bel|tier**

die **Fa|b|rik;** der **Fa|b|ri|kant** (Hersteller); des/dem/den Fabrikanten; die Fabrikanten; das **Fa|b|ri|kat; fa|b|ri|zie|ren** (herstellen); du fabrizierst

fa|bu|lie|ren (Geschichten erfinden); sie hat gern fabuliert

das **Fa|cet|ten|au|ge** [*faßät^en...*] (Netzauge bei Insekten)

das **Fach;** die Fächer; der **Fach|ar|bei|ter;** der **Fach|arzt;** der **Fach|aus|druck;** das **Fach|buch**

fä|cheln; du fächelst; er hat sein Gesicht gefächelt; der **Fä|cher**

das **Fach|ge|biet; fach|ge|recht;** das **Fach|ge|schäft;** die **Fach|kun|de** (in der Berufsschule); der **Fach|leh|rer; fach|lich;** der **Fach|mann;** die Fachmänner *und* die Fachleute; **fach|män|nisch;** die **Fach|schu|le; fach|sim|peln** (sich über fachliche Dinge unterhalten); du fachsimpelst; sie fachsimpelte; sie haben gefachsimpelt; die **Fach|spra|che;** das **Fach|werk|haus;** die **Fach|zeit|schrift**

[1]*Alte Trennung:* ...|st...

die **Fa|ckel**[1]; die Fackeln; **fa|ckeln**[1]; du fackelst; er fackelt; er fackelte; er hat nicht lange gefackelt; fack[e]le nicht lange!; der **Fa|ckel|zug**[1]

fad *und* **fa|de** (geschmacklos; langweilig); am fadesten

der **Fa|den;** die Fäden *und* (für Längenmaß:) die Faden; 4 Faden tief; das **Fa|den|kreuz; fa|den|schei|nig**

das **Fa|gott** (ein Holzblasinstrument); des Fagott[e]s; die Fagotte

fä|hig; er ist eines Betruges fähig; er ist zu allem fähig; die **Fä|hig|keit**

fahl

das **Fähn|chen**

fahn|den; du fahndest; sie fahndet; man hat nach dem Mörder gefahndet; fahnde nach ihm!; die **Fahn|dung**

die **Fah|ne;** die **Fah|nen|flucht** (Fernbleiben von der Truppe mit der Absicht, sich dem Wehrdienst zu entziehen); die **Fah|nen|stan|ge;** der **Fähn|rich**

der **Fahr|aus|weis** (Fahrkarte, Fahrschein); die **Fahr|bahn;** die Fahrbahnen; die **Fäh|re; fah|ren;** du fährst; sie fährt; sie fuhr; sie hat diesen Wagen gefahren; sie ist über den Bürgersteig gefahren; fahre vorsichtig!; ich fahre Auto; ich fahre Rad; Auto und radfahren, *neu:* Auto und Rad fahren; rad- und Auto fahren, *neu:* Rad und Auto fahren; **fah|ren|las|sen,** *neue Schreibung:* **fah|ren las|sen** (aufgeben); er hat seinen Plan fahrenlassen, *neu:* fahren lassen; **fah|ren las|sen** (die Erlaubnis zum Fahren geben); ich habe ihn mit meinem Auto fahren lassen

Fah|ren|heit; Grad Fahrenheit (Temperaturgrad auf der 180-teiligen Skala; Zeichen: °F); 32 Grad Fahrenheit (32 °F)

der **Fah|rer;** die **Fah|rer|flucht;** der **Fahr|gast;** die Fahrgäste; das **Fahr|geld**

fah|rig; eine fahrige Bewegung

die **Fahr|kar|te;** die **Fahr|kos|ten**[2] *oder* die **Fahrt|kos|ten**[2] *Plural*

fahr|läs|sig; fahrlässige Tötung

der **Fahr|leh|rer**

der **Fähr|mann;** die Fährmänner *und* die Fährleute

der **Fahr|plan; fahr|plan|mä|ßig;** der **Fahr|preis;** die **Fahr|prü|fung;** das **Fahr|rad;** die Fahrräder; der **Fahr|rad|weg;** der **Fahr|schein;** die **Fahr|schu|le;** der **Fahr|stuhl;** die **Fahrt;** die Fahrten; eine Fahrt ins Blaue

die **Fähr|te** (Spur)

das **Fahr|ten|mes|ser;** die **Fahrt|rich|tung;** die **Fahr|tüch|tig|keit;** das **Fahr|was|ser;** das **Fahr|werk** (eines Flugzeugs); das **Fahr|zeug**

fair [*fär*] (einwandfrei; anständig); ein faires Spiel; die **Fair|neß,** *neue Schreibung:* **Fair|ness** [*färnäß*]; das **Fair play,** *neue Schreibung:* **Fair|play,** *Nebenform:* **Fair Play** [*färple*] (anständiges Spiel); des Fair play, *neu:* Fairplay, *auch:* Fair Play

die **Fä|ka|li|en** (Kot) *Plural*

der **Fa|kir** (Asket; Zauberer); die Fakire

fak|tisch (tatsächlich); der **Fak|tor** (Vervielfältigungszahl; Grund, Umstand); die Faktoren

das **Fak|tum** (Tatsache); die Fakten

die **Fa|kul|tät** (Abteilung einer Hochschule); die Fakultäten

der **Fal|ke;** des Falken; die Falken

die **Falk|land|in|seln** *Plural* (Inseln östlich der Südspitze Südamerikas)

der **Fall;** die Fälle; für den Fall, dass ...; gesetzt den Fall, dass ...; im Fall[e], dass ... *oder* im Fall[e] dass ...; von Fall zu Fall. *Klein und zusammen:* bestenfalls; schlimmstenfalls; allenfalls; andernfalls *und* anderenfalls; äußerstenfalls; gegebenenfalls; jedenfalls; keinesfalls; die **Fall|äp|fel** *Plural;* das **Fall|beil;** die **Fall|brü|cke**[1]; die **Fal|le; fal|len;** du fällst; sie fällt; sie fiel; sie ist gefallen; fall[e] nicht!; **fäl|len;** du fällst; er fällt; er fällte; er hat den Baum gefällt; fäll[e] die Tanne!; **fal|len|las|sen,** *neue Schreibung:* **fal|len las|sen;** sie hat die Bemerkung fallenlassen, *neu:* fallen lassen (*seltener:* fallengelassen, *neu:* fallen gelassen); **fal|len las|sen;** du darfst die Teller nicht fallen lassen; die **Fall|gru|be**

fäl|lig

das **Fall|obst;** das **Fall|reep** (Leiter, die an der Bordwand herabgelassen wird); die Fallreepe; der **Fall|rück|zie|her** *(Fußball);* **falls;** der **Fall|schirm;** der **Fall|schirm|jä|ger;** der **Fall|schirm|sprin|ger**

falsch; falscher; am falschesten; falsch und richtig, *neu:* Falsch und Richtig

[1]*Alte Trennung:* ...k|k...
[2]*Alte Trennung:* ...|st...

nicht unterscheiden können; falscher Hase (Hackbraten); **fäl|schen;** du fälschst; er fälscht; er fälschte; er hat den Scheck gefälscht; fälsche nie!; der **Fäl|scher;** das **Falsch|geld; fälsch|lich;** die **Falsch|mel|dung;** der **Falsch|mün|zer; falsch|spie|len,** *neue Schreibung:* **falsch spie|len** (betrügerisch spielen); du spielst falsch; er hat falschgespielt, *neu:* falsch gespielt; **falsch spie|len** (unrichtig spielen); er hat immer falsch gespielt; die **Fäl|schung**

das **Fal|sett** (*Musik:* Kopfstimme); die Falsette

das **Falt|boot** (zerlegbares Paddelboot); die **Fal|te; fal|ten;** du faltest; sie faltet; sie faltete; sie hat das Blatt gefaltet; falte den Brief!; der **Fal|ter; fal|tig**

der **Falz;** die Falze; **fal|zen;** du falzt; sie falzt; sie falzte; sie hat den Bogen gefalzt; falze das Blatt!

fa|mi|li|är (vertraut, eng verbunden); die **Fa|mi|lie;** der **Fa|mi|li|en|na|me;** der **Fa|mi|li|en|va|ter**

fa|mos (ausgezeichnet, prächtig)

der **Fan** [*fän*] (begeisterter Anhänger); des Fans; die Fans

der **Fa|na|ti|ker** (Eiferer); **fa|na|tisch** (sich unbedingt, rücksichtslos einsetzend); der **Fa|na|tis|mus;** des Fanatismus

die **Fan|fa|re** (Trompetengeschmetter; ein Blasinstrument)

der **Fang;** die Fänge; der **Fang|arm; fan|gen;** du fängst; sie fängt; sie fing; sie hat den Ball gefangen; fang[e] den Ball!; die **Fang|fra|ge**

die **Fan|ta|sie,** *Nebenform:* **Phan|ta|sie** (Wunschbild, Vorstellungskraft); die Fantasien, *auch:* Phantasien; **fan|ta|sie|ren,** *Nebenform:* **phan|ta|sie|ren;** du fantasierst, *auch:* phantasierst; er fantasiert, *auch:* phantasiert; fantasier[e], *auch:* phantasiere nicht!; **fan|ta|sie|voll,** *Nebenform:* **phan|ta|sie|voll; fan|tas|tisch**[1], *Nebenform:* **phan|tas|tisch**[1]

die **Far|be;** eine blaue Farbe; die Farbe Blau; **farb|echt; fär|ben;** du färbst; er hat den Stoff gefärbt; färbe den Stoff!; **far|ben|blind; far|ben|froh;** die **Fär|be|rei;** das **Farb|fern|se|hen;** der **Farb|fern|se|her;** der **Farb|film; far|big;** der **Far|bi|ge;** ein Farbiger; die Farbigen; zwei Farbige; die **Far|bi|ge;** eine Farbige; der **Farb|kas|ten**[1] *und* der **Far|ben|kas|ten**[1]; **farb|lich; farb|los;** am farblosesten; der **Farb|stift;** der **Farb|stoff;** der **Farb|ton**

die **Farm;** die Farmen; der **Far|mer**

der **Farn;** die Farne; das **Farn|kraut**

die **Fär|se** (Kuh, die noch nicht gekalbt hat); die Färsen

der **Fa|san;** des Fasans; die Fasane *und* die Fasanen

der **Fa|sching;** die Faschinge *und* die Faschings; das **Fa|schings|kos|tüm**[1]

der **Fa|schis|mus** (eine antidemokratische Staatsauffassung); der **Fa|schist;** des/dem/den Faschisten; die Faschisten; **fa|schis|tisch**[1]

fa|seln; du faselst; er faselte; er hat dummes Zeug gefaselt; fas[e]le nicht!

die **Fa|ser; fa|se|rig**

das **Faß,** *neue Schreibung:* **Fass;** des Fasses; die Fässer; zwei Fass Bier

die **Fas|sa|de** (Vorderseite, Schauseite)

fas|sen; du faßt, *neu:* fasst; er faßt, *neu:* fasst; er faßte, *neu:* fasste; er hat den Dieb gefaßt, *neu:* gefasst; fasse *oder* faß, *neu:* fass ihn!; sich fassen; er hat sich inzwischen wieder gefaßt, *neu:* gefasst; **faß|lich,** *neue Schreibung:* **fass|lich** (verständlich)

die **Fas|son** [*faßong*] (Form, Muster, Art); die Fassons; aus der Fasson geraten

die **Fas|sung; fas|sungs|los**

fast (beinahe)

fas|ten[1]; du fastest; er fastet; er fastete; er hat gefastet; faste!; die **Fas|ten|zeit**[1]

das **Fast food,** *neue Schreibung:* **Fast|food,** *Nebenform:* **Fast Food** [*faßtfud*] (schnell verzehrbare kleinere Gerichte); des Fast food[s], *neu:* Fastfood[s], *auch:* Fast Food[s]

die **Fast|nacht;** der **Fast|nachts|diens|tag;** der **Fast|tag**

die **Fas|zi|na|ti|on** (bezaubernde Wirkung, Anziehungskraft); **fas|zi|nie|ren** (fesselnd, bezaubernd wirken); du faszinierst ihn; er hat mich fasziniert; ein faszinierendes Lächeln

fa|tal (verhängnisvoll; peinlich)

die **Fa|ta Mor|ga|na** (Luftspiegelung, Trugbild); die Fata Morganen *und* die Fata Morganas

der **Fatz|ke** (*umgangssprachlich für:* eitler arroganter Mann); des Fatzken *und*

[1]*Alte Trennung:* ...|st...

[1]*Alte Trennung:* ...|st...

des Fatzkes; die Fatzken *und* die Fatzkes
fau|chen; die Katze faucht; sie fauchte; sie hat gefaucht
faul; faule Ausreden; ein fauler Zauber; auf der faulen Haut liegen; **faulen;** etwas fault; etwas faulte; etwas ist gefault *und* etwas hat gefault; **faul|lenzen;** du faulenzt; sie faulenzt; sie hat gefaulenzt; faulenz[e] nicht!; der **Faulen|zer;** die **Faul|heit;** die **Fäul|nis;** der **Faul|pelz;** der **Faul|schlamm;** das **Faul|tier**
der **Faun** (Waldgeist; lüsterner Mensch); die Faune; die **Fau|na** (Tierwelt)
die **Faust;** der **Faust|ball; faust|dick;** sie hat es faustdick hinter den Ohren; **faus|ten**[1]**;** du faustest den Ball; sie faustete den Ball; sie hat den Ball über die Latte gefaustet; der **Fäust|ling** (Fausthandschuh); das **Faust|pfand** (etwas, was man zurückbehält, um eine Forderung durchzusetzen); das **Faustrecht** (Selbsthilfe durch Gewalt); die **Faust|re|gel;** der **Faust|schlag**
der **Fa|vo|rit** [*favorit*] (Günstling; erwarteter Sieger im Sportwettkampf); des/dem/den Favoriten; die Favoriten
das **Fax** (*kurz für:* Telefax); des Fax; die Fax *und* die Faxe; der **Fax|an|schluß,** *neue Schreibung:* **Fax|an|schluss; faxen;** du faxt; sie faxt; sie hat gefaxt
die **Fa|xen** (Grimassen; Albernheiten) *Plural*
das **Fa|zit** (Ergebnis; Schlussfolgerung); die Fazite *und* die Fazits
das *oder* der **FBI** [*äfbiai*] = Federal Bureau of Investigation [*fäd^er^el bju^e ro^u ^ew inwäßtige^i sch^en*] (Bundeskriminalpolizei der USA)
FDP, *(parteiamtlich:)* **F.D.P.** = Freie Demokratische Partei
der **Fe|b|ru|ar;** des Februar *und* des Februars
fech|ten; du fichtst; sie ficht; sie focht; sie hat gefochten; ficht!; die **Fecht|mas|ke;** der **Fecht|meis|ter**[1]
die **Fe|der;** der **Fe|der|ball;** das **Fe|derbett;** das **Fe|der|ge|wicht;** der **Feder|hal|ter; fe|dern;** etwas federt; etwas federte; etwas hat gefedert; die **Fede|rung;** der **Fe|der|wei|ße** (junger, noch gärender Wein); des Federweißen; die Federweißen; die **Fe|derzeich|nung**

[1] *Alte Trennung:* ...|st...

die **Fee** (eine weibliche Märchengestalt); die Feen; **fe|en|haft**
fe|gen; du fegst; er fegt; er fegte; er hat die Straße gefegt; der Sturm ist übers Land gefegt; feg[e] den Hof!
das **Feg|feu|er** *und* das **Fe|ge|feu|er**
die **Feh|de;** der **Feh|de|hand|schuh**
fehl; fehl am Platz; die **Fehl|an|zeige;** der **Fehl|be|trag;** die **Fehl|bildung; feh|len;** du fehlst; er hat in der Schule gefehlt; fehl[e] nicht so oft!; der **Feh|ler; feh|ler|frei; feh|ler|haft; feh|ler|los;** die **Feh|ler|quel|le;** die **Fehl|ge|burt; fehl|grei|fen;** er greift fehl; er hat fehlgegriffen; der **Fehlgriff;** der **Fehl|paß,** *neue Schreibung:* **Fehl|pass** (*Sport*); der **Fehl|schlag;** die Fehlschläge; **fehl|schla|gen;** der Versuch ist fehlgeschlagen; der **Fehlstart** (*Sport*); die **Fehl|zün|dung**
die **Fei|er;** der **Fei|er|abend; fei|er|lich; fei|ern;** du feierst; sie hat ihren Geburtstag gefeiert; feiere nicht so oft!; der **Fei|er|tag;** des Feiertags, aber: **fei|er|tags;** sonn- und feiertags
feig *und* **fei|ge**
die **Fei|ge** (Frucht des Feigenbaumes); der **Fei|gen|kak|tus**
die **Feig|heit;** der **Feig|ling**
feil|bie|ten; er bietet feil; er hat seine Ware feilgeboten
die **Fei|le; fei|len;** du feilst; sie hat gefeilt; feil[e] noch etwas an deinem Aufsatz!
feil|schen; du feilschst; sie feilscht; sie feilschte; sie hat gefeilscht; feilsche nicht!
fein
feind; jemandem feind, *neu:* Feind bleiben, sein, werden (*veraltet*); der **Feind;** jemandes Feind bleiben, sein, werden; **feind|lich;** die **Feind|schaft; feind|se|lig**
fein|füh|lig; das **Fein|ge|fühl; feinge|mah|len,** *neue Schreibung:* **fein ge|mah|len;** feingemahlenes, *neu:* fein gemahlenes Mehl; das Mehl ist fein gemahlen
die **Fein|heit;** die Feinheiten; **feinmachen,** *neue Schreibung:* **fein machen** (sich gut anziehen, zurechtmachen); du hast dich aber feingemacht!, *neu:* fein gemacht!; der **Fein|me|chani|ker;** der **Fein|schme|cker**[1]
feist (wohlgenährt, fett); feister; am feistesten

[1] *Alte Trennung:* ...k|k...

fei|xen (grinsend lachen); du feixt; er feixt; er feixte; er hat gefeixt; feixe nicht!

der **Fe̲l|chen** (ein Fisch); des Felchen; die Felchen

das **Feld;** ein elektrisches Feld; ins Feld (in den Krieg) ziehen; Feld- und Gartenfrüchte; die **Feld|ar|beit**

der **Feld|berg** (Berg im Schwarzwald)

die **Feld|fla|sche;** die **Feld|frucht;** die Feldfrüchte *meist Plural*; der **Feldherr;** der **Feld|jä|ger** (Waffengattung mit polizeilichen Aufgaben); die Feldjäger; die **Feld|maus;** der **Feld|spat** (ein Mineral); des Feldspat[e]s; die Feldspate; der **Feld|spie|ler** (im Unterschied zum Torwart); der **Feld|stecher** (Fernglas); der **Feld|ver|weis** (*Sport*); der **Feld|we|bel** (militärischer Dienstgrad); des Feldwebels; die Feldwebel; der **Feld|weg**

der **Felg|auf|schwung** (Turnübung); die **Fel|ge** (Teil des Rades; Turnübung); die Felgen; die **Fel|gen|brem|se**

das **Fell;** die Felle; ein dickes Fell haben

der **Fels;** des Felsen[s]; die Felsen; der **Fels|block;** die Felsblöcke; der **Felsen;** des Felsens; die Felsen; **fe̲l|senfe̲st;** die **Fel|sen|wand** *und* die **Felswand; fel|sig**

die **Fe̲|me** (heimliches Gericht); die Femen; der **Fe̲|me|mord;** das **Fe̲m|gericht**

fe|mi|ni̲n (weiblich; weibisch); das **Fe|mi|ni̲|num** [auch: *fe̲mininum*] (weibliches Substantiv); die **Fe|mi|ni̩s|tin**[1] (Vertreterin einer vollen Gleichstellung von Mann und Frau); die Feministinnen

der **Fen|chel** (eine Heilpflanze)

das **Fens|ter**[1]**;** die Fenster; die **Fens|terbank**[1]**;** die Fensterbänke; der **Fenster|la|den**[1]**;** die Fensterläden *selten:* die Fensterladen; der **Fens|ter|platz**[1]**;** der **Fens|ter|rah|men**[1]**;** die **Fenster|schei|be**[1]

die **Fe̲|ri|en** *Plural;* die großen Ferien; das **Fe̲|ri|en|la|ger**

das **Fer|kel;** die Ferkel

die **Fer|ma̲|te** (*Musik:* Haltezeichen); der Fermate; die Fermaten

das **Fer|me̩nt** (eine organische Verbindung); die Fermente; **fer|men|tie̲|ren** (durch Fermente veredeln); du fermentierst; er hat den Tabak fermentiert

[1]*Alte Trennung:* ...|st...

fern; fern dem Heimatland. *Klein auch:* von nah und fern; von fern; von fern her, aber: fernher (aus der Ferne). *Groß:* das Ferne suchen; der Ferne Orient, der Ferne Osten (Ostasien); **fernblei|ben;** er ist dem Unterricht ferngeblieben; fernzubleiben; die **Fer|ne;** die Fernen; **fer|ner;** der **Fern|fah|rer;** das **Fern|ge|spräch;** das **Fern|glas;** die Ferngläser; **fern|hal|ten,** *neue Schreibung:* **fern hal|ten;** sie hat mich davon ferngehalten, *neu:* fern gehalten; fernzuhalten, *neu:* fern zu halten; die **Fern|hei|zung;** der **Fern|last|zug; fern|lie|gen,** *neue Schreibung:* **fern lie|gen;** das hat mir ferngelegen, *neu:* fern gelegen; fernzuliegen, *neu:* fern zu liegen; **fern|münd|lich** (telefonisch); das **Fern|rohr;** das **Fern|schrei|ben;** der **Fern|schrei|ber; fern|schriftlich;** der **Fern|seh|ap|pa|rat; fernse|hen;** sie sieht fern; sie hat ferngesehen; das **Fern|se|hen;** der **Fern|seher;** das **Fern|seh|ge|rät;** die **Fernseh|ka|me|ra;** der **Fern|seh|sender;** die **Fern|seh|sen|dung;** der **Fern|seh|zu|schau|er;** der **Fernspre|cher;** die **Fern|stra|ße;** die **Fern|wär|me** (aus der Fernheizung)

die **Fer|se** (hinterer Teil des Fußes); das **Fer|sen|geld;** Fersengeld geben (*umgangssprachlich für:* fliehen)

fer|tig; fertig sein, werden; **fe̩r|tigbrin|gen,** *neue Schreibung:* **fer|tig brin|gen** (vollbringen); ich bringe es fertig; ich habe es fertiggebracht, *neu:* fertig gebracht; **fe̩r|tig brin|gen;** sie wird den Kuchen fertig (in endgültigem Zustand) [nach Hause] bringen; das **Fer|tig|ge|richt;** das **Fer|tig|haus;** die **Fer|tig|keit; fe̩r|tig|ma|chen,** *neue Schreibung:* **fer|tig ma|chen;** sie macht das Päckchen fertig; sie hat es fertiggemacht, *neu:* fertig gemacht; **fe̩r|tig|stel|len,** *neue Schreibung:* **fertig stel|len;** der Bau wurde fertiggestellt, *neu:* fertig gestellt; fertigzustellen, *neu:* fertig zu stellen

fesch (schick, flott); der fescheste Hut

die **Fes|sel;** die Fesseln; **fes|seln;** du fesselst ihn; er fesselt ihn; er fesselte ihn; er hat ihn gefesselt; fessele *und* feßle, *neu:* fessle ihn!

fest; am festesten; fester Wohnsitz; festes Gehalt

das **Fest;** der **Fest|akt**

fe̩st|bin|den; er bindet die Kuh fest;

er hat die Kuh festgebunden; aber: **fest bin|den;** du sollst das Band ganz fest binden; **fest|blei|ben** (nicht nachgeben); sie ist in ihrem Entschluss festgeblieben; festzubleiben; **fest|hal|ten;** sie hält ihn fest; sie hat ihn festgehalten

das **Fes|ti|val**[1] [*fäßtiwᵉl* und *fäßtiwal*] (künstlerische Großveranstaltung)

das **Fest|land;** der **Fest|land[s]|so|ckel**[2] *(Geographie)*

fest|le|gen; sie hat die Hausordnung festgelegt; sich festlegen; mit dieser Äußerung hast du dich festgelegt

fest|lich

fest|ma|chen (befestigen; vereinbaren); ich habe nichts mit ihm festgemacht; festzumachen; die **Fest|nah|me;** die Festnahmen; **fest|neh|men;** die Polizei hat ihn vorläufig festgenommen; **fest|set|zen** (bestimmen, anordnen; gefangen setzen); man hat ihn festgesetzt

das **Fest|spiel;** die Salzburger Festspiele

fest|ste|hen (festgelegt sein; sicher, gewiss sein); fest steht, dass ...; es hat festgestanden, dass ...; **fest|stel|len;** sie stellte fest, dass...; sie hat festgestellt, dass ...; die **Fest|stel|lung**

der **Fest|tag;** des Festtags, aber: **fest|tags;** sonn- und festtags

die **Fes|tung**[1]

die **Fe|te** [auch: *fätᵉ*] (*umgangssprachlich für:* Fest); die Feten

der **Fe|tisch** (magischer Gegenstand, Götzenbild); die Fetische

fett; am fettesten; ein fettgedruckter, *neu:* fett gedruckter Buchstabe; das erste Wort ist fett gedruckt; das **Fett;** die Fette; **fet|tig;** das **Fett|näpf|chen;** ins Fettnäpfchen treten (*umgangssprachlich für:* durch eine unbedachte Äußerung Unwillen erregen); die **Fett|säu|re** *(Chemie);* die **Fett|sucht; fett|trie|fend**

der **Fet|zen; fet|zig** (*umgangssprachlich für:* toll, prima)

feucht; am feuchtesten; das **Feucht|bi|o|top** (an das Vorhandensein von Wasser gebundenes Biotop); die **Feuch|tig|keit; feucht|warm**

feu|dal (vornehm; reaktionär); der **Feu|da|lis|mus** (Gesellschaftsform des Mittelalters)

das **Feu|er;** offenes Feuer; die **Feu|er|be|stat|tung** (Einäscherung); **feu|er|ge|fähr|lich**

die **Feu|er|land|in|seln** (Inseln vor Südamerika)

der **Feu|er|lö|scher** (Gerät); der **Feu|er|mel|der** (Anlage für Feueralarm); **feu|ern** (heizen; Feuer geben, schießen; *umgangssprachlich für:* heftig werfen; entlassen); ich feuere; sie haben ihn gefeuert; die **Feu|er|qual|le;** der **Feu|er|stein;** die **Feu|er|wa|che** (Gebäude der Feuerwehr); die **Feu|er|wehr;** die Feuerwehren; das **Feu|er|wehr|au|to;** der **Feu|er|wehr|mann;** die Feuerwehrmänner *und* die Feuerwehrleute; das **Feu|er|werk;** der **Feu|er|werks|kör|per;** das **Feu|er|zeug; feu|rig**

der **Fez** (*umgangssprachlich für:* Spaß, Unsinn); des Fezes; Fez machen

ff = sehr fein; fortissimo

ff. = folgende (Seiten)

das **Fi|as|ko** (Misserfolg); des Fiaskos; die Fiaskos

die **Fi|bel** (Abc-Buch); die Fibeln

die **Fi|ber** (Faser, Kunstfaser); die Fibern

die **Fich|te**

das **Fich|tel|ge|bir|ge** (Gebirge in Bayern)

fi|del (lustig, heiter)

Fi|d|schi (Inselstaat im Südpazifik); der **Fi|d|schi|a|ner; fi|d|schi|a|nisch;** die **Fi|d|schi|in|seln** *Plural*

das **Fie|ber; fie|ber|haft; fie|bern;** du fieberst; er hat gefiebert; das **Fie|ber|ther|mo|me|ter; fie|b|rig** *und* **fie|be|rig**

die **Fie|del** (Geige); die Fiedeln; **fie|deln;** du fiedelst; sie hat den ganzen Tag gefiedelt; fiedle nicht so viel!

fies (*umgangssprachlich für:* widerwärtig); ein fieser Kerl

fif|ty-fif|ty [*fifti fifti*] (*umgangssprachlich für:* zu gleichen Teilen)

die **Fi|gur; fi|gür|lich**

das **Fi|let** [*file*] (Netzstoff; Lenden-, Rückenstück); des Filets; die Filets

die **Fi|li|a|le** (Zweigstelle); die Filialen

der **Film; fil|men;** du filmst; sie filmt; sie filmte; sie hat das Ereignis gefilmt; filme diesen Vorgang!; die **Film|ka|me|ra;** der **Film|star;** die Filmstars

der, *auch:* das **Fil|ter; fil|tern;** du filterst; er hat den Kaffee gefiltert; filt[e]re den Kaffee!; das **Fil|ter|pa|pier**

der **Filz;** die Filze; **fil|zen** (*umgangssprach-*

[1]*Alte Trennung:* ...|st...
[2]*Alte Trennung:* ...k|k...

lich für: nach Verbotenem durchsuchen); du filzt ihn; sie filzt ihn; sie filzte ihn; man hat ihn an der Grenze gefilzt; **fil|zig;** der **Filz|stift**

der **Fim|mel** (*umgangssprachlich für:* übertriebene Vorliebe; Tick)

das **Fi|na̱|le** (glanzvoller Abschluss; *Musik:* Schlusssatz; *Sport:* Endkampf; Endspurt); des Finales; die Finale

das **Fi|nạnz|amt;** die **Fi|nạn|zen** (die Geldmittel) *Plural;* **fi|nan|zi|ẹll; fi|nan|zie̱|ren;** du finanzierst; sie finanzierte; sie hat dieses Unternehmen finanziert; die **Fi|nạnz|po|li|tik**

fin|den; du findest; sie findet; sie fand; sie hat etwas gefunden; der **Fin|der|lohn; fin|dig;** ein findiger Kopf; der **Find|ling**

der **Fin|ger;** der kleine Finger; jemanden um den kleinen Finger wickeln; etwas mit spitzen Fingern (vorsichtig) anfassen; lange, krumme Finger machen (stehlen); der **Fin|ger|ab|druck; fin|ger|breit;** ein fingerbreiter Spalt, aber: der Spalt ist keinen Finger breit, drei Finger breit; der **Fin|ger|hut;** die **Fin|ger|kup|pe;** der **Fin|ger|na|gel;** die **Fin|ger|spit|ze**

fin|gie̱|ren (vortäuschen, erdichten); du fingierst den Überfall; sie fingierte den Überfall; sie hat den Überfall fingiert

das **Fi|nish** [*finisch*] (Endkampf, Endspurt); des Finishs; die Finishs

der **Fink;** des/dem/den Finken; die Finken

die **Fin|ne** (Bandwurmlarve; Mitesser); die Finnen

der **Fin|ne** (Einwohner von Finnland); **finnisch; Finn|land**

fins|ter[1]; finst[e]rer; am finstersten; eine finstere Nacht; im finstern, *neu:* Finstern tappen (nicht Bescheid wissen); wir tappten lange im Finstern (in der Dunkelheit); die **Fins|ter|nis[1];** die Finsternisse

die **Fin|te** (Täuschungsmanöver)

der **Fir|le|fanz** (Flitterkram; Unsinn); die Firlefanze

die **Fir|ma;** die Firmen

das **Fir|ma|mẹnt** (Himmelsgewölbe); des Firmament[e]s

fir|men (die Firmung erteilen); du firmst sie; er firmt sie; er firmte sie; er hat sie gefirmt; der **Firm|ling;** die **Firmung** (ein katholisches Sakrament)

[1]*Alte Trennung:* ...|st...

der **Firn** (Altschnee; Gletscher); die Firne

der **Fir|nis** (ein Schutzanstrich); des Firnisses; die Firnisse; **fir|nis|sen;** du firnißt, *neu:* firnisst; sie firnißt, *neu:* firnisst; sie firnißte, *neu:* firnisste; sie hat die Tür gefirnißt, *neu:* gefirnisst; firnisse die Tür!

der **First;** die Firste

der **Fisch;** faule Fische (Ausreden); kleine Fische (Kleinigkeiten); frische Fische; **fi|schen;** du fischst; sie fischt; sie fischte; sie hat gefischt; fisch[e] hier!; der **Fi|scher;** der **Fisch|ot|ter;** die Fischotter

die **Fi|si|ma|tẹn|ten** (Ausflüchte) *Plural*

die **Fis|tel|stim|me[1]** (Kopfstimme)

fịt (leistungsfähig); sich fit halten, machen; die **Fịt|neß,** *neue Schreibung:* **Fit|ness** (gute körperliche Verfassung); das **Fit|neß|cen|ter,** *neue Schreibung:* **Fit|ness|cen|ter**

der **Fit|tich** (Flügel); die Fittiche

fix (fest, sicher; schnell; gewandt); sie ist am fixesten; eine fixe Idee (eine Zwangsvorstellung, eine törichte Einbildung); fixer (fester) Preis; fixes Gehalt; fixe Kosten; er ist fix und fertig; das **Fi|xa|ti̱v** (Fixiermittel); die Fixative [*fixati̱we*]; **fi|xen** (sich Drogen spritzen); du fixt; sie fixt; sie fixte; sie hat gefixt; der **Fi|xer; fi|xie̱|ren** (festlegen, haltbar machen; scharf ansehen); du fixierst ihn; sie fixierte ihn; sie hat ihn fixiert; der **Fix|stern** (scheinbar unbeweglicher Stern)

der **Fjord** (schmale Meeresbucht mit Steilküsten); die Fjorde

flach; ein flaches Dach; flaches Wasser; die **Flä|che;** der **Flä|chen|inhalt;** das **Flach|land** (ebenes Land)

der **Flachs; flach|sen** (*umgangssprachlich für:* spotten); du flachst; sie flachst; sie flachste; sie hat geflachst; flachs[e] nicht!

die **Flach|zan|ge**

fla|ckern[2]; das Licht flackert; das Licht flackerte; das Licht hat geflackert

der **Fla|den** (flacher Kuchen; Kot); die Fladen

die **Flag|ge; flag|gen;** du flaggst; sie flaggt; sie flaggte; sie hat geflaggt; flagge!

die **Flạk** (*Kurzwort für:* Flugzeugabwehr-

[1]*Alte Trennung:* ...|st...
[2]*Alte Trennung:* ...k|k...

kanone, Flugabwehrartillerie); die Flak[s]
flam|bie|ren (Speisen mit Alkohol übergießen, den man anzündet); er hat das Steak flambiert
der **Fla|min|go** [*flamingo*] (ein Watvogel); die Flamingos
die **Flam|me**
der **Fla|nell** (ein Gewebe); die Flanelle
die **Flan|ke; flan|ken** *(Sport);* sie hat [den Ball vor das Tor] geflankt; sie ist über die Mauer geflankt; **flan|kie|ren** (zu beiden Seiten stehen); Bäume flankieren die Straße; sie haben die Straße flankiert; flankierende (unterstützende) Maßnahmen
die **Fla|sche;** der **Fla|schen|öff|ner;** der **Fla|schen|zug** (Vorrichtung zum Heben von Lasten); die Flaschenzüge
flat|tern; der Vogel flattert; der Vogel ist durch die Luft geflattert; der Vogel hat noch lange geflattert
flau (schlecht, übel); flauer; am flau[e]sten
der **Flaum;** die **Flaum|fe|der**
der **Flausch** (ein weiches Wollgewebe); die Flausche
die **Flau|se** (törichter Einfall); die Flausen *meist Plural*
die **Flau|te** (Windstille; Zeit schlechter Geschäfte); die Flauten
die **Flech|te** (eine Pflanze; ein Hautausschlag; ein Zopf); **flech|ten;** du flichtst; er flicht; er flocht; er hat einen Kranz geflochten; flicht mir die Zöpfe!
der **Fleck;** einen Fleck haben; sie hat blaue Flecke bekommen; der **Fle|cken**[1] (der Fleck; das Dorf); **fle|ckig**[1]
die **Fle|der|maus**
der **Fle|gel;** die Flegel; **fle|gel|haft;** am flegelhaftesten; die **Fle|gel|jah|re** *Plural*
fle|hen; du flehst; er fleht; er flehte; er hat um Gnade gefleht; fleh[e] nicht um Gnade!; **fle|hent|lich**
das **Fleisch;** der **Flei|scher; fleisch|fres|send,** *neue Schreibung:* **Fleisch fres|send;** fleischfressende, *neu:* Fleisch fressende Pflanzen, Tiere; **flei|schig**
der **Fleiß;** die **Fleiß|ar|beit; flei|ßig;** sie ist fleißig; aber: das Fleißige Lieschen (eine Blume)
flek|tie|ren (ein Wort beugen); er hat alle Wörter flektiert

[1]*Alte Trennung:* ...k|k...

flen|nen (weinen); du flennst; er flennte; er hat geflennt; flenn[e] nicht!
flet|schen; du fletschst die Zähne; er fletschte die Zähne; er hat die Zähne gefletscht; fletsch[e] nicht die Zähne!
fle|xi|bel (biegsam); ein flexibler Einband; die **Fle|xi|bi|li|tät;** die **Fle|xi|on** (Deklination und Konjugation)
fli|cken[1]; du flickst; sie flickt; sie flickte; sie hat den Reifen geflickt; flick[e] den Reifen!; der **Fli|cken**[1]
der **Flick|flack** (in schneller Folge geturnter Handstandüberschlag rückwärts); des Flickflacks; die Flickflacks
der **Flie|der;** der **Flie|der|strauch**
die **Flie|ge; flie|gen;** du fliegst; sie fliegt; sie flog; sie ist geflogen; flieg[e]!; die fliegende Untertasse; fliegende Fische; aber: der Fliegende Holländer (eine Sagengestalt; eine Oper); das **Flie|gen|ge|wicht** (leichteste Körpergewichtsklasse in der Schwerathletik); der **Flie|ger**
flie|hen; du fliehst; sie flieht; sie floh; sie ist geflohen; flieh[e]!; die **Flieh|kraft**
die **Flie|se** (eine Wand- oder Bodenplatte); der **Flie|sen|le|ger**
das **Fließ|band; flie|ßen;** etwas fließt; etwas floß, *neu:* floss; etwas ist geflossen; das **Fließ|heck** (schräg abfallendes Heck eines Pkw); die Fließhecks
flim|mern; etwas flimmert; etwas flimmerte; etwas hat geflimmert
flink
die **Flin|te**
der **Flip|per** (Spielautomat); **flip|pern;** du flipperst; sie flippert; sie flipperte; sie hat geflippert; flippere nicht so viel!
der **Flirt** [*flö'rt*, auch: *flirt*] (Liebelei); die Flirts; **flir|ten** [*flö'rt^{e}n*, auch: *flirt^{e}n*]; du flirtest; sie flirtet; sie flirtete; sie hat mit ihm geflirtet
der **Flit|ter;** das **Flit|ter|gold;** die **Flit|ter|wo|chen** *Plural*
flit|zen; du flitzt; sie ist geflitzt
die **Flo|cke**[1]; **flo|ckig**[1]
der **Floh;** die Flöhe
der **Flop** (Hochsprung in Rückenlage; [geschäftlicher] Misserfolg); des Flops; die Flops; die **Flop|py disk,** *neue Schreibung:* **Flop|py|disk,** *Nebenform:* **Flop|py Disk** (Diskette); die Floppy disks, *neu:* Floppydisks, *auch:* Floppy Disks

[1]*Alte Trennung:* ...k|k...

der **Flor** (Blumenfülle; Wohlstand; dünnes Gewebe); die Flore; im Flor sein (florieren); die **Flo|ra** (die Pflanzenwelt); die Floren

Flo|renz (Stadt in Italien)

das **Flo|rett** (leichte Stoßwaffe); die Florette; das **Flo|rett|fech|ten**

Flo|ri|da (Halbinsel und Staat in den USA)

flo|rie|ren (blühen, gedeihen); der Handel floriert; der Handel hat floriert

die **Flos|kel** (nichtssagende Redensart); die Floskeln; **flos|kel|haft**

das **Floß**; die Flöße

die **Flos|se**; die Flossen

flö|ßen; du flößt; er flößt; er flößte; er hat die Baumstämme geflößt

die **Flö|te**; Flöte spielen, aber: er ist beim Flötespielen; **flö|ten**; du flötest; er flötet; er flötete; er hat geflötet; flöte!

flö|ten|ge|hen, *neue Schreibung:* **flö|ten ge|hen** (verloren gehen); mein ganzes Geld geht flöten; mein ganzes Geld ist flötengegangen, *neu:* flöten gegangen

der **Flö|tist** (Flötenspieler); des/dem/den Flötisten; die Flötisten

flott; am flottesten; das Buch ist flott geschrieben; die **Flot|te**; **flott|ma|chen**; sie hat das Schiff flottgemacht, aber: **flott** (flink) **ma|chen**; das hat er flott gemacht

das **Flöz** (abbaubare Nutzschicht im Gestein, vor allem Kohle); des Flözes; die Flöze

der **Fluch**; die Flüche; **flu|chen**; du fluchst; sie hat geflucht; fluch[e] nicht!

die **Flucht**; die Fluchten; **flüch|ten**; du flüchtest; sie flüchtete; sie ist geflüchtet; flüchte!; **flüch|tig**; der **Flüch|tig|keits|feh|ler**; der **Flücht|ling**

der **Flug**; die Flüge; das **Flug|blatt**; der **Flü|gel**; die Flügel; **flüg|ge**; der **Flug|ha|fen**; der **Flug|lot|se**; der **Flug|platz**; **flugs** (schnell); der **Flug|sand**; der **Flug|schrei|ber** (Gerät); das **Flug|zeug**; der **Flug|zeug|trä|ger**

die **Flun|der** (ein Fisch); die Flundern

flun|kern; du flunkerst; er flunkerte; er hat geflunkert; flunkere nicht!

das **Flu|or** (ein Gas, ein chemischer Grundstoff); des Fluors; die **Flu|o|res|zenz** (Aufleuchten unter Strahleneinwirkung); **flu|o|res|zie|ren**; das Mineral hat fluoresziert

die **Flur** (nutzbare Landfläche; Feldflur); die Fluren

der **Flur** (Hausflur); die Flure

der **Fluß**, *neue Schreibung:* **Fluss**; des Flusses; die Flüsse; das **Fluß|bett**, *neue Schreibung:* **Fluss|bett**; **flüs|sig**; flüssige Kristalle; die **Flüs|sig|keit**; die **Flüs|sig|kri|s|tall|an|zei|ge**[1] (Ziffern-, Datenanzeige mit Hilfe flüssiger Kristalle); **flüs|sig|ma|chen**, *neue Schreibung:* **flüs|sig ma|chen** ([Geld, Kapital] verfügbar machen); kannst du 1000 Mark flüssigmachen, *neu:* flüssig machen?; **flüs|sig ma|chen** (schmelzen); sie hat das Eisen flüssig gemacht; das **Fluß|pferd**, *neue Schreibung:* **Fluss|pferd**; die **Fluß|re|gu|lie|rung**, *neue Schreibung:* **Fluss|re|gu|lie|rung**

flüs|tern[1]; du flüsterst; er flüstert; sie flüsterte; sie hat geflüstert; flüstere nicht!; die **Flüs|ter|pro|pa|gan|da**[1]

die **Flut**; **flu|ten**; das Wasser flutet in die Keller; das Wasser flutete in die Keller; das Wasser ist in die Keller geflutet; das U-Boot hat die Tanks geflutet; das **Flut|licht**

flut|schen; die Seife flutscht aus der Hand; die Seife ist aus der Hand geflutscht; die Arbeit hat nur so geflutscht (ist schnell vorangegangen)

der **Fö|de|ra|lis|mus** (Selbstständigkeit der Länder innerhalb eines Staatsganzen); des Föderalismus; **fö|de|ra|lis|tisch**[1]; die **Fö|de|ra|ti|on** (Bund; Staatenbund; Bundesstaat)

das **Foh|len** (ein junges Pferd)

der **Föhn** (warmer, trockener Fallwind); die Föhne

der **Föhn**, *alte Schreibung:* **Fön**; *vgl. d.*; **föh|nen**, *alte Schreibung:* **fö|nen**; *vgl. d.*

die **Föh|re** (Kiefer)

der **Fo|kus** (*Optik:* Brennpunkt); des Fokus; die Fokusse

die **Fol|ge**; Folge leisten; etwas zur Folge haben; in der Folge; demzufolge; infolge; zufolge; infolgedessen; **fol|gen**; du folgst mir; er folgt mir; er folgte mir; er ist mir gefolgt (nachgekommen); er hat mir gefolgt (Gehorsam geleistet); folg[e] ihm!; **fol|gend**; folgende Seite; folgendes schauderhafte Geschehnis; folgende lange (*seltener:* langen) Ausführungen; der Folgende (der einem anderen Nachfolgende); folgendes, *neu:* Folgendes (dieses); das folgende,

---

[1] *Alte Trennung:* ...|st...

neu: Folgende (dieses); das Folgende (das später Erwähnte, Geschehende); aus folgendem, *neu:* Folgendem (diesem); im folgenden, *neu:* Folgenden (weiter unten); alle folgenden, *neu:* Folgenden (anderen); durch das Folgende; aus, in, mit, nach, von dem Folgenden (den folgenden Ausführungen); **fol|gen|der|ma|ßen; fol|gen|schwer; fol|ge|rich|tig; fol|gern;** ich folgere; du folgerst; er folgerte; er hat daraus gefolgert, dass ...; folgere richtig!; die **Fol|ge|rung; folg|lich; folg|sam**

der **Fo|li|ant** (ein großes Buch); des/dem/den Folianten; die Folianten; die **Fo|lie** (dünnes [Metall]blatt); die Folien; **Fo|lio** (hohes Buchformat); in Folio

der **Folk** [*foᵘk*] (an englischsprachige Volksmusik anknüpfende populäre Musik); des Folks; die **Folk|lo|re** (Volksüberlieferungen; Volksmusik); **folk|lo|ris|tisch**[1]

die **Fol|ter; fol|tern;** du folterst; er foltert; er folterte; er hat ihn gefoltert; foltere ihn nicht!; die **Fol|te|rung**

das **Fon,** *Hauptform:* **Phon;** *vgl. d.*

der **Fön,** *neue Schreibung nur noch:* **Föhn** (elektrischer Haartrockner); ↑auch: Föhn

der **Fond** [*fong*] (Hintergrund, Rücksitz); die Fonds [*fongß*]

der **Fonds** [*fong*] (Geldvorrat); die Fonds [*fongß*]

fö|nen, *neue Schreibung nur noch:* **föh|nen** (mit dem Föhn trocknen); du fönst, *neu:* föhnst; sie hat sich [die Haare] gefönt, *neu:* geföhnt

die **Fon|tä|ne** (Springbrunnen)

fop|pen; du foppst ihn; sie foppt ihn; sie foppte ihn; sie hat ihn gefoppt; foppe ihn nicht!; die **Fop|pe|rei**

for|cie|ren [*forßirᵉn*] (verstärken, erzwingen); er hat es forciert

die **För|de** (Meeresbucht); die Förden

der **För|der|kurs** (Schulwesen); des Förderkurses; die Förderkurse; **för|der|lich; för|dern;** du förderst; er fördert; er förderte; er hat ihn gefördert; fördere ihn!; Kohle fördern; die **För|der|stu|fe** (Schulwesen); die **För|de|rung**

for|dern; du forderst; er fordert; er forderte; er hat Gehorsam gefordert; fordere nicht zu viel!; die **For|de|rung**

die **Fo|rel|le**

die **For|ke** (*norddeutsch für:* Mistgabel)

[1]*Alte Trennung:* ...|st...

die **Form;** er ist in Form; **for|mal** (auf die Form bezüglich; nur der Form nach)

der **Form|al|de|hyd** (ein Gas mit desinfizierender Wirkung)

die **For|ma|li|tät** (Formsache; formale Vorschrift); das **For|mat** (Papiergröße; ausgeprägte Persönlichkeit); die Formate; das Format des Buches; er hat Format; die **For|ma|ti|on** (Anordnung, Aufstellung; Gruppe, Verband; Folge von Gesteinsschichten; geologischer Zeitabschnitt); das **Form|blatt;** die Formblätter; die **For|mel; for|mell** (offiziell; förmlich; der Form nach, äußerlich); **for|men;** du formst die Schale; er formt sie; er formte sie; er hat sie geformt; forme die Schale!; **förm|lich;** das **For|mu|lar** (Formblatt, Vordruck); **for|mu|lie|ren** (in Worte fassen); du formulierst; er hat den Text formuliert; formuliere gut!; die **For|mu|lie|rung**

forsch (schneidig, kühn; kräftig); am forschesten; forsch sein

for|schen; du forschst; sie forscht; sie forschte; sie hat geforscht; forsche genau!; der **For|scher;** die **For|schung**

der **Forst;** die Forste *und* die Forsten; der **Förs|ter**[1]; die **Förs|te|rei**[1]; die **Forst|wirt|schaft**

die **For|sy|thie** [*forsüziᵉ*; auch: ...*tiᵉ*] (ein Zierstrauch); der Forsythie; die Forsythien

fort; fort sein; fort mit dir!; und so fort; in einem fort; weiter fort; immerfort

das **Fort** [*for*] (Festungswerk); die Forts [*forß*]

fort|an

fort|be|we|gen; er bewegt den Stein fort; er hat sich fortbewegt; die **Fort|be|we|gung**

die **Fort|bil|dung**

for|te (stark, laut); **for|tis|si|mo** (sehr laut)

fort|fah|ren; er fährt morgen fort; er hat *oder* ist in seiner Rede fortgefahren

fort|flie|gen; der Vogel ist fortgeflogen

fort|ge|hen; er ist fortgegangen

fort|ge|schrit|ten; Englisch für Fortgeschrittene

fort|ja|gen; er jagt den Hund fort; er hat den Hund fortgejagt

fort|lau|fen; er ist fortgelaufen

[1]*Alte Trennung:* ...|st...

sich **fort|pflan|zen;** der Schall pflanzt sich fort; die Kaninchen haben sich fortgepflanzt (Junge bekommen); die **Fort-pflan|zung**

Forts. = Fortsetzung; Forts. folgt

der **Fort|schritt; fort|schritt|lich**

fort|set|zen; er setzt die Arbeit fort; er hat die Arbeit fortgesetzt; die **Fort-set|zung**

fort|wäh|rend

das **Fo|rum** (öffentlicher Kreis von Sachverständigen); die Foren *und* die Forums

der **Fos|bu|ry-Flop,** *Hauptform:* **Fos|bu-ry|flop** [*fobᵉriflop*] (Hochsprung, bei dem man die Latte in Rückenlage überquert); des Fosbury-Flops, *auch:* des Fosburyflops; die Fosbury-Flops, *auch:* die Fosburyflops

fos|sil (urzeitlich versteinert); fossile Brennstoffe (Kohle, Erdöl, Erdgas); das **Fos|sil** (versteinerter Pflanzen- oder Tierrest); die Fossilien [*foßiliᵉn*]

das **Fo|to** (kurz für: Fotografie); der **Fo-to|graf;** des Fotografen; die Fotografen; die **Fo|to|gra|fie,** *Nebenform:* **Pho|to|gra|phie;** die Fotografien, *auch:* die Photographien; **fo|to|gra-fie|ren;** du fotografierst; er fotografierte; er hat fotografiert; fotografiere!; die **Fo|to|ko|pie;** die Fotokopien; **fo|to|ko|pie|ren;** er hat die Urkunde fotokopiert

foul [*faul*] (regelwidrig [im Sport]); das **Foul** (Regelverstoß); die Fouls; **fou-len** [*faulᵉn*] (regelwidrig spielen); du foulst; er foult; er hat den Gegner gefoult

der **Fox|ter|ri|er** (eine Hunderasse); des Foxterriers; die Foxterrier; der **Fox-trott** (ein Gesellschaftstanz); des Foxtrott[e]s; die Foxtrotte *und* die Foxtrotts

das **Fo|yer** [*foajᵉ*] (Wandelgang im Theater); des Foyers; die Foyers

die **Fracht;** der **Fracht|brief;** der **Frach-ter** (Frachtdampfer)

der **Frack;** die Fräcke *und* die Fracks

die **Fra|ge;** in Frage, *auch:* infrage stehen; das kommt nicht in Frage, *auch:* infrage; der **Fra|ge|bo|gen; fra|gen;** du fragst; er fragt; er fragte; er hat ihn gefragt; frag[e] ihn!; der **Fra|ge|satz;** das **Fra|ge|zei|chen; frag|lich; frag-wür|dig**

das **Frag|ment** (Bruchstück); die Fragmente

die **Frak|ti|on** (Vereinigung von Parteivertretern im Parlament)

die **Frak|tur** (Knochenbruch; deutsche Druckschrift); die Frakturen

der **Franc** [*frang*] (Währungseinheit in Frankreich, Belgien, Luxemburg); des Franc, die Francs

frank (frei, offen); frank und frei

der **Fran|ke** (Angehöriger eines germanischen Volksstammes; Einwohner von Franken); des/dem/den Franken; die Franken; **Fran|ken** (Land); der **Fran-ken** (schweizerische Währungseinheit); des Frankens; die Franken

Frank|furt am Main (Stadt in Hessen)

Frank|furt (Oder) (Stadt in Brandenburg)

fran|kie|ren (eine Postsendung freimachen); du frankierst den Brief; er hat den Brief frankiert; frankier[e] den Brief!

die **Frän|kin;** die Fränkinnen; **frän|kisch**

fran|ko (portofrei)

Frank|reich

die **Fran|se**

der **Fran|zis|ka|ner** (Angehöriger eines Mönchsordens)

der **Fran|zo|se;** des Franzosen; die Franzosen; die **Fran|zö|sin;** die Französinnen; **fran|zö|sisch;** die französische Schweiz; aber: die Französische Republik; die Französische Revolution (1789); ↑auch: deutsch

frä|sen; du fräst; er fräst; er fräste; er hat das Gewinde gefräst; fräs[e] es!

der **Fraß;** die Fraße

die **Frat|ze;** jemandem eine Fratze schneiden

die **Frau;** die **Frau|en|recht|le|rin** (Kämpferin für die Gleichberechtigung der Frau); das **Fräu|lein;** die Fräulein

der **Freak** [*frik*] (jemand, der sich [in übertriebener Weise] für etwas begeistert); des Freaks; die Freaks

frech; er ist frech; der **Frech|dachs;** die Frechdachse; die **Frech|heit**

das **Free clim|bing,** *neue Schreibung:* **Free|clim|bing** [*friklaiming*] (Bergsteigen ohne Hilfsmittel); des Free climbing, *neu:* Freeclimbing

die **Free|sie** [*fresiᵉ*] (eine Zierpflanze); die Freesien

die **Fre|gat|te** (Kriegsschiff für den Geleitschutz); die Fregatten

frei; freier; am frei[e]sten; frei Haus liefern; frei deutsche Grenze liefern.

Klein auch: der freie Mann; freie Fahrt; freier Mitarbeiter; freie Marktwirtschaft; jemandem freie Hand geben; auf freien Fuß setzen. *Groß:* das Freie, im Freien, ins Freie; Sender Freies Berlin; Freie Demokratische Partei (Abkürzung: FDP *und parteiamtlich:* F.D.P.); Freie und Hansestadt Hamburg; Freie Hansestadt Bremen, aber: Frankfurt war lange eine freie Reichsstadt. *Schreibung in Verbindung mit Verben:* frei sein, werden, bleiben, halten, machen, aber: freihalten, freilassen, freimachen, freisprechen; der **Frei|bal|lon;** der **Frei|beu|ter** (Seeräuber); der **Frei|er; frei|ge|big;** die **Frei|ge|big|keit; frei|hal|ten;** ich werde dich freihalten (für dich bezahlen); sie hat den Stuhl freigehalten (belegt); die Ausfahrt bitte freihalten (nicht verstellen), aber: **frei hal|ten;** er kann das Gewicht frei (ohne Stütze) halten; **frei|hän|dig;** die **Frei|heit;** die **Frei|heits|stra|fe;** der **Frei|herr;** des Freiherrn; die Freiherren; **frei|las|sen;** er hat den Gefangenen freigelassen, aber: **frei las|sen;** er soll den zweiten Stuhl frei lassen; der **Frei|lauf;** die Freiläufe

frei|lich

die **Frei|licht|büh|ne**

frei|ma|chen; sie hat den Brief freigemacht (frankiert); er hat einen Tag freigemacht (Urlaub genommen); sich freimachen (sich Zeit nehmen); sich, den Oberkörper (beim Arzt) frei machen, *neu:* freimachen, aber: einen Stuhl oder Platz frei machen (räumen); der **Frei|mau|rer;** sich **frei|schwim|men;** er hat sich freigeschwommen (die Freischwimmerprüfung bestanden); der **Frei|schwim|mer; frei|spre|chen;** sie wurde von aller Schuld freigesprochen, aber: **frei spre|chen;** sie hat während des ganzen Vortrages frei gesprochen; der **Frei|spruch;** der **Frei|stoß**

der **Frei|tag** ↑auch: Dienstag; **frei|tags** ↑auch: dienstags

der **Frei|tod** (Selbstmord); die **Frei|übun|gen** *Plural;* **frei|wil|lig;** freiwillig teilen; die freiwillige Feuerwehr, aber: die Freiwillige Feuerwehr Nassau

das **Frei|zei|chen** (Ton, der anzeigt, dass die gewählte Telefonnummer frei ist); die **Frei|zeit;** das **Frei|zeit|an|ge|bot;** das **Frei|zeit|hemd;** der **Frei|zeit|park**

frei|zü|gig; die **Frei|zü|gig|keit**

fremd; der **Frem|de;** die **Frem|de** (das Ausland); in der Fremde leben; die **Frem|den|le|gi|on;** der **Frem|den|ver|kehr;** der **Fremd|kör|per;** die **Fremd|spra|che;** das **Fremd|wort;** die Fremdwörter

die **Fre|quenz** (Schwingungszahl)

die **Fres|ke** *und* das **Fres|ko** (Wandmalerei); die Fresken

die **Fres|sa|li|en** [*...liᵉn*] (Esswaren) *Plural;* **fres|sen;** die Kuh frißt, *neu:* frisst; sie fraß; sie hat gefressen; friß, *neu:* friss endlich!; das **Fres|sen;** der **Fres|ser;** die **Fres|se|rei**

das **Frett|chen** (halbzahmer Iltis); des Frettchens; die Frettchen

die **Freu|de;** in Freud und Leid zusammenhalten; **freu|de|strah|lend;** aber: vor Freude strahlend; **freu|dig;** ein freudiges Ereignis; **freud|los;** sich **freu|en;** du freust dich; er freut sich; er freute sich; er hat sich gefreut; freu[e] dich!

der **Freund;** jemandes Freund bleiben, sein, werden; mit jemandem gut Freund sein; der **Freun|des|kreis;** die **Freun|din;** die Freundinnen; **freund|lich;** die **Freund|schaft; freund|schaft|lich**

der **Fre|vel;** die Frevel; **fre|vel|haft;** am frevelhaftesten; der **Frev|ler**

der **Frie|de;** des Friedens; die Frieden; in Fried und Freud zusammen sein; der **Frie|den;** des Friedens; die Frieden; die **Frie|dens|be|we|gung** (Bewegung, die aktiv für den Weltfrieden eintritt); die **Frie|dens|pfei|fe;** der **Frie|dens|ver|trag; fried|fer|tig; fried|lich**

der **Fried|hof**

frie|ren; du frierst; sie fror; sie hat gefroren (Kälte empfunden); das Wasser ist gefroren (vor Kälte erstarrt); ich friere an den Füßen; mich friert an den Füßen

der **Fries** (der Gesimsstreifen); die Friese

der **Frie|se** (Angehöriger eines germanischen Stammes an der Nordseeküste); die Friesen; **frie|sisch**

die **Fri|ka|del|le;** die Frikadellen; das **Fri|kas|see;** des Frikassees

das **Fris|bee** [*frißbi*] (Wurfscheibe aus Plastik); des Frisbee; die Frisbees

frisch; frischer; am frischesten; etwas frisch halten; sich frisch machen; die frisch getünchte Wand; der frisch gebackene Kuchen. *Groß:* die Frische Nehrung; das Frische Haff; **frisch|auf;** der **Frisch|ling** (das Junge vom Wildschwein); **frisch|weg**

der **Fri|seur** [*frisör*], *Nebenform:* **Fri|sör;** des Friseurs, *auch:* des Frisörs; die Friseure, *auch:* die Frisöre; die **Fri|seu|rin,** *älter:* **Fri|seu|se** [*frisöse*]; der Friseurin, *älter:* der Friseuse; die Friseurinnen, *älter:* die Friseusen; **fri|sie|ren;** du frisierst; er hat sie frisiert; frisier[e] sie!; sich frisieren; er hat sich frisiert; die **Fri|sur;** die Frisuren

die **Frist;** die Fristen

fri|vol [*friwol*] (leichtfertig; schlüpfrig); die **Fri|vo|li|tät;** die Frivolitäten

Frl. = Fräulein

froh; ein frohes Ereignis, aber: die Frohe Botschaft (das Evangelium); **fröh|lich; froh|lo|cken**[1]**;** du frohlockst; er frohlockt; er frohlockte; er hat frohlockt; frohlocke!; der **Frohsinn**

fromm; frommer *und* frömmer; am frommsten *und* am frömmsten; die **Fröm|mig|keit**

die **Fron** (*früher:* die dem Grundherrn zu leistende Arbeit; der Herrendienst); die Fronen; der **Fron|dienst** (der Dienst für den Grundherrn); **frö|nen** (sich einer Leidenschaft hingeben); du frönst einer Leidenschaft; er hat einer Leidenschaft gefrönt; der **Fron|leichnam** (ein katholisches Fest)

die **Front;** die Fronten; Front machen gegen etwas (sich einer Sache widersetzen); **fron|tal** ([von] vorn); der **Frontan|trieb** (Vorderradantrieb)

der **Frosch;** die Frösche; der **Froschmann** (Taucher); die Froschmänner

der **Frost;** die Fröste; **frös|teln**[2]**;** du fröstelst; er fröstelt; er fröstelte; er hat gefröstelt; mich fröstelt; **fros|tig**[2]

das *oder* der **Frot|tee,** *Nebenform:* **Frot|té** (ein Gewebe mit gekräuselter Oberfläche); des Frottee *und* des Frottees, *auch:* des Frottés; die Frottees, *auch:* die Frottés; **frot|tie|ren** (abreiben); du frottierst; er hat seine schmerzenden Glieder frottiert; frottiere deine Glieder!; das **Frot|tier|tuch**

die **Frot|ze|lei** (spöttische Bemerkung); **frot|zeln;** du frotzelst; sie hat mich immer gefrotzelt; frotzele nicht!

[1]*Alte Trennung:* ...k|k...
[2]*Alte Trennung:* ...|st...

die **Frucht;** die Früchte; **frucht|bar;** die **Frucht|bar|keit;** die **Frucht|bla|se** (Hülle des Embryos); das **Fruchtfleisch;** der **Frucht|kno|ten; fruchtlos;** der **Frucht|saft;** das **Fruchtwas|ser** (Flüssigkeit in der Fruchtblase); der **Frucht|zu|cker**[1]

früh; früh[e]stens; am früh[e]sten; zum, mit dem frühesten, *neu:* Frühesten; von [morgens] früh bis [abends] spät; morgen früh; allzufrüh, *neu:* allzu früh; der **Früh|auf|ste|her;** die **Frühe;** in der Frühe; in aller Frühe; bis in die Frühe; das **Früh|jahr;** die Frühjahre; der **Früh|ling;** die Frühlinge; **früh|mor|gens,** aber: morgens früh; der **Früh|sport;** das **Früh|stück;** die Frühstücke; **früh|stü|cken**[1]**;** du frühstückst; er frühstückt; er frühstückte; er hat gefrühstückt; frühstücke!; **frühzei|tig**

der **Frust** (*umgangssprachlich für:* das Frustriertsein); des Frust[e]s; **fru|s|trie|ren** (nachhaltig enttäuschen); er ist frustriert; das Erlebnis hat sie frustriert

der **Fuchs;** die Füchse; sich **fuch|sen** (*umgangssprachlich für:* sich ärgern); du fuchst dich; er fuchst sich; er hat sich gefuchst; fuchse dich nicht!

die **Fuch|sie** [*fukßi*[e]] (eine Zierpflanze); die Fuchsien

fuch|sig (fuchsrot; *umgangssprachlich für:* wütend); der **Fuchs|schwanz** (*auch:* eine Säge); **fuchs|teu|felswild**

fuch|teln (etwas in der Luft hin und her bewegen); du fuchtelst; er fuchtelt; er fuchtelte; er hat mit den Armen gefuchtelt; fuchtele nicht mit den Armen!

das **Fu|der** (ein Hohlmaß für Wein); die Fuder; **fu|der|wei|se**

der **Fud|schi|ja|ma** [*fud~~sch~~ijama*] (japanischer Berg)

der **Fug;** *nur noch in:* mit Fug und Recht (mit vollem Recht)

die **Fu|ge** (Zwischenraum); die Fugen

die **Fu|ge** (mehrstimmiges Tonstück, bei dem das Thema nacheinander in allen Stimmen erscheint); die Fugen

fü|gen; du fügst; er hat Stein auf Stein gefügt; füge Stein auf Stein; sich fügen

füg|sam; die **Fü|gung**

füh|len; du fühlst; er fühlt; er fühlte; er hat den Schmerz gefühlt; er hat das Fie-

[1]*Alte Trennung:* ...k|k...

ber kommen fühlen *oder* gefühlt; fühle!; der **Füh|ler;** die **Füh|lung-nah|me**

die **Fuh|re; füh|ren;** du führst ihn; er führt ihn; er führte ihn; er hat ihn geführt; führ[e] ihn!; Buch führen; der **Füh|rer-schein;** der **Fuhr|mann;** die Fuhrmänner *und* die Fuhrleute; der **Fuhr-park;** die **Füh|rung;** das **Füh|rungs-zeug|nis;** das **Fuhr|werk;** die Fuhrwerke

die **Ful|da** (Quellfluss der Weser)

die **Fül|le**

das **Fül|len** (das Fohlen)

fül|len; du füllst den Eimer; sie füllt den Eimer; sie füllte den Eimer; sie hat den Eimer gefüllt; füll[e] den Eimer!; der **Fül|ler** (Füllfederhalter); der **Füll-fe|der|hal|ter; fül|lig;** das **Füll|sel;** die Füllsel; die **Fül|lung**

der **Full-time-Job** [*fultaimschob*], *neue Schreibung:* **Full|time|job**, *auch möglich:* **Full-Time-Job** (Ganztagsbeschäftigung)

die **Fum|me|lei; fum|meln** (*umgangssprachlich für:* sich an etwas zu schaffen machen); du fummelst; er hat daran gefummelt; fummle nicht!

der **Fund;** die Funde

das **Fun|da|ment** (Grundlage; Unterbau); die Fundamente; **fun|da|men-tal;** der **Fun|da|men|ta|list** (jemand, der kompromisslos an seinen [politischen, religiösen] Grundsätzen festhält); des/dem/den Fundamentalisten; die Fundamentalisten

das **Fund|bü|ro;** die **Fund|gru|be**

fun|diert (gefestigt, gesichert)

fün|dig; fündig werden

der **Fund|ort;** die **Fund|un|ter|schla-gung**

der **Fun|dus** (Grundstock, Grundlage; Bestand an Kostümen, Kulissen usw. bei Theater, Film usw.); des Fundus; die Fundus

fünf; die fünf Sinne beisammen haben; wir sind heute zu fünfen *oder* zu fünft; fünf gerade sein lassen (etwas nicht so genau nehmen); ↑auch: acht; die **Fünf** (Zahl); die Fünfen; eine Fünf würfeln, schreiben; ↑auch: Acht; **fünf|fach;** der **Fünf|kampf; fünf|mal;** ↑achtmal; das **Fünf|mark|stück;** der **fünf|te;** ↑achte; das **Fünf|tel;** die Fünftel; **fünf|tens; fünf|zehn;** ↑acht; **fünf-zig;** ↑achtzig; der **Fünf|zig|mark-schein**

der **Funk** (Rundfunk, drahtlose Telegrafie); der **Funk|ama|teur;** der **Fun|ke,** *auch:* **Fun|ken;** des Funkens; die Funken; **fun|keln;** etwas funkelt; etwas funkelte; etwas hat gefunkelt; **fun|kel-na|gel|neu; fun|ken;** du funkst SOS; er funkt SOS; er funkte SOS; er hat SOS gefunkt; funke!; der **Fun|ker;** das **Funk|sprech|ge|rät;** der **Funk-spruch;** die **Funk|strei|fe;** der **Funk-strei|fen|wa|gen;** das **Funk|ta|xi**

die **Funk|ti|on** (Tätigkeit, Aufgabe; *Mathematik:* eindeutige Zuordnung); in, außer Funktion (in, außer Betrieb) sein; der **Funk|ti|o|när** (Beauftragter einer Partei u. Ä.); die Funktionäre; **funk|ti|o|nie|ren;** etwas funktioniert; etwas hat funktioniert; **funk|ti|ons-fä|hig**

der **Funk|turm**

die **Fun|zel** (trübe Lampe)

für; ein für alle Mal; fürs erste; für und wider, aber: das Für und [das] Wider

die **Für|bit|te**

die **Fur|che**

die **Furcht; furcht|bar; fürch|ten;** du fürchtest ihn; er fürchtet ihn; er fürchtete ihn; er hat ihn gefürchtet; fürchte niemanden!; sich fürchten; er hat sich gefürchtet; **fürch|ter|lich; furcht-los;** am furchtlosesten; **furcht|sam**

für|ei|n|an|der; füreinander einstehen, leben

die **Fu|rie** [*furie*] (Rachegöttin; wütende Frau)

das **Fur|nier** (dünne Auflage aus Holz); die Furniere

die **Für|sor|ge**

die **Für|spra|che;** der **Für|spre|cher**

der **Fürst;** des/dem/den Fürsten; die Fürsten; **fürst|lich**

die **Furt** (ein seichter Flussübergang); die Furten

der, *auch:* das **Fu|run|kel** (Geschwür); die Furunkel

das **Für|wort** (*für:* Pronomen); die Fürwörter

der **Fu|sel** (*umgangssprachlich für:* schlechter Branntwein); die Fusel

die **Fu|si|on** (Zusammenschluss; Verschmelzung)

der **Fuß;** des Fußes; die Füße *und* (als Längenmaß:) die Fuß; drei Fuß lang; zu Fuß gehen; jemandem zu Füßen fallen; Fuß fassen; einen Fuß breit, aber: keinen Fußbreit weichen; der Weg ist kaum fußbreit; der Schnee ist fußhoch, fußtief; der **Fuß|ball;** der **Fuß|ballplatz;** das **Fuß|ball|spiel;** die **Fußball|welt|meis|ter|schaft**[1]; der **Fuß|bo|den;** die Fußböden; der **Fußgän|ger;** der **Fuß|gän|ger|überweg;** die **Fuß|gän|ger|zo|ne; fußhoch;** das Wasser steht fußhoch; der **Fuß|pilz;** der **Fuß|sprung** (bei dem man mit den Füßen zuerst ins Wasser taucht); die **Fuß|[s]tap|fe;** die Fuß[s]tapfen; der **Fuß|weg**

das **Fut|ter** (Nahrung); **fut|tern** (essen); du futterst; er futtert; er futterte; er hat Obst gefuttert; futtere tüchtig!; **füttern;** du fütterst das Baby; er füttert die Hühner; er fütterte die Hühner; er hat die Hühner gefüttert; füttere sie!

das **Fut|ter** (innere Stoffschicht); die Futter; das **Fut|te|ral** (Schutzhülle, Überzug; Behälter); die Futterale

das **Fu|tur** (Zeitform: Zukunft)

G

das **G** [*ge*] (Buchstabe); des G; die G; aber: das g in Lage; das G-Dur, g-Moll

die **Ga|be**

die **Ga|bel;** die Gabeln; sich **ga|beln;** der Weg gabelt sich; der Weg hat sich gegabelt; der **Ga|bel|stap|ler**

Ga|b|ri|el (ein Erzengel)

Ga|bun (Staat in Afrika); der **Ga|buner; ga|bu|nisch**

ga|ckern[2]; das Huhn gackert; es gackerte; es hat gegackert

gaf|fen (neugierig starren); du gaffst; er hat gegafft; gaffe nicht so!

der **Gag** [*gäg*] (Witz; witziger Einfall); des Gags; die Gags

die **Ga|ge** [*gasche*] (Bezahlung, Gehalt von Künstlern); der Gage; die Gagen

gäh|nen; du gähnst; er gähnt; er gähnte; er hat gegähnt; gähne nicht!

ga|lant (höflich); am galantesten

die **Ga|la|vor|stel|lung** (Festvorstellung)

die **Ga|la|xis** (Milchstraße; Sternsystem); der Galaxis; die Galaxien

die **Ga|lee|re** (ein mittelalterliches Ruderkriegsschiff); die Galeeren

die **Ga|le|rie** (Rundgang am oder im Haus; höchster Rang im Theater); die Galerien

[1] *Alte Trennung:* ...|st...
[2] *Alte Trennung:* ...k|k...

der **Gal|gen;** des Galgens; die Galgen

Ga|li|läa (Gebirgsland westlich des Jordans)

die **Gal|le;** die **Gal|len|bla|se**

der **Ga|lopp;** die Galopps *und* die Galoppe; **ga|lop|pie|ren;** das Pferd galoppiert; das Pferd ist *und* hat galoppiert

gal|va|nisch [*...wa...*]; ein galvanisches Element; **gal|va|ni|sie|ren** (durch ein chemisches Verfahren mit einer Metallschicht überziehen); du galvanisierst; er hat das Eisen galvanisiert; galvanisiere es!

die **Ga|ma|sche** (über Strumpf und Schuh getragene Beinbekleidung)

Gam|bia (Staat in Afrika); der **Gambi|er** [*gambier*]; **gam|bisch**

der **Game|boy** [*ge'mbeu*] (ein elektronisches Spielgerät); des Gameboy[s]; die Gameboys

gam|meln (*umgangssprachlich für:* länger liegen und verderben, ungenießbar werden; Zeit mit Nichtstun verbringen); ich gammle; sie haben gegammelt

die **Gäm|se,** *alte Schreibung:* **Gem|se**

Gan|dhi, Ma|hat|ma (indischer Staatsmann)

der **Gang;** die Gänge; im Gang[e] sein; etwas in Gang bringen, halten, setzen; aber: das Inganghalten, Ingangsetzen

die **Gang** [*gäng*] (Bande, Verbrecherbande); die Gangs

die **Gang|art; gang|bar**

das **Gän|gel|band; gän|geln;** du gängelst; er hat ihn gegängelt; gängele ihn nicht!

der **Gan|ges** [gangäß] (Fluss in Vorderindien)

gän|gig; eine gängige (übliche, gebräuchliche) Methode; die **Gangschal|tung**

der **Gangs|ter**[1] [*gängßter*] (Schwerverbrecher); des Gangsters; die Gangster; der **Gang|ster|boß,** *neue Schreibung:* **Gangs|ter|boss**

gang und gä|be (üblich)

die **Gang|way** [*gängue'*] (Laufsteg oder Treppe zum Schiff oder Flugzeug); die Gangways

der **Ga|no|ve** [*ganowe*] (*umgangssprachlich für:* Gauner; Verbrecher); des Ganoven; die Ganoven

die **Gans;** die Gänse; das **Gän|se|blümchen;** die **Gän|se|füß|chen** (*um-*

[1] *Alte Trennung:* ...|st...

gangssprachlich für: Anführungsstriche) *Plural;* die **Gän|se|haut;** der **Gän|se|marsch;** der **Gän|se|rich;** die Gänseriche

ganz; in ganz Europa; ganze Zahlen; ganz und gar; etwas wieder ganz machen; im ganzen, *neu:* Ganzen; im großen ganzen, *neu:* Ganzen; im großen und ganzen, *neu:* im Großen und Ganzen; das Ganze; aufs Ganze gehen; ums Ganze; das große Ganze; ein großes Ganzes; als Ganzes; **ganz|jäh|rig; ganz|le|dern; ganz|lei|nen; gänz|lich; ganz|wol|len**

gar; das Fleisch ist erst halb gar; etwas gar kochen; er hat das Fleisch gar gekocht; das gargekochte, *neu:* gar gekochte Fleisch

gar (ganz, sehr, sogar); ganz und gar; gar kein; gar nicht; gar nichts; gar sehr; gar wohl

die **Ga|ra|ge** [*garasch*[e]]; die Garagen

die **Ga|ran|tie** (Bürgschaft, Gewähr); die Garantien; **ga|ran|tie|ren** (bürgen); du garantierst; sie hat für Qualität garantiert; garantiere dafür!

die **Gar|be**

die **Gar|de** (Elitetruppe; Regiment für den persönlichen Schutz eines Monarchen); die Garden

die **Gar|de|ro|be** (Kleidung; Ablage für Mäntel und Hüte; Umkleideraum für Künstler)

die **Gar|di|ne**

ga|ren (gar kochen; gar werden); er hat das Fleisch gegart; er hat das Fleisch garen lassen

gä|ren; etwas gärt; etwas gor, *in übertragener Bedeutung:* gärte; etwas hat gegoren, *in übertragener Bedeutung:* gegärt

gar|ge|kocht, *neue Schreibung:* **gar ge|kocht;** ↑gar

das **Garn;** die Garne

die **Gar|ne|le** (Krebstier); die Garnelen

gar|nie|ren; du garnierst; er hat die Torte garniert; garniere sie!; die **Gar|ni|son** (Standort für Truppen); die Garnisonen; die **Gar|ni|tur;** die Garnituren

gars|tig[1]

der **Gar|ten;** die Gärten; das **Gar|ten|fest;** der **Gärt|ner;** die **Gärt|ne|rei**

die **Gä|rung**

das **Gas;** die Gase; Gas geben; die **Gas|mas|ke;** der **Ga|so|me|ter** (Gasbehälter); die Gasometer; das **Gas|pe|dal**

das **Gäß|chen,** *neue Schreibung:* **Gäss|chen;** die **Gas|se**

der **Gast;** die Gäste; jemanden zu Gast bitten; der **Gast|ar|bei|ter; gast|freund|lich;** die **Gast|freund|schaft;** das **Gast|haus; gast|lich;** das **Gast|mahl;** die Gastmähler *und* die Gastmahle; das **Gast|spiel;** die **Gast|stät|te;** der **Gast|wirt**

der **Gat|te;** des Gatten; die Gatten

der **Gat|te;** des Gatten; die Gatten

das **Gat|ter** (Lattenzaun; Gittertor)

die **Gat|tin;** die Gattinnen; die **Gat|tung;** die Gattungen

der **GAU** [*gau*] (= größter anzunehmender Unfall [in Kernkraftwerken]); des GAUs; die GAUs

die *oder* das **Gau|di** (*umgangssprachlich für:* Freude, Spaß)

gau|keln; der Schmetterling gaukelt; der Schmetterling ist durch die Luft gegaukelt; der **Gauk|ler**

der **Gaul;** die Gäule

der **Gau|men**

der **Gau|ner;** die **Gau|ne|rei**

die **Ga|ze** [*gas*[e]] (durchsichtiges Gewebe); die Gazen

die **Ga|zel|le** (eine Antilopenart)

geb. = geboren

das **Ge|bäck;** die Gebäcke

das **Ge|bälk**

die **Ge|bär|de;** sich **ge|bär|den;** du gebärdest dich; er gebärdet sich; er gebärdete sich; er hat sich wie ein Verrückter gebärdet; gebärde dich nicht so töricht!

ge|bä|ren; sie gebiert; sie gebar; sie hat ein Kind geboren

das **Ge|ba|ren**

die **Ge|bär|mut|ter** (Hohlorgan des weiblichen Körpers, in dem sich das befruchtete Ei fortentwickelt)

das **Ge|bäu|de**

das **Ge|bein;** des Gebein[e]s; die Gebeine

ge|ben; du gibst; sie gibt; sie gab; sie hat ihm einen Brief gegeben; gib es ihm!; Geben, *auch:* geben ist seliger denn Nehmen, *auch:* nehmen

das **Ge|bet;** der **Ge|bets|tep|pich**

das **Ge|biet; ge|bie|ten;** du gebietest; sie gebietet; sie gebot; sie hat Ruhe geboten; gebiete Ruhe!; der **Ge|bie|ter; ge|bie|te|risch;** gebieterisch Ruhe fordern

das **Ge|bir|ge; ge|bir|gig**

[1] *Alte Trennung:* ...|st...

das **Ge|biß,** *neue Schreibung:* **Ge|biss;** des Gebisses; die Gebisse
das **Ge|blä|se**
ge|blümt
ge|bo|ren; sie ist eine geborene Maier; Frau Müller geborene Schulz *oder* Frau Müller, geborene Schulz
ge|bor|gen
das **Ge|bot;** zu Gebot[e] stehen; die Zehn Gebote
Gebr. = Gebrüder
der **Ge|brauch;** die Gebräuche; **ge|brau|chen;** du gebrauchst; sie gebraucht; sie gebrauchte; sie hat das Werkzeug gebraucht; gebrauche den Hammer richtig!; **ge|bräuch|lich;** die **Ge|brauchs|an|wei|sung;** der **Ge|braucht|wa|gen**
das **Ge|bre|chen; ge|brech|lich**
die **Ge|brü|der** *Plural*
das **Ge|brüll**
die **Ge|bühr;** nach, über Gebühr; **ge|büh|ren|pflich|tig**
die **Ge|burt;** die **Ge|bur|ten|re|ge|lung;** der **Ge|burts|tag;** das **Ge|burts|tags|kind;** die **Ge|burts|tags|par|ty**
das **Ge|büsch;** die Gebüsche
der **Geck** (ein eitler Mensch); des Gecken; die Gecken
der **Ge|cko**[1] (eine tropische Eidechse); des Geckos; die Geckos *und* die Geckonen
das **Ge|dächt|nis;** des Gedächtnisses; die Gedächtnisse
der **Ge|dan|ke; ge|dan|ken|los; ge|dan|ken|voll**
ge|dei|hen; etwas gedeiht; etwas gedieh; etwas ist gut gediehen
ge|den|ken; du gedenkst; sie gedenkt; sie gedachte; sie hat unser gedacht; gedenke unser!; der **Ge|denk|tag**
das **Ge|dicht**
ge|die|gen; gediegenes (reines) Gold; ein gediegener (zuverlässiger) Charakter; gediegene (solide) Kenntnisse haben
das **Ge|drän|ge**
ge|drun|gen; er hat eine gedrungene Gestalt
die **Ge|duld;** sich **ge|dul|den;** du geduldest dich; er geduldet sich; er geduldete sich; er hat sich geduldet; gedulde dich ein wenig!; **ge|dul|dig**
ge|eig|net
die **Geest** (hoch gelegenes, sandiges Land im Küstengebiet); die Geesten

[1]*Alte Trennung:* ...k|k...

die **Ge|fahr;** Gefahr laufen; **ge|fähr|den;** du gefährdest ihn; er gefährdet ihn; er gefährdete ihn; er hat ihn gefährdet; gefährde ihn nicht!; **ge|fähr|lich**
das **Ge|fährt** (der Wagen); die Gefährte
der **Ge|fähr|te** (der Begleiter); des Gefährten; die Gefährten; die **Ge|fähr|tin;** die Gefährtinnen
das **Ge|fäl|le**
ge|fal|len; etwas gefällt; etwas gefiel; etwas hat gefallen; es hat ihr gut gefallen; sich etwas gefallen lassen
ge|fal|len; die gefallenen Soldaten
ge|fäl|lig; die **Ge|fäl|lig|keit**
die **Ge|fäll|stre|cke**[1]
der **Ge|fan|ge|ne;** ein Gefangener; die Gefangenen; mehrere Gefangene; die **Ge|fan|ge|ne;** eine Gefangene; **ge|fan|gen|neh|men,** *neue Schreibung:* **ge|fan|gen neh|men;** er nimmt ihn gefangen; er hat ihn gefangengenommen, *neu:* gefangen genommen; das **Ge|fäng|nis;** des Gefängnisses; die Gefängnisse
das **Ge|fäß;** des Gefäßes; die Gefäße
das **Ge|fecht**
ge|feit (sicher, geschützt)
das **Ge|fie|der**
das **Ge|fil|de** (Landschaft); die Gefilde
das **Ge|flecht**
ge|flis|sent|lich
das **Ge|flü|gel; ge|flü|gelt;** ein geflügeltes Wort
das **Ge|fol|ge;** die **Ge|folg|schaft**
ge|frä|ßig
der **Ge|frei|te;** ein Gefreiter; die Gefreiten; zwei Gefreite
ge|frie|ren; das Wasser gefriert; es gefror; es ist gefroren; das **Ge|frier|fleisch;** die **Ge|frier|tru|he**
das **Ge|fü|ge;** des Gefüges; die Gefüge; **ge|fü|gig** (sich gehorsam fügend)
das **Ge|fühl; ge|fühl|los;** am gefühllosesten; die **Ge|fühls|sache;** das ist Gefühlssache
ge|gen; er rannte gegen das Tor; gegen zwanzig Leute standen auf der Straße
die **Ge|gend;** die Gegenden
ge|gen|ei|n|an|der; ge|gen|ein|an|der|pral|len, *neue Schreibung:* **ge|gen|ei|n|an|der pral|len;** die Kugeln sind gegeneinandergeprallt, *neu:* gegeneinander geprallt; **ge|gen|ein|an|der|ste|hen,** *neue Schreibung:* **ge|gen|ei|n|an|der ste|hen;** die Gegner

[1]*Alte Trennung:* ...k|k...

haben gegeneinandergestanden, *neu:* gegeneinander gestanden; **ge|gen|ein|an|der|stel|len,** *neue Schreibung:* **ge|gen|ei|n|an|der stel|len;** er hat die Bretter gegeneinandergestellt, *neu:* gegeneinander gestellt

die **Ge|gen|fahr|bahn; ge|gen|len|ken** (beim Autofahren); er hat in der Kurve gegengelenkt; der **Ge|gen|satz;** die Gegensätze; **ge|gen|sei|tig**

der **Ge|gen|stand;** die Gegenstände

das **Ge|gen|teil;** im Gegenteil; ins Gegenteil umschlagen; das **Ge|gen|tor** *(Sport)*

ge|gen|ü̲ber; die Schule steht gegenüber der Kirche, *auch:* der Kirche gegenüber; **ge|gen|ü̲ber|lie|gen;** die feindlichen Truppen haben sich gegenübergelegen; a b e r : die beiden Äpfel, die gegenü̲ber (dort) li̲egen; **ge|gen|ü̲ber|ste|hen;** sie haben sich feindlich gegenü̲bergestanden, a b e r : die beiden Häuser, die gegenü̲ber (dort) ste̲hen; **ge|gen|ü̲ber|stel|len;** sie wurden einander gegenü̲bergestellt; **ge|gen|ü̲ber|tre|ten;** er wusste nicht, wie er ihm nach diesem Vorfall gegenü̲bertreten sollte

der **Ge|gen|ver|kehr;** die **Ge|gen|wart; ge|gen|wär|tig**

der **Geg|ner; geg|ne|risch**

gegr. = gegründet

das **Ge|hack|te;** des/dem Gehackten; ein halbes Pfund Gehacktes

das **Ge|halt** (Lohn); die Gehälter

der **Ge|halt** (Inhalt, Wert); die Gehalte; **ge|halt|voll;** am gehaltvollsten

ge|han|di|kapt, *auch:* **ge|han|di|capt** [*g*ᵉ*händikäpt*] (behindert, benachteiligt)

ge|häs|sig

das **Ge|häu|se**

geh|be|hin|dert

das **Ge|he|ge**

ge|heim; das muss geheim bleiben!; etwas geheim erledigen; insgeheim; im geheimen, *neu:* Geheimen; Geheimer Rat; Geheimer Regierungsrat; Geheimes Staatsarchiv; der **Ge|heim|dienst; ge|he̲im|hal|ten,** *neue Schreibung:* **ge|heim hal|ten;** er hielt die Nachricht geheim; er hat die Nachricht geheimgehalten, *neu:* geheim gehalten; das **Ge|heim|nis;** des Geheimnisses; die Geheimnisse; **ge|heim|nis|voll;** der **Ge|heim|tip,** *neue Schreibung:* **Ge|heim|tipp**

das **Ge|heiß;** des Geheißes; auf Geheiß des Lehrers; auf sein Geheiß etwas tun

ge|hemmt (unsicher; schüchtern)

ge|hen; du gehst; sie geht; sie ging; sie ist nach Hause gegangen; geh[e] jetzt!; etwas ist vor sich gegangen; baden gehen; schlafen gehen; **ge|hen|las|sen,** *neue Schreibung:* **ge|hen las|sen** (in Ruhe lassen); sich gehenlassen, *neu:* gehen lassen (sich keine Selbstdisziplin auferlegen); er hat sich gestern auf dem Fest gehenlassen, *neu:* gehen lassen (*seltener:* gehen gelassen); **ge̲|hen la̲s|sen;** jemanden [nach Hause] gehen lassen

ge|heu|er; das kommt mir nicht ganz geheuer vor

der **Ge|hil|fe;** des Gehilfen; die Gehilfen; die **Ge|hil|fin;** die Gehilfinnen

das **Ge|hirn;** die **Ge|hirn|er|schüt|te|rung;** die **Ge|hirn|wä|sche** (Versuch einer gewaltsamen Bewusstseinsveränderung durch starken physischen und psychischen Druck)

das **Ge|höft**

das **Ge|hölz**

das **Ge|hör;** Gehör finden; sie schenkte ihm Gehör

ge|hor|chen; du gehorchst; er hat ihm gehorcht; gehorche ihm!; der Not gehorchend

ge|hö|ren; etwas gehört ihr; etwas hat ihr gehört; die mir gehörenden Häuser; sie gehört zu dieser Familie

der **Ge|hör|gang**

ge|hö|rig; er hat gehörigen Respekt vor mir

ge|hör|los

ge|hor|sam; der **Ge|hor|sam**

der **Geh|weg**

der **Gei|er**

der **Gei|fer** (ausfließender Speichel); **geifern** (gehässige Worte ausstoßen); er hat gegeifert; geifere nicht!

die **Gei|ge**

der **Gei|ger|zäh|ler** (Gerät zum Nachweis radioaktiver Strahlen)

geil (sexuell erregt, gierig; *Jugendsprache für:* großartig, toll)

die **Gei|sel** (Gefangener als Bürge); der Geisel; die Geiseln; jemanden als zur Geisel nehmen

die **Geiß** (Ziege); die Geißen

die **Gei|ßel** (Peitsche); die Geißeln; **geißeln;** du geißelst ihn; er hat ihn gegeißelt; geiß[e]le ihn nicht!

der **Geist;** die Geister; der **Geis|ter|fah-**

rer[1] (Person, die auf der falschen Seite der Autobahn fährt); **geis|tes|ge|gen|wär|tig**[1]; **geis|tig**[1]; geistiges Eigentum; geistige (alkoholische) Getränke; **geist|lich;** geistlicher Beistand; der **Geist|li|che;** ein Geistlicher; die Geistlichen; mehrere Geistliche

der **Geiz; gei|zen;** du geizt; er geizt; er geizte; er hat mit jedem Pfennig gegeizt; geize nicht mit dem Geld!; der **Geiz|hals;** die Geizhälse; **gei|zig**

das **Gel** (eingedickte, halbsteife Substanz); des Gels; die Gele

das **Ge|läch|ter**

das **Ge|la|ge**

das **Ge|län|de;** das **Ge|län|de|spiel**

das **Ge|län|der**

ge|lan|gen; er ist ans Ziel gelangt

das **Ge|laß,** *neue Schreibung:* **Ge|lass** (kleiner, dunkler Raum); des Gelasses; die Gelasse

ge|las|sen; er steht der Gefahr gelassen gegenüber

die **Ge|la|ti|ne** [*schelatine*] (Knochenleim)

ge|läu|fig (bekannt, vertraut; fließend)

das **Ge|läut** *und* **Ge|läu|te;** die Geläute

gelb; gelbe, *neu:* Gelbe Rüben (*süddeutsch für:* Mohrrüben); der gelbe Fleck (auf der Netzhaut); ↑ auch: blau; das **Gelb;** des Gelbs; bei Gelb ist die Kreuzung zu räumen; die Ampel zeigt, steht auf Gelb; ↑ auch: Blau; **gelb|braun** ↑blau; **gelb|lich**

das **Geld;** die Gelder; der **Geld|beu|tel;** der **Geld|schein;** das **Geld|stück**

das, *auch:* der **Ge|lee** [*schele*]; des Gelees; die Gelees

ge|le|gen; das kommt mir gelegen (passt mir); die **Ge|le|gen|heit; ge|le|gent|lich;** *mit Genitiv:* gelegentlich seines Besuches, *dafür besser:* bei seinem Besuch

ge|leh|rig; ge|lehrt; am gelehrtesten; ein gelehrter Mann; das Buch ist mir zu gelehrt; der **Ge|lehr|te;** ein Gelehrter; die Gelehrten; viele Gelehrte; in Anwesenheit bedeutender Gelehrter (*auch noch:* Gelehrten); ihm als bedeutendem Gelehrten ist dies möglich

das **Ge|lei|se** ↑Gleis

das **Ge|leit; ge|lei|ten;** du geleitest; sie geleitete; sie hat ihn nach Hause geleitet

[1]*Alte Trennung:* ...|st...

das **Ge|lenk; ge|len|kig;** er ist sehr gelenkig

der **Ge|lieb|te;** ihr Geliebter; die Geliebten; zwei Geliebte; die **Ge|lieb|te;** eine Geliebte

ge|lin|gen; etwas gelingt; etwas gelang; etwas ist gelungen

gel|len; etwas gellt; etwas gellte; etwas hat laut gegellt

ge|lo|ben; du gelobst; sie gelobt; sie gelobte; sie hat mir Treue gelobt; sich geloben; sie hat sich gelobt (ernsthaft vorgenommen)[,] etwas zu tun; aber: das Gelobte Land (biblisch); das **Ge|löb|nis;** des Gelöbnisses; die Gelöbnisse

gelt? (*süddeutsch für:* nicht wahr?)

gel|ten; du giltst; sie gilt; sie galt; sie hat als klug gegolten; die Fahrkarte gilt noch; er hat deine Antwort gelten lassen; er hat Ansprüche geltend gemacht; die **Gel|tung;** sich Geltung verschaffen

das **Ge|lüb|de;** die Gelübde

ge|lun|gen; eine gutgelungene, *neu:* gut gelungene Aufführung; die Aufführung ist gut gelungen

das **Ge|mach;** die Gemächer *und* die Gemache

ge|mäch|lich

der **Ge|mahl;** die Gemahle; die **Ge|mah|lin;** die Gemahlinnen

das **Ge|mäl|de**

ge|mäß; dem Befehl gemäß (*seltener:* gemäß dem Befehl); **ge|mä|ßigt;** die gemäßigte Zone

ge|mein; ein gemeiner Mensch; aber: der Gemeine Wacholder

die **Ge|mein|de;** der **Ge|mein|de|rat;** die Gemeinderäte

die **Ge|mein|heit**

ge|mein|nüt|zig; ein gemeinnütziger Verein; der **Ge|mein|platz** (abgegriffene, nichtssagende Redensart); **ge|mein|sam;** die **Ge|mein|schaft; ge|mein|schaft|lich;** die **Ge|mein|schafts|kun|de**

das **Ge|met|zel**

das **Ge|misch;** die Gemische

die **Gem|se,** *neue Schreibung:* **Gäm|se**

das **Ge|mü|se;** die Gemüse; Mohrrüben sind ein nahrhaftes Gemüse; Mohrrüben und Bohnen sind nahrhafte Gemüse; junges Gemüse (*umgangssprachlich für:* junge Leute)

das **Ge|müt;** die Gemüter; sich etwas zu Gemüte führen; **ge|müt|lich;** die **Ge|müt|lich|keit**

das **Gen** (Träger einer Erbanlage); des Gens; die Gene
gen. = genannt
ge|nau; genauer; am genau[e]sten; etwas genau nehmen; die Karten werden genau so verteilt, dass jeder Spieler ...; aber: ↑genauso; auf das, aufs genau[e]ste, *auch möglich:* Genau[e]ste; genau[e]stens; **ge|nau|ge|nom|men,** *neue Schreibung:* **ge|nau ge|nom-men;** das ist genaugenommen, ein ganz anderer Fall, *neu:* das ist[,] genau genommen[,] ein ganz anderer Fall; **ge|nau|so** (ebenso); genauso viel Freunde; **ge|nau|so|gut,** *neue Schreibung:* **ge|nau|so gut;** du kannst genausogut, *neu:* genauso gut die Bahn nehmen; **ge|nau|so|lang[e],** *neue Schreibung:* **ge|nau|so lang[e];** das dauert genausolang[e], *neu:* genauso lang[e]; aber: ↑genau
der **Gen|darm** [*schandarm,* auch: *schangdarm*] (Polizist); des/dem/den Gendarmen; die Gendarmen; die **Gen|dar-me|rie**
ge|neh|mi|gen; du genehmigst; sie hat es genehmigt; genehmige den Urlaub!; die **Ge|neh|mi|gung**
der **Ge|ne|ral;** die Generale *und* die Generäle; der **Ge|ne|ral|di|rek|tor;** die **Ge|ne|ral|pro|be** (letzte Probe vor der ersten Aufführung)
die **Ge|ne|ra|ti|on** (das Glied in der Geschlechterfolge; alle Altersgenossen)
der **Ge|ne|ra|tor** (Stromerzeuger); die Generatoren
ge|ne|rell (allgemein [gültig])
ge|ne|sen; du genest; sie genest; sie genas; sie ist genesen; die **Ge|ne|sung**
die **Ge|ne|tik** (Vererbungslehre)
Genf (Kanton und Stadt in der Schweiz); der **Gen|fer See**
ge|ni|al (schöpferisch, sehr begabt); die **Ge|ni|a|li|tät;** das **Ge|nie** [*scheni*]; des Genies; die Genies
das **Ge|nick;** die Genicke
sich **ge|nie|ren** [*schenirᵉn*] (sich schämen); du genierst dich; er genierte sich; er hat sich geniert; geniere dich nicht!
ge|nieß|bar; ge|nie|ßen; du genießt; sie genießt; sie genoß, *neu:* genoss; sie hat dies genossen; genieße den Tag!; der **Ge|nie|ßer; ge|nie|ße|risch**
die **Ge|ni|ta|li|en** (Geschlechtsorgane) *Plural*
der **Ge|ni|tiv** (Wesfall; 2. Fall); die Genitive; das **Ge|ni|tiv|ob|jekt**
der **Ge|nos|se;** des/dem/den Genossen; die Genossen; die **Ge|nos|sen-schaft**
der, *auch:* das **Ge|no|zid** (Völkermord); des Genozid[e]s; die Genozide *und* die Genozidien
der **Gen|tle|man** [*dschäntlmᵉn*] (Mann von Lebensart und Charakter [mit tadellosen Umgangsformen]); des Gentlemans; die Gentlemen
ge|nug; genug und übergenug; genug Gutes; Gutes genug; genug des Guten;
ge|nü|gen; du genügst; sie genügt; sie genügte; sie hat genügt; dies genügt für unsere Zwecke; **ge|nü|gend** ↑ausreichend; **ge|nüg|sam;** die **Ge|nug|tu-ung**
das **Ge|nus** (grammatisches Geschlecht); des Genus; die Genera
der **Ge|nuß,** *neue Schreibung:* **Ge|nuss;** des Genusses; die Genüsse; das **Ge-nuß|mit|tel,** *neue Schreibung:* **Ge-nuss|mit|tel;** die **Ge|nuß|sucht,** *neue Schreibung:* **Ge|nuss|sucht,** *auch möglich:* **Ge|nuss-Sucht**
das **Ge|o|drei|eck** (transparentes Dreieck zum Ausmessen und Zeichnen von Winkeln o. Ä.); die **Ge|o|gra|phie,** *Nebenform:* **Ge|o|gra|fie** (Erdkunde); **ge|o|gra|phisch,** *Nebenform:* **ge|o-gra|fisch;** der **Ge|o|lo|ge;** des/dem/den Geologen; die Geologen; die **Ge-o|lo|gie** (Lehre von der Entstehung und vom Bau der Erde); **ge|o|lo-gisch;** die **Ge|o|me|t|rie** (Flächen- und Raumlehre); die Geometrien; **ge-o|me|t|risch;** ein geometrischer Ort
das **Ge|päck;** das **Ge|päck|stück;** der **Ge|päck|trä|ger**
der **Ge|pard** (katzenartiges Raubtier); des Gepards; die Geparde
die **Ge|pflo|gen|heit** (die Gewohnheit)
ge|ra|de; eine gerade Zahl; fünf gerade sein lassen; gerade darum; die **Ge|ra|de** (gerade Linie); vier Gerade[n]; **ge|ra|de|aus;** geradeaus gehen; er geht geradeaus (in unveränderter Richtung); aber: er geht gerade (soeben) aus (in ein Lokal, eine Bar usw.); **ge|ra|de|bie|gen** (*umgangssprachlich für:* einrenken); **ge|ra|de|he|r|aus;** etwas geradeheraus sagen; aber: er kam gerade (soeben) heraus (aus dem Haus); **ge|ra|de|sit|zen,** *neue Schreibung:* **ge|ra|de sit|zen;** er soll geradesitzen, *neu:* gerade sitzen (aufrecht sitzen); **ge|ra|de sit|zen** (sich soeben

hingesetzt haben); **ge|ra|de|so** ↑ebenso; **ge|ra|de|ste|hen,** *neue Schreibung:* **ge|ra|de ste|hen** (aufrecht stehen); aber: für etwas geradestehen (die Folgen auf sich nehmen); **ge|ra|de ste|hen** (soeben stehen); **ge|ra|de-zu;** geradezu gehen, sein; das ist geradezu absurd!; **ge|rad|li|nig**

das **Ge|ran|gel**

die **Ge|ra|nie** [...*i*ᵉ]; die Geranien

das **Ge|rät; ge|ra|ten;** du gerätst; sie gerät; sie geriet; sie ist in Not geraten; es gerät mir; ich gerate außer mich (*auch:* mir) vor Freude; das **Ge|rä|te|tur|nen** *und* **Ge|rät|tur|nen;** aufs **Ge|ra|te-wohl** (auf gut Glück)

ge|räu|mig

das **Ge|räusch; ge|räusch|arm;** die **Ge-räusch|ku|lis|se; ge|räusch|voll**

ger|ben; du gerbst; sie hat die Haut gegerbt; gerbe ihm das Fell! (verprügle ihn!); der **Ger|ber;** der **Gerb|stoff**

ge|recht; am gerechtesten; er wurde ihm gerecht; die **Ge|rech|tig|keit**

das **Ge|re|de;** des Geredes

das **Ge|richt; ge|richt|lich;** das **Ge-richts|ver|fah|ren;** der **Ge|richts-voll|zie|her**

ge|ring; das wird am geringsten (wenigsten) auffallen; ein geringes, *neu:* Geringes (wenig) tun; um ein geringes, *neu:* Geringes (wenig) erhöhen; es ist nichts Geringeres als ...; es geht ihn nicht das geringste, *neu:* Geringste (gar nichts) an; das Geringste, was er tun kann, ist ...; es stört mich nicht im geringsten, *neu:* Geringsten; auch der Geringste hat Anspruch darauf; kein Geringerer als ...; **ge|ring|fü|gig; ge-ring|schät|zen,** *neue Schreibung:* **ge-ring schät|zen** (verachten); er schätzte es gering; er hat es geringgeschätzt, *neu:* gering geschätzt; **ge|ring schät|zen** (niedrig veranschlagen); es kostet[,] gering geschätzt[,] drei Mark

ge|rin|nen; die Milch gerinnt; die Milch gerann; die Milch ist geronnen; geronnenes Blut

das **Ge|rip|pe**

ge|ris|sen; er ist ein gerissener Bursche

der **Ger|ma|ne;** des/dem/den Germanen; die Germanen; **ger|ma|nisch;** germanische Kunst; aber: das Germanische Nationalmuseum in Nürnberg

gern *und* **ger|ne;** lieber; am liebsten; jemanden gern haben, mögen; gar zu gern; allzugern, *neu:* allzu gern; der **Ger|ne|groß;** des Gernegroß; die Gernegroße; **gern|ge|se|hen,** *neue Schreibung:* **gern ge|se|hen;** ein gerngesehener, *neu:* gern gesehener Gast; der Gast ist gern gesehen

das **Ge|röll;** die Gerölle; die **Ge|röll|hal-de**

die **Gers|te**[1]; das **Gers|ten|korn**[1]

die **Ger|te**

der **Ge|ruch;** die Gerüche; **ge|ruch|los;** der **Ge|ruchs|sinn;** des Geruchssinn[e]s

das **Ge|rücht**

das **Ge|rüm|pel**

das **Ge|rüst**

ge|samt; im gesamten, *neu:* Gesamten (*veraltend für:* insgesamt); die **Ge-samt|heit;** die **Ge|samt|schu|le**

der **Ge|sand|te;** ein Gesandter; die Gesandten; zwei Gesandte

der **Ge|sang;** die Gesänge; das **Ge|sang-buch;** der **Ge|sang|ver|ein**

das **Ge|säß;** die Gesäße

das **Ge|schäft;** geschäftehalber; aber: dringender Geschäfte halber; **ge-schäf|tig; ge|schäft|lich;** die **Ge-schäfts|frau;** der **Ge|schäfts-mann;** die Geschäftsleute *und* die Geschäftsmänner; **ge|schäfts|tüch|tig**

ge|sche|hen; etwas geschieht; etwas geschah; etwas ist geschehen; das **Ge-sche|hen;** das **Ge|scheh|nis;** des Geschehnisses; die Geschehnisse

ge|scheit; am gescheitesten

das **Ge|schenk**

die **Ge|schich|te;** das **Ge|schich|ten-buch** (Buch mit Erzählungen); **ge-schicht|lich;** das **Ge|schichts|buch** (Buch für den Geschichtsunterricht)

das **Ge|schick;** die Geschicke (die Schicksale); die **Ge|schick|lich|keit; ge-schickt;** am geschicktesten

ge|schie|den

das **Ge|schirr**

das **Ge|schlecht;** die Geschlechter; **ge-schlecht|lich;** der **Ge|schlechts-akt; ge|schlechts|krank;** die **Ge|schlechts|krank|heit; ge-schlechts|reif;** das, *auch:* der **Ge-schlechts|teil** *meist Plural;* der **Ge-schlechts|trieb;** der **Ge|schlechts-ver|kehr;** das **Ge|schlechts|wort** (Artikel, z. B. „der, die, das"); die Geschlechtswörter

---

[1] *Alte Trennung:* ...|st...

der **Ge|schmack;** die Geschmäcke; **ge|schmack|los;** am geschmacklosesten; die **Ge|schmack[s]|sa|che;** das ist Geschmack[s]sache; **ge|schmack|voll**

das **Ge|schmei|de; ge|schmei|dig**

ge|schnie|gelt; geschniegelt und gebügelt (fein hergerichtet)

das **Ge|schöpf**

das **Ge|schoß,** *neue Schreibung:* **Geschoss;** des Geschosses; die Geschosse

das **Ge|schrei;** des Geschreis

das **Ge|schütz**

das **Ge|schwa|der** (Verband von Kriegsschiffen oder Flugzeugen)

das **Ge|schwätz; ge|schwät|zig**

ge|schwind; die **Ge|schwin|dig|keit**

die **Ge|schwis|ter**[1] *Plural*

der **Ge|schwo|re|ne;** ein Geschworener; die Geschworenen; zwei Geschworene; die **Ge|schwo|re|ne;** eine Geschworene

die **Ge|schwulst;** die Geschwülste

das **Ge|schwür**

der **Ge|sel|le;** des/dem/den Gesellen; die Gesellen; **ge|sel|lig;** die **Ge|sell|schaft;** Gesellschaft mit beschränkter Haftung; **ge|sell|schaft|lich**

das **Ge|setz; ge|setz|ge|bend;** die gesetzgebende Versammlung; der **Ge|setz|ge|ber; ge|setz|lich;** gesetzliche Erbfolge; **ge|setz|mä|ßig; ge|setz|wid|rig**

ge|setzt; gesetzt[,] dass ...; gesetzt den Fall[,] [dass] ...

ges. gesch. = gesetzlich geschützt

das **Ge|sicht;** die Gesichter *und* (für Erscheinungen:) die Gesichte; sein Gesicht wahren; der **Ge|sichts|aus|druck;** der **Ge|sichts|punkt;** die **Ge|sichts|zü|ge** *Plural*

das **Ge|sims;** des Gesimses; die Gesimse

das **Ge|sin|de;** das **Ge|sin|del**

ge|sinnt; ein gutgesinnter, *neu:* gut gesinnter, gleichgesinnter, *neu:* gleich gesinnter, übelgesinnter, *neu:* übel gesinnter, andersgesinnter, *neu:* anders gesinnter Mensch; die **Ge|sin|nung; ge|sin|nungs|los**

ge|son|dert

ge|spannt

das **Ge|spenst;** die Gespenster; **ge|spens|tig**[1] *und* **ge|spens|tisch**[1]

[1] *Alte Trennung:* ...|st...

das **Ge|spinst**

Ge|spräch; ein Gespräch am runden Tisch; **ge|sprä|chig;** der **Ge|sprächs|stoff**

ge|spren|kelt; das Fell des Tieres ist gesprenkelt

das **Ge|spür**

gest. = gestorben

das **Ge|sta|de** (*gehoben für:* Küste, Ufer)

die **Ge|stalt; ge|stal|ten;** du gestaltest; sie gestaltet; sie gestaltete; sie hat diesen Raum gestaltet; gestalte ihn!

ge|stän|dig; das **Ge|ständ|nis;** des Geständnisses; die Geständnisse

der **Ge|stank**

ge|stat|ten; du gestattest; sie gestattet; sie gestattete; sie hat es ihm gestattet; gestatte es ihm!; gestatten Sie!

die **Ges|te**[1] (die Gebärde); die Gesten

ge|ste|hen; du gestehst; er gestand; er hat es gestanden; gestehe es!

das **Ge|stein;** die Gesteine; die **Ge|steins|schicht**

das **Ge|stell;** die Gestelle

ges|tern[1]**;** gestern abend, *neu:* Abend; gestern morgen, *neu:* Morgen; gestern nachmittag, *neu:* Nachmittag; gestern nacht, *neu:* Nacht; die Mode von gestern; zwischen gestern und morgen, (auch hauptwörtlich:) zwischen [dem] Gestern und [dem] Morgen liegt das Heute; vorgestern

das **Ge|stirn;** die Gestirne

ge|streift

ges|trig[1]**;** der gestrige Tag

das **Ge|strüpp;** die Gestrüppe

Ge|stüt; die Gestüte

das **Ge|such;** die Gesuche

ge|sund; gesünder *und* gesunder; am gesündesten *und* gesundesten; gesund sein, werden, bleiben; er hat ihn gesund geschrieben, *neu:* gesundgeschrieben; sich gesundmachen; die **Ge|sund|heit;** das **Ge|sund|heits|amt; ge|sund|heits|schä|di|gend**

das **Ge|tränk**

sich **ge|trau|en;** du getraust dich; sie hat sich getraut; getraue dich doch!; ich getraue mich (*seltener:* mir), das zu tun; aber nur: ich getraue mir den Schritt nicht; ich getraue mich nicht hinein

das **Ge|trei|de**

ge|trennt

das **Ge|trie|be;** der **Ge|trie|be|scha|den**

das **Gẹt|to,** *Nebenform:* **Ghet|to** (abge-

[1] *Alte Trennung:* ...|st...

sondertes [jüdisches] Wohnviertel); des Gettos; die Gettos

das **Ge|tue;** des Getues

das **Ge|tüm|mel**

der **Ge|vat|ter** (*veraltet für:* Taufpate); des Gevatters, *älter:* des Gevattern; die Gevattern

das **Ge|viert** (Viereck, Quadrat); des Geviert[e]s; die Gevierte; im, ins Geviert

das **Ge|wächs; ge|wach|sen;** einer Anstrengung gewachsen sein; das **Gewächs|haus**

die **Ge|währ** (Bürgschaft, Sicherheit); **ge|wäh|ren** (bewilligen); du gewährst; sie hat es ihm gewährt; gewähre ihm die Bitte!; **ge|währ|leis|ten[1];** du gewährleistest; sie gewährleistet; sie hat unsere Sicherheit gewährleistet; aber: sie hat für unsere Sicherheit Gewähr geleistet; die **Ge|währ|leis|tung[1];** der **Ge|währs|mann;** die Gewährsmänner *und* die Gewährsleute

der **Ge|wahr|sam** (Haft, Obhut); etwas in Gewahrsam nehmen

die **Ge|walt; ge|wal|tig; ge|walt|los;** die **Ge|walt|lo|sig|keit; ge|walt|sam**

das **Ge|wand;** die Gewänder

ge|wandt; am gewandtesten; eine gewandte Frau; die **Ge|wandt|heit**

das **Ge|wäs|ser**

das **Ge|we|be**

das **Ge|wehr**

das **Ge|weih**

das **Ge|wer|be;** der **Ge|wer|be|leh|rer; ge|werb|lich; ge|werbs|mä|ßig**

die **Ge|werk|schaft;** der **Ge|werk|schaf|ter** *und* der **Ge|werk|schaft|ler; ge|werk|schaft|lich**

das **Ge|wicht;** die Gewichte; der **Ge|wicht|he|ber; ge|wich|tig;** die **Ge|wichts|klas|se**

ge|wieft (*umgangssprachlich für:* schlau, gerissen)

das **Ge|win|de;** des Gewindes; die Gewinde

der **Ge|winn; ge|win|nen;** du gewinnst; sie gewann; sie hat gewonnen; gewinne endlich einmal!; **ge|win|nend** (liebenswürdig); ein gewinnendes Lächeln; auf die gewinnendste Weise; der **Ge|win|ner**

ge|wiß, *neue Schreibung:* **ge|wiss;** gewisser; am gewissesten; etwas, nichts Gewisses; ein gewisses Etwas; ein gewisser Jemand; aber: ein gewisser anderer; das **Ge|wis|sen; ge|wis|sen|haft;** am gewissenhaftesten; **ge|wis|sen|los;** am gewissenlosesten; der **Ge|wis|sens|biß,** *neue Schreibung:* **Ge|wis|sens|biss; ge|wis|ser|ma|ßen;** die **Ge|wiß|heit,** *neue Schreibung:* **Ge|wiss|heit**

das **Ge|wit|ter; ge|wit|tern;** es gewittert; es gewitterte; es hat gewittert

ge|wit|zigt (durch Schaden klug geworden)

sich **ge|wöh|nen;** du gewöhnst dich daran; sie hat sich daran gewöhnt; gewöhne dich nicht daran!; die **Ge|wohn|heit; ge|wöhn|lich; ge|wohnt;** die **Gewöh|nung**

das **Ge|wöl|be**

das **Ge|wölk**

das **Ge|würz**

der **Gey|sir** [*gai...*] (in bestimmten Zeitabständen springende heiße Quelle); des Geysirs; die Geysire

gez. = gezeichnet (unterschrieben)

die **Ge|zei|ten** (Wechsel von Ebbe und Flut) *Plural*

sich **ge|zie|men;** es geziemt sich; es geziemte sich; es hat sich geziemt

das **Ge|zwit|scher**

GG = Grundgesetz

Gha|na (Staat in Afrika); der **Gha|na|er; gha|na|isch**

Ghet|to, *Hauptform:* **Get|to;** *vgl. d.*

der **Ghost|wri|ter** [*goußtraite(r)*] (Autor, der für eine andere Person schreibt und nicht genannt wird)

Gi|b|ral|tar (Halbinsel an der Südspitze Spaniens)

die **Gicht**

der **Gie|bel;** die Giebel

die **Gier; gie|rig**

gie|ßen; du gießt; er gießt; er goß, *neu:* goss; er hat die Blumen gegossen; gieße die Blumen!; die **Gie|ße|rei;** die **Gieß|kan|ne**

das **Gift;** die Gifte; das **Gift|gas; gif|tig;** der **Gift|müll;** der **Gift|pilz;** die **Gift|schlan|ge**

der **Gi|gant** (der Riese); des/dem/den Giganten; die Giganten; **gi|gan|tisch**

die **Gil|de**

der **Gin** [*dschin*] (englischer Wacholderbranntwein)

der **Gins|ter[1]** (ein Strauch); des Ginsters; die Ginster

[1] *Alte Trennung:* ...|st...

[1] *Alte Trennung:* ...|st...

der **Gip|fel;** die Gipfel

der **Gips; gip|sen;** du gipst; sie gipst die Wand; die Ärztin hat das Bein gegipst; der **Gip|ser;** der **Gips|ver|band**

die **Gi|raf|fe**

das **Girl** [*gö(')l*] (*scherzhaft für:* Mädchen; Tänzerin einer Tanzgruppe); des Girls; die Girls

die **Gir|lan|de**

das **Gi|ro** [*schiro*] (bargeldlose Überweisung); das **Gi|ro|kon|to**

der, *auch:* die **Gischt** (Schaum; aufschäumende See); die Gischte[n]

die **Gi|tar|re;** der **Gi|tar|rist;** des/dem/den Gitarristen; die Gitarristen

das **Git|ter**

der **Gla|di|a|tor** (altrömischer Schaukämpfer); die Gladiatoren; die **Gla|di|o|le** (Schwertliliengewächs); die Gladiolen

der **Glanz; glän|zen;** etwas glänzt; etwas glänzte; etwas hat geglänzt; **glän|zend; glän|zend|schwarz,** *neue Schreibung:* **glän|zend schwarz;** glänzendschwarze, *neu:* glänzend schwarze Haare; die Haare sind glänzend schwarz; die **Glanz|leis|tung**[1]; das **Glanz|stück**

das **Glas;** zwei Glas Bier; ein Glas voll; Glas blasen; der **Gla|ser; glä|sern** (aus Glas); der **Glas|fi|ber|stab** (beim Stabhochsprung); **gla|sie|ren;** du glasierst; sie glasierte; sie hat den Krug glasiert; glasiere den Krug!; **gla|sig;** der **Glas|kör|per** (Teil des Auges); die **Glas|schei|be;** die **Gla|sur** (glasiger Überzug)

glatt; glatter, *auch:* glätter; am glattesten, *auch:* glättesten; die **Glät|te;** das **Glatt|eis; glät|ten;** du glättest; sie glättet; glättete; sie hat das Papier geglättet; glätte das Papier!

die **Glat|ze;** der **Glatz|kopf; glatz|köp|fig**

der **Glau|be;** des Glaubens; **glau|ben;** du glaubst; sie hat es geglaubt; glaub[e] daran!; sie wollte mich glauben machen, dass ...; das **Glau|bens|be|kennt|nis; glaub|haft;** am glaubhaftesten; **gläu|big;** der **Gläu|bi|ge;** ein Gläubiger; die Gläubigen; zwei Gläubige; die **Gläu|bi|ge;** eine Gläubige; der **Gläu|bi|ger** (jemand, der berechtigt ist, von einem Schuldner Geld zu fordern); **glaub|wür|dig**

gleich; die gleiche Jacke; das gleiche, *neu:* Gleiche (dasselbe) tun; das gleiche, *neu:* Gleiche gilt; es kommt aufs gleiche, *neu:* Gleiche hinaus; etwas ins gleiche, *neu:* Gleiche (in Ordnung) bringen; gleich und gleich, *neu:* Gleich und Gleich gesellt sich gern; Gleiches mit Gleichem vergelten; es kann uns Gleiches begegnen. *In Verbindung mit Verben:* er soll gleich (sofort) kommen; ↑aber: gleichkommen, gleichmachen, gleichsetzen usw.; **gleich|al|te|rig, gleich|alt|rig; gleich|ar|tig; gleich|be|rech|tigt;** die **Gleich|be|rech|ti|gung;** sich **gleich|blei|ben,** *neue Schreibung:* **gleich blei|ben** (unverändert bleiben); sie blieb sich gleich; sie ist sich gleichgeblieben, *neu:* gleich geblieben; **gleich blei|ben** (sofort bleiben); sie ist gleich geblieben, als wir sie darum baten; **glei|chen;** du gleichst; sie gleicht; sie glich; sie hat ihr geglichen; **gleich|falls; gleich|för|mig; gleich|ge|schlecht|lich;** das **Gleich|ge|wicht;** der **Gleich|ge|wichts|sinn; gleich|gül|tig;** die **Gleich|heit; gleich|kom|men** (entsprechen); das war einer Kampfansage gleichgekommen; aber: **gleich** (sofort) **kom|men; gleich|ma|chen** (angleichen); die Stadt wurde dem Erdboden gleichgemacht; aber: **gleich** (sofort) **ma|chen; gleich|mä|ßig;** der **Gleich|mut;** des Gleichmut[e]s; **gleich|mü|tig; gleich|na|mig** (mit gleichem Namen; mit gleichem Nenner); das **Gleich|nis;** des Gleichnisses; die Gleichnisse; **gleich|schal|ten** (einheitlich durchführen); alle Maßnahmen wurden gleichgeschaltet; aber: **gleich** (sofort) **schal|ten; gleich|schen|ke|lig, gleich|schenk|lig;** der **Gleich|schritt;** im Gleichschritt; **gleich|se|hen** (ähnlich sehen); wie sie sich gleichsehen!; aber: **gleich** (sofort) **se|hen; gleich|sei|tig;** gleichseitiges Dreieck; **gleich|set|zen;** etwas mit einer Sache gleichsetzen; aber: **gleich** (sofort) **set|zen; gleich|ste|hen** (gleich sein); aber: **gleich** (sofort) **ste|hen; gleich|stel|len** (gleichmachen); aber: **gleich** (sofort) **stel|len;** der **Gleich|strom; gleich|tun** (das Gleiche leisten); es jemandem gleichtun; aber: **gleich** (sofort) **tun;** die **Glei|chung; gleich|wer|tig; gleich|wohl;** aber: wir be-

[1] *Alte Trennung:* ...|st...

finden uns alle gleich (in gleicher Weise) wohl; **gleich|zei|tig; gleich-zie|hen** (in gleicher Weise handeln); mit jemandem gleichziehen; aber: **gleich** (sofort) **zie|hen**

das **Gleis,** *auch:* das **Ge|lei|se;** die Gleise *und* die Geleise

glei|ßen (glänzen, glitzern); der Schnee gleißt; der Schnee gleißte; der Schnee hat im Sonnenlicht gegleißt; gleißendes Licht

glei|ten; er gleitet; er glitt; du glittst; er ist geglitten; der **Gleit|flug;** die Gleitflüge

der **Glet|scher**

das **Glied; glie|dern;** du gliederst; sie gliedert; sie gliederte; sie hat das Kapitel gut gegliedert; gliedere das Kapitel ein wenig mehr!; die **Glie|de|rung;** die **Glied|ma|ßen** *Plural;* der **Glied|satz** (Nebensatz)

glim|men; etwas glimmt; etwas glomm *und* etwas glimmte; etwas hat geglommen *und* geglimmt; der **Glim-mer** (ein Mineral); der **Glimm|sten-gel,** *neue Schreibung:* **Glimm|stän-gel** (*scherzhaft für:* Zigarette)

glimpf|lich (ohne Schaden)

glit|schig

glit|zern; etwas glitzert; etwas glitzerte; etwas hat geglitzert

glo|bal (weltumspannend; umfassend); der **Glo|bus;** des Globus *und* des Globusses; die Globen *und* die Globusse

die **Glo|cke**[1]; die **Glo|cken|blu|me**[1]; das **Glo|cken|spiel**[1]; **glo|ckig**[1]; der **Glöck|ner**

die **Glo|rie** [*glorie*] (Ruhm, Glanz); **glor-reich**

die **Glos|se** (Randbemerkung, knapper Kommentar); die Glossen

die **Glot|ze** (*umgangssprachlich für:* Fernsehgerät); die Glotzen; **glot|zen** (anstarren); du glotzt; er glotzt; er glotzte; er hat geglotzt; glotze nicht so!

das **Glück;** er wünschte mir Glück; Glück auf! (Bergmannsgruß)

die **Glu|cke**[1]; **glu|cken**[1]; das Huhn gluckt; das Huhn hat gegluckt

glü|cken[1]; etwas glückt; etwas glückte; etwas ist geglückt; **glück|lich; glück|se|lig**

gluck|sen; das Wasser gluckst; das Wasser hat gegluckst

[1] *Alte Trennung:* ...k|k...

der **Glücks|fall;** das **Glücks|spiel;** der **Glück|wunsch**

die **Glüh|bir|ne; glü|hen;** etwas glüht; etwas glühte; etwas hat geglüht; die **Glüh|lam|pe**

die **Glut**

das **Gly|ze|rin,** *auch:* **Gly|ce|rin** (eine ölige, alkoholische Flüssigkeit)

GmbH = Gesellschaft mit beschränkter Haftung

die **Gna|de;** von Gottes Gnaden; Euer Gnaden; das **Gna|den|ge|such; gna-den|los; gnä|dig**

der **Gneis** (ein Gestein); die Gneise

der **Gnom** (Zwerg); des/dem/den Gnomen; die Gnomen

das **Gnu** (afrikanische Antilopenart); des Gnus; die Gnus

der **Go|ckel**[1] (*besonders süddeutsch für:* Hahn); die Gockel

Goe|the (deutscher Dichter)

der **Go-Kart,** *neue Schreibung:* **Go|kart** [*goka'rt*] (kleiner Sportrennwagen); des Go-Kart[e]s, *neu:* Gokart[e]s; die Go-Karts, *neu:* Gokarts

das **Gold; gol|den;** die goldene Hochzeit; goldene Worte; den goldenen Mittelweg einschlagen; der Goldene, *neu:* goldene Schnitt (Mathematik). *Groß:* die Goldene Bulle; das Goldene Kalb (biblisch); der **Gold|fisch;** der **Gold-grä|ber;** der **Gold|hams|ter**[2]; **gol-dig;** der **Gold|re|gen** (ein Strauch; ein Feuerwerkskörper); der **Gold-schmied;** das **Gold|stück** (Goldmünze)

der **Golf** (größere Meeresbucht); des Golf[e]s; die Golfe

das **Golf** (ein Spiel); des Golfs; Golf spielen; der **Golf|platz;** der **Golf|schlä-ger**

der **Golf|strom** (eine Strömung im Atlantik)

Go|li|at[h] (Riese im Alten Testament); der **Go|li|ath** (Mensch von riesenhafter Gestalt); des Goliaths

die **Gon|del;** die Gondeln; **gon|deln** (*umgangssprachlich für:* gemächlich fahren); du gondelst; sie gondelt; sie ist durch halb Europa gegondelt; gondle doch nicht so!

der, *selten:* das **Gong** (eine metallene Schlagscheibe); des Gongs; die Gongs; der **Gong|schlag**

[1] *Alte Trennung:* ...k|k...
[2] *Alte Trennung:* ...|st...

gön|nen; du gönnst; sie gönnt; sie gönnte; sie hat es ihm gegönnt; gönne es ihm doch!; der **Gön|ner; gön|ner|haft;** am gönnerhaftesten

das **Gör** *und* die **Gö|re** (*norddeutsch für:* kleines Kind, Mädchen); des Görs *und* der Göre; die Gören

der **Go|ril|la** (ein Menschenaffe); des Gorillas; die Gorillas

der *oder* das **Gos|pel** (religiöses Lied der Afroamerikaner); des Gospels; die Gospels

die **Gos|se** (die Abflussrinne)

der **Go|te** (Angehöriger eines germanischen Volkes); des Goten; die Goten; die **Go|tik** (ein Kunststil); **go|tisch**

der **Gott;** die Götter; um Gottes willen; in Gottes Namen; Gott sei Dank!; Gott befohlen!; weiß Gott!; grüß [dich] Gott!; das **Göt|ter|bild;** die **Got|tes|an|be|te|rin** (eine Heuschreckenart); der **Got|tes|dienst;** die **Got|tes|läs|te|rung**[1]; das **Got|tes|ur|teil** (im Mittelalter: beim Fehlen sicherer Beweismittel angewandtes Verfahren zur Ermittlung des Schuldigen, z.B. Zweikampf, Feuerprobe); die **Gott|heit;** die Gottheiten (Götter); die **Göt|tin;** die Göttinnen; **gött|lich; gott|los;** am gottlosesten; **Gott|va|ter;** der **Göt|ze;** des Götzen; die Götzen; das **Göt|zen|bild;** der **Göt|zen|dienst**

der **Gou|da** [*gauda*] (ein Schnittkäse); des Goudas; die Goudas

der **Gou|ver|neur** [*guwärnör*] (Statthalter); die Gouverneure

das **Grab;** die Gräber; **gra|ben;** du gräbst; sie gräbt; sie grub; sie hat gegraben; grabe hier!; der **Gra|ben;** die Gräben; das **Grab|mal;** die Grabmäler *und* die Grabmale; der **Grab|stein**

die **Gracht** (Graben, Kanal[straße] in Holland); die Grachten

der **Grad;** die Grade; 3 Grad Celsius *oder* 3 °C; der 30. Grad; ein Winkel von 30 Grad; es sind heute 30 Grad im Schatten; es ist heute um einige Grad wärmer

der **Graf**, *Hauptform:* **Graph** (*Mathematik:* grafische Darstellung); *vgl. d.*

der **Graf;** des Grafen; die Grafen

der *und* das **Graf|fi|to** (Wandkritzelei; auf Mauern, Fassaden o. Ä. gesprühte oder gemalte Parole) *meist Plural*

die **Gra|fik,** *Nebenform:* **Gra|phik** (Schreib- und Zeichenkunst; einzelnes Blatt dieser Kunst); die Grafiken *und* die Graphiken; der **Gra|fi|ker,** *Nebenform:* **Gra|phi|ker; gra|fisch,** *Nebenform:* **gra|phisch**

die **Grä|fin;** die Gräfinnen

Gra|fit, *Hauptform:* **Gra|phit;** *vgl. d.*

gram; er ist ihm gram; der **Gram;** sich **grä|men;** du grämst dich; er hat sich gegrämt; gräme dich nicht!; **gräm|lich**

das **Gramm;** die Gramme; 2 Gramm

die **Gram|ma|tik** (die Sprachlehre); die Grammatiken; **gram|ma|tisch**

das **Gram|mo|phon,** *Nebenform:* **Gram|mo|fon**; die Grammophone, *auch:* die Grammofone

der **Gra|nat** (ein Halbedelstein; ein kleines Krebstier); die Granate; die **Gra|na|te** (ein Geschoss); die Granaten

Grand Prix [*grang pri*] (französische Bezeichnung für „großer Preis"); des Grand Prix

der **Gra|nit** (ein Gestein); die Granite

die **Gran|ne** (die Ährenborste); die Grannen

gran|tig (mürrisch)

das **Gra|nu|lat** (Substanz in Körnchenform); des Granulat[e]s; die Granulate

die **Grape|fruit** [*grepfrut*] (Pampelmuse); die Grapefruits

der **Graph,** *Nebenform:* **Graf** (*Mathematik:* grafische Darstellung); des Graphen, *auch:* Grafen; die Graphen, *auch:* die Grafen

Gra|phik, Gra|phi|ker, gra|phisch, *Hauptform:* **Gra|fik, Gra|fi|ker, gra|fisch;** *vgl. d.*

der **Gra|phit,** *Nebenform:* **Gra|fit** [auch: ...*fit*] (ein Mineral); des Graphits, *auch:* Grafits; die Graphite, *auch:* die Grafite

das **Gras; gra|sen;** das Vieh grast; das Vieh graste; das Vieh hat gegrast

die **Gras|mü|cke**[1] (ein Singvogel)

gras|sie|ren (um sich greifen); die Seuche grassiert; sie hat grassiert

gräß|lich, *neue Schreibung:* **gräss|lich**

der **Grat** (Kante; Bergkamm); die Grate; die **Grä|te;** die Gräten

gra|tis (unentgeltlich)

die **Grät|sche;** die Grätschen; **grät|schen** (die Beine seitwärts spreizen); du grätschst; sie grätscht; sie grätschte; sie hat die Beine gegrätscht; grätsche die Beine!

der **Gra|tu|lant;** des/dem/den Gratulan-

[1] *Alte Trennung:* ...|st...

[1] *Alte Trennung:* ...k|k...

ten; die Gratulanten; die **Gra|tu|la|ti|on; gra|tu|lie|ren;** du gratulierst; sie hat ihm gratuliert; gratuliere ihm!

grau; grauer, am grau[e]sten; grau werden; grau in grau malen; der graue Alltag; in grauer Vorzeit; grauer Star. *Groß:* die Grauen Panther (Seniorenschutzbund); die Grauen Brüder (Mönchsorden); die Grauen Schwestern (katholischer Schwesternorden); ↑ auch: blau

der **Gräu|el**, *alte Schreibung:* **Greu|el;** *vgl. d.;* **grau|en** (Furcht haben); es graut mir davor; es hat mir davor gegraut; mir, *auch:* mich graut es vor dir

grau|en (grau werden); es graut; der Morgen, der Abend hat gegraut

das **Grau|en; grau|en|haft;** am grauenhaftesten; **grau|en|voll; gräu|lich,** *alte Schreibung:* **greulich** (Grauen erregend)

gräu|lich (leicht grau getönt)

die **Grau|pe;** die Graupen; die **Grau|pel;** die Graupeln *meist Plural;* **grau|peln;** es graupelt; es hat gegraupelt

grau|sam; die **Grau|sam|keit; grau|sen;** mir, *auch:* mich graust vor diesen Schwierigkeiten; es grauste ihnen, *auch:* sie, als sie davon hörten

gra|vie|ren [*grawiren*]; du gravierst; sie graviert; sie gravierte; sie hat den Namen in den Ring graviert; graviere meinen Namen in diesen Ring!

die **Gra|vi|ta|ti|on** [*grawitazion*] (Schwerkraft; Anziehungskraft)

die **Gra|zie** [*grazie*] (Anmut); die Grazien (römische Göttinnen); **gra|zi|ös;** am graziösesten

Green|peace [*grinpiß*] (internationale Umweltschutzorganisation)

der **Greif** (geflügeltes Fabeltier mit Adlerkopf und Löwenkörper); des Greif[e]s; die Greife *und* des Greifen; die Greifen

grei|fen; du greifst; sie greift; sie griff; sie hat danach gegriffen; greife danach!; die Krankheit hat sehr um sich gegriffen; der Sieg war zum Greifen nahe; der **Greif|vo|gel**

der **Greis; grei|sen|haft;** die **Grei|sin;** die Greisinnen

grell

das **Gre|mi|um** (Ausschuss); des Gremiums; die Gremien [...*ien*]

Gre|na|da (Staat im Bereich der Westindischen Inseln)

die **Gren|ze; gren|zen;** das grenzt an Erpressung; **gren|zen|los;** bis ins Grenzenlose (bis in die Unendlichkeit); der **Grenz|über|gang**

der **Greu|el,** *neue Schreibung:* **Gräu|el;** die Greuel, *neu:* die Gräuel; **greu|lich,** *neue Schreibung:* **gräu|lich**

der **Grie|che** (Einwohner Griechenlands); **Grie|chen|land; grie|chisch**

der **Gries|gram;** die Griesgrame; **gries|grä|mig**

der **Grieß;** des Grießes; die Grieße; der **Grieß|brei**

der **Griff**

der **Grif|fel;** die Griffel

grif|fig

der **Grill** (Bratrost); die Grills

die **Gril|le** (Laune; ein Insekt)

gril|len; er hat das Hähnchen gegrillt

die **Gri|mas|se** (Fratze); Grimassen schneiden

der **Grimm; grim|mig**

der **Grind** (Schorf); die Grinde; **grin|dig**

grin|sen; du grinst; er grinst; er grinste; er hat gegrinst; grinse nicht!

die **Grip|pe**

der **Grips** (Verstand)

der **Gris|li|bär,** *Nebenform:* **Grizz|ly|bär** [*grißli...*] (großer nordamerikanischer Braunbär)

grob; gröber; am gröbsten; grob fahrlässig; aber: aus dem Gröbsten heraus sein; die **Grob|heit;** der **Gro|bi|an;** die Grobiane

der **Grog** (ein heißes Getränk aus Rum, Zucker und Wasser); die Grogs

gröl|len (schreien, lärmen); du grölst; er grölt; er grölte; er hat gegrölt; gröle nicht!

der **Groll; grol|len;** du grollst; sie grollt; sie grollte; sie hat gegrollt; grolle nicht!

Grön|land

das **Gros** [*gro*] (der überwiegende Teil); des Gros [*gro(ß)*]; die Gros [*groß*]; das **Gros** (12 Dutzend); des Grosses; die Grosse; 2 Gros Schreibfedern

der **Gro|schen**

groß; größer; am größten; die großen Ferien; die große Pause; die große (vornehme) Welt; das Große, *neu:* große Los; die Große, *neu:* große Kreisstadt; auf großem Fuß (*umgangssprachlich für:* verschwenderisch) leben; etwas an die große Glocke hängen (überall erzählen); groß und klein, *neu:* Groß und Klein (jedermann); im großen Ganzen; im großen und ganzen, *neu:* im Großen und Ganzen; etwas im großen, *neu:* Großen (en gros) einkaufen; das größte, *neu:* Größte (*umgangssprachlich für:* sehr gut) wäre, wenn ...; etwas, nichts, viel, wenig Großes; Große und Kleine; die Großen und die Kleinen; im Großen wie im Kleinen; er ist der Größte in der Klasse; Otto der Große (*Genitiv:* Ottos des Großen); der Große Wagen (ein Sternbild); der Große Bär (ein Sternbild); der Große Belt; der Große (Pazifische) Ozean. *Schreibung in Verbindung mit Verben:* groß sein, werden; aber: ↑großmachen, großtun, großziehen; **groß|an|ge|legt,** *neue Schreibung:* **groß an|ge|legt; großar|tig**

Groß|bri|tan|ni|en (England, Schottland, Wales und Nordirland umfassende staatliche Einheit)

der **Groß|buch|sta|be;** die **Grö|ße;** die **Groß|el|tern** *Plural;* der **Grö|ßenwahn; grö|ßen|wahn|sin|nig**

der **Groß|glock|ner** (Berg in Österreich)

der **Groß|han|del;** der **Groß|händ|ler**

der **Gros|sist** (Großhändler); des/dem/den Grossisten; die Grossisten

sich **groß|ma|chen** (sich rühmen, prahlen); du machst dich groß; er hat sich großgemacht; mache dich nicht so groß!; die **Groß|macht;** die Großmächte; die **Groß|mut|ter; groß|porig; groß|spu|rig;** die **Groß|stadt; größ|ten|teils; groß|tun** (prahlen); du tust groß; er tut groß; er tat groß; er hat großgetan; tue nicht so groß; sich großtun; er hat sich großgetan; der **Groß|va|ter; groß|zie|hen;** du ziehst groß; er zieht groß; er zog groß; er hat ihn großgezogen; ziehe das Tier mit der Flasche groß!; **groß|zü|gig**

gro|tesk (wunderlich; überspannt, verzerrt)

die **Grot|te** (Höhle)

die **Gru|be**

die **Grü|be|lei; grü|beln;** du grübelst; sie grübelt; sie grübelte; sie hat gegrübelt; grüble nicht!; der **Grüb|ler**

die **Gruft** (Grabstätte); die Grüfte

grün. *Klein:* er ist mir nicht grün (gewogen); am grünen Tisch; der grüne Star; die grüne Minna (Polizeiwagen); die grüne Welle (durchlaufendes Grün bei Signalanlagen); ein grüner (unerfahrener) Junge; ach du grüne Neune (*umgangssprachlich:* Ausruf des Erstaunens). *Groß:* die Grünen (eine Partei); der Grüne Donnerstag; die Grüne Insel (Irland); ins Grüne fahren; ↑ auch: blau; das **Grün** (die grüne Farbe); das erste Grün; bei Grün darf man die Straße überqueren; die Ampel zeigt Grün, steht auf Grün; das ist dasselbe in Grün (ganz dasselbe); ↑ auch: Blau

der **Grund;** des Grund[e]s; die Gründe; im Grunde; von Grund auf; von Grund aus; aufgrund, *auch:* auf Grund [dessen, von]; auf Grund laufen; in [den] Grund bohren; im Grunde genommen; aber: zugrunde, *auch:* zu Grunde gehen, legen, liegen, richten; der Grund und Boden; **grün|den;** du gründest; sie gründet; sie hat einen Verein gegründet; gründe keinen Verein!; sich auf eine Ansicht gründen; der **Gründer;** die **Grund|form** (Infinitiv); das **Grund|ge|setz; gründ|lich**

der **Grün|don|ners|tag**

das **Grund|recht; grund|sätz|lich;** die **Grund|schu|le;** das **Grund|stück;** die **Grün|dung;** das **Grund|was|ser;** das **Grund|wort** (durch das Bestimmungswort näher bestimmter zweiter Bestandteil einer Zusammensetzung); die Grundwörter

grü|nen; es grünt; es hat gegrünt; der **Grün|span** (eine Kupferverbindung)

grun|zen; das Schwein grunzt; das Schwein grunzte; es hat gegrunzt

die **Grup|pe**

der **Grus** (der Kohlenstaub); des Gruses; die Gruse; ↑ aber: der Gruß

gru|se|lig; sich **gru|seln;** du gruselst dich; er gruselt sich; er gruselte sich; er hat sich gegruselt; grus[e]le dich nicht!; mir *oder* mich gruselt es

der **Gruß;** des Grußes; die Grüße; **grüßen;** du grüßt; sie grüßt; sie grüßte; sie hat ihn gegrüßt; grüße ihn!; grüß Gott!

die **Grüt|ze**

Gu|a|te|ma|la (Staat und Stadt in Mittelamerika); der **Gu|a|te|mal|te|ke; gu|a|te|mal|te|kisch**

gu|cken[1]**;** du guckst; sie hat geguckt; guck nicht so dumm!

die **Gue|ril|la** [*geril(j)a*] (den Guerillakrieg führende Gruppe; *kurz für:* Guerillakrieg); der Guerilla; die Guerillas; der **Gue|ril|la** (*kurz für:* Guerillakämpfer); des Guerilla[s]; die Guerillas; der **Gueril|la|kämp|fer** (Mitglied einer bewaffneten Organisation, die, meist im eigenen Land, einen Krieg gegen die Regierung oder eine Besatzungsmacht

---

[1] *Alte Trennung:* ...k|k...

führt); der **Gue|ril|la|krieg** (aus dem Hinterhalt geführter Kampf von Guerillakämpfern)

die **Guil|lo|ti|ne** [*gi(l)jo...*] (Fallbeil); die Guillotinen

Gui|nea [*ginea*] (Staat in Westafrika); der **Gui|ne|er; gui|ne|isch**

das *oder* der **Gu|lasch;** die Gulasche *und* die Gulaschs

der **Gul|den** (Währungseinheit in den Niederlanden; alte Gold- oder Silbermünze); des Guldens; die Gulden

die **Gül|le** (Jauche)

der, *auch:* das **Gul|ly** [*guli*] (Einlaufschacht für Straßenabwässer); des Gullys; die Gullys

gül|tig; die **Gül|tig|keit**

der *oder* das **Gum|mi;** die Gummi *und* die Gummis; (für Radiergummi nur:) der Gummi; die Gummis

die **Gunst;** nach Gunst; in Gunst stehen; zu seines Freundes Gunsten aussagen; aber: zugunsten, *auch:* zu Gunsten; **güns|tig**[1]**;** der **Günst|ling**

die **Gur|gel;** die Gurgeln; **gur|geln;** du gurgelst; sie hat gegurgelt; gurg[e]le damit!

die **Gur|ke**

der **Gurt;** die Gurte; der **Gür|tel;** die Gürtel; sich **gür|ten;** du gürtest dich; er gürtet sich; er hat sich gegürtet; gürte dich!

der **Gu|ru** (religiöser Lehrer des Hinduismus); des Gurus; die Gurus

GUS = Gemeinschaft Unabhängiger Staaten

der **Guß,** *neue Schreibung:* **Guss;** des Gusses; die Güsse; das **Guß|ei|sen,** *neue Schreibung:* **Guss|ei|sen**

gut; besser, am besten; einen guten Abend, Morgen wünschen; guten, *auch:* Guten Morgen sagen; gut und gern; er soll es gut sein lassen; jenseits von Gut und Böse, *neu:* gut und böse sein; mein Guter; er hat es im guten, *neu:* Guten gesagt; im guten wie im bösen, *neu:* im Guten wie im Bösen; Gutes und Böses; etwas hat sein Gutes; er tut des Guten zu viel; vom Guten das Beste; etwas zum Guten lenken, wenden. *Schreibung in Verbindung mit Verben:* er will gut sein; er soll es bei uns gut haben; er wird mit ihm gut auskommen; er will gut leben; aber: gutmachen, gutschreiben, guttun; das **Gut;** die Güter; das **Gut|ach|ten; gut|ar|tig;** die **Gü|te;** in Güte; die **Gu|te|nacht|ge|schich|te; gut|ge|hen,** *neue Schreibung:* **gut ge|hen** (sich in einem angenehmen Zustand befinden; ein gutes Ende nehmen); als es mir gutging, *neu:* gut ging; das ist noch einmal gutgegangen, *neu:* gut gegangen; **gut ge|hen;** er kann in den Schuhen gut gehen; **gut|ge|launt,** *neue Schreibung:* **gut ge|launt; gut|ge|meint,** *neue Schreibung:* **gut ge|meint; gut|ge|sinnt,** *neue Schreibung:* **gut ge|sinnt;** das **Gut|ha|ben; gü|tig; gut|ma|chen** (etwas in Ordnung bringen; einen Vorteil erringen); er hat bei ihr einiges gutzumachen; aber: **gut ma|chen** (gut ausführen); sie hat ihre Sache gut gemacht; der **Gut|schein; gut|schrei|ben** (anrechnen); wir haben seinem Konto 10 Mark gutgeschrieben; aber: **gut schrei|ben** (schön, richtig schreiben); er hat das Diktat gut geschrieben; der **Guts|hof; gut|tun,** *neue Schreibung:* **gut tun** (wohltun); das wird ihm guttun, *neu:* gut tun; **gut tun** (richtig tun); das hat er gut getan

Gu|ya|na [*gujana*] (Staat in Südamerika); der **Gu|ya|ner; gu|ya|nisch**

der **Gym|na|si|ast;** des/dem/den Gymnasiasten; die Gymnasiasten; das **Gym|na|si|um;** die Gymnasien [*gümnasi^{e}n*]

die **Gym|nas|tik**[1] (Körperschulung); **gym|nas|tisch**[1]

der **Gy|nä|ko|lo|ge** (Frauenarzt); des/dem/den Gynäkologen; die Gynäkologen

H

das **H** [*ha*] (Buchstabe); des H; die H; aber: das h in Bahn; das H-Dur, h-Moll

ha = Hektar

das **Haar;** ↑aber: das Härchen; das Härlein; die **Haa|res|brei|te;** um Haaresbreite; **haa|rig; haar|scharf;** die **Haar|spal|te|rei; haar|sträu|bend**

die **Ha|be;** das Hab und Gut; **ha|ben;** du hast; sie hat; sie hatte; sie hat gehabt; hab[e] Geduld; Gott hab', *neu:* hab ihn selig; der **Ha|be|nichts;** die Habe-

[1]*Alte Trennung:* ...|st...

[1]*Alte Trennung:* ...|st...

nichtse; die **Hab|gier; hab|gie|rig;** die **Hab|se|lig|kei|ten** *Plural;* die **Hab|sucht; hab|süch|tig**

der **Ha|bicht;** die Habichte

die **Hach|se** (unterer Teil des Beines von Kalb oder Schwein)

der **Hack|bra|ten**

die **Ha|cke**[1] (Ferse); die Hacken; *auch:* der **Ha|cken**[1]; die Hacken; der **Ha-cken|trick**[1] (*Fußball:* Spielen des Balls mit der Hacke)

die **Ha|cke**[1] (ein Werkzeug); die Hacken; **ha|cken**[1]**;** du hackst; sie hat gehackt; hack[e] Holz!

der **Ha|cker**[1] (jemand, der mit seinem Computer in fremde Computersysteme eindringt); des Hackers; die Hacker

das **Hack|fleisch**

das **Häck|sel** (Schnittstroh)

der **Ha|der** (Zank, Streit); **ha|dern;** du haderst; er hat mit ihm gehadert; hadere nicht mit deinem Schicksal!

der **Ha|fen;** die Häfen; die **Ha|fen|stadt**

der **Ha|fer;** die **Ha|fer|flo|cken**[1] *Plural*

das **Haff** (durch Landzungen vom Meer abgetrennte Küstenbucht); die Haffs *und* die Haffe; das Frische Haff; das Kurische Haff

die **Haft; haf|ten;** du haftest; er haftete; er hat für den Schaden gehaftet; der **Häft|ling;** die **Haft|pflicht**

die **Ha|ge|but|te;** der **Ha|ge|but|ten-tee**

der **Ha|gel;** das **Ha|gel|korn; ha|geln;** es hagelt; es hagelte; es hat gehagelt

ha|ger; ein hagerer Mann

ha|ha!, ha|ha|ha!

der **Hä|her** (ein Rabenvogel)

der **Hahn;** die Hähne; das **Hähn|chen**

der **Hai;** die Haie; der **Hai|fisch**

der **Hain** (*dichterisch für:* Wäldchen); die Haine

Ha|i|ti (Staat in Mittelamerika); der **Ha|i|ti|a|ner** [*ha-itianᵉr*], *auch:* **Ha|i|ti-er; ha|i|ti|a|nisch,** *auch:* **ha|i|tisch**

hä|keln; du häkelst; sie häkelt; sie häkelte; sie hat eine Decke gehäkelt; häkle eine Spitze!; der **Ha|ken; ha|kig**

halb; das Haus liegt halb rechts; es ist, es schlägt halb eins; alle (*besser:* jede) halbe Stunde; eine viertel und eine halbe Stunde; eine halbe und eine Dreiviertelstunde; [um] voll und halb jeder Stunde; der Zeiger steht auf halb; ein halb[es] Dutzend; ein halbes dutzendmal, *neu:* Dutzend Mal[e]; ein halbes hundertmal, *neu:* Hundert Mal[e]; drei[und]einhalb Prozent; aber: drei und ein halbes Prozent; anderthalb. *Groß:* ein Halbes (Glas); das ist nichts Halbes und nichts Ganzes;

halb|gar, *neue Schreibung:* **halb gar;** halbgares, *neu:* halb gares Fleisch; das Fleisch ist halb gar; **hal|bie|ren;** du halbierst; sie hat die Schokolade halbiert; halbier[e] sie!; die **Halb|in|sel; halb|jäh|rig** (ein halbes Jahr alt; ein halbes Jahr dauernd); **halb|jähr|lich;** (alle halben Jahre); **halb|mast** (als Zeichen der Trauer) halbmast flaggen; die Fahnen auf halbmast setzen; der **Halb|mes|ser** (Radius); des Halbmessers; die Halbmesser; **halb|of|fen,** *neue Schreibung:* **halb of|fen;** die halboffene, *neu:* halb offene Tür; die Tür ist halb offen; **halb|rund;** *neue Schreibung:* **halb rund; halb|tags;** der **Halb|ton** (kleinstes Intervall); **halb-tot,** *neue Schreibung:* **halb tot; halb-voll,** *neue Schreibung:* **halb voll; halb-wegs;** die **Halb|zeit**

die **Hal|de** (Bergabhang; Aufschüttung)

die **Hälf|te;** meine bessere Hälfte (*scherzhaft für:* meine Ehefrau, mein Ehemann)

der *oder* das **Half|ter** (Zaum ohne Gebiss)

die **Hal|le**

hal|le|lu|ja; das **Hal|le|lu|ja**

hal|len; seine Stimme hallte; sie hat gehallt

die **Hal|lig** (kleine nordfriesische Insel im Wattenmeer); die Halligen

hal|lo! [auch: *halo*]

die **Hal|lu|zi|na|ti|on** (Sinnestäuschung)

der **Halm;** die Halme

der **Ha|lo|gen|schein|wer|fer** (sehr heller Scheinwerfer für Kraftfahrzeuge)

der **Hals;** die Hälse; Hals über Kopf; Hals- und Beinbruch; der **Hals-Na|sen-Oh-ren-Arzt** (*Abkürzung:* HNO-Arzt); **hals|star|rig** (stur, unnachgiebig)

halt!; Halt! Wer da?; der **Halt;** des Halt[e]s; die Halte *und* die Halts; keinen Halt haben; Halt gebieten; Halt finden; [laut] Halt, *auch:* halt rufen; **halt|bar; hal|ten;** du hältst; er hält; er hielt; er hat die Tasche gehalten; halte die Tasche!; er hat mühsam an sich gehalten; die **Hal|te|rung** (Haltevorrichtung); die **Hal|te|stel|le;** das **Hal|te-ver|bot; halt|los; halt|ma|chen,** *neue Schreibung:* **Halt ma|chen;** er

[1]*Alte Trennung:* ...k|k...

macht halt, *neu:* Halt; er hat haltgemacht, *neu:* Halt gemacht; die **Haltung**

der **Ha|lụn|ke** (Schuft); des Halunken; die Halunken

Ham|burg; der **Ham|bur|ger; hambur|gisch**

der **Ham|bur|ger** [auch: *hämbörᵍᵉ(r)*] (Brötchen mit gebratenem Rinderhackfleisch); des Hamburgers; die Hamburger, *bei englischer Aussprache auch:* Hamburgers

hä|misch (schadenfroh; boshaft)

der **Ham|mel;** die Hammel *und* Hämmel

der **Ham|mer;** die Hämmer; **häm|mern;** du hämmerst; sie hämmert; sie hämmerte; sie hat gehämmert; hämmere!

der **Ham|pel|mann;** die Hampelmänner; **ham|peln;** du hampelst; sie hat gehampelt; hamp[e]le nicht so!

der **Hams|ter[1]** (ein Nagetier); **hamstern[1];** du hamsterst; er hamstert; er hamsterte; er hat gehamstert; hamstere!

die **Hand;** die Hände; Hand anlegen; letzter, linker, rechter Hand; freie Hand haben; etwas von langer Hand (lange) vorbereiten; aber: anhand des Buches, von Unterlagen; etwas an, bei der Hand haben; die Hand in Hand Arbeitenden; aber: das Hand-in-Hand-Arbeiten; von Hand zu Hand; zur Hand sein; etwas unterderhand, *neu:* unter der Hand regeln; überhandnehmen, *neu:* überhand nehmen; abhanden kommen; allerhand; kurzerhand; vorderhand; sie hatte die eine Hand voll Kirschen; sie aß eine Handvoll, *neu:* Hand voll Kirschen; aber: ↑handbreit; Handbreit; die **Hand|ar|beit;** der **Hand|ball; hạnd|breit;** ein hạndbreiter Saum; der Saum ist hạndbreit; aber: der Saum ist eine Hạnd brei̲t; die **Hand|breit;** eine, zwei, drei Handbreit Stoff

der **Han|del;** Handel treiben; ein handeltreibendes, *neu:* Handel treibendes Volk; die **Hän|del** (Streit) *Plural;* Händel suchen; Händel haben; sich in Händel einlassen; **han|deln;** du handelst; sie hat gehandelt; hand[e]le richtig!; der **Händ|ler**

hand|fest; die **Hand|flä|che;** der **Hand|griff; hand|ha|ben;** du handhabst; sie handhabte; sie hat die Bestimmungen unparteiisch gehandhabt; das ist schwer zu handhaben

das **Han|di|cap,** *auch:* **Han|di|kap** [*hạndikäp*] (Benachteiligung; Ausgleichsvorgabe)

hand|lich

die **Hand|lung;** die **Hand|lungs|wei|se**

die **Hand|schrift;** der **Hand|schuh;** das **Hand|tuch;** die **Hand|voll,** *neue Schreibung:* **Hand voll;** eine, zwei, etliche, einige, ein paar Handvoll, *neu:* Hand voll; aber: die Hand voll Geld; das **Hand|werk;** der **Hand|wer|ker**

das **Han|dy** [*hạndi*] (handliches schnurloses Funktelefon); des Handys; die Handys

ha|ne|bü|chen (*veraltend für:* unverschämt, unerhört)

der **Hanf;** der **Hänf|ling** (eine Finkenart)

der **Hang;** die Hänge; die **Hän|ge|mat|te**

hän|gen; du hängst; sie hängt; sie hängte; sie hat das Bild an die Wand gehängt; häng[e] es an die Wand!

hän|gen; das Bild hängt; das Bild hing; das Bild hat hier gehangen; mit Hängen und Würgen (*umgangssprachlich für:* mit Müh und Not); **hän|genblei|ben,** *neue Schreibung:* **hän|gen blei|ben;** ich bleibe hängen; er ist an dem Nagel hängengeblieben, *neu:* hängen geblieben; hängenzubleiben, *neu:* hängen zu bleiben; das Bild soll hängen bleiben (nicht abgehängt werden)

Han|no|ver (Hauptstadt von Niedersachsen)

Ha|noi [*hane̲u*] (Hauptstadt von Vietnam)

die **Han|se** (mittelalterlicher Städtebund in Norddeutschland); der **Han|se|a̲t;** des/dem/den Hanseaten; die Hanseaten; **han|se|a̲|tisch;** die **Han|sestadt**

hän|seln (necken); du hänselst ihn; er hat ihn gehänselt; häns[e]le ihn nicht!

die **Han|tel;** die Hanteln

han|ti̲e|ren; du hantierst; er hat mit dem Hammer hantiert; hantier[e] nicht damit!

ha|pern (fehlen; um etwas schlecht bestellt sein); es hapert am Geld; es hat mit seinem Wissen gehapert

das **Häpp|chen;** der **Hap|pen; hap|pig**

das **Hap|pe|ning** [*häpᵉning*] (Veranstaltung, bei der durch Aktionen ein künstlerisches Erlebnis vermittelt werden soll); des Happenings; die Happenings

hap|py [*hạpi*] (*umgangssprachlich für:* glücklich; zufrieden); das **Hap|py-End,** *neue Schreibung:* **Hap|py|end,**

[1]*Alte Trennung:* ...|st...

Nebenform: **Hap|py End** [*häpi änt*] (glücklicher Ausgang); des Happy-Ends, *neu:* Happyends, *auch:* Happy Ends; die Happy-Ends, *neu:* Happyends, *auch:* Happy Ends

das **Här|chen;** ↑ auch: Haar

der **Hard Rock,** *Hauptform:* **Hard|rock,** [*ha(r)drok*] (Stilrichtung der Rockmusik); des Hard Rock[s], *auch:* Hardrock[s]

die **Hard|ware** [*hardwä'*] (*EDV:* fest installierte Technik bei Datenverarbeitungsanlagen); die Hardwares; ↑Software

der **Ha|rem** (von Frauen bewohnter Teil des islamischen Hauses; die dort wohnenden Frauen); die Harems

die **Har|fe**

die **Har|ke** (*norddeutsch für:* Rechen); die Harken; **har|ken;** du harkst; sie harkt; sie harkte; sie hat den Rasen geharkt; harke den Kiesweg!

harm|los

die **Har|mo|nie** (Einklang; Eintracht); die Harmonien; die **Har|mo|ni|ka** (ein Musikinstrument); die Harmonikas *und* die Harmoniken; **har|mo|ni|sie|ren** (in Einklang bringen); die **Har|mo|ni|sie|rung**

das **Har|mo|ni|um** (ein Musikinstrument); die Harmonien [*harmonien*]

der **Harn;** des Harn[e]s; die Harne; die **Harn|bla|se**

der **Har|nisch** (Brustpanzer); die Harnische; er hat ihn in Harnisch (Wut) gebracht

die **Har|pu|ne** (Wurfspeer oder pfeilartiges Geschoss zum [Wal]fischfang)

har|ren (warten); du harrst; er harrte; er hat auf das Ende geharrt; harre der Dinge, die da kommen sollen!

hart; härter; am härtesten; hart auf hart; eine harte Währung; die **Här|te; här|ten;** du härtest; sie härtet; sie härtete; sie hat den Stahl gehärtet; härte ihn!; **hart|ge|kocht,** *neue Schreibung:* **hart ge|kocht;** das hartgekochte, *neu:* hart gekochte Ei; aber: das Ei ist hart gekocht; **hart|her|zig;** das **Hart|holz; hart|nä|ckig**[1]; die **Hart|nä|ckig|keit**[1]

der **Harz** (ein Gebirge)

das **Harz;** die Harze; **har|zig**

das **Hasch** (Haschisch); des Haschs **ha|schen;** du haschst; er hat gehascht; hasche!; der **Hä|scher**

[1] *Alte Trennung:* ...k|k...

das **Ha|schisch** (ein Rauschgift); des Haschisch[s]

der **Ha|se;** des/dem/den Hasen; die Hasen; falscher Hase (ein Hackbraten); das **Häs|chen;** die **Hä|sin;** die Häsinnen

die **Ha|sel** (ein Strauch); die Haseln; die **Ha|sel|maus** (ein Nagetier); die **Ha|sel|nuß,** *neue Schreibung:* **Ha|sel|nuss;** die Haselnüsse

die **Has|pel** (Garn-, Seilwinde); die Haspeln; **has|peln;** du haspelst; er haspelt; er hat das Garn gehaspelt

der **Haß,** *neue Schreibung:* **Hass;** des Hasses; **has|sen;** du haßt, *neu:* hasst; er haßt, *neu:* hasst; er hat ihn gehaßt, *neu:* gehasst; hasse nicht!; **häß|lich,** *neue Schreibung:* **häss|lich**

die **Hast; has|ten**[1]; du hastest; sie hastet; sie hastete; sie ist zum Bahnhof gehastet; haste nicht!; **has|tig**[1]

hät|scheln (liebevoll pflegen; verzärteln); du hätschelst ihn; er hätschelte ihn; er hat ihn gehätschelt

die **Hau|be**

der **Hauch; hauch|dünn; hau|chen;** du hauchst; sie haucht; sie hauchte; sie hat an die gefrorenen Fensterscheiben gehaucht; hauche!

die **Haue;** Haue kriegen; **hau|en;** du haust ihn; er haut ihn; er hat ihn gehauen; er hat Holz gehauen; er hat ihm ins Gesicht gehauen; der **Hau|er** (Bergmann; Eckzahn des Keilers)

der **Hau|fen; häu|fen;** die Beweise haben sich gehäuft; **hau|fen|wei|se;** die **Hau|fen|wol|ke; häu|fig**

das **Haupt;** die Häupter; zu Häupten; der **Haupt|bahn|hof;** der **Häupt|ling;** der **Haupt|mann;** die Hauptleute; die **Haupt|sa|che; haupt|säch|lich;** der **Haupt|schul|ab|schluß,** *neue Schreibung:* **Haupt|schul|ab|schluss;** die **Haupt|stadt;** das **Haupt|wort** (Substantiv); die Hauptwörter

hau|ruck!

das **Haus;** die Häuser; er ist außer Haus; zu Haus[e], nach Haus[e], im Haus[e]; von Haus aus; von Haus zu Haus; der **Haus|be|set|zer;** der **Haus|be|sit|zer;** das **Häus|chen; hau|sen;** du haust; sie haust; sie hat in einer kleinen Dachwohnung gehaust; die **Haus|frau;** der **Haus|halt;** die Haushalte; **haus|hal|ten,** *auch:* **Haus hal|ten;**

[1] *Alte Trennung:* ...|st...

du haushaltest *(veraltend)*; er hält haus, *auch:* Haus; er hat mit seinen Vorräten hausgehalten, *auch:* Haus gehalten; die **Haus|halt[s]|wa|ren** *Plural;* **haushoch;** haushohe Wellen; **hau|sie|ren;** du hausierst; er hat hausiert; der **Hausie|rer; häus|lich;** die **Haus|ordnung;** der **Haus|schuh;** das **Haustier**

die **Haut;** die Häute; das ist ja zum Aus-der-Haut-Fahren; **häu|ten;** du häutest; er häutet; er häutete; er hat das Tier gehäutet; häute es!; sich häuten; die Schlange hat sich gehäutet; die **Haut|far|be;** die **Häu|tung**

Ha|van|na (Hauptstadt von Kuba)

die **Ha|va|rie** [*hawari*] (Seeschaden, den Schiff oder Ladung erleidet; *auch:* Bruch, Unfall); die Havarien [*...rien*]

Ha|waii (Hauptinsel der Hawaiiinseln im Pazifischen Ozean; Staat der USA); die **Ha|waii|gi|tar|re**

Hbf. = Hauptbahnhof

he!

das **Hea|ring** [*hiring*] ([öffentliche] Anhörung); des Hearing[s]; die Hearings

das **Hea|vy Me|tal,** *Hauptform:* **Hea|vyme|tal** [*häwimät[e]l*] (Stilrichtung der Rockmusik); des Heavy Metal[s], *auch:* Heavymetal[s]

die **Heb|am|me**

der **He|bel;** die Hebel; **he|ben;** du hebst; sie hebt; sie hob; sie hat den Stein gehoben; hebe diesen Stein!; der **He|ber**

he|cheln; ich hech[e]le; der Hund hat gehechelt

der **Hecht;** die **Hecht|rol|le** (Turnübung); der **Hecht|sprung**

das **Heck** (hinterer Teil des Schiffes oder des Autos); die Hecke *oder* die Hecks; der **Heck|an|trieb**

die **He|cke**[1]; die **He|cken|ro|se**[1]

das **Heer;** die **Heer|stra|ße**

die **He|fe**

das **Heft; hef|ten;** du heftest; sie heftet; sie heftete; sie hat die Akten geheftet; hefte sie!; das **Heft|pflas|ter**[2]

hef|tig (ungestüm; scharf; stark)

die **He|ge** (Pflege, Schutz des Wildes); Hege und Pflege; **he|gen;** du hegst; sie hegt; sie hegte; sie hat lange diesen Wunsch gehegt; hege keine großen Hoffnungen!

das, *auch:* der **Hehl;** kein, *auch:* keinen Hehl daraus machen; der **Heh|ler;** die **Hehle|rei**

hehr (erhaben; heilig)

hei!

der **Hei|de; heid|nisch**

die **Hei|de;** das **Hei|de|kraut;** die **Heidel|bee|re;** die **Heid|schnu|cke**[1] (eine Schafrasse)

hei|kel (bedenklich, schwierig); heikler; am heikelsten; eine heikle Sache

heil; mit heiler Haut davonkommen; das **Heil;** der **Hei|land; heil|bar;** der **Heil|butt** (ein Fisch); **hei|len;** du heilst ihn; sie hat ihn von seiner Krankheit geheilt; heile ihn!; **hei|lig.** *Klein:* das heilige Abendmahl; die heilige Taufe; das heilige Pfingstfest; die erste heilige Kommunion. *Groß:* der Heilige Abend; die Heilige Familie; der Heilige Geist; die Heilige Jungfrau; die Heiligen Drei Könige; das Heilige Land; die Heilige Nacht; die Heilige Schrift; die Heilige Stadt (Jerusalem); der Heilige Stuhl; der Heilige Vater (der Papst); der **Hei|lig|abend;** der **Hei|li|genschein; hei|lig|hal|ten,** *neue Schreibung:* **hei|lig hal|ten** (in Ehren halten); er hält dieses Geschenk heilig; er hat es heiliggehalten, *neu:* heilig gehalten; **hei|lig|spre|chen,** *neue Schreibung:* **hei|lig spre|chen;** er sprach sie heilig; er hat sie heiliggesprochen, *neu:* heilig gesprochen; das **Hei|lig|tum;** die Heiligtümer; das **Heil|mit|tel;** der **Heil|prak|ti|ker; heil|sam;** die **Heils|ar|mee** (eine christliche Organisation); die **Hei|lung**

das **Heim;** die **Hei|mat; hei|mat|lich; hei|mat|los;** der *und* die **Hei|matver|trie|be|ne;** sich **heim|be|geben;** sie begibt sich heim; sie hat sich heimbegeben; **heim|be|glei|ten;** er begleitet sie heim; er hat sie heimbegleitet; **heim|brin|gen;** er bringt sie heim; er hat sie heimgebracht; das **Heimchen** (Hausgrille); der **Heim|compu|ter; heim|fah|ren;** sie fährt heim; sie ist heimgefahren; sie hat mich heimgefahren; **heim|füh|ren;** er führt das Kind heim; er hat es heimgeführt; **heim|ge|hen;** sie geht heim; sie ist heimgegangen; **heim|ho|len;** er holte ihn heim; er hat ihn heimgeholt; **heimisch; heim|keh|ren;** sie kehrte heim; sie ist heimgekehrt; der **Heim-**

[1]*Alte Trennung:* ...k|k...
[2]*Alte Trennung:* ...|st...

[1]*Alte Trennung:* ...k|k...

lei|ter; die **Heim|lei|te|rin;** die Heimleiterinnen; **heim|leuch|ten;** dem haben sie tüchtig heimgeleuchtet; **heim|lich;** die **Heim|lich|kei|ten** *Plural;* **heim|lich|tun,** *neue Schreibung:* **heim|lich tun** (geheimnisvoll tun); sie hat sehr heimlichgetan, *neu:* heimlich getan; **heim|lich tun** (im Geheimen tun); sie hat es heimlich getan; der **Heim|platz; heim|rei|sen;** sie reist heim; sie ist heimgereist; **heim|su|chen;** Not und Krankheit haben ihn heimgesucht; die **Heim|tü|cke**[1]; **heim|tü|ckisch**[1]; das **Heim|weh; heim|weh|krank;** der **Heim|wer|ker** (jemand, der handwerkliche Arbeiten zu Hause selbst macht; Bastler); **heim|zah|len;** das zahle ich ihm heim; das habe ich ihm tüchtig heimgezahlt

das **Hein|zel|männ|chen** (hilfreicher Hausgeist)

die **Hei|rat; hei|ra|ten;** du heiratest; sie heiratet; sie hat geheiratet; heirate nicht!

hei|ser; die **Hei|ser|keit**

heiß; am heißesten; jemandem die Hölle heiß machen; was ich nicht weiß, macht mich nicht heiß; ein heißes Eisen anfassen; **heiß|blü|tig**

hei|ßen; du heißt; sie heißt; du hießest; sie hieß; sie hat Müller geheißen; heiß ihn, wie du willst!; er hat es mich geheißen; a b e r : er hat mich kommen heißen

heiß|er|sehnt, *neue Schreibung:* **heiß er|sehnt;** seine heißersehnte, *neu:* heiß ersehnte Ankunft; seine Ankunft wurde heiß ersehnt; **heiß|ge|liebt,** *neue Schreibung:* **heiß ge|liebt;** ein heißgeliebter, *neu:* heiß geliebter Mann; er hat die Frau heiß geliebt

hei|ter; heiterer; am heitersten; die **Hei|ter|keit**

hei|zen; du heizt; er heizt; er hat geheizt; heize!; der **Hei|zer;** die **Hei|zung**

das, *auch:* der **Hek|t|ar** [auch: *hektar*]; die Hektare; 3 Hektar gutes Land *oder* guten Landes

die **Hek|tik** (fieberhafte Aufregung, nervöses Getriebe); **hek|tisch**

der, *auch:* das **Hek|to|li|ter** [auch: *hektoliter*]

der **Held;** des/dem/den Helden; die Helden; **hel|den|haft;** die **Hel|den|tat**

[1] *Alte Trennung:* ...k|k...

hel|fen; du hilfst; sie hilft; sie half; sie hat geholfen; hilf mir!; sie hat ihr beim Nähen geholfen; sie hat ihr nähen helfen *oder* geholfen; sie weiß sich zu helfen; das hilft mir nicht; der **Helfer**

Hel|go|land (Insel in der Nordsee)

der **He|li|ko|p|ter** (Hubschrauber); des Helikopters; die Helikopter

das **He|li|um** (ein Edelgas); des Heliums

hell; hell|auf; hellauf lachen (laut und fröhlich lachen); a b e r : hell auflachen (plötzlich zu lachen anfangen); **hell|blau;** hellblau färben; **hell|blond**

der **Hel|ler** (eine Münze); auf Heller und Pfennig; ich gebe keinen Heller dafür

hel|leuch|tend[1], *neue Schreibung:* **hell leuch|tend;** ein helleuchtender, *neu:* hell leuchtender Stern; dieser auffallend hell leuchtende Stern; **hell|hö|rig; hellicht**[1], *neue Schreibung:* **hell|licht;** der hellichte, *neu:* helllichte Tag; die **Hel|lig|keit**

der **Helm**

Hel|sin|ki (Hauptstadt von Finnland)

das **Hemd;** der **Hem|den|matz** (*umgangssprachlich für:* Kind, das nur ein Hemdchen anhat); des Hemdenmatzes; die Hemdenmatze *und* Hemdenmätze; der **Hemds|är|mel** *meist Plural*

die **He|mi|s|phä|re** (Erdhalbkugel; Himmelshalbkugel); die Hemisphären

hem|men; du hemmst; er hat den Ablauf gehemmt; hemm[e] nicht den Fortschritt!; das **Hemm|nis;** des Hemmnisses; die Hemmnisse; der **Hemm|schuh;** die **Hem|mung;** seine Hemmungen überwinden; **hem|mungs|los**

der **Hengst**

der **Hen|kel;** die Henkel

hen|ken; du henkst ihn; er hat ihn gehenkt; henke keinen!; der **Hen|ker**

die **Hen|ne**

her; her zu mir!; her damit!; hin und her; **he|r|ab; he|r|ab|las|sen;** er läßt, *neu:* lässt den Rolladen herab; er hat ihn herabgelassen; **he|r|an; he|r|an|kom|men;** er ist bis auf 5 Meter an ihn herangekommen; **he|r|auf; he|r|auf|be|schwö|ren;** er beschwört das Unglück herauf; er hat es heraufbeschworen; **he|r|aus;** die **He|r|aus|ga|be; he|r|aus|ge|ben;** sie gibt den Schlüs-

[1] *Trennung:* ...ll|l...

sel heraus; sie hat ihn herausgegeben; der **He|r|aus|ge|ber** (eines Buches); **he|r|aus|kom|men;** sie kommt heraus; sie ist herausgekommen; es wird nichts dabei herauskommen; **he|r|aus|stel|len**
herb
her|bei; her|bei|schaf|fen; sie schafft herbei; sie hat alles herbeigeschafft
die **Her|ber|ge;** der **Her|bergs|va|ter**
der **Herbst;** die Herbste; **herbst|lich**
der **Herd**
die **Her|de**
he|r|ein; he|r|ein|fal|len; er fiel herein; er ist tüchtig hereingefallen; **he|r|ein|le|gen;** er legte ihn herein; er hat ihn hereingelegt; der **Her|gang** (Verlauf)
der **He|ring** (ein Fisch; Zeltpflock)
Her|ku|les (Halbgott und Held der griechischen Sage); der **Her|ku|les** (Mensch von großer Körperkraft); des Herkules; die Herkulesse
die **Her|kunft; her|lau|fen;** der Hund ist hinter ihm hergelaufen
das **Her|me|lin** (großes Wiesel); die Hermeline
der **Her|me|lin** (ein Pelz); die Hermeline
her|me|tisch (dicht verschlossen)
das **He|ro|in** (ein Rauschgift); des Heroins
he|ro|isch (heldenhaft)
der **He|rold** (Verkündiger, Ausrufer, fürstlicher Bote); die Herolde
der **Herr;** des Herrn; die Herren; mein Herr!; meine Herren!; seines Unmutes Herr werden; die **Her|rin;** die Herrinnen; **her|risch; herr|lich;** die **Herr|schaft; herr|schen;** du herrschst; er herrschte; er hat geherrscht; herrsche gerecht!; der **Herr|scher;** die **Herr|sche|rin;** die Herrscherinnen
her|stel|len; das Unternehmen hat Textilien hergestellt
das **Hertz** (Maßeinheit der Frequenz: Anzahl, z. B. Schwingungszahl, pro Sekunde); des Hertz; 440 Hertz
he|r|über; he|r|über|kom|men; sie kommt herüber; sie ist herübergekommen
he|r|um; he|r|um|lun|gern; sie lungerte herum; sie ist in der Stadt herumgelungert; sich **he|r|um|trei|ben;** sie trieb sich herum; sie hat sich herumgetrieben
he|r|un|ter; he|r|un|ter|hän|gen; der Vorhang hängt herunter; der Vorhang hat heruntergehangen; **he|r|un|ter|rei|ßen;** sie riß, *neu:* riss die Maske herunter; sie hat sie heruntergerissen
her|vor; her|vor|ra|gend; her|vor|ru|fen; ihre Worte haben Staunen hervorgerufen; **her|vor|tre|ten;** sie tritt hervor; sie ist hervorgetreten; sich **her|vor|tun;** er tut sich hervor; er hat sich hervorgetan
das **Herz;** des Herzens; dem Herzen; die Herzen; von Herzen kommen; zu Herzen gehen, nehmen; mit Herz und Hand; das **Herz|as,** *neue Schreibung:* **Herz|ass;** nach **Her|zens|lust;** der **Herz|feh|ler; herz|haft;** am herzhaftesten; der **Herz|in|farkt;** die Herzinfarkte; **herz|lich;** aufs, auf das herzlichste, *auch:* Herzlichste
der **Her|zog;** die Herzöge
der **Hes|se;** die Hessen; **Hes|sen; hes|sisch;** das hessische Land; aber: das Hessische Bergland
die **Het|ze; het|zen;** du hetzt; er hetzt; er hetzte; er hat den Fuchs gehetzt; hetze kein Tier!; der **Het|zer**
das **Heu**
die **Heu|che|lei; heu|cheln;** du heuchelst; er hat geheuchelt; heuch[e]le nicht!; der **Heuch|ler; heuch|le|risch**
heu|er (*süddeutsch und österreichisch für:* in diesem Jahr)
die **Heu|er** (Löhnung der Seeleute); die Heuern
heu|len; du heulst; er heulte; er hat geheult; heule nicht!; das heulende Elend bekommen; der **Heu|ler** (*auch für:* verlassener junger Seehund)
die **Heu|schre|cke**[1]
heu|te; heute abend, *neu:* Abend; heute mittag, *neu:* Mittag; heute morgen, *neu:* Morgen; heute nachmittag, *neu:* Nachmittag; heute nacht, *neu:* Nacht; aber: heute früh; die Jugend von heute; **heu|tig; heut|zu|ta|ge**
die **He|xe; he|xen;** du hext; sie hext; sie hat gehext; der **He|xen|schuß,** *neue Schreibung:* **He|xen|schuss** (plötzlich auftretende Kreuzschmerzen); die **He|xe|rei**
der **Hi|bis|kus** (eine Heilpflanze); des Hibiskus; die Hibisken
der **Hieb**
hier; hier und da; von hier aus; hier oben; **hie|r|an**

[1] *Alte Trennung:* ...k|k...

die **Hi|e|r|ar|chie** [*hi-e...*] (Rangfolge, Rangordnung); die Hierarchien [...i^e^n]
hie|r|auf; hie|r|aus; hier|durch; hier|für; hier|her; hier|her|kom|men, *neue Schreibung:* **hier|her kom|men;** er kommt hierher; er ist hierhergekommen, *neu:* hierher gekommen;
hier|mit

die **Hi|e|ro|gly|phe** [*hi-eroglüf^e^*], **Hie|ro|gly|phe** [*hiroglüf^e^*] (Zeichen der ägyptischen Bilderschrift); die Hieroglyphen *meist Plural*
hier|zu; hier|zu|lan|de, *auch:* **hier zu Lan|de**
hie|sig; hiesigen Ort[e]s
hie|ven [*...f^e^n*] (hochwinden); sie haben den Container an Deck gehievt
Hi-Fi [*haifi,* auch: *haifai*] = Highfidelity; die **Hi-Fi-An|la|ge; high** [*hai*] (*umgangssprachlich für:* in gehobener Stimmung [nach dem Genuss von Rauschgift]); high sein; die **High-Fi|de|li|ty,** *neue Schreibung:* **High|fi|de|li|ty,** *auch:* **High Fi|de|li|ty** [*haifidäliti*] (hohe Wiedergabequalität bei Schallplatten u. Ä.; *Abkürzung:* Hi-Fi); das, *auch:* die **High-Tech,** *auch:* **High|tech** [*haitäk*] (Spitzentechnologie); des High-Tech[s], *neu:* Hightech[s]; die **High-Tech-In|du|s|t|rie,** *auch:* **High|tech|in|du|s|t|rie**

die **Hil|fe;** die Erste, *neu:* erste Hilfe (bei Verletzungen); Hilfe leisten, suchen; einem Verunglückten zu Hilfe eilen, kommen; der Mechaniker, mit Hilfe, *auch:* mithilfe dessen (*auch:* mit dessen Hilfe) sie ihr Auto reparierte; die **Hil|fe|leis|tung**[1]; der **Hil|fe|ruf; hilf|los;** am hilflosesten; **hilf|reich; hilfs|be|reit;** das **Hilfs|mit|tel**

der **Hi|ma|la|ja** [auch: *himalaja*] (Gebirge in Asien)

die **Him|bee|re;** der **Him|beer|saft**

der **Him|mel;** um Himmels willen; **him|mel|blau;** die **Him|mel|fahrt;** Christi Himmelfahrt; **him|mel|schrei|end;** die **Him|mels|rich|tung;** das **Him|mels|zelt;** des Himmelszeltes; **himm|lisch**
hin; alles ist hin; hin und her schaukeln; hin und her laufen (ohne bestimmtes Ziel); a b e r: hin- und herlaufen (hin und wieder zurücklaufen); hin und wieder (zuweilen); vor sich hin brummen

[1] *Alte Trennung:* ...|st...

hi|n|ab; etwas weiter hinab; **hi|n|ab|ge|hen;** sie geht hinab; sie ist den Berg hinabgegangen; **hi|n|auf; hi|n|auf|ge|hen;** sie geht hinauf; sie ist die Treppe hinaufgegangen; **hi|n|aus; hi|n|aus|ge|hen;** sie geht hinaus; sie ist hinausgegangen
hin|der|lich; hin|dern; du hinderst; er hat ihn am Sprechen gehindert; hindere ihn nicht daran!; das **Hin|der|nis;** des Hindernisses; die Hindernisse

der **Hin|du** (Anhänger einer indischen Religion); des Hindu[s]; die Hindu[s]
hi|n|ein; hi|n|ein|ge|hen; er geht hinein; er ist hineingegangen; **hi|n|ein|plat|zen;** er platzte plötzlich hinein; er ist in die Versammlung hineingeplatzt
hin|ken; du hinkst; sie hat gehinkt; sie ist zur Tür gehinkt; hinke nicht!
hin|rei|chend
hin|rich|ten; man richtet ihn hin; man hat ihn hingerichtet
hin|set|zen; ich setzte den Koffer hin; sie hat sich hingesetzt
hin|ten; hin|ten|an; hin|ten|he|rum; hin|ten|über
hin|ter; hinter dem Zaun stehen; sich hinter den Zaun stellen

der **Hin|ter|blie|be|ne;** ein Hinterbliebener; die Hinterbliebenen; zwei Hinterbliebene
hin|ter|brin|gen; er hat mir die Nachricht hinterbracht
hin|ter|drein; hin|ter|drein|lau|fen; er ist hinterdreingelaufen
hin|ter|ei|n|an|der; er will die Briefe hintereinander (sofort) schreiben; **hin|ter|ein|an|der|schal|ten,** *neue Schreibung:* **hin|ter|ei|n|an|der schal|ten;** er hat die Motoren hintereinandergeschaltet, *neu:* hintereinander geschaltet; **hin|ter|ein|an|der|schrei|ben,** *neue Schreibung:* **hin|ter|ei|n|an|der schrei|ben;** er hat die Namen in der Liste hintereinandergeschrieben, *neu:* hintereinander geschrieben
hin|ter|ge|hen (betrügen); er hat mich hintergangen

der **Hin|ter|grund;** die Hintergründe

der **Hin|ter|halt;** die Hinterhalte; aus dem Hinterhalt schießen; **hin|ter|häl|tig**
hin|ter|her; hinterher putzen (danach putzen); a b e r: **hin|ter|her|lau|fen** (nachlaufen); er ist hinterhergelaufen
hin|ter|las|sen (zurücklassen); du hinterläßt, *neu:* hinterlässt; er hinter-

ließ vier Kinder; er hat eine Nachricht hinterlassen

der **Hin|ter|leib** (bei Insekten)

die **Hin|ter|list; hin|ter|lis|tig**[1]

hin|ter|rücks

hi|n|ü|ber; die Bananen werden wohl hinüber sein (verdorben sein); **hi|n|ü|ber|ge|hen;** sie geht hinüber; sie ist hinübergegangen

das **Hin und Her;** sie einigten sich nach längerem Hin und Her; das **Hin|und|her|fah|ren,** aber: das Hin- und [das] Herfahren; ↑hin; die **Hin- und Her|fahrt;** die **Hin- und Her|rei|se;** der **Hin- und Her|weg**

hi|n|un|ter; hi|n|un|ter|schlu|cken[2]; sie schluckt die Tablette hinunter; sie hat sie hinuntergeschluckt

hin|weg; hin|weg|ge|hen; sie geht hinweg; sie ist hinweggegangen

der **Hin|weis;** des Hinweises; die Hinweise

hin|zu; hin|zu|kom|men; sie kam hinzu; sie ist hinzugekommen; aber: hinzu kommt, dass er gelogen hat

die **Hi|obs|bot|schaft** (Unglücksbotschaft)

der **Hip|pie** (Anhänger einer antibürgerlichen, pazifistischen, naturnahen Lebensform; Blumenkind); des Hippies; die Hippies

das **Hirn;** die Hirne; das **Hirn|ge|spinst;** die Hirngespinste; **hirn|ver|brannt** (*umgangssprachlich für:* verrückt)

der **Hirsch;** der **Hirsch|fän|ger**

die **Hir|se** (eine Getreideart)

der **Hirt;** des Hirten; die Hirten; der **Hir|ten|brief** (bischöfliches Rundschreiben)

his|sen; du hißt, *neu:* hisst; er hißt, *neu:* hisst; er hat die Flagge gehißt, *neu:* gehisst; hisse *oder* hiß, *neu:* hiss die Flagge!

his|to|risch[1] (geschichtlich)

der **Hit** (erfolgreicher Schlager); des Hit[s]; die Hits

die **Hit|ze; hit|ze|frei;** das **Hit|ze|frei;** Hitzefrei *oder* hitzefrei haben; *aber nur groß:* Hitzefrei geben; kein Hitzefrei bekommen, haben; **hit|zig;** der **Hitz|kopf**

HIV [*ha-i-fau*] (Aidserreger); des HIV[s]; die HIV[s]; **HIV-ne|ga|tiv; HIV-po|si|tiv**

[1]*Alte Trennung:* ...|st...
[2]*Alte Trennung:* ...k|k...

hl = Hektoliter

die **H-Milch** (*kurz für:* haltbare Milch)

der **HNO-Arzt** = Hals-Nasen-Ohren-Arzt

das **Hob|by;** des Hobbys; die Hobbys

der **Ho|bel;** die Hobel; die **Ho|bel|bank; ho|beln;** du hobelst; sie hobelte; sie hat das Brett gehobelt; hob[e]le es!

hoch; höher; am höchsten; hoch oben; ↑auch: hohe; das **Hoch** (Hochruf; Gebiet hohen Luftdrucks); des Hochs; die Hochs

die **Hoch|ach|tung; hoch|ach|tungs|voll**

hoch|be|gabt, *neue Schreibung:* **hoch be|gabt;** höherbegabt, *neu:* höher begabt; höchstbegabt, *neu:* höchst begabt; die hochbegabte, *neu:* hoch begabte Schülerin; die Schülerin ist hoch begabt

hoch|deutsch; auf hochdeutsch, *neu:* Hochdeutsch; ↑deutsch; das **Hoch|deutsch** *und* das **Hoch|deut|sche** (die hochdeutsche Sprache); ↑Deutsch

hoch|flie|gend; hochfliegende (ehrgeizige) Pläne

das **Hoch|ge|bir|ge**

das **Hoch|ge|fühl**

das **Hoch|haus**

hoch|he|ben; sie hebt den Korb hoch; sie hat ihn hochgehoben

hoch|kant; etwas hochkant stellen

die **Hoch|leis|tung**[1]; der **Hoch|leis|tungs|sport**[1]

der **Hoch|mut;** des Hochmut[e]s; **hoch|mü|tig**

hoch|rech|nen (aus Teilergebnissen das wahrscheinliche Gesamtergebnis berechnen); du rechnest hoch; sie hat hochgerechnet; die **Hoch|rech|nung**

die **Hoch|schu|le**

der **Hoch|sprung**

höchst; am höchsten; sie war auf das, aufs höchste, *auch:* Höchste erfreut; das höchste der Gefühle; sein Sinn ist auf das, aufs Höchste gerichtet; er strebt nach dem Höchsten; **höchs|tens**[1]

der **Hoch|stap|ler**

die **Höchst|ge|schwin|dig|keit**

das **Höchst|maß;** ein Höchstmaß an Sorgfalt

höchst|wahr|schein|lich; er hat es höchstwahrscheinlich getan; aber: es ist höchst (im höchsten Grade) wahrscheinlich, dass er es getan hat

[1]*Alte Trennung:* ...|st...

hoch|ver|ehrt; höchstverehrt; ein hochverehrter Lehrer; aber: er wird von allen Schülern hoch verehrt
das **Hoch|was|ser;** die Hochwasser
die **Hoch|zeit;** silberne, goldene Hochzeit
die **Ho|cke**[1] (eine Turnübung); **ho|cken**[1]; du hockst; sie hat immer auf dem gleichen Platz gehockt; der **Ho|cker**[1]
der **Hö|cker**[1] (der Buckel)
das **Ho|ckey**[1] [*hoki*] (eine Sportart); des Hockeys
der **Ho|den** (Samendrüse); des Hodens; die Hoden
der **Hof**
die **Hof|fart** (*veraltend für:* Hochmut); **hof|fär|tig;** am hoffärtigsten
hof|fen; du hoffst; sie hofft; sie hoffte; sie hat gehofft; hoffe!; **hof|fent|lich;** die **Hoff|nung; hoff|nungs|los;** am hoffnungslosesten; **hoff|nungs|voll**
höf|lich; die **Höf|lich|keit**
ho|he; der hohe Berg; das hohe C; auf hoher See; die Hohe, *neu:* hohe Schule (beim Reiten); das Hohe, *neu:* hohe Haus (das Parlament); die **Hö|he**
die **Ho|heit;** das **Ho|heits|ge|biet; ho|heits|voll**
die **Hö|hen|son|ne** (Ultraviolettlampe); der **Hö|he|punkt; hö|her;** höhere Gewalt; er ist auf der höheren Schule (auf einer Oberschule, einem Gymnasium); aber: er ist auf der Höheren Handelsschule in Stuttgart; höher springen, höher singen, höher achten
hohl; die **Höh|le;** das **Hohl|maß;** der **Hohl|weg**
der **Hohn; höh|nisch**
der **Ho|kus|po|kus** (Gaukelei; Zauberformel)
hold; am holdesten
ho|len; du holst; sie hat das Buch geholt; hol[e] das Buch!
hol|la!
Hol|land; der **Hol|län|der; hol|län|disch**
die **Höl|le;** der **Höl|len|lärm;** die **Höl|len|qual;** er leidet Höllenqualen (sehr große Qualen); **höl|lisch**
der **Holm** (Griffstange des Barrens; Längsstange der Leiter); die Holme
der **Ho|lo|caust** (Tötung einer großen Zahl von Menschen, besonders der Juden während des Nationalsozialismus); des Holocaust[s]; die Holocausts
hol|pe|rig *und* **holp|rig; hol|pern;** der Wagen holpert; der Wagen hat laut geholpert; aber: der Wagen ist über das Kopfsteinpflaster geholpert
der **Ho|lun|der**
das **Holz;** die Hölzer; **höl|zern; hol|zig**
die **Ho|mo|se|xu|a|li|tät** (gleichgeschlechtliche Liebe); **ho|mo|se|xu|ell**
der **Hon|du|ra|ner** (Bewohner von Honduras); **hon|du|ra|nisch; Hon|du|ras** (Staat in Mittelamerika)
Hong|kong (chinesische Hafenstadt)
der **Ho|nig; ho|nig|süß;** die **Ho|nig|wa|be**
das **Ho|no|rar** (Vergütung); die Honorare
der **Hop|fen;** die **Hop|fen|stan|ge**
hopp!; hopp, hopp!; **hopp|la!; hops!; hop|sen;** du hopst; sie hopst; sie ist gehopst; hopse!; der **Hop|ser; hops|ge|hen** (*umgangssprachlich für:* verloren gehen; umkommen); das Geld ging hops; er ist hopsgegangen
hor|chen; du horchst; sie horcht; sie hat gehorcht; horch[e]!
die **Hor|de** (Bande, Schar)
hö|ren; du hörst; sie hat es gehört; hör[e] doch!; sie hat von dem Unglück gehört; sie hat die Glocken läuten hören *oder* gehört; sie hat wieder von sich hören lassen; das **Hö|ren|sa|gen;** er weiß es vom Hörensagen; der **Hö|rer;** die **Hö|re|rin;** die Hörerinnen
hö|rig (unfrei)
der **Ho|ri|zont** (scheinbare Begrenzungslinie zwischen Himmel und Erde; Gesichtskreis); **ho|ri|zon|tal** (waagerecht); die **Ho|ri|zon|ta|le** (die Waagerechte); der Horizontalen; die Horizontalen; zwei Horizontale[n]
das **Hor|mon** (körpereigener Wirkstoff); des Hormons; die Hormone
das **Horn;** die Hörner; die **Horn|haut**
die **Hor|nis|se** [auch: *hor...*]
das **Ho|ro|s|kop** (astrologische Schicksalsdeutung); des Horoskops; die Horoskope
der **Hor|ror** (Abscheu, Schauder)
das **Hör|spiel;** der **Hör|spiel|au|tor**
der **Horst;** die Horste
der **Hort;** die Horte; **hor|ten;** er hat Geld, Vorräte gehortet
die **Hor|ten|sie** [*hortänsi*[e]] (ein Zierstrauch)
das **Hös|chen;** die **Ho|se;** der **Ho|sen|matz** (kleiner Junge); des Hosenmatzes; die Hosenmatze *und* Hosenmätze
das **Hos|pi|tal** (Krankenhaus); die Hospitale *und* die Hospitäler; das **Hos|piz**

---
[1] *Alte Trennung:* ...k|k...

(ein Beherbergungsbetrieb); des Hospizes; die Hospize

die **Ho|steß**, *neue Schreibung:* **Hos|tess** (Begleiterin, Betreuerin, Führerin); die Hostessen

die **Hos|tie**[1] [*hoßtie*] (Abendmahlsbrot); die Hostien

das **Hot dog**, *neue Schreibung:* **Hot|dog**, *auch:* **Hot Dog** (heißes Würstchen in einem Brötchen); des Hot dogs, *neu:* Hotdogs, *auch:* Hot Dogs; die Hot dogs, *neu:* Hotdogs, *auch:* Hot Dogs

das **Ho|tel**; die Hotels

die **Hot|line**, *auch:* **Hot Line** [hot lain] (Telefonanschluss für rasche Serviceleistungen); der Hotline, *auch:* Hot Line; die Hotlines, *auch:* Hot Lines

der **Hub|raum**

hübsch; am hübschesten

der **Hub|schrau|ber**

hu|cke|pack[2]; sie trug ihn huckepack

der **Huf**; die Hufe; das **Huf|ei|sen**; der **Huf|lat|tich** (eine Heilpflanze)

die **Hüf|te**; das **Hüft|ge|lenk**

der **Hü|gel**; die Hügel; **hü|ge|lig** *und* **hüg|lig**

das **Huhn**; die Hühner

hui!

die **Hul|di|gung**

die **Hül|le**

die **Hül|se**; die **Hül|sen|frucht**

hu|man; der **Hu|ma|nis|mus** (Bildungsideal der griechisch-römischen Antike; geistige Strömung im 14. bis 16. Jahrhundert; Humanität); **hu|ma|ni|tär** (die Linderung menschlicher Not bezweckend); die **Hu|ma|ni|tät** (nach Menschlichkeit strebende Geisteshaltung)

der **Hum|bug** (Schwindel, Unsinn)

die **Hum|mel**; die Hummeln

der **Hum|mer** (ein Krebs)

der **Hu|mor**; **hu|mo|ris|tisch**[1]; **hu|mor|voll**

hum|peln; du humpelst; sie hat *und* ist gehumpelt; hump[e]le nicht so!

der **Hum|pen** (ein großes Trinkgefäß)

der **Hu|mus** (fruchtbarer Bodenbestandteil); des Humus; der **Hu|mus|bo|den**

der **Hund**; die Hunde; der Große und der Kleine Hund (Sternbilder); die **Hun|de|hüt|te**; **hun|de|mü|de**, *auch* **hunds|mü|de** (*umgangssprachlich für:* sehr müde)

[1]*Alte Trennung:* ...|st...
[2]*Alte Trennung:* ...k|k...

hun|dert; hundert Menschen; an die hundert Menschen; der fünfte Teil von hundert; ein halbes Hundert; das zweite Hundert; *bei unbestimmten Mengen:* ein paar hundert, *auch:* Hundert [Menschen]; einige, viele Hunderte, *auch:* hunderte; [viele] Hunderte, *auch:* hunderte von Menschen; sie strömten zu Hunderten, *auch:* hunderten herein; das **Hun|dert**; vier vom Hundert; **hun|dert|eins**; **hun|dert|und|eins**; der **Hun|der|ter**; **hun|der|ter|lei**; **hun|dert|fach**; das **Hun|dert|fa|che**; **hun|dert|jäh|rig**; **hun|dert|mal**; vielhundertmal; viele hundertmal, *neu:* hundert Mal, *auch:* Hundert Mal; viel[e] hundert Male, *auch:* Hundert Male; ein halbes hundertmal, *neu:* Hundert Mal; der **Hun|dert|me|ter|lauf** (*mit Ziffern:* 100-Meter-Lauf); **hun|dert|pro|zen|tig**; **hun|derts|te**[1]; der hundertste Besucher; er kommt vom Hundertsten ins Tausendste; das **Hun|derts|tel**[1]; ↑Achtel

die **Hün|din**; die Hündinnen

der **Hü|ne**; des/dem/den Hünen; die Hünen; das **Hü|nen|grab**; **hü|nen|haft**

der **Hun|ger**; er starb vor Hunger; aber: Hungers, *neu:* hungers sterben; **hun|gern**; sie hat gehungert; mich hungert; die **Hun|gers|not**; **hung|rig**

der **Hun|ne** (*im Altertum:* Angehöriger eines mongolischen Nomadenvolks); die Hunnen

die **Hu|pe**; **hu|pen**; du hupst; sie hupt; sie hupte; sie hat gehupt; hup[e] nicht!

hüp|fen; du hüpfst; sie hüpft; sie hüpfte; sie hat den ganzen Morgen gehüpft; sie ist über den Stein gehüpft

die **Hür|de**; der **Hür|den|lauf**; der **Hür|den|läu|fer**

die **Hu|re** (*abwertend für:* Prostituierte)

hur|ra!, [auch: *hu*...]; hurra, *auch:* Hurra schreien

der **Hur|ri|kan** [auch: *harikᵉn*] (Wirbelsturm); die Hurrikane, *auch:* die Hurrikans [*harikᵉns*]

hur|tig (flink)

der **Hu|sar** (*früher:* Angehöriger einer Reitertruppe in ungarischer Nationaltracht); des/dem/den Husaren; die Husaren

husch!; husch, husch!; **hu|schen**; du huschst; sie ist durchs Zimmer gehuscht

[1]*Alte Trennung:* ...|st...

hüs|teln[1]**;** du hüstelst; sie hüstelt; sie hüstelte; sie hat gehüstelt; hüst[e]le nicht!; **hus|ten**[1]**;** du hustest; sie hustet; sie hustete; sie hat gehustet; huste nicht!; der **Hus|ten**[1]**;** das **Hus|ten|bon|bon**[1]**;** der **Hus|ten|saft**[1]

der **Hut** (die Kopfbedeckung); die Hüte

die **Hut** (der Schutz, die Aufsicht); auf der Hut sein

hü|ten; du hütest; sie hütet; sie hat Schafe gehütet; hüte die Schafe!; sich hüten; er hat sich gehütet[,] mir zu widersprechen

die **Hüt|te;** der **Hüt|ten|schuh;** die Hüttenschuhe; der **Hüt|ten|wirt**

die **Hy|ä|ne** (ein Raubtier)

die **Hy|a|zin|the** (eine Zwiebelpflanze)

der **Hy|d|rant** (Zapfstelle); des/dem/den Hydranten; die Hydranten; die **Hy|d|rau|lik** (Strömungslehre; hydraulisches System); **hy|d|rau|lisch** (mit Flüssigkeitsdruck arbeitend); hydraulische Bremse

die **Hy|gi|e|ne** (Gesundheitslehre; Gesundheitspflege); **hy|gi|e|nisch**

die **Hym|ne** (Festgesang, Lobgesang)

die **Hyp|no|se** (schlafähnlicher Bewusstseinszustand); die Hypnosen; **hyp|no|ti|sie|ren;** du hypnotisierst ihn; sie hat ihn hypnotisiert; hypnotisiere ihn!

die **Hy|po|te|nu|se** (Seite gegenüber dem rechten Winkel im Dreieck)

die **Hy|po|thek** (Pfandrecht an einem Grundstück); die Hypotheken

die **Hy|po|the|se** (theoretische Annahme); **hy|po|the|tisch**

die **Hys|te|rie**[1] (eine seelische Erkrankung); die Hysterien [*...ien*]; **hys|te|risch**[1]

I

das **I** (Buchstabe); des I; die I; aber: das i in Bild

i. A. = im Auftrag[e]

IC = Intercity

ICE = Intercityexpress

ich; das **Ich;** des Ich *und* des Ichs; die Ich *und* die Ichs; das liebe Ich; mein anderes Ich

i|de|al (nur in der Vorstellung existierend; vollkommen); das **I|de|al** (Hochziel, Wunschbild); die Ideale; das **I|de|al|bild;** der **I|de|a|lis|mus** (Streben nach Verwirklichung von Idealen); der **I|de|a|list;** des/dem/den Idealisten; die Idealisten; **i|de|a|lis|tisch**[1]**;** die **I|dee** (Grundgedanke, Einfall); die Ideen; eine Idee (Kleinigkeit) Salz zugeben

die **I|den|ti|fi|ka|ti|on;** **i|den|ti|fi|zie|ren** (gleichsetzen, eine Person oder Sache genau feststellen); du identifizierst; man hat die Tote identifiziert; **i|den|tisch** (völlig gleich)

die **I|de|o|lo|gie** (Weltanschauung, die von einer gesellschaftlichen Gruppe als maßgebend vorausgesetzt wird); die Ideologien

der **I|di|ot;** des/dem/den Idioten; die Idioten; **i|di|o|tisch;** am idiotischsten

das **I|dol** (Götterbild; Abgott; Schwarm); des Idols; die Idole

das **I|dyll;** des Idylls; die Idylle; **i|dyl|lisch**

der **I|gel;** die Igel

der *oder* das **I|g|lu** (runde Schneehütte der Eskimos); des Iglus; die Iglus

der **I|g|no|rant** (Nichtswisser, Dummkopf); des/dem/den Ignoranten; die Ignoranten; **i|g|no|rie|ren** (nicht beachten, nicht wissen wollen); du ignorierst ihn; sie hat ihn ignoriert; ignoriere ihn!

ihm; ihn; ih|nen

ihr; ihr Auto; ihre Tasche; ihres, ihrem, ihren, ihrer; die Ihren *oder* die Ihrigen (ihre Angehörigen); das Ihre *oder* das Ihrige (ihre Habe); sie muss das Ihre *oder* das Ihrige dazu tun; bitte teilt mir mit, wann Ihr, *neu:* ihr kommt; aber: bitte teilen Sie uns Ihre Ankunft mit; **ih|rer|seits; ih|res|glei|chen; ih|ret|we|gen**

il|le|gal (ungesetzlich; unrechtmäßig)

die **Il|lu|mi|na|ti|on** (festliche Beleuchtung); **il|lu|mi|nie|ren** (festlich erleuchten); du illuminierst; sie hat den Garten mit bunten Lampen illuminiert; illuminiere den Garten!

die **Il|lu|si|on** (Wunschvorstellung, Sinnestäuschung)

die **Il|lus|t|ra|ti|on** (Erläuterung; Bebilderung); **il|lus|t|rie|ren;** du illustrierst; sie hat das Buch illustriert; illustriere das Buch!; die **Il|lus|t|rier|te;** der Illustrierten; die Illustrierten; zwei Illustrierte *und* zwei Illustrierten

der **Il|tis;** des Iltisses; die Iltisse

[1]*Alte Trennung:* ...|st...

[1]*Alte Trennung:* ...|st...

im (in dem); im Auftrag[e]; im Grunde [genommen]; im Haus[e]; im allgemeinen, *neu:* Allgemeinen; im großen und ganzen, *neu:* Großen und Ganzen; im besonderen, *neu:* Besonderen; im voraus, *neu:* Voraus; im einzelnen, *neu:* Einzelnen; [nicht] im geringsten, *neu:* Geringsten; im argen, *neu:* Argen liegen; mit sich im reinen, *neu:* Reinen sein; im Begriff[e] sein

das **I|mage** [*imidsch*] (Vorstellungsbild von einer Person oder Personengruppe in der öffentlichen Meinung); des Images; die Images; **i|ma|gi|när** (nur vorgestellt; *Mathematik:* nicht reell); imaginäre Zahlen

der **Im|biß,** *neue Schreibung:* **Im|biss;** des Imbisses; die Imbisse

die **I|mi|ta|ti|on** (Nachahmung); **i|mi|tie|ren;** du imitierst; er hat ihn imitiert; imitiere ihn nicht!

der **Im|ker;** die **Im|me** (*landschaftlich für:* Biene)

im|mer; für immer; **im|mer|fort; im|mer|hin; im|mer|zu** (fortwährend)

die **Im|mis|si|on** (Einwirkung von Verunreinigungen, Lärm, Strahlen usw.)

die **Im|mo|bi|lie** [...*ie*] (Grundstück; Grundbesitz); die Immobilien *meist Plural*

im|mun (gegen Ansteckung geschützt; unempfindlich; gegen gerichtliche Verfolgung geschützt); **im|mu|ni|sie|ren** (immun machen); die Impfung hat den Körper immunisiert; die **Im|mu|ni|tät** (Unempfindlichkeit; Schutz vor Strafverfolgung); die **Im|mun|schwä|che** (krankhaft verminderte Abwehrkraft des Immunsystems); das **Im|mun|sys|tem**[1] (körpereigenes Abwehrsystem gegen Krankheitserreger und deren Gifte)

der **Im|pe|ra|tiv** (Befehlsform); die Imperative

das **Im|per|fekt** (*Zeitform:* die erste Vergangenheit); die Imperfekte

der **Im|pe|ri|a|lis|mus** (Streben eines Staates nach Ausdehnung seiner Macht)

im|per|ti|nent (unverschämt); am impertinentesten

imp|fen; du impfst; sie hat das Kind gegen Tetanus geimpft; die **Imp|fung**

im|po|nie|ren (Eindruck machen); du imponierst ihm; sie hat ihm imponiert

[1]*Alte Trennung:* ...|st...

der **Im|port** (Einfuhr); die Importe; Im- und Export; **im|por|tie|ren;** du importierst; sie hat es importiert; importiere es!

im|po|sant (eindrucksvoll); am imposantesten

im|präg|nie|ren ([mit einem Schutzmittel gegen Feuchtigkeit] durchtränken); du imprägnierst; sie hat den Stoff imprägniert

im|pro|vi|sie|ren (etwas ohne Vorbereitung, aus dem Stegreif tun); sie hat improvisiert

der **Im|puls** (Anstoß; Anregung; Antrieb; innere Regung); des Impulses; die Impulse; **im|pul|siv** (inneren Impulsen sogleich folgend)

im|stan|de, *auch:* **im Stan|de;** imstande, *auch:* im Stande sein

in; ich gehe in dem (im) Garten auf und ab; ich gehe in den Garten

in (*umgangssprachlich für:* im Brennpunkt des Interesses, sehr in Mode); in sein

der **In|be|griff** (die Gesamtheit; das Höchste)

die **In|brunst; in|brüns|tig**[1]

in|dem; sie diktierte den Brief, indem (während) sie im Zimmer umherging; aber: sie diktierte einen Brief, in dem (in welchem) sie uns mitteilte, dass ...

der **In|der** (Bewohner Indiens)

in|des; in|des|sen

der **In|dex** (alphabetisches Verzeichnis; statistischer Messwert); des Index[es]; die Indexe *und* Indizes [...*zeß*]

der **In|di|a|ner** (Ureinwohner Amerikas)

In|di|en [*indien*]

der **In|di|ka|tiv** (Wirklichkeitsform); die Indikative

in|di|rekt (mittelbar; nicht geradezu); indirekte Wahl; indirekte (abhängige) Rede; indirekter (abhängiger) Fragesatz

in|disch; der **In|di|sche O|ze|an**

in|dis|k|ret (nicht verschwiegen; zudringlich); am indiskretesten

in|di|vi|du|ell (vereinzelt; besonders geartet); das **In|di|vi|du|um** [*indiwiduum*] (Einzelwesen, einzelne Person); die Individuen [*indiwiduen*]

das **In|diz** (Anzeichen; Umstand, der auf etwas schließen lässt); des Indizes; die Indizien

In|do|ne|si|en [...*ien*] (Inselstaat in

[1]*Alte Trennung:* ...|st...

Südostasien); der **In|do|ne|si|er; in|do|ne|sisch**

in|du|s|t|ri|a|li|sie|ren (mit Industrieanlagen ausstatten); man hat das Land industrialisiert; die **In|du|s|t|ri|a|li|sie|rung;** die **In|du|s|t|rie;** die Industrien; **in|du|s|t|ri|ell**

in|ei|n|an|der; die Fäden sind ineinander verschlungen; **in|ein|an|der|fügen,** *neue Schreibung:* **in|ei|n|an|der fü|gen;** er fügt die Rohre ineinander; er hat sie ineinandergefügt, *neu:* ineinander gefügt; **in|ein|an|der|grei|fen,** *neue Schreibung:* **in|ei|n|an|der grei|fen;** die Räder greifen ineinander; sie haben ineinandergegriffen, *neu:* ineinander gegriffen

in|fam (niederträchtig)

die **In|fan|te|rie** (eine Waffengattung)

der **In|farkt** (*Medizin:* Absterben von Gewebe nach Unterbrechung der Blutzufuhr); des Infarkt[e]s; die Infarkte

die **In|fek|ti|on** (Ansteckung); die **In|fek|ti|ons|krank|heit; in|fi|zie|ren** (anstecken); du infizierst ihn; er hat ihn infiziert; infiziere ihn nicht!; sich infizieren; er hat sich bei ihm infiziert

der **In|fi|ni|tiv** (Nennform, Grundform); die Infinitive

die **In|f|la|ti|on** (Geldentwertung)

in|fol|ge; infolge des schlechten Wetters; infolge von Sturm und Hagel; **in|fol|ge|des|sen**

die **In|for|ma|ti|on** (Auskunft, Nachricht); **in|for|mie|ren** (Auskunft geben, benachrichtigen); du informierst ihn; sie hat ihn informiert; informiere ihn!; sich informieren; sie hat sich informiert

in|fra|ge, *auch:* **in Fra|ge;** infrage, *auch:* in Frage stehen; das kommt nicht infrage, *auch:* in Frage

in|f|ra|rot; infrarote Strahlen (unsichtbare Wärmestrahlen); die **In|f|ra|struk|tur** (organisierte Gesamtheit von Einrichtungen und Anlagen)

Ing. = Ingenieur; der **In|ge|ni|eur** [*inscheniör*] (Techniker mit Hoch- oder Fachschulausbildung); die Ingenieure

der **In|ha|ber**

in|ha|lie|ren (einatmen); du inhalierst; sie hat inhaliert; inhaliere!

der **In|halt; in|halts|reich**

in|hu|man (unmenschlich)

die **I|n|i|ti|a|ti|ve** [*iniziatiwᵉ*] (Entschlusskraft; Anstoß zum Handeln); die Initiativen; die Initiative ergreifen

die **In|jek|ti|on** (Einspritzung); **in|ji|zie|ren** (einspritzen); der Arzt hat ihr das Mittel in den Arm injiziert

in|ko|g|ni|to (mit fremdem Namen)

in|kom|pa|ti|bel (unverträglich; unvereinbar)

der **In|kreis** (Kreis, der alle Seiten eines Vielecks von innen berührt)

die **In|ku|ba|ti|ons|zeit** (Zeit von der Infektion bis zum Ausbruch einer Krankheit)

das **In|land;** das **In|lands|por|to**

der **In|li|ner** [*inlainᵉ(r)*] (Rollschuh mit hintereinander angeordneten Rädchen); des Inliners; die Inliners; das **In|line|skate** [*inlainßkeit*] (Inliner); des Inlineskates; die Inlineskates

in|mit|ten; inmitten des Sees

der **Inn** (Nebenfluss der Donau)

in|ne|ha|ben; seit sie das Amt innehat; sie hat dieses Amt innegehabt; **in|nen;** von innen, nach innen; innen und außen; **in|ner|deutsch;** der innerdeutsche Handel; **in|ne|re;** innerste; zuinnerst; die innere Medizin; die inneren Angelegenheiten des Staates; a b e r : die Innere Mission; das **In|ne|re;** im Inner[e]n; **in|ner|halb;** innerhalb eines Jahres, zweier Jahre; innerhalb vier Jahren, vier Tagen; **in|ner|lich; in|nig;** die **In|nig|keit**

die **In|nung**

in|of|fi|zi|ell (nicht amtlich)

der, *auch:* das **In|put** (*EDV:* Eingabe in eine Datenverarbeitungsanlage; eingegebene Daten); des Inputs; die Inputs

die **In|qui|si|ti|on** (mittelalterliches katholisches Ketzergericht)

I. N. R. I. = Jesus Nazarenus Rex Judaeorum

ins (in das)

der **In|sas|se;** des/dem/den Insassen; die Insassen

ins|be|son|de|re, ins|be|sond|re; insbesondere, wenn ...

die **In|schrift**

das **In|sekt** (Kerbtier); des Insekts; die Insekten;

die **In|sel;** die Inseln

das **In|se|rat** (Zeitungsanzeige); die Inserate; **in|se|rie|ren** (eine Zeitungsanzeige aufgeben); du inserierst; sie inserierte; sie hat inseriert; inseriere!

ins|ge|heim; ins|ge|samt

in|so|fern; in|so|weit

die **In|s|pek|ti|on** [*...ßp...*] (Kontrolle, Aufsicht, Besichtigung); der **In|s|pek-**

tor; die Inspektoren; **in|s|pi|zie|ren** (kontrollierend besichtigen); sie hat das Werk inspiziert; die **In|s|pi|zie|rung**

der **In|s|tal|la|teur** [*inßtalatör*]; die Installateure; die **In|s|tal|la|ti|on** (der Einbau, der Anschluss von technischen Anlagen); **in|s|tal|lie|ren;** du installierst; er hat die Heizung installiert; installiere sie!

in|stand, *auch:* **in Stand;** instand, *auch:* in Stand halten; instand, *auch:* in Stand setzen; aber: das Instandhalten; das Instandsetzen

in|stän|dig (eindringlich); jemanden inständig um etwas bitten

die **In|s|tanz** (zuständige offizielle Stelle); die Instanzen

der **In|s|tinkt** [*...ßt...*] (Naturtrieb); die Instinkte; **in|s|tink|tiv** (trieb-, gefühlsmäßig, unwillkürlich); **in|s|tinkt|los**

das **In|s|ti|tut** [*...ßt...*] (Forschungs-, Lehranstalt); die Institute; die **In|s|ti|tu|ti|on** (öffentliche Einrichtung); die Institutionen

in|s|t|ru|ie|ren [*...ßt...*] (unterweisen, anleiten); er hat die Truppe instruiert; die **In|s|t|ruk|ti|on** (Anleitung)

das **In|s|t|ru|ment** [*...ßt...*]; die **In|s|t|ru|men|tal|mu|sik; in|s|t|ru|men|tie|ren;** sie hat das Klavierstück für Orchester instrumentiert

in|s|ze|nie|ren (für die Bühnenaufführung gestalten); die Regisseurin hat das Stück neu inszeniert

in|takt (unversehrt, heil)

die **In|te|g|ra|ti|on** (Eingliederung; Vereinigung zu einem Ganzen); **in|te|g|rie|ren** (in ein Ganzes einfügen); die integrierte Gesamtschule

der **In|tel|lekt** (Denkvermögen, Verstand); des Intellekt[e]s; **in|tel|lek|tu|ell** (betont verstandesmäßig); **in|tel|li|gent;** am intelligentesten; die **In|tel|li|genz** (Klugheit); die Intelligenzen

der **In|ten|dant** (Theaterleiter, Leiter eines Rundfunk- oder Fernsehsenders); des/dem/den Intendanten; die Intendanten

in|ten|siv (eindringlich; gründlich); intensive Bewirtschaftung (*Landwirtschaft:* Bewirtschaftung mit starkem Aufwand)

die **In|ten|ti|on** (Absicht)

der **In|ter|ci|ty** [*...ßiti*] (schneller, zwischen Großstädten verkehrender Eisenbahnzug); des Intercitys; die Intercitys; der **In|ter|ci|ty|ex|preß,** *neue Schreibung:* **In|ter|ci|ty|ex|press** (besonders schneller Intercity)

in|te|r|es|sant; am interessantesten; das **In|te|r|es|se** (Teilnahme; Neigung; Vorteil); des Interesses; die Interessen; sie hat Interesse an, für etwas; das liegt in meinem Interesse; **in|te|r|es|sie|ren** (Teilnahme erwecken); etwas interessiert; etwas hat ihn interessiert; sie hat ihn an, für etwas interessiert; sich interessieren; sie hat sich dafür interessiert

die **In|ter|jek|ti|on** (Empfindungs- oder Ausrufewort)

das **In|ter|mez|zo** (Zwischenspiel; Zwischenfall); des Intermezzos; die Intermezzos *und* Intermezzi

in|tern (innerlich; vertraulich); das **In|ter|nat** (einer [höheren] Schule angeschlossenes Heim); des Internat[e]s; die Internate

in|ter|na|ti|o|nal; internationale Vereinbarungen; aber: das Internationale Rote Kreuz

das **In|ter|net** (internationales Computernetzwerk); des Internets

in|ter|pre|tie|ren (auslegen, deuten); er hat ihre Äußerung falsch interpretiert

die **In|ter|punk|ti|on** (Zeichensetzung)

das **In|ter|ro|ga|tiv|pro|no|men** (Fragefürwort)

das **In|ter|vall** [*int^erwal*] (Zeitspanne, Abstand); die Intervalle

die **In|ter|ven|ti|on** (das Eingreifen, Dazwischentreten)

das **In|ter|view** [*int^erwju,* auch: *int^erwju*] (Befragung, Unterredung); des Interviews; die Interviews; **in|ter|vie|wen** [*int^erwju^en*]; du interviewst; sie interviewt; sie interviewte; sie hat den Politiker interviewt; der **In|ter|vie|wer** [*...wju^er*]

in|tim (vertraut; das Geschlechtsleben betreffend)

in|t|ran|si|tiv (ohne persönliches Passiv, ohne Akkusativobjekt, nichtzielend); ein intransitives Verb

die **In|tu|i|ti|on** (unmittelbares Erfassen; Eingebung); **in|tu|i|tiv**

in|tus; etwas intus haben (etwas gegessen oder getrunken haben; etwas begriffen haben)

der **In|va|li|de** [*inwa...*]; des/dem/den Invaliden; die Invaliden; ein Invalide; zwei Invaliden; die **In|va|li|di|tät**

die **In|va|si|on** (feindlicher Einfall)
das **In|ven|tar** [*inwäntar*] (Einrichtungsgegenstände, Bestand); die Inventare; die **In|ven|tur** (Bestandsaufnahme); die Inventuren; das Geschäft bleibt wegen Inventur geschlossen
in|ves|tie|ren[1] [*inwä...*] (Kapital anlegen); du investierst; sie investiert; sie hat in das Geschäft *oder* in dem Geschäft viel Geld investiert; die **In|ves|ti|ti|on**[1] (Kapitalanlage); die Investitionen
in|wen|dig; in- und auswendig
in|wie|fern
in|zwi|schen
der **I-Punkt,** *neue Schreibung:* **i-Punkt**
i. R. = im Ruhestand
[der] **I|rak** [auch: *irak*] (vorderasiatischer Staat); der **I|ra|ker; i|ra|kisch**
[der] **I|ran** (asiatischer Staat); der **I|ra|ner; i|ra|nisch;** ↑auch: Perser usw.
ir|den; irdene Ware; **ir|disch**
der **I|re** (Bewohner Irlands)
ir|gend; wenn du irgend kannst, so komme; irgend so ein Gerät; irgend jemand, *neu:* irgendjemand; irgend etwas, *neu:* irgendetwas; **ir|gend|ein;** irgendeine; irgendeiner; **ir|gend|et|was,** *alte Schreibung:* **ir|gend et|was; ir|gend|je|mand,** *alte Schreibung:* **ir|gend je|mand; ir|gend|wann; ir|gend|was** (*umgangssprachlich für:* irgendetwas); **ir|gend|welch;** irgendwelche Fragen; **ir|gend|wer; ir|gend|wo; ir|gend|wo|hin**
die **I|ris** (Regenbogenhaut im Auge; Schwertlilie); *Plural:* die Iris
i|risch; Ir|land (nordwesteuropäische Insel; Staat auf einem Teil dieser Insel)
die **I|ro|nie** (versteckter Spott); die Ironien; **i|ro|nisch** (spöttisch)
ir|ra|ti|o|nal (mit dem Verstand nicht fassbar; vernunftwidrig); die **Ir|ra|ti|o|na|li|tät**
ir|re|al (unwirklich)
ir|re *und* **irr;** irr[e] sein; irr[e] werden, *neue Schreibung:* irr[e]werden; er wird irre; er ist irre geworden, *neu:* irregeworden; wenn man irre wird, *neu:* irrewird; der **Ir|re;** des/dem/den Irren; ein Irrer; die Irren; zwei Irre; **ir|re|füh|ren;** etwas führt irre; seine Darstellungsweise hat mich irregeführt; eine irreführende Auskunft; **ir|re|ge|hen;** er geht irre; er ist irregegangen; **ir|re|lei|ten;** er leitet ihn irre; er hat ihn irregeleitet; sich **ir|ren;** du irrst dich; er irrt sich; er irrte sich; er hat sich geirrt; **ir|re|wer|den,** *alte Schreibung:* **ir|re wer|den;** ↑irre; **ir|rig**
ir|ri|tie|ren (verwirren, stören); die Bemerkung hat ihn irritiert
das **Irr|licht;** die Irrlichter; **irr|sin|nig;** der **Irr|tum;** die Irrtümer; **irr|tüm|lich;** der **Irr|wisch;** die Irrwische
die **I|sar** (Nebenfluss der Donau)
der **I|se|grim** (der Wolf in der Tierfabel)
der **Is|lam** (die Lehre Mohammeds)
Is|land; der **Is|län|der; is|län|disch**
die **I|so|la|ti|on** (Absonderung; Abkapselung; Abdichtung); das **I|so|lier|band;** die Isolierbänder; **i|so|lie|ren** (absondern, abdichten); du isolierst; sie hat das Kabel isoliert; isoliere das Kabel!; die **I|so|lie|rung;** ↑Isolation
Is|ra|el [*ißrael,* auch: *ißraäl*] (Volk der Juden im Alten Testament; Staat in Vorderasien); der **Is|ra|e|li** (Angehörige[r] des Staates Israel); die Israeli[s]; **is|ra|e|lisch** (zum Staat Israel gehörend); der **Is|ra|e|lit** (Jude im Alten Testament); des/dem/den Israeliten; die Israeliten; **is|ra|e|li|tisch**
Is|tan|bul [*ißtambul*] (Stadt in der Türkei)
I|ta|li|en; der **I|ta|li|e|ner;** die **I|ta|li|e|ne|rin;** die Italienerinnen; **i|ta|li|e|nisch;** die italienische Schweiz; italienischer Salat; aber: die Italienische Republik
das **I-Tüp|fel|chen,** *neue Schreibung:* **i-Tüp|fel|chen**

J

das **J** [*jot*] (Buchstabe); des J; die J; aber: das j in Boje
ja; jaja!, *auch:* ja, ja!; jawohl; ja freilich; ja doch; aber ja; na ja; nun ja; ach ja; zu allem ja und amen, *auch:* Ja und Amen sagen; das Ja und das Nein; mit einem Ja antworten; mit Ja oder [mit] Nein stimmen; die Folgen seines Ja[s]
die **Jacht** (ein Schiff, ein Segelboot); die Jachten
die **Ja|cke**[1]; das **Ja|ckett**[1] [*schakät*] (zum Herrenanzug gehörende Stoffjacke); die Jacketts *und* die Jackette

[1] *Alte Trennung:* ...|st...

[1] *Alte Trennung:* ...k|k...

der **Jack|pot** [*dschäkpot*] (angesammelter Spielgewinn); des Jackpots; die Jackpots

die **Jagd;** die Jagden; der **Jagd|hund; jagen;** du jagst; er hat gejagt; jage nicht!; der **Jä|ger;** die **Jä|ge|rei**

der **Ja|gu|ar;** die Jaguare

jäh; jäh|lings; der **Jäh|zorn; jäh|zornig**

das **Jahr;** im Jahr 2000; laufenden Jahres; künftigen Jahres; nächsten Jahres; vorigen Jahres; über Jahr und Tag; Jahr für Jahr; von Jahr zu Jahr; zwei, viele Jahre lang; er ist über (mehr als) 14 Jahre alt; Schüler ab 14 Jahre[n], bis zu 18 Jahren; ein gutes neues Jahr! (Neujahrsglückwunsch); **jahr|aus; jahrein; jah|re|lang;** aber: zwei, viele Jahre lang; der **Jah|res|ring;** die Jahresringe *meist Plural*; die **Jah|res|zeit;** der **Jahr|gang;** das **Jahr|hun|dert; ...jäh|rig** (z.B. dreijährig, *mit Ziffer:* 3jährig, *neu:* 3-jährig: drei Jahre alt, drei Jahre dauernd); **jähr|lich** (jedes Jahr wiederkehrend); der **Jahr|markt;** das **Jahr|tau|send;** das **Jahr|zehnt;** die Jahrzehnte

Ja|kar|ta [*dschakarta*] (Hauptstadt von Indonesien)

die **Ja|lou|sie** [*schalusi*] (Sonnenblende am Fenster); die Jalousien

Ja|mai|ka (Insel der Großen Antillen; Staat); der **Ja|mai|ka|ner; ja|mai|kanisch**

der **Jam|mer; jäm|mer|lich; jam|mern;** du jammerst; er hat gejammert; jammere nicht!; er jammert mich; **jammer|scha|de**

der **Jangt|se** *und* **Jangt|se|ki|ang** (chinesischer Fluss)

der **Ja|nu|ar;** des Januars *und* des Januar; die Januare

Ja|pan; der **Ja|pa|ner; ja|pa|nisch**

jap|sen (nach Luft schnappen); du japst; sie japst; sie hat gejapst

der **Jar|gon** [*schargong*] (Sondersprache einer Berufsgruppe oder Gesellschaftsschicht); des Jargons; die Jargons

der **Jas|min** (ein Strauch); die Jasmine

jä|ten; du jätest; er jätet; er jätete; er hat Unkraut gejätet; jäte das Unkraut!

die **Jau|che;** die **Jau|che[n]|gru|be**

jauch|zen; du jauchzt; sie jauchzt; sie jauchzte; sie hat gejauchzt; jauchze mit uns!; der **Jauch|zer**

jau|len; der Hund jault; der Hund jaulte; der Hund hat gejault

Ja|va [*jawa*] (Insel in Südostasien)

ja|wohl

der **Jazz** [*dschäs*, auch: *dschäß, jaz*]; des Jazz; die **Jazz|band** [*dschäsbänd*]; die Jazzbands

je; seit je; je Person; je drei; je zwei und zwei; je länger, je lieber; je mehr, desto lieber; je kürzer, umso schneller; je nachdem; je nun

die **Jeans** [*dschins*] (Hose im Stil der Bluejeans) *Plural, auch Singular*

je|den|falls

je|der, jede, jedes; zu jeder Stunde; auf jeden Fall; er benutzt jede Gelegenheit dazu; zu Anfang jedes Jahres, *auch:* jeden Jahres; das weiß ein jeder; jeder beliebige, *neu:* Beliebige kann teilnehmen; jeder einzelne, *neu:* Einzelne wurde gefragt; alles und jedes; **jeder|mann; je|der|zeit; je|des|mal,** *neue Schreibung:* **je|des Mal**

je|doch

der **Jeep** [*dschip*] (ein Geländewagen); die Jeeps

jeg|li|cher; ein jeglicher

je|mals

je|mand; jemand[e]s; jemand[em]; jemand[en]; irgend jemand, *neu:* irgendjemand; sonst jemand; jemand anders; jemand Fremdes; ein gewisser Jemand

[der] **Je|men** (Staat auf der Arabischen Halbinsel); der **Je|me|nit; je|me|nitisch**

je|ner, jene, jenes; in jener Zeit; ich gedachte jenes Tages

jen|seits; jenseits des Flusses; das **Jen|seits**

der **Jer|sey** [*dschö'si*] (eine Stoffart); des Jersey[s]; die Jerseys

Je|ru|sa|lem (die Heilige Stadt der Juden, Christen und Moslems)

der **Je|su|it;** des/dem/den Jesuiten; die Jesuiten

Je|sus; Jesus Christus; *Genitiv:* Jesu Christi

der **Jet** [*dschät*] (Düsenflugzeug); die Jets

der **Je|ton** [*schetong*] (Spielmarke); des Jetons; die Jetons

jet|ten [*dschäten*] (mit dem Jet fliegen); du jettest; sie ist gejettet

jet|zig; jetzt; bis jetzt; von jetzt an

je|wei|lig; je|weils

Jg. = Jahrgang; **Jgg.** = Jahrgänge

Jh. = Jahrhundert

das **Jiu-Jit|su** [*dschiu-dschitßu*] (*älter für:* ↑Jujutsu); des Jiu-Jitsu *und* des Jiu-Jitsus der **Job** [*dschop*] (Beschäftigung, Verdienstmöglichkeit); die Jobs; **job|ben** [*dschob^en*]; du jobbst; sie jobbt; sie hat in den Ferien gejobbt; das **Job-sharing,** *neue Schreibung:* **Job|sha|ring,** *auch möglich:* **Job-Sha|ring** [*dschobschäring*] (Aufteilung eines Arbeitsplatzes unter mehrere Personen); des Job-sharing[s], *neu:* Jobsharing[s], *auch:* Job-Sharing[s]

das **Joch;** die Joche; 9 Joch Acker; 3 Joch Ochsen

der **Jo|ckei**[1] [*dschoki*], *auch:* **Jo|ckey**[1] (berufsmäßiger Rennreiter); des Jockeis, *auch:* Jockeys; die Jockeis, *auch:* Jockeys

das **Jod;** die **Jod|tink|tur**

jo|deln; du jodelst; sie jodelt; sie hat gejodelt; jodle!; der **Jod|ler**

Jo|ga ↑Yoga

jog|gen [*dschog^en*] (Jogging betreiben); du joggst; sie joggt; sie joggte; sie hat gejoggt; jogge öfter!; das **Jog|ging** [*dschoging*] (Laufen in mäßigem Tempo als Fitnesstraining); des Joggings

der *und* das **Jo|ghurt,** *Nebenform:* **Jogurt** (eine Art Dickmilch)

Jo|han|nes|burg (Stadt in Südafrika)

die **Jo|han|nis|bee|re**

joh|len (lärmen); du johlst; er johlte; er hat gejohlt; johle nicht so laut!

der **Joint** [*dscheunt*] (Haschisch-, Marihuanazigarette); des Joints; die Joints

der **Jo|ker** [*dschok^er*] (eine Spielkarte); des Jokers; die Joker

die **Jol|le** (flaches Ruder- oder Segelboot); die Jollen

der **Jon|g|leur** [*schonglör*] (Geschicklichkeitskünstler); des Jongleurs; die Jongleure; **jon|g|lie|ren** [*schonglir^en*]; er hat mit den Bällen jongliert

die **Jop|pe**

der **Jor|dan** (größter Fluss Israels und Jordaniens); **Jor|da|ni|en** [*jordani^en*] (Staat in Vorderasien); der **Jor|da|nier** [*jordani^er*]; **jor|da|nisch**

das **Jot** (der Buchstabe J); des Jot; die Jot

das **Joule** [*dschul*] (Maßeinheit für die Energie); des Joule[s]; die Joule

der **Jour|na|list** [*schurnalißt*] (Zeitungsschriftsteller); des/dem/den Journalisten; die Journalisten

der **Joy|stick** [*dscheußtik*] (Steuerhebel für Computerspiele); des Joysticks; die Joysticks

[1]*Alte Trennung:* ...k|k...

jr. = junior

der **Ju|bel; ju|beln;** du jubelst; sie hat gejubelt; jub[e]le nicht zu früh!; der **Ju|bi|lar;** die Jubilare; das **Ju|bi|lä|um;** die Jubiläen; **ju|bi|lie|ren;** du jubilierst; sie hat jubiliert; jubiliere!

ju|cken[1]**;** es juckt mich am Arm; die Hand juckt mir, *seltener:* mich; mir, *seltener:* mich juckt die Hand; es juckt mir, *seltener:* mich in den Fingern[,] dir eine Ohrfeige zu geben; ihm, *seltener:* ihn juckt das Fell (er ist zu übermütig)

der **Ju|de;** des/dem/den Juden; die Juden; das **Ju|den|tum;** die **Jü|din;** die Jüdinnen; **jü|disch;** die jüdische Zeitrechnung

das **Ju|do** (sportliche Form des ↑Jujutsu); des Judos; der **Ju|do|ka** (Judosportler); des Judokas; die Judokas

die **Ju|gend;** die **Ju|gend|grup|pe;** die **Ju|gend|her|ber|ge; ju|gend|lich;** die **Ju|gend|li|che;** eine Jugendliche; der **Ju|gend|li|che;** ein Jugendlicher; die Jugendlichen; zwei Jugendliche; das **Ju|gend|zen|t|rum**

das **Ju|jut|su** (Technik der Selbstverteidigung ohne Waffen); des Jujutsu[s]

der **Ju|li;** des Juli *und* des Julis; die Julis

der **Jum|bo** (*kurz für:* Jumbojet); der **Jum|bo-jet,** *neue Schreibung:* **Jum|bo|jet,** *auch möglich:* **Jum|bo-Jet** [*...dschät*] (Großraumflugzeug)

jun. = junior

jung; jünger; am jüngsten; von jung auf; er ist der jüngere, der jüngste meiner Söhne; mein Jüngster; er ist nicht mehr der Jüngste; der Jüngere; Junge und Alte; jung und alt, *neu:* Jung und Alt (jedermann); der **Jun|ge;** des Jungen; die Jungen; **jun|gen|haft;** der **Jün|ger;** die **Jung|frau;** der **Jung|ge|sel|le;** der **Jüng|ling; jüngs|te**[2]**;** das jüngste Küken; aber: das Jüngste Gericht; der Jüngste Tag

der **Ju|ni;** des Juni *und* des Junis; die Junis

ju|ni|or (der Jüngere); Karl Mayer junior; der **Ju|ni|or** (Sohn [im Verhältnis zum Vater]; *Mode:* Jugendlicher; *Sport:* Sportler zwischen 18 und 23 Jahren); des Juniors; die Junioren

Ju|pi|ter (höchster römischer Gott); der **Ju|pi|ter** (ein Planet); des Jupiters

der **Ju|rist** (Rechtskundiger); des/dem/den Juristen; die Juristen; die **Ju|ry**

[1]*Alte Trennung:* ...k|k...
[2]*Alte Trennung:* ...|st...

[schüri, auch: schüri] (Preisgericht); die Jurys
jus|tie|ren[1] (genau einstellen, einpassen, ausrichten); er hat die Waage justiert; die **Jus|tiz**[1] (Rechtspflege)
die **Ju|te** (eine Faserpflanze; deren Faser)
das **Ju|wel** (Edelstein; *meist Plural:* Schmuckstück); die Juwelen; der **Juwe|lier**
der **Jux** (Scherz, Spaß); des Juxes; die Juxe

K

das **K** [*ka*] (Buchstabe); des K; die K; aber: das k in Haken
K = Kelvin
die **Ka|a|ba** (das islamische Heiligtum in Mekka)
das **Ka|ba|rett** (Kleinkunst[bühne]); die Kabarette *und* die Kabaretts; der **Ka|ba|ret|tist;** des/dem/den Kabarettisten
die **Kab|be|lei;** sich **kab|beln** (*norddeutsch für:* sich streiten); du kabbelst dich; er kabbelt sich mit ihr; wir haben uns gekabbelt
das **Ka|bel;** die Kabel; der **Ka|bel|an|schluß,** *neue Schreibung:* **Ka|bel|an|schluss;** das **Ka|bel|fern|se|hen** (Übertragung von Fernsehprogrammen mithilfe von Kabeln); **ka|beln;** du kabelst; sie hat diese Nachricht nach Japan gekabelt; kab[e]le diese Nachricht!
der **Ka|bel|jau** (ein Fisch); die Kabeljaue *und* die Kabeljaus
die **Ka|bi|ne;** das **Ka|bi|nett** (kleinerer Raum; Gesamtheit der Minister); die Kabinette
das **Ka|b|rio** (*Kurzform von:* Kabriolett); des Kabrio[s]; die Kabrios; das **Ka|b|ri|o|lett** (Pkw mit zurückklappbarem Verdeck); des Kabrioletts; die Kabrioletts
die **Ka|chel;** die Kacheln
die **Ka|cke**[2] (*derb für:* Kot)
der **Ka|da|ver** [*kadawer*] (toter Tierkörper)
die **Ka|denz** (*Musik:* zu einem Abschluss führende Akkordfolge; virtuose solistische Einlage); die Kadenzen
der **Ka|der** (*Militär:* Kerntruppe; *Sport:* Kerngruppe von Wettkämpfern; *in der DDR:* Gruppe leitender Personen in Partei, Staat, Wirtschaft; Mitglied dieser Gruppe); des Kaders; die Kader
das **Kad|mi|um,** *fachsprachlich nur:* **Cad|mi|um** (chemischer Grundstoff, Metall)
der **Kä|fer**
der **Kaf|fee** (Getränk; *auch für:* der Kaffeestrauch, die Kaffeebohnen); ↑aber: Cafe; die **Kaf|fee-Ern|te,** *Hauptform:* **Kaf|fee|ern|te**
der **Kä|fig**
kahl; kahl sein, werden; **kahl|fres|sen,** *neue Schreibung:* **kahl fres|sen;** die Raupen fraßen den Baum kahl; die Raupen haben den Baum kahlgefressen, *neu:* kahl gefressen; **kahl|köp|fig;** der **Kahl|schlag;** die Kahlschläge
der **Kahn;** Kahn fahren; aber: das Kahnfahren
der **Kai** (das gemauerte Ufer; die Uferstraße); die Kaie *und* die Kais
Kai|ro (Hauptstadt von Ägypten)
der **Kai|ser; kai|ser|lich**
der, *auch:* das **Ka|jak** (ein Boot); die Kajaks
die **Ka|jü|te**
der **Ka|ka|du** (ein Papagei); des Kakadus; die Kakadus
der **Ka|kao** [auch: *kakau*]
der **Kak|tus;** des Kaktus; die Kakteen
der **Ka|lau|er** (schlechter [Wort]witz)
das **Kalb; kal|ben;** die Kuh kalbt; die Kuh kalbte; die Kuh hat gekalbt
das **Ka|lei|do|s|kop** (optisches Spielzeug; lebendig-bunte [Bilder]folge); die Kaleidoskope
der **Ka|len|der;** der Gregorianische, *neu:* gregorianische Kalender; der Julianische, *neu:* julianische Kalender; der Hundertjährige, *neu:* hundertjährige Kalender
das **Ka|li** (ein Ätz- und Düngemittel)
das **Ka|li|ber** (Durchmesser von Rohren)
der **Ka|lif** (morgenländischer Herrscher); des/dem/den Kalifen; die Kalifen
Ka|li|for|ni|en [*kalifornien*] (Staat in den USA)
das **Ka|li|um** (chemischer Grundstoff, Metall); des Kaliums
der **Kalk;** Kalk brennen
die **Kal|ku|la|ti|on** (Ermittlung der Kosten, Kostenvoranschlag); **kal|ku|lie|ren;** du kalkulierst; sie hat diesen Auftrag kalkuliert; kalkuliere genau!
die **Ka|lo|rie** (frühere Maßeinheit für die Wärmemenge, auch für den Energie-

[1] *Alte Trennung:* ...|st...
[2] *Alte Trennung:* ...k|k...

umsatz im Körper); die Kalorien; ↑Joule

kalt; kälter; am kältesten; eine kalte Ente (ein Getränk); kalte Küche; aber: der kalte, *neu:* Kalte Krieg; **kalt|blü|tig;** die **Käl|te; kalt|las|sen,** *neue Schreibung:* **kalt las|sen;** diese Nachricht läßt, *neu:* lässt ihn kalt; diese Nachricht wird ihn kaltlassen, *neu:* kalt lassen; **kalt|ma|chen** (*umgangssprachlich für:* ermorden); er hat ihn kaltgemacht; **kalt stel|len;** du musst den Pudding kalt stellen; aber: **kaltstel|len** (*umgangssprachlich für:* durch bestimmte Maßnahmen einflusslos machen); er hat den Konkurrenten kaltgestellt

das **Kal|zi|um,** *fachsprachlich nur:* **Cal|cium** (chemischer Grundstoff, Metall); des Kalziums

Kam|bo|d|scha (Staat in Hinterindien); der **Kam|bo|d|scha|ner; kambo|d|scha|nisch**

das **Ka|mel;** das **Ka|mel|haar;** der **Kamel|haar|man|tel**

die **Ka|me|ra;** die Kameras

der **Ka|me|rad;** des/dem/den Kameraden; die Kameraden; die **Ka|me|radschaft; ka|me|rad|schaft|lich**

Ka|me|run (Staat in Westafrika); der **Ka|me|ru|ner; ka|me|ru|nisch**

die **Ka|mil|le** (eine Heilpflanze); der **Kamil|len|tee**

der **Ka|min** (Schornstein; Felsenspalt)

der **Kamm; käm|men;** du kämmst; er hat sein Haar gekämmt; kämm[e] ihn!; sich kämmen; sie hat sich gekämmt

die **Kam|mer;** die **Kam|mer|mu|sik**

die **Kam|pa|g|ne** [*...panj*[e]] (umfangreiche Aktion für/gegen jemand oder etwas); die Kampagnen

der **Kampf; kämp|fen;** du kämpfst; sie hat gekämpft; kämpf[e]!; der **Kämpfer; kämp|fe|risch**

der **Kamp|fer** (ein Heilmittel)

kam|pie|ren ([im Freien] lagern; übernachten, hausen); du kampierst; er hat im Freien kampiert

Ka|na|da (Staat in Nordamerika); der **Ka|na|di|er** [*kanadi*[e]*r*]; **ka|na|disch**

der **Ka|nal;** die **Ka|na|li|sa|ti|on; ka|nali|sie|ren;** man hat den Fluss kanalisiert; kanalisier[e] ihn!

der **Ka|na|ri|en|vo|gel**

die **Kan|da|re** (Gebissstange des Pferdes); jemanden an die Kandare nehmen (jemanden streng behandeln)

der **Kan|di|dat** (Prüfling, Bewerber); des/dem/den Kandidaten; die Kandidaten; die **Kan|di|da|tur; kan|di|die|ren** (sich bewerben); du kandidierst; sie hat für dieses Amt kandidiert; kandidiere!

kan|die|ren (mit Zuckerlösung überziehen); du kandierst; er kandierte; er hat die Früchte kandiert; kandier[e] sie!; der **Kan|dis|zu|cker**[1]

das **Kän|gu|ruh,** *neue Schreibung:* **Kängu|ru;** die Känguruhs, *neu:* Kängurus

das **Ka|nin|chen**

der **Ka|nis|ter**[2] (ein Flüssigkeitsbehälter)

die **Kan|ne**

der **Kan|ni|ba|le** (Menschenfresser); des/dem/den Kannibalen; die Kannibalen; **kan|ni|ba|lisch**

der **Ka|non** (Richtschnur; Regel; Kettengesang); des Kanons; die Kanons

die **Ka|no|ne;** der **Ka|no|nen|schlag** (ein Feuerwerkskörper)

die **Kan|ta|te** (instrumental begleitetes mehrteiliges Gesangsstück für Solostimme[n] [und Chor])

die **Kan|te; kan|ten;** du kantest; er kantet; er kantete; er hat die Kiste gekantet; kante die Kiste!; **kan|tig**

die **Kan|ti|ne**

der **Kan|ton** (Bezirk; schweizerisches Bundesland); die Kantone; **kan|to|nal**

der **Kan|tor** (Leiter des Kirchenchores); die Kantoren; die **Kan|to|rei** (evangelischer Kirchenchor)

das **Ka|nu** [auch: *kanu*] (ein Paddelboot); die Kanus

die **Kan|zel;** die Kanzeln; die **Kanz|lei;** der **Kanz|ler**

das **Kap** (Vorgebirge); die Kaps; Kap der Guten Hoffnung (an der Südspitze Afrikas); Kap Hoorn (Südspitze Südamerikas)

Kap. = Kapitel

die **Ka|pa|zi|tät** (Leistungsvermögen; Fassungsvermögen; *auch für:* hervorragender Fachmann); die Kapazitäten; er ist eine Kapazität in der Chemie

die **Ka|pel|le;** der **Ka|pell|meis|ter**[2]

die **Ka|per** ([eingelegte] Blütenknospe des Kapernstrauchs); die Kapern

ka|pern (erbeuten); du kaperst; er hat ein Schiff gekapert; kapere das Schiff!

ka|pie|ren (*umgangssprachlich für:* fassen, verstehen); du kapierst; sie hat es kapiert; kapier[e] doch!

---

[1] *Alte Trennung:* ...k|k...

[2] *Alte Trennung:* ...|st...

die **Ka|pil|la|re** (Haargefäß, kleinstes Blutgefäß; Haarröhrchen); die Kapillaren
das **Ka|pi|tal;** die Kapitale *und* die Kapitalien [*kapitalien*]; der **Ka|pi|ta|lis|mus;** des Kapitalismus; der **Ka|pi|ta|list;** des/dem/den Kapitalisten; die Kapitalisten; **ka|pi|ta|lis|tisch**[1]
der **Ka|pi|tän**
das **Ka|pi|tel** (der Abschnitt); die Kapitel
die **Ka|pi|tu|la|ti|on** (Übergabe einer Truppe oder Festung); **ka|pi|tu|lie|ren** (sich ergeben); du kapitulierst; er hat kapituliert; kapitulier[e] nicht!
der **Ka|p|lan;** die Kapläne
die **Kap|pe**
kap|pen (abschneiden; abhauen); du kappst; sie kappt; sie kappte; sie hat das Tau gekappt; kappe es!
die **Ka|p|ri|o|le** (närrischer Luftsprung, toller Einfall)
die **Kap|sel;** die Kapseln
ka|putt; kaputt sein; aber: **ka|putt|ge|hen;** der Krug ist kaputtgegangen; **ka|putt|ma|chen;** er hat alles kaputtgemacht
die **Ka|pu|ze;** der **Ka|pu|zi|ner** (Angehöriger eines katholischen Ordens)
der **Ka|ra|bi|ner** (ein kurzes Gewehr)
das **Ka|ra|cho** (große Schnelligkeit, Schwung); mit Karacho
die **Ka|raf|fe** (bauchige Glasflasche)
die **Ka|ram|bo|la|ge** [*karambolasche*] (*umgangssprachlich für:* Zusammenstoß)
der **Ka|ra|mel,** *neue Schreibung:* **Ka|ra|mell** (gebrannter Zucker); des Karamels, *neu:* Karamells
das **Ka|ra|o|ke** (Veranstaltung, bei der Laien zur Instrumentalmusik eines Schlagers den Text singen)
das **Ka|rat** (das Maß der Feinheit einer Goldlegierung); die Karate; 24 Karat
das **Ka|ra|te** (System waffenloser Selbstverteidigung); des Karate[s]
...ka|rä|tig; zehnkarätig (*mit Ziffern:* 10karätig, *neu:* 10-karätig)
die **Ka|ra|wa|ne** (Reisegesellschaft im Orient); die **Ka|ra|wa|nen|stra|ße;** die **Ka|ra|wan|se|rei** (Unterkunft für Karawanen)
das **Kar|bid,** *fachsprachlich nur:* **Car|bid** (eine chemische Verbindung)
die **Kar|dät|sche** (die Pferdebürste)
der **Kar|di|nal;** die Kardinäle; die **Kar|di|nal|zahl** (Grundzahl, z. B. null, eins, zwei)
der **Kar|frei|tag**
karg; karger, *auch:* kärger; am kargsten, *auch:* am kärgsten; **kärg|lich**
die **Ka|ri|bik** (Karibisches Meer mit den Antillen); das **Ka|ri|bi|sche Meer**
ka|riert
die **Ka|ri|es** [*...iäß*] (Zahnfäule)
die **Ka|ri|ka|tur** (Zerrbild; Spottbild); die Karikaturen; **ka|ri|kie|ren;** du karikierst ihn; sie hat ihn karikiert; karikier[e] ihn!
die **Ka|ri|tas** (Nächstenliebe, Wohltätigkeit); ↑Caritas; **ka|ri|ta|tiv** (mildtätig)
kar|min|rot
der **Kar|ne|val** [*karnewal*]; die Karnevale *und* die Karnevals
das **Kar|ni|ckel**[1] (*landschaftlich für:* Kaninchen); die Karnickel
das **Ka|ro;** die Karos
die **Ka|ros|se** (der Prunkwagen); die Karossen; die **Ka|ros|se|rie** (der Kraftwagenoberbau); die Karosserien
die **Ka|rot|te** (eine Mohrrübe)
der **Karp|fen** (ein Fisch)
die **Kar|re; kar|ren;** du karrst; sie karrt; sie karrte; sie hat Sand gekarrt; karre das Unkraut in die Ecke!; der **Kar|ren**
die **Kar|rie|re** (Laufbahn); die Karrieren
der **Karst** (eine Landschaftsform); des Karst[e]s; die Karste
kart. = kartoniert (von Büchern)
die **Kar|te;** Karten spielen; die gelbe Karte, die rote Karte (*Sport*); die **Kar|tei** (Zettelkasten)
das **Kar|tell** (wirtschaftlicher Zusammenschluss); die Kartelle
die **Kar|tof|fel;** die Kartoffeln
der **Kar|ton** [*kartong,* auch: *karton*]; die Kartons; **kar|to|niert**
das **Ka|rus|sell;** die Karussells *und* die Karusselle
die **Kar|wo|che**
ka|schie|ren (verdecken, verbergen); sie hat den Mangel kaschiert
der **Kä|se**
die **Ka|ser|ne**
das **Ka|si|no** (*kurz für:* Spielkasino; Speiseraum [für Offiziere])
kas|ko|ver|si|chert; die **Kas|ko|ver|si|che|rung** (Fahrzeugversicherung)
der **Kas|per;** das, *auch:* der **Kas|per|le;** die Kasperle; das **Kas|per|le|the|a|ter**

[1]*Alte Trennung:* ...|st...

[1]*Alte Trennung:* ...k|k...

das **Kas|pi|sche Meer**
die **Kas|se;** der **Kas|sen|arzt;** der **Kas|sen|be|stand;** der **Kas|sen|sturz;** Kassensturz machen (sein Geld zählen)
die **Kas|se|rol|le** (Schmortopf)
die **Kas|set|te** (Kästchen, Behälter; Kunststoffgehäuse mit abspulbarem Magnetband); der **Kas|set|ten|re|cor|der,** *Hauptform:* **Kas|set|ten|re|kor|der**
der **Kas|si|ber** (heimliches Schreiben von Gefangenen oder an Gefangene)
kas|sie|ren (Geld einnehmen); du kassierst; sie kassiert; sie kassierte; sie hat den Beitrag kassiert; kassier[e] ihn!; der **Kas|sie|rer**
die **Kas|ta|nie**[1]**; kas|ta|ni|en|braun**[1]
sich **kas|tei|en**[1] (sich Bußübungen, Entbehrungen auferlegen); du kasteist dich; er hat sich kasteit; kastei[e] dich nicht!
das **Kas|tell**[1] (Burg, Festung)
der **Kas|ten**[1]
kas|t|rie|ren[1] (verschneiden, entmannen); sie hat den Hengst kastriert
der **Ka|sus** (grammatischer Fall); des Kasus; die Kasus
der **Kat** (*kurz für:* Katalysator); des Kats; die Kats
die **Ka|ta|kom|be** (frühchristliche unterirdische Begräbnisstätte); die Katakomben
der **Ka|ta|log** (Verzeichnis von Gegenständen); die Kataloge
der **Ka|ta|ly|sa|tor** (Vorrichtung zur Abgasreinigung); des Katalysators; die Katalysatoren
das, *auch:* der **Ka|ta|pult** (eine Schleudermaschine); die Katapulte
der **Ka|ta|rakt** (große Stromschnelle); des Katarakt[e]s; die Katarakte
der **Ka|tarrh,** *Nebenform:* **Ka|tarr** (eine Schleimhautentzündung); des Katarrhs, *auch:* Katarrs; die Katarrhe, *auch:* Katarre
ka|ta|s|t|ro|phal; die **Ka|ta|s|t|ro|phe** (großes Unglück)
die **Ka|te** (Kleinbauernhaus)
der **Ka|te|chis|mus;** des Katechismus; die Katechismen
die **Ka|te|go|rie** (Klasse; Gattung); die Kategorien
der **Ka|ter**
kath. ≙ katholisch
das *oder* der **Ka|the|der** (Pult)

[1] *Alte Trennung:* ...|st...

die **Ka|the|d|ra|le** (bischöfliche Hauptkirche)
die **Ka|the|te** (Seite am rechten Winkel im Dreieck)
die **Ka|tho|de,** *fachsprachlich auch:* **Ka|to|de** (negative Elektrode; Minuspol)
der **Ka|tho|lik;** des/dem/den Katholiken; die Katholiken; **ka|tho|lisch;** die katholische Kirche; aber: die Katholische Aktion; der **Ka|tho|li|zis|mus;** des Katholizismus
der **Kat|tun** (ein Baumwollgewebe); des Kattuns; die Kattune
katz|bu|ckeln[1]**;** du katzbuckelst; er katzbuckelt; er katzbuckelte; er hat gekatzbuckelt; katzbuckle nie!; die **Katze;** alles ist für die Katz (*umgangssprachlich für:* umsonst)
das **Kau|der|welsch;** des Kauderwelsch *oder* des Kauderwelschs
kau|en; du kaust; sie hat gekaut; kaue gut!
kau|ern (hocken); du kauerst; sie kauert; sie kauerte; sie hat am Boden gekauert; sich kauern; er hat sich in die Ecke gekauert
der **Kauf;** etwas in Kauf nehmen; **kau|fen;** du kaufst; sie hat das Auto gekauft; kauf[e] doch dieses Auto!; der **Käu|fer;** die **Kauf|frau**; die Kauffrauen; das **Kauf|haus; käuf|lich;** der **Kauf|mann;** die Kaufleute; **kauf|män|nisch**
der, *auch:* das **Kau|gum|mi;** die Kaugummi *und* die Kaugummis
die **Kaul|quap|pe**
kaum; das ist kaum glaublich
kau|sal (ursächlich zusammenhängend, begründend)
die **Kau|ti|on** (Bürgschaft, Sicherheit)
der **Kau|t|schuk;** der **Kau|t|schuk|baum**
der **Kauz;** die Käuze; das **Käuz|chen**
der **Ka|va|lier** (ein höflicher Mann)
die **Ka|val|le|rie** (Reiterei; eine Waffengattung); die Kavallerien
der **Ka|vi|ar** (Rogen des Störs)
keck (vorwitzig); die **Keck|heit**
der **Ke|gel;** die Kegel; mit Kind und Kegel; **ke|geln;** du kegelst; sie hat gekegelt; keg[e]le mit uns!; **ke|gel|schie|ben,** *neue Schreibung:* **Ke|gel schie|ben;** wir wollen kegelschieben, *neu:* Kegel schieben; du schiebst Kegel; er hat Kegel geschoben

[1] *Alte Trennung:* ...k|k...

die **Keh|le;** der **Kehl|kopf**

der **Kehr|be|sen; keh|ren** (fegen); du kehrst; er kehrt; er kehrte; er hat die Straße gekehrt; kehre sie!; der, *auch:* das **Keh|richt**

die **Keh|re** (Kurve; turnerische Übung); **keh|ren** (wenden); du kehrst; sie hat ihm den Rücken gekehrt; er ist in sich gekehrt; der **Kehr|reim; kehrt|ma-chen;** sie machte kehrt; sie hat kehrtgemacht; der **Kehr|wert** (Mathematik)

kei|fen; du keifst; sie keift; sie hat gekeift

der **Keil;** die Keile; die **Kei|le** (*umgangssprachlich für:* Prügel); Keile kriegen; **kei|len** (*umgangssprachlich für:* stoßen); sich keilen (*umgangssprachlich für:* sich prügeln); er keilt sich mit ihm; wir haben uns gekeilt; der **Kei|ler** (männliches Wildschwein); die **Kei|le-rei** (*umgangssprachlich für:* Prügelei)

der **Keim; kei|men;** der Samen keimt; der Samen keimte; der Samen hat gekeimt; der **Keim|ling;** die **Keim|zel|le**

kein; in keinem Falle, auf keinen Fall; keine unreifen Früchte essen; das ist keiner Erörterung wert; keiner von beiden; **kei|ner|lei; kei|ner|seits; kei-nes|falls; kei|nes|wegs; kein|mal;** aber: kein einziges Mal

der *oder* das **Keks;** des Keks *und* des Kekses; die Keks *und* die Kekse

der **Kelch**

die **Kel|le**

der **Kel|ler**

der **Kell|ner;** die **Kell|ne|rin;** die Kellnerinnen

der **Kel|te** (Angehöriger eines indogermanischen Volkes); des/dem/den Kelten; die Kelten; **kel|tisch**

die **Kel|ter** (Weinpresse); die Keltern; **kel|tern;** du kelterst; sie keltert; sie kelterte; sie hat gekeltert; keltere die Trauben!

das **Kel|vin** [*...win*] (Gradeinheit auf der absoluten Temperaturskala [Kelvinskala]); 0 K = –273,15 °C

Ke|nia (Staat in Ostafrika); der **Ke|ni-a|ner; ke|ni|a|nisch**

ken|nen; du kennst ihn; sie kennt ihn; sie kannte ihn; sie hat ihn gekannt; **ken|nen|ler|nen,** *neue Schreibung:* **ken|nen ler|nen;** er lernte ihn kennen; er hat ihn kennengelernt, *neu:* kennen gelernt; der **Ken|ner; kennt|lich;** kenntlich machen; die **Kennt|nis;** die Kenntnisse; Kenntnis nehmen von etwas; jemanden in Kenntnis setzen; etwas zur Kenntnis nehmen; die **Kennum|mer**[1], *neue Schreibung:* **Kenn|num|mer,** *auch möglich:* **Kenn-Num|mer;** das **Kenn|wort;** die Kennwörter; das **Kenn|zei|chen**

ken|tern (umkippen); das Schiff kentert; es kenterte; es ist gekentert

die **Ke|ra|mik** (Kunsttöpferei); *für die Erzeugnisse der Kunsttöpferei auch Plural:* die Keramiken

die **Ker|be;** das **Kerb|holz;** *fast nur in:* etwas auf dem Kerbholz haben (etwas angestellt, verbrochen haben)

der **Ker|ker**

der **Kerl;** die Kerle *und* die Kerls

der **Kern;** die **Kern|ener|gie** (Atomenergie); **kern|ge|sund;** das **Kern|obst;** der **Kern|re|ak|tor** (Atomreaktor); die **Kern|sei|fe;** die **Kern|spal|tung** (Atomspaltung)

die **Ker|ze; ker|zen|ge|ra|de**

keß, *neue Schreibung:* **kess** (dreist; flott); kesser; am kessesten

der **Kes|sel;** die Kessel

der *oder* das **Ket|chup,** *Hauptform:* **Ketschup** [*kätschap,* auch: *kätschup*] (Würztunke)

die **Ket|te**

der **Ket|zer;** die **Ket|ze|rei; ket|ze|risch**

keu|chen; sie hat gekeucht; keuch[e] nicht so laut!; der **Keuch|hus|ten**[2]

die **Keu|le**

keusch; am keuschesten; die **Keusch|heit**

das **Key|board** [*kibo'd*] (Tastatur; elektronisch verstärktes Tasteninstrument); des Keyboards; die Keyboards

Kfz = Kraftfahrzeug

kg = Kilogramm

KG = Kommanditgesellschaft

kgl. = königlich (*in Titeln:* Kgl.)

der **Kha|ki** (ein gelbbrauner Stoff); des Khaki[s]; das **Kha|ki|hemd**

Khar|tum (Hauptstadt des Sudans)

der **Kib|buz** (Gemeinschaftssiedlung in Israel); des Kibbuz; die Kibbuzim *oder* Kibbuze; der **Kib|buz|nik** (Angehöriger eines Kibbuz); die Kibbuzniks

ki|chern; du kicherst; er kicherte; er hat gekichert; kichere nicht!

ki|cken[3]; du kickst; sie kickt; sie

---

[1] *Trennung:* ...nn|n...
[2] *Alte Trennung:* ...|st...
[3] *Alte Trennung:* ...k|k...

kickte; sie hat gekickt; kick[e] den Ball!
kid|nap|pen [*kịdnäpᵉn*] (entführen); du kidnappst; er kidnappt; er hat ihn gekidnappt; der **Kịd|nap|per**
der **Kie|bitz**
die **Kie|fer** (ein Nadelbaum); die Kiefern; das **Kie|fern|holz**
der **Kie|fer** (ein Schädelknochen); die Kiefer; die **Kie|fer|höh|le**
Kiel (Hauptstadt von Schleswig-Holstein)
der **Kiel; kiel|o̱ben;** kieloben liegen
die **Kie|me;** die Kiemen
der **Kien|span;** die Kienspäne
der **Kies;** der **Kie|sel;** die Kiesel; die **Kie|sel|gur** (eine Erdart); der **Kie|sel|stein;** die **Kies|gru|be**
kif|fen (*umgangssprachlich für:* Haschisch oder Marihuana rauchen); sie hat gekifft
ki|ke|ri|ki̱!
der **Ki|li|ma|nd|scha̱|ro** (Bergmassiv in Afrika)
kil|len (*umgangssprachlich für:* töten); du killst; er killt; er hat ihn gekillt; der **Kil|ler;** die Killer
das **Ki|lo** (*kurz für:* Kilogramm); des Kilos; die Kilo[s]; das **Ki|lo|grạmm;** die Kilogramme; 3 Kilogramm
der **Ki|lo|me̱|ter;** 80 Kilometer je Stunde
das **Ki|lo|wạtt;** die Kilowatt; 40 Kilowatt; die **Ki|lo|watt|stun|de**
die **Kim|me** (Einschnitt; Kerbe am Visier von Schusswaffen); Kimme und Korn
der **Ki|mo|no** [*kimo̱no,* auch: *kịmono* oder *kịmono*] (weitärmeliges Gewand)
das **Kind;** die Kinder; von Kind auf; sich bei jemandem lieb Kind machen (einschmeicheln); der **Kin|der|arzt;** der **Kin|der|gar|ten;** die **Kin|der|gärt|ne|rin;** die Kindergärtnerinnen; der **Kin|der|hort; kin|der|los;** die **Kin|der|ta|ges|stät|te;** der **Kin|der|wa|gen;** das **Kin|des|al|ter;** die **Kin|des|miß|hand|lung,** *neue Schreibung:* **Kin|des|miss|hand|lung;** die **Kindheit; kin|disch; kind|lich;** die **Kind|tau|fe**
ki|ne̱|tisch (bewegend); kinetische Energie (Bewegungsenergie)
der **King** (*umgangssprachlich für:* Anführer); des King[s]; die Kings
die **Kịn|ker|litz|chen** (*umgangssprachlich für:* Albernheiten) *Plural*
das **Kinn;** die Kinne; der **Kinn|ha|ken;** die **Kinn|la|de** (Unterkiefer); die Kinnladen
das **Ki|no**
der **Ki̱|osk** [auch: *kio̩ßk*] (ein Verkaufshäuschen); die Kioske
die **Kip|pe; kip|pen;** du kippst; sie kippt; sie kippte; sie hat die Kiste gekippt; der Stuhl ist plötzlich gekippt; der **Kipp|wa|gen;** die Kippwagen
die **Kir|che;** der **Kir|chen|chor;** die **Kir|chen|ge|schich|te;** das **Kir|chen|jahr;** die **Kir|chen|steu|er;** der **Kirch|gän|ger; kirch|lich;** der **Kirch|turm;** die **Kirch|weih**
die **Kịr|mes** (*landschaftlich für:* Kirchweih); die Kịrmessen
der **Kirsch|baum;** die **Kir|sche**
das **Kis|sen**
die **Kis|te**[1]
der **Kitsch; kit|schig**
der **Kitt; kit|ten;** du kittest; sie kittet; sie hat das Fenster gekittet; kitte es!
der **Kit|tel;** die Kittel
das **Kitz** (das Junge von Reh, Ziege, Gämse); die Kitze; das **Kitz|chen** *oder* **Kitz|lein**
kit|zeln; du kitzelst ihn; er hat ihn gekitzelt; kitzle ihn nicht!; der **Kitz|ler** (Klitoris); **kitz|lig** *und* **kit|ze|lig**
die **Ki̱|wi** (eine exotische Frucht); die Kiwis
KKW = Kernkraftwerk
Kl. = Klasse
der **Kla|bau|ter|mann** (Schiffskobold)
der **Klacks** (kleine Menge; klatschendes Geräusch); die Klackse; das ist nur ein Klacks (das macht keine Mühe)
die **Klad|de** (*landschaftlich für:* Schmierheft; Geschäftsbuch)
klaf|fen; die Wunde klafft; sie klaffte; die Wunde hat geklafft
kläf|fen; der Hund kläfft; der Hund hat gekläfft; der **Kläf|fer**
der *oder* das **Klaf|ter** (ein Längen- und Raummaß); die Klafter; 5 Klafter Holz; *auch:* die **Klaf|ter;** die Klaftern
die **Kla|ge;** die **Kla|ge|mau|er** (in Jerusalem); **kla|gen;** du klagst; er klagt; er klagte; er hat geklagt; klag[e] nicht!; der **Klä|ger; kläg|lich**
der **Kla|mau̱k** (*umgangssprachlich für:* Lärm, Ulk); des Klamauks
klamm; klamme Finger
die **Klamm** (Felsenschlucht); die Klammen; die **Klam|mer; klam|mern;** du klammerst; sie hat die Wunde geklammert; klammere die Wunde!; sich

[1]*Alte Trennung:* ...|st...

klammern; er hat sich an mich geklammert

die **Kla|mot|te** (*umgangssprachlich für:* minderwertiges [Theater]stück; *meist Plural:* [alte] Kleidungsstücke)

die **Klamp|fe** (Gitarre)

der **Klang;** die Klänge; die **Klang|far|be**

die **Klap|pe; klap|pen;** etwas klappt; etwas klappte; etwas hat geklappt; die **Klap|per; klap|pe|rig** *und* **klapp|rig; klap|pern;** du klapperst; sie klappert; sie hat geklappert; klappere nicht mit den Tassen!; die **Klap|per|schlan|ge**

der **Klaps;** die Klapse

klar; ich bin mir darüber im klaren, *neu:* Klaren; ins klare, *neu:* Klare kommen; aber: ↑klarlegen, klarmachen, klarstellen, klarwerden

die **Klär|an|la|ge;** das **Klär|be|cken**[1]; **klä|ren;** du klärst; sie hat die Frage geklärt; klär[e] die Frage!; sich klären; die Frage hat sich geklärt

die **Klar|heit**

die **Kla|ri|net|te** (ein Holzblasinstrument)

klar|le|gen (erklären); sie legt ihm den Vorgang klar; sie hat ihm den Vorgang klargelegt; **klar|ma|chen** (deutlich machen); sie machte ihr die Sache klar; sie hat sie ihr klargemacht; **klar|stel|len** (Irrtümer beseitigen); sie stellt die Missverständnisse klar; sie hat sie klargestellt; **klar|wer|den,** *neue Schreibung:* **klar wer|den** (einsehen); ihm ist endlich der Sinn klargeworden, *neu:* klar geworden; sich klarwerden, *neu:* klar werden; er ist sich darüber klargeworden, *neu:* klar geworden; **klar wer|den;** der Himmel wird klar werden

die **Klas|se;** die **Klas|sen|ar|beit;** der **Klas|sen|leh|rer;** der **Klas|sen|spre|cher;** die **Klas|si|fi|ka|ti|on** (Einordnung in Klassen); **klas|si|fi|zie|ren;** du klassifizierst; sie klassifizierte; sie hat die Schmetterlinge klassifiziert

die **Klas|sik** (Epoche kultureller Gipfelleistungen); der **Klas|si|ker; klas|sisch** (vorbildlich; die Klassik betreffend; typisch; traditionell); klassisches Theater; die klassischen Sprachen

der **Klatsch;** die **Klatsch|ba|se; klat|schen;** du klatschst; sie klatscht; sie hat Beifall geklatscht; klatsche!

klau|ben (sondern; heraussuchen; mühsam sammeln); du klaubst; er klaubt; er klaubte; er hat Erbsen geklaubt

die **Klaue;** die **Klau|en|seu|che;** die Maul- und Klauenseuche

klau|en (*umgangssprachlich für:* stehlen); du klaust; er klaut; er hat seinem Freund ein Buch geklaut

die **Klau|se** (Klosterzelle)

die **Klau|sel** (Nebenbestimmung; Vorbehalt); die Klauseln

die **Klau|sur** (Abgeschlossenheit, Zurückgezogenheit; Prüfungsarbeit unter Aufsicht); die Klausuren

die **Kla|vi|a|tur** (Gesamtheit der Tasten); die Klaviaturen; das **Kla|vier** [*klawir*]; Klavier spielen

kle|ben; du klebst; sie klebt; sie hat den Riss geklebt; klebe den Riss!; **kle|ben|blei|ben,** *neue Schreibung:* **kle|ben blei|ben;** er blieb kleben; er ist an der Farbe klebengeblieben, *neu:* kleben geblieben; der **Kle|ber** (Klebstoff); **kleb|rig;** der **Kleb|stoff**

kle|ckern[1]; du hast gekleckert; der **Klecks; kleck|sen;** du kleckst; sie kleckst; sie kleckste; sie hat gekleckst; klecks[e] nicht!

der **Klee;** das **Klee|blatt;** die **Klee-Ern|te,** *Hauptform:* **Klee|ern|te**

das **Kleid; klei|den;** etwas kleidet ihn; etwas kleidete ihn; etwas hat ihn gut gekleidet; sich kleiden; er hat sich nach der neuesten Mode gekleidet; der **Klei|der|schrank; kleid|sam;** die **Klei|dung;** das **Klei|dungs|stück**

die **Kleie**

klein; ein kleines Mädchen; am kleinsten; etwas im kleinen, *neu:* Kleinen verkaufen; groß und klein, *neu:* Groß und Klein; von klein auf; ein klein wenig; um ein kleines, *neu:* Kleines; bis ins kleinste, *neu:* Kleinste (sehr eingehend); das Auto für den kleinen Mann; Kleine und Große; er ist der Kleinste in der Klasse; die Kleinen (die Kinder); die Kleine (das kleine Mädchen); im Kleinen genau sein; etwas, nichts, viel, wenig Kleines; Pippin der Kleine; Klein Erna; Klein Roland; der Kleine Bär (ein Sternbild); der Kleine Belt. *Schreibung in Verbindung mit Verben:* klein sein, werden; klein beigeben (nachgeben); klein schreiben; etwas kurz und klein schlagen; ↑aber: klein-

[1]*Alte Trennung:* ...k|k...

[1]*Alte Trennung:* ...k|k...

kriegen, kleinmachen, kleinschneiden; die **Klei|nig|keit; klein|ka|riert** (engherzig; engstirnig); er ist der kleinkarierteste Mensch, den ich kenne; aber: kleinkariertes, *neu:* klein kariertes Papier; das **Klein|kind; klein|krie|gen;** er kriegt den Holzklotz nicht klein; ich lasse mich nicht kleinkriegen (zum Nachgeben zwingen); **klein|lich; klein|ma|chen,** *neue Schreibung:* **klein ma|chen;** er macht Holz klein; er hat es kleingemacht, *neu:* klein gemacht; **klein|mü|tig;** das **Klei|n|od;** die Kleinode *und* die Kleinodien [...*odi*[e]*n*]; **klein|schnei|den,** *neue Schreibung:* **klein schnei|den;** sie schneidet das Fleisch klein; sie hat es kleingeschnitten, *neu:* klein geschnitten; **klein schrei|ben,** *neue Schreibung:* **klein|schrei|ben** (mit kleinen Anfangsbuchstaben schreiben); Eigenschaftswörter werden klein geschrieben, *neu:* kleingeschrieben; die **Klein|schrei|bung;** die **Klein|stadt;** der **Klein|städ|ter**

der **Kleis|ter**[1]**; kleis|tern**[1]**;** du kleisterst; sie hat den Riss gekleistert; kleistere ihn!

die **Kle|men|ti|ne,** *auch:* **Cle|men|ti|ne** (kernlose Mandarine); die Klementinen

die **Klem|me; klem|men;** die Tür klemmt; die Tür hat geklemmt; sich klemmen; sie hat sich den Finger geklemmt

der **Klemp|ner** (Blechschmied)

der **Klep|per** (schlechtes Pferd)

der **Kle|rus** (die katholische Geistlichkeit); des Klerus

die **Klet|te**

klet|tern; du kletterst; sie klettert; sie kletterte; sie ist auf den Baum geklettert

der **Klett|ver|schluß,** *neue Schreibung:* **Klett|ver|schluss** (Haftverschluss)

der **Kli|ent** (Auftraggeber eines Rechtsanwalts); des/dem/den Klienten

das **Kli|ma;** die Klimas *und* die Klimate; die **Kli|ma|an|la|ge; kli|ma|tisch; kli|ma|ti|sie|ren** (mit einer Klimaanlage belüften und heizen oder kühlen)

klim|men (klettern); du klimmst; sie klimmt; sie klomm *und* klimmte; sie ist auf den Berg geklommen *und* geklimmt; der **Klimm|zug**

[1]*Alte Trennung:* ...|st...

klim|pern; du klimperst; sie hat mit den Münzen geklimpert; klimpere nicht!

die **Klin|ge**

die **Klin|gel;** die Klingeln; **klin|geln;** du klingelst; sie klingelt; sie klingelte; sie hat geklingelt; klingle!

klin|gen; etwas klingt; etwas klang; etwas hat geklungen; kling, klang!

die **Kli|nik** (Krankenanstalt); die Kliniken; **kli|nisch**

die **Klin|ke; klin|ken;** du klinkst; sie klinkt; sie klinkte; sie hat die Tür ins Schloss geklinkt; klinke die Tür leise ins Schloss!

der **Klin|ker** (hart gebrannter Ziegel)

der **Klipp,** *auch:* **Clip** (Klemme, Schmuckstück [am Ohr]); des Klipps; die Klipps

die **Klip|pe**

klir|ren; etwas klirrt; etwas hat geklirrt

das **Kli|schee** (eingefahrene, überkommene Vorstellung; abgegriffene Redewendung); des Klischees; die Klischees

das **Klis|tier**[1] (Einlauf); die Klistiere

die **Kli|to|ris** (Teil der weiblichen Geschlechtsorgane)

der **Klitsch** (breiige Masse); des Klitsch[e]s; **klit|schig**

das **Klo** (*kurz für:* Klosett)

die **Klo|a|ke** (Abwasserkanal)

der **Klo|ben; klo|big** (schwer, massiv)

klö|nen (*norddeutsch für:* gemütlich plaudern); du klönst; er hat geklönt

klop|fen; du klopfst; sie klopft; sie klopfte; sie hat geklopft; klopf[e] an die Tür!; der **Klop|fer**

der **Klöp|pel;** die Klöppel

der **Klops;** die Klopse

das **Klo|sett;** die Klosette *und* die Klosetts

der **Kloß;** des Kloßes; die Klöße

das **Klos|ter**[1]

der **Klotz; klot|zig**

der **Klub,** *auch:* **Club;** des Klubs, *auch:* Clubs; die Klubs, *auch:* Clubs

die **Kluft** (Spalte); die Klüfte

die **Kluft** (*umgangssprachlich für:* [alte] Kleidung; Uniform); die Kluften

klug; klüger; am klügsten. *Groß:* er ist der Klügste in der Klasse; der Klügere gibt nach; es ist das klügste, *neu:* Klügste (aber: am klügsten) zu schweigen; klug sein, werden; **klu|ger|wei|se;** aber: in kluger Weise; die **Klug|heit; klug|re|den,** *neue Schrei-*

[1]*Alte Trennung:* ...|st...

bung: **klug re|den** (alles besser wissen wollen); du sollst nicht so klugreden, *neu:* klug reden; **klug re|den** (verständlich sprechen); er hat wirklich klug geredet; der **Klug|schwät|zer** (Besserwisser)

der **Klum|pen;** des Klumpens; die Klumpen; **klum|pig**

der **Klün|gel** (*abwertend für:* Clique)

km = Kilometer; **km/h** = Kilometer je Stunde

knab|bern; du knabberst; sie hat am Brot geknabbert; knabbere nicht am Brot!

der **Kna|be;** das **Kna|ben|kraut** (eine Orchidee)

das **Knä|cke|brot**[1]; **kna|cken**[1]; etwas knackt; etwas knackte; etwas hat geknackt; der **Knacks;** die **Knackwurst**

der **Knall;** die Knalle; Knall auf Fall *oder* Knall und Fall (unerwartet, sofort); **knal|len;** etwas knallt; etwas knallte; etwas hat geknallt; **knall|rot**

knapp; knapp sein, werden; etwas knapp schneiden; ein knapp sitzender Anzug; **knapp|hal|ten,** *neue Schreibung:* **knapp hal|ten;** er hält ihn knapp; er hat ihn knappgehalten, *neue Schreibung:* knapp gehalten

die **Knapp|schaft** (Gesamtheit der Bergarbeiter eines Bergwerks oder Bergreviers)

die **Knar|re** (Kinderspielzeug; *umgangssprachlich für:* Gewehr); die Knarren; **knar|ren;** die Tür knarrt; die Tür knarrte; die Tür hat geknarrt

der **Knast** (*umgangssprachlich für:* Gefängnis); die Knaste

der **Knas|ter**[2] (schlechter Tabak); die Knaster

knat|tern; etwas knattert; etwas knatterte; etwas hat geknattert

der *oder* das **Knäu|el;** die Knäuel

der **Knauf;** des Knauf[e]s; die Knäufe

knau|se|rig *und* **knaus|rig; knausern;** du knauserst; er hat mit seinem Geld geknausert; knausere nicht!

knaut|schen (knittern); du knautschst das Kleid; der Stoff hat geknautscht; die **Knautsch|zo|ne** (im Auto)

der **Kne|bel;** die Knebel; **kne|beln;** du knebelst ihn; er knebelt ihn; er knebelte ihn; er hat ihn geknebelt; kneb[e]le ihn nicht!

der **Knecht; knech|ten;** du knechtest ihn; er hat ihn geknechtet; knechte ihn nicht!; die **Knecht|schaft**

knei|fen; du kneifst; sie kneift; sie kniff; sie hat ihn, *auch:* ihm in den Arm gekniffen; kneif[e] ihn nicht!; die **Kneif|zan|ge**

die **Knei|pe** (einfaches Lokal)

kneip|pen (eine Wasserkur machen); du kneippst; sie kneippt; sie kneippte; sie hat gekneippt; die **Kneipp|kur**

kne|ten; du knetest; sie knetet; sie hat geknetet; knet[e] den Lehm!; die **Knetmas|se**

der **Knick;** die Knicke; **kni|cken**[1]; du knickst; sie knickt; sie knickte; sie hat das Blatt geknickt; knick[e] das Blatt!; **kni|cke|rig**[1] *und* **knick|rig**

der **Knicks; knick|sen;** du knickst; sie knickst; sie hat geknickst; knickse!

das **Knie;** die Knie [*kni^e*, auch: *kni*]; auf den Knien liegen; auf die Knie!; die **Knie|beu|ge;** die **Knie|keh|le; knien** [*knin*, auch: *kni^en*]; du kniest; sie kniet; sie kniete; sie hat gekniet; knie!; sich knien; sie hat sich auf den Boden gekniet

der **Kniff; kniff|lig**

der **Knilch** *oder* **Knülch** (*umgangssprachlich für:* unangenehmer Mensch); des Knilchs *oder* des Knülchs; die Knilche *oder* die Knülche

knip|sen (*umgangssprachlich für:* fotografieren; Fahrkarten o. Ä. lochen); du knipst; sie knipst; sie hat geknipst; knipse!

der **Knirps**

knir|schen; du knirschst; sie knirscht; sie knirschte; sie hat mit den Zähnen geknirscht; knirsch[e] nicht so mit den Zähnen!

knis|tern[2]; etwas knistert; etwas knisterte; etwas hat geknistert

knit|tern; etwas knittert; etwas knitterte; etwas hat geknittert

kno|beln (losen; würfeln); du knobelst; sie hat geknobelt; knoble mit mir!

der **Knob|lauch**

der **Knö|chel;** die Knöchel; der **Knochen;** das **Kno|chen|ge|rüst; knöchern; kno|chig**

knock|out, *Hauptform:* **knock-out**

---

[1] *Alte Trennung:* ...k|k...
[2] *Alte Trennung:* ...|st...

[1] *Alte Trennung:* ...k|k...
[2] *Alte Trennung:* ...|st...

[*nok-out*] (kampfunfähig; *Abkürzung:* k.o.); jemanden k.o. schlagen; der **Knock|out,** *Hauptform:* **Knock-out** (Niederschlag; *Abkürzung:* K.o.); des Knockout[s], *auch:* des Knock-out[s]; die Knockouts, *auch:* die Knock-outs

der **Knö|del** (*süddeutsch für:* Kloß); die Knödel

die **Knol|le;** der **Knol|len|blät|ter|pilz; knol|lig**

der **Knopf; knöp|fen;** du knöpfst; sie knöpft; sie hat ihr Kleid vorn geknöpft; das **Knopf|loch**

der **Knor|pel;** die Knorpel; **knor|pe|lig** *und* **knorp|lig**

der **Knor|ren** (*landschaftlich für:* Knoten, harter Auswuchs); **knor|rig**

die **Knos|pe; knos|pen;** die Rose knospt; die Rose hat geknospt

kno|ten; du knotest; sie knotet; sie knotete; sie hat ihre Schnürsenkel geknotet; knote sie!; der **Kno|ten**

das **Know-how** [*no^u hau*] (*besonders in der Technik:* Kenntnis der praktischen Verwirklichung); des Know-how[s]

knuf|fen (*umgangssprachlich für:* stoßen); du knuffst; sie hat mich geknufft; knuffe mich nicht!

der **Knülch** ↑Knilch

der **Knül|ler** (*umgangssprachlich für:* Sensation)

knüp|fen; du knüpfst; sie knüpfte; sie hat viele Verbindungen geknüpft; knüpfe keine Bedingungen daran!

der **Knüp|pel;** die Knüppel

knur|ren; der Hund knurrt; der Hund hat geknurrt; knurre nicht!; **knur|rig;** ein knurriger Mensch

das **Knus|per|häus|chen; knus|pe|rig** *und* **knusp|rig; knus|pern;** du knusperst; sie knuspert; sie hat geknuspert

der **Knust** (*norddeutsch für:* Endstück des Brotes); die Knuste *und* die Knüste

die **Knu|te**

knut|schen (*umgangssprachlich für:* heftig küssen); du knutschst; sie knutscht; sie haben sich geknutscht; die **Knut|sche|rei**

k.o. [*ka o*] = ↑knockout; **K.o.** = ↑Knockout

der **Ko|a|la** (kleiner australischer Beutelbär); des Koalas; die Koalas

die **Ko|a|li|ti|on** (Bündnis; Zusammenschluss); die kleine, die große Koalition

das **Ko|balt** (ein Metall)

der **Ko|bold;** die Kobolde

die **Ko|b|ra** (Brillenschlange); die Kobras

der **Koch; ko|chen;** du kochst; er hat das Essen gekocht; koche etwas Gutes!; **ko|chend|heiß,** *neue Schreibung:* **kochend heiß;** kochendheißes, *neu:* kochend heißes Wasser; das Wasser ist kochend heiß

der **Kö|cher** (ein Behälter für Pfeile)

die **Kö|chin;** die Köchinnen; die **Koch|ni|sche;** das **Koch|salz;** des Kochsalzes

der **Kö|der** (Lockmittel); **kö|dern;** du köderst; sie ködert; sie köderte; sie hat den Fisch geködert; ködere den Fisch!

die **Ko|edu|ka|ti|on** (gemeinsame Erziehung von Jungen und Mädchen)

der **Ko|ef|fi|zi|ent** (konstanter Faktor vor einer veränderlichen Größe); des/dem/den Koeffizienten; die Koeffizienten

die **Ko|exis|tenz**[1] (friedliches Nebeneinander von Staaten mit unterschiedlichen gesellschaftlichen Systemen)

das **Kof|fe|in** (Wirkstoff des Kaffees)

der **Kof|fer**

der **Ko|g|nak** [*konjak*]; des Kognaks; die Kognaks *und* die Kognake

der **Kohl**

die **Koh|le; koh|len** (schwelen); etwas kohlt; etwas kohlte; etwas hat gekohlt; **koh|len** (*umgangssprachlich für:* aufschneiden; schwindeln); du kohlst; sie hat gekohlt; das **Koh|le[n]|hy|d|rat** (eine organische Verbindung); die Kohle[n]hydrate; das **Koh|len|di|oxid,** *Nebenform:* **Koh|len|di|oxyd;** die **Koh|len|säu|re;** der **Koh|len|stoff** (ein chemisches Element); der **Köh|ler**

kohl|ra|ben|schwarz

der **Kohl|ra|bi;** des Kohlrabi[s]; die Kohlrabi[s]

kohl|schwarz

der **Kohl|weiß|ling** (ein Schmetterling)

ko|i|tie|ren (den Geschlechtsakt vollziehen); du koitierst; er koitiert; sie haben koitiert; der **Ko|i|tus** (Geschlechtsakt)

die **Ko|je** (Schlafstelle auf Schiffen)

das **Ko|ka|in** (ein Betäubungsmittel, ein Rauschgift); des Kokains

die **Ko|ke|rei** (Koksgewinnung, Kokswerk)

ko|kett (eitel); am kokettesten

der **Ko|kon** [*kokong*] (Hülle der Insektenpuppen); des Kokons; die Kokons

die **Ko|kos|nuß,** *neue Schreibung:* **Ko|kos|nuss;** die Kokosnüsse; die **Ko|kos|pal|me**

[1] *Alte Trennung:* ...|st...

der **Koks**
der **Kol|ben**
die **Kol|cho|se** (landwirtschaftliche Produktionsgenossenschaft in der ehemaligen Sowjetunion); die Kolchosen
die **Ko|lik** (Leibschmerz); die Koliken
der **Kol|laps** [auch: *kolapß*] (Schwächeanfall); die Kollapse
der **Kol|le|ge** (Berufsgenosse; Mitarbeiter); des Kollegen; die Kollegen; **kol|le|gi|al;** die **Kol|le|gin;** die Kolleginnen; das **Kol|le|gi|um;** die Kollegien [*kolegiᵉn*]
die **Kol|lek|te** (kirchliche Sammlung); die **Kol|lek|ti|on** (Mustersammlung); **kol|lek|tiv** (gemeinschaftlich); das **Kol|lek|tiv** (Arbeits-, Produktionsgemeinschaft; Team)
der **Kol|ler** (eine Pferdekrankheit; Wutausbruch)
kol|lern; der Ball kollert; er kollerte; er ist in die Ecke gekollert
die **Kol|li|si|on** (Zusammenstoß)
Köln (Stadt am Rhein); der **Köl|ner; köl|nisch;** das **Köl|nisch|was|ser**
der **Ko|lo|ni|a|lis|mus** (auf Erwerb und Besitz von Kolonien gerichtete Politik); die **Ko|lo|nie** (Siedlung; überseeische Besitzung eines Staates); die Kolonien; die **Ko|lo|ni|sa|ti|on** (Besiedlung; wirtschaftliche Erschließung und Ausbeutung einer Kolonie); **ko|lo|ni|sie|ren;** du kolonisierst; er hat das Land kolonisiert; kolonisiere das Land!; der **Ko|lo|nist;** des/dem/den Kolonisten; die Kolonisten
die **Ko|lon|ne** (Gruppe, Reihe)
der **Ko|loß,** *neue Schreibung:* **Ko|loss;** des Kolosses; die Kolosse; **ko|los|sal** (riesig, übergroß)
der **Ko|lum|bi|a|ner** (Einwohner Kolumbiens); **ko|lum|bi|a|nisch; Ko|lum|bi|en** [*...biᵉn*] (Staat in Südamerika)
das **Ko|ma** (tiefe Bewusstlosigkeit); des Komas; die Komas *und* die Komata
der **Kom|bi** (kombinierter Liefer- und Personenwagen); des Kombi[s]; die Kombis; das **Kom|bi|nat** (in sozialistischen Staaten: Zusammenschluss produktionsmäßig eng zusammengehörender Betriebe); des Kombinat[e]s; die Kombinate; die **Kom|bi|na|ti|on** (Zusammenstellung; Vermutung; gutes Zusammenspiel); **kom|bi|nie|ren** (zusammenstellen; vermuten; gut zusammenspielen); du kombinierst; sie hat kombiniert; kombiniere!
die **Kom|bü|se** (Schiffsküche); die Kombüsen
der **Ko|met** (Schweifstern, Haarstern); des/dem/den Kometen; die Kometen
der **Kom|fort** [*komfor*]; des Komforts [*komforß*]
die **Ko|mik** (erheiternde, Lachen erregende Wirkung); der **Ko|mi|ker; ko|misch**
das **Ko|mi|tee** (leitender Ausschuss); des Komitees; die Komitees
das **Kom|ma;** des Kommas; die Kommas *und* die Kommata
der **Kom|man|dant** (Befehlshaber); des/dem/den Kommandanten; die Kommandanten; der **Kom|man|deur** [*komandör*]; die Kommandeure; **kom|man|die|ren** (befehlen); du kommandierst; er hat kommandiert; kommandiere ihn nicht so!; der Kommandierende General; die **Kom|man|dit|ge|sell|schaft** (eine Handelsgesellschaft); das **Kom|man|do** (Befehl; Befehlsgewalt; Truppenteil); die Kommandos
kom|men; du kommst; sie kommt; sie kam; sie ist gekommen; komm!
der **Kom|men|tar** (Erläuterung, Auslegung); die Kommentare
kom|mer|zi|a|li|sie|ren (wirtschaftlichen Interessen unterordnen); du kommerzialisierst; er hat die Kunst kommerzialisiert; **kom|mer|zi|ell** (geschäftlich; auf Gewinn bedacht)
der **Kom|miß,** *neue Schreibung:* **Kom|miss** (*umgangssprachlich für:* Militär, Militärdienst); des Kommisses; der **Kom|mis|sar** (ein Beauftragter; Dienstrangbezeichnung); die Kommissare; **kom|mis|sa|risch** (beauftragt; auftragsweise); die **Kom|mis|si|on** (ein Ausschuss)
die **Kom|mo|de** (ein Möbelstück)
kom|mu|nal (die Gemeinde betreffend); die **Kom|mu|ne** (Gemeinde; Wohn- und Wirtschaftsgemeinschaft)
die **Kom|mu|ni|ka|ti|on** (Verständigung, Verbindung [unter Menschen])
die **Kom|mu|ni|on** (Empfang des heiligen Abendmahls); **kom|mu|ni|zie|ren** (in Verbindung stehen; sich verständigen; das Abendmahl empfangen); du kommunizierst; sie hat kommuniziert
das **Kom|mu|ni|qué,** *Nebenform:* **Kom|mu|ni|kee** [*...münike,* auch: *...mu...*] (Denkschrift; [regierungs]amtliche Mitteilung); des Kommuniqués, *auch:*

Kommunikees; die Kommuniqués, *auch:* Kommunikees

der **Kom|mu|nis|mus;** des Kommunismus; der **Kom|mu|nist;** des/dem/den Kommunisten; die Kommunisten; **kom|mu|nis|tisch**[1]**;** aber: das Kommunistische Manifest

kom|mu|ta|tiv (*Mathematik:* vertauschbar)

der **Ko|mö|di|ant** (Schauspieler); des/dem/den Komödianten; die Komödianten; die **Ko|mö|die** [*komödi^e*] (das Lustspiel); die Komödien

der **Kom|pa|g|non** [*kompanjong*] (Teilhaber); des Kompagnons; die Kompagnons

kom|pakt (gedrungen; fest; dicht)

die **Kom|pa|nie** (eine Truppenabteilung); die Kompanien

der **Kom|pa|ra|tiv** (erste Steigerungsstufe, z. B. schöner)

der **Kom|paß,** *neue Schreibung:* **Kompass;** des Kompasses; die Kompasse

kom|pa|ti|bel (vereinbar, zusammenpassend, kombinierbar)

die **Kom|pen|sa|ti|on** (Ausgleich, Entschädigung); **kom|pen|sie|ren** (gegeneinander ausgleichen); du kompensierst; er kompensiert; er hat seine Schwäche durch Mut kompensiert

kom|pe|tent (zuständig; befugt; sachverständig); die **Kom|pe|tenz**

kom|p|lett (vollständig)

kom|p|lex (vielfach zusammengesetzt; vielschichtig); der **Kom|p|lex** (Gesamtheit, zusammenhängende Gruppe; seelisch bedrückende, negative Vorstellung); ein Komplex von Fragen; ein Häuserkomplex; verdrängte Komplexe

das **Kom|p|li|ment** (lobende, schmeichelhafte Äußerung); die Komplimente

der **Kom|p|li|ze** (Mittäter); des/dem/den Komplizen; die Komplizen

kom|p|li|ziert (schwierig, umständlich); am kompliziertesten

das **Kom|p|lott** (heimlicher Anschlag, Verschwörung); die Komplotte

die **Kom|po|nen|te** (Bestandteil; Teilkraft); der Komponente; die Komponenten; **kom|po|nie|ren** (ein Musikwerk schaffen; kunstvoll abstimmen, gestalten); du komponierst; sie hat ein Lied komponiert; komponiere!; der **Kom|po|nist** (Tondichter); des/dem/den Komponisten; die Komponisten; die **Kom|po|si|ti|on** (Aufbau und Gestaltung eines Kunstwerks; Musikwerk)

der **Kom|post;** der **Kom|post|hau|fen**

das **Kom|pott;** die Kompotte

die **Kom|p|res|se** (ein feuchter Umschlag); der **Kom|p|res|sor** (Verdichter); die Kompressoren; **kom|p|ri|mie|ren** (zusammenpressen; verdichten); komprimierte Luft

der, *selten:* das **Kom|pro|miß,** *neue Schreibung:* **Kom|p|ro|miss** (Übereinkunft; Ausgleich); des Kompromisses; die Kompromisse

kon|den|sie|ren (verdichten; verflüssigen); der Wasserdampf kondensiert; er kondensierte; er hat kondensiert; kondensierte Milch; die **Kon|dens|milch**

die **Kon|di|ti|on** (Bedingung; Verfassung, körperliche Leistungsfähigkeit); der **Kon|di|ti|o|nal|satz** (Bedingungssatz)

der **Kon|di|tor;** die Konditoren; die **Kon|di|to|rei**

kon|do|lie|ren (Beileid aussprechen); du kondolierst; sie hat ihm kondoliert; kondoliere ihm!

das *oder* der **Kon|dom** (Präservativ); die Kondome

der **Kon|dor** (Riesengeier); des Kondors; die Kondore

das **Kon|fekt;** die Konfekte

die **Kon|fek|ti|on** (Fertigkleidung)

die **Kon|fe|renz** (Beratung); die Konferenzen

die **Kon|fes|si|on** (Bekenntnis); **kon|fes|si|o|nell**

das **Kon|fet|ti** (bunte Papierschnitzel); des Konfetti[s]

der **Kon|fir|mand;** des/dem/den Konfirmanden; die Konfirmanden; die **Kon|fir|ma|ti|on** (Einsegnung); **kon|fir|mie|ren;** sie konfirmiert ihn; sie konfirmierte ihn; sie hat ihn konfirmiert

die **Kon|fi|tü|re** (Marmelade mit noch erkennbaren Obststücken)

der **Kon|f|likt** (Streit; Widerstreit); die Konflikte

die **Kon|fö|de|ra|ti|on** (Staatenbund); die Konföderationen

kon|form (einig, übereinstimmend)

die **Kon|f|ron|ta|ti|on** (Gegenüberstellung); **kon|f|ron|tie|ren;** du konfrontierst; sie hat ihn mit der Wahrheit konfrontiert

[1]*Alte Trennung:* ...|st...

kon|fus (verwirrt); die **Kon|fu|si|on**

der **Kon|go** (Fluss in Mittelafrika); [der] **Kon|go** (Staat in Mittelafrika); der **Kon|go|le|se; kon|go|le|sisch**

der **Kon|greß,** *neue Schreibung:* **Kon|g|ress** (eine Versammlung); des Kongresses; die Kongresse; der **Kon|greß|saal,** *neue Schreibung:* **Kon|g|ress|saal,** *auch möglich:* **Kon|g|ress-Saal**

kon|g|ru|ent (deckungsgleich); die **Kon|g|ru|enz** (Übereinstimmung)

die **Ko|ni|fe|re** (Zapfen tragendes Nadelholzgewächs); der Konifere; die Koniferen

der **Kö|nig;** die Heiligen Drei Könige; die **Kö|ni|gin;** die Königinnen; **kö|nig|lich;** das **Kö|nig|reich;** das **Kö|nigs|haus**

ko|nisch (kegelförmig)

die **Kon|ju|ga|ti|on** (Beugung des Verbs); **kon|ju|gie|ren;** du konjugierst; sie hat konjugiert; konjugiere!; die **Kon|junk|ti|on** (Bindewort); der **Kon|junk|tiv** (Möglichkeitsform); die Konjunktive

die **Kon|junk|tur** (wirtschaftliche Lage); die Konjunkturen

kon|kav (nach innen gewölbt); eine konkave Linse

das **Kon|kor|dat** (Vertrag zwischen Staat und katholischer Kirche); die Konkordate

kon|k|ret (körperlich, sinnfällig, greifbar); am konkretesten; konkrete Malerei; konkrete Musik

der **Kon|kur|rent** (Mitbewerber, Rivale) des/dem/den Konkurrenten; die Konkurrenten; die **Kon|kur|renz** (Wettbewerb); die Konkurrenzen; **kon|kur|rie|ren** (wetteifern); du konkurrierst mit ihm; er hat mit ihm konkurriert; konkurriere mit ihm!

der **Kon|kurs** (Zahlungsunfähigkeit); die Konkurse

kön|nen; du kannst; sie kann; sie konnte; sie hat das gekonnt; ich habe das nicht glauben können

der **Kon|rek|tor**

kon|se|quent (folgerichtig; beharrlich); am konsequentesten; die **Kon|se|quenz** (Folgerichtigkeit; Folgerung; Beharrlichkeit); die Konsequenzen tragen, ziehen

kon|ser|va|tiv (am Alten, Hergebrachten festhaltend)

das **Kon|ser|va|to|ri|um** [*konsärwatorium*] (Musikhochschule); die Konservatorien [*...riᵉn*]

die **Kon|ser|ve** [*konsärwᵉ*] (haltbar gemachte Lebensmittel); die **Kon|ser|ven|do|se; kon|ser|vie|ren** (einmachen; haltbar machen); er hat das Obst konserviert; konserviere es!

der **Kon|so|nant** (Mitlaut); des/dem/den Konsonanten; die Konsonanten

kon|s|tant (unveränderlich, stetig); am konstantesten; eine konstante Temperatur; die **Kon|s|tan|te** (feste mathematische Größe); der Konstante[n]; die Konstanten; mehrere Konstante[n]

Kon|s|tan|ti|no|pel (*früherer Name für:* Istanbul)

kon|s|t|ru|ie|ren [*konßt...*]; du konstruierst; sie hat eine Maschine konstruiert; konstruiere sie!; die **Kon|s|t|ruk|ti|on** (Bauart; Entwurf)

der **Kon|sul;** die Konsuln; das **Kon|su|lat;** die Konsulate; **kon|sul|tie|ren** (zu Rate ziehen); sie hat die Verbündeten konsultiert

der **Kon|sum** (Verbrauch); der **Kon|su|ment** (Verbraucher); des/dem/den Konsumenten; die Konsumenten; **kon|su|mie|ren;** du konsumierst; sie hat täglich drei Pfund Obst konsumiert

der **Kon|takt** (eine Verbindung); die Kontakte; **kon|takt|arm; kon|takt|freu|dig;** die **Kon|takt|lin|se** (dünnes, auf der Hornhaut getragenes Augenglas)

die **Kon|ta|mi|na|ti|on** (Verunreinigung, Verseuchung)

kon|tern (abwehren); du konterst; sie kontert; sie hat den Angriff gekontert

der **Kon|text** (Zusammenhang)

der **Kon|ti|nent** [auch: *kon...*] (Festland; Erdteil); die Kontinente; **kon|ti|nen|tal**

das **Kon|tin|gent** [*...ngg...*] (geschuldeter Anteil, zugeteilte Menge); des Kontingent[e]s; die Kontingente

kon|ti|nu|ier|lich (fortlaufend)

das **Kon|to;** die Konten

das **Kon|tor** (Niederlassung eines Handelsunternehmens oder einer Reederei im Ausland); die Kontore

kon|t|ra (gegen, entgegengesetzt)

der **Kon|tra|baß,** *neue Schreibung:* **Kon|t|ra|bass** (Bassgeige); des Kontrabasses; die Kontrabässe

der **Kon|t|ra|hent** (Gegner im Streit; Vertragspartner); des/dem/den Kontrahenten; die Kontrahenten

der **Kon|t|rakt** (Vertrag); die Kontrakte

der **Kon|t|rast** (Gegensatz); die Kontraste

die **Kon|t|rol|le** (Überwachung, Überprüfung); der **Kon|t|rol|leur** [*kontrolör*]; **kon|t|rol|lie|ren**; du kontrollierst; er hat ihn kontrolliert; kontrolliere ihn!

kon|t|ro|vers [*...wärß*] (entgegengesetzt; strittig, umstritten); kontroverser; am kontroversesten; die **Kon|t|ro|ver|se** [*...wärse*] (Streitfrage, Streit)

die **Kon|tur** (Umrisslinie); die Konturen

der **Ko|nus** (Kegel); des Konus; die Konusse

kon|ven|ti|o|nell [*...wän...*] (herkömmlich, üblich)

die **Kon|ver|sa|ti|on** (Unterhaltung)

kon|vex [*...wäkß*] (nach außen gewölbt); eine konvexe Linse

der **Kon|voi** [*konweu*] (Verband von Schiffen, Fahrzeugen [mit schützender Begleitung]); des Konvois; die Konvois

das **Kon|zen|t|rat** (angereicherter Stoff, hochprozentige Lösung); des Konzentrat[e]s; die Konzentrate

die **Kon|zen|t|ra|ti|on** (Zusammenziehung; [geistige Sammlung]); **kon|zen|t|rie|ren**; du konzentrierst; sie hat ihre Kräfte auf diese Aufgabe konzentriert; sich konzentrieren; sie hat sich konzentriert; **kon|zen|t|riert**; am konzentriertesten

kon|zen|t|risch (mit gemeinsamem Mittelpunkt); konzentrische Kreise

das **Kon|zept** (Entwurf); die Konzepte

der **Kon|zern** (Zusammenschluss wirtschaftlicher Unternehmen)

das **Kon|zert**

die **Kon|zes|si|on** (das Zugeständnis; die Genehmigung); **kon|zes|siv** (einräumend)

das **Kon|zil** (Kirchenversammlung); die Konzile *und* die Konzilien [*konziliⁿ*]

der **Koog** (dem Meere abgewonnenes eingedeichtes Land); die Köge

die **Ko|ope|ra|ti|on** [*ko-o...*] (Zusammenarbeit)

die **Ko|or|di|na|te** (x- oder y-Achse); die Koordinaten; das **Ko|or|di|na|tensys|tem**[1]

Ko|pen|ha|gen (Hauptstadt von Dänemark)

der **Kopf**; von Kopf bis Fuß; **köp|fen**; du köpfst; sie hat den Ball geköpft; köpfe! **kopf|los**; am kopflosesten; das **Kopfrech|nen**; der **Kopf|schmerz**; **kopfste|hen**, *neue Schreibung:* **Kopf stehen**; sie stand Kopf; sie hat Kopf gestanden; **kopf|über**; **kopf|un|ter**

[1] *Alte Trennung:* ...|st...

die **Ko|pie** (Abschrift, Abzug); die Kopien; **ko|pie|ren** (vervielfältigen); du kopierst; sie hat das Schreiben kopiert; kopiere es!

das **Kop|pel** (Gürtel); die Koppel

die **Kop|pel** (eingezäunte Weide); die Koppeln; **kop|peln** (verbinden); du koppelst; sie hat die Pferde gekoppelt

die **Ko|ral|le**; die **Ko|ral|len|in|sel**; das **Ko|ral|len|riff**

der **Ko|ran** [auch: *koran*] (das heilige Buch des Islams)

der **Korb**; die Körbe; der **Korb|blüt|ler**

Kord ↑Cord

die **Kor|del** (Bindfaden); die Kordeln

Ko|rea; (eine Halbinsel Ostasiens); der **Ko|re|a|ner**; **ko|re|a|nisch**

die **Ko|rin|the** (eine kleine Rosinenart)

der **Kork**; die Korke; der **Kor|ken**; die Korken; der **Kor|ken|zie|her**

das **Korn**; die **Korn|blu|me**

der **Kör|per**; der **Kör|per|bau**; des Körperbau[e]s; **kör|per|be|hin|dert**; der *und* die **Kör|per|be|hin|der|te**; der **Kör|per|teil**

kor|pu|lent (beleibt); am korpulentesten

kor|rekt (einwandfrei; ohne Fehler); am korrektesten; die **Kor|rek|tur** (Verbesserung); die Korrekturen

die **Kor|re|s|pon|denz** [*...reßp...*] (Briefwechsel); die Korrespondenzen; **kor|re|s|pon|die|ren** (Briefe wechseln); du korrespondierst; sie hat mit ihm korrespondiert; korrespondiere mit ihm!

der **Kor|ri|dor**

kor|ri|gie|ren (verbessern, berichtigen); du korrigierst; sie korrigierte; sie hat die Hefte korrigiert; korrigiere die Hefte!; sich korrigieren; mitten im Satz hat er sich korrigiert

die **Kor|ro|si|on** (chemische Zerstörung; Rostfraß)

kor|rupt (verdorben, bestechlich); die **Kor|rup|ti|on**

der **Kor|sar** (*früher:* Seeräuber; Seeräuberschiff); des/dem/den Korsaren; die Korsaren

der **Kor|se** (Bewohner Korsikas)

das **Kor|sett**; die Korsette *und* die Korsetts

Kor|si|ka (Insel im Mittelmeer); **korsisch**

der **Ko|sak** (*früher:* leicht bewaffneter russischer Reiter); des/dem/den Kosaken; die Kosaken

ko|sen; du kost; er kost; er koste; er

hat mit ihr gekost; kose nicht mit ihr!; der **Ko|se|na|me**

die **Kos|me|tik** (Schönheitspflege); **kos|me|tisch;** ein kosmetisches Mittel

der **Kos|mo|naut** (sowjetischer Weltraumfahrer); des/dem/den Kosmonauten; die Kosmonauten; der **Kos|mo|po|lit** (Weltbürger); des/dem/den Kosmopoliten; die Kosmopoliten; der **Kos|mos** (das Weltall, die Weltordnung); des Kosmos

die **Kost**

Kos|ta|ri|ka[1] usw.; ↑Costa Rica usw.

kost|bar

kos|ten[1] (schmecken); du kostest; sie kostet; sie kostete; sie hat das Essen gekostet; koste es!

kos|ten[1] (wert sein); etwas kostet; etwas kostete; etwas hat viel Geld gekostet; die **Kos|ten**[1] *Plural;* er hat sich auf Kosten seines Freundes amüsiert; **kos|ten|los**[1]

köst|lich

die **Kost|pro|be**

kost|spie|lig

das **Kos|tüm**[1]; die Kostüme

der **Kot;** der **Kot|flü|gel** (am Auto)

das **Ko|te|lett;** die Koteletts

der **Kö|ter**

kot|zen (*derb*); du kotzt; er hat gekotzt

kp = Kilopond

KPD = Kommunistische Partei Deutschlands

die **Krab|be** (ein Krebs); **krab|beln;** das Tier krabbelt; das Tier krabbelte; das Tier ist durch das Rohr gekrabbelt; es hat mich überall auf der Haut gekrabbelt (gejuckt)

der **Krach;** mit Ach und Krach (mit Müh und Not); Krach schlagen; **krach!; kra|chen;** etwas kracht; etwas hat gekracht

kräch|zen; der Rabe krächzt; der Rabe krächzte; der Rabe hat gekrächzt

die **Kraft;** in Kraft treten; das in Kraft getretene Gesetz; das Inkrafttreten, *neu:* In-Kraft-Treten; etwas außer Kraft setzen; der **Kraft|fah|rer;** das **Kraft|fahr|zeug;** das **Kraft|feld** (*Physik*); **kräf|tig;** der **Kraft|stoff;** der **Kraft|wa|gen;** das **Kraft|werk**

der **Kra|gen;** die Kragen, *süddeutsch auch:* die Krägen

die **Krä|he; krä|hen;** der Hahn kräht; der Hahn krähte; der Hahn hat gekräht

[1] *Alte Trennung:* ...|st...

der **Kra|ke** (Riesentintenfisch); des/dem/den Kraken; die Kraken

der **Kra|keel** (*umgangssprachlich für:* Lärm und Streit); die Krakeele; **kra|kee|len** (lärmen); du krakeelst; er krakeelt; er krakeelte; er hat krakeelt; krakeele nicht!; der **Kra|kee|ler**

der **Kra|kel** (schwer leserliches Schriftzeichen); **kra|ke|lig** *und* **krak|lig; kra|keln;** du krakelst; sie krakelt; sie hat in ihr Heft gekrakelt; krak[e]le nicht!

der **Kral** (afrikanisches Runddorf); des Krals; die Krale

die **Kral|le; kral|len;** du krallst; er krallt; er krallte; er hat die Nägel in ihren Arm gekrallt; sich an etwas krallen

der **Kram; kra|men;** du kramst; sie kramt; sie kramte; sie hat in der Schublade gekramt; der **Krä|mer**

die **Kram|pe,** *auch:* der **Kram|pen** (u-förmig gebogener Metallhaken)

der **Krampf; krampf|haft**

der **Kran;** die Kräne, *fachsprachlich:* die Krane; der **Kran|füh|rer**

der **Kra|nich**

krank; kränker; am kränksten; krank sein, werden, liegen; sich krank fühlen; sich krank melden, *neu:* krankmelden; sich krank lachen; er hat sie [für eine Woche] krank geschrieben, *neu:* krankgeschrieben; krankfeiern, krankmachen; der **Kran|ke;** ein Kranker; die Kranken; zwei Kranke; die **Kran|ke;** eine Kranke; **krän|keln;** du kränkelst; er kränkelt; er kränkelte; er hat lange gekränkelt; **krän|ken** (beleidigen); du kränkst ihn; er kränkt ihn; er kränkte ihn; er hat ihn sehr gekränkt; kränke ihn nicht!; das **Kran|ken|haus;** die **Kran|ken|kas|se;** die **Kran|ken|sal|bung** (katholisches Sakrament); der **Kran|ken|schein;** die **Kran|ken|schwes|ter**[1]; die **Kran|ken|ver|si|che|rung;** der **Kran|ken|wa|gen; krank|fei|ern** (*umgangssprachlich für:* der Arbeit fernbleiben, ohne ernstlich krank zu sein); er feiert krank; er hat gestern krankgefeiert; **krank|haft;** die **Krank|heit; kränk|lich; krank|ma|chen** (krankfeiern); er macht krank; er hat krankgemacht; die **Krän|kung**

der **Kranz**

der **Krap|fen** (ein Gebäck)

kraß, *neue Schreibung:* **krass** (extrem; grell); krasser; am krassesten

[1] *Alte Trennung:* ...|st...

der **Kra|ter**

die **Krät|ze** (eine Hautkrankheit); **krat|zen;** du kratzt; sie kratzt; sie hat mich gekratzt; kratze nicht!; sich kratzen; er kratzt sich unentwegt; der **Krat|zer**

krau|en (sanft mit den Finger kratzen); du kraust; sie kraut; sie kraute; sie hat den Hund hinter den Ohren gekraut; **krau|len** (krauen)

das **Kraul** (Schwimmstil); des Kraul[s]; **krau|len** (im Kraulstil schwimmen); du kraulst; sie ist durch das ganze Becken gekrault; sie hat lange gekrault

kraus; am krausesten; **kräu|seln;** der Wind kräuselt; er kräuselte; er hat den Wasserspiegel gekräuselt; sich kräuseln; das Haar hat sich gekräuselt

das **Kraut;** die Kräuter

der **Kra|wall;** die Krawalle

die **Kra|wat|te** (Schlips)

kra|xeln (*umgangssprachlich für:* klettern); du kraxelst; sie kraxelt; sie kraxelte; sie ist auf den Berg gekraxelt; kraxle weiter!

kre|a|tiv (schöpferisch); die **Kre|a|tur** (Geschöpf, Lebewesen); die Kreaturen

der **Krebs; krebs|er|re|gend,** *auch:* **Krebs er|re|gend;** eine krebserregende, *auch:* Krebs erregende Chemikalie

der **Kre|dit** (Zahlungsaufschub; befristet zur Verfügung gestellter Betrag; *übertragen für:* Glaubwürdigkeit); die Kredite; auf Kredit (geliehen)

die **Krei|de; krei|de|weiß**

der **Kreis;** der **Kreis|ab|schnitt** (Segment); der **Kreis|aus|schnitt** (Sektor); **krei|sen;** das Flugzeug kreist; das Flugzeug kreiste; das Flugzeug ist *oder* hat über der Stadt gekreist

krei|schen; du kreischst; er kreischt; er kreischte; er hat gekreischt; kreisch[e] nicht so!

der **Krei|sel;** die Kreisel; der **Kreis|lauf;** die Kreisläufe; die **Kreis|sä|ge;** der **Kreis|tag**

der **Kreiß|saal** (Entbindungsraum im Krankenhaus)

die **Krem,** *Hauptform:* **Creme;** die Krems, *auch:* Cremes

das **Kre|ma|to|ri|um** (Einäscherungshalle); die Krematorien [*krematoriᵉn*]

der **Kreml** [auch: *krä...*] (russischer Regierungssitz); des Kreml[s]

die **Krem|pe** (Hutrand)

der **Krem|pel** (*umgangssprachlich für:* Trödel, Kram); des Krempels

kre|pie|ren (bersten; *derb für:* verenden); die Granate krepiert; das Tier ist krepiert

der **Krepp** (ein krauses Gewebe); die Krepps *und* Kreppe; das **Kreppa|pier**[1], *neue Schreibung:* **Krepp|pa|pier,** *auch möglich:* **Krepp-Pa|pier**

die **Kres|se** (Name für verschiedene Salat- und Gewürzpflanzen)

Kre|ta (Insel im Mittelmeer); der **Kre|ter; kre|tisch**

das **Kreuz;** das Rote Kreuz; das Eiserne Kreuz; sie lief in die Kreuz und in die Quere; a b e r: sie lief kreuz und quer; der **Kreuz|blüt|ler; kreu|zen;** du kreuzt; sie kreuzt; sie kreuzte; sie hat die Arme gekreuzt; sich kreuzen; die Züge haben sich gekreuzt; der **Kreu|zer** (ein Kriegsschiff); der **Kreu|zes|tod** (Christi); das **Kreu|zes|zei|chen** *oder* **Kreuz|zei|chen;** die **Kreuz|fahrt** (Schiffsreise); **kreu|zi|gen;** man kreuzigte ihn; man hat ihn gekreuzigt; die **Kreu|zi|gung;** die **Kreuz|ot|ter;** die **Kreuz|schlitz|schrau|be; kreuz und quer;** die **Kreu|zung;** das **Kreuz|wort|rät|sel;** der **Kreuz|zug**

krib|beln; das Selterswasser kribbelt; es kribbelte; es hat mir im Hals gekribbelt; es kribbelt mir in den Fingern, das zu tun; **kribb|lig** *und* **krib|be|lig** (*umgangssprachlich für:* ungeduldig, gereizt)

krie|chen; du kriechst; sie kriecht; sie kroch; sie ist gekrochen; krieche durch die Zaunlücke!; der **Krie|cher;** die **Krie|che|rei; krie|che|risch** (unterwürfig); das **Kriech|tier**

der **Krieg**

krie|gen (*umgangssprachlich für:* bekommen, erhalten); du kriegst ein Fahrrad; sie hat ein Fahrrad gekriegt

der **Krie|ger; krie|ge|risch;** der **Kriegs|dienst|ver|wei|ge|rer;** das **Kriegs|schiff**

der **Krill** (tierisches Plankton); des Krill[e]s

der **Kri|mi,** [auch: *krimi*] (Kriminalfilm, -roman); die Krimis; der **Kri|mi|nal|be|am|te; kri|mi|nell** (verbrecherisch)

der **Krin|gel** (kleiner Kreis; ein Gebäck); **krin|ge|lig;** sich kringelig lachen; sich **krin|geln** (sich ringeln); das Haar kringelt sich; sie hat sich vor Lachen gekringelt (sie hat sehr gelacht)

---

[1] *Trennung:* ...pp|p...

die **Krip|pe;** das **Krip|pen|spiel**
die **Kri|se**
der **Kris|tall**[1] (regelmäßiger, von ebenen Flächen begrenzter Körper)
das **Kris|tall**[1] (geschliffenes Glas); **kris|tal|li|sie|ren**[1] (Kristalle bilden); etwas kristallisiert; etwas kristallisierte; etwas hat kristallisiert
die **Kri|tik** (kritische Beurteilung); der **Kri|ti|ker; kri|tik|los;** am kritiklosesten; **kri|tisch; kri|ti|sie|ren;** du kritisierst; er kritisiert; er kritisierte; er hat kritisiert; kritisiere nicht immer!
krit|teln (kleinlich urteilen; tadeln); du krittelst; er krittelt; er krittelte; er hat gekrittelt; kritt[e]le nicht so!
die **Krit|ze|lei; krit|zeln;** du kritzelst; sie kritzelt; sie kritzelte; sie hat Männchen in ihr Heft gekritzelt; kritzle nicht!
der **Kro|a|te** (Einwohner von Kroatien); **Kro|a|ti|en** (Staat im Südosten Europas); **kro|a|tisch**
das **Kro|ko|dil**
der **Kro|kus;** des Krokus; die Krokus *und* die Krokusse
die **Kro|ne; krö|nen;** du krönst ihn; sie krönt ihn; sie krönte ihn; sie hat ihn gekrönt; kröne ihn!; der **Kron|leuch|ter**
der **Kropf;** die Kröpfe
kroß, *neue Schreibung:* **kross** (*norddeutsch für:* knusprig); krosser; am krossesten
die **Krö|te**
die **Krü|cke**[2]; der **Krück|stock**
der **Krug**
die **Kru|me;** der **Krü|mel;** des Krümels; die Krümel; **krü|meln;** der Kuchen krümelt; der Kuchen hat gekrümelt
krumm; krummer; am krummsten; sie hat den Löffel krumm gebogen; **krüm|men;** du krümmst; sie hat ihm kein Haar gekrümmt; sich krümmen; sie hat sich am Boden gekrümmt; **krumm|neh|men,** *neue Schreibung:* **krumm neh|men** (*umgangssprachlich für:* übel nehmen); er nahm ihm diese Bemerkung krumm; sie hat mir diese Bemerkung krummgenommen, *neu:* krumm genommen; die **Krüm|mung**
der **Krüp|pel;** die Krüppel
die **Krus|te**[1]
das **Kru|zi|fix;** die Kruzifixe
die **Kryp|ta** (unterirdischer Kirchenraum); die Krypten

[1]*Alte Trennung:* ...|st...
[2]*Alte Trennung:* ...k|k...

Kto.-Nr. = Kontonummer
Ku|ba (mittelamerikanischer Staat; westindische Insel); der **Ku|ba|ner; ku|ba|nisch**
der **Kü|bel;** die Kübel
der *oder* das **Ku|bik|me|ter**
der **Ku|bus** (Würfel); des Kubus; die Kuben
die **Kü|che;** der **Kü|chen|dienst;** der **Kü|chen|schrank;** der **Kü|chen|zet|tel**
der **Ku|chen;** das **Ku|chen|blech;** der **Ku|chen|teig**
der **Ku|ckuck**[1]; die Kuckucke
der *oder* das **Kud|del|mud|del** (*umgangssprachlich für:* Wirrwarr); des Kuddelmuddels
die **Ku|fe** (Gleitschiene)
der **Kü|fer** (*südwestdeutsch für:* Böttcher)
die **Ku|gel;** die Kugeln; **ku|geln;** der Ball kugelt; der Ball kugelte; der Ball ist in die Ecke gekugelt; sich kugeln; **ku|gel|rund;** der **Ku|gel|schrei|ber;** das **Ku|gel|sto|ßen; kug|lig** *und* **ku|ge|lig**
die **Kuh;** die Kühe
kühl; im Kühlen; sich ins Kühle setzen
die **Kuh|le** (Grube, Loch)
die **Küh|le; küh|len;** du kühlst; sie hat ihr Gesicht gekühlt; kühle dein Gesicht!; der **Küh|ler;** der **Kühl|schrank**
kühn; die **Kühn|heit**
das **Kü|ken** (das Junge des Huhnes)
der **Ku-Klux-Klan** (terroristischer Geheimbund in den USA)
der **Ku|li;** die Kulis
die **Ku|lis|se**
kul|lern; du kullerst; sie hat den Ball über den Tisch gekullert; die Stämme sind auf die Straße gekullert
der **Kult** (Gottesdienst; Verehrung); **kul|ti|vie|ren** (Land bearbeiten, urbar machen; sorgsam pflegen); du kultivierst; sie hat den Boden kultiviert; kultiviere den Boden!; **kul|ti|viert** (gesittet; gebildet); am kultiviertesten; ein kultivierter Mensch; die **Kul|tur;** die Kulturen; **kul|tu|rell**
der **Küm|mel;** die Kümmel
der **Kum|mer; küm|mer|lich;** sich **küm|mern;** du kümmerst dich; er hat sich um ihn gekümmert; kümmere dich um ihn!; das kümmert mich nicht!
der **Kum|pan** (*umgangssprachlich für:* Kamerad; Mittäter); die Kumpane

[1]*Alte Trennung:* ...k|k...

der **Kum|pel** (Bergmann; *umgangssprachlich für:* Arbeitskamerad); die Kumpel[s]
der **Ku|mu|lus** (Haufenwolke); die Kumuli
kund; kund und zu wissen tun
die **Kun|de** (Botschaft)
der **Kun|de** (Käufer); des/dem/den Kunden; die Kunden
kund|ge|ben; sie gab kund; sie hat kundgegeben; ich gebe etwas kund; aber: ich gebe Kunde von etwas; die **Kund|ge|bung; kün|di|gen;** du kündigst; sie kündigt; sie kündigte; sie hat gekündigt; kündige!; sie hat ihm gekündigt; sie hat ihm die Wohnung gekündigt; es wurde ihr *oder* ihr wurde gekündigt; die **Kün|di|gung;** die **Kundschaft**
künf|tig; künftigen Jahres
das **Kung-Fu** (Methode der Selbstverteidigung); des Kung-Fu[s]
die **Kunst;** der **Kunst|dün|ger;** die **Kunst|fa|ser;** der **Kunst|griff;** der **Künst|ler; künst|le|risch; künstlich;** künstliche Atmung; künstliche Niere; der **Kunst|stoff;** die **Kunststoffo|lie**[1], *neue Schreibung:* **Kunststoff|fo|lie**, *auch möglich:* **Kunststoff-Fo|lie;** das **Kunst|stück; kunst|voll;** am kunstvollsten
kun|ter|bunt (durcheinander, gemischt)
das **Kup|fer; kup|fern** (aus Kupfer); ein kupferner Kessel; der **Kup|fer|stich**
die **Kup|pe;** die Kuppe des Berges
die **Kup|pel;** die Kuppeln
kup|peln; du kuppelst; er kuppelt; er hat unvorsichtig gekuppelt; die **Kupplung;** das **Kupp|lungs|pe|dal**
die **Kur** (Heilverfahren; Heilbehandlung, Pflege); die Kuren
die **Kür** (Wahlübung beim Sport); die Küren
das **Ku|ra|to|ri|um** (Aufsichtsbehörde); die Kuratorien [*kuratori^e^n*]
die **Kur|bel;** die Kurbeln; **kur|beln;** du kurbelst; sie hat gekurbelt; kurb[e]le doch!
der **Kür|bis;** des Kürbisses; die Kürbisse
kü|ren (wählen); du kürst; sie kürt; sie kürte, *auch:* kor; sie hat ihn gekürt, *auch:* gekoren; küre sie!; der **Kurfürst;** des/dem/den Kurfürsten; die Kurfürsten

[1]*Trennung:* ...ff|f...

der **Kur|gast**
die **Ku|rie** [*kuri^e^*] (die päpstliche Zentralbehörde)
der **Ku|rier** (Eilbote)
ku|rie|ren; du kurierst ihn; sie kurierte ihn; sie hat ihn kuriert; kuriere ihn!
ku|ri|os (seltsam); am kuriosesten
der **Kur|ort**
der **Kurs;** das **Kurs|buch**
der **Kürsch|ner** (Pelzverarbeiter)
kur|siv (schräg gedruckt); der **Kursus;** des Kursus; die Kurse
die **Kur|ve; kur|ven;** das Flugzeug ist *oder* hat über der Stadt gekurvt
kurz; kürzer; am kürzesten; kurz und gut; zu kurz kommen; kurz gesagt; binnen, in, seit, vor kurzem; über kurz oder lang; den kürzeren, *neu:* Kürzeren ziehen; Pippin der Kurze; die **Kurz|arbeit; kurz|ar|bei|ten;** sie arbeitet kurz; sie hat kurzgearbeitet; aber: **kurz ar|bei|ten;** ich werde heute nur kurz arbeiten; der **Kurz|ar|bei|ter; kurz|at|mig;** die **Kür|ze;** in Kürze; **kür|zen;** du kürzt; man hat ihr die Rente gekürzt; **kur|zer|hand;** die **Kurz|ge|schich|te; kürz|lich;** der **Kurz|schluß**, *neue Schreibung:* **Kurzschluss;** die **Kurz|schrift; kurzsich|tig;** der **Kurz|stre|cken|lauf**[1]
kusch! (*Befehl an den Hund:* leg dich still nieder!); **ku|schen** (sich lautlos hinlegen [vom Hund]; *umgangssprachlich auch für:* stillschweigen); du kuschst; der Hund kuscht; er hat gekuscht
die **Ku|si|ne**, *Nebenform:* **Cou|si|ne**
der **Kuß**, *neue Schreibung:* **Kuss;** des Kusses; die Küsse; das **Küß|chen**, *neue Schreibung:* **Küss|chen; küs|sen;** du küßt, *neu:* küsst; sie küßt, *neu:* küsst; sie hat ihn geküßt, *neu:* geküsst; küß, *neu:* küss *oder* küsse sie!
die **Küs|te**[2]
der **Küs|ter**[2]
die **Kut|sche;** der **Kut|scher; kut|schieren;** du kutschierst; sie hat den Wagen kutschiert; wir sind durch die Stadt kutschiert
die **Kut|te** (Mönchsgewand)
der **Kut|ter** (einmastiges Segelfahrzeug)
das **Ku|vert** [*kuwer* oder *kuwärt*]; des Kuverts; die Kuverts

[1]*Alte Trennung:* ...k|k...
[2]*Alte Trennung:* ...|st...

Ku|wait [auch: *kuwait*] (Staat am Persischen Golf); der **Ku|wai|ter** [auch: *kuwait^{e}r*]; **ku|wai|tisch** [auch: *kuwaitisch*]
kW = Kilowatt; **kWh** = Kilowattstunde

L

das **L** (Buchstabe); des L; die L; aber: das l in Schale
l = Liter
das **Lab** (ein Ferment); des Lab[e]s; die Labe
la|ben; du labst ihn; er labt ihn; er labte ihn; er hat ihn gelabt; labe ihn!; sich laben; er hat sich am Kuchen gelabt
la|bern (*umgangssprachlich für:* unaufhörlich und einfältig reden); du laberst; er labert; er hat viel gelabert; labere nicht!
la|bil (schwankend; unsicher); labiles Gleichgewicht
der **Lab|ma|gen** (bei Wiederkäuern)
das **La|bor** (*kurz für:* Laboratorium); die Labors; der **La|bo|rant;** des/dem/den Laboranten; die Laboranten; das **La|bo|ra|to|ri|um** (naturwissenschaftliche Arbeits- und Forschungsstätte); die Laboratorien [*laboratori^{e}n*]
das **Lab|sal;** die Labsale
das **La|by|rinth** (Irrgang; Durcheinander; Innenohr); die Labyrinthe
die **La|che** (Pfütze)
die **La|che** (Gelächter); **lä|cheln;** du lächelst; sie hat gelächelt; läch[e]le!; **la|chen;** du lachst; sie hat gelacht; lache!; Tränen lachen; sie hat gut lachen; das **La|chen;** das ist zum Lachen; **lä|cher|lich;** etwas ins Lächerliche ziehen
der **Lachs; lachs|far|ben**
der **Lack;** die Lacke; **la|ckie|ren[1];** du lackierst; sie lackiert; sie lackierte; sie hat das Auto lackiert; lackiere das Auto!
die **La|de** (Schublade); die Laden
la|den; du lädst; sie lädt; sie lud; sie hat geladen; lade!
der **La|den;** der **La|den|hü|ter** (schlecht verkäufliche Ware); das **Laden|schluß|ge|setz,** *neue Schreibung:* **Laden|schluss|ge|setz**

[1]*Alte Trennung:* ...k|k...

die **La|dung**
die **La|dy** [*le'di*] (Titel der englischen adligen Frau; *selten für:* Dame); die Ladys
die **La|ge;** in der Lage sein; 400 m Lagen (Lagenschwimmen)
das **La|ger;** die Lager *und (in der Kaufmannssprache auch:)* die Läger; etwas auf Lager halten; **la|gern;** du lagerst; sie hat die Vorräte gelagert; lagere die Vorräte!; sich lagern; sie haben sich auf der Wiese gelagert; die **La|ger|stät|te** (Vorkommen von Bodenschätzen); die Lagerstätten
La|gos (Hauptstadt von Nigeria)
die **La|gu|ne** (abgeschnürter flacher Meeresteil)
lahm; lah|men (lahm gehen); das Pferd lahmt; es hat gelahmt; **läh|men** (lahm machen); die Angst lähmt ihn; sie hat ihn gelähmt; **lahm|le|gen,** *neue Schreibung:* **lahm le|gen;** der Streik könnte die Wirtschaft lahmlegen, *neu:* lahm legen; der Verkehr wurde lahmgelegt, *neu:* lahm gelegt; die **Läh|mung**
der **Laib;** die Laibe; ein Laib Brot
der **Laich** (Eier von Amphibien, Fischen und Weichtieren); die Laiche; **lai|chen** (Laich absetzen); der Fisch laicht; der Fisch laichte; der Fisch hat gelaicht
der **Laie** (Nichtfachmann; Nichtpriester); **lai|en|haft;** das **Lai|en|spiel**
der **La|kai** (ein unterwürfiger Mensch); des Lakaien; die Lakaien
die **La|ke** (Salzlösung zum Einlegen von Fisch, Fleisch u. Ä.); die Laken
das **La|ken** (Betttuch)
la|ko|nisch (knapp, ohne viel Worte)
der, *auch:* das **La|k|ritz** (eingedickter Süßholzsaft); des Lakritzes; die Lakritze; die **La|k|rit|ze**
lal|len; du lallst; er lallt; der Betrunkene hat nur gelallt; lalle nicht so!
das **La|ma** (höckerloses südamerikanisches Kamel); des Lamas; die Lamas
der **La|ma** (tibetischer Priester oder Mönch); des Lama[s]; die Lamas
die **La|mel|le** (Streifen; dünnes Blättchen)
la|men|tie|ren (jammern); du lamentierst; er lamentiert; er hat lamentiert
das **La|met|ta** (Metallfäden [als Christbaumschmuck])
das **Lamm; lam|men;** das Schaf lammt; das Schaf hat gelammt
die **Lam|pe;** der **Lam|pi|on** [*lampiong*, auch: *lampiong*]; die Lampions
das **Land;** die Länder *und (dichterisch:)* die Lande; aus aller Herren Länder[n]; au-

ßer Landes sein; hierzulande, *neu auch:* hier zu Lande; die Halligen melden „Land unter" (Überflutung); zu Lande und zu Wasser; bei uns zulande, *neu:* zu Lande (daheim); **land|ab; land|auf; lan|den;** das Flugzeug landet; das Flugzeug ist gelandet; der Boxer hat bei seinem Gegner einen Kinnhaken gelandet; das **Län|der|spiel** *(Sport);* der **Lan|des|bi|schof;** die **Lan|des|re|gie|rung;** die **Land|frau; land|fremd;** die **Land|kar|te; länd|lich;** der **Land|mann** (Bauer); die Landleute; der **Land|rat;** das **Land|rats|amt;** die **Land|schaft;** das **Land|schafts|schutz|ge|biet;** der **Lands|knecht;** der **Lands|mann** (Landesgenosse); die Landsleute; die **Land|stra|ße;** der **Land|strei|cher;** der **Land|tag;** die **Lan|dung;** der **Land|wirt;** die **Land|wirt|schaft; land|wirt|schaft|lich**

lang; länger; am längsten; über kurz oder lang; seit langem, seit längerem; ein langes und breites, *neu:* Langes und Breites (viel, umständlich) reden; sich des langen und breiten, *neu:* Langen und Breiten über etwas äußern; **lang|at|mig; lang|bei|nig; lan|ge** *oder* **lang** (Adverb); lang ersehnte Hilfe; lang anhaltender Beifall; es ist lange her; die **Län|ge;** der Länge nach hinfallen; aber: längelang hinfallen

lan|gen *(umgangssprachlich für:* ausreichen; greifen); das Geld langt; er langte in den Korb; das Geld hat gelangt; jetzt langt['']s mir aber!

der **Län|gen|grad;** der **Län|gen|kreis;** das **Län|gen|maß;** die **Lan|ge|wei|le,** *auch:* die **Lang|wei|le;** der Langeweile *und* der Langweile *und* der Langenweile; aus Langeweile *und* aus Langweile *und* aus Langerweile; **läng|lich;** die **Lang|mut; lang|mü|tig; längs;** etwas längs (der Länge nach) trennen; längs des Weges; **lang|sam;** ein langsamer Walzer; der **Lang|schlä|fer; längst;** er ist längst daheim; **lang|wei|len;** sich langweilen; du langweilst ihn; sie hat sich gelangweilt; langweile mich nicht mit deiner Erzählung!; **lang|wei|lig; lang|wie|rig**

die **Lan|ze**

La|os (Staat in Hinterindien); der **La|o|te;** des/dem/den Laoten; **la|o|tisch**

la|pi|dar (einfach, kurz und bündig)

die **Lap|pa|lie** [*lapali^e*] (Kleinigkeit, etwas Belangloses); die Lappalien

der **Lap|pen;** des Lappens; die Lappen

läp|pisch (albern, dumm)

der **Lap|top** [*läptop*] (kleiner tragbarer Computer); des Laptops; die Laptops

die **Lär|che** (ein Nadelbaum)

der **Lärm; lär|men;** du lärmst; sie lärmte; sie hat gelärmt; lärme nicht so!

die **Lar|ve** (Maske; Jugendstadium von Insekten)

die **La|sa|g|ne** (ein italienisches Nudelgericht)

die **La|sche** (ein Verbindungsstück)

der **La|ser** [*le^is^e(r)*] (Gerät zur Lichtverstärkung); des Lasers; die Laser; der **La|ser|dru|cker**[1]; der **La|ser|strahl**

las|sen; du läßt, *neu:* lässt; sie läßt, *neu:* lässt; sie ließ; sie hat gelassen; lasse! *und* laß, *neu:* lass!; ich habe es gelassen (unterlassen); ich habe dich rufen lassen; ↑bleibenlassen, fahrenlassen, fallenlassen, laufenlassen, liegenlassen, lockerlassen

läs|sig; die **Läs|sig|keit**

das, *auch:* der **Las|so** (eine Wurfschlinge); des Lassos; die Lassos

die **Last;** zu Lasten, *auch:* zulasten des *oder* von ...; zu meinen Lasten; der **Las|ter**[2] *(umgangssprachlich für:* Lastkraftwagen)

das **Las|ter**[2]**; las|ter|haft**[2]**; läs|tern**[2]**;** du lästerst; er hat gelästert; lästere nicht **läs|tig**[2]

der **Last|kraft|wa|gen;** der **Last|wa|gen**

das **La|tein;** er ist am Ende mit seinem Latein (er weiß nicht weiter); **La|tein|ame|ri|ka** (die spanisch- und portugiesischsprachigen Staaten Amerikas); **la|tei|nisch;** lateinische Schrift

la|tent (vorhanden, aber nicht in Erscheinung tretend)

die **La|ter|ne**

die **La|t|ri|ne** (Abort; Senkgrube)

die **Lat|sche** (Krummholzkiefer); die Latschen

die **Lat|sche** *und* der **Lat|schen** *(umgangssprachlich für:* Hausschuh; ausgetretener Schuh); der Latsche *und* des Latschens; die Latschen; **lat|schen** (nachlässig gehen); du latschst; sie latscht; sie latschte; sie ist über den Hof gelatscht; latsche nicht!

---

[1] *Alte Trennung:* ...k|k...
[2] *Alte Trennung:* ...|st...

die **Lat|te;** der **Lat|ten|zaun**
der **Latz;** des Latzes; die Lätze; das **Lätzchen**
lau; lauer; am lau[e]sten; ein lauer Wind
das **Laub;** der **Laub|baum**
die **Lau|be**
der **Laub|frosch;** die **Laub|sä|ge;** der **Laub|wald**
der **Lauch;** die Lauche
die **Lau|er;** auf der Lauer sein, liegen; **lauern;** du lauerst; sie hat lange auf mich gelauert; lauere nicht!
der **Lauf;** die Läufe; im Lauf[e] der Zeit; 100-m-Lauf; **lau|fen;** du läufst; sie läuft; sie lief; sie ist gelaufen; lauf!; **lau|fend;** laufendes Jahr *und* laufenden Jahres; laufender Monat *und* laufenden Monats; am laufenden Band arbeiten; auf dem laufenden, *neu:* Laufenden sein, bleiben; **lau|fen|las|sen,** *neue Schreibung:* **laufen las|sen;** er hat sie laufenlassen, *neu:* laufen lassen (er hat sie freigegeben); der **Läu|fer**
die **Lau|ge**
die **Lau|ne; lau|nig** (witzig); **lau|nisch** (launenhaft)
die **Laus;** die Läuse; der **Laus|bub;** die **Laus|bü|be|rei; laus|bü|bisch**
lau|schen; du lauschst; er lauscht; er hat an der Tür gelauscht; lausche nicht!; der **Lau|scher; lau|schig**
lau|sen; der Affe laust sich; die Mutter hat ihr Junges gelaust; **lau|sig**
laut; lauter; am lautesten; etwas laut werden lassen; der **Laut;** die Laute
die **Lau|te** (ein Saiteninstrument)
lau|ten (tönen; klingen); der Vertrag lautet auf den Namen ...; das Urteil lautet auf Freispruch
läu|ten; du läutest; sie läutete; sie hat geläutet; läute die Glocken!
lau|ter (rein; ungetrübt); lautere Gesinnung; die **Lau|ter|keit; läu|tern;** das Leid läutert ihn; es hat ihn geläutert
laut|los; am lautlosesten; die **Lautschrift;** der **Laut|spre|cher; lautstark**
lau|warm
die **La|va** [*lawa*] (feurig-flüssiger Schmelzfluss aus Vulkanen); die Laven
der **La|ven|del** [*lawändel*] (eine Gewürzpflanze)
la|vie|ren (mit Geschick Schwierigkeiten überwinden); du lavierst; sie hat zwischen den Parteien laviert
die **La|wi|ne; la|wi|nen|ar|tig**

lax (schlaff; locker); am laxesten; eine laxe Haltung
das **Lay|out,** *Hauptform:* **Lay-out** (Gestaltung des Textes und der Bilder in einer Zeitung o. Ä.)
das **La|za|rett;** die Lazarette
die **LCD-An|zei|ge** (Flüssigkristallanzeige)
lea|sen [*lisen*] (mieten); du least das Auto; sie hat das Gerät geleast
das **Le|be|hoch;** die Lebehochs; sie rief ein herzliches Lebehoch; aber: sie rief: „Er lebe hoch!"
le|ben; du lebst; sie lebt; sie lebte; sie hat gelebt; lebe wohl!; das **Le|ben;** mein Leben lang; am Leben bleiben; **le|ben|dig;** der **Le|bens|baum;** die **Le|bens|be|din|gun|gen** *meist Plural;* **le|bens|ge|fähr|lich;** der **Lebens|ge|fähr|te; le|bens|läng|lich;** der **Le|bens|lauf;** das **Le|bens|mittel;** die Lebensmittel *meist Plural;* **lebens|not|wen|dig;** der **Le|bensstan|dard;** die **Le|bens|wei|se**
die **Le|ber;** der **Le|ber|tran;** die **Le|berwurst**
das **Le|be|we|sen;** das **Le|be|wohl;** die Lebewohle *und* die Lebewohls; sie rief ein herzliches Lebewohl; aber: sie rief: „Lebe wohl!"
leb|haft; am lebhaftesten
der **Leb|ku|chen**
leb|los
Leb|zei|ten; bei Lebzeiten seines Vaters; zu seinen Lebzeiten
lech|zen; du lechzt; sie lechzt; sie lechzte; sie hat nach Wasser gelechzt
leck (undicht); das **Leck;** die Lecks;
le|cken[1] (undicht sein); das Schiff leckt; das Schiff leckte; es hat geleckt
le|cken[1] (mit der Zunge berühren); du leckst; sie leckt; sie leckte; sie hat ein Eis geleckt; lecke nicht daran!; **lecker**[1]; der **Le|cker|bis|sen**[1]; die **Lecke|rei**[1]
das **Le|der;** die Lederhose; **le|dern** (aus Leder)
le|dig
le|dig|lich
die **Lee** (die dem Wind abgekehrte Seite; *Gegensatz:* Luv)
leer; leer machen; leer stehen; die **Leere; lee|ren;** du leerst; sie hat den Eimer geleert; leere den Eimer!; das **Leer|ge|wicht;** das **Leer|gut;** der

[1]*Alte Trennung:* ...k|k...

Leer|lauf (unproduktives Tätigsein); die **Leer|tas|te**[1] (bei der Schreibmaschine)

die **Lef|ze** (die Lippe bei Tieren)

le|gal (gesetzlich, gesetzmäßig); **le|ga|li|sie|ren** (gesetzlich erlaubt machen); die **Le|ga|li|tät**

le|gen; du legst; sie hat das Buch auf den Tisch gelegt; lege das Buch auf den Tisch!

die **Le|gen|de** (Heiligenerzählung, Sage; Zeichenerklärung auf Landkarten usw.)

le|ger [*leschär*] (ungezwungen, locker)

le|gie|ren (verschmelzen; binden; mit Eigelb anrühren); du legierst; er hat die Suppe legiert; legiere die Suppe!; die **Le|gie|rung** (Metallmischung)

die **Le|gi|on** (altrömische Heereseinheit; Freiwilligentruppe); die Legionen; der **Le|gi|o|när**

die **Le|gis|la|ti|ve** [...*iwe*] (gesetzgebende Gewalt); die **Le|gis|la|tur|pe|ri|o|de** (Amtsdauer eines Parlaments); **le|gi|tim** (gesetzlich; rechtmäßig); die **Le|gi|ti|ma|ti|on** (Beglaubigung; Berechtigungsausweis); **le|gi|ti|mie|ren** (beglaubigen); sie hat sich legitimiert (sich ausgewiesen)

der **Leg|war|mer** [*lägᵘårmᵉ(r)*] (fußloser Strumpf); die Legwarmer *und* die Legwarmers

das **Le|hen**

der **Lehm; leh|mig**

die **Leh|ne; leh|nen;** du lehnst; sie hat die Leiter an die Mauer gelehnt; sich lehnen; sie hat sich an meine Schulter gelehnt; der **Lehn|stuhl**

das **Lehns|we|sen**

das **Lehn|wort**

das **Lehr|buch;** die **Leh|re; leh|ren;** du lehrst; sie hat gelehrt; lehre!; sie lehrt ihn Englisch; er lehrt mich lesen; sie lehrt ihn das Lesen; sie hat ihn reiten gelehrt; der **Leh|rer;** die **Leh|re|rin;** die Lehrerinnen; der **Lehr|gang;** der **Lehr|herr;** der **Lehr|ling;** die **Lehr|stel|le;** der **Lehr|stoff;** die **Lehr|werk|statt**

der **Leib;** aber: beileibe nicht; gut bei Leibe (wohlgenährt) sein; einem zu Leibe gehen; **leib|ei|gen; leib|haf|tig; leib|lich**

die **Lei|che;** der **Leich|nam;** die Leichname

[1]*Alte Trennung:* ...|st...

leicht; am leichtesten; leichtes Heizöl; es ist mir ein leichtes, *neu:* Leichtes (fällt mir sehr leicht)[,] darauf zu verzichten; das ist nichts Leichtes; er isst gern etwas Leichtes; der **Leicht|ath|let;** des/dem/den Leichtathleten; die Leichtathleten; die **Leicht|ath|le|tik; leicht fal|len;** sie ist nur leicht gefallen; **leicht|fal|len,** *neue Schreibung:* **leicht fal|len** (keine Anstrengung erfordern); die Arbeit fällt ihr leicht; sie ist ihr leichtgefallen, *neu:* leicht gefallen; **leicht|fer|tig; leicht|gläu|big;** die **Leich|tig|keit; leicht|ma|chen,** *neue Schreibung:* **leicht ma|chen;** sie hat es ihm leichtgemacht, *neu:* leicht gemacht; das **Leicht|me|tall;** der **Leicht|sinn; leicht|sin|nig; leicht|ver|dau|lich,** *neue Schreibung:* **leicht ver|dau|lich;** eine leichtverdauliche, *neu:* leicht verdauliche Speise; die Speise ist leicht verdaulich; **leicht|ver|ständ|lich,** *neue Schreibung:* **leicht ver|ständ|lich;** eine leichtverständliche, *neu:* leicht verständliche Sprache; die Sprache ist leicht verständlich

leid; ich bin es leid; das wird dir noch leid, *neu:* Leid tun; das **Leid;** jemandem etwas zuleide, *auch:* zu Leide tun; er hat sich ein Leid angetan

die **Lei|de|form** (Passiv); **lei|den;** du leidest; sie leidet; sie litt; sie hat Not gelitten; das **Lei|den;** Freuden und Leiden; die **Lei|den|schaft; lei|den|schaft|lich**

lei|der; leider Gottes

lei|dig; leid|lich

die **Lei|er; lei|ern;** du leierst; sie leiert; sie leierte; sie hat das Gedicht geleiert; leiere nicht so!

die **Leih|bü|che|rei; lei|hen;** du leihst; sie leiht; sie lieh; sie hat sich das Buch geliehen; leihe mir das Buch!; der **Leih|wa|gen; leih|wei|se**

der **Leim; lei|men;** du leimst; sie leimt; sie leimte; sie hat den Stuhl geleimt; leime den Stuhl!

der **Lein** (Flachs); die **Lei|ne**

lei|nen (aus Leinen); das **Lei|nen;** der **Lein|sa|men** (Samen des Flachses); die **Lein|wand**

Leip|zig (Stadt in Sachsen)

lei|se; nicht im leisesten, *neu:* Leisesten (durchaus nicht) zweifeln

die **Leis|te**[1]

[1]*Alte Trennung:* ...|st...

leis|ten[1]; du leistest; sie leistet; sie leistete; sie hat etwas geleistet; leiste mehr!

der **Leis|ten**[1]

der **Leis|ten|bruch**[1] (zu Leiste)

die **Leis|tung**[1]; **leis|tungs|fä|hig**[1]; die **Leis|tungs|fä|hig|keit**[1]; der **Leis-tungs|kurs**[1] (in der Schule)

der **Leit|ar|ti|kel; lei|ten;** du leitest; sie leitet; sie leitete; sie hat die Diskussion geleitet; leite die Diskussion!; ein leitender Angestellter; der **Lei|ter**

die **Lei|ter**

das **Leit|fos|sil;** der **Leit|ge|dan|ke;** der **Leit|ham|mel;** das **Leit|mo|tiv;** die **Leit|plan|ke;** der **Leit|ton** (*Musik*); die **Lei|tung;** der **Lei|tungs|mast;** das **Lei|tungs|netz;** das **Lei|tungs-was|ser;** das **Leit|werk** (Steuerflächen am Flugzeug)

die **Lek|ti|on** (Unterrichtsstunde; Aufgabe; Zurechtweisung); die **Lek|tü|re** (Lesestoff)

die **Len|de; len|den|lahm**

Le|nin|grad (früherer Name der russischen Stadt Sankt Petersburg)

lenk|bar; len|ken; du lenkst; sie hat den Bus gelenkt; der **Len|ker;** das **Lenk|rad;** die **Lenk|stan|ge;** die **Len|kung**

der **Lenz;** die Lenze

der **Le|o|pard;** des/dem/den Leoparden; die Leoparden

die **Le|p|ra** (Aussatz)

die **Ler|che** (ein Vogel)

ler|nen; du lernst; sie hat gelernt; Deutsch lernen; aber: lesen, (*auch:* [das] Lesen) lernen; Schlittschuh laufen (*auch:* [das] Schlittschuhlaufen) lernen; ein gelernter Tischler; ↑kennenlernen, schätzenlernen

die **Les|bi|e|rin** [...*i*^e*rin*]; die Lesbierinnen; **les|bisch;** lesbische Liebe (Homosexualität bei Frauen)

die **Le|se** (Weinlese); die Lesen

das **Le|se|buch; le|sen;** du liest; sie liest; du lasest; sie las; sie hat es gelesen; lies es!; **le|sens|wert;** der **Le|ser; le|ser-lich**

die **Le|thar|gie** (Trägheit); **le|thar|gisch**

der **Let|te** (Einwohner von Lettland); des Letten; die Letten

die **Let|ter** (Druckbuchstabe); die Lettern

let|tisch; Lett|land (nordosteuropäische Republik)

---

[1]*Alte Trennung:* ...|st...

letzt, *auch:* **letz|te;** das letzte Stündlein; die letzte Ruhestätte; der Letzte, *neu:* letzte Wille (Testament); letzten Endes; jemandem die letzte Ehre erweisen; das letzte Mal; zum letztenmal, *neu:* letzten Mal (↑Mal); der letzte, *neu:* Letzte, der gekommen ist; er ist der letzte, *neu:* Letzte, den ich wählen würde; dies ist das letzte, *neu:* Letzte, was ich tun würde; den letzten, *neu:* Letzten beißen die Hunde; bis ins letzte, *neu:* Letzte (genau); am, zum letzten, *neu:* Letzten (zuletzt); fürs letzte, *neu:* Letzte (zuletzt); bis zum letzten, *neu:* Letzten (sehr) angespannt sein; bis zum Letzten (bis zum Äußersten) gehen; sein Letztes hergeben; der Letzte seines Stammes; der Letzte des Monats; das ist das Letzte (das Schlimmste); es geht ums Letzte; die Letzte Ölung; das Letzte Gericht

Letzt; *nur in:* zu guter Letzt

die **Leuch|te; leuch|ten;** die Lampe leuchtet; sie hat geleuchtet; **leuch-tend;** am leuchtendsten; leuchtendblaue, *neu:* leuchtend blaue Augen; seine Augen waren leuchtend blau; der **Leuch|ter;** der **Leucht|turm**

leug|nen; du leugnest; er leugnete; er hat geleugnet; leugne nicht

das **Leu|ko|plast** (Heftpflaster); des Leukoplast[e]s; die Leukoplaste

der **Leu|mund** (Ruf); das **Leu|munds-zeug|nis**

die **Leu|te** *Plural*

der **Leut|nant;** die Leutnants

leut|se|lig

das **Le|xi|kon** (alphabetisch geordnetes allgemeines Nachschlagewerk); des Lexikons; die Lexika *und* die Lexiken

lfd. = laufend

die **Li|a|ne** (eine Schlingpflanze); die Lianen

der **Li|ba|ne|se** (Einwohner des Libanons); **li|ba|ne|sisch;** (der) **Li|ba|non** (Staat im Vorderen Orient)

die **Li|bel|le** (ein Insekt; Teil der Wasserwaage)

li|be|ral (vorurteilslos; freiheitlich; freisinnig); der **Li|be|ra|lis|mus;** des Liberalismus; **li|be|ra|lis|tisch**[1]

Li|be|ria (Staat in Westafrika); der **Li-be|ri|a|ner; li|be|ri|a|nisch**

der **Li|be|ro** (freier Verteidiger beim Fußball); die Liberos

---

[1]*Alte Trennung:* ...|st...

Li|by|en (Staat in Nordafrika); der **Li|by|er; li|bysch**

licht; am lichtesten; ein lichter Wald; lichte Weite (der Abstand von Wand zu Wand, z.B. bei einer Röhre); das **Licht;** die Lichter; das **Licht|bild; lich|ten;** sie lichtet; sie lichtete; sie hat den Wald gelichtet; sich lichten; seine Haare haben sich gelichtet; der **Lich|ter|glanz; lich|ter|loh;** die **Licht|ge|schwin|dig|keit;** die **Licht|hu|pe;** das **Licht|jahr** (astronomische Längeneinheit); **Licht|meß,** *neue Schreibung:* **Licht|mess** (ein katholisches Fest); Mariä Lichtmeß, *neu:* Lichtmess; die **Licht|quel|le;** die **Licht|schran|ke;** der **Licht|schutz|fak|tor** (beim Sonnenöl); der **Licht|strahl;** die **Lich|tung**

das **Lid** (Augenlid); die Lider

lieb; lieb sein; sich bei jemandem lieb Kind machen; der liebe Gott; es ist mir am liebsten (sehr lieb); es ist mir das liebste, *neu:* Liebste (sehr lieb); die Kirche zu Unserer Lieben Frau[en]; **lieb|äu|geln;** sie hat mit diesem Plan geliebäugelt; die **Lie|be;** Lieb und Lust; mir zuliebe; jemandem etwas zuliebe tun; **lie|ben;** du liebst; sie liebt; sie hat ihn geliebt; liebe deinen Nächsten!; **lie|bens|wür|dig; lie|ber;** am liebsten; der **Lie|bes|brief; lieb|ha|ben,** *neue Schreibung:* **lieb ha|ben;** wir haben uns lieb; wir haben uns liebgehabt, *neu:* lieb gehabt; der **Lieb|ha|ber;** die **Lieb|ha|be|rei; lieb|ko|sen;** du liebkost; sie liebkost; sie hat liebkost *oder* geliebkost; **lieb|lich;** der **Lieb|ling; lieb|los;** die **Lieb|lo|sig|keit**

das *oder* der **Lieb|stö|ckel**[1] (eine Heil- und Gewürzpflanze); des Liebstöckels; die Liebstöckel

Liech|ten|stein [*licht^e nschtain*]; der **Liech|ten|stei|ner; liech|ten|stei|nisch**

das **Lied;** die Lieder; das **Lie|der|buch**

lie|der|lich; die **Lie|der|lich|keit**

der **Lie|fe|rant;** des/dem/den Lieferanten; die Lieferanten; **lie|fern;** du lieferst; sie hat die Ware geliefert; liefere die Ware sofort!; der **Lie|fer|schein;** die **Lie|fe|rung**

die **Lie|ge; lie|gen;** du liegst; sie liegt; sie lag; sie hat gelegen; lieg nicht immer auf dem Sofa!; **lie|gen|blei|ben,** *neue Schreibung:* **lie|gen blei|ben;** er blieb liegen; er ist im Bett liegengeblieben, *neu:* liegen geblieben; **lie|gen|las|sen,** *neue Schreibung:* **lie|gen las|sen;** sie ließ das Buch liegen; sie hat das Buch liegenlassen, *neu:* liegen lassen; sie hat ihn links liegenlassen (*seltener:* liegengelassen), *neu:* liegen lassen (*seltener:* liegen gelassen); **lie|gen las|sen;** du sollst den Stein liegen lassen; der **Lie|ge|stuhl;** der **Lie|ge|stütz** (gymnastische Übung); des Liegestützes; die Liegestütze

der **Lift** (Fahrstuhl, Aufzug); die Lifte *und* die Lifts

die **Li|ga** (Bund, Bündnis; eine Wettkampfklasse); die Ligen

der **Li|kör;** die Liköre

li|la; ein lila Kleid; **li|la|far|ben; li|la|far|big**

die **Li|lie**

der **Li|li|pu|ta|ner** (sehr kleiner Mensch); des Liliputaners; die Liliputaner

Li|ma (Hauptstadt von Peru)

der **Li|mes** (römischer Grenzwall); des Limes; das **Li|mit** (als Grenze festgelegter Wert, Betrag usw.); des Limits; die Limits *und* die Limite

die **Li|mo|na|de**

die **Li|mou|si|ne** [*limusin^e*] (ein Personenwagen mit festem Verdeck)

lind; am lindesten; ein linder Regen

die **Lin|de;** der **Lin|den|blü|ten|tee**

lin|dern; du linderst; sie lindert; sie linderte; sie hat den Schmerz gelindert; lindere das Leid!

der **Lind|wurm** (Drache)

das **Li|ne|al; li|ne|ar** (geradlinig); eine lineare Gleichung *(Mathematik)*

die **Li|nie;** Linie halten; die absteigende, aufsteigende Linie; das **Li|ni|en|blatt; li|ni|ie|ren** *und* **li|nie|ren;** du liniierst *und* du linierst; sie liniierte *und* sie linierte; sie hat liniiert *und* sie hat liniert; liniiere *und* liniere die Seiten!

link; linker Hand; die **Lin|ke;** zur Linken; in meiner Linken; er traf ihn beim Boxen mit einer Linken; die Linke im Parlament; **lin|ken** (*umgangssprachlich für:* täuschen, betrügen); du linkst mich doch nicht?; er hat uns gelinkt; **linkisch; links;** links von mir; etwas kommt von links; von links nach rechts; er weiß nicht, was rechts und was links ist; linksum!; links des Waldes; der **Links|au|ßen;** des Linksaußen; die Linksaußen; er spielt Linksaußen, *auch:*

---

[1] *Alte Trennung:* ...k|k...

links außen; **links|bün|dig** (an eine gedachte senkrechte linke Linie anschließend); **links|hän|dig;** die **Links|kurve; links|sei|tig**

das **Lin|nen**

das **Li|no|le|um** [*linole-um*]; der **Li|nol|schnitt** (eine grafische Technik; Abzug in der Technik des Linolschnitts)

die **Lin|se; lin|sen** (*umgangssprachlich für:* schauen; scharf blicken); du linst; sie hat um die Ecke gelinst; die **Lin|sen|sup|pe**

die **Lip|pe;** der **Lip|pen|blüt|ler;** der **Lip|pen|stift**

li|qui|die|ren (in Rechnung stellen; auflösen; beseitigen); du liquidierst; sie liquidiert

lis|peln; du lispelst; sie lispelt; sie lispelte; sie hat gelispelt; lisp[e]le nicht!

Lis|sa|bon (Hauptstadt von Portugal); der **Lis|sa|bon|ner**

die **List;** die Listen

die **Lis|te**[1]; die Listen; die schwarze Liste

lis|tig[1]

die **Li|ta|nei** (Wechselgebet; eintöniges Gerede); die Litaneien

Li|tau|en [auch: *li*...] (nordosteuropäische Republik); der **Li|tau|er; li|tau|isch**

der, *auch:* das **Li|ter;** ein halber Liter, *auch:* halbes Liter; ein viertel Liter

li|te|ra|risch (schriftstellerisch; das Schrifttum betreffend); die **Li|te|ra|tur** (Schrifttum)

li|ter|wei|se

die **Lit|faß|säu|le** (Anschlagsäule)

die **Li|tho|gra|phie,** *Nebenform:* Li|tho|gra|fie (Steindruck); die Lithographien, *auch:* Lithografien

die **Li|tur|gie** (Gottesdienstordnung); **li|tur|gisch**

die **Lit|ze**

live [*laif*] (direkt); etwas live senden, übertragen; die **Live-Sen|dung,** *neue Schreibung:* **Live|sen|dung**

die **Li|v|ree** [*liwre*] (uniformartige Dienerkleidung); die Livreen

die **Li|zenz** (rechtswirksame Genehmigung zur Ausübung, Nutzung usw.); die Lizenzen

der **Lkw,** *auch:* **LKW** [*älkawe*]; die Lkw *oder* die Lkws

das **Lob;** Lob spenden; **lo|ben;** du lobst; sie hat ihn gelobt; lobe ihn!; **lo|bens|wert;** der **Lob|ge|sang; lob|prei|sen;** du lobpreist; sie lobpreist; sie lobpreiste *und* sie lobpries; sie hat Gott gelobpreist *und* lobgepriesen; lobpreise den Herrn!

[1]*Alte Trennung:* ...|st...

das **Loch; lo|chen;** du lochst; sie lochte; sie hat die Fahrkarte gelocht; loche die Karte!; **lö|che|rig** *und* **löch|rig**

die **Lo|cke**[1]; **lo|cken**[1] (lockig machen); er hat sein Haar gelockt; locke dein Haar!

lo|cken[1] ([durch bestimmte Laute] zur Annäherung bewegen); du lockst; sie hat den Hund gelockt; locke den Hund!; diese Aufgabe hat sie gelockt

lo|cker[1]; das Seil locker machen; die Zügel locker lassen; **lo|cker|las|sen**[1] (*umgangssprachlich für:* nachgeben); er hat nicht lockergelassen; **lo|ckern**[1]; du lockerst; sie lockert; sie lockerte; sie hat die Schrauben gelockert; die **Lo|cke|rung**[1]; die **Lo|cke|rungs|übung**[1]

lo|ckig[1]; lockiges Haar

der **Lo|den;** der **Lo|den|man|tel**

lo|dern; die Flamme lodert; sie loderte; sie hat gelodert

der **Löf|fel;** die Löffel; **löf|feln;** du löffelst; sie löffelte; sie hat die Suppe gelöffelt; löffle deine Suppe!; **löf|fel|wei|se**

das **Log|buch** (Schiffstagebuch)

die **Lo|ge** [*losch*e] (ein Theaterraum)

die **Log|gia** [*lodscha*] (nach außen offener überdeckter Raum am Haus); die Loggien [*lodsch(j)*e*n*]

lo|gie|ren [*loschir*e*n*] (wohnen); du logierst; sie hat im Bahnhofshotel logiert; logiere bitte bei uns!

die **Lo|gik** (die Denklehre; das folgerichtige Denken); **lo|gisch**

die **Lo|he** (die Flamme); **lo|hen;** die Flamme loht; die Flamme lohte; die Flamme hat geloht; lichterloh

der **Lohn; loh|nen;** es lohnt; es lohnte; es hat den Einsatz gelohnt; es lohnt die Mühe nicht *oder* es lohnt der Mühe nicht; sich lohnen; es hat sich gelohnt; **löh|nen** (Lohn auszahlen; *umgangssprachlich auch für:* bezahlen); du löhnst; sie löhnt; sie löhnte; was hast du dafür gelöhnt?; löhne ihn!; die **Lohn|steu|er;** die **Löh|nung**

die **Loi|pe** [*leup*e] (Skilanglaufspur); die Loipen

die **Lok** (*kurz für:* Lokomotive); die Loks

lo|kal (örtlich); das **Lo|kal** (Gastwirtschaft)

[1]*Alte Trennung:* ...k|k...

die **Lo|ko|mo|ti|ve** [*lokomotiwe*, auch: *lokomotife*]; der **Lo|ko|mo|tiv|füh|rer**
Lon|don (Hauptstadt von Großbritannien); der **Lon|do|ner**
der *und* das **Loo|ping** [*lup...*] (senkrechte Schleife beim Kunstflug); des Loopings; die Loopings
der **Lor|beer;** der **Lor|beer|baum;** das **Lor|beer|blatt**
die **Lo|re** (Feldbahnwagen)
die **Lo|re|ley** [auch: *lorelei*] (Rheinnixe; Felsen am rechten Rheinufer)
los, lo|se; das lose Blatt; los sein; die Schraube wird los sein; er will das endlich los sein; aber: ↑losbinden, losfahren usw.
das **Los;** die Lose; das große Los
lös|bar
los|bin|den; sie bindet los; sie hat den Hund losgebunden
das **Lösch|blatt; lö|schen;** du löschst; sie hat das Feuer gelöscht; lösch[e] den Brand!; das **Lösch|pa|pier**
das **Lö|se|geld**
lo|sen; du lost; wir haben gelost
lö|sen; du löst; sie löst; sie hat eine Fahrkarte gelöst; lös[e] eine Fahrkarte!
los|fah|ren; sie fuhr los; sie ist losgefahren
los|ge|hen; der Streit ging los; der Streit ist gerade losgegangen
los|las|sen; sie läßt, *neu:* lässt los; sie hat den Hund von der Kette losgelassen
lös|lich
los|ma|chen; sie machte das Brett los; sie hat das Brett losgemacht
los|rei|ßen; sie riß, *neu:* riss los; sie hat die Tapete losgerissen; sich losreißen; sie hat sich mit Gewalt losgerissen
der **Löß,** *neue Schreibung:* **Löss;** des Lösses; die Lösse
die **Lo|sung**
die **Lö|sung;** die **Lö|sungs|men|ge** *(Mathematik)*
das **Lot** (Senkblei; eine alte Gewichtseinheit); die Lote; 3 Lot Kaffee; **lo|ten;** du lotest; sie hat die Tiefe gelotet
lö|ten; du lötest; sie lötete; sie hat das Rohr gelötet; löte den Kessel!
der **Lo|tos,** *auch:* **Lo|tus** (Wasserrose); des Lotos, *auch:* Lotus; die Lotos, *auch:* Lotus; die **Lo|tos|blu|me**
lot|recht (senkrecht)
der **Lot|se;** des/dem/den Lotsen; die Lotsen; **lot|sen;** du lotst; sie lotst; sie lotste; sie hat das Schiff durch die Klippen gelotst; lots[e] ihn aus der Stadt!

die **Lot|te|rie;** die Lotterien; das **Lot|to** (Zahlenlotterie); des Lottos; die Lottos
der **Lö|we;** des/dem/den Löwen; die Löwen; der **Lö|wen|zahn** (eine Wiesenblume)
lo|yal [*loajal*] (treu, redlich; Vereinbarungen einhaltend); die **Lo|ya|li|tät**
LP = Langspielplatte
LPG = Landwirtschaftliche Produktionsgenossenschaft (in Namen in der DDR)
der **Luchs** (ein Raubtier); die Luchse
die **Lü|cke**[1]; der **Lü|cken|bü|ßer**[1]; **lü|cken|haft**[1]; am lückenhaftesten; **lü|cken|los**[1]; am lückenlosesten
das **Lu|der** (Schimpfwort); die Luder
die **Luft;** der **Luft|bal|lon;** die Luftballons *und* die Luftballone; **luft|dicht;** luftdicht verschließen; der **Luft|druck;** des Luftdruck[e]s; **lüf|ten;** du lüftest; sie lüftet; sie lüftete; sie hat das Zimmer gelüftet; lüfte ein wenig!; die **Luft|fahrt;** die **Luft|hül|le** (der Erde); **luf|tig;** die **Luft|li|nie;** die **Luft|post;** die **Luft|röh|re;** die **Luft|schlan|ge;** die **Luft|ver|schmut|zung;** die **Luft|waf|fe;** die **Luft|wur|zel**
die **Lü|ge;** sie hat ihn Lügen gestraft (der Unwahrheit überführt); **lü|gen;** du lügst; sie lügt; sie log; sie hat gelogen; lüge nicht!; der **Lüg|ner; lüg|ne|risch**
lu|gen (spähen); du lugst; sie lugt; sie lugte; sie hat um die Ecke gelugt
die **Lu|ke** (kleines Fenster; Öffnung)
der **Lüm|mel;** die Lümmel; sich **lüm|meln** *(umgangssprachlich);* du lümmelst dich; sie hat sich auf die Bank gelümmelt; lümmele dich nicht!
der **Lump;** des/dem/den Lumpen; die Lumpen; der **Lum|pen;** die **Lum|pe|rei; lum|pig**
die **Lun|ge;** die eiserne Lunge; die **Lun|gen|ent|zün|dung; lun|gen|krank**
lun|gern; ↑herumlungern
die **Lun|te** (Zündschnur)
die **Lu|pe; lu|pen|rein**
die **Lu|pi|ne** (eine Futter- und Zierpflanze)
der **Lurch** (Amphibie); des Lurch[e]s; die Lurche
die **Lust;** die Lüste; Lust haben; **lus|tig**[2]; **lust|wan|deln;** du lustwandelst; sie lustwandelt; sie lustwandelte; sie ist gelustwandelt

[1]*Alte Trennung:* ...k|k...
[2]*Alte Trennung:* ...|st...

lüs|tern[1]; lüsterne Augen; er ist lüstern

lu|the|risch; die lutherische Kirche; aber: die Lutherische, *neu:* lutherische *oder* Luthersche, *neu:* luthersche Bibelübersetzung

lut|schen; du lutschst; sie lutscht; sie lutschte; sie hat gelutscht; lutsch[e] nicht am Daumen!; der **Lutscher**

die **Luv** (die dem Wind zugewandte Seite; *Gegensatz:* Lee)

das **Lux** (Einheit der Beleuchtungsstärke); des Lux; die Lux

Lu|xem|burg (europäischer Staat; Hauptstadt dieses Staates); der **Lu|xem|bur|ger; lu|xem|bur|gisch**

lu|xu|ri|ös; am luxuriösesten; der **Lu|xus;** des Luxus; die **Lu|xus|gü|ter** *Plural*

die **Lu|zer|ne** (eine Futterpflanze)

Lu|zi|fer (Name des Satans)

lyn|chen [*lünchᵉn*] (ungesetzliche Volksjustiz ausüben); sie lynchten ihn; sie haben ihn gelyncht; die **Lynch|jus|tiz**[1]

die **Ly|rik** (Gefühls- und Gedankendichtung in Versen); der **Ly|ri|ker; ly|risch**

das **Ly|ze|um** (*veraltet für:* höhere Mädchenschule); die Lyzeen

M

das **M** (Buchstabe); des M; die M; aber: das m in Wimpel

m = männlich; Meter

MA. = Mittelalter

M.A. = Magister Artium (akademischer Grad)

der **Mä|an|der** (geschlängelter Flusslauf); des Mäanders; die Mäander

das **Maar** (eine kraterförmige Vertiefung); die Maare

der **Maat** (Schiffsunteroffizier); die Maate *und* die Maaten

ma|chen; du machst; sie hat eine Reise gemacht; mach schnell!; die **Ma|chen|schaf|ten** *Plural*

die **Macht;** alles in unserer Macht Stehende; die **Macht|er|grei|fung; mäch|tig; macht|voll**

das **Mach|werk**

[1] *Alte Trennung:* ...|st...

die **Ma|cke**[1] (*umgangssprachlich für:* Beschädigung; Tick); eine Macke haben

Ma|da|gas|kar (Insel östlich von Afrika); der **Ma|da|gas|se** (Bewohner von Madagaskar); **ma|da|gas|sisch**

das **Mäd|chen; mäd|chen|haft**

die **Ma|de; ma|dig**

das **Mä|del;** die Mädel

die **Ma|don|na;** die Madonnen

Ma|d|rid (Hauptstadt von Spanien)

die **Ma|fia** (eine kriminelle Vereinigung)

das **Ma|ga|zin;** die Magazine

die **Magd;** die Mägde

der **Ma|gen;** die Mägen *und* die Magen; **ma|gen|lei|dend;** aber: am Magen leidend; die **Ma|gen|schleim|haut**

ma|ger; die **Ma|ger|keit**

die **Ma|gie** (Zauberkunst); der **Ma|gi|er** [*magiᵉr*]; **ma|gisch**

der **Ma|gis|t|rat**[2] [*...ßt...*] (die Stadtverwaltung); die Magistrate

das **Mag|ma** (flüssiges Gestein); die Magmen

das **Ma|g|ne|si|um** (ein Leichtmetall, chemischer Grundstoff)

der **Ma|g|net;** des Magnets *und* des Magnetes *und* des Magneten; die Magnete *und* die Magneten; **ma|g|ne|tisch;** magnetischer Pol

das **Ma|ha|go|ni** (ein Edelholz)

die **Mahd** (das Mähen; Abgemähtes); die Mahden; der **Mäh|dre|scher; mä|hen;** du mähst; sie hat gemäht; mäh[e] das Gras!

das **Mahl;** die Mahle *und* die Mähler

mah|len; du mahlst; sie mahlt; sie hat den Kaffee gemahlen; mahl[e]!

die **Mahl|zeit;** gesegnete Mahlzeit!

die **Mäh|ma|schi|ne**

die **Mäh|ne**

mah|nen; du mahnst; sie mahnt; sie mahnte; sie hat ihn gemahnt; mahn[e] ihn an sein Versprechen!; die **Mah|nung**

die **Mäh|re** ([altes, abgemagertes] Pferd)

der **Mai;** des Mai[e]s *und* des Mai; die Maie; der Erste Mai (Feiertag); das **Mai|glöck|chen;** der **Mai|kä|fer**

die **Maid** (*dichterisch für:* Mädchen); die Maiden

Mai|land (Stadt in Italien)

die **Mail|box** [*mel...*] (*EDV:* elektronischer

[1] *Alte Trennung:* ...k|k...
[2] *Alte Trennung:* ...|st...

Briefkasten für den Austausch von Nachrichten in Computersystemen); der Mailbox; die Mailboxen

der **Main** (deutscher Fluss)

Mainz (Hauptstadt von Rheinland-Pfalz)

der **Mais**

die **Mai|sche** (Mischung bei der Bierherstellung)

die **Ma|jes|tät**[1]; **ma|jes|tä|tisch**[1]

die **Ma|jo|nä|se,** *Nebenform:* **Ma|yon-nai|se** [*majonäse*] (kalte, dicke Soße aus Eigelb und Öl)

der **Ma|jor;** die Majore

der **Ma|jo|ran** [auch: *majoran*] (eine Gewürzpflanze)

die **Ma|jo|ri|tät** (Mehrheit)

ma|ka|ber (grausig und düster; mit dem Schrecklichen spaßend); makab[e]rer; am makabersten

der **Ma|kel** (Fehler, Schande); die Makel; **ma|kel|los;** am makellosesten

mä|keln (nörgeln); du mäkelst; er mäkelt; er hat gemäkelt; mäkle nicht!

das **Make-up,** *Nebenform:* **Make|up** [*meᶦkap*] (kosmetische Verschönerung; kosmetisches Mittel); des Make-ups, *auch:* Makeups; die Make-ups, *auch:* Makeups

die **Mak|ka|ro|ni** (röhrenförmige Nudeln) *Plural*

der **Mak|ler**

die **Ma|k|re|le** (ein Seefisch)

die **Ma|k|ro|ne** (ein Gebäck)

mal; acht mal zwei (*in Ziffern:* 8 mal 2, 8 × 2 *oder* 8 · 2); acht mal zwei ist, macht, gibt sechzehn; das ist nun mal so; öfter mal was Neues; das **Mal;** das erste, zweite, dritte Mal; das einzige, letzte, nächste Mal; ein einziges, letztes, nächstes Mal; dieses, voriges, nächstes, manches Mal; manches liebe *oder* manch liebes Mal; beim *oder* zum ersten, zweiten, nächsten, letzten, soundsovielten, x-ten Mal[e]; mit einem Mal[e]; die nächsten Male; alle, einige, etliche, mehrere, unzählige, viele tausend, wie viele Male; ein paar, ein paar Dutzend, eine Million Mal[e]; ein für alle Male; ein Mal über das andere [Mal]; ein ums and[e]re Mal; von Mal zu Mal. *Zusammensetzungen mit* ...mal: jedesmal, *neu:* jedes Mal; ein dutzendmal, *neu:* ein Dutzend Mal; millionenmal, *neu:* Millionen Mal; allemal, diesmal, einmal, hundertmal, keinmal, manchmal; auf einmal; zweimal (*mit Ziffer:* 2mal, *neu:* 2-mal); drei- bis viermal (*mit Ziffern:* 3- bis 4mal, *neu:* 3- bis 4-mal *oder* 3–4mal, *neu:* 3–4-mal); ein andermal, ein paarmal, ein für allemal; ein halbes hundertmal; noch einmal, noch einmal soviel; sovielmal, vieltausendmal, wievielmal, x-mal

[1]*Alte Trennung:* ...|st...

die **Ma|la|ria** (Sumpffieber)

Ma|la|wi (Staat in Afrika)

Ma|lay|sia (Staatenbund in Südostasien)

die **Ma|le|di|ven** [...*wᵉn*] (Inselstaat im Indischen Ozean) *Plural;* der **Ma|le|di|ver; ma|le|di|visch**

ma|len; du malst; sie malt; sie malte; sie hat gemalt; mal[e] ein Bild!; der **Ma|ler;** die **Ma|le|rei; ma|le|risch**

das **Mal|heur** [*malör*] (Unglück, Pech); die Malheure *und* die Malheurs

Ma|li (Staat in Afrika)

Mal|lor|ca [*malorka,* auch: *majorka*] (Insel im Mittelmeer)

mal|neh|men; du nimmst mal; sie nahm mal; sie hat malgenommen

Mal|ta (Insel und Staat im Mittelmeer); der **Mal|te|ser** (Bewohner von Malta); **mal|te|sisch**

die **Mal|ve** [...*wᵉ*] (eine Zier-, Heilpflanze)

das **Malz;** das **Malz|bier**

das **Mal|zei|chen** (Multiplikationszeichen)

die **Ma|ma;** die Mamas

die **Mam|ba** (eine Giftschlange)

der **Mam|mon** (Geld; Reichtum)

das **Mam|mut** (ausgestorbene Elefantenart); die Mammute *und* die Mammuts

man; man kann nie wissen

der **Ma|na|ger** [*mänädschᵉr*] (Leiter eines großen Unternehmens; Betreuer eines Berufssportlers); die Manager

Ma|na|gua [auch: ...*na*...] (Hauptstadt von Nicaragua)

manch; mancher, manche, manches; manche sagen; so mancher, so manches; manch einer; mancher Tag; mancher Art; manche Stunde. *Beugung:* manch guter *oder* mancher gute Vorsatz; mit manch gutem *oder* manchem guten Vorsatz; manch böses *oder* manches böse Wort; manchmal; manches Mal; manch liebes *oder* manches liebe Mal; manches Schöne; mit manch Schönem *und* manchem Schönen; manche nützliche Einrichtungen; **mancher; man|cher|lei; manch|mal**

die **Man|da|ri|ne** (kleine apfelsinenähnliche Frucht)
das **Man|dat** (Auftrag; Vollmacht; Parlamentssitz); die Mandate
die **Man|del** (Kern einer Steinfrucht); die Mandeln
die **Man|del** (eine Drüse); die Mandeln; die **Man|del|ent|zün|dung**
die **Man|do|li|ne** (ein Saiteninstrument)
die **Ma|ne|ge** [*manesch*ᵉ] (runde Fläche für Darbietungen im Zirkus)
die **Man|gel** (Wäscherolle); die Mangeln; **man|geln** (Wäsche rollen); du mangelst; er hat gemangelt; mangle die Wäsche!
der **Man|gel**; die Mängel; **man|gel|haft; man|geln** (fehlen, nicht ausreichen); es mangelt; es hat an allem gemangelt; die **Man|gel|wa|re**
die **Man|go** [*mango*] (eine tropische Frucht); die Mangos
die **Ma|nie** (Sucht, Besessenheit); die Manien
die **Ma|nier** (Art und Weise); er hat schlechte Manieren (schlechte Umgangsformen); **ma|nier|lich**
das **Ma|ni|fest** (öffentliche Erklärung); die Manifeste
ma|ni|kü|ren (die Nägel pflegen); du hast dir die Fingernägel manikürt
Ma|ni|la (Hauptstadt der Philippinen)
die **Ma|ni|pu|la|ti|on** (Kunstgriff); die Manipulationen (Machenschaften); **ma|ni|pu|lie|ren** (geschickt handhaben; beeinflussen); du manipulierst; er manipulierte; er hat die Zahlen manipuliert
das **Man|ko** (Fehlbetrag, Mangel); die Mankos
der **Mann**; die Männer; vier Mann hoch; alle Mann an Bord!; tausend Mann; er ist Manns genug; seinen Mann stehen, stellen; das **Männ|chen** (männliches Tier)
das **Man|ne|quin** [*man*ᵉ*kang*] (Frau, die Mode vorführt); die Mannequins
man|nig|fach; man|nig|fal|tig
männ|lich; männliches Hauptwort (Maskulinum); die **Mann|schaft**; der **Mann|schafts|ka|pi|tän**; das **Mann|schafts|spiel**
das **Ma|no|me|ter** (Druckmesser)
das **Ma|nö|ver** [*manöw*ᵉ*r*]; **ma|nö|v|rie|ren**; du manövrierst; sie hat geschickt manövriert; manövrier[e] vorsichtig!
die **Man|sar|de** (Dachgeschoss, Dachzimmer)
die **Man|schet|te**
der **Man|tel**
ma|nu|ell (mit der Hand, von Hand); das **Ma|nu|s|k|ript** (schriftliche Ausarbeitung; Urschrift; Satzvorlage)
die **Map|pe**; das **Mäpp|chen**
die **Mär** (Kunde; Sage); die Mären
die **Ma|ra|cu|ja** (essbare Frucht der Passionsblume); die Maracujas
der **Ma|ra|thon|lauf**
das **Mär|chen**; das **Mär|chen|buch; mär|chen|haft**
der **Mar|der**
die **Mar|ga|ri|ne**
die **Mar|ge|ri|te** (eine Wiesenblume)
der **Ma|ri|en|kä|fer**
ma|rin (zum Meer gehörend); die **Ma|ri|ne; ma|ri|tim** (das Meer, das Seewesen betreffend)
die **Ma|ri|o|net|te** (die Gliederpuppe)
das **Mark** (Rückenmark)
die **Mark** (Grenzland); die Marken; die Mark Brandenburg
die **Mark** (eine Währungseinheit); vier Mark; Deutsche Mark
mar|kant (stark ausgeprägt); am markantesten; ein markantes Gesicht
die **Mar|ke**
der **Mar|ker** (Stift zum Markieren); **mar|kie|ren** (kennzeichnen); du markierst; sie hat den Weg markiert; markier[e] den Weg!
mar|kig
die **Mar|ki|se** (Sonnendach)
der **Markt**; der **Markt|platz**; die **Markt|wirt|schaft**; freie Marktwirtschaft
die **Mar|me|la|de**
der **Mar|mor**
der **Ma|rok|ka|ner** (Einwohner Marokkos); **ma|rok|ka|nisch; Ma|rok|ko** (Staat in Nordwestafrika)
die **Ma|ro|ne** (Edelkastanie; ein Speisepilz)
die **Ma|rot|te** (Schrulle)
Mars (römischer Kriegsgott); der **Mars** (ein Planet); des Mars
marsch!; der **Marsch**
die **Marsch** (vor Küsten angeschwemmter fruchtbarer Boden); die Marschen
der **Mar|schall**; die Marschälle
mar|schie|ren; du marschierst; sie ist bis nach Rom marschiert; marschiere!
die **Mar|seil|lai|se** [*marßäjäs*ᵉ] (französische Nationalhymne)
die **Mar|ter; mar|tern**; du marterst; er martert; er marterte; er hat ihn zu Tode gemartert; martere ihn nicht!

der **Mär|ty|rer;** das **Mar|ty|ri|um;** die Martyrien [*martüriᵉn*]
der **Mar|xis|mus;** des Marxismus; der **Mar|xist;** des/dem/den Marxisten; die Marxisten; **mar|xis|tisch**[1]
der **März;** des März[es]; die Märze
das **Mar|zi|pan** [auch: *marzipan*]
die **Ma|sche**
die **Ma|schi|ne; ma|schi|nell; ma|schi|ne|schrei|ben,** *neue Schreibung:* **Ma|schi|ne schrei|ben;** ich schreibe Maschine; weil er maschineschreibt, *neu:* Maschine schreibt; ich habe maschinegeschrieben, *neu:* Maschine geschrieben; maschinezuschreiben, *neu:* Maschine zu schreiben; der **Ma|schi|nist;** des/dem/den Maschinisten; die Maschinisten
die **Ma|sern** (eine Kinderkrankheit) *Plural*
die **Ma|se|rung**
die **Mas|ke;** die **Mas|ke|ra|de; mas|kie|ren;** du maskierst ihn; sie hat ihn maskiert; maskier[e] ihn!; sich maskieren; sie hat sich maskiert
das **Mas|kott|chen** (Glücksbringer)
mas|ku|lin (männlich); das **Mas|ku|li|num** (männliches Hauptwort); des Maskulinums; die Maskulina
das **Maß;** die Maße; Maß nehmen; aber: das Maßnehmen; die **Maß|ein|heit**
die **Mas|sa|ge** [*maßasch*ᵉ]
das **Mas|sa|ker** (Gemetzel); des Massakers; die Massaker
die **Mas|se; mas|sen|haft;** das **Mas|sen|me|di|um;** die Massenmedien (Presse, Rundfunk, Fernsehen usw.) *meist Plural;* ↑Medium
der **Mas|seur** [*maßör*]; die Masseure; die **Mas|seu|rin; mas|sie|ren;** du massierst; er hat ihn massiert; massiere ihn!
maß|ge|bend; maß|geb|lich; maß|hal|ten, *neue Schreibung:* **Maß hal|ten;** du hältst maß, *neu:* Maß; er hielt maß, *neu:* Maß; er hat maßgehalten, *neu:* Maß gehalten; halte maß, *neu:* Maß!; das rechte Maß halten; maß- und Disziplin, *neu:* Maß und Diziplin halten; Disziplin und maßhalten, *neu:* Disziplin und Maß halten
mä|ßig; sich **mä|ßi|gen;** du mäßigst dich; er hat sich gemäßigt; mäßige dich!; die **Mä|ßig|keit;** die **Mä|ßi|gung**

[1]*Alte Trennung:* ...|st...

mas|siv (schwer, nicht hohl, fest; grob)
maß|los; am maßlosesten; die **Maß|nah|me; maß|re|geln;** du maßregelst; sie hat ihn gemaßregelt; maßreg[e]le ihn nicht!; der **Maß|stab**
der **Mast;** die Masten *und* die Maste
die **Mast** (die Mästung); die Masten; der **Mast|darm; mäs|ten**[1]; du mästest; er mästet; er mästete; er hat die Gans gemästet; mäste die Gans!
die **Mas|tur|ba|ti|on**[1] (Selbstbefriedigung)
das **Match** [*mätsch*] (Wettkampf); des Match[e]s; die Match[e]s, *auch:* die Matche; der **Match|ball** (spielentscheidender Ball beim Tennis)
das **Ma|te|ri|al;** die Materialien [*materialiᵉn*]; der **Ma|te|ri|a|lis|mus;** die **Ma|te|ri|a|lis|ten**[1] *Plural;* die **Ma|te|rie** [...*riᵉ*] (Stoff, Inhalt); die Materien; **ma|te|ri|ell**
Math. = Mathematik; die **Ma|the|ma|tik;** höhere Mathematik; der **Ma|the|ma|ti|ker; ma|the|ma|tisch**
der **Mat|jes|he|ring**
die **Ma|t|rat|ze**
der **Ma|t|ro|se**
der **Matsch** (weiche Masse; nasser Straßenschmutz); **mat|schig**
matt; jemanden matt setzen; Schach und matt!; aber: schachmatt; mattblau, mattgold usw.
die **Mat|te**
das **Mat|ter|horn** (Berg in den Alpen)
die **Mat|tig|keit;** die **Matt|schei|be**
die **Mätz|chen** *Plural;* Mätzchen machen (Ausflüchte machen, sich sträuben)
die **Mau|er; mau|ern;** du mauerst; sie mauert; sie mauerte; sie hat gemauert; mau[e]re!
das **Maul;** die Mäuler; die **Maul|af|fen** *Plural;* Maulaffen feilhalten (*umgangssprachlich für:* mit offenem Mund dastehen)
der **Maul|beer|baum;** die **Maul|bee|re**
maul|len; du maulst; sie mault; sie maulte; sie hat gemault; maul[e] nicht!; **maul|faul**
der **Maul|esel** (Kreuzung aus Pferdehengst und Eselstute); das **Maul|tier** (Kreuzung aus Eselhengst und Pferdestute)
der **Maul|wurf**
der **Mau|rer**

[1]*Alte Trennung:* ...|st...

Mau|re|ta|ni|en [*maur^e^tani^e^n*] (Staat in Afrika); der **Mau|re|ta|ni|er; mau|re|ta|nisch**
Mau|ri|ti|us [*...ziuß*] (Insel im Indischen Ozean)
die **Maus; mäus|chen|still;** der **Mäu|se|bus|sard;** die **Mau|se|fal|le; mau|sen;** du maust; sie maust; sie mauste; sie hat gemaust; mause nicht!
die **Mau|ser** (der jährliche Federwechsel bei Vögeln); sich **mau|sern;** du mauserst dich; sie mausert sich; sie mauserte sich; sie hat sich gemausert
mau|se|tot; mausetot schlagen
das **Mau|so|le|um** (monumentales Grabmal); des Mausoleums; die Mausoleen
die **Maut** (Straßen- oder Brückengebühr); die Mauten; die **Maut|stra|ße**
ma|xi|mal (höchst..., größt...); das **Ma|xi|mum** (Höchstwert, Höchstmaß); die Maxima
die **Ma|yon|nai|se,** *Hauptform:* **Ma|jo|nä|se;** *vgl. d.*
MdB *und* **M. d. B.** = Mitglied des Bundestages; **MdL** *und* **M. d. L.** = Mitglied des Landtages
m. E. = meines Erachtens
die **Me|cha|nik;** die Mechaniken; der **Me|cha|ni|ker; me|cha|nisch;** der **Me|cha|nis|mus;** des Mechanismus; die Mechanismen
me|ckern[1]; die Ziege meckert; die Ziege hat gemeckert; der **Me|cke|rer**[1]
meck|len|burg-vor|pom|me|risch; Meck|len|burg-Vor|pom|mern [*mekl^e^n...* oder *mäkl^e^n...*]
die **Me|dail|le** [*medalj^e^*] (Gedenkmünze); das **Me|dail|lon** [*medaljong*] (Anhänger, Bildkapsel); die Medaillons
das **Me|di|ka|ment** (Heilmittel, Arznei); die Medikamente
die **Me|di|ta|ti|on** (Nachdenken; religiöse Versenkung); **me|di|tie|ren** (nachdenken; Meditation üben)
das **Me|di|um** (die Kommunikation vermittelnde Person oder Sache); die Medien [*medi^e^n*] (insbesondere: Film, Funk, Fernsehen, Presse)
die **Me|di|zin** (Heilkunde; Arznei); die Medizinen; der **Me|di|zin|ball** (großer, schwerer, nicht elastischer Lederball); der **Me|di|zi|ner; me|di|zi|nisch**
das **Meer;** die **Meer|en|ge;** der **Mee|res|spie|gel;** die **Mee|res|strö|mung;**

[1]*Alte Trennung:* ...k|k...

die **Meer|kat|ze** (ein Affe); das **Meer|was|ser**
der **Meer|ret|tich** (eine Gewürzpflanze)
das **Meer|schwein|chen**
das **Mee|ting** [*miting*] (Treffen, Veranstaltung)
das **Me|ga|phon,** *Nebenform:* **Me|ga|fon** (Sprachrohr); des Megaphons, *auch:* Megafons; die Megaphone, *auch:* Megafone
das **Mehl; meh|lig;** der **Mehl|tau** (eine Pflanzenkrankheit)
mehr; mehr oder weniger; umso mehr; mehr denn je; **meh|re|re;** mehrere Bücher, mehrere Mark; mehrere Anwesende; die Einwände mehrerer Abgeordneter; in Begleitung mehrerer bewaffneter Soldaten; **meh|rer|lei; mehr|fach;** die **Mehr|heit; mehr|mals; mehr|stel|lig; mehr|stim|mig;** die **Mehr|wert|steu|er;** die **Mehr|zahl**
mei|den; du meidest ihn; sie mied ihn; sie hat ihn gemieden; meide ihn!
die **Mei|le;** der **Mei|len|stein; mei|len|weit;** aber: zwei Meilen weit
der **Mei|ler** (Holzstoß zur Gewinnung von Holzkohle)
mein
der **Mein|eid; mein|ei|dig**
mei|nen; du meinst; sie meint; sie meinte; sie hat es gut mit ihm gemeint
mei|ner|seits; mei|net|we|gen
die **Mei|nung;** die **Mei|nungs|for|schung;** die **Mei|nungs|frei|heit;** die **Mei|nungs|um|fra|ge;** die **Mei|nungs|ver|schie|den|heit**
die **Mei|se**
der **Mei|ßel;** die Meißel; **mei|ßeln;** du meißelst; er hat die Inschrift in den Grabstein gemeißelt; meißle die Inschrift!
meist; am meisten; die meisten glauben, dass ...; das meiste ist bekannt; **meist|bie|tend;** etwas meistbietend verkaufen, versteigern; **meis|tens**[1]; **meis|ten|teils**[1]
der **Meis|ter**[1]; **meis|ter|haft**[1]; die **Meis|ter|leis|tung**[1]; **meis|tern**[1]; du meisterst; sie meistert; sie meisterte; sie hat alle Schwierigkeiten gemeistert; meistere dein Schicksal!; die **Meis|ter|schaft**[1]; das **Meis|ter|stück**[1]; das **Meis|ter|werk**[1]
Mek|ka (Stadt in Saudi-Arabien)

[1]*Alte Trennung:* ...|st...

der **Me|kong** [*mekong,* auch: *mekong*] (Fluss in Südostasien)

die **Me|lan|cho|lie** [*melangkoli*] (Schwermut); die Melancholien; **me|lan|cho|lisch**

mel|den; du meldest; sie meldet; sie meldete; sie hat einen Erfolg gemeldet; melde ihn!; sich melden; sie hat sich bei der Polizei gemeldet; die **Mel|dung**

mel|ken; du melkst; er hat die Kuh gemolken *und* gemelkt; melk[e] die Kuh!; frisch gemolkene Milch

die **Me|lo|die;** die Melodien; **me|lo|disch**

die **Me|lo|ne** (ein Kürbisgewächs)

die **Mem|b|ran** *und* die **Mem|b|ra|ne** (schwingendes Metallblättchen oder Häutchen); die Membranen

die **Mem|me** (Feigling)

die **Me|moi|ren** [*memoaren*] (Lebenserinnerungen) *Plural*

die **Me|na|ge|rie** [*menasch^e^ri*] (Tierschau); die Menagerien

die **Men|ge; men|gen;** du mengst; sie mengt; sie hat den Zement gemengt; menge den Zement!; die **Men|gen|leh|re**

der **Me|nis|kus** (Zwischenknorpel im Kniegelenk); die Menisken; der **Me|nis|kus|riß,** *neue Schreibung:* **Me|nis|kus|riss**

der **Mensch;** des/dem/den Menschen; die Menschen; **men|schen|mög|lich;** er hat das menschenmögliche, *neu:* Menschenmögliche (alles) getan; die **Men|schen|wür|de; men|schen|wür|dig;** die **Mensch|heit; mensch|lich;** Menschliches, Allzumenschliches

die **Mens|t|ru|a|ti|on**[1] (Monatsblutung); die Menstruationen

die **Men|ta|li|tät** (Denkweise, Sinnesart); die Mentalitäten

das **Men|thol** (Bestandteil des Pfefferminzöls); des Menthols

das **Me|nü** (Speisenfolge); die Menüs

der **Me|ri|di|an** (Längenkreis); die Meridiane

mer|ken; du merkst es; sie hat es gemerkt; merke es!; das **Merk|mal;** die Merkmale; **merk|wür|dig**

der **Mes|ner,** *auch:* **Mess|ner** (*landschaftlich für:* Kirchendiener, Messdiener)

die **Mes|se** (der katholische Hauptgottesdienst); die, eine Messe lesen; aber: das Messelesen

die **Mes|se** (eine Ausstellung)

mes|sen; du mißt, *neu:* misst; sie mißt, *neu:* misst; sie maß; sie hat die Länge des Stoffes gemessen; miß, *neu:* miss die Breite des Zimmers!; das **Meß|ge|rät,** *neue Schreibung:* **Mess|ge|rät**

das **Mes|ser**

der **Meß|die|ner,** *neue Schreibung:* **Mess|die|ner**

der **Mes|si|as;** des Messias

das **Mes|sing**

der **Mes|ti|ze**[1] (Nachkomme eines weißen und eines indianischen Elternteils)

MESZ = Mitteleuropäische Sommerzeit

das **Me|tall; me|tal|len** (aus Metall); **me|tal|lic** (metallisch schimmernd lackiert); **me|tal|lisch** (wie Metall)

die **Me|ta|mor|pho|se** (Umgestaltung, Verwandlung)

der **Me|te|or** (Sternschnuppe); die Meteore; der **Me|te|o|rit** (Meteorstein); des/dem/den Meteoriten *und* des Meteorits; die Meteorite; die **Me|te|o|ro|lo|gie** (Wetterkunde)

der, *auch:* das **Me|ter;** eine Länge von 10 Meter, *auch:* von 10 Metern; von 10 Meter, *auch:* von 10 Metern an; ein[en] Meter lang; laufender Meter; **me|ter|hoch;** der Schnee liegt meterhoch; aber: der Schnee liegt drei Meter hoch; **me|ter|lang;** eine meterlange Schlange; aber: eine drei Meter lange Schlange; das **Me|ter|maß**

die **Me|tho|de** (Verfahren; Absicht; planmäßiges Vorgehen); **me|tho|disch**

das **Me|t|ro|nom** (Taktmesser); die Metronome

die **Me|t|ro|po|le** (Hauptstadt, Hauptsitz)

die **Mett|wurst**

der **Metz|ger;** die **Metz|ge|rei**

der **Meu|chel|mord; meuch|lings**

die **Meu|te** (eine Anzahl Hunde; wilde Rotte); die **Meu|te|rei;** der **Meu|te|rer; meu|tern;** du meuterst; er hat gemeutert; meutere nicht!

der **Me|xi|ka|ner** (Einwohner Mexikos); **me|xi|ka|nisch; Me|xi|ko** (Staat in Mittelamerika; dessen Hauptstadt)

MEZ = mitteleuropäische Zeit

mg = Milligramm

mi|au|en; die Katze miaut; die Katze miaute; die Katze hat miaut

mich

mick|rig (schwach, zurückgeblieben)

---

[1] *Alte Trennung:* ...|st...

das **Mie|der**
der **Mief** (*umgangssprachlich für:* schlechte Luft); des Miefs
die **Mie|ne** (Gesichtsausdruck)
mies (*umgangssprachlich für:* schlecht); mieser; am miesesten; ein mieser Laden; mir ist ganz mies
die **Mies|mu|schel** (Pfahlmuschel)
die **Mie|te** (frostsicher eingegrabene Feldfrüchte)
die **Mie|te** (Geldbetrag für die Nutzung von Wohnraum u.a.); **mie|ten;** du mietest; sie mietet; sie mietete; sie hat das Zimmer gemietet; miete das Zimmer!; der **Mie|ter;** die **Miet|wohnung**
die **Mi|g|rä|ne** (heftiger Kopfschmerz)
die **Mi|k|ro|or|ga|nis|men** (kleinste Lebewesen) *Plural*
das **Mi|k|ro|phon,** *Hauptform:* das **Mi|k|ro|fon** (Gerät, durch das Akustisches auf Tonband oder über Lautsprecher übertragen werden kann)
das **Mi|k|ro|s|kop** (ein optisches Vergrößerungsgerät)
der **Mi|lan** (ein Greifvogel); des Milans; die Milane
die **Mil|be** (ein Spinnentier)
die **Milch; mil|chig;** die **Milch|stra|ße**
mild; am mildesten; die **Mil|de; mil|dern;** du milderst; er hat den Schlag gemildert; mildere den Stoß!; mildernde Umstände; **mild|tä|tig**
das **Mi|lieu** [*miljö*] (Lebensumstände; Umwelt); die Milieus
das **Mi|li|tär; mi|li|tä|risch;** die **Mi|liz** (Volksheer); die Milizen
Mill. = Million, Millionen; das **Mil|le** (das Tausend); 5 Mille, aber: pro mille
die **Mil|li|ar|de** (1000 Millionen)
das **Mil|li|gramm** ($\frac{1}{1000}$ g); der *oder* das **Mil|li|li|ter** ($\frac{1}{1000}$ l); der *oder* das **Mil|li|me|ter** ($\frac{1}{1000}$ m)
die **Mil|li|on** (1 000 mal 1 000); eine Million; ein[und]dreiviertel Million[en]; zwei Millionen fünfhunderttausend; mit 0,8 Millionen; dreimillionenmal, *neu:* drei Millionen Mal; drei Millionen Male; der **Mil|li|o|när**
die **Milz;** der **Milz|brand** (Krankheit)
mi|men (schauspielern; so tun, als ob); du mimst; er mimt; er hat eine Ohnmacht gemimt; die **Mi|mik** (Gebärden- und Mienenspiel)
die **Mi|mi|k|ry** [*...kri*] (Anpassung, Schutzfärbung)
min = Minute

das **Mi|na|rett** (Turm einer Moschee); die Minarette
min|der; minder gut; minder wichtig; **min|der|be|gabt;** die minderbegabten Schüler, aber: die Minderbegabten; **min|der|be|mit|telt;** die minderbemittelten Leute, aber: die Minderbemittelten; die **Min|der|heit; min|der|jäh|rig; min|dern;** die Abnutzung hat den Wert gemindert; die **Min|de|rung; min|der|wer|tig;** minderwertiges Fleisch; **min|des|te**[1]; ohne die mindeste Angst; nicht das mindeste, *auch:* Mindeste (gar nichts); zum mindesten, *auch:* Mindesten (wenigstens); nicht im mindesten, *auch:* Mindesten (gar nicht); **min|des|tens**[1]; die **Min|dest|ge|schwin|dig|keit;** das **Min|dest|maß**
die **Mi|ne** (unterirdischer Gang; Sprengkörper; Kugelschreibereinlage)
das **Mi|ne|ral;** die Minerale *und* die Mineralien [*mineralᵉn*]; **mi|ne|ra|lisch;** das **Mi|ne|ral|öl;** das **Mi|ne|ral|was|ser**
die **Mi|ni|a|tur** (kleines Bild; kleine Illustration)
das **Mi|ni|golf;** der **Mi|ni|golf|platz**
mi|ni|mal (sehr gering, niedrigst); das **Mi|ni|mum** [auch: *minimum*] (Kleinstmaß; Mindestpreis); die Minima
der **Mi|ni|rock;** die Miniröcke
der **Mi|nis|ter**[1]; das **Mi|nis|te|ri|um**[1]; die Ministerien [*minißteriᵉn*]; der **Mi|nis|ter|prä|si|dent**[1]; des/dem/den Ministerpräsidenten; der **Mi|nis|t|rant**[1] (Messdiener); des/dem/den Ministranten
die **Mi|no|ri|tät** (Minderheit)
der **Mi|nu|end** (Zahl, von der etwas abgezogen wird); des/dem/den Minuenden; die Minuenden; **mi|nus** (weniger); fünf minus drei ist, macht, gibt zwei; minus 15 Grad *oder* 15 Grad minus; das **Mi|nus;** die Minus; er hat [ein] Minus gemacht; der **Mi|nus|punkt**
die **Mi|nu|te; mi|nu|ten|lang;** minutenlanger Beifall, aber: mehrere Minuten lang; fünfminütig *oder* fünfminutig (fünf Minuten dauernd), aber: fünfminütlich *oder* fünfminutlich (alle fünf Minuten)
Mio. = Million, Millionen
mir; mir nichts, dir nichts; *Beugung:* wie kann mir jungem (*auch:* jungen) Menschen so etwas passieren!

[1] *Alte Trennung:* ...|st...

die **Mi|ra|bel|le** (eine Pflaumenart)
mi|schen; du mischst; sie mischt; sie hat gemischt; mische sie!; der **Mischling;** des Mischlings; die Mischlinge; die **Mi|schung;** der **Misch|wald**
mi|se|ra|bel (erbärmlich; nichtswürdig); ein miserabler Kerl; die **Mi|se|re** (Not, Elend); die Miseren
die **Miß,** *jetzt nur noch:* **Miss** (unverheiratete Frau; Schönheitskönigin); Miss Australien
miß|ach|ten, *neue Schreibung:* **miss|ach|ten;** er mißachtete, *neu:* missachtete ihn; er hat ihn mißachtet, *neu:* missachtet
miß|bil|li|gen, *neue Schreibung:* **miss|bil|li|gen;** er mißbilligt, *neu:* missbilligt dies; er hat den Vorschlag mißbilligt, *neu:* missbilligt; die **Miß|bil|li|gung,** *neue Schreibung:* **Miss|bil|li|gung**
der **Miß|brauch,** *neue Schreibung:* **Miss|brauch;** die Mißbräuche, *neu:* Missbräuche; **miß|brau|chen,** *neue Schreibung:* **miss|brau|chen;** er mißbraucht, *neu:* missbraucht sie; er hat seine Macht mißbraucht, *neu:* missbraucht
der **Miß|er|folg,** *neue Schreibung:* **Miss|er|folg**
die **Miß|ern|te,** *neue Schreibung:* **Miss|ern|te**
die **Mis|se|tat;** der **Mis|se|tä|ter**
miß|fal|len, *neue Schreibung:* **miss|fal|len;** es mißfällt, *neu:* missfällt mir; es mißfiel, *neu:* missfiel mir; es hat mir mißfallen, *neu:* missfallen; das **Miß|fal|len,** *neue Schreibung:* **Miss|fal|len**
das **Miß|ge|schick,** *neue Schreibung:* **Miss|ge|schick**
miß|glücken[1], *neue Schreibung:* **miss|glü|cken;** der Plan mißglückte, *neu:* missglückte; der Plan ist mißglückt, *neu:* missglückt
die **Miß|gunst,** *neue Schreibung:* **Miss|gunst;** **miß|gün|stig,** *neue Schreibung:* **miss|güns|tig**
miß|han|deln, *neue Schreibung:* **miss|han|deln;** er mißhandelte, *neu:* misshandelte ihn; er hat ihn mißhandelt, *neu:* misshandelt; die **Miß|hand|lung,** *neue Schreibung:* **Miss|hand|lung**
die **Mis|si|on;** der **Mis|si|o|nar;** die **Mis|si|ons|sta|ti|on**

[1]*Alte Trennung:* ...k|k...

der **Mis|sis|sip|pi** (nordamerikanischer Fluss)
miß|lich, *neue Schreibung:* **miss|lich** (unangenehm)
miß|lie|big, *neue Schreibung:* **miss|lie|big** (unbeliebt)
miß|lin|gen, *neue Schreibung:* **miss|lin|gen;** etwas mißlingt, *neu:* misslingt; etwas mißlang, *neu:* misslang; etwas ist mißlungen, *neu:* misslungen
der **Miß|mut,** *neue Schreibung:* **Miss|mut;** **miß|mu|tig,** *neue Schreibung:* **miss|mu|tig**
miß|ra|ten, *neue Schreibung:* **miss|ra|ten;** etwas mißrät, *neu:* missrät; etwas mißriet, *neu:* missriet; etwas ist mißraten, *neu:* missraten
der **Miß|stand,** *neue Schreibung:* **Miss|stand;** die Mißstände, *neu:* Missstände
miß|trau|en, *neue Schreibung:* **miss|trau|en;** du mißtraust, *neu:* misstraust ihm; er hat ihm mißtraut, *neu:* misstraut; mißtraue, *neu:* misstraue ihm nicht!; das **Miß|trau|en,** *neue Schreibung:* **Miss|trau|en;** **miß|trau|isch,** *neue Schreibung:* **miss|trau|isch**
das **Miß|ver|ständ|nis,** *neue Schreibung:* **Miss|ver|ständ|nis;** die Mißverständnisse, *neu:* Missverständnisse; **miß|ver|ste|hen,** *neue Schreibung:* **miss|ver|ste|hen;** ich mißverstand, *neu:* missverstand ihn; ich habe ihn mißverstanden, *neu:* missverstanden; das war nicht mißzuverstehen, *neu:* misszuverstehen
die **Miß|wei|sung,** *neue Schreibung:* **Miss|wei|sung** (Abweichung der Magnetnadel, Deklination)
der **Mist;** der **Mist|kä|fer**
die **Mis|tel**[1]; die Misteln
mit; mit dem Hute in der Hand; mit anderen Worten; du kannst mit arbeiten; das musst du mit beachten; das kann ich nicht mit ansehen; **mit|ar|bei|ten;** sie arbeitet mit; sie hat an diesem Werk mitgearbeitet, *aber:* **mit ar|bei|ten** (vereinzelt an der Arbeit teilnehmen); sie hat an diesem Werk vorübergehend mit gearbeitet; der **Mit|ar|bei|ter;** die **Mit|be|stim|mung;** **mit|brin|gen;** er hat mir etwas mitgebracht
mit|ei|n|an|der; miteinander (einer mit dem anderen) auskommen, leben, spielen; ↑aneinander

[1]*Alte Trennung:* ...|st...

mit|fah|ren; er ist mitgefahren
mit|füh|lend; am mitfühlendsten; das **Mit|ge|fühl**
mit|ge|hen; er ging mit; er ist mitgegangen
die **Mit|gift** (Aussteuer); die Mitgiften
das **Mit|glied;** die **Mit|glie|der|ver|samm|lung;** der **Mit|glieds|aus|weis**
mit|hil|fe, *auch:* **mit Hil|fe;** mithilfe, *auch:* mit Hilfe dieses Verfahrens
mit|kom|men; sie kam mit; sie ist mitgekommen
mit|lau|fen; er lief mit; er ist mitgelaufen; der **Mit|läu|fer**
der **Mit|laut** (Konsonant); des Mitlaut[e]s; die Mitlaute
das **Mit|leid; mit|lei|dig**
mit|ma|chen; er hat mitgemacht
der **Mit|mensch;** des/dem/den Mitmenschen; die Mitmenschen
mit|neh|men; sie nahm den Koffer mit; sie hat mich mitgenommen
die **Mi|tra** (Bischofsmütze); die Mitren
mit|schrei|ben; sie schrieb mit; sie hat mitgeschrieben; zum Mitschreiben
der **Mit|schü|ler;** die **Mit|schü|le|rin**
der **Mit|tag;** über Mittag wegbleiben; [zu] Mittag essen; ↑Abend; das **Mit|tag|es|sen; mit|tags;** aber: des Mittags
die **Mit|te;** in der Mitte; Mitte Januar; Mitte dreißig; Mitte der Dreißiger
mit|tei|len (melden); du teilst mit; er hat mitgeteilt; teil[e] es ihm mit!; er hat ihm das Geheimnis mitgeteilt, aber: **mit tei|len;** er hat mit geteilt (an der Teilung teilgenommen); die **Mit|tei|lung**
mit|tel; mittlere; die mittlere Reife; das **Mit|tel;** die Mittel; sich ins Mittel legen; das **Mit|tel|al|ter;** der **Mit|tel|fin|ger;** das **Mit|tel|ge|bir|ge;** das **Mit|tel|meer; mit|tel|mä|ßig;** der **Mit|tel|punkt;** die **Mit|tel|stu|fe;** die **Mit|tel|wel|le;** das **Mit|tel|wort** (Partizip); die Mittelwörter
mit|ten; er befand sich mitten darin, mitten darunter, aber: er befand sich mittendrin, mittendrunter; er ging mitten durch, aber: der Stab brach mittendurch; das Glas ging, brach mitten entzwei
die **Mit|ter|nacht;** um Mitternacht; **mit|ter|nachts,** aber: des Mitternachts; ↑Abend; die **Mit|ter|nachts|son|ne**
der **Mit|te|strich** (Bindestrich, Gedankenstrich der Schreibmaschine)
der **Mitt|ler; mitt|ler|wei|le**
der **Mitt|woch;** ↑Dienstag; **mitt|wochs;** ↑Dienstag
mit|un|ter (manchmal)
mi|xen (mischen); du mixt; er mixt; er hat das Getränk gemixt; mix[e] ein Getränk!; der **Mi|xer** (jemand, der Getränke mischt; Gerät zum Quirlen und Mischen; Tonmischer); des Mixers; die Mixer
ml = Milliliter
mm = Millimeter
der **Mob** (Pöbel); des Mobs
das **Mö|bel;** die Möbel; **mo|bil** (beweglich); mobil machen (in Kriegsstand versetzen); das **Mo|bi|li|ar** (bewegliche Habe; Möbel); **mo|bi|li|sie|ren** (für den Einsatz bereit machen; aktivieren); du mobilisierst; er hat mobilisiert; mobilisiere!; die **Mo|bi|li|tät** ([geistige] Beweglichkeit); **möb|lie|ren;** du möblierst; er hat das Zimmer möbliert; möblier[e] es!
Mo|çam|bique [*moßambik*]; ↑Mosambik
der **Mo|dal|satz** (Umstandssatz der Art und Weise); die Modalsätze; das **Mo|dal|verb** (wollen, sollen, müssen, können, dürfen, mögen, *z. B. in:* wir wollen spielen); die Modalverben
die **Mo|de**
das **Mo|del** (Fotomodell); des Models; die Models
das **Mo|dell;** Modell stehen; **mo|del|lie|ren;** du modellierst; er hat ihren Kopf in Ton modelliert; modellier[e] ihn!
das **Mo|dem** (Gerät zur Datenübertragung über Telefonleitungen); des Modems; die Modems
der **Mo|der** (Faulendes; Fäulnisstoff); **mo|dern** (faulen); etwas modert; etwas moderte; etwas hat gemodert
der **Mo|de|ra|tor** (jemand, der durch eine Fernseh- oder Rundfunksendung führt); des Moderators; die Moderatoren; die **Mo|de|ra|to|rin;** die Moderatorinnen
mo|dern (modisch); moderner Fünfkampf; **mo|der|ni|sie|ren;** du modernisierst; sie modernisierte; sie hat die Fabrik modernisiert; modernisier[e] sie!
das **Mo|dul** (selbstständiges Geräteteil); des Moduls; die Module; die **Mo|du|la|ti|on** (Übergang in eine andere Tonart)
der **Mo|dus** [auch: *modus*] (Art und

Weise; Aussageweise des Verbs); die Modi

das **Mo|fa** (*kurz für:* Motorfahrrad); des Mofas; die Mofas; **mo|feln** (*umgangssprachlich für:* mit dem Mofa fahren); du mofelst; er mofelt; er ist um den Platz gemofelt

Mo|ga|di|schu (Hauptstadt von Somalia)

die **Mo|ge|lei; mo|geln;** du mogelst; er hat gemogelt; mog[e]le nicht!

mö|gen; du magst; er mag; er mochte; er hat sie gemocht; das hätte ich hören mögen

mög|lich; so viel als *oder* wie möglich; das mögliche, *neu:* Mögliche (alles) tun; alles mögliche, *neu:* Mögliche (viel, allerlei) tun; sein möglichstes, *neu:* Möglichstes tun; im Rahmen des Möglichen; Mögliches und Unmögliches verlangen; alles Mögliche (alle Möglichkeiten) bedenken; etwas, nichts Mögliches; **mög|li|chen|falls; mög|li|cher|wei|se;** die **Mög|lich|keit;** nach Möglichkeit; die **Mög|lich|keits|form** (Konjunktiv); **mög|lichst;** möglichst bald

Mo|ham|med (Stifter des Islams)

der **Mohn**

der **Mohr**

die **Möh|re;** die **Mohr|rü|be**

der **Mo|kas|sin** (ein Schuh); die Mokassins *und* die Mokassine

sich **mo|kie|ren** (sich lustig machen); du mokierst dich; er hat sich darüber mokiert

der **Mok|ka;** die Mokkas

der **Molch;** die Molche

die **Mo|le** (Hafendamm); die Molen

das **Mo|le|kül** (kleinste Einheit einer chemischen Verbindung); die Moleküle

die **Mol|ke** (Käsewasser); die **Mol|ke|rei**

das **Moll** (Tongeschlecht mit kleiner Terz; *vgl.* Dur); des Moll; die Moll; a-Moll; die a-Moll-Arie

mol|lig (*umgangssprachlich für:* behaglich, warm; rundlich)

der **Mo|ment** (Augenblick); **mo|men|tan**

Mo|na|co [*monako,* auch: *monako*] (Staat in Südeuropa); **Mo|na|co,** *auch:* **Mo|na|ko** [*monako,* auch: *monako*] (Hauptstadt dieses Staates)

der **Mo|n|arch** (legitimer Alleinherrscher); des/dem/den Monarchen; die Monarchen; die **Mo|n|ar|chie;** die Monarchien

der **Mo|nat;** alle zwei Monate; dieses Monats; laufenden Monats; vorigen Monats; **mo|na|te|lang,** aber: viele Monate lang; **mo|nat|lich** (jeden Monat); eine monatliche Rate, aber: dreimonatig (drei Monate dauernd)

der **Mönch; mön|chisch;** der **Mönchs|or|den**

der **Mond;** die **Mond|fins|ter|nis**[1]**;** **mond|hell;** die **Mond|pha|se;** der **Mond|schein**

der **Mo|ne|gas|se** (Einwohner Monacos); des/dem/den Monegassen; die Monegassen; **mo|ne|gas|sisch**

der **Mon|go|le** [*monggol^e*] (Angehöriger einer Völkergruppe in Asien; Einwohner der Mongolei); die **Mon|go|lei** (Staat und Hochland in Zentralasien); **mon|go|lisch**

mo|nie|ren (bemängeln); sie hat das schlechte Essen moniert; der **Mo|ni|tor** (Bildschirm für Beobachtung, Datenkontrolle oder Datenverarbeitung); des Monitors; die Monitoren *und* Monitore

das **Mo|no|gramm** (Namenszug)

die **Mo|no|kul|tur** (einseitiger Anbau immer derselben Pflanzenart)

der **Mo|no|log** (Selbstgespräch)

das **Mo|no|pol** (alleiniger Anspruch; Recht auf Alleinverkauf); das **Mo|no|po|ly** (ein Gesellschaftsspiel); des Monopoly

mo|no|ton (eintönig, ermüdend); die **Mo|no|to|nie** (Eintönigkeit)

das **Mons|ter**[1] [*monßt^er*] (das Ungeheuer); des Monsters; die Monster

die **Mon|s|t|ranz** [*monßtranz*] (Gefäß für die geweihte Hostie); die Monstranzen

das **Mon|s|t|rum** [*monßtrum*] (Ungeheuer); des Monstrums; die Monstren

der **Mon|sun** (ein Wind); die Monsune

der **Mon|tag;** ↑Dienstag; **mon|tags;** ↑Dienstag

die **Mon|ta|ge** [*montasch^e*] (Aufbau; Zusammenbau einer Maschine)

der **Mont|blanc** [*mongblang*] (Berg in den Alpen)

der **Mon|teur** [*montör*]; **mon|tie|ren;** du montierst; er montierte; er hat die Maschine montiert; montier[e] sie!

Mon|te|vi|deo [*montewideo*] (Hauptstadt von Uruguay)

das **Mo|nu|ment** (Denkmal); **mo|nu|men|tal**

---

[1] *Alte Trennung:* ...|st...

das **Moor; moo|rig**
das **Moos; moo|sig**
der **Mop,** *neue Schreibung:* **Mopp** (Stoffbesen); die Mops, *neu:* Mopps; **moppen;** du moppst; sie moppt; sie hat gemoppt; mopp[e] den Flur!
das **Mo|ped** (leichtes Motorrad); des Mopeds; die Mopeds
der **Mops;** die Möpse; **mop|sen** (*umgangssprachlich für:* stehlen); du mopst; sie mopst; sie hat gemopst; sich mopsen (*umgangssprachlich für:* sich langweilen, ärgern)
die **Mo|ral** (Sittlichkeit); **mo|ra|lisch**
die **Mo|rä|ne** (Schutt eines Gletschers); die Moränen
der **Mo|rast;** die Moraste *und* die Moräste; **mo|ras|tig**[1]
die **Mor|chel** (ein Pilz); die Morcheln
der **Mord; mor|den;** du mordest; er mordete; er hat gemordet; der **Mör|der**
mor|gen; morgen abend, *neu:* Abend, morgen nachmittag, *neu:* Nachmittag, aber: morgen früh; die Technik von morgen (der nächsten Zukunft); ↑Abend *und* Dienstag; der **Mor|gen;** guten Morgen!; heute, gestern morgen, *neu:* Morgen; morgens; frühmorgens, aber: morgens früh; ↑Abend; das **Mor|gen;** das Heute und das Morgen; der **Mor|gen** (ursprünglich das Land, das ein Gespann an einem Morgen pflügen kann); fünf Morgen Land; **mor|gens,** aber: des Morgens; ↑Abend *und* Dienstag
das **Mor|phi|um** (ein Rauschgift)
morsch; am morschesten
das **Mor|se|al|pha|bet; mor|sen** (den Morseapparat bedienen); du morst; sie morst; sie hat gemorst; das **Mor|se|zei|chen**
der **Mör|ser**
der **Mör|tel;** die Mörtel
das **Mo|sa|ik** (Bild aus bunten Steinchen); die Mosaiken, *auch:* die Mosaike
Mo|sam|bik (Staat in Ostafrika); der **Mo|sam|bi|ka|ner; mo|sam|bi|ka|nisch**
die **Mo|schee;** die Moscheen
die **Mo|sel** (deutscher Fluss)
Mo|ses (Stifter der israelitischen Religion)
Mos|kau (Hauptstadt von Russland)
der **Mos|ki|to** (eine Stechmücke); des Moskitos; die Moskitos

[1]*Alte Trennung:* ...|st...

der **Mos|lem** (Anhänger des Islams); die Moslems; ↑Muslim
der **Most;** die Moste
der **Most|rich** (Senf)
das **Mo|tel** [*motᵉl*] (Hotel an Fernstraßen); des Motels; die Motels
das **Mo|tiv** (Grund; Leitgedanke; kleinstes melodisches Gebilde); **mo|ti|vie|ren** [*motiwirᵉn*]; du motivierst; er hat sein Handeln motiviert; motivier[e] dein Tun!
der **Mo|tor;** die Motoren, *auch:* der **Mo|tor;** die Motore; das **Mo|tor|boot** [auch: *motorbot*]; **mo|to|ri|siert;** das **Mo|tor|rad** [auch: *motorat*]; der **Mo|tor|rad|fah|rer**
die **Mot|te**
das **Mot|to** (Leitspruch; Kennwort); die Mottos
mot|zen (*umgangssprachlich für:* nörgeln; *landschaftlich für:* schmollen); du motzt; er motzt; er hat gemotzt; motz[e] nicht!
das **Moun|tain|bike** [*mauntinbaik*] (Fahrrad für Gelände- bzw. Gebirgsfahrten)
der **Mount E|ve|rest** [*maunt äwᵉrißt*] (höchster Berg der Erde; im Himalaja)
die **Mö|we** (ein Vogel)
der **Moz|za|rel|la** (ein Käse)
m/s *oder* **m/sec** = Meter je Sekunde
die **Mu|cke**[1] (*umgangssprachlich für:* Laune, Grille); der Motor hat seine Mucken
die **Mü|cke**[1]; der **Mü|cken|stich**[1]
muck|sen; du muckst; er muckst; er muckste; er hat gemuckst; mucks[e] nicht!; sich mucksen; er hat sich nicht gemuckst; **mucks|mäus|chen|still**
mü|de; sich müde arbeiten; einer Sache müde (überdrüssig) sein; ich bin es müde; die **Mü|dig|keit**
der **Muff** (modriger, dumpfer Geruch)
der **Muff** (Handwärmer); die Muffe
die **Muf|fe** (Rohrstück; Ansatzstück); die Muffen
der **Muf|fel** (*umgangssprachlich für:* Mensch, der sich mürrisch, ablehnend verhält); des Muffels; die Muffel
muf|fig (nach Schimmel riechend)
die **Mü|he;** mit Müh und Not; es kostet mir *oder* mich keine Mühe; er hat sich redlich Mühe gegeben; **mü|he|los;** am mühelosesten
die **Müh|le;** das **Mühl|rad;** der **Mühl|stein**

[1]*Alte Trennung:* ...k|k...

die **Müh|sal;** die Mühsale; **müh|sam; müh|se|lig**
der **Mu|lat|te** (Nachkomme eines schwarzen und eines weißen Elternteils)
die **Mul|de**
der **Mull;** die **Mull|bin|de**
der **Müll** (Schutt; Kehricht), die **Müll|abfuhr;** der **Müll|ei|mer;** die **Müll|kippe;** die **Müll|ton|ne;** die **Müll|verbren|nung**
der **Mül|ler**
mul|mig (*umgangssprachlich für:* bedenklich, übel)
mul|ti|kul|tu|rell (viele Kulturen umfassend); ein multikulturelles Angebot
das **Mul|ti|me|dia** (*Informatik:* Zusammenwirken verschiedener Medientypen [Texte, Bilder, Grafiken usw.] in einem Informationssystem); des Multimedia[s]
das **Mul|ti|ple-choice-Ver|fah|ren,** *neue Schreibung:* **Mul|ti|ple|choice|verfah|ren,** *auch möglich:* **Mul|tiple-Choice-Ver|fah|ren** [*maltiple tscheuß...*] (Prüfungsverfahren, bei dem von mehreren vorgegebenen Antworten eine oder mehrere als richtig zu kennzeichnen sind)
die **Mul|ti|p|li|ka|ti|on;** der **Mul|ti|p|lika|tor** (Zahl, mit der man eine vorgegebene Zahl multipliziert); des Multiplikators; die Multiplikatoren; **mul|tip|li|zie|ren;** du multiplizierst; sie hat multipliziert; multiplizier[e] diese beiden Zahlen!
die **Mu|mie** [*mumie*] (einbalsamierter Leichnam); die Mumien
der **Mumm** (Mut, Schneid); keinen Mumm haben
der **Mum|pitz** (*umgangssprachlich für:* Unsinn; Schwindel)
der, *auch:* die **Mumps** (Ziegenpeter)
Mün|chen (Hauptstadt von Bayern)
der **Mund;** die Münder; die **Mund|art**
das **Mün|del** (Minderjähriger, der unter Vormundschaft steht); die Mündel
mun|den; etwas mundet; etwas mundete; etwas hat gemundet
mün|den; der Fluss mündet; der Fluss ist in den See gemündet
die **Mund|har|mo|ni|ka;** die Mundharmonikas *und* Mundharmoniken
mün|dig (volljährig); mündig sein
münd|lich
die **Mün|dung**
die **Mund-zu-Mund-Be|at|mung**
die **Mu|ni|ti|on**
mun|keln (*umgangssprachlich für:* im Geheimen reden); du munkelst; er munkelt; er munkelte; er hat gemunkelt
das **Müns|ter**[1] (Stiftskirche, Dom)
mun|ter; munt[e]rer; am muntersten; die **Mun|ter|keit**
die **Mün|ze; mün|zen;** du münzt; er münzt; er hat gemünzt; das ist auf mich gemünzt (das zielt auf mich ab)
die **Mu|rä|ne** (ein Fisch); die Muränen
mür|be; der **Mür|be|teig**
die **Mu|re** (Schutt- oder Schlammstrom im Hochgebirge); die Muren
der **Murks** (*umgangssprachlich für:* schlechte Arbeit); des Murkses; **murksen** (schlecht arbeiten); du murkst; er murkst; er hat wieder gemurkst
mur|meln; du murmelst; sie murmelte; sie hat gemurmelt; murm[e]le nicht!
das **Mur|mel|tier**
mur|ren; du murrst; er hat gemurrt; murre nicht!; **mür|risch**
das **Mus** (Obstbrei; Marmelade); die Muse [*muße*]
die **Mu|schel;** die Muscheln; der **Muschel|kalk**
die **Mu|se** (eine der neun Göttinnen der Künste); die Musen
das **Mu|se|um;** die Museen
das **Mu|si|cal** [*mjusikel*] (musikalisches Bühnenwerk in einem modernen, populären Stil); des Musicals; die Musicals
die **Mu|sik; mu|si|ka|lisch;** der **Mu|sikant;** des/dem/den Musikanten; die Musikanten; die **Mu|sik|box;** der **Musi|ker;** das **Mu|sik|in|s|t|ru|ment;** die **Mu|sik|kas|set|te; mu|sisch** (künstlerisch); **mu|si|zie|ren;** du musizierst; er hat musiziert; musiziere!
der **Mus|kat** (ein Gewürz); des Muskat[e]s; die Muskate; die **Mus|katnuß,** *neue Schreibung:* **Mus|kat|nuss;** die Muskatnüsse
der **Mus|kel;** die Muskeln; die **Mus|kula|tur; mus|ku|lös;** am muskulösesten
das **Müs|li** (ein Rohkostgericht); die Müslis
der **Mus|lim** (Moslem); des Muslim[s]; die Muslime *und* die Muslims
die **Mu|ße** (freie Zeit); mit Muße
müs|sen; du mußt, *neu:* musst; er muß, *neu:* muss; er mußte, *neu:* musste;

[1] *Alte Trennung:* ...|st...

er hat gemußt, *neu:* gemusst; was habe ich hören müssen!
mü|ßig; müßig sein; der **Mü|ßig-gang; mü|ßig|ge|hen,** *neue Schreibung:* **mü|ßig ge|hen** (faulenzen); er ist müßiggegangen, *neu:* müßig gegangen

der **Mus|tang**[1] (wild lebendes Präriepferd); des Mustangs; die Mustangs

das **Mus|ter**[1]; nach Muster; **mus|ter|gül-tig**[1]; **mus|ter|haft**[1]; **mus|tern**[1]; du musterst; er hat ihn gemustert; mustere ihn nicht so!; die **Mus|te|rung**[1]

der **Mut;** er ist guten Mut[e]s; mir ist schlecht zumute, *auch:* zu Mute; **mu-tig; mut|los;** am mutlosesten; **mut-ma|ßen;** du mutmaßt; sie mutmaßt; sie mutmaßte; sie hat gemutmaßt; mutmaße nicht!

die **Mu|ta|ti|on** (erbliche Veränderung)

die **Mut|ter;** die Mütter; die **Mut|ter|er-de;** die **Mut|ter Got|tes,** *auch:* die **Mut|ter|got|tes; müt|ter|lich;** das **Mut|ter|mal;** die Muttermale; **mut-ter|see|len|al|lein;** die **Mut|ter-spra|che;** die **Mut|ti;** die Muttis

die **Mut|ter** (Schraubenteil); die Muttern

die **Müt|ze**

die **Myr|re,** *Hauptform:* **Myr|rhe** (ein wohlriechendes Harz); die Myrren, *auch:* Myrrhen

die **Myr|te** (ein immergrüner Strauch); der **Myr|ten|kranz**

mys|te|ri|ös[1] (geheimnisvoll); am mysteriösesten; das **Mys|te|ri|um**[1] (Geheimnis); die Mysterien [*müsteri^{e}n*]; **mys|tisch**[1] (geheimnisvoll)

die **My|the** *und* der **My|thos** (die Götter- und Heldensage); die Mythen; **my|thisch** (sagenhaft, erdichtet); die **My|tho|lo|gie** (Sagenkunde, Götterlehre)

N

das **N** (Buchstabe); des N; die N; aber: das n in Wand

N = Newton

na!; na, na!; na ja!

die **Na|be** (Mittelhülse des Rades); die Naben

der **Na|bel;** die Nabel; die **Na|bel-schnur;** die Nabelschnüre

[1]*Alte Trennung:* ...|st...

nach; nach und nach; nach wie vor; er ging nach ihm durch die Tür; du sollst nach Hause gehen; er starb nach langem, schwerem Leiden; nacheinander; nachher

nach|ah|men; er ahmte ihn nach; er hat ihn nachgeahmt

der **Nach|bar;** des Nachbarn *und* des Nachbars; die Nachbarn; die **Nach-ba|rin;** die Nachbarinnen; **nach|bar-lich;** die **Nach|bar|schaft;** die **Nach-bar|schafts|hil|fe**

nach|dem; je nachdem

nach|den|ken; sie denkt nach; sie hat nachgedacht; **nach|denk|lich**

der **Nach|druck;** für Druckerzeugnisse auch *Plural:* die Nachdrucke; **nach-drück|lich**

nach|ei|n|an|der; die Wagen werden nacheinander starten; ↑aneinander

der **Na|chen** (ein Boot)

die **Nach|er|zäh|lung**

nach|fol|gen; er folgte ihr nach; er ist ihr nachgefolgt; der **Nach|fol|ger**

die **Nach|fra|ge**

nach|ge|ben; er gibt nach; er hat nachgegeben

nach|ge|hen; die Uhr ging nach; sie ist der Sache nachgegangen

nach|gie|big

nach|hal|tig

nach Hau|se; nach Hause gehen; der **Nach|hau|se|weg**

nach|her

die **Nach|hil|fe**

nach|ho|len; sie holt nach; sie hat das Versäumte nachgeholt

der **Nach|kom|me;** des/dem/den Nachkommen; die Nachkommen; die **Nach|kom|men|schaft;** der **Nach-kömm|ling**

der **Nach|laß,** *neue Schreibung:* **Nach-lass;** des Nachlasses; die Nachlasse *und* die Nachlässe; **nach|las|sen;** du läßt, *neu:* lässt nach; sie ließ nach; der Regen hat nachgelassen

nach|läs|sig; die **Nach|läs|sig|keit**

nach|lau|fen; der Hund lief mir nach; er ist mir nachgelaufen

der **Nach|mit|tag; nach|mit|tags;** aber: des Nachmittags; ↑abends *und* Dienstag

die **Nach|nah|me**

der **Nach|na|me;** des Nachnamens; die Nachnamen

die **Nach|richt**

der **Nach|ruf;** die Nachrufe

nach|rüs|ten[1]; die **Nach|rüs|tung[1]**
nach|schla|gen; sie schlägt nach; sie hat in dem Buch nachgeschlagen
der **Nach|schub**
nach|se|hen; sie sieht den Schiffen nach; sie sah den Motor nach; sie hat mir den Irrtum nachgesehen; sieh nach!; die **Nach|sicht; nach|sich|tig**
die **Nach|sil|be** (Suffix)
nach|sit|zen; sie sitzt nach; sie hat nachgesessen
nächst; nächsten Jahres, nächsten Monats; sie steht mir am nächsten; das nächste Mal; nächstdem; der nächste, *neu:* Nächste bitte!; das nächste, *neu:* Nächste wäre ...; das nächstbeste, *neu:* Nächstbeste wäre ...; der nächste Beste; wir fragen den nächstbesten Polizisten; als nächstes, *neu:* Nächstes; der, die, das **Nächst|bes|te[1]** (die nächstbeste Person oder Sache); der **Nächs|te[1]** (der Mitmensch); des/dem/den Nächsten; mein Nächster; die **Nächs|ten|lie|be[1]; nächs|tens[1]; nächst|lie|gend;** ↑naheliegend; das **Nächst|lie|gen|de**
die **Nacht;** bei Nacht; über Nacht; die Nacht über; ↑Abend *und* Dienstag *und* nachts; **nacht|ak|tiv** (Zoologie)
der **Nach|teil; nach|tei|lig**
näch|te|lang; aber: drei Nächte lang; das **Nacht|hemd**
die **Nach|ti|gall;** die Nachtigallen
der **Nach|tisch** (Nachspeise)
nächt|lich
der **Nach|trag;** die Nachträge; **nach|tra|gen;** sie trägt nach; sie hat ihm nichts nachgetragen; **nach|träg|lich**
die **Nacht|ru|he; nachts;** aber: des Nachts; eines Nachts; der **Nacht|schat|ten** (Pflanzengattung); das **Nacht|schat|ten|ge|wächs;** die **Nacht|schicht;** die Nachtschichten; **nachts|über;** aber: die Nacht über; ↑Abend; der **Nacht|tisch;** die **Nacht|tisch|lam|pe;** der **Nacht|wäch|ter; nacht|wan|deln;** du nachtwandelst; sie ist, *auch:* sie hat genachtwandelt
der **Nach|weis; nach|wei|sen;** sie weist nach; sie hat nachgewiesen
der **Nach|wuchs**
der **Nach|züg|ler**
der **Na|cken[2]**; die **Na|cken|stüt|ze[2]**
nackt; nackt baden; die **Nackt|heit**

[1]*Alte Trennung:* ...|st...
[2]*Alte Trennung:* ...k|k...

die **Na|del;** die Nadeln; der **Na|del|baum;** die Nadelbäume; das **Na|del|öhr;** der **Na|del|wald;** die Nadelwälder
der **Na|gel;** etwas ist nicht niet- und nagelfest; **na|geln;** du nagelst; er hat die Schuhe genagelt; nag[e]le sie!; **na|gel|neu**
na|gen; du nagst; er hat an dem Knochen genagt; das **Na|ge|tier**
nah *und* **na|he;** näher; nahebei; nahezu; von nah und fern; nahe dem Fluss. *Groß:* der Nahe Osten
die **Näh|ar|beit**
die **Nä|he;** sie ist in der Nähe; **na|he|ge|hen,** *neue Schreibung:* **na|he ge|hen** (seelisch ergreifen); der Tod seines Freundes ist ihm nahegegangen, *neu:* nahe gegangen; **na|he ge|hen** (in die Nähe gehen); **na|he|kom|men,** *neue Schreibung:* **na|he kom|men** (vertraut werden); sie sind sich im Laufe der Zeit sehr nahegekommen, *neu:* nahe gekommen; **na|he kom|men** (in die Nähe kommen); er ist dem Ufer sehr nahe gekommen; **na|he|le|gen,** *neue Schreibung:* **na|he le|gen** (empfehlen); man hat ihr den Rücktritt nahegelegt, *neu:* nahe gelegt; **na|he le|gen** (in die Nähe legen); **na|he|lie|gen,** *neue Schreibung:* **na|he lie|gen** (leicht zu finden sein); die Lösung des Rätsels hat nahegelegen, *neu:* nahe gelegen; **na|he lie|gen** (in der Nähe liegen); **na|he|lie|gend,** *neue Schreibung:* **na|he lie|gend** (einleuchtend, leicht verständlich); näherliegend, *neu:* näher liegend; nächstliegend; ein naheliegender, *neu:* nahe liegender Gedanke; **na|he lie|gend** (in der Nähe liegend); ein nahe liegendes Dorf; **na|hen;** der Winter ist schnell genaht
nä|hen; du nähst; sie näht; sie nähte, sie hat genäht; nähe das Kleid!
nä|her; etwas des näher[e]n, *neu:* Näher[e]n (genauer) auseinander setzen; Näheres folgt; das Nähere findet sich; alles Nähere sage ich dir später; **nä|her|brin|gen,** *neue Schreibung:* **nä|her brin|gen** (leichter verständlich machen); er hat uns das Gedicht nähergebracht, *neu:* näher gebracht; **nä|her brin|gen** (in größere Nähe bringen); sie hat den Korb näher gebracht; das **Nah|er|ho|lungs|ge|biet** (in der Nähe der Großstadt)
die **Nä|he|rin;** die Näherinnen

nä|her|kom|men, *neue Schreibung:* **nä|her kom|men** (vertrauter werden, verstehen lernen); wir sind uns nähergekommen, *neue Schreibung:* näher gekommen; **nä|her kom|men** (in die Nähe kommen); sie ist immer näher gekommen; **nä|her|lie|gend,** *neue Schreibung:* **nä|her lie|gend** ↑naheliegend; sich **nä|hern;** du hast dich dem Ziel genähert; **nä|her|ste|hen,** *neue Schreibung:* **nä|her ste|hen** (vertraut sein); sie haben sich nähergestanden, *neu:* näher gestanden; **nä|her ste|hen** (in der Nähe stehen); der **Nä|he|rungs|wert** *(Mathematik);* **na|he|ste|hen,** *neue Schreibung:* **na|he ste|hen** (vertraut, befreundet sein); sie hat dem Verstorbenen sehr nahegestanden, *neu:* nahe gestanden; **na|he ste|hen** (in der Nähe stehen); sie hat dem Ufer sehr nahe gestanden

die **Näh|ma|schi|ne**

Nah|ost (der Nahe Osten); in Nahost

der **Nähr|bo|den;** sich **näh|ren;** du nährst dich; sie hat sich von Früchten genährt; nähre dich von Früchten!; **nahr|haft;** das **Nähr|salz;** die Nährsalze; der **Nähr|stoff;** die **Nah|rung;** die **Nah|rungs|ket|te** *(Biologie);* das **Nah|rungs|mit|tel;** die Nahrungsmittel; die **Nah|rungs|mit|tel|ver|gif|tung**

die **Naht; naht|los**

Nai|ro|bi (Hauptstadt von Kenia)

na|iv [*na-if*] (natürlich; unbefangen; einfältig); er ist naiv; die naive Malerei; die **Na|i|vi|tät** [*na-iwität*]

na ja!

der **Na|me;** des Namens; die Namen; im Namen; mit Namen; **na|mens;** der **Na|mens|pa|t|ron;** der **Na|mens|tag; na|ment|lich:** namentlich[,] wenn; **nam|haft;** jemanden namhaft machen

Na|mi|bia (Staat in Südwestafrika); der **Na|mi|bi|er; na|mi|bisch**

näm|lich; nämlich[,] dass; nämlich[,] wenn

der **Nan|ga Par|bat** (Berg im Himalaja)

das **Na|palm** (ein Füllstoff für Brandbomben); des Napalms; die **Na|palm|bom|be**

der **Napf;** die Näpfe

das **Nap|pa** *und* das **Nap|pa|le|der** (ein feines, waschbares Leder)

die **Nar|be; nar|big**

die **Nar|ko|se; nar|ko|tisch; nar|ko|ti|sie|ren;** sie hat ihn narkotisiert

der **Narr; när|risch**

die **Nar|zis|se** (eine Zwiebelpflanze)

na|sa|lie|ren (durch die Nase aussprechen); ein nasaliertes o

na|schen; du naschst; er hat genascht; nasche nicht!; die **Na|sche|rei** *und* **Nä|sche|rei; nasch|haft;** am naschhaftesten; die **Nasch|kat|ze**

die **Na|se; nä|seln;** du näselst; sie hat genäselt; näs[e]le nicht!; das **Na|sen|bein;** der **Na|sen|stü|ber; na|se|weis;** am naseweisesten; der **Na|se|weis;** die Naseweise; **nas|füh|ren;** sie nasführte ihn; sie hat ihn genasführt; das **Nas|horn**

naß, *neue Schreibung:* **nass;** nässer *und* nasser; am nässesten *und* am nassesten; sie hat sich naß, *neu:* nass gemacht; das **Naß,** *neue Schreibung:* **Nass;** des Nasses; die **Näs|se; näs|sen;** etwas näßt, *neu:* nässt; etwas näßte, *neu:* nässte; etwas hat genäßt, *neu:* genässt; **naß|kalt,** *neu:* **nass|kalt**

die **Na|ti|on; na|ti|o|nal;** die nationale Unabhängigkeit; aber: die Nationale Front; das Nationale Olympische Komitee; die **Na|ti|o|nal|hym|ne;** der **Na|ti|o|na|lis|mus** (übermäßiges Nationalbewusstsein); die **Na|ti|o|na|li|tät;** die **Na|ti|o|nal|mann|schaft;** der **Na|ti|o|nal|park;** der **Na|ti|o|nal|so|zi|a|lis|mus; na|ti|o|nal|so|zi|a|lis|tisch**[1]

die **NA|TO,** *auch:* **Na|to** = North Atlantic Treaty Organisation (Nordatlantikpakt; ein militärisches und politisches Bündnis westlicher Staaten)

das **Na|t|ron**

die **Nat|ter**

die **Na|tur;** die **Na|tu|ra|li|en** [*naturali^e n*] (Bodenerzeugnisse) *Plural;* die **Na|tur|er|schei|nung;** der **Na|tur|freund;** das **Na|tur|ge|setz; na|tür|lich;** der **Na|tur|park;** der **Na|tur|schutz;** das **Na|tur|schutz|ge|biet;** die **Na|tur|wis|sen|schaft;** der **Na|tur|wis|sen|schaft|ler; na|tur|wis|sen|schaft|lich**

die **Nau|tik** (Schifffahrtskunde); **nau|tisch**

die **Na|vi|ga|ti|on** [*nawi...*] (Schiffs-, Flugzeugführung)

der **Na|zi** (*abwertend für:* Nationalsozialist); des Nazis; die Nazis

---

[1]*Alte Trennung:* ...|st...

n. Chr. = nach Christus

der **Ne|an|der|ta|ler** (ein vorgeschichtlicher Mensch)

der **Ne|bel;** die Nebel; **ne|bel|haft;** am nebelhaftesten; das **Ne|bel|horn;** die Nebelhörner; **ne|be|lig** *und* **neb|lig**

ne|ben; neben dem Hause stehen Bäume; ich stelle den Wagen neben das Haus; **ne|ben|an; ne|ben|bei; ne|ben|ei|n|an|der;** wir werden nebeneinander gehen, arbeiten; **ne|ben|ein|an|der|le|gen,** *neue Schreibung:* **ne|ben|ei|n|an|der le|gen;** wir haben die Sachen nebeneinandergelegt, *neu:* nebeneinander gelegt; **ne|ben|ein|an|der|stel|len,** *neue Schreibung:* **ne|ben|ei|n|an|der stel|len;** wir haben die Fahrräder nebeneinandergestellt, *neu:* nebeneinander gestellt; das **Ne|ben|fach;** die Nebenfächer; der **Ne|ben|fluß,** *neue Schreibung:* **Ne|ben|fluss;** die Nebenflüsse; **ne|ben|her;** der **Ne|ben|mann;** die Nebenmänner *und* die Nebenleute; die **Ne|ben|sa|che; ne|ben|säch|lich;** der **Ne|ben|satz;** die Nebensätze; **ne|ben|ste|hend;** im nebenstehenden, *neu:* Nebenstehenden (hierneben); das Nebenstehende; die **Ne|ben|stra|ße;** der **Ne|ben|ver|dienst;** die **Ne|ben|wir|kung; nebst;** nebst seinem Hund

das **Ne|ces|saire** [*neßäßär*], *Nebenform:* **Nes|ses|sär** (Behältnis für Toilettensachen oder Nähzeug); die Necessaires, *auch:* Nessessärs

ne|cken[1]**;** du neckst ihn; sie neckte ihn; sie hat ihn geneckt; necke ihn nicht immer!; die **Ne|cke|rei**[1]**; ne|ckisch**[1]

der **Nef|fe;** des/dem/den Neffen; die Neffen

die **Ne|ga|ti|on** (Verneinung); **ne|ga|tiv** (verneinend, ergebnislos; kleiner als Null); ein negatives Ergebnis; das **Ne|ga|tiv** (der Gegensatz zum Positiv beim fotografischen Bild); die Negative [*negatiw*^{e}]

der **Ne|ger** *(meist abwertend)*

neh|men; du nimmst; sie nimmt; sie nahm; sie hat das Geld genommen; nimm es!; Geben (*auch:* geben) ist seliger denn Nehmen (*auch:* nehmen)

die **Neh|rung** (Landzunge)

der **Neid; nei|disch**

die **Nei|ge;** zur Neige gehen; **nei|gen;** du neigst; sie hat den Kopf geneigt; neige den Kopf!; sich neigen; sie hat sich nach vorn geneigt; die **Nei|gung;** der **Nei|gungs|win|kel**

nein; er sagte nein, *auch:* Nein; das **Nein;** sie antwortete mit [einem] Nein; das Ja und das Nein; der **Nein|sa|ger**

der **Nek|tar** (Blütensaft; ein Getränk aus Fruchtfleisch); die **Nek|ta|ri|ne** (glatthäutiger Pfirsich); die Nektarinen

die **Nel|ke**

nen|nen; du nennst; sie nennt; sie nannte; sie hat ihn beim Namen genannt; nenne deinen Namen!; sie nannte ihn einen Dummkopf; sich nennen; sie hat sich Meyer genannt; **nen|nens|wert;** der **Nen|ner;** die **Nenn|form** (Infinitiv)

das **Ne|on** (ein Edelgas); das **Ne|on|licht**

der **Ne|o|na|zis|mus** (Radikalismus, der an den Nationalsozialismus anknüpft)

Ne|pal [*nepal,* auch: *nepal*] (Staat im Himalaja); der **Ne|pa|le|se,** *auch:* der **Ne|pa|ler; ne|pa|le|sisch,** *auch:* **ne|pa|lisch**

der **Nepp** (das Neppen); **nep|pen** (von jemandem unangemessen viel Geld für etwas verlangen); du neppst; er hat die Gäste geneppt; neppe niemanden!; das **Nepp|lo|kal**

Nep|tun (römischer Gott des Meeres); der **Nep|tun** (ein Planet); des Neptuns

der **Nerv** [*närf*]; des Nervs; die Nerven; das **Ner|ven|sys|tem**[1]**; ner|vös** [*närwöß*]; am nervösesten; die **Ner|vo|si|tät**

der **Nerz** (ein Pelztier)

das **Nes|ses|sär,** *Hauptform:* **Ne|ces|saire;** *vgl. d.*

die **Nes|sel;** die Nesseln; das **Nes|sel|fie|ber**

das **Nest;** das **Nest|häk|chen**

nett; am nettesten

net|to (rein; nach Abzug der Verpackung oder aller Kosten); das **Net|to|ge|wicht**

das **Netz;** die **Netz|au|gen** (bei Insekten); die **Netz|haut** (im Auge)

net|zen; du netzt; sie netzt; sie netzte; sie hat ihre Lippen genetzt

neu; neuer; am neusten *und* am neuesten; neustens *und* neuestens; seit neuestem; von neuem; aufs neue, *neu:* Neue; auf ein neues, *neu:* Neues; das Alte und das Neue; etwas, nichts, allerlei Neues. *Klein:* das neue Jahr fängt

[1]*Alte Trennung:* ...k|k...

[1]*Alte Trennung:* ...|st...

gut an; viel Glück zum neuen Jahr! *Groß:* die Neue Welt (Amerika); das Neue Testament. *Schreibung in Verbindung mit Verben:* ein Kind war neu hinzugekommen; wir wollen das Buch neu bearbeiten; ↑neubearbeitet, neugeboren; **neu|ar|tig;** der **Neu|bau;** des Neubau[e]s; die Neubauten; **neu|be|ar|bei|tet,** *neue Schreibung:* **neu be|ar|bei|tet;** das neubearbeitete, *neu:* neu bearbeitete Buch; das Buch ist neu bearbeitet

Neu-De|lhi [*...deli*] (südlicher Stadtteil von Delhi, Regierungssitz der Republik Indien)

neu|er|dings; die **Neu|er|schei|nung; neu|ge|bo|ren;** die neugeborenen Kinder; aber: die Kinder sind neu geboren; die **Neu|gier** *und* die **Neu|gier|de; neu|gie|rig;** die **Neu|heit;** die **Neu|ig|keit;** das **Neu|jahr;** das **Neu|jahrs|fest; neu|lich;** der **Neu|mond**

neun; alle neun!; wir sind zu neunen *oder* zu neunt; ↑acht; **neun|fach; neun|jäh|rig; neun|mal** ↑achtmal; **neun|te** ↑achte; das **Neun|tel;** die Neuntel; **neun|tens; neun|zehn** ↑acht; **neun|zig** ↑achtzig, achtziger

Neu|see|land (Inselgruppe und Staat im Pazifischen Ozean); der **Neu|see|län|der; neu|see|län|disch**

neu|t|ral (unparteiisch; keinem von zwei Gegensätzen zuzuordnen); die neutrale Ecke; **neu|t|ra|li|sie|ren** (neutral machen); man neutralisiert das Land; man hat es neutralisiert; die **Neu|t|ra|li|tät;** das **Neu|t|ron** (ein Elementarteilchen ohne elektrische Ladung); des Neutrons; die Neutronen; die **Neu|t|ro|nen|bom|be** (eine Strahlungswaffe); das **Neu|t|rum** (sächliches Hauptwort); die Neutra

die **Neu|zeit**

das **New|ton** [*njuten*] (Einheit der Kraft); 5 Newton

New York [*nju jå'k*] (Staat und Stadt in den USA); der **New Yor|ker,** *auch:* **New-Yor|ker**

die **Ni|be|lun|gen** (germanisches Sagengeschlecht; die Burgunden) *Plural;* die **Ni|be|lun|gen|sa|ge**

Ni|ca|ra|gua (Staat in Mittelamerika); der **Ni|ca|ra|gu|a|ner; ni|ca|ra|gu|a|nisch**

nicht; nicht wahr; gar nicht; mitnichten; etwas zunichte machen; **nicht|be|rufs|tä|tig, nicht be|rufs|tä|tig;** die nichtberufstätigen, *auch:* nicht berufstätigen Frauen; die Frauen, die nicht berufstätig sind

die **Nich|te**

nich|tig; null und nichtig

das **Nicht|me|tall** (in der Chemie); die Nichtmetalle *meist Plural;* **nicht|öf|fent|lich, nicht öf|fent|lich;** eine nichtöffentliche, *auch:* nicht öffentliche Versammlung; die Versammlung war nicht öffentlich; der **Nicht|rau|cher; nicht|ro|stend,** *neue Schreibung:* **nicht ro|s|tend;** nichtrostender, *neu:* nicht rostender Stahl

nichts; für nichts, zu nichts; gar nichts; um nichts und wieder nichts; sich in nichts unterscheiden; er will nichts tun; mir nichts, dir nichts (ohne weiteres); viel Lärm um nichts; nichts Genaues; nichts Neues; aber: nichts and[e]res; nichts weniger als ...; das **Nichts; nichts|ah|nend,** *neue Schreibung:* **nichts ah|nend;** ein nichtsahnender, *neu:* nichts ahnender Besucher; der **Nicht|schwim|mer; nichts|des|to|we|ni|ger**[1]; der **Nichts|nutz;** des Nichtsnutzes; die Nichtsnutze; **nichts|nut|zig; nichts|sa|gend,** *neue Schreibung:* **nichts sa|gend;** ein nichtssagendes, *neu:* nichts sagendes Gesicht

das **Ni|ckel**[2] (ein Metall)

ni|cken[2]; du nickst; sie hat genickt; nicke!; das **Ni|cker|chen**[2]

der **Ni|cki**[2] (samtartiger Pullover); des Nickis; die Nickis

nie; nie wieder; nie und nimmer

nie|der; auf und nieder

nie|der|deutsch; das **Nie|der|deutsch** *und* das **Nie|der|deut|sche** (die niederdeutsche Sprache); ↑deutsch

nie|der|ge|schla|gen (traurig); er ist sehr niedergeschlagen; die **Nie|der|ge|schla|gen|heit**

die **Nie|der|lan|de** *Plural;* der **Nie|der|län|der; nie|der|län|disch**

nie|der|las|sen; ich habe mich in Rom als Ärztin niedergelassen

nie|der|le|gen; sie legt ihr Amt nieder; sie hat es niedergelegt

der **Nie|der|sach|se;** des Niedersachsen; die Niedersachsen; **Nie|der|sach|sen; nie|der|säch|sisch**

---

[1] *Alte Trennung:* ...|st...
[2] *Alte Trennung:* ...k|k...

nie|der|schie|ßen; er schoß, *neu:* schoss ihn nieder; er hat ihn niedergeschossen
der **Nie|der|schlag;** die Niederschläge
die **Nie|der|tracht; nie|der|träch|tig**
die **Nie|de|rung**
nied|lich
nied|rig; hoch und niedrig, *neu:* Hoch und Niedrig (jedermann); Hohe und Niedrige; das **Nied|rig|was|ser;** die Niedrigwasser
nie|mals
nie|mand; niemandes *oder* niemands Freund sein; niemandem *und* niemand wehtun; niemanden *und* niemand grüßen; niemand anders; das **Niemands|land**
die **Nie|re; nie|ren|krank**
nie|seln (leise regnen); es hat genieselt
nie|sen; du niest; sie niest; sie nieste; sie hat geniest; niese nicht so laut!; das **Nies|pul|ver**
der **Nieß|brauch** (Nutzungsrecht)
der **Niet** (Metallbolzen); die Niete; *auch:* die **Nie|te;** die Nieten
die **Nie|te** (Los ohne Gewinn; *umgangssprachlich für:* Versager)
nie|ten; du nietest; sie nietet; sie nietete; sie hat die Platten genietet; niete sie!; **niet- und na|gel|fest**
der **Ni|ger** (afrikanischer Fluss)
Ni|ger (Staat in Westafrika)
Ni|ge|ria (Staat in Westafrika); der **Ni|ge|ri|a|ner; ni|ge|ri|a|nisch**
der **Ni|g|rer** (Einwohner von Niger); **ni|grisch**
der **Ni|ko|laus;** die Nikolause, *umgangssprachlich scherzhaft auch:* die Nikoläuse
Ni|ko|sia [auch: *nikosia*] (Hauptstadt von Zypern)
das **Ni|ko|tin,** *fachsprachlich:* **Ni|co|tin** (Giftstoff im Tabak)
der **Nil** (Fluss in Afrika); das **Nil|del|ta;** das **Nil|pferd**
nim|mer; nie und nimmer; **nim|mer|mehr;** der **Nim|mer|satt;** des Nimmersatt *und* des Nimmersattes *und* des Nimmersatts; die Nimmersatte; auf **Nim|mer|wie|der|se|hen**
der **Nip|pel** (ein kurzes Rohrstück mit Gewinde); die Nippel
nip|pen; du nippst; sie nippt; sie nippte; sie hat vom Wein genippt; nippe nur!
nir|gends; nir|gend|wo *und* **nir|gends|wo**
das **Nir|wa|na** (völlige, selige Ruhe als Endzustand des gläubigen Buddhisten); des Nirwana[s]
die **Ni|sche**
nis|ten[1]**;** der Vogel nistet; der Vogel hat im Baum genistet; der **Nist|kas|ten**[1]
das **Ni|t|rat** (ein Salz); des Nitrat[e]s; die Nitrate
das **Ni|veau** [*niwo*] (waagerechte Fläche; Höhe; Rang); die Niveaus
die **Ni|xe**
No|ah *und* **No|ach** (Gestalt des Alten Testaments); die Arche Noah
no|bel (edel, vornehm); nobler; am nobelsten; ein nobler Mensch
der **No|bel|preis;** der **No|bel|preis|trä|ger**
noch; noch nicht; noch und noch; noch einmal; **noch|mals**
NOK = Nationales Olympisches Komitee
der **No|ma|de;** die Nomaden; der **No|ma|den|stamm**
das **No|men** (Substantiv, Hauptwort); die Nomina *und* die Nomen
der **No|mi|na|tiv** (Werfall; 1. Fall); die Nominative
die **Non|ne**
der **Non|sens** (Unsinn); des Nonsens
der **Non|stop|flug,** *auch möglich:* **Non-Stop-Flug** (Flug ohne Zwischenlandung)
Nord (Himmelsrichtung); aus Nord und Süd; der **Nor|den;** das Gewitter kommt aus Norden; gen Norden; **Nor|der|ney** [*norderna*i] (Insel in der Nordsee); **Nord|ir|land** (nördlicher, zu Großbritannien gehörender Teil Irlands); **Nord|ko|rea** ↑Korea; **nörd|lich;** nördlich des Meeres, nördlich vom Meer; nördlicher Breite; der nördliche Sternenhimmel; a b e r : das Nördliche Eismeer; das **Nord|licht;** die Nordlichter; **Nord|ost** (Himmelsrichtung); der **Nord|os|ten**[1]**;** der **Nord|pol;** das **Nord|po|lar|meer; Nord|rhein-West|fa|len; nord|rhein-west|fä|lisch;** die **Nord|see; nord|wärts; Nord|west** (Himmelsrichtung); nach Nordwest; der **Nord|wes|ten**[1]
nör|geln; du nörgelst; er nörgelt; er nörgelte; er hat genörgelt; nörg[e]le nicht!; der **Nörg|ler**

---
[1]*Alte Trennung:* ...|st...

die **Norm** (Richtschnur, Regel); die Normen; **nor|mal** (üblich; geistig gesund); **nor|ma|ler|wei|se**

der **Nor|man|ne** (Angehöriger eines nordgermanischen Volkes); des/dem/den Normannen; die Normannen; **nor|man|nisch**

die **Nor|ne** (nordische Schicksalsgöttin); die drei Nornen

Nor|we|gen; der **Nor|we|ger; nor|we|gisch**

die **Nos|tal|gie**[1] (Sehnsucht nach der Vergangenheit); **nos|tal|gisch**[1]

die **Not;** sie ist in Not *oder* in Nöten; das geht zur Not; wenn Not am Mann ist; er hat seine liebe Not; sie muss Not leiden; etwas ist not, *neu:* Not; etwas tut not, *neu:* Not; etwas ist vonnöten

der **No|tar** (Jurist, der Rechtsgeschäfte beurkundet); die Notare; das **No|ta|ri|at;** die Notariate; **no|ta|ri|ell**

der **Not|arzt;** die Notärzte; der **Not|arzt|wa|gen;** der **Not|dienst;** ärztlicher Notdienst

die **Not|durft; not|dürf|tig**

die **No|te;** sie bekam die Note „gut"; ohne Noten (Notentext) spielen

das **Note|book** [*noᵘtbuk*] (Computer im Buchformat); des Notebooks; die Notebooks

der **No|ten|schlüs|sel**

not|falls

no|tie|ren; du notierst; sie hat den Namen notiert; notiere den Namen!

nö|tig; etwas für nötig halten; etwas nötig haben. *Groß:* ihr fehlt das Nötigste

nö|ti|gen; du nötigst ihn; er hat ihn genötigt; nötige ihn nicht!; **nö|ti|gen|falls;** die **Nö|ti|gung**

die **No|tiz;** von etwas Notiz nehmen; das **No|tiz|buch**

die **Not|la|ge; not|lan|den;** das Flugzeug notlandet; das Flugzeug ist notgelandet; **not|lei|dend,** *neue Schreibung:* **Not lei|dend;** der **Not|stand;** die **Not|tau|fe;** die **Not|wehr; not|wen|dig;** sich auf das, aufs Notwendigste beschränken; es fehlt am Notwendigsten; die **Not|wen|dig|keit**

der *oder* das **Nou|gat** [*nugat*], *Hauptform:* **Nu|gat;** *vgl. d.*

die **No|vel|le** [*nowälᵉ*] (eine Prosaerzählung; ein Nachtragsgesetz)

[1]*Alte Trennung:* ...|st...

der **No|vem|ber** [*nowämbᵉr*]; des November *und* des Novembers; die November

die **No|vi|tät** [*nowi...*] (Neuheit)

No|wa|ja Sem|l|ja (zwei Inseln im Nordpolarmeer)

No|wo|si|birsk (Stadt in Sibirien)

Nr. = Nummer; **Nrn.** = Nummern

N. T. = Neues Testament

im **Nu**

die **Nu|an|ce** [*nüangßᵉ*] (feiner Unterschied; Kleinigkeit); die Nuancen

nüch|tern; die **Nüch|tern|heit**

die **Nu|del;** die Nudeln; das **Nu|del|holz;** die **Nu|del|sup|pe**

der *oder* das **Nu|gat,** *Nebenform:* **Nou|gat** [*nugat*]; des Nugats, *auch:* Nougats; die Nugats, *auch:* Nougats

nu|k|le|ar (den Atomkern, die Kernspaltung, die Kernenergie betreffend)

null; null und nichtig; er hat null Fehler; null Grad; null Uhr; (*in der Jugendsprache auch für:* kein); null Ahnung haben; die **Null;** er ist auf Nummer Null; das Thermometer steht auf Null, *neu:* null; in Null, *neu:* null Komma nichts war er da; er ist eine reine Null; eine Zahl mit fünf Nullen; die **Null|men|ge** (Mengenlehre); der **Null|me|ri|di|an** (Meridian von Greenwich); der **Null|punkt**

das **Nu|me|ra|le** (Zahlwort); des Numerales; die Numeralien [*...aliᵉn*] *und* die Numeralia; **nu|me|rie|ren,** *neue Schreibung:* **num|me|rie|ren** (beziffern, benummern); du numerierst, *neu:* nummerierst; sie hat die Plätze numeriert, *neu:* nummeriert; numeriere, *neu:* nummeriere die Plätze!; der **Nu|me|rus** (*in der Grammatik:* Zahl, insbesondere Singular oder Plural); des Numerus; die Numeri; die **Num|mer;** Nummer fünf; Nummer null; auf Nummer Sicher, *auch:* sicher; laufende Nummer; das **Num|mern|schild;** die Nummernschilder

nun; von nun an; **nun|mehr**

nur; nur Gutes tun

nu|scheln (undeutlich reden); du nuschelst; er nuschelt; er hat genuschelt; nuschle nicht so!

die **Nuß,** *neue Schreibung:* **Nuss;** die Nüsse; der **Nuß|baum,** *neue Schreibung:* **Nuss|baum;** der **Nuß|knacker**[1], *neue Schreibung:* **Nuss|kna|cker**

[1]*Trennung:* ...k|k...

die **Nüs|ter**[1]; die Nüstern
die **Nut** *und* die **Nu|te** (Furche, Fuge)
nutz; er ist zu nichts nutz (*süddeutsch für:* zu nichts nütze); **nüt|ze;** er ist zu nichts nütze; ↑aber: der Nichtsnutz; **nut|zen** *und* **nüt|zen;** du nutzt *und* du nützt; sie nutzt *und* sie nützt; sie nutzte *und* sie nützte; sie hat die Gelegenheit genutzt *und* genützt; nutze *und* nütze die Stunde!; es nutzt *und* es nützt mir nichts; der **Nut|zen;** die Nutzen; es ist von Nutzen; **nütz|lich; nutz|los;** am nutzlosesten; der **Nutz|nie|ßer**
das **Ny|lon** [*nailon*] (eine synthetische Textilfaser)
die **Nym|phe** (eine Naturgottheit)

O

das **O** (Buchstabe); des O; die O, aber: das o in Tor
die **O|a|se** (Wasserstelle in der Wüste)
ob; das Ob und Wann
der **Ob** (Fluss in Sibirien)
OB = Oberbürgermeister
die **O|b|acht;** Obacht geben
das **Ob|dach; ob|dach|los**
die **Ob|duk|ti|on** (Leichenöffnung zur Feststellung der Todesursache)
der **O|be|lisk** (ein frei stehender Spitzpfeiler); des/dem/den Obelisken; die Obelisken
o|ben; nach, von, bis oben; nach oben hin; von oben her; das oben Gesagte; die oben gegebene Erklärung; alles Gute kommt von oben; man wusste kaum noch, was oben und was unten war; oben bleiben; oben liegen; oben stehen; **o|ben|an; o|ben|auf; o|ben|drein; o|ben|hin**
der **O|ber** (Kellner); des Obers; die Ober
der **O|ber|arm**
O|ber|bay|ern
der **O|ber|be|griff**
o|be|re; oberer Stock; die oberen Klassen
die **O|ber|flä|che;** die **O|ber|flä|chen|span|nung; o|ber|fläch|lich;** die **O|ber|fläch|lich|keit**
o|ber|halb; oberhalb des Dorfes
der **O|ber|kör|per;** die **O|ber|lei|tung;** die **O|ber|lip|pe;** der **O|ber|schen|kel**

[1]*Alte Trennung:* ...|st...

der **O|berst;** des Obersten *und* des Obersts; die Obersten
o|bers|te[1]; oberstes Stockwerk; dort das Buch, das oberste, hätte ich gerne; das Oberste zuunterst, das Unterste zuoberst kehren; der Oberste Gerichtshof
die **O|ber|stu|fe**
ob|gleich
die **Ob|hut**
o|big; im obigen, *neu:* Obigen (weiter oben); das **O|bi|ge;** der **O|bi|ge**
das **Ob|jekt** (Ziel, Gegenstand; Fallergänzung); die Objekte; **ob|jek|tiv** (tatsächlich; sachlich, unvoreingenommen); das **Ob|jek|tiv** (eine optische Linse); die Objektive [...w^e]; die **Ob|jek|ti|vi|tät** (strenge Sachlichkeit; Vorurteilslosigkeit)
die **O|b|la|te** (die Hostie; ein Gebäck); die Oblaten
o|b|li|ga|to|risch (verbindlich)
der **Ob|mann;** die Obmänner *und* die Obleute
die **O|boe** (ein Blasinstrument); der **O|bo|ist** (der Oboebläser); des/dem/den Oboisten; die Oboisten
die **Ob|rig|keit** (Träger der Macht, der Regierungsgewalt); das **Ob|rig|keits|den|ken**
ob|schon
das **Ob|ser|va|to|ri|um** (die Sternwarte); die Observatorien [*obsärwatori^{e}n*]; **ob|ser|vie|ren** (beobachten); die Polizei hat den Verdächtigen observiert
ob|s|kur (unbekannt, verdächtig)
das **Obst;** die Obstsorten
ob|s|zön (unanständig, schamlos); die **Ob|s|zö|ni|tät;** die Obszönitäten
ob|wohl; ob|zwar
der **Och|se;** des/dem/den Ochsen; die Ochsen; **och|sen** (*umgangssprachlich für:* angestrengt arbeiten); du ochst; er ochst; er ochste; er hat für das Examen geochst; ochs[e] doch nicht so!
der *oder* das **O|cker**[2] (gelbbraune Malerfarbe); **o|cker|gelb**[2]
öd *und* **ö|de;** am ödesten
od. = oder
der **O|dem** (der Atem)
o|der; oder Ähnliches
die **O|der** (Fluss in Mitteleuropa); die **O|der-Nei|ße-Gren|ze**
das **Öd|land** (zu öd)
O|dys|seus (griechischer Sagenheld)

[1]*Alte Trennung:* ...|st...
[2]*Alte Trennung:* ...k|k...

der **O|fen;** die **O|fen|hei|zung**

of|fen; offener, am offensten; eine offene Hand haben (freigebig sein); mit offenen Karten spielen (ohne Hintergedanken sein); auf offener Straße; der Tag der offenen Tür; offen gestanden; offen gesagt; **of|fen|bar;** sich **of|fen|ba|ren;** Gott hat sich uns offenbart; die **Of|fen|ba|rung; of|fen|blei|ben,** *neue Schreibung:* **of|fen blei|ben;** das Fenster muss offenbleiben, *neu:* offen bleiben; **of|fen|hal|ten,** *neue Schreibung:* **of|fen hal|ten;** er hat das Tor offengehalten, *neu:* offen gehalten; **of|fen hal|ten** (frei, sichtbar halten); die **Of|fen|heit; of|fen|her|zig; of|fen|kun|dig; of|fen|las|sen,** *neue Schreibung:* **of|fen las|sen;** er lässt die Tür offen; er hat die Frage offengelassen, *neu:* offen gelassen; **of|fen|sicht|lich**

of|fen|siv (angriffslustig; angreifend); die **Of|fen|si|ve** [*ofänsiwe*] (Angriff); die Offensiven

of|fen|ste|hen, *neue Schreibung:* **of|fen ste|hen** (geöffnet sein; freistehen, gestattet sein); das Zimmer, dessen Tür offenstand, *neu:* offen stand; alle Möglichkeiten haben ihm offengestanden, *neu:* offen gestanden

öf|fent|lich; die öffentliche Meinung; er steht im öffentlichen Dienst; die **Öf|fent|lich|keit**

die **Of|fer|te** (das Angebot)

of|fi|zi|ell (amtlich; verbürgt; förmlich)

der **Of|fi|zier**

off line, *neue Schreibung:* **off|line** [*...lain*] (*EDV:* von der Datenverarbeitungsanlage getrennt arbeitend); der **Off-line-Be|trieb,** *neue Schreibung:* **Off|line|be|trieb**

öff|nen; du öffnest; öffne bitte!; sich öffnen; die Tür hat sich geöffnet; die **Öff|nung**

O-för|mig, *auch:* **o-för|mig**

oft; so oft; wie oft; **öf|ter;** er war öfter im Theater als ich; er beschimpft mich öfter; ich sah ihn des öfteren, *neu:* Öfteren; **oft|mals**

oh!

der **O|heim** (*veraltet für:* Onkel); die Oheime

OHG = Offene Handelsgesellschaft

das **Ohm** (Maßeinheit für den elektrischen Widerstand); des Ohm *und* des Ohms; die Ohm; 4 Ohm

oh|ne; ohne dass; ohne weiteres; **oh|ne|dies; oh|ne|ei|n|an|der; oh|ne|glei|chen; oh|ne|hin**

die **Ohn|macht; ohn|mäch|tig**

o|ho!

das **Ohr;** die Ohren; das **Öhr** (Nadelloch); die Öhre; der **Oh|ren|arzt;** die **Ohr|fei|ge; ohr|fei|gen;** du ohrfeigst ihn; er hat ihn geohrfeigt; ohrfeige ihn!; das **Ohr|läpp|chen;** der **Ohr|ring**

o ja!

o.k. = okay

das **O|ka|pi** (eine Giraffenart mit kurzem Hals)

o|kay [*oukei*] (*umgangssprachlich für:* in Ordnung); das **O|kay;** des Okay[s]

die **Ok|ku|pa|ti|on** (Besetzung)

der **Ö|ko|la|den** (Laden, in dem nur umweltfreundliche Waren verkauft werden); die **Ö|ko|lo|gie** (Lehre von den Beziehungen zwischen den Lebewesen und ihrer Umwelt); die **Ö|ko|no|mie** (die Wirtschaftlichkeit); **ö|ko|no|misch;** ökonomischste

die **Ok|ta|ve** [*oktawe*] (der achte Ton vom Grundton aus)

der **Ok|to|ber;** des Oktober[s]; die Oktober; die **Ok|to|ber|re|vo|lu|ti|on**

o|ku|lie|ren (pfropfen, veredeln); er hat den Baum okuliert; okuliere ihn!

die **Ö|ku|me|ne** (Gesamtheit der Christen); **ö|ku|me|nisch;** die ökumenische Bewegung

der **Ok|zi|dent** (das Abendland; der Westen)

das **Öl;** die Öle; **ö|len;** du ölst; er ölt; er ölte; er hat das Rad geölt; öl[e] das Rad!; **ö|lig**

der **Old|ti|mer** [*ouldtaimer*] (Auto, Fahrzeug von alter Bauart)

die **O|li|ve** [*oliwe*] (Frucht des Ölbaums); das **O|li|ven|öl**

die **Öl|pest** (Verschmutzung durch Rohöl); die **Öl|quel|le**

der **O|lymp** (der Wohnsitz der Götter); die **O|lym|pi|a|de** (die Olympischen Spiele); **o|lym|pisch;** die olympischen Ringe (die 5 Ringe der olympischen Flagge); aber: die Olympischen Spiele

die **O|ma** (Großmutter); die Omas

O|man (arabischer Staat); der **O|ma|ner; o|ma|nisch**

das **O|me|lett** [*omlät*]; die Omelette *und* die Omeletts

der **Om|ni|bus;** des Omnibusses; die Omnibusse

die **O|na|nie** (geschlechtliche Selbstbefriedigung); **o|na|nie|ren;** er hat onaniert

der **On|kel;** die Onkel

on line, *neue Schreibung:* **on|line** [...*lain*] (*EDV:* in direkter Verbindung mit der Datenverarbeitungsanlage arbeitend); der **On-line-Be|trieb,** *neue Schreibung:* **On|line|be|trieb**

OP = Operationssaal

der **O|pa** (Großvater); des Opas; die Opas

das **Open-air-Kon|zert,** *neue Schreibung:* **O|pen|air|kon|zert,** *auch möglich:* **O|pen-Air-Kon|zert** [*o^u p^e när...*] (Konzert im Freien)

die **O|per**

die **O|pe|ra|ti|on**

die **O|pe|ret|te**

o|pe|rie|ren; du operierst; er hat ihn am Bein operiert; operiere ihn!

das **Op|fer;** die **Op|fer|ga|be;** das **Op|fer|lamm; op|fern;** du opferst; er hat sein Vermögen geopfert; opfere es!

das **O|pi|um** (ein Rauschgift)

op|po|nie|ren (widersprechen; sich widersetzen); sie hat opponiert; opponiere nicht!; die **Op|po|si|ti|on**

die **Op|tik** (die Lehre vom Licht); der **Op|ti|ker**

der **Op|ti|mis|mus** (Lebensauffassung, die alles von der besten Seite sieht); des Optimismus; der **Op|ti|mist;** des/dem/den Optimisten; die Optimisten; **op|ti|mis|tisch**[1]

op|tisch

das **O|pus** (Werk, besonders musikalisches Werk); des Opus; die Opera

das **O|ra|kel** (Weissagung); die Orakel; **o|ra|keln** (weissagen); du orakelst; er orakelt; er hat orakelt; der **O|ra|kel|spruch**

o|ral (den Mund betreffend, durch den Mund)

o|ran|ge [*orangsch^e*] (goldgelb); das **O|ran|ge** [*orangsch^e*] (orange Farbe); des Orange; die Orange[s]; die **O|ran|ge** [*orangsch^e*] (Apfelsine); die **O|ran|gea|de** [*orangschad^e*]

der **O|rang-U|tan** (ein Menschenaffe); des Orang-Utans; die Orang-Utans

das **Or|ches|ter**[1] [*orkäßt^e r*] (Musikkapelle)

die **Or|chi|dee** [*orchide^(e)*] (eine exotische Zierpflanze); die Orchideen

der **Or|den**

or|dent|lich; ein ordentliches (zuständiges) Gericht; ein ordentlicher Professor

die **Or|di|nal|zahl** (Ordnungszahl, z. B. erste, zweite, dritte)

or|di|när (gewöhnlich, gemein); das **Or|di|na|ri|at** (zentrale Verwaltungsbehörde eines Bistums); des Ordinariat[e]s; die Ordinariate; die **Or|di|na|te** (y-Achse); die Ordinaten

ord|nen: du ordnest; er hat seine Papiere geordnet; ordne sie!; der **Ord|ner;** die **Ord|nung;** Ordnung halten; **ord|nungs|ge|mäß; ord|nungs|hal|ber;** die **Ord|nungs|zahl**

das **Or|gan; or|ga|nisch** (belebt, lebendig; ein Organ betreffend); der **Or|ga|nis|mus;** des Organismus; die Organismen

die **Or|ga|ni|sa|ti|on; or|ga|ni|sie|ren;** du organisierst; sie hat ihn organisiert; organisiere ihn!; sich organisieren; die Arbeiter haben sich organisiert

der **Or|ga|nist;** des/dem/den Organisten; die Organisten; die **Or|gel;** die Orgeln

der **Or|gas|mus** (Höhepunkt der geschlechtlichen Erregung); die Orgasmen

die **Or|gie** [*orgi^e*] (ausschweifendes Fest); die Orgien

der **O|ri|ent** (die vorder- und mittelasiatischen Länder); der Vordere Orient; **o|ri|en|ta|lisch;** die orientalischen Sprachen

sich **o|ri|en|tie|ren;** er hat sich orientiert; orientiere dich!; die **O|ri|en|tie|rung**

o|ri|gi|nal (ursprünglich, echt); der originale Text; original Lübecker Marzipan; das **O|ri|gi|nal** (Urschrift, Urtext; Sonderling); die Originale; **o|ri|gi|nell** (einzigartig; urwüchsig; komisch)

der **Or|kan** (Sturm); die Orkane

das **Or|na|ment** (Verzierung); die Ornamente

der, *auch:* das **Or|nat** (feierliche Amtstracht); die Ornate

der **Ort;** die Orte; an Ort und Stelle; höheren Ort[e]s; allerorts; **or|ten** (die Position ermitteln); das U-Boot wurde in 83 m Tiefe geortet

or|tho|dox (recht-, strenggläubig)

die **Or|tho|gra|phie,** *Nebenform:* **Or|tho|gra|fie** (Rechtschreibung); die Orthographien, *auch:* Orthografien; **or|tho|gra|phisch,** *Nebenform:* **or|tho|gra|fisch;** ein orthographischer, *auch:* orthografischer Fehler

---

[1] *Alte Trennung:* ...|st...

der **Or|tho|pä|de** (Facharzt für Orthopädie); **Or|tho|pä|die** (Wissenschaft von den Haltungs- und Bewegungskrankheiten und ihrer Behandlung); **or|tho|pä|disch**
ört|lich; die **Ort|schaft; orts|kun|dig; orts|üb|lich;** die **Orts|zeit**
die **Ö|se**
Os|lo (Hauptstadt Norwegens)
der **Os|si** (*umgangssprachlich für:* Einwohner der neuen Bundesländer; Ostdeutscher); des Ossis; die Ossis; **Ost** (Himmelsrichtung); aus Ost und West; der **Os|ten;** gen Osten; der Ferne Osten
das **Os|ter|ei;** die Ostereier; das **Os|ter|fest;** der **Os|ter|ha|se; ös|ter|lich;** das **Os|tern;** Ostern fällt früh; Ostern ist bald vorbei; *landschaftlich auch Plural:* die *oder* diese Ostern fallen früh; fröhliche Ostern!
Ös|ter|reich; der **Ös|ter|rei|cher; ös|ter|rei|chisch**
öst|lich; östlich des Waldes; östlich vom Wald; die **Ost|see; ost|wärts**
Ot|ta|wa (Hauptstadt Kanadas)
die **Ot|ter** (eine Schlange); die Ottern
der **Ot|ter** (eine Marderart); die Otter
out [aut] (*umgangssprachlich für:* unzeitgemäß, unmodern); das **Out|fit** (Kleidung; Ausrüstung); des Outfit[s]; die Outfits; der, *auch:* das **Out|put** (*EDV:* Arbeitsergebnisse einer Datenverarbeitungsanlage, Ausgabe); des Outputs; die Outputs
die **Ou|ver|tü|re** [*uwertüre*] (Eröffnung; Vorspiel); die Ouvertüren
o|val [*owal*] (eirund); das **O|val;** die Ovale
der **O|ve|r|all** [*ouwerål*] (Schutzanzug)
der **O|xer** (Hindernis beim Springreiten)
das **O|xyd,** *fachsprachlich auch:* **O|xid** (eine Sauerstoffverbindung); die **O|xy|da|ti|on,** *fachsprachlich auch:* **O|xi|da|ti|on; o|xy|die|ren,** *fachsprachlich auch:* **o|xi|die|ren;** das Eisen oxydiert; das Eisen oxydierte; das Eisen ist *und* hat oxydiert
der **O|ze|an;** die Ozeane; der große (endlose) Ozean, aber: der Große (Pazifische) Ozean
das **O|zon** (besondere Form des Sauerstoffs); das **O|zon|loch** (Loch in der Ozonschicht über der Antarktis); die **O|zon|schicht** (Schicht der Atmosphäre, die gefährliche Strahlung filtert)

P

das **P** (Buchstabe); des P; die P; aber: das p in hupen
paar (einige); ein paar Leute; mit ein paar Worten; ein paar Mark; ein paar dutzendmal, *neu:* Dutzend, *auch:* dutzend Mal; ein paarmal, *neu:* paar Mal; ↑Mal; das **Paar** (zwei zusammengehörende Personen oder Dinge); ein glückliches Paar; ↑aber: das Pärchen; ein Paar Schuhe; ein Paar neue Schuhe, *selten:* neuer Schuhe; mit einem Paar wollenen Strümpfen *oder* wollener Strümpfe; **paa|rig;** der **Paar|lauf** (beim Eissport); **paar|mal,** *neue Schreibung:* **paar Mal;** ein paarmal, *neu:* paar Mal; ↑paar; die **Paa|rung; paar|wei|se;** paarweise antreten
die **Pacht; pach|ten;** du pachtest; er pachtet; er pachtete; er hat Land gepachtet; pacht[e] es!; der **Päch|ter**
das **Pack** (Pöbel)
der **Pack** (das Gepackte, das Bündel); die Packe *und* die Päcke; das **Päck|chen;** das **Pack|eis** (übereinander geschobene Eisschollen); **pa|cken**[1]; du packst; er packt; er packte; er hat den Koffer gepackt; pack[e] den Koffer!; der **Pa|cker**[1]; das **Pack|pa|pier;** die **Pa|ckung**[1]
der **Pä|d|a|go|ge** (der Erzieher); des Pädagogen; die Pädagogen; die **Pä|d|a|go|gik** (Erziehungswissenschaft); **pä|d|a|go|gisch**
das **Pad|del;** die Paddel; das **Pad|del|boot; pad|deln;** du paddelst; sie paddelt; sie hat zwei Stunden gepaddelt; sie ist an das Ufer gepaddelt; paddle langsamer!
paf|fen (*umgangssprachlich für:* stoßweise rauchen); du paffst; er paffte; er hat gepafft; paffe nicht!
der **Pa|ge** [*pasche*] (livrierter [Hotel]diener)
die **Pa|go|de** (buddhistischer Tempel)
das **Pa|ket;** die **Pa|ket|kar|te**
Pa|kis|tan[2] (Staat in Vorderasien); der **Pa|kis|ta|ner**[2]; der **Pa|kis|ta|ni**[2] (Pakistaner); des Pakistani[s]; die Pakistani[s]; **pa|kis|ta|nisch**[2]

---
[1] *Alte Trennung:* ...k|k...
[2] *Alte Trennung:* ...|st...

der **Pakt** (Vertrag); die Pakte
das **Pa|lais** [*palä*]; die Palais [*paläß*]; der **Pa|last;** die Paläste
Pa|läs|ti|na[1] (Gebiet zwischen Mittelmeer und Jordan); der **Pa|läs|ti|nen|ser**[1]; **pa|läs|ti|nen|sisch**[1]
das **Pa|la|ver** [*palawer*] (*umgangssprachlich für:* endloses Reden und Verhandeln); **pa|la|vern;** sie haben palavert
die **Pa|let|te** (Mischbrett für Farben; Vielfalt; flacher Untersatz für das Transportieren und Stapeln von Gütern mit dem Gabelstapler)
der **Pa|li|san|der** (ein Edelholz)
die **Pal|me;** das **Palm|öl;** der **Palm|sonn|tag**
die **Pam|pa** (baumlose Grassteppe in Südamerika) *meist Plural;* die Pampas
die **Pam|pel|mu|se** (eine Zitrusfrucht)
Pa|na|ma (Staat in Mittelamerika; dessen Hauptstadt); der **Pa|na|ma|er; pa|na|ma|isch**
der **Pan|da** (Bambusbär); des Pandas; die Pandas
die **Pan|flö|te** (Hirtenflöte)
pa|nie|ren (in Ei und Semmelbröseln wenden); du panierst; er hat das Schnitzel paniert; paniere es!
die **Pa|nik** (plötzlicher Schrecken); die Paniken; der **Pa|nik|ma|cher**
die **Pan|ne** (Unfall, Missgeschick)
das **Pa|n|o|ra|ma** (Rundblick); die Panoramen
pan|schen, *auch:* **pant|schen** (mischen, verfälschen; planschen); du pan[t]schst; er pan[t]scht; er pan[t]schte; er hat den Wein gepan[t]scht; pan[t]sche nicht!
der **Pan|sen** (erster Magen der Wiederkäuer); die Pansen
der **Pan|ther,** *Nebenform:* **Pan|ter**
die **Pan|ti|ne** (*norddeutsch für:* Holzschuh); die Pantinen
der **Pan|tof|fel;** die Pantoffeln
die **Pan|to|mi|me** (stummes Gebärdenspiel); **pan|to|mi|misch**
der **Pan|zer; pan|zern;** er hat das Boot gepanzert
der **Pa|pa;** des Papas; die Papas
der **Pa|pa|gei;** des Papageis *und* des Papageien; die Papageien
das **Pa|per|back** [*pe'iperbäk*] (kartoniertes Buch); des Paperbacks; die Paperbacks
das **Pa|pier;** der **Pa|pier|korb**

[1]*Alte Trennung:* ...|st...

der **Papp|de|ckel**[1] *und* der **Pap|pen|de|ckel**[1]; die Pappdeckel *und* die Pappendeckel; die **Pap|pe;** das **Papp|pla|kat,** *auch möglich:* **Papp-Pla|kat**
die **Pap|pel;** die Pappeln
pap|pen (kleben)
der **Pa|p|ri|ka** (ein Gewürz); die Paprikas
der **Papst;** die Päpste; **päpst|lich;** das **Papst|tum**
Pa|pua-Neu|gui|nea [*...ginea*] (Staat auf Neuguinea)
der **Pa|py|rus** (Papierstaude; im Altertum verwendetes Schreibmaterial); des Papyrus; die Papyri
die **Pa|ra|bel** (Gleichnis; Kegelschnittkurve)
die **Pa|ra|de** (Truppenschau; Abwehr)
das **Pa|ra|dies;** der **Pa|ra|dies|ap|fel** (Tomate); **pa|ra|die|sisch**
pa|ra|dox (widersinnig; sonderbar); am paradoxesten
das **Pa|r|af|fin** (wachsähnlicher Stoff); des Paraffins; die Paraffine
der **Pa|ra|graph,** *Nebenform:* **Pa|ra|graf** (Absatz, Abschnitt); des/dem/den Paragraphen, *auch:* Paragrafen; die Paragraphen, *auch:* Paragrafen
Pa|ra|gu|ay [*paraguai,* auch: *paragvai*] (Staat in Südamerika); der **Pa|ra|gu|ay|er; pa|ra|gu|ay|isch**
pa|r|al|lel (gleichlaufend); etwas parallel schalten; mit etwas parallel laufen; die **Pa|r|al|le|le;** die Parallelen; mehrere Parallele[n]; das **Pa|r|al|le|lo|gramm**
der **Pa|ra|sit** (Schmarotzer); des/dem/den Parasiten; die Parasiten
pa|rat (bereit)
das **Pär|chen** (Verkleinerungsform von Paar)
das **Par|fum** [*parfõng*] *und* das **Par|füm;** des Parfums *und* des Parfüms; die Parfums *und* die Parfüme *oder* Parfüms; sich **par|fü|mie|ren;** sie hat sich parfümiert; parfümiere dich nicht so stark!
pa|rie|ren (abwehren; gehorchen); du parierst; er hat pariert; pariere!
Pa|ris (Hauptstadt von Frankreich)
der **Park;** die Parks, *seltener:* die Parke
der *oder* die **Par|ka** (knielanger Anorak)
par|ken; du parkst; er hat den Wagen geparkt; parke den Wagen dort!
das **Par|kett** (getäfelter Fußboden; vorderer Teil des Zuschauerraumes); die Parkette

[1]*Alte Trennung:* ...k|k...

der **Park|platz;** die **Park|uhr**
das **Par|la|ment** (Volksvertretung); die Parlamente; der **Par|la|men|ta|ri|er; par|la|men|ta|risch;** die parlamentarische Anfrage; der parlamentarische Staatssekretär; aber: der Parlamentarische Rat
die **Pa|r|o|die** (komische Umbildung ernster Dichtung; scherzhafte Nachahmung); die Parodien
die **Pa|ro|le** (Losung; Kennwort)
die **Par|tei; par|tei|isch; par|tei|los**
par|terre [*partär*] (zu ebener Erde); parterre wohnen; das **Par|ter|re** [*partär^e*] (Erdgeschoss); die **Par|ter|re-woh|nung**
die **Par|tie** (Abschnitt, Teil; Spiel, Runde; Gesangsrolle); die Partien; eine gute Partie machen (einen reichen Partner heiraten); die **Par|ti|kel** (unbeugbares Wort, z. B. „dort, in, und"); die Partikeln
der **Par|ti|san** (bewaffneter Widerstandskämpfer); des Partisans *und* des Partisanen; die Partisanen
die **Par|ti|tur** (Zusammenstellung aller zu einem Musikstück gehörenden Stimmen); die Partituren
das **Par|ti|zip** (Mittelwort); des Partizips; die Partizipien
der **Part|ner** (Teilhaber); die **Part|ne|rin;** die Partnerinnen
die **Par|ty** [*pa'ti*] (geselliges Beisammensein); die Partys
die **Par|zel|le** (vermessenes Grundstück)
das **Pas|cal** (Einheit des Drucks); des Pascals; 90 Pascal
der **Paß,** *neue Schreibung:* **Pass;** des Passes; die Pässe
die **Pas|sa|ge** [*paßasche*] (Durchfahrt, Durchgang; Überfahrt; Textstück; schnelle Tonfolge in einem Musikstück); die Passagen; der **Pas|sa|gier** [*paßaschir*] (Fahrgast)
der **Pas|sant** (Fußgänger); des/dem/den Passanten; die Passanten
der **Pas|sat** (Tropenwind); die Passate
pas|sen; du paßt, *neu:* passt zu ihm; das Kleid paßt, *neu:* passt; das Kleid hat gepaßt, *neu:* gepasst; **pas|send**
pas|sie|ren (geschehen); etwas passiert; etwas passierte; etwas ist passiert
pas|sie|ren (vorübergehen, -fahren); das Schiff passiert den Leuchtturm; das Schiff passierte den Leuchtturm; er hat die Grenze passiert
die **Pas|si|on** (Leiden; Leidenschaft)
pas|siv (leidend; untätig); er verhält sich passiv; eine passive Bestechung; das passive Wahlrecht; das **Pas|siv** (in der Grammatik: die Leideform)
die **Paß|kon|trol|le,** *neue Schreibung:* **Pass|kon|t|rol|le;** das **Paß|wort,** *neue Schreibung:* **Pass|wort**
die **Pas|te**[1]**;** die **Pas|tell|far|be**[1]
die **Pas|te|te**[1]
pas|teu|ri|sie|ren[1] [*paßtörisir^en*] (durch Erhitzen keimfrei und haltbar machen)
die **Pas|til|le**[1] (Kügelchen, Pille); die Pastillen
der **Pas|tor**[1] [auch: *paßtor*] (Geistlicher); die Pastoren
der **Pa|te** (Taufzeuge); des/dem/den Paten; die Paten; das **Pa|ten|kind**
pa|tent (geschickt, praktisch); am patentesten; das **Pa|tent** (rechtlicher Schutz für eine Erfindung; rechtlich geschützte Erfindung); das **Pa|tent-amt; pa|ten|tie|ren;** er hat sich die Erfindung patentieren lassen; ein patentiertes Verfahren
der **Pa|ter** (katholischer Ordensgeistlicher); des Paters; die Patres; der **Pa-ter|nos|ter**[1] (ständig umlaufender Aufzug); des Paternosters; die Paternoster
pa|the|tisch (voller Pathos; übertrieben feierlich); das **Pa|thos** ([übertriebener] Ausdruck feierlicher Ergriffenheit)
der **Pa|ti|ent** [*paziänt*] (Kranker in ärztlicher Behandlung); des/dem/den Patienten; die Patienten
die **Pa|tin;** die Patinnen
der **Pa|t|ri|arch** (Erzvater; Bischofstitel); des/dem/den Patriarchen; die Patriarchen
der **Pa|t|ri|ot** (jemand, der vaterländisch gesinnt ist); des/dem/den Patrioten; die Patrioten; **pa|t|ri|o|tisch;** der **Pa-t|ri|o|tis|mus;** des Patriotismus
der **Pa|t|ri|zi|er** (vornehmer Bürger)
der **Pa|t|ron** (Schutzherr); die Patrone
die **Pa|t|ro|ne** (die Geschosshülse); die Patronen
die **Pa|t|rouil|le** [*patrulj^e*] (Spähtrupp, Streife); die Patrouillen; **pa|t|rouil|lie-ren** (als Wache auf und ab gehen; auf Patrouille gehen oder fahren); Soldaten sind durch die Straßen patrouilliert
pat|schen; du patschst; sie patscht;

[1] *Alte Trennung:* ...|st...

sie ist durch die Pfütze gepatscht; patsch[e] nicht durch die Pfütze!; **patsch|naß,** *neue Schreibung:* **patsch|nass**

patt (*Schach:* unfähig, noch einen Zug zu machen; unentschieden); das **Patt;** des Patts; die Patts

pat|zen (*umgangssprachlich für:* einen Fehler machen); du patzt; er hat gepatzt; der **Pat|zer**

pat|zig (frech)

die **Pau|ke;** er haute auf die Pauke (er war ausgelassen); **pau|ken** (*umgangssprachlich für:* angestrengt lernen); er hat Vokabeln gepaukt; der **Pau|ker** (*schülersprachlich für:* Lehrer)

paus|ba|ckig[1] *und* **paus|bä|ckig**[1]

pau|schal (alles zusammen, rund); die **Pau|scha|le** (Gesamtbetrag; geschätzte Summe)

die **Pau|se** (Ruhezeit); die große Pause (in der Schule, im Theater); das **Pau|sen|brot; pau|sen|los**

die **Pau|se** (Durchzeichnung); **pau|sen;** du paust; er paust; er pauste; er hat den Plan gepaust; das **Paus|pa|pier**

der **Pa|vi|an** (ein Affe); des Pavians; die Paviane

der **Pa|vil|lon** [*pawiljong*] (kleiner, frei stehender, meist runder Bau; Ausstellungsgebäude); die Pavillons

der **Pa|zi|fik** (der Große Ozean); **pa|zi|fisch;** der **Pa|zi|fi|sche O|ze|an;** der **Pa|zi|fist** (der für absoluten Verzicht auf Krieg, Rüstung und Militär eintritt); des/dem/den Pazifisten; die Pazifisten

der **PC** = Personalcomputer

das **Pech; pech|schwarz;** der **Pech|vo|gel**

das **Pe|dal;** die Pedale

der **Pe|dant** (übertrieben genauer, kleinlicher Mensch); des/dem/den Pedanten; die Pedanten; **pe|dan|tisch**

der **Pe|gel** (Wasserstandsmesser); die Pegel

pei|len (die Richtung feststellen); du peilst; er hat gepeilt; peile die Lage!; die **Pei|lung**

die **Pein; pei|ni|gen;** er hat ihn gepeinigt; peinige ihn nicht!; **pein|lich**

die **Peit|sche; peit|schen;** der Regen peitscht; der Regen peitschte; der Regen hat die Bäume gepeitscht

Pe|king (Hauptstadt Chinas)

[1] *Alte Trennung:* ...k|k...

der **Pe|li|kan** (ein Vogel mit sehr langem Schnabel); des Pelikans; die Pelikane

die **Pel|le;** jemandem auf die Pelle rücken (*umgangssprachlich für:* jemandem energisch zusetzen); **pel|len** (schälen); du pellst; er pellt; er pellte; er hat die Kartoffeln gepellt; pelle sie!; die **Pell|kar|tof|fel;** die Pellkartoffeln

der **Pelz;** jemandem auf den Pelz rücken (*umgangssprachlich für:* jemanden drängen); **pel|zig**

das **Pen|del;** die Pendel; **pen|deln;** du pendelst; sie hat an einem Seil gependelt; sie ist zwischen Mannheim und Worms gependelt (hin- und hergefahren)

der **Pe|nis** (männliches Glied); des Penis; die Penisse *und* die Penes

das **Pe|ni|zil|lin,** *fachsprachlich auch:* **Pe|ni|cil|lin** (ein Antibiotikum); die Penizilline

die **Pen|ne** (*umgangssprachlich für:* Schule)

pen|nen (*umgangssprachlich für:* schlafen); er hat gepennt; der **Pen|ner** (Stadt-, Landstreicher)

die **Pen|si|on** [*pangsion*] (Ruhestand; Ruhegehalt; kleineres Hotel; Fremdenheim); der **Pen|si|o|när; pen|si|o|nie|ren;** er pensioniert ihn; er pensionierte ihn; er hat ihn pensioniert

das **Pen|sum** (zugeteilte Arbeit; Lehrstoff); die Pensen *und* die Pensa

per|fekt (vollkommen; abgemacht); das **Per|fekt** (Zeitform: vollendete Gegenwart)

per|fo|rie|ren (durchbohren, durchlöchern)

das **Per|ga|ment** (bearbeitete Tierhaut; alte Handschrift); die Pergamente

die **Pe|ri|o|de** (Zeitraum; sich fortlaufend wiederholende Ziffer oder Zifferngruppe einer Dezimalzahl); **pe|ri|o|disch**

die **Pe|ri|phe|rie** (Begrenzungslinie; Randgebiet); die Peripherien

die **Per|le;** die **Per|len|ket|te;** die *oder* das **Perl|mut|ter,** *auch:* das **Perl|mutt**

das **Per|lon** (synthetische Textilfaser)

per|ma|nent (dauernd, ständig)

der **Per|ser;** der **Per|ser|tep|pich; Per|si|en** [*persi^e^n*] (ältere Bezeichnung für den Iran); **per|sisch**

die **Per|son;** das **Per|so|nal;** der **Per|so|nal|aus|weis;** der **Per|so|nal|com|pu|ter;** die **Per|so|na|li|en** [*pärsona-*

li^e n] *Plural;* das **Per|so|nal|pro|no|men** (persönliches Fürwort); der **Per|so|nen|wa|gen;** der **Per|so|nen|zug; per|sön|lich;** persönliches Fürwort; die **Per|sön|lich|keit**

die **Per|s|pek|ti|ve** [*pärßpäktiw^e*] (Form der ebenen Darstellung, die den Eindruck des Räumlichen hervorruft; Sicht, Blickwinkel; Aussicht für die Zukunft)

Pe|ru (Staat in Südamerika); der **Pe|ru|a|ner; pe|ru|a|nisch**

die **Pe|rü|cke**[1]

der **Pes|si|mist** (jemand, der alles von der schlechten Seite betrachtet); des/dem/den Pessimisten; die Pessimisten; **pes|si|mis|tisch**[2]

die **Pest;** das **Pes|ti|zid**[2] (Schädlingsbekämpfungsmittel); die Pestizide

die **Pe|ter|si|lie** [*...li^e*]

das **Pe|t|ro|le|um** [*petrole-um*]

pet|zen (*umgangssprachlich für:* verraten; zwicken); du petzt; er petzt; er hat gepetzt; petze nicht!

Pf = Pfennig

der **Pfad;** die Pfade; der **Pfad|fin|der**

der **Pfahl;** die Pfähle; der **Pfahl|bau;** die Pfahlbauten

die **Pfalz;** der **Pfäl|zer; pfäl|zisch**

das **Pfand;** die Pfänder; **pfän|den;** du pfändest; er hat den Schrank gepfändet; das **Pfän|der|spiel**

die **Pfan|ne;** der **Pfann|ku|chen**

die **Pfar|rei;** der **Pfar|rer;** die **Pfar|re|rin;** die Pfarrerinnen; das **Pfarr|haus**

der **Pfau;** die Pfauen

Pfd. = Pfund

der **Pfef|fer;** Pfeffer und Salz; schwarzer Pfeffer; der **Pfef|fer|ku|chen;** das **Pfef|fer|minz** (ein Plätzchen); des Pfefferminzes; die Pfefferminze; der **Pfef|fer|minz|tee; pfef|fern;** du pfefferst; er hat das Fleisch gepfeffert; pfeffere nicht so stark!

die **Pfei|fe; pfei|fen;** du pfeifst; sie pfeift; sie pfiff; sie hat gepfiffen; pfeife nicht!

der **Pfeil; pfeil|schnell**

der **Pfei|ler**

der **Pfen|nig;** die Pfennige; aber: das Blatt kostet 6 Pfennig; das **Pfen|nig|stück**

der **Pferch** (eingezäuntes Feldstück für Tiere); die Pferche

das **Pferd;** zu Pferde; die **Pfer|de|stär|ke** (veraltete Maßeinheit); der **Pferd|sprung** (beim Turnen)

der **Pfiff;** die Pfiffe

der **Pfif|fer|ling** (ein Pilz); das ist keinen Pfifferling (*umgangssprachlich für:* nichts) wert

pfif|fig

das **Pfings|ten**[1]**;** Pfingsten fällt früh; *landschaftlich auch Plural:* die *oder* diese Pfingsten fallen früh; fröhliche Pfingsten!; das **Pfingst|fest;** die **Pfingst|ro|se**

der **Pfir|sich**

die **Pflan|ze; pflan|zen;** du pflanzt; er pflanzt; er hat einen Baum gepflanzt; pflanz[e] ihn!; der **Pflan|zen|fres|ser;** der **Pflan|zer;** die **Pflan|zung**

das **Pflas|ter**[1]**; pflas|tern**[1]**;** du pflasterst; er pflastert; er hat die Straße gepflastert; pflastere sie!; der **Pflas|ter|stein**[1]

die **Pflau|me;** das **Pflau|men|mus**

die **Pfle|ge; pfle|gen;** du pflegst; er pflegt; er hat den Kranken gepflegt; pflege deine kranke Mutter!; der **Pfle|ger**

die **Pflicht;** das **Pflicht|fach;** die Pflichtfächer; **pflicht|ge|mäß**

der **Pflock;** die Pflöcke

pflü|cken[2]**;** du pflückst; er pflückt; er hat gepflückt; pflück[e] die Äpfel!

der **Pflug;** die Pflüge; **pflü|gen;** du pflügst; er pflügt; er hat den Acker gepflügt; pflüge den Acker!; die **Pflug|schar**

die **Pfor|te;** der **Pfört|ner**

der **Pfos|ten**[1]

die **Pfo|te**

der **Pfrop|fen**

pfui!

das **Pfund;** die Pfunde; vier Pfund

der **Pfusch; pfu|schen;** du pfuschst; er hat gepfuscht; pfusche nicht!; der **Pfu|scher;** die **Pfu|sche|rei**

die **Pfüt|ze**

PH = pädagogische Hochschule

das **Phä|no|men** (Erscheinung; seltenes Ereignis); die Phänomene; **phä|no|me|nal** (außergewöhnlich, erstaunlich)

die **Phan|ta|sie,** *Hauptform:* **Fan|ta|sie;** *vgl. d.;* **phan|ta|sie|ren,** *Hauptform:* **fan|ta|sie|ren;** *vgl. d.;* **phan|ta|sie|voll,** *Hauptform:* **fan|ta|sie|voll;** *vgl.*

[1]*Alte Trennung:* ...k|k...
[2]*Alte Trennung:* ...|st...

[1]*Alte Trennung:* ...|st...
[2]*Alte Trennung:* ...k|k...

d.; **phan|tas|tisch**[1], *Hauptform:* **fan|tas|tisch**; *vgl. d.;* das **Phan|tom** (Trugbild); des Phantoms; die Phantome

der **Pha|rao** (ägyptischer König im Altertum); des Pharaos; die Pharaonen

der **Pha|ri|sä|er** (Angehöriger einer streng gesetzesfrommen altjüdischen Partei; selbstgerechter Heuchler)

die **Phar|ma|in|du|s|t|rie** (Arzneimittelindustrie)

die **Pha|se** (Abschnitt einer Entwicklung)

die **Phi|lip|pi|nen** *Plural* (Inselgruppe und Staat in Südostasien); der **Phi|lip|pi|ner; phi|lip|pi|nisch**

der **Phi|lo|soph;** des Philosophen; die Philosophen; die **Phi|lo|so|phie; phi|lo|so|phisch**

das **Phleg|ma** (Ruhe, Geistesträgheit, Schwerfälligkeit); der **Phleg|ma|ti|ker; phleg|ma|tisch**

Phnom Penh [*pnom pän*] (Hauptstadt von Kambodscha)

das **Phon,** *Nebenform:* **Fon** (Maßeinheit für die Lautstärke)

das **Phos|phat** (Salz der Phosphorsäure); die Phosphate; der **Phos|phor** (ein chemischer Grundstoff)

die **Pho|to|gra|phie** usw. ↑Fotografie usw.

die **Phra|se** (Redewendung; nichtssagende Redensart); **phra|sen|haft**

die **Phy|sik** (eine Naturwissenschaft); **phy|si|ka|lisch;** der **Phy|si|ker; phy|sisch** (körperlich)

der **Pi|a|nist** (ausgebildeter Klavierspieler); des/dem/den Pianisten; die Pianisten; **pi|a|no** (*Musik:* leise)

der **Pi|ckel**[2]**;** die Pickel

pi|cken[2]**;** das Huhn pickt; das Huhn pickte; es hat die Körner gepickt

das **Pick|nick** (Essen im Freien); die Picknicke *und* die Picknicks

pie|pen; du piepst; es hat gepiept; **piep|sen;** du piepst; er piepst; er piepste; er hat gepiepst; piepse nicht so!

pie|sa|cken[2] (*umgangssprachlich für:* quälen); du piesackst ihn; er hat ihn gepiesackt; piesacke ihn nicht!

die **Pi|e|tät** [*pi-etät*] (ehrfürchtiger Respekt)

das **Pig|ment** (Farbstoff); die Pigmente

das **Pik** (Spielkartenfarbe)

[1]*Alte Trennung:* ...|st...
[2]*Alte Trennung:* ...k|k...

pi|kant (scharf gewürzt; reizvoll)

pi|ken *und* **pik|sen;** du pikst; er pikt *und* er pikst; es hat gepikt *und* gepikst

der **Pil|ger; pil|gern;** du pilgerst; er pilgert; er ist gepilgert; pilgere nach Rom!

die **Pil|le**

der **Pi|lot;** des Piloten; die Piloten

der **Pilz**

der **Pin|gu|in** (ein Vogel der Antarktis); des Pinguins; die Pinguine

pin|keln (*umgangssprachlich für:* urinieren); ich pink[e]le; er hat gepinkelt

der **Pin|scher**

der **Pin|sel;** die Pinsel; **pin|seln;** du pinselst; er hat den Spruch an die Wand gepinselt; pinsele nichts an die Wand!

die **Pin|zet|te;** die Pinzetten

der **Pi|o|nier** (Vorkämpfer)

die **Pipe|line** [*paiplain*] (Rohrleitung für Gas, Erdöl); der Pipeline; die Pipelines

der **Pi|rat** (Seeräuber); des/dem/den Piraten; die Piraten

die **Pirsch** (Schleichjagd)

pis|sen (*derb für:* urinieren); du pißt, *neu:* pisst; er pißt, *neu:* pisst; er hat gepißt, *neu:* gepisst

die **Pis|te**[1] (Rennstrecke; Rollbahn)

die **Pis|to|le**[1]

die **Piz|za** (ein Hefebackwerk mit pikantem Belag); die Pizzas; die **Piz|ze|ria;** die Pizzerias *und* Pizzerien

Pkw, PKW = Personenkraftwagen

die **Pla|ge; pla|gen;** er hat mich mit seiner ewigen Fragerei sehr geplagt; plage ihn nicht!; sich plagen (sich mühen); sie hat sich bei dieser Arbeit sehr geplagt

das **Pla|kat**

die **Pla|ket|te**

der **Plan;** die Pläne; **pla|nen;** du planst; er hat die Reise geplant; plane nicht zu früh!

die **Pla|ne;** die Planen

der **Pla|net** (Wandelstern); des Planeten; die Planeten

die **Plan|ke** (Bohle); die Planken

das **Plank|ton** (Gesamtheit der im Wasser schwebenden niederen Lebewesen)

plan|mä|ßig; die **Pla|nung**

das **Plansch|be|cken**[2]**; plan|schen;** du planschst; er hat in der Badewanne geplanscht; plansche nicht!

die **Plan|ta|ge** [*plantasch*ᵉ] (Pflanzung; landwirtschaftlicher Großbetrieb in den Tropen)

[1]*Alte Trennung:* ...|st...
[2]*Alte Trennung:* ...k|k...

plap|pern; du plapperst; er plappert; er hat geplappert; plappere nicht!
plär|ren (*umgangssprachlich für:* in unangenehmer Weise laut reden, weinen); du plärrst; das Kind hat geplärrt
das **Plas|ma** (flüssiger Bestandteil des Blutes); des Plasmas; die Plasmen
das **Plas|tik**[1] (ein Kunststoff); des Plastiks
die **Plas|tik**[1] (Bildhauerwerk); die Plastiken; **plas|tisch**[1] (knetbar; körperlich; einprägsam)
die **Pla|ta|ne** (ein Laubbaum); die Platanen
das **Pla|tin** (ein Edelmetall)
die **Pla|ti|ne** (Montageplatte für elektrische Bauteile)
plät|schern; der Bach plätschert; der Bach plätscherte; er hat geplätschert
platt; am plattesten
platt|deutsch; ↑deutsch; das **Platt|deut|sche;** ↑das Deutsche
die **Plat|te**
plät|ten (*norddeutsch für:* bügeln); du plättest; sie hat geplättet; plätte!
der **Plat|ten|spie|ler**
die **Platt|form**
der **Platz;** die Plätze; etwas findet Platz; Platz machen, nehmen; etwas ist am Platze
das **Plätz|chen** (ein Gebäck)
plat|zen; du platzt; er platzt; er platzte; er ist geplatzt
plat|zie|ren, *alte Schreibung:* **pla|zie|ren** (aufstellen, an einen bestimmten Platz stellen, bringen)
der **Platz|re|gen**
die **Plau|de|rei; plau|dern;** du plauderst; sie plaudert; sie plauderte; sie hat geplaudert; plaudere etwas!
plau|si|bel (einleuchtend)
das **Play-back**, *Nebenform:* **Play|back** [*plebäk*] (Bandaufzeichnung) *nur Singular*
pla|zie|ren, *neue Schreibung:* **plat|zie|ren**; *vgl. d.*
plei|te (*umgangssprachlich für:* zahlungsunfähig); pleite sein, werden; er ist pleite; er geht pleite, *neu:* Pleite; die **Plei|te;** Pleite machen; er macht Pleite; das ist ja eine Pleite!
das **Ple|num** (Vollversammlung); des Plenums
das **Ple|xi|glas** (ein glasartiger Kunststoff)
die **PLO** = Palestine Liberation Organization [*pelestain libereischen orgenaizeischen*] (palästinensische Befreiungsbewegung)
die **Plom|be; plom|bie|ren;** du plombierst; sie hat ihm einen Zahn plombiert; plombiere diesen Zahn!
plötz|lich
plump; eine plumpe Gestalt;
plumps!; plump|sen (dumpf fallen); du plumpst; es hat geplumpst; er ist auf den Boden geplumpst
der **Plun|der; plün|dern;** du plünderst; er plünderte; er hat geplündert; plündere nicht!; die **Plün|de|rung**
Plur. = Plural
der **Plu|ral** (Mehrzahl); die Plurale
plus; drei plus drei ist, macht, gibt sechs; plus 15 Grad *oder* 15 Grad plus; das **Plus;** die Plus; er hat [ein] Plus gemacht
der **Plüsch** (Florgewebe); des Plüsch[e]s; die Plüsche
das **Plus|quam|per|fekt** (*Zeitform:* vollendete Vergangenheit)
PLZ = Postleitzahl
der **Po** (*kurz für:* Popo); des Pos; die Pos
der **Po** (Fluss in Italien)
der **Pö|bel**
die **Po|cken**[1] *Plural;* **po|cken|nar|big**[1]
die **Po|cket|ka|me|ra**[1] (Taschenkamera)
das **Po|di|um** (trittartige Erhöhung für Redner); die Podien [*podien*]
die **Po|e|sie** [*po-e...*] (Dichtung; Dichtkunst); die Poesien; der **Po|et** (Dichter); des/dem/den Poeten; die Poeten; **po|e|tisch**
der *und* das **Po|g|rom** (Ausschreitungen gegen nationale, religiöse oder rassische Gruppen); des Pogroms; die Pogrome
die **Poin|te** [*poängte*] (springender Punkt; überraschender Schlusseffekt, besonders bei einem Witz); die Pointen
der **Po|kal;** die Pokale
das **Pö|kel|fleisch; pö|keln;** du pökelst; er pökelt; er pökelte; er hat das Fleisch gepökelt; pökle das Fleisch!
das **Po|ker** (ein Kartenglücksspiel); des Pokers
der **Pol;** der **Po|lar|kreis;** der **Po|lar|stern**
die **Po|la|ro|id|ka|me|ra** [auch: *polareut...*] (Kamera, die in kurzer Zeit das fertige Bild liefert)
der **Pol|der** (eingedeichtes Land)

[1] *Alte Trennung:* ...|st...

[1] *Alte Trennung:* ...k|k...

der **Po|le;** des/dem/den Polen; **Po|len**
der **Po|lier** (Vorarbeiter; Bauführer); die Poliere
po|lie|ren; du polierst; er hat es poliert; poliere die Platte!; der **Po|lie|rer**
das **Po|lit|bü|ro** (Zentralausschuss einer kommunistischen Partei)
die **Po|li|tik;** der **Po|li|ti|ker; po|li|tisch; po|li|ti|sie|ren** (von Politik reden; politisch handeln); du politisierst; er hat politisiert; politisier[e] nicht!
die **Po|li|tur** (Glätte, Glanz; Poliermittel); die Polituren
die **Po|li|zei; po|li|zei|lich;** der **Po|li|zist;** des/dem/den Polizisten; die Polizisten
der **Pol|len** (Blütenstaub)
pol|nisch
das **Po|lo** (Ballspiel vom Pferd aus); des Polos; das **Po|lo|hemd** (Trikothemd mit kurzen Ärmeln)
das **Pols|ter[1]; pols|tern[1];** du polsterst; er polstert; er polsterte; er hat den Sitz gepolstert; polstere diesen Sitz!
der **Pol|ter|abend; pol|tern;** du polterst; er hat gepoltert; poltere nicht!
der **Po|ly|es|ter** (ein Kunststoff)
Po|ly|ne|si|en (Inselwelt im mittleren Pazifik); der **Po|ly|ne|si|er; po|ly|ne|sisch**
die **Po|ma|de** (Haarfett)
die **Pommes frites** [*pomfrit*] (in Fett gebackene Kartoffelstäbchen) *Plural*
der **Pomp** (Prunk); **pom|pös;** am pompösesten
das **Po|ny;** die Ponys
das **Pop|corn** (Puffmais); des Popcorns
die **Pop|mu|sik**
der **Po|po;** des Popos; die Popos
der **Pop|per** (betont modisch auftretender Jugendlicher); **pop|pig** (in einem modernen, auffallenden Stil); die **Popsze|ne** (das Milieu der Popmusik); **popu|lär** (beliebt; volkstümlich); die **Popu|la|ri|tät**
die **Po|re; po|rig;** großporig; **po|rös**
die **Por|no|gra|phie,** *Hauptform:* **Por|no-gra|fie** (einseitig das Sexuelle darstellende Bilder oder Schriften)
der **Por|ree** (Lauch); des Porrees; die Porrees
das **Por|tal;** die Portale
Port-au-Prince [*portoprängß*] (Hauptstadt von Haiti)
das **Por|te|mon|naie,** *Hauptform:* **Portmo|nee** [*portmone*]

[1]*Alte Trennung:* ...|st...

der **Por|tier** [*portie*]; die Portiers; die **Portie|re** (Türvorhang)
die **Por|ti|on;** die Portionen; er ist nur eine halbe Portion (*umgangssprachlich für:* er ist sehr klein, er zählt nicht); **por|tions|wei|se**
das **Por|to;** die Portos *und* die Porti
das **Por|t|rät** [*porträ* und *porträt*] (Bildnis); die Porträts *und* die Porträte
Por|tu|gal; der **Por|tu|gie|se** (Einwohner Portugals); **por|tu|gie|sisch**
das **Por|zel|lan;** die Porzellane
die **Po|sau|ne**
die **Po|se** (Körperhaltung); die Posen
die **Po|si|ti|on** (Stellung; Lage; Einzelposten)
po|si|tiv (bejahend, zutreffend; bestimmt, gewiss); ein positives Ergebnis; das **Po|si|tiv** (Gegensatz zum Negativ beim fotografischen Bild); der **Po|si-tiv** (Grundstufe, nicht gesteigerte Form)
die **Pos|se** (derbkomisches Bühnenstück); **pos|sier|lich** (spaßhaft, drollig)
das **Pos|ses|siv|pro|no|men** (besitzanzeigendes Fürwort, z. B. „mein")
die **Post;** das **Post|amt;** der **Post|bo|te**
der **Pos|ten[1]**
das *und* der **Pos|ter[1]** [auch: *po^u ßt^e r*] (plakatartiges, gedrucktes Bild); des Posters; die Poster, *auch:* die Posters
die **Post|kar|te;** die **Post|kut|sche; post|la|gernd;** die **Post|leit|zahl**
die **Po|tenz** (Leistungsvermögen; Produkt aus gleichen Faktoren); die Potenzen; **po|ten|zie|ren** (sehr steigern; zur Potenz erheben)
das **Pot|pour|ri** [*potpuri*] (Allerlei; eine Zusammenstellung mehrerer Musikstücke); die Potpourris
die **Pow|er** [*pau^e r*] (Kraft, Leistung)
die **Pracht; präch|tig; pracht|voll**
das **Prä|di|kat** (Kern der Satzaussage; Zensur); die Prädikate
das **Prä|fix** (Vorsilbe); die Präfixe
Prag (Hauptstadt der Tschechischen Republik)
prä|gen; du prägst; er prägte; er hat diesen Satz geprägt; die **Prä|gung**
prah|len; du prahlst; er hat geprahlt; prahl[e] nicht so!; die **Prah|le|rei; prah|le|risch;** der **Prahl|hans;** die Prahlhänse
die **Prak|tik** (Ausübung, Verfahrensweise, Methode); die Praktiken; **prak|ti|ka-**

[1]*Alte Trennung:* ...|st...

bel (durchführbar und zweckmäßig); praktikabler; am praktikabelsten; der **Prak|ti|kant;** des/dem/den Praktikanten; die Praktikanten; der **Prak|ti|ker;** das **Prak|ti|kum** (praktische Übung; praktische Tätigkeit); des Praktikums; die Praktika; **prak|tisch; prak|ti|zie|ren;** du praktizierst; er hat 3 Jahre in Frankfurt praktiziert; praktizier[e]!

der **Prä|lat** (ein geistlicher Würdenträger); des/dem/den Prälaten; die Prälaten

die **Pra|li|ne**

prall; pral|len; er ist mit dem Kopf gegen die Tür geprallt

die **Prä|mie** [*prämi^e*] (Belohnung; Versicherungsgebühr); die Prämien; **prä|mi|ie|ren** *und* **prä|mie|ren;** du prämiierst *und* prämierst; er prämiierte *und* prämierte; er hat ihn prämiiert *und* prämiert; prämiier[e] *und* prämier[e] ihn!

pran|gen; sein Name prangt; er prangte; sein Name hat auf einem goldenen Schild geprangt

die **Pran|ke** (Klaue, Tatze); die Pranken

das **Prä|pa|rat** (Arzneimittel, chemisches Mittel); die Präparate; **prä|pa|rie|ren;** du präparierst; er hat das Fell präpariert (dauerhaft gemacht); sich präparieren (sich vorbereiten); er hat sich für diese Stunde gut präpariert

die **Prä|po|si|ti|on** (Verhältniswort)

die **Prä|rie** (Grassteppe); die Prärien

das **Prä|sens** (*Zeitform:* Gegenwart); die Präsentia *und* die Präsenzien [*...zi^en*]

prä|sen|tie|ren (sehen lassen, zeigen; überreichen)

das **Prä|ser|va|tiv** (Gummischutz für den Penis als Empfängnisverhütung); die Präservative [*...w^e*]

der **Prä|si|dent** (Vorsitzender); des/dem/den Präsidenten; die Präsidenten; das **Prä|si|di|um;** die Präsidien [*präsidi^en*]

pras|seln; das Feuer hat geprasselt; der Regen ist gegen das Fenster geprasselt

pras|sen (schlemmen); du praßt, *neu:* passt; er praßt, *neu:* prasst; er hat gepraßt, *neu:* geprasst; der **Pras|ser**

das **Prä|te|r|i|tum** (*Zeitform:* Vergangenheit, Imperfekt); die Präterita

die **Pra|xis** (Tätigkeit; Arbeitsräume eines Arztes oder Anwalts); die Praxen

prä|zis *und* **prä|zi|se** (gewissenhaft; genau; unzweideutig); am präzisesten

pre|di|gen; du predigst; sie predigt; sie predigte; sie hat gepredigt; der **Pre|di|ger;** die **Pre|digt;** die Predigten

der **Preis;** das **Preis|aus|schrei|ben**

die **Prei|sel|bee|re**

prei|sen; du preist; er preist; er pries; er hat gepriesen; preis[e] den Herrn!

preis|ge|ben; du gibst preis; er gab preis; er hat das Geheimnis preisgegeben; gib es nicht preis!

der **Prell|bock;** die Prellböcke; **prel|len** (betrügen); du prellst; er prellt; er prellte; er hat ihn um sein Geld geprellt; prelle ihn nicht!; sich prellen (sich stoßen); er hat sich geprellt; die **Prel|lung**

die **Pre|mi|e|re** (Uraufführung, Erstaufführung); die Premieren

die **Pres|se; pres|sen;** du preßt, *neu:* presst; er preßt, *neu:* presst; er hat die Trauben gepreßt, *neu:* gepresst; preß, *neu:* press *oder* presse die Trauben!; der **Preß|luft|ham|mer,** *neue Schreibung:* **Press|luft|ham|mer**

das **Pres|ti|ge**[1] [*präßtisch^e*] (Ansehen, Geltung); des Prestiges

Pre|to|ria (Hauptstadt von Südafrika)

der **Preu|ße; Preu|ßen; preu|ßisch**

pri|ckeln[2]**;** es prickelt; es prickelte; es hat mir in den Fingern geprickelt

der **Priel** (schmaler Wasserlauf im Wattenmeer); die Priele

der **Pries|ter**[1]

pri|ma; pri|mär (ursprünglich; vorrangig)

die **Pri|me** (*Musik:* Intervall aus zwei Tönen der gleichen Stufe); die Primen

die **Pri|mel** (eine Pflanze); die Primeln

pri|mi|tiv (geistig wenig entwickelt; einfach; dürftig); ein primitiver Mensch; primitive Verhältnisse

der **Pri|mus** (Klassenbester)

die **Prim|zahl** (nur durch 1 und sich selbst teilbare Zahl)

die **Prin|te** (ein Gebäck)

der **Prinz;** des/dem/den Prinzen; die Prinzen; die **Prin|zes|sin;** die Prinzessinnen

das **Prin|zip** (der Grundsatz); die Prinzipien [*prinzipi^en*]; **prin|zi|pi|ell**

die **Pri|o|ri|tät** (Vorrang; älterer vorrangiger Anspruch); die Prioritäten

die **Pri|se** (kleine Menge, die man zwischen zwei oder drei Fingern fasst); die Prisen; eine Prise Salz, Pfeffer, Tabak

das **Pris|ma** (Licht brechende Kantensäule); die Prismen

---

[1] *Alte Trennung:* ...|st...
[2] *Alte Trennung:* ...k|k...

die **Prit|sche**
pri|vat (persönlich; außeramtlich, nicht öffentlich; vertraut); private Ausgaben; private Wirtschaft; ein privater Eingang
das **Pri|vi|leg** (Vorrecht); die Privilegien [*priwilegi*ᵉ*n*] *und* die Privilege
pro (je); pro Stück; pro verbrauchten Kubikmeter
die **Pro|be; pro|be|fah|ren,** *neue Schreibung:* **Pro|be fah|ren;** ich fahre Probe; wenn er probefährt, *neu:* Probe fährt; er ist probegefahren, *neu:* Probe gefahren; er hat den Wagen probegefahren, *neu:* Probe gefahren; **pro|ben;** du probst; er probt; er probte; er hat seinen Auftritt geprobt; **pro|be|wei|se; pro|bie|ren;** du probierst; sie hat es probiert; probier[e] es doch!
das **Pro|b|lem** (die zu lösende Aufgabe; die Fragestellung; die Schwierigkeit); **pro|b|le|ma|tisch**
das **Pro|dukt** (Ertrag; Ergebnis); die **Pro|duk|ti|on** (Herstellung, Erzeugung); **pro|duk|tiv** (ergiebig; fruchtbar; schöpferisch); **pro|du|zie|ren** (erzeugen, schaffen); du produzierst; sie produzierte; sie hat Kugelschreiber produziert; produzier[e] etwas Neues!
pro|fes|si|o|nell (berufsmäßig; fachmännisch)
der **Pro|fes|sor;** die Professoren
der **Pro|fi** (Berufssportler); des Profis; die Profis
das **Pro|fil** (Seitenansicht; Längs- oder Querschnitt; Riffelung bei Gummireifen); die Profile
der **Pro|fit** (Nutzen; Gewinn); die Profite; **pro|fi|tie|ren** (Nutzen ziehen); er hat davon nicht profitiert
pro for|ma (der Form wegen; zum Schein)
die **Pro|g|no|se** (Voraussage)
das **Pro|g|ramm** (Plan; Darlegung von Grundsätzen); **pro|g|ram|mie|ren;** du programmierst; sie programmierte; sie hat den Raketenstart programmiert; die **Pro|g|ram|mier|spra|che**
pro|g|res|siv (fortschrittlich)
das **Pro|jekt** (der Plan, der Entwurf, das Vorhaben); die **Pro|jek|ti|on** (auf eine ebene Fläche projizierte Abbildung); der **Pro|jek|tor** (Lichtbildwerfer); die Projektoren; **pro|ji|zie|ren** (mit dem Projektor wiedergeben; auf einer ebenen Fläche darstellen); er hat die Dias an die Wand projiziert
die **Pro|k|la|ma|ti|on** (Verkündung; Aufruf); **pro|k|la|mie|ren;** du proklamierst; man hat ihn zum König proklamiert
der **Pro|ku|rist** (Inhaber einer Handlungsvollmacht); des/dem/den Prokuristen; die Prokuristen
der **Pro|let** (ungebildeter, ungehobelter Mensch); des/dem/den Proleten; die Proleten; das **Pro|le|ta|ri|at** (Gesamtheit der Proletarier); der **Pro|le|ta|ri|er** (Angehöriger der wirtschaftlich unselbstständigen, besitzlosen Klasse); **pro|le|ta|risch**
der **Pro|log** (Vorrede; Vorspiel); die Prologe
die **Pro|me|na|de; pro|me|nie|ren;** du promenierst; er promeniert; er promenierte; er ist durch die Straßen promeniert; promenier[e] am Ufer!
das **Pro|mil|le** (Tausendstel); des Promille[s]; die Promille
pro|mi|nent (maßgebend, bedeutend); am prominentesten; der **Pro|mi|nen|te** (bedeutende Persönlichkeit); die Prominenten; ein Prominenter; zwei Prominente; die **Pro|mi|nenz** (Gesamtheit der Prominenten)
prompt (unverzüglich; pünktlich)
das **Pro|no|men** (Fürwort); die Pronomen *und* die Pronomina
die **Pro|pa|gan|da** (Werbung für politische Grundsätze, kulturelle Belange und wirtschaftliche Zwecke)
das **Pro|pan** (ein Brenngas); des Propans; das **Pro|pan|gas**
der **Pro|pel|ler** (Antriebsschraube bei Schiffen und Flugzeugen)
der **Pro|phet;** des/dem/den Propheten; die Propheten; **pro|phe|zei|en** (voraussagen); du prophezeist; sie prophezeit; sie prophezeite; er hat das Unglück prophezeit; prophezei[e] lieber nichts!; die **Pro|phe|zei|ung**
die **Pro|por|ti|on** (Größenverhältnis); die Proportionen; **pro|por|ti|o|nal**
die **Pro|sa** (Rede und Schrift in ungebundener Form); **pro|sa|isch** (nüchtern)
pro|sit! *und* **prost!;** das **Pro|sit** *und* das **Prost**
der **Pro|s|pekt** (Werbeschrift); die Prospekte
die **Pros|ti|tu|ier|te**[1] (Frau, die gewerbsmäßig sexuelle Handlungen ausübt); die Prostituierten; zwei Prostituierte

---
[1] *Alte Trennung:* ...|st...

das **Pro|te|in** (Eiweißart); des Proteins; die Proteine
der **Pro|test;** der **Pro|tes|tant**[1]; des/dem/den Protestanten; die Protestanten; **pro|tes|tan|tisch**[1]; der **Pro|tes|tan|tis|mus**[1]; **pro|tes|tie|ren**[1]; du protestierst; sie hat protestiert; protestier[e]!
die **Pro|the|se** (Ersatzglied; Zahnersatz)
das **Pro|to|koll** (Tagungsbericht); die Protokolle; etwas zu Protokoll geben; **pro|to|kol|lie|ren;** du protokollierst; er protokollierte; er hat heute protokolliert; protokollier[e] heute!
prot|zen (*umgangssprachlich*); du protzt; er protzt; er hat mit seiner Kraft geprotzt; protz[e] nicht!; **prot|zig**
der **Pro|vi|ant** [*prowiant*] (Mundvorrat)
die **Pro|vinz** [*prowinz*]; die Provinzen
die **Pro|vi|si|on** [*...wi...*] (Vergütung)
pro|vi|so|risch (vorläufig)
die **Pro|vo|ka|ti|on** [*...wo...*] (Herausforderung); **pro|vo|zie|ren** (herausfordern; bewirken; auslösen); du willst mich provozieren; der Vorfall hat eine Diskussion provoziert
die **Pro|ze|dur** ([schwieriges] Verfahren); die Prozeduren
das **Pro|zent;** die Prozente; fünf Prozent (5% oder 5 v. H.); die Fünfprozentklausel *oder* die 5-Prozent-Klausel; die **Pro|zent|rech|nung;** der **Pro|zent|satz** (bestimmte Anzahl von Prozenten)
der **Pro|zeß,** *neue Schreibung:* **Pro|zess;** des Prozesses; die Prozesse; **pro|zes|sie|ren;** du prozessierst; er prozessierte; er hat prozessiert; prozessier[e] möglichst nicht!
die **Pro|zes|si|on** (kirchlicher Umzug)
prü|de (übertrieben schamhaft); am prüdesten
prü|fen; du prüfst; sie prüft; sie prüfte; sie hat ihn geprüft; prüf[e] du ihn!; der **Prüf|ling;** die **Prü|fung**
der **Prü|gel** (Stock); die Prügel; die **Prügel** (die Schläge) *Plural;* die **Prü|ge|lei; prü|geln;** du prügelst; er hat ihn geprügelt; prüg[e]le ihn nicht!
der **Prunk; prun|ken;** du prunkst; sie prunkt; sie prunkte; sie hat mit ihrem Reichtum geprunkt; prunk[e] nicht mit deinem Reichtum!; **prunk|lie|bend**
prus|ten[1] (stark schnauben); du prustest; das Pferd hat geprustet

[1]*Alte Trennung:* ...|st...

PS = Pferdestärke (veraltete Maßeinheit)
PS = Postskriptum (Nachschrift, Zusatz in einem Brief)
der **Psalm;** die Psalmen; der **Psal|ter** (das Buch der Psalmen im Alten Testament)
das **Pseu|d|o|nym** (Deckname, Künstlername); die Pseudonyme
pst!
der **Psy|ch|i|a|ter** (Facharzt für seelische Störungen und Geisteskrankheiten); des Psychiaters; die Psychiater; **psychisch** (seelisch); der **Psy|cho|lo|ge** (Seelenkundiger); die **Psy|cho|lo|gie** (Seelenkunde); **psy|cho|lo|gisch** (seelenkundlich)
die **Pu|ber|tät** (Zeit der beginnenden Geschlechtsreife)
das **Pu|b|li|kum; pu|b|li|zie|ren** (veröffentlichen); du publizierst; sie hat einen Aufsatz publiziert
der **Puck** (Hartgummischeibe beim Eishockey); die Pucks
der **Pud|ding;** die Puddinge *und* die Puddings; das **Pud|ding|pul|ver**
der **Pu|del;** die Pudel; die **Pu|del|müt|ze; pu|del|naß,** *neue Schreibung:* **pu|del|nass**
der **Pu|der; pu|dern;** du puderst; er pudert; er puderte; er hat die wunde Stelle gepudert; puder[e] diese Stelle!; sich pudern; sie hat sich stark gepudert
der **Puff** (Stoß); die Püffe *und* die Puffe
der **Puff** (Bordell); die Puffs
puf|fen (stoßen); er hat ihn in die Seite gepufft; der **Puf|fer**
puh!
die **Pul|le** (*umgangssprachlich für:* Flasche); die Pullen
der **Pul|li;** die Pullis; der **Pul|l|o|ver** [*pulo-w*e*r*]
der **Puls;** die Pulse; die **Puls|ader; pul|sie|ren;** das Leben pulsierte in den Straßen; es hat in den Straßen pulsiert
das **Pult;** die Pulte
das **Pul|ver; pul|ve|ri|sie|ren** (zu Pulver zerreiben); pulverisierter Kaffee
der **Pu|ma** (eine Raubkatze); des Pumas; die Pumas
pum|me|lig *und* **pumm|lig**
die **Pum|pe; pum|pen;** du pumpst; er pumpt; pump[e] den Eimer voll Wasser!; sich etwas pumpen (*umgangssprachlich für:* sich etwas borgen); er hat sich bei mir etwas Geld gepumpt

[1]*Alte Trennung:* ...|st...

der **Pum|per|ni|ckel**[1] (ein Schwarzbrot); die Pumpernickel

der **Pumps** [*pọmpß*] (ausgeschnittener Damenschuh mit höherem Absatz); des Pumps; die Pumps

der **Punk** [*pangk*] *und* der **Pun|ker** (Jugendlicher, der durch sein auffälliges Äußeres betont antibürgerlich erscheinen will)

der **Punkt;** es ist Punkt 8 Uhr; der Punkt auf dem i; **pünkt|lich;** die **Pünkt|lichkeit**

der **Punsch** (ein alkoholisches Getränk); die Punsche

pu|pen *und* **pu̲p|sen** (*umgangssprachlich für:* eine Blähung abgehen lassen); du pupst; er pupt *und* er pupst; er hat gepupt *und* gepupst

die **Pu|pi̲l|le**

die **Pup|pe;** das **Pup|pen|the|a|ter;** der **Pup|pen|wa|gen**

pur (rein, unverfälscht); pures Gold

das **Pü|ree** (breiförmige Speise); die Pürees

der **Pụr|pur** (hochroter Farbstoff; purpurfarbenes Gewand); **pụr|purn** (purpurfarben); **pụr|pur|ro̲t**

der **Pur|zel|baum;** die Purzelbäume; **purzeln;** du purzelst; er ist in den Graben gepurzelt; purz[e]le nicht!

die **Pụß|ta,** *neue Schreibung:* **Pusz|ta** (Grassteppe in Ungarn); die Pußten, *neu:* Puszten

die **Pus|te**[2]**;** er ist außer Puste (*umgangssprachlich für:* außer Atem)

die **Pus|tel**[2] (Eiterbläschen); die Pusteln

pus|ten[2]**;** du pustest; sie pustet; sie pustete; sie hat gepustet; puste nicht!

die **Pu|te** (Truthenne); der **Pu|ter** (Truthahn); **pu̲|ter|rot**

der **Putsch** (politischer Handstreich); die Putsche; **put|schen;** du putschst; er putscht; er putschte; er hat geputscht

der **Putz; put|zen;** du putzt; er putzt; er hat geputzt; putz[e] die Fenster!

put|zig (drollig)

das **Putz|tuch**

das **Puz|zle** [*pas*^e*l,* auch: *paß*^e*l*] (Geduldsspiel); die Puzzles; **puz|zeln** [*pas*^e*ln,* auch: *paß*^e*ln*] (ein Puzzle zusammensetzen); ich puzz[e]le; er puzzelt; er hat gepuzzelt

das **PVC** = Polyvinylchlorid (ein Kunststoff)

[1]*Alte Trennung:* ...k|k...
[2]*Alte Trennung:* ...|st...

der **Pyg|mä̲e** (Angehöriger einer kleinwüchsigen Bevölkerungsgruppe in Afrika); die Pygmäen

der **Py|ja|ma** [*püdschama,* auch: *pidschama*] (Schlafanzug); die Pyjamas

die **Py|ra|mi̲|de** (ägyptischer Grabbau; ein geometrischer Körper)

die **Py|re|nä̲|en** (Gebirge zwischen Spanien und Frankreich) *Plural*

der **Py̲|thon** (eine Riesenschlange); des Pythons; die Pythons

Q

das **Q** [*ku̲*] (Buchstabe); des Q; die Q; aber: das q in verquer

der **Quack|sal|ber** (Kurpfuscher)

die **Quad|del** (juckende Anschwellung); die Quaddeln

der **Qua|der;** die Quader; *auch:* die **Quader;** die Quadern

das **Qua|d|ra̲t** (Viereck mit vier rechten Winkeln und vier gleichen Seiten; zweite Potenz einer Zahl); **qua|d|ra̲tisch;** der *oder* das **Qua|d|ra̲t|me|ter;** die **Qua|d|ra̲t|zahl; qua|d|rie̲|ren** (in die zweite Potenz erheben)

qua|ken; die Ente quakt; die Ente quakte; die Ente hat gequakt

der **Quä|ker** (Angehöriger einer Sekte)

die **Qual;** die Qualen; **quä|len;** du quälst ihn; er hat ihn gequält; quäle ihn nicht!; die **Quä|le|rei;** der **Quäl|geist;** die Quälgeister

die **Qua|li|fi|ka|ti|o̲n** (Befähigung; Befähigungsnachweis; Teilnahmeberechtigung für sportliche Wettbewerbe); sich **qua|li|fi|zie̲|ren** (sich als geeignet erweisen); du qualifizierst dich; sie hat sich qualifiziert; qualifiziere dich für die Meisterschaftskämpfe!

die **Qua|li|tä̲t** (Beschaffenheit, Güte, Wert); **qua|li|ta|ti̲v** (dem Wert, der Beschaffenheit nach); das Material ist qualitativ ausreichend

die **Qual|le**

der **Qualm; qual|men;** der Kamin qualmt; der Kamin hat gequalmt

qual|voll

die **Quan|ti|tä̲t** (Menge, Masse, Größe); **quan|ti|ta|ti̲v** (mengenmäßig); die Verpflegung ist quantitativ gut; das **Quạn|tum** (Menge, Anzahl, Maß); die Quanten; das richtige Quantum nehmen

die **Qua|ran|tä|ne** [*ka...*] (Absperrung zum Schutz gegen Ansteckung)
der **Quark**
die **Quart** *und* die **Quar|te** (der vierte Ton vom Grundton an); die Quarten
die **Quar|ta** (dritte Klasse eines Gymnasiums); die Quarten
das **Quar|tal** (Vierteljahr); die Quartale
der **Quar|ta|ner;** die **Quar|ta|ne|rin;** die Quartanerinnen
das **Quar|tett** (ein Kartenspiel; Musikstück für vier Stimmen oder für vier Instrumente; *auch:* die ausführenden Musiker selbst); die Quartette
das **Quar|tier** (Unterkunft); die Quartiere; Quartier beziehen, machen; der **Quar|tier|ma|cher**
der **Quarz** (ein Mineral); die Quarze; **quarz|hal|tig;** die **Quarz|uhr**
qua|si (gewissermaßen, sozusagen)
quas|seln; ich quassele *und* ich quaßle, *neu:* quassle; du quasselst; er quasselt; er quasselte; er hat gequasselt; quassele *und* quaßle, *neu:* quassle nicht!
die **Quas|te**[1] (Troddel)
der **Quatsch;** das ist ja Quatsch!; ach Quatsch!; **quat|schen;** du quatschst; er quatscht; er quatschte; er hat gequatscht; quatsche nicht immer!
die **Que|cke**[2] (eine Graspflanze)
das **Queck|sil|ber; queck|sil|be|rig** *und* **queck|silb|rig**
der **Quell;** die **Quel|le; quel|len** (mächtig herausdrängen; sprudeln); das Wasser quillt; das Wasser quoll; das Wasser ist aus dem Boden gequollen; **quel|len** (in Wasser weichen lassen); du quellst die Bohnen; er quellte die Bohnen; er hat sie gequellt; quelle sie!
die **Quen|ge|lei; quen|geln;** du quengelst; er quengelte; er hat den ganzen Tag gequengelt; queng[e]le nicht!
quer; kreuz und quer; etwas quer legen; das hat quer gelegen; ↑querschießen; **quer|durch;** sie ist querdurch gelaufen; aber: sie ist quer durch die Wiesen gelaufen; die **Que|re;** sie kommt mir in die Quere; **quer|feld|ein;** querfeldein gehen, fahren; **quer|ge|streift,** *neue Schreibung:* **quer gestreift;** ein quergestreifter, *neu:* quer gestreifter Stoff; der Stoff ist quer gestreift; **quer|schie|ßen,** *neue Schreibung:* **quer schie|ßen** (die Pläne anderer absichtlich stören); sie schießt quer; er hat quergeschossen, *neu:* er hat quer geschossen; das **Quer|schiff** (einer Kirche); der **Quer|schlä|ger** (abgepralltes Geschoss); der **Quer|schnitt; quer|schnitt[s]|ge|lähmt;** die **Quer|sum|me**

[1]*Alte Trennung:* ...|st...
[2]*Alte Trennung:* ...k|k...

der **Que|ru|lant** (jemand, der durch kleinliche Beschwerden lästig fällt); des/dem/den Querulanten; die Querulanten
quet|schen; du quetschst; sie quetscht; sie quetschte; sie hat sich den Finger gequetscht; quetsche dir nicht den Finger!; die **Quet|schung**
quick (munter); **quick|le|ben|dig**
quie|ken; das Schwein quiekt; das Schwein hat gequiekt
quiet|schen; die Tür quietscht; die Tür quietschte; die Tür hat gequietscht
die **Quin|ta** (zweite Klasse eines Gymnasiums); die Quinten; der **Quin|ta|ner;** die **Quin|ta|ne|rin;** die Quintanerinnen
die **Quin|te** (der fünfte Ton vom Grundton an); die Quinten; der **Quin|ten|zir|kel** (Kreis der Dur- und Molltonarten mit Grundtönen im Quintabstand und zunehmenden Vorzeichen); das **Quin|tett** (Musikstück für fünf Stimmen oder für fünf Instrumente; auch die ausführenden Musiker selbst); die Quintette
der **Quirl;** die Quirle; **quir|len;** du quirlst; er quirlt; er hat das Ei gequirlt; quirle diese Getränke!
quitt; wir sind quitt
die **Quit|te; quit|te|gelb** *und* **quit|ten|gelb**
quit|tie|ren (den Empfang bescheinigen); du quittierst; sie quittiert; sie hat den Empfang des Geldes quittiert; quittiere die Rechnung!; die **Quit|tung**
das **Quiz** [*kwiß*] (Frage- und Antwort-Spiel); des Quiz; die Quiz; der **Quiz|mas|ter**[1] [*kwißmastᵉr*] (Fragesteller beim Quiz); die Quizmaster
die **Quo|te** (Anteil, Teilbetrag), der **Quo|ti|ent** (Ergebnis der Divisionsrechnung, *auch:* der Bruch selbst); des/dem/den Quotienten; die Quotienten

[1]*Alte Trennung:* ...|st...

R

das **R** (Buchstabe); des R; die R; aber: das r in fahren

Ra|bat [*rabat,* auch: *rabat*] (Hauptstadt von Marokko)

der **Ra|batt** (Preisnachlass); die Rabatte

die **Ra|bat|te** (Randbeet); die Rabatten

der **Ra|batz** (Krach); Rabatz machen

der **Ra|bau|ke** (grober Kerl)

der **Rab|bi** (Rabbiner; Titel eines Rabbiners); der **Rab|bi|ner** (jüdischer Geistlicher)

der **Ra|be; ra|ben|schwarz**

ra|bi|at (grob; wütend); am rabiatesten

die **Ra|che; rä|chen;** du rächst; er hat die Tat gerächt; sich rächen; ihr Leichtsinn wird sich noch rächen

der **Ra|chen**

der **Rä|cher; rach|süch|tig**

die **Ra|chi|tis** (durch Knochenerweichung und Knochenverformung gekennzeichnete Krankheit); **ra|chi|tisch**

der **Ra|cker**[1] (Schalk, Schelm); **ra|ckern**[1] (sich abmühen); ich rackere; er rackerte; er hat gerackert

das **Rad;** ↑radfahren und radschlagen

der *und* das **Ra|dar** [auch: *radar*] (Gerät und Verfahren zur Ortung von Flugkörpern); die Radars; der **Ra|dar|schirm** (Leuchtschirm eines Radargeräts)

der **Ra|dau;** er hat Radau gemacht

ra|de|bre|chen (eine Sprache nur mangelhaft sprechen); du radebrechst; sie radebrechte; sie hat Deutsch nur geradebrecht

ra|deln; du radelst; sie radelt; sie radelte; sie ist ins Dorf geradelt

der **Rä|dels|füh|rer**

rad|fah|ren, *neue Schreibung:* **Rad fah|ren;** du fährst Rad; sie fährt Rad; sie fuhr Rad; sie ist radgefahren, *neu:* Rad gefahren; fahre Rad!; rad- und Auto fahren, *neu:* Rad und Auto fahren; Auto und radfahren, *neu:* Auto und Rad fahren; das **Rad|fah|ren;** der **Rad|fah|rer**

ra|di|al (im Radius laufend, strahlenförmig)

[1] *Alte Trennung:* ...k|k...

ra|die|ren; du radierst; sie radiert; sie radierte; sie hat radiert; radiere nicht!; der **Ra|dier|gum|mi;** die **Ra|die|rung**

das **Ra|dies|chen**

ra|di|kal (extrem; gründlich; rücksichtslos); radikale Ansichten vertreten; die **Ra|di|ka|li|sie|rung** (Entwicklung zum Radikalen); der **Ra|di|ka|lis|mus** (rücksichtslos bis zum Äußersten gehende Einstellung); des Radikalismus; die Radikalismen

das **Ra|dio; ra|di|o|ak|tiv;** die **Ra|di|o|ak|ti|vi|tät** (Strahlung durch Kernzerfall); der **Ra|di|o|ap|pa|rat**

das **Ra|di|um** (ein radioaktives Metall)

der **Ra|di|us** (Halbmesser des Kreises); die Radien [*radi^e n*]

der **Rad|ler;** das **Rad|ren|nen; rad|schla|gen,** *neue Schreibung:* **Rad schla|gen;** du schlägst Rad; sie schlägt Rad; sie schlug Rad; sie hat radgeschlagen, *neu:* Rad geschlagen; sie kann ein Rad schlagen; der **Rad|weg**

raf|fen; du raffst; er hat das Geld an sich gerafft; die **Raff|gier; raff|gie|rig**

die **Raf|fi|ne|rie** (Anlage zum Reinigen von Zucker oder Rohöl); die Raffinerien; **raf|fi|niert** (durchtrieben, schlau); am raffiniertesten; ein raffinierter Betrüger

die **Ra|ge** [*rasch^e*] (Wut, Raserei); in der Rage; jemanden in Rage bringen

ra|gen; der Felsen ragte aus dem Wasser; er hat aus dem Wasser geragt

das **Ra|gout** [*ragu*] (ein Mischgericht); die Ragouts

die **Rah** *und* die **Ra|he** (Querstange am Mast für das Rahsegel); die Rahen

der **Rahm**

rah|men; du rahmst; sie rahmt; sie rahmte; sie hat das Bild gerahmt; rahme das Bild!; der **Rah|men**

der **Rahm|kä|se**

der **Rain** (die Ackergrenze); die Raine

sich **rä|keln** ↑rekeln

die **Ra|ke|te;** der **Ra|ke|ten|an|trieb**

die **Ral|lye** [*rali* oder *räli*] (Autosternfahrt); die Rallyes

die **Ram|me; ram|men;** du rammst; sie hat das Schiff gerammt

die **Ram|pe;** das **Ram|pen|licht**

ram|po|nie|ren (stark beschädigen); er hat den Wagen ramponiert

der **Ramsch** (zusammengewürfelte Warenreste, Schleuderware); **ram-**

schen; du ramschst; sie ramscht; sie hat geramscht
ran (*umgangssprachlich für:* heran)
die **Ranch** [*räntsch,* auch: *rantsch*] (nordamerikanische Farm); die Ranch[e]s; der **Ran|cher** (Farmer)
der **Rand;** sie ist außer Rand und Band; sie wird damit zu Rande kommen
ran|da|lie|ren (lärmen); du randalierst; sie randaliert; sie hat randaliert
der **Rang;** die Ränge
ran|geln (sich balgen); du rangelst; sie haben miteinander gerangelt
ran|gie|ren [*rangschiren*]; du rangierst; er hat den Zug rangiert
die **Rang|ord|nung**
Ran|gun [*rangun*] (Hauptstadt von Birma)
die **Ran|ke**
die **Rän|ke** *Plural;* Ränke schmieden; sich **ran|ken;** die Rosen ranken sich; sie haben sich über die Mauer gerankt
der **Ran|zen;** des Ranzens; die Ranzen
ran|zig; die Butter ist ranzig
ra|pid *und* **ra|pi|de** (sehr schnell); am rapidesten
der **Rap|pe;** des/dem/den Rappen; die Rappen
der **Rap|pel** (*umgangssprachlich für:* Zorn, Verrücktheit); **rap|pe|lig** *und* **rapp|lig;** ein rapp[e]liges Fahrrad; **rap|peln;** du rappelst; sie rappelt; sie hat gerappelt; rapp[e]le doch nicht so!
der **Raps**
rar; sie hat sich rar gemacht; die **Ra|ri|tät** (Seltenheit); die Raritäten
ra|sant (sehr schnell); am rasantesten; eine rasante Fahrerin
rasch; am raschesten
ra|scheln; die Mäuse rascheln; sie raschelten; sie haben im Stroh geraschelt
ra|sen (sehr schnell fahren; wüten, toben); du rast; sie rast; sie raste; sie ist mit ihrem Fahrrad um die Ecke gerast; sie hat vor Wut gerast; rase nicht so!
der **Ra|sen**
ra|send; in rasender Fahrt; die **Ra|se|rei**
der **Ra|sier|ap|pa|rat; ra|sie|ren;** du rasierst; er rasiert; er rasierte; er hat ihn rasiert; rasiere ihn!; sich rasieren; er hat sich gut rasiert; die **Ra|sier|klin|ge**
die **Ras|pel** (ein Werkzeug); die Raspeln; **ras|peln;** du raspelst; sie raspelt; sie hat geraspelt; rasp[e]le die Kanten rund!

die **Ras|se;** die weiße, die gelbe, die schwarze, die rote Rasse
die **Ras|sel** (Knarre, Klapper); die Rasseln; die **Ras|sel|ban|de; ras|seln;** du rasselst; sie rasselt; sie rasselte; sie hat mit der Kette gerasselt; rassele nicht *und* raßle, *neu:* rassle nicht!
ras|sig (von ausgeprägter Art); ein rassiges Pferd; **ras|sisch** (auf die Rasse bezüglich); rassische Merkmale; der **Ras|sis|mus** (ideologische Voreingenommenheit gegen bestimmte Rassen oder Völker)
die **Rast;** ohne Rast und Ruh; **ras|ten**[1]; du rastest; sie rastet; sie rastete; sie hat gerastet; raste!
der **Ras|ter**[1] (enges Liniennetz zum Zerlegen eines Bildes); die Raster; das **Ras|ter**[1] (Gesamtheit der Bildpunkte eines Fernsehbildes; System von gedanklichen Kategorien); die Raster
rast|los; am rastlosesten; die **Rast|stät|te**
der **Rat** (Regierungsrat, Amtsrat); die Räte
der **Rat** (Ratschlag); sich bei jemandem Rat holen; bei jemandem Rat suchen; jemanden um Rat fragen; jemanden zu Rate, *auch:* zurate ziehen; mit sich selbst zu Rate gehen; jemandem mit Rat und Tat zur Seite stehen
die **Ra|te** (Teilzahlungsbetrag); die **Ra|ten|zah|lung**
ra|ten; du rätst; sie rät; sie riet; sie hat ihm dazu geraten; rate ihm dazu!
ra|ten|wei|se
der **Rat|ge|ber;** das **Rat|haus**
die **Ra|ti|on** (zugeteilte Menge); die Rationen; **ra|ti|o|nal** (vernünftig, von der Vernunft bestimmt; begrifflich fassbar); rationale Zahlen (*Mathematik:* ganze Zahlen und Bruchzahlen); **ra|ti|o|na|li|sie|ren** (wirtschaftlicher gestalten, besonders durch Automatisierung und Einsparungen); wir haben das Verfahren rationalisiert; der Betrieb muss rationalisieren; **ra|ti|o|nell** (zweckmäßig, wirtschaftlich); rationelle Methoden; **ra|ti|o|nie|ren;** du rationierst; sie rationierte; man hat das Wasser rationiert
rat|los; er war am ratlosesten; **rat|sam;** der **Rat|schlag**
die **Rat|sche** (Rassel, Klapper); die Ratschen

[1]*Alte Trennung:* ...|st...

das **Rät|sel;** die Rätsel; Rätsel raten; aber: das Rätselraten; **rät|sel|haft**
der **Rats|herr**
die **Rat|te;** der **Rat|ten|fän|ger**
rat|tern; der Wagen rattert; der Wagen hat laut gerattert; der Wagen ist über das holprige Pflaster gerattert
rau, *alte Schreibung:* **rauh;** *vgl. d.;* **rau|bei|nig,** *alte Schreibung:* **rauh|bei|nig;** *vgl. d.;* der **Rau|reif,** *alte Schreibung:* **Rauh|reif;** *vgl. d.*
der **Raub;** der **Raub|bau;** mit der Gesundheit Raubbau treiben; **rau|ben;** du raubst; sie hat geraubt; raube mir nicht die letzte Hoffnung!; der **Räu|ber; räu|be|risch; räu|bern;** sie räubern; sie haben alles geräubert; **raub|gie|rig;** der **Raub|rit|ter;** das **Raub|tier;** der **Raub|über|fall;** der **Raub|vo|gel** (*älter für:* Greifvogel)
der **Rauch; rau|chen;** du rauchst; sie raucht; sie rauchte; sie hat geraucht; rauche nicht so viel!; der **Rau|cher; räu|chern;** du räucherst; sie räuchert; sie räucherte; sie hat die Wurst geräuchert; räuchere sie!; **rau|chig;** die **Rauch|säu|le;** die **Rauch|wol|ke**
die **Rauch|wa|ren** (Pelzwaren) *Plural*
die **Räu|de** (Krätze, Grind); **räu|dig**
rauf (*umgangssprachlich für:* herauf, hinauf)
der **Rauf|bold;** die Raufbolde; **rau|fen;** du raufst; er raufte; er hat mit ihm gerauft; raufe nicht mit ihm!; sich raufen; sie rauft sich die Haare; die **Rau|fe|rei; rauf|lus|tig**[1]
rauh, *neue Schreibung:* **rau;** am rauh[e]sten, *neu:* rau[e]sten; **rauh|bei|nig,** *neue Schreibung:* **rau|bei|nig;** die **Rau|heit;** der **Rauh|reif,** *neue Schreibung:* **Rau|reif**
der **Raum;** der **Raum|an|zug; räu|men;** du räumst; sie räumt; sie räumte; sie hat die Wohnung geräumt; räume die Wohnung!; die **Raum|fäh|re;** die **Raum|fahrt;** der **Raum|in|halt;** die **Raum|kap|sel; räum|lich;** das **Raum|schiff;** die **Raum|sta|ti|on**
rau|nen (dumpf, leise sprechen); du raunst; sie raunt; sie raunte; sie hat mir etwas ins Ohr geraunt; das **Rau|nen**
die **Rau|pe;** der **Rau|pen|schlep|per**
raus (*umgangssprachlich für:* heraus, hinaus)
der **Rausch;** die Räusche; **rau|schen;** das Wasser rauscht; es rauschte; es hat gerauscht; das **Rausch|gift; rausch|gift|süch|tig**
sich **räus|pern;** du räusperst dich; sie räuspert sich; sie räusperte sich; sie hat sich geräuspert; räuspere dich!
die **Rau|te** (Rhombus)
die **Ra̤z|zia** (überraschende Fahndung der Polizei in einem bestimmten Gebäude oder Gebiet); die Razzien [*ra̤zi^e^n*]
das **Re|a|ge̤nz|glas** (zylindrisches Röhrchen für Versuche); **re|a|gie̲|ren** (auf etwas eingehen, eine Wirkung zeigen); du reagierst; sie hat gut reagiert; reagiere schnell!; die **Re|ak|ti|o̲n** (Rückwirkung, Gegenwirkung; Rückschritt); **re|ak|ti|o|nä̲r** (nicht fortschrittlich); der **Re|ak|ti|o|nä̲r**
der **Re|a̤k|tor** (Atombrenner); die Reakto̲ren
re|a̲l (wirklich; dinglich; sachlich); **re|a|li|sie̲|ren** (verwirklichen; erkennen, begreifen); sie hat das Vorhaben realisiert; der **Re|a|li̤s|mus** (wirklichkeitsnahe Einstellung oder Darstellung); die **Re|a|li|tä̲t** (Wirklichkeit; Gegebenheit); das **Re|a|li|ty-TV** [*riä̤liti tiwi̲*] (Fernsehprogramm, das tatsächlich Geschehendes [besonders nach Unglücksfällen] live zeigt oder später nachstellt); des Reality-TV[s]
die **Re|a̲l|schu|le**
die **Re|be**
der **Re|be̤ll** (Aufständischer); des/dem/den Rebellen; die Rebellen; **re|bel|lie̲|ren;** das Volk hat rebelliert; die **Re|bel|li|o̲n; re|be̤l|lisch**
das **Reb|huhn**
die **Reb|laus;** der **Reb|stock**
re|chen (harken); du rechst; sie hat die Wiese gerecht; reche!; der **Re|chen**
die **Re|chen|auf|ga|be;** das **Re|chen|buch**
die **Re|chen|schaft**
der **Re|chen|schie|ber; rech|nen;** du rechnest; sie hat gut gerechnet; rechne alles schriftlich!; die **Rech|nung**
recht; jetzt erst recht; das ist mir durchaus recht; das geschieht ihm recht; das ist recht und billig; ich kann ihm nichts recht machen; ein rechter Winkel. *Groß:* du bist mir der Rechte; er ist an den Rechten gekommen; er will nach dem Rechten sehen; etwas, nichts Rechtes können, wissen; ↑zurecht usw.; das **Recht;** nach Recht und Gewissen; das besteht zu Recht; sie wird

[1] *Alte Trennung:* ...|st...

Recht finden, sprechen; sie ist im Recht; sie hat ein Recht darauf; von Rechts wegen; sie wird recht, *neu:* Recht behalten, bekommen; du musst ihr recht, *neu:* Recht geben; sie hat recht, *neu:* Recht; die **Rech|te** (rechte Hand, rechte Seite); er hält einen Apfel in seiner Rechten; sie sitzt zu meiner Rechten; sie traf ihn mit einer blitzschnellen Rechten; er gehört der äußersten Rechten (der am weitesten rechts stehenden Partei) an; das **Recht|eck; recht|eckig**[1]**; recht|fer|ti|gen;** du brauchst dich nicht zu rechtfertigen; der Erfolg hat den Aufwand gerechtfertigt; **recht|ha|be|risch; recht|mä|ßig; rechts;** rechts von mir; von rechts nach links; nach rechts hin; sie weiß nicht, was rechts und was links ist; rechtsum!; rechts des Rheins

der **Rechts|an|walt**

der **Rechts|au|ßen** (beim Fußball usw.); **rechts|bün|dig** (von einer gedachten senkrechten Linie rechts begrenzt)

recht|schrei|ben; er kann nicht rechtschreiben (er kann die Rechtschreibung nicht); aber: **recht schrei|ben;** er kann nicht recht schreiben (er schreibt unbeholfen); der **Recht|schreib|feh|ler;** die **Rechtschrei|bung**

rechts|he|r|um; du musst rechtsherum drehen; aber: du musst dich nach rechts herumdrehen; die **Rechts|kurve**

rechts|wid|rig

recht|wink|lig *und* **recht|win|ke|lig**

recht|zei|tig

das **Reck** (ein Turngerät); die Recke

der **Re|cke**[1] (Held, Krieger); die Recken

sich **re|cken**[1]; sie reckt sich; sie reckte sich; sie hat sich gereckt; recke dich!

der **Re|cor|der,** *Hauptform:* **Re|kor|der** [*rikårdᵉr,* auch: *rekordᵉr*]; *vgl. d.*

das **Re|cy|c|ling** [*rißaikling*] (Aufbereitung und Wiederverwendung von bereits benutzten Rohstoffen); des Recyclings

der **Re|dak|teur** [*redaktör*] (bei den Medien: jemand, der Texte zusammenstellt, schreibt, bearbeitet); die Redakteure; die **Re|dak|ti|on** (Tätigkeit des Redakteurs; Abteilung, in der Redakteure arbeiten)

die **Re|de;** sie steht Rede und Antwort; ich werde ihn zur Rede stellen; **re|den;** du redest; sie redet; sie hat geredet; sie hat gut reden; sie hat von sich reden gemacht; er brachte sie zum Reden; die **Re|dens|art; red|lich;** der **Red|ner; red|se|lig**

re|du|zie|ren (verringern, einschränken); der Preis wurde stark reduziert

die **Ree|de** (Ankerplatz vor dem Hafen); der **Ree|der** (Eigentümer eines Schiffes); die **Ree|de|rei** (Geschäft eines Reeders)

re|ell (zuverlässig; ehrlich, redlich)

das **Re|fe|rat** (Vortrag, Bericht); die Referate

der **Re|fe|ren|dar** (Anwärter auf die höhere Beamtenlaufbahn); die Referendare

der **Re|fe|rent** (Berichterstatter; Sachbearbeiter); des/dem/den Referenten; die Referenten

ref|fen (Segel durch Einrollen verkleinern); wir haben die Segel gerefft

re|f|lek|tie|ren (zurückstrahlen, widerspiegeln; nachdenken, bedenken; interessiert sein an etwas); der Spiegel reflektiert; er hat die Strahlen reflektiert; sie reflektierte lange über diesen Einwand; reflektierst du immer noch auf mein Fahrrad?; der **Re|f|lex** (Rückstrahlung; das Ansprechen der Muskeln auf einen Reiz); die Reflexe; die **Re|f|lex|be|we|gung;** die **Re|fle|xi|on** (Überlegung, prüfendes Denken); **re|f|le|xiv** (rückbezüglich); ein reflexives Verb; das **Re|f|le|xiv|prono|men** (rückbezügliches Fürwort)

die **Re|form** (Umgestaltung; Neuordnung; Verbesserung); die **Re|for|mati|on** (Umgestaltung im kirchlichen Bereich); der **Re|for|ma|tor;** die Reformatoren; das **Re|form|haus** (Geschäft für besonders gesunde Kost); **re|for|mie|ren;** du reformierst; er hat die Kirche reformiert

der **Re|f|rain** [*rᵉfräng*] (Kehrreim); die Refrains

das **Re|gal** (ein Gestell); die Regale

die **Re|gat|ta** (ein Bootswettkampf); die Regatten

Reg.-Bez. = Regierungsbezirk

re|ge; am regsten

die **Re|gel;** die Regeln; **re|gel|ge|mäß** (der Regel entsprechend); **re|gel|los; re|gel|mä|ßig** (in gleichen Zeitabständen wiederkehrend); **re|geln;** du regelst; sie regelt; sie regelte; sie hat die

[1] *Alte Trennung:* ...k|k...

Angelegenheit geregelt; reg[e]le diese Angelegenheit!; **re|gel|recht;** die **Re|ge|lung** *und* **Reg|lung; re|gel|wid|rig**

sich **re|gen;** du regst dich; sie regt sich; sie regte sich; sie hat sich geregt; rege dich endlich einmal!

der **Re|gen;** der **Re|gen|bo|gen;** die Regenbogen

re|ge|ne|rie|ren (erneuern, wiederherstellen); sich regenerieren

der **Re|gen|schirm**

der **Re|gent** (Herrscher; Staatsoberhaupt); des/dem/den Regenten; die Regenten

der **Re|gen|wald;** der tropische Regenwald; der **Re|gen|wurm;** die **Re|gen|zeit**

der **Reg|gae** [*räge*[i]] (auf Jamaika entstandene Stilrichtung der Popmusik); des Reggae[s]

die **Re|gie** [*reschi*] (Spielleitung beim Theater, Film oder Fernsehen)

re|gie|ren; du regierst; sie regierte; sie hat lange regiert; die **Re|gie|rung;** der **Re|gie|rungs|be|zirk**

das **Re|gime** [*reschim*] (Regierung; Herrschaft); die Regime [*reschim*[e]]

das **Re|gi|ment** (Leitung, Herrschaft); die Regimente; sie führt das Regiment im Haus; das **Re|gi|ment** (eine Truppeneinheit); die Regimenter

die **Re|gi|on** (Gebiet, Gegend); **re|gi|o|nal;** die **Re|gi|o|nal|li|ga** *(Sport)*

der **Re|gis|seur** [*reschißör*] (Spielleiter beim Theater, Film oder Fernsehen); die Regisseure

das **Re|gis|ter**[1] (ein Verzeichnis; bei der Orgel: Gruppe von Pfeifen, die Töne einer bestimmten Klangfarbe erzeugen); **re|gi|s|t|rie|ren;** du registrierst; sie registriert; sie registrierte; sie hat die Namen registriert; registriere alle Namen!

reg|los

reg|nen; es regnet; es regnete; es hat geregnet; **reg|ne|risch**

re|gu|lär (vorschriftsmäßig, üblich); **re|gu|lie|ren** (regeln, einstellen)

die **Re|gung; re|gungs|los**

das **Reh**

die **Re|ha|bi|li|ta|ti|on** (Wiederherstellung des sozialen Ansehens; Wiedereingliederung in die Gesellschaft)

der **Reh|bock**

die **Rei|be;** das **Reib|ei|sen; rei|ben;** du reibst; er reibt; er rieb; er hat die Möhren gerieben; reibe die Möhren!; etwas blank reiben; die **Rei|bung; rei|bungs|los;** am reibungslosesten

reich; arm und reich, *neu:* Arm und Reich (*veraltet für:* jedermann); der Arme und der Reiche; **reich|ge|schmückt,** *neue Schreibung:* **reich ge|schmückt;** der reichgeschmückte, *neu:* reich geschmückte Altar; der Altar ist reich geschmückt

das **Reich;** die Reiche; das Reich Gottes

rei|chen; du reichst; sie hat mir die Schüssel gereicht; reiche mir den Salat!

reich|hal|tig; reich|lich; der **Reich|tum;** die Reichtümer

die **Reich|wei|te**

reif

der **Reif** (gefrorener Tau)

der **Reif** (Ring; Spielzeug); die Reife

rei|fen; das Obst reift; das Obst reifte; das Obst ist gereift

rei|fen (Reif ansetzen); es reift; es reifte; es hat gereift

der **Rei|fen;** die **Rei|fen|pan|ne**

die **Rei|fe|prü|fung;** das **Rei|fe|zeug|nis**

reif|lich; ich muss mir die Sache reiflich überlegen

der **Rei|gen** (Tanz)

die **Rei|he;** etwas ist in der Reihe, außer der Reihe; an der Reihe sein; an die Reihe kommen; in Reih und Glied stehen; **rei|hen** (in einer Reihe ordnen); sie hat die Perlen auf eine Schnur gereiht; **rei|hen** (mit großen Stichen provisorisch heften); sie reihte *und (landschaftlich und in der Fachsprache)* sie rieh; sie hat den Saum gereiht *und* geriehen; die **Rei|hen|fol|ge; rei|hen|wei|se**

der **Rei|her** (ein Storchvogel)

der **Reim;** die Reime; **rei|men;** du reimst; sie reimte; sie hat gereimt; reime etwas!; sich reimen; der Text reimt sich

rein; etwas rein halten, rein machen; aber: das große Rein[e]machen; etwas ins reine, *neu:* Reine bringen; etwas ins reine, *neu:* Reine schreiben; etwas kommt ins reine, *neu:* Reine; mit jemandem ins reine, *neu:* Reine kommen; im reinen, *neu:* Reinen sein; **rein|gol|den,** *auch:* **rein gol|den;** ein reingoldener, *auch:* rein goldener Ring; der Ring ist rein golden, *auch:* reingolden; **rein|lei|nen,** *auch:* **rein lei|nen;** der Stoff ist reinleinen, *auch:* rein leinen; **rein|sei|den,** *auch:* **rein sei|den;**

[1] *Alte Trennung:* ...|st...

rein|sil|bern, *auch:* **rein sil|bern;** ein reinsilberner, *auch:* rein silberner Ring; der Ring ist rein silbern, *auch:* reinsilbern; **rein|wol|len,** *auch:* **rein wollen**

rein (*umgangssprachlich für:* herein, hinein)

Rei|ne|ke Fuchs (Name des Fuchses in der Tierfabel)

der **Rein|fall; rein|fal|len** (*umgangssprachlich für:* hereinfallen); reinzufallen

die **Rein|heit; rei|ni|gen;** du reinigst; er reinigte; er hat das Kleid gereinigt; reinige es!; die **Rei|ni|gung; rein|lich;** die **Rein|schrift; rein|wa|schen,** *neue Schreibung:* **rein wa|schen;** reinzuwaschen, *neu:* rein zu waschen

das **Reis** (ein Zweiglein); die Reiser

der **Reis** (ein Getreide); der **Reis|brei**

die **Rei|se;** das **Rei|se|bü|ro; rei|se|fer|tig; rei|se|lus|tig**[1]; **rei|sen;** du reist; sie reist; sie reiste; sie ist nach Italien gereist; reise mit der Bahn!; der **Rei|sen|de;** ein Reisender; die Reisenden; zwei Reisende; die **Rei|sen|de;** eine Reisende; der **Rei|se|paß,** *neue Schreibung:* **Rei|se|pass;** die Reisepässe

das **Rei|sig;** der **Rei|sig|be|sen;** das **Rei|sig|bün|del;** die Reisigbündel

Reiß|aus neh|men

das **Reiß|brett; rei|ßen;** du reißt; sie reißt; sie riß, *neu:* riss; sie hat es in Stücke gerissen; reiße dir nicht die Finger blutig!; **rei|ßend;** der reißende Strom; reißende Schmerzen; der **Rei|ßer** (*umgangssprachlich für:* spannender Kriminalfilm oder -roman); der **Reiß|na|gel;** der **Reiß|ver|schluß,** *neue Schreibung:* **Reiß|ver|schluss;** des Reißverschlusses; die Reißverschlüsse; die **Reiß|zwe|cke**[2]

rei|ten; du reitest; sie reitet; sie ritt; sie ist über die Wiesen geritten; sie hat dieses Pferd sehr gerne geritten; reite vorsichtig!; der **Rei|ter;** das **Reit|pferd**

der **Reiz; reiz|bar; rei|zen;** du reizt sie; er reizt sie; er hat sie gereizt; reize sie nicht!; **rei|zend; reiz|los; reiz|voll**

sich **re|keln** *und* sich **rä|keln** (sich mit Behagen dehnen und strecken); ich rek[e]le mich *und* ich räk[e]le mich; sie hat sich gerekelt *und* sie hat sich geräkelt

[1] *Alte Trennung:* ...|st...

[2] *Alte Trennung:* ...k|k...

die **Re|k|la|ma|ti|on** (Beanstandung); die **Re|k|la|me** (Werbung); **re|k|la|mie|ren** (beanstanden); du reklamierst; sie hat den Schaden reklamiert; reklamiere ihn!

re|kon|s|t|ru|ie|ren (in seiner ursprünglichen Form erschließen und darstellen oder wiederherstellen); sie hat den antiken Tempel rekonstruiert; einen Unfall rekonstruieren; die **Re|kon|s|t|ruk|ti|on** (Wiederherstellung, Nachbildung)

der **Re|kord** (Bestleistung); die Rekorde; der **Re|kor|der,** *Nebenform:* **Re|cor|der** [*rekordᵉr;* auch: *rikå'dᵉr*] (Gerät zur Aufzeichnung und Wiedergabe von Tonaufnahmen); des Rekorders, *auch:* Recorders; die Rekorder, *auch:* Recorder

der **Re|k|rut** (Soldat in der ersten Ausbildungszeit); des/dem/den Rekruten; die Rekruten

der **Rek|tor;** die Rektoren; die **Rek|to|rin;** die Rektorinnen

das **Re|lais** [*rᵉlä*] (elektrische Schalteinrichtung); des Relais [*rᵉlä(ß)*]; die Relais [*rᵉläß*]

re|la|tiv (bezüglich; verhältnismäßig; vergleichsweise); sie ist relativ reich; das **Re|la|tiv|pro|no|men** (bezügliches Fürwort); der **Re|la|tiv|satz** (Gliedsatz mit Relativpronomen)

re|le|vant (bedeutsam, wichtig)

das **Re|li|ef** [*reliäf*] (über eine Fläche hervortretendes Bildwerk); die Reliefs *und* die Reliefe

die **Re|li|gi|on;** der **Re|li|gi|ons|un|ter|richt; re|li|gi|ös;** am religiösesten; die **Re|li|gi|o|si|tät**

die **Re|ling** (Schiffsgeländer); die Relings

die **Re|li|quie** [*relikwiᵉ*] (Überrest, Gegenstand von Heiligen; kostbares Andenken); die Reliquien [*relikwiᵉn*]; der **Re|li|qui|en|schrein**

re|mis [*rᵉmi*] (unentschieden); das **Remis** (unentschiedenes Spiel); des Remis [*rᵉmi(ß)*]; die Remis [*rᵉmiß*] *und* die Remisen

die **Re|mou|la|de** [*remuladᵉ*] (Kräutermajonäse); die Remouladen

die **Rem|pe|lei; rem|peln;** du rempelst; sie rempelte; sie hat gerempelt

das **Ren** (eine Hirschart); die Rens *und* das **Ren;** die Rene

die **Re|nais|sance** [*rᵉnäßangß*] (Wiedergeburt; Erneuerung)

das **Ren|dez|vous** [*rangdewu*] (Verabredung, Begegnung); des Rendezvous [*rangdewu(ß)*]; die Rendezvous [*rangdewuß*]

die **Renn|bahn; ren|nen;** du rennst; sie rannte; sie ist gerannt; renne!; das **Ren|nen;** der **Renn|fah|rer;** das **Renn|rad;** der **Renn|wa|gen**

re|nom|mie|ren (prahlen); du renommierst; er hat renommiert; renommiere nicht damit!

re|no|vie|ren (erneuern, instand setzen); du renovierst; sie renoviert; sie renovierte; sie hat ihr Haus renoviert; renoviere das Haus!; die **Re|no|vie|rung**

ren|ta|bel (zinstragend; einträglich); ein rentables Geschäft

die **Ren|te;** sich **ren|tie|ren** (sich lohnen); es rentiert sich; es hat sich rentiert; der **Rent|ner**

die **Re|pa|ra|tur; re|pa|ra|tur|be|dürf|tig;** die **Re|pa|ra|tur|werk|statt; re|pa|rie|ren;** du reparierst; er hat das Auto repariert; repariere das Auto!

das **Re|per|toire** [*repärtoar*] (Vorrat einstudierter Bühnenrollen, Kompositionen); des Repertoires; die Repertoires

der **Re|port** (Bericht); die Reporte; die **Re|por|ta|ge** [*reportasch*[e]] (Berichterstattung über ein aktuelles Ereignis); die Reportagen; der **Re|por|ter** (Berichterstatter)

der **Re|p|rä|sen|tant** (Vertreter, Abgeordneter); des/dem/den Repräsentanten; die Repräsentanten; die **Re|p|rä|sen|ta|ti|on** (standesgemäßes Auftreten; gesellschaftlicher Aufwand); **re|p|rä|sen|ta|tiv; re|p|rä|sen|tie|ren** (vertreten; standesgemäß auftreten); du repräsentierst; sie repräsentierte; sie hat repräsentiert

die **Re|p|res|sa|lie** [*repräßali*[e]] (Druckmittel, Vergeltungsmaßnahme)

die **Re|p|ro|duk|ti|on** (Wiedergabe, Nachbildung; Vervielfältigung; Fortpflanzung); **re|p|ro|du|zie|ren;** die Bilder sind reproduziert worden

das **Rep|til** (Kriechtier); die Reptilien [*...i*[e]*n*]

die **Re|pu|b|lik;** die Republiken; der **Re|pu|b|li|ka|ner; re|pu|b|li|ka|nisch**

das **Re|qui|em** [*requiäm*] (Totenmesse); die Requiems

das **Re|qui|sit** (Zubehör, besonders bei Bühne und Film); des Requisit[e]s; die Requisiten

das **Re|ser|vat** [*...w...*] (Ureinwohnern zugewiesenes und vorbehaltenes Gebiet; eingegrenztes Gebiet zum Schutz bestimmter Tierarten); die Reservate; die **Re|ser|ve** (Vorrat; Ersatz, Ersatzmannschaft; Zurückhaltung); sie hat etwas in Reserve; **re|ser|vie|ren** (aufbewahren; vormerken); du reservierst; sie hat Plätze reserviert; reserviere mir einen Platz!; der **Re|ser|vist** (Soldat der Reserve); des/dem/den Reservisten; die Reservisten; das **Re|ser|voir** [*resärwoar*] (Sammelbecken; Reservebestand); die Reservoire

die **Re|si|denz** (Wohnsitz des Staatsoberhauptes, des Fürsten oder des Bischofs); die Residenzen; **re|si|die|ren;** du residierst; sie hat in Berlin residiert

die **Re|si|g|na|ti|on** (Verzicht; Schicksalsergebenheit); **re|si|g|nie|ren;** sie hat längst resigniert

re|so|lut (entschlossen, tatkräftig); am resolutesten; eine resolute Person; die **Re|so|lu|ti|on** (von einer Versammlung beschlossene öffentliche Erklärung, die bestimmte Forderungen enthält)

die **Re|so|nanz** (das Mitschwingen, Mittönen; Widerhall, Zustimmung)

der **Re|s|pekt** (Rücksicht, Achtung); **re|s|pek|tie|ren;** du respektierst sie; er hat sie respektiert; respektiere ihn!

das **Res|sort** [*räßor*] (Amtsbereich); des Ressorts [*räßorß*]; die Ressorts [*räßorß*]

der **Rest;** die Reste

das **Res|tau|rant**[1] [*räßtorang*] (Gaststätte); die Restaurants; die **Res|tau|ra|ti|on**[1] (Wiederherstellung); **res|tau|rie|ren**[1] (wiederherstellen); du restaurierst; er hat das Bild restauriert; restaurier[e] es!

rest|lich; rest|los

das **Re|sul|tat** (Ergebnis); die Resultate

das **Re|sü|mee** (Zusammenfassung); des Resümees; die Resümees

die **Re|tor|te** (ein Laborgefäß)

ret|ten; du rettest; sie rettet; sie rettete; sie hat ihn gerettet; rette ihn!; sich retten; rette sich, wer kann!; der **Ret|ter;** die **Ret|tung;** das **Ret|tungs|boot;** der **Ret|tungs|ring**

der **Ret|tich**

die **Reue; reu|en;** es reut ihn; es hat ihn gereut; **reu|e|voll; reu|mü|tig**

die **Reu|se** (ein Korb zum Fischfang)

die **Re|van|che** [*rewangsch*[e]] (Vergeltung,

---

[1] *Alte Trennung:* ...|st...

Rache); die Revanchen; sich **re|van|chie|ren** [*rewangschir^e n*] (sich rächen; sich erkenntlich zeigen); du revanchierst dich; sie hat sich revanchiert; revanchier[e] dich dafür!

das *und* der **Re|vers** [*rewär*] (Aufschlag an Mantel oder Jacke); des Revers [*rewär(ß)*]; die Revers [*rewärß*]

re|vi|die|ren [...*w*...] (durchsehen, überprüfen; korrigieren); du revidierst; sie revidiert; sie revidierte; sie hat das Gepäck revidiert; revidier[e] bitte dein Urteil!; die **Re|vi|si|on** (Nachprüfung; Änderung)

das **Re|vier** [*rewir*] (Bezirk, Gebiet); die Reviere; der **Re|vier|förs|ter**[1]

die **Re|vol|te** [...*w*...] (Empörung, Aufruhr); die **Re|vo|lu|ti|on** (Umsturz); **re|vo|lu|ti|o|när;** der **Re|vo|lu|ti|o|när**

der **Re|vol|ver** [*rewolw^e r*]

die **Re|vue** [*rewü*] (Zeitschrift; musikalisches Bühnenstück); die Revuen [*rewüen*]; jemanden Revue passieren lassen (vor seinem inneren Auge vorbeiziehen lassen)

Reyk|ja|vik [*rä^i kjawik*, auch: *ráikjawik*] (Hauptstadt von Island)

das **Re|zept** (ärztliche Verordnung; Kochvorschrift); die Rezepte

die **Re|zep|ti|on** (das Erfassen, Aufnehmen und Übernehmen; Empfangsbüro in einem Hotel)

die **Re|zes|si|on** (Verminderung des wirtschaftlichen Wachstums)

re|zi|tie|ren (Dichtung künstlerisch vortragen); er hat Gedichte rezitiert

der **Rha|bar|ber**

der **Rhein;** der **Rhein|fall** (bei Schaffhausen, Schweiz); **rhei|nisch;** die rheinische Tiefebene; das Rheinische Schiefergebirge; das Rheinisch-Westfälische Industriegebiet; das **Rhein|land;** der **Rhein|län|der; Rhein|land-Pfalz; rhein|land-pfäl|zisch**

die **Rhe|to|rik** (Redekunst); **rhe|to|risch**

das **Rheu|ma** (*kurz für:* Rheumatismus); **rheu|ma|tisch;** der **Rheu|ma|tis|mus** (eine schmerzhafte Erkrankung der Gelenke, Muskeln, Nerven und Sehnen); des Rheumatismus; die Rheumatismen

das **Rhi|no|ze|ros** (Nashorn); des Rhinozeros *und* des Rhinozerosses; die Rhinozerosse

[1]*Alte Trennung:* ...|st...

Rho|dos (Insel im Mittelmeer)

das **Rhom|bo|id** (Parallelogramm mit paarweise ungleichen Seiten); die Rhomboide; der **Rhom|bus** (gleichseitiges Parallelogramm, Raute); des Rhombus; die Rhomben

die **Rho|ne** (französischer Fluss)

rhyth|misch (den Rhythmus betreffend, gleichmäßig, taktmäßig); der **Rhyth|mus** (geregelter Wechsel; Zeit-, Ebenmaß; taktmäßige Gliederung); des Rhythmus; die Rhythmen

Ri|ad (Hauptstadt von Saudi-Arabien)

rich|ten; du richtest; er richtet; er richtete; er hat die Antenne gerichtet; richt[e] die Antenne!; sich nach etwas richten; er hat sich nach euch zu richten!; der **Rich|ter;** das **Richt|fest; rich|tig;** etwas richtig schreiben, machen; es ist das richtige, *neu:* Richtige (richtig)[,] zu gehen; das ist genau das richtige, *neu:* Richtige für mich; wir halten es für das richtige, *neu:* Richtige, dass du gehst; er hat das Richtige getroffen; du bist mir der Richtige; die **Rich|tig|keit;** damit hat es seine Richtigkeit (das ist richtig, das soll so sein); **rich|tig|stel|len,** *neue Schreibung:* **rich|tig stel|len** (berichtigen); er stellt richtig; er hat den Irrtum richtiggestellt, *neu:* richtig gestellt; **rich|tig stel|len;** er hat den Schrank richtig gestellt (an den richtigen Platz); die **Richt|li|nie;** die **Rich|tung**

die **Ri|cke**[1] (weibliches Reh)

rie|chen; du riechst; er riecht; er roch; er hat das Gas gerochen; riech[e] mal!

das **Ried** (Schilf, Röhricht)

die **Rie|ge**

der **Rie|gel;** die Riegel

der **Rie|men**

der **Rie|se; rie|sen|groß; rie|sig**

rie|seln; der Kalk rieselt; der Kalk ist von den Wänden gerieselt

der **Ries|ling** (eine Rebsorte)

das **Riff** (Felsenklippe; Sandbank); die Riffe

ri|go|ros (streng, rücksichtslos); rigoroseste Maßnahmen

die **Ril|le**

das **Rind;** die Rinder

die **Rin|de**

das **Rind|fleisch;** das **Rind|vieh**

der **Ring;** das **Ring|buch;** der **Ring|fin|ger**

[1]*Alte Trennung:* ...k|k...

rin|geln; die Katze ringelt den Schwanz; die Katze hat den Schwanz geringelt; sich ringeln; die Schlange ringelte sich am Boden; die **Rin|gelnat|ter**

rin|gen; du ringst; sie ringt; sie rang; sie hat um ihr Leben gerungen; ring[e] mit ihm!; das **Rin|gen;** der **Rin|ger;** der **Ring|kampf;** der **Ring|rich|ter** (beim Boxen)

rings; rings|he|r|um; rings|um

die **Rin|ne; rin|nen;** das Blut rinnt; das Blut rann; das Blut ist aus der Wunde geronnen; das **Rinn|sal;** die Rinnsale; der **Rinn|stein**

Rio de Ja|nei|ro [*rio de schanero*] (Stadt in Brasilien)

der **Rio de la Pla|ta** (Fluss in Südamerika)

die **Rip|pe;** der **Rip|pen|bruch**

das **Ri|si|ko** (Wagnis); die Risiken *und* die Risikos; **ris|kant** (gefährlich, gewagt); am riskantesten; **ris|kie|ren;** er riskiert es; er hat es riskiert; riskier[e] es!

die **Ris|pe** (ein Blütenstand)

der **Riß,** *neue Schreibung:* **Riss;** des Risses; die Risse; **ris|sig**

der **Rist** (Fußrücken, Spann; *Turnen:* Handrücken); die Riste

der **Ritt;** die Ritte; der **Rit|ter;** die **Rit|terburg; rit|ter|lich;** der **Rit|ter|or|den; ritt|lings**

das **Ri|tu|al** (religiöser Brauch; Brauch, Zeremoniell); des Rituals; die Rituale

der **Ritz;** die Ritze; die **Rit|ze;** die Ritzen; **rit|zen;** du ritzt; er ritzt; er hat seinen Namen in das Holz geritzt; sich ritzen; ich habe mich an dem Nagel geritzt

der **Ri|va|le** [...*w*...] (Nebenbuhler, Mitbewerber); des/dem/den Rivalen; die Rivalen; die **Ri|va|lin;** die Rivalinnen; **riva|li|sie|ren** (um den Vorrang kämpfen); sie haben rivalisiert

die **Ri|vi|e|ra** [*riwiera*] (Küstengebiet am Mittelmeer)

das **Ri|zi|nus|öl**

das **Roast|beef** [*roßtbif*] (Rostbraten); die Roastbeefs

die **Rob|be** (ein Seesäugetier); **rob|ben** (wie eine Robbe kriechen); er robbt; er robbte; er ist durch das Gras gerobbt; robb[e] durch das Gras!

die **Ro|be** (Amtstracht für Richter, Anwälte, Professoren und Geistliche)

der **Ro|bo|ter** (elektronisch gesteuerter Automat)

ro|bust (stämmig; unempfindlich); am robustesten; die **Ro|bust|heit**

rö|cheln; du röchelst; er hat geröchelt

der **Ro|chen** (ein Seefisch); des Rochens; die Rochen

der **Rock;** die Röcke

der **Rock** (*kurz für:* Rockmusik); der **Rocker**[1] (Angehöriger einer [jugendlichen] Motorradbande); die Rocker; die **Ro|cker|ban|de**[1]**;** die **Rock|mu|sik** (laute, stark rhythmische Unterhaltungsmusik)

die **Ro|del|bahn; ro|deln;** du rodelst; sie hat den ganzen Nachmittag gerodelt; sie ist über den Abhang gerodelt; rod[e]le mit uns!; der **Ro|del|schlitten**

ro|den; du rodest; er rodet; er rodete; er hat das Waldstück gerodet; rode dieses Waldstück!; die **Ro|dung**

der **Ro|gen** (die Fischeier)

der **Rog|gen;** das **Rog|gen|brot**

roh; ein roh behauener Stein; ein roh bearbeiteter Stein; aber: ein rohseidenes Kleid; der **Roh|bau;** die Rohbauten; die **Ro|heit,** *neue Schreibung:* **Roh|heit;** die **Roh|kost;** der **Rohling;** das **Roh|öl**

das **Rohr;** die Rohre; die **Röh|re;** die Röhren; das **Röh|richt** (Schilfdickicht)

röh|ren (*vom Hirsch:* brüllen)

der **Rohr|zu|cker**[1]

der **Roh|stoff;** die Rohstoffe

das **Ro|ko|ko** (ein Kunststil)

der **Rolla|den**[2], *neue Schreibung:* **Roll|laden,** *auch möglich:* **Roll-La|den;** die Rolläden, *neu:* Rollläden, *auch:* Roll-Läden *und* die Rolladen, *neu:* Rollladen, *auch:* Roll-Laden; die **Roll|bahn** (Start-und-Lande-Bahn); die **Rol|le; rol|len;** du rollst; er rollt; er rollte; er hat das Fass in den Keller gerollt; roll[e] das Fass in den Keller!; der **Rol|ler;** der **Roll|kra|gen|pul|l|o|ver;** der **Roll|mops;** das **Rol|lo** (Rouleau); des Rollos; die Rollos; der **Roll|schuh;** Rollschuh laufen; der **Roll|stuhl;** die Rollstühle; die **Roll|trep|pe**

Rom (Hauptstadt von Italien)

der **Ro|man** (eine längere Prosaerzählung); **ro|man|haft**

der **Ro|ma|ne** (Angehöriger eines Volkes mit romanischer Sprache); die Romanen; **ro|ma|nisch;** der romanische Stil (ein Kunststil)

die **Ro|man|tik** (Kunst- und Literatur-

[1] *Alte Trennung:* ...k|k...
[2] *Trennung:* ...ll|l...

richtung von etwa 1800 bis 1830); **ro|man|tisch** (die Romantik betreffend; abenteuerlich; träumerisch)
der **Rö|mer; rö|misch; röm.-kath.** = römisch-katholisch
das **Rom|mé,** *Hauptform:* **Rom|mee** [*rome,* auch: *rome*] (ein Kartenspiel); des Rommés, *auch:* Rommees; die Rommés, *auch:* Rommees
rönt|gen [*röntgen*] (mit Röntgenstrahlen durchleuchten); du röntgst; er röntgt; er röntgte; er hat ihn geröntgt; röntge ihn!; die **Rönt|gen|auf|nah|me;** die **Rönt|gen|strah|len** *Plural;* die **Rönt|gen|un|ter|su|chung**
ro|sa; die rosa Kleider; ↑blau; **ro|sa|far|ben** *und* **ro|sa|far|big; ro|sa|rot**
die **Ro|se; ro|sé** [*rose*] (zartrosa); der **Ro|sen|kranz;** die **Ro|set|te** (Verzierung in Rosenform); **ro|sig;** das **Rös|lein**
die **Ro|si|ne**
das **Roß,** *neue Schreibung:* **Ross;** des Rosses; die Rosse; die **Roß|brei|ten,** *neue Schreibung:* **Ross|brei|ten** (subtropische Zone mit schwachen Winden) *Plural*
der **Rost** (ein Gitter); die Roste
der **Rost** (Zersetzungsschicht auf Eisen); **ros|ten**[1]; das Blech rostet; das Blech rostete; das Blech hat gerostet
rös|ten[1]; du röstest; er röstet; er röstete; er hat das Brot geröstet; röste das Brot!; die **Rös|te|rei**[1]
rost|far|ben; rost|frei; rostfreier Stahl; **ros|tig**[1]
rot; röter; am rötesten; rote Grütze; rote Rüben; er wirkt auf sie wie ein rotes Tuch; er hat keinen roten Heller; die rote, *neu:* Rote Bete; das Rote Meer; das Rote Kreuz; die Rote Armee; das **Rot** (die rote Farbe); bei Rot ist das Überqueren der Straße verboten; die Ampel steht auf Rot; ↑Blau
die **Ro|ta|ti|on** (Drehung um eine Achse)
rot|ba|ckig[2] *und* **rot|bä|ckig**[2]; die **Rö|te;** die Röte stieg ihr ins Gesicht; die **Rö|teln** (eine Infektionskrankheit) *Plural;* **rö|ten;** die Haut hat sich gerötet; **rot|grün**
ro|tie|ren (sich drehen); die Scheibe rotiert; die Scheibe hat rotiert
das **Rot|käpp|chen;** das **Rot|kehl|chen** (ein Singvogel); **röt|lich;** der **Rotwein**

[1] *Alte Trennung:* ...|st...
[2] *Alte Trennung:* ...k|k...

die **Rot|te** (eine Bande)
der **Rotz** (*derb für:* Nasenschleim); des Rotzes; die **Rotz|na|se** (triefende Nase; freches, naseweises Kind)
die **Rou|la|de** [*rulade*] (gerollte und gebratene Fleischscheibe)
das **Rou|leau** [*rulo*] (aufrollbarer Vorhang); des Rouleaus; die Rouleaus; ↑Rollo
das **Rou|lett** [*rulät*]; die Roulette *und* die Rouletts *oder* das **Rou|lette** [*rulät*]; die Roulettes [*ruläts*] (ein Glücksspiel)
die **Rou|te** [*rute*] (Wegstrecke, Reiseweg)
die **Rou|ti|ne** [*rutine*] (Übung)
der **Row|dy** [*raudi*] (Raufbold); die Rowdys
Ru|an|da (Staat in Zentralafrika); der **Ru|an|der; ru|an|disch**
rub|beln (kräftig reiben); ich rubb[e]le; er hat gerubbelt
die **Rü|be**
rü|ber (*umgangssprachlich für:* herüber, hinüber)
Rü|be|zahl (ein schlesischer Berggeist)
der **Ru|bin** (ein Edelstein); die Rubine
die **Ru|b|rik** (Spalte für sachlich Zusammengehörendes); die Rubriken
ruch|bar; das Verbrechen wurde ruchbar (durch ein Gerücht bekannt)
ruch|los (niedrig, gemein); am ruchlosesten; eine ruchlose Tat
ruck!; hau ruck!; der **Ruck;** die Rucke; **ruck|ar|tig**
rück|be|züg|lich; rückbezügliches Fürwort (Reflexivpronomen); der **Rück|blick**
rü|cken[1]; du rückst; sie rückt; sie rückte; sie ist gerückt; sie hat den Schrank gerückt; rücke noch ein wenig!
der **Rü|cken**[1]; das **Rü|cken|mark**[1] (Nervenstrang in der Wirbelsäule); das **Rü|cken|schwim|men**[1]; der **Rü|cken|wind**[1]
die **Rück|fahr|kar|te;** die **Rück|fahrt**
rück|fäl|lig (erneut auftretend; erneut straffällig)
das **Rück|grat;** die Rückgrate
die **Rück|hand** (beim Tennis usw.)
die **Rück|kehr**
das **Rück|licht**
rück|lings
der **Ruck|sack**
die **Rück|seite**

[1] *Alte Trennung:* ...k|k...

die **Rück|sicht;** Rücksicht nehmen auf jemanden oder etwas; mit Rücksicht auf seinen Vater; die **Rück|sicht|nah|me; rück|sichts|los;** am rücksichtslosesten; die **Rück|sichts|lo|sig|keit; rück|sichts|voll;** er ist ihr gegenüber rücksichtsvoll *oder* er ist gegen sie rücksichtsvoll

der **Rück|sitz;** der **Rück|spie|gel**

der **Rück|stand;** in Rückstand sein; **rück|stän|dig;** die **Rück|stän|dig|keit**

der **Rück|stoß**

der **Rück|strah|ler**

der **Rück|tritt**

rück|wärts; rückwärts gehen, fahren; sie ist rückwärts gegangen; **rück|wärts|ge|hen,** *neue Schreibung:* **rück|wärts ge|hen** (sich verschlechtern); mit dem Umsatz ist es immer mehr rückwärtsgegangen, *neu:* rückwärts gegangen; der **Rück|wärts|gang** (beim Auto)

der **Rück|weg**

ruck, zuck!

der **Rück|zug**

der **Rü|de** (männlicher Hund, Hetzhund); des Rüden; die Rüden

das **Ru|del;** die Rudel; **ru|del|wei|se**

das **Ru|der;** ans Ruder kommen (in eine leitende Stellung kommen); das **Ru|der|boot;** der **Ru|de|rer; ru|dern;** du ruderst; sie hat drei Stunden gerudert; sie ist über den See gerudert; rudere an das andere Ufer!

der **Ruf;** die Rufe; **ru|fen;** du rufst ihn; sie ruft ihn; sie rief ihn; sie hat den Arzt gerufen; rufe ihn!

der **Rüf|fel** (Verweis); die Rüffel

der **Ruf|na|me**

das **Rug|by** [*ragbi*] (ein Ballspiel)

die **Rü|ge; rü|gen;** du rügst ihn; sie hat ihn gerügt; rüge ihn!

Rü|gen (Insel in der Ostsee)

die **Ru|he;** sich zur Ruhe setzen; **ru|hen;** du ruhst; sie ruht; sie ruhte; sie hat zwei Stunden geruht; ruhe ein wenig!; **ru|hen|las|sen,** *neue Schreibung:* **ru|hen las|sen** (vorläufig nicht bearbeiten); sie hat diesen Fall zunächst einmal ruhenlassen, *neu:* ruhen lassen; **ru|hen las|sen** (ausruhen lassen); sie wird uns nicht länger ruhen lassen; die **Ru|he|pau|se;** der **Ru|he|stand;** die **Ru|he|stö|rung; ru|hig;** es wird ruhig bleiben

der **Ruhm; rüh|men;** du rühmst ihn; sie hat ihn wegen seines Fleißes gerühmt; rühme dich nicht selbst!; **rühm|lich; ruhm|los;** am ruhmlosesten

die **Ruhr** (eine Infektionskrankheit)

die **Ruhr** (deutscher Fluss); das **Ruhr|ge|biet**

das **Rühr|ei; rüh|ren;** du rührst; er rührt; er rührte; er hat den Teig gerührt; rühre den Teig!; ihr Brief hat mich gerührt (innerlich bewegt); sich rühren; **rüh|rend; rüh|rig;** die **Rüh|rung**

der **Ru|in** (Zusammenbruch, Untergang; Verlust); die **Ru|i|ne** (zerfallenes Bauwerk); **ru|i|nie|ren** (zerstören, zugrunde richten); du ruinierst ihn; er hat ihn ruiniert; ruiniere ihn nicht!; sich ruinieren; du wirst dich damit ruinieren

rülp|sen; du rülpst; sie hat gerülpst

rum (*umgangssprachlich für:* herum)

der **Rum** (Branntwein aus Zuckerrohr); die Rums

der **Ru|mä|ne; Ru|mä|ni|en** [*rumäni^e^n*]; **ru|mä|nisch**

der **Rum|mel;** der **Rum|mel|platz**

ru|mo|ren; es rumort; es rumorte; es hat in der Kammer rumort

die **Rum|pel|kam|mer; rum|peln;** es rumpelt; es rumpelte; es hat gerumpelt; das **Rum|pel|stilz|chen** (eine Märchengestalt)

der **Rumpf;** die Rümpfe

rümp|fen; du rümpfst die Nase; sie rümpft die Nase; sie hat die Nase gerümpft; rümpfe nicht gleich die Nase!

das **Rump|steak** [*rumpßtek*] (gebratene Scheibe Rindfleisch); die Rumpsteaks

der **Run** [*ran*] (Ansturm [auf die Kasse]); die Runs

rund; runder; am rundesten; rund um die Welt; ein Gespräch am runden Tisch; die **Run|de;** die Runde machen; **run|den;** sie hat die Zahl gerundet; der **Rund|funk;** das **Rund|funk|ge|rät;** der **Rund|funk|sen|der;** der **Rund|gang; rund|ge|hen** (herumgehen); es geht rund (*umgangssprachlich für:* es ist viel zu tun, man kommt nicht zur Ruhe); **rund|he|r|aus;** etwas rundheraus sagen; **rund|he|r|um; rund|lich; rund|um**

die **Ru|ne** (germanisches Schriftzeichen); das **Ru|nen|al|pha|bet**

die **Run|kel|rü|be**

run|ter (*umgangssprachlich für:* herunter, hinunter)

die **Run|zel;** die Runzeln; **run|ze|lig** *und* **runz|lig; run|zeln;** du runzelst die Stirn; sie runzelt die Stirn; sie hat die

Stirn gerunzelt; runzle nicht immer die Stirn!

der **Rü|pel;** die Rüpel; **rü|pel|haft**

rup|fen; du rupfst; er rupft; er hat das Huhn gerupft; rupfe das Huhn!

rup|pig

die **Rü|sche** (ein gefalteter Besatz)

die **Rush-hour,** *neue Schreibung:* **Rush-hour** [*rasch au^e^r*] (Hauptverkehrszeit); der Rush-hour, *neu:* Rushhour; die Rush-hours, *neu:* Rushhours

der **Ruß;** des Rußes

der **Rus|se;** die **Rus|sin;** die Russinnen

der **Rüs|sel;** die Rüssel; **rüs|sel|för|mig**

ru|ßen; der Ofen rußt; er rußte; er hat gerußt; **ru|ßig;** rußige Finger

rus|sisch; die russische Sprache; **Ruß|land,** *neue Schreibung:* **Russ-land**

rüs|ten[1]; die Staaten rüsten; sie rüsteten; sie haben um die Wette gerüstet; sich rüsten; wir haben uns für diese Auseinandersetzung gerüstet (vorbereitet); die **Rüs|tung**[1]

rüs|tig[1]

die **Ru|te**

die **Rutsch|bahn;** die **Rut|sche; rut-schen;** du rutschst; sie rutscht; sie rutschte; sie ist von der Bank gerutscht; rutsche nicht durchs Zimmer!; **rut-schig**

rüt|teln; du rüttelst; sie hat an der Tür gerüttelt; rütt[e]le nicht daran!

S

das **S** (Buchstabe); des S; die S; aber: das s in Hase

der **Saal;** die Säle

die **Saa|le** (linker Nebenfluss der Elbe)

die **Saar** (rechter Nebenfluss der Mosel)

Saar|brü|cken[2] (Hauptstadt des Saarlandes); der **Saar|brü|cker**[2]; das **Saar|ge|biet;** das **Saar|land;** der **Saar|län|der; saar|län|disch;** der saarländische Bergbau; aber: der Saarländische Rundfunk

die **Saat;** die Saaten; das **Saat|korn**

der **Sab|bat** (der jüdische Ruhetag); die Sabbate

sab|bern; du sabberst; das Baby hat gesabbert; sabber[e] nicht so!

[1] *Alte Trennung:* ...|st...
[2] *Alte Trennung:* ...k|k...

der **Sä|bel;** die Säbel

die **Sa|bo|ta|ge** [*sabotasch^e^*] (planmäßige Zerstörung von Einrichtungen); **sa-bo|tie|ren** (etwas planmäßig behindern); du sabotierst; er hat die Arbeit sabotiert; sabotier[e] bitte unsere Arbeit nicht!

das **Sach|buch;** die **Sa|che; sach|kun-dig; sach|lich; säch|lich;** sächliches Geschlecht; der **Sach|scha|den**

der **Sach|se; Sach|sen; Sach|sen-An-halt; sach|sen-an|hal|tisch;** die **Säch|sin;** die Sächsinnen; **säch-sisch;** die Sächsische Schweiz

sacht, sachte

der **Sach|ver|halt;** die Sachverhalte; der **Sach|ver|stän|di|ge;** ein Sachverständiger; die Sachverständigen; zwei Sachverständige

der **Sack;** die Säcke; aber: 5 Sack Mehl; mit Sack und Pack; der **Sä|ckel**[1] (der Geldbeutel); die Säckel; die **Sack-gas|se;** das **Sack|hüp|fen**

der **Sa|dis|mus** (Lust am Quälen, an Grausamkeit); der **Sa|dist;** des/dem/den Sadisten; die Sadisten; **sa|dis-tisch**[2]

sä|en; du säst; er sät; er säte; er hat den Weizen gesät; säe den Weizen!

die **Sa|fa|ri** (Reise zum Jagen und Fotografieren [in Afrika]); die Safaris

der, *auch:* das **Safe** [*ße^i^f*] (Geldschrank); die Safes

der **Sa|fer Sex,** *Hauptform:* **Sa|fer|sex** [*ße^i^f^e^(r)ßeks*] (die Gefahr einer Aidsinfektion minderndes Sexualverhalten); des Safer Sexes, *auch:* Safersexes

der **Saf|fi|an** (feines Ziegenleder)

der **Sa|f|ran** (ein Gewürz)

der **Saft; saf|tig**

die **Sa|ge**

die **Sä|ge; sä|gen;** du sägst; er sägt; er sägte; er hat Holz gesägt; säg[e] dieses Holz!

sa|gen; du sagst; er hat etwas gesagt; sag[e] etwas!; er hat mir dafür sage und schreibe (tatsächlich) zwanzig Mark abgenommen

sa|gen|haft

die **Sä|ge|spä|ne** *Plural;* das **Sä|ge-werk**

der **Sa|go** (gekörntes Stärkemehl aus dem Mark der Palmen)

die **Sa|ha|ra** (Wüste in Nordafrika)

[1] *Alte Trennung:* ...k|k...
[2] *Alte Trennung:* ...|st...

die **Sah|ne; sah|nig**
die **Sai|son** [*ßäsong,* auch: *säsong*] (die Hauptbetriebszeit, die Hauptreisezeit); die Saisons
die **Sai|te** (z. B. einer Geige, Gitarre usw.)
der, *auch:* das **Sak|ko** (Herrenjackett); die Sakkos
das **Sa|k|ra|ment** (eine gottesdienstliche Handlung); die Sakramente; die **Sa|k|ris|tei**[1] (Raum für den Priester und die Gottesdienstgeräte); die Sakristeien
der **Sa|la|man|der** (ein Schwanzlurch)
die **Sa|la|mi** (eine Dauerwurst); die Salami[s]
der **Sa|lat;** die Salate; das **Sa|lat|öl**
sal|ba|dern (salbungsvoll-langweilig reden); du salbaderst; er salbaderte; er hat wieder salbadert; salbader[e] nicht!
die **Sal|be; sal|ben;** der Papst salbte ihn; der Papst hat ihn zum Kaiser gesalbt; die **Sal|bung; sal|bungs|voll**
der **Sal|do** (der Unterschiedsbetrag zwischen Soll- und Habenseite eines Kontos); die Saldos *und* die Salden *und* die Saldi
die **Sa|li|ne** (ein Salzwerk)
der **Sal|mi|ak|geist** (eine Ammoniaklösung)
die **Sal|mo|nel|len** (Bakterien, die Darmkrankheiten hervorrufen) *Plural*
Sa|lo|mon *und* **Sa|lo|mo** (biblischer König, Sohn Davids); Salomo[n]s *und* Salomonis; **sa|lo|mo|nisch**
der **Sa|lon** [*salong,* auch: *salong*]; die Salons
sa|lopp (ungezwungen; nachlässig)
der **Sal|pe|ter** (ein Salz)
der **Sal|to** (freier Überschlag); die Saltos *und* die Salti
der **Sa|lut** (Ehrengruß); die Salute
die **Sal|ve** [*salwe*] (gleichzeitiges Schießen aus mehreren Waffen); die Salven
das **Salz; sal|zen;** du salzt; er salzt; er salzte; er hat die Suppe stark gesalzen *und* gesalzt; die Preise sind gesalzen (sehr hoch); **sal|zig;** die **Salz|säu|re;** das **Salz|was|ser**
der **Sä|mann;** die Sämänner
der **Sa|ma|ri|ter** ([freiwilliger] Krankenpfleger); der **Sa|ma|ri|ter|dienst**
der **Sam|be|si** (Fluss in Afrika)
Sam|bia (Staat in Afrika); der **Sambi|er** [*sambier*]; **sam|bisch**
der **Sa|men;** das **Sa|men|korn;** die Samenkörner; die **Sä|me|rei|en** *Plural*

[1]*Alte Trennung:* ...|st...

sä|mig (dickflüssig); eine sämige Suppe
sam|meln; du sammelst; sie hat für das Rote Kreuz gesammelt; samm[e]le für diesen guten Zweck!; das **Sammel|su|ri|um** (*umgangssprachlich für:* Durcheinander); der **Samm|ler;** die **Samm|lung**
der **Sams|tag** (Sonnabend); ↑Dienstag; **sams|tags** ↑dienstags
samt; samt dem Gelde; samt und sonders
der **Samt; samt|ar|tig** (wie Samt); **samten** (aus Samt)
sämt|lich; der Verlust sämtlicher vorhandenen Energie; mit sämtlichem gesammelten Material; sämtliche vortrefflichen (*seltener:* vortreffliche) Einrichtungen; sämtlicher vortrefflicher (*auch:* vortrefflichen) Einrichtungen; sämtliche Stimmberechtigten (*auch:* Stimmberechtigte)
der **Sa|mu|rai** (*früher für:* Angehöriger des japanischen Adels); des Samurai[s]; die Samurai[s]
Sa|na (Hauptstadt des Jemen)
das **Sa|na|to|ri|um** (Heilanstalt, Erholungsheim); die Sanatorien [*sanatorien*]
der **Sand**
die **San|da|le;** die **San|da|let|te**
die **Sand|bank;** die Sandbänke; **san|dig;** der **Sand|kas|ten**[1]; der **Sand|mann** *und* das **Sand|männ|chen** (eine Märchenfigur); der **Sand|stein;** der **Sand|sturm**
der *oder* das **Sand|wich** [*ßäntwitsch*] (belegte Weißbrotschnitte); des Sandwich[s]; die Sandwich[e]s, *auch:* Sandwiche
sanft; am sanftesten; die **Sänf|te** (ein Tragstuhl); die **Sanft|mut; sanftmü|tig**
der **Sang;** mit Sang und Klang; der **Sänger;** die **Sän|ge|rin;** die Sängerinnen; **sang|los;** sang- und klanglos (unbemerkt; ruhmlos) abtreten
sa|nie|ren (wieder in einen intakten Zustand versetzen); ein Stadtviertel, eine Firma sanieren; die **Sa|nie|rung**
sa|ni|tär (gesundheitlich); sanitäre Anlagen; der **Sa|ni|tä|ter** (Krankenpfleger); der **Sa|ni|täts|dienst**
Sankt; *in Heiligennamen und in Ortsnamen ohne Bindestrich; neu: in Ableitungen wird ein Bindestrich gesetzt, der*

[1]*Alte Trennung:* ...|st...

bei Formen auf -er auch entfallen kann: Sankt Peter; Sankt Gallen; die Sankt Gallener, *auch:* Sankt-Gallener *oder* Sankt Galler, *auch:* Sankt-Galler Handschrift; aber: die Sankt-Gotthard-Gruppe; die Sankt-Marien-Kirche; *Abkürzung:* St.; die St.-Marien-Kirche

die **Sank|ti|on** (Bestätigung; Erteilung der Gesetzeskraft); Sanktionen (Zwangsmaßnahmen) verhängen

der **San|ma|ri|ne|se,** *neue Schreibung:* **San-Ma|ri|ne|se** (Einwohner von San Marino); **san|ma|ri|ne|sisch,** *neue Schreibung:* **san-ma|ri|ne|sisch; San Ma|ri|no** (europäischer Staat; dessen Hauptstadt)

San Sal|va|dor [...*wa*...] (Hauptstadt von El Salvador)

San|t|i|a|go, *auch:* **San|t|i|a|go de Chi|le** [*santiago de tschile*] (Hauptstadt von Chile)

San|to Do|min|go [*santo domingo*] (Hauptstadt der Dominikanischen Republik)

São Pau|lo [*ßau paulo*] (Stadt in Brasilien)

der **Sa|phir** [auch: *safir*] (ein Edelstein); die Saphire

die **Sar|del|le** (ein Fisch); die **Sar|di|ne** (ein Fisch)

Sar|di|ni|en [*sardiniᵉn*] (Insel im Mittelmeer)

der **Sarg**

sar|kas|tisch[1] (spöttisch, höhnisch)

der **Sar|ko|phag** (Steinsarg); die Sarkophage

der **Sa|tan** (der Teufel); **sa|ta|nisch** (teuflisch)

der **Sa|tel|lit** (ein Mond; künstlicher Mond, Raumsonde); des/dem/den Satelliten; die Satelliten; die **Sa|tel|li|ten|schüs|sel;** die **Sa|tel|li|ten|stadt**

die **Sa|ti|re** (witzig-spöttische Darstellung menschlicher Schwächen); **sa|ti|risch** (spöttisch, beißend)

satt; satter; am sattesten; ein sattes Blau; er wird sich satt essen; ich habe es satt (habe keine Lust mehr)

der **Sat|tel; sat|tel|fest; sat|teln;** du sattelst; sie hat das Pferd gesattelt; satt[e]le das Pferd!; der **Sat|tel|schlep|per** (Zugfahrzeug)

sät|ti|gen; du sättigst; er sättigt; er sättigte; er hat die Lösung gesättigt; sich sättigen; er hat sich gesättigt; die **Sät|ti|gung**

der **Satt|ler**

satt|sam (hinlänglich, genug)

der **Sa|turn** (ein Planet); des Saturns

der **Satz;** die Sätze; die **Satz|aus|sa|ge** (Prädikat); der **Satz|ge|gen|stand** (Subjekt); das **Satz|glied;** der **Satz|teil;** das **Satz|zei|chen**

die **Sat|zung**

die **Sau;** die Säue *und (besonders bei Wildschweinen:)* die Sauen

sau|ber; saub[e]rer; am saubersten; **sau|ber|hal|ten,** *neue Schreibung:* **sau|ber hal|ten;** er wird das Zimmer sauberhalten, *neu:* sauber halten; er hat es saubergehalten, *neu:* sauber gehalten; **sau|ber|ma|chen,** *neue Schreibung:* **sau|ber ma|chen;** vgl. sauberhalten; die **Sau|ber|keit; säu|ber|lich; säu|bern;** du säuberst; er säubert; er säuberte; er hat den Boden gesäubert; säuber[e] den Boden!; die **Säu|be|rung**

die **Sau|ce,** *Hauptform:* **So|ße**

der **Sau|di;** des Saudis; die Saudis; der **Sau|di|a|ra|ber,** *neue Schreibung:* **Sau|di-A|ra|ber; Sau|di-A|ra|bi|en** (arabischer Staat); **sau|di|ara|bisch,** *neue Schreibung:* **sau|di-a|ra|bisch**

sau|er; saurer; am sauersten; saure Gurken; ein saurer Hering; der saure Regen. *Groß:* gib ihm Saures! (prüg[e]le ihn!); der **Sau|er|amp|fer;** die **Sau|e|rei** (*derb*); das **Sau|er|kraut; säu|er|lich; säu|ern;** du säuerst; er säuerte; er hat das Brot gesäuert; säuer[e] das Brot!; der **Sau|er|stoff;** die **Sau|er|stoff|fla|sche,** *auch möglich:* **Sau|er|stoff-Fla|sche;** der **Sau|er|teig**

sau|fen; du säufst; er säuft; er soff; er hat den ganzen Tag gesoffen; sauf[e] nicht!; der **Säu|fer**

sau|gen; du saugst; sie saugt; sie sog *und* sie saugte; sie hat das Blut aus der Wunde gesogen *und* gesaugt; aber nur: sie saugte den Staub im Zimmer; sie hat Staub gesaugt

säu|gen; die Hündin säugt; sie hat ihre Jungen gesäugt; das **Säu|ge|tier;** der **Säug|ling**

der **Saug|napf** (Haftorgan); die Saugnäpfe

die **Säu|le; säu|len|för|mig**

der **Saum;** die Säume

sau|mä|ßig *(derb)*

[1]*Alte Trennung:* ...|st...

säu|men; du säumst; sie säumte; sie hat den Rock gesäumt; säume den Rock!

säu|men (zögern); säume nicht lange!; **säu|mig; saum|se|lig;** die **Saum|se|lig|keit**

die **Sau|na** (Heißluftbad); die Saunas

die **Säu|re**

der **Sau|ri|er** (urweltliche [Riesen]echse); des Sauriers; die Saurier

säu|seln; es säuselt der Wind; es säuselte der Wind; der Wind hat gesäuselt

sau|sen; du saust; er saust; er sauste; er ist in die Tiefe gesaust

die **Sa|van|ne** [*sawane*] (Steppe mit Bäumen); die Savannen

das **Sa|xo|phon,** *Nebenform:* **Sa|xo|fon** (ein Blasinstrument); die Saxophone, *auch:* Saxofone; der **Sa|xo|pho|nist,** *Nebenform:* **Sa|xo|fo|nist;** des/dem/den Saxophonisten, *auch:* Saxofonisten; die Saxophonisten, *auch:* Saxofonisten

SB = Selbstbedienung (z. B. SB-Markt)

die **S-Bahn;** die S-Bahnen; der **S-Bahnhof;** der **S-Bahn-Wa|gen**

die **Scha|be** (ein Insekt)

scha|ben; du schabst; er hat geschabt; schab[e] die Möhren!

der **Scha|ber|nack** (Streich, Posse); die Schabernacke

schä|big

die **Scha|b|lo|ne** (ausgeschnittene Vorlage; Muster; herkömmliche Form); **scha|b|lo|nen|haft**

das **Schach;** Schach spielen; Schach bieten; jemanden im *oder* in Schach halten; das **Schach|brett;** die Schachbretter; **schach|matt**

der **Schacht;** die Schächte

die **Schach|tel;** die Schachteln

scha|de; es ist schade um dieses Bild; schade, dass ich wegfahren muss; dafür bin ich mir zu schade; das ist aber schade; um den ist es nicht schade; o wie schade!

der **Schä|del;** die Schädel

scha|den; du schadest ihm; er schadet ihm; er schadete ihm; er hat ihm geschadet; schade ihm nicht!; der **Scha-den;** die Schäden; der **Scha|den|er-satz,** *auch:* **Scha|dens|er|satz;** die **Scha|den|freu|de; scha|den|froh; schad|haft; schä|di|gen;** du schädigst ihn; er schädigt ihn; er schädigte ihn; er hat ihn geschädigt; schädige ihn nicht!; **schäd|lich;** der **Schäd|ling;** der **Schad|stoff**

das **Schaf;** das **Schäf|chen;** sein Schäfchen ins Trockene bringen (seinen Gewinn in Sicherheit bringen); die **Schäf-chen|wol|ke;** der **Schä|fer;** der **Schä|fer|hund;** die **Schaf|gar|be** (eine Pflanze); die **Schaf|her|de**

schaf|fen (arbeiten); du schaffst; er schafft; er schaffte; er hat den ganzen Tag geschafft; sie haben es geschafft (vollbracht); er hat die Kiste auf den Boden geschafft (gebracht); ich möchte mit dieser Sache nichts mehr zu schaffen (zu tun) haben; ich habe mir daran zu schaffen gemacht; **schaf|fen** (schöpferisch gestalten, hervorbringen); du schaffst; sie schafft; sie schuf; sie hat ein Werk geschaffen; Schiller hat „Wilhelm Tell" geschaffen; sie ist für diesen Beruf wie geschaffen; er steht da, wie ihn Gott geschaffen hat; sie schuf Ordnung; schaffe Abhilfe!

der **Schaff|ner;** die **Schaff|ne|rin;** die Schaffnerinnen

der **Schaf|kopf** *und* der **Schafs|kopf** (ein Kartenspiel; Dummkopf)

das **Scha|fott** (ein Gerüst zur Hinrichtung); die Schafotte

der **Schaft;** die Schäfte

der **Scha|kal** (ein hundeartiges Raubtier); des Schakals; die Schakale

schä|kern; du schäkerst; er hat mit ihr geschäkert; schäker[e] nicht!

schal; ein schales (abgestandenes) Bier; ein schaler (fader) Witz

der **Schal;** die Schals

die **Scha|le; schä|len;** du schälst; sie schält; sie schälte; sie hat die Kartoffeln geschält; schäl[e] die Kartoffeln!

der **Schalk** (Schelm); die Schalke *und* die Schälke

der **Schall;** die Schalle *und* die Schälle; der **Schall|dämp|fer; schall|dicht; schal|len;** es schallt; es schallte; es hat mir in den Ohren geschallt; ein schallendes Gelächter; die **Schall|ge-schwin|dig|keit;** die **Schall|mau|er** (extremer Luftwiderstand beim Erreichen der Schallgeschwindigkeit); die **Schall|plat|te**

schal|ten; du schaltest; er schaltet; er schaltete; er hat geschaltet (beim Autofahren den Gang gewechselt; *umgangssprachlich für:* begriffen); schalte!; der **Schal|ter;** das **Schalt|jahr;** der **Schalt|tag;** die **Schal|tung**

die **Scha|lu̦p|pe** (Küstenfahrzeug; Boot)
die **Scham;** sich **schä|men;** du schämst dich; er hat sich geschämt; schäm[e] dich!; das **Scham|ge|fühl; scham|haft; scham|los;** am schamlosesten
das **Scham|pon,** *auch:* **Sham|poo;** *vgl. d.* **scham|rot;** die **Scham|rö|te**
die **Schan|de;** zuschanden, *auch:* zu Schanden gehen, machen, werden; **schän|den;** du schändest; er schändet; er schändete; er hat den Friedhof geschändet; der **Schand|fleck;** die Schandflecke; **schänd|lich;** die **Schand|tat**
die **Schän|ke,** *auch:* **Schen|ke;** *vgl. d.*
die **Schank|stu|be**
die **Schan|ze; schan|zen;** du schanzt; er schanzt; er schanzte; er hat geschanzt
die **Schar** (Menge); die Scharen
die **Schar** (Pflugschar); die Scharen *und (fachsprachlich):* das **Schar;** die Schare
die **Scha|ra̱|de** (Rätsel, bei dem die Teile des Lösungswortes pantomimisch dargestellt werden); die Scharaden
die **Schä|re** (kleine Felsinsel, Küstenklippe an der skandinavischen und der finnischen Küste); die Schären
scha|ren|wei|se
scharf; schärfer; am schärfsten; ein Messer scharf machen; aber: **scha̦rf|ma|chen** (*umgangssprachlich für:* aufhetzen); er machte ihn scharf; er hat ihn scharfgemacht; die **Schär|fe; schär|fen;** du schärfst; er schärft; er schärfte; er hat das Messer geschärft; schärf[e] das Messer!; **scharf|kan|tig;** der **Scharf|rich|ter** (Henker); der **Scharf|schüt|ze;** der **Scharf|sinn; scharf|sin|nig**
der *und* das **Scha̦r|lach** (lebhaftes Rot); die Scharlache; der **Scha̦r|lach** (eine Infektionskrankheit); **scha̦r|lach|rot**
der **Scha̦r|la|tan** (Schwätzer, Marktschreier; Kurpfuscher); die Scharlatane
das **Schar|ni̱e̱r;** die Scharniere
die **Schär|pe** (breites Band, das um die Schulter oder Hüfte getragen wird)
schar|ren; du scharrst; er hat gescharrt; scharr[e] nicht mit den Füßen!
die **Schar|te** (Einschnitt); eine Scharte auswetzen (einen Fehler wieder gutmachen); **schar|tig**
schar|wen|zeln (sich dienernd hin und her bewegen); du scharwenzelst; er scharwenzelte; er hat scharwenzelt
der *oder* das **Scha̦sch|lik** (am Spieß gebratene Fleischstückchen); die Schaschliks
schas|sen (*umgangssprachlich für:* entlassen; wegjagen); du schaßt, *neu:* schasst; er hat ihn geschaßt, *neu:* geschasst
der **Schat|ten; schat|tie|ren;** du schattierst; er hat das Bild schattiert; schattier[e] das Bild noch ein wenig!; **schat|tig**
die **Scha|tu̦l|le** (Geldkästchen, Schmuckkästchen)
der **Schatz;** die Schätze; **schät|zen;** du schätzt; er schätzt; er schätzte; er hat die Entfernung geschätzt; schätz[e] den Wert dieses Ringes!; die **Schät|zung; schät|zungs|wei|se**
die **Schau;** etwas zur Schau stellen, tragen; jemandem die Schau stehlen (ihn um die Anerkennung anderer bringen); das **Schau|bild**
der **Schau|der; schau|der|haft; schau|dern;** du schauderst; er schaudert; er schauderte; er hat vor Kälte geschaudert; mir schaudert *und* mich schaudert bei dem Gedanken
schau|en; du schaust; er schaut; er schaute; er hat in die Ferne geschaut; schau einmal her!
der **Schau|er;** ein Schauer lief mir über den Rücken; die **Schau|er|ge|schich|te; schau|er|lich**
der **Schau|er|mann** (Hafenarbeiter, Schiffsarbeiter); die Schauerleute
die **Schau|fel;** die Schaufeln; **schau|feln;** du schaufelst; er hat das Grab geschaufelt; schaufle den Sand auf den Wagen!
das **Schau|fens|ter**[1]; die **Schau|fens|ter|de|ko|ra|ti|on**[1]
die **Schau|kel;** die Schaukeln; **schau|keln;** du schaukelst; er schaukelt; er schaukelte; er hat geschaukelt; schauk[e]le nicht so wild!; das **Schau|kel|pferd;** der **Schau|kel|stuhl**
der **Schau|lus|ti|ge**[1]; die Schaulustigen; ein Schaulustiger; zwei Schaulustige
der **Schaum;** die Schäume; **schäu|men;** das Meer schäumt; das Meer schäumte; das Meer hat geschäumt; der **Schaum|gum|mi; schau|mig;** der **Schaum|stoff**
der **Schau|platz**
schau|rig; schaurig-schön
das **Schau|spiel;** der **Schau|spie|ler;**

---

[1] *Alte Trennung:* ...|st...

die **Schau|spie|le|rin;** die Schauspielerinnen

der **Scheck** (Zahlungsanweisung); die Schecks

der **Scheck** *und* der **Sche|cke**[1] (scheckiges Pferd); des Schecken; die Schecken; die **Sche|cke**[1] (scheckige Stute oder scheckige Kuh); der Schecke; die Schecken; **sche|ckig**[1]; **scheckigbraun**[1], *neue Schreibung:* **sche|ckig braun**; das **Scheck|vieh**

scheel; scheel|blickend[1], *neue Schreibung:* **scheel bli|ckend**

der **Schef|fel** (ein altes Hohlmaß); die Scheffel; **schef|feln** (geizig zusammenraffen); er hat das Geld gescheffelt

die **Schei|be;** der **Schei|ben|wi|scher**

der **Scheich** ([Stammes]oberhaupt in arabischen Ländern); des Scheichs; die Scheiche *und* die Scheichs

die **Schei|de; schei|den;** du scheidest; er scheidet; er schied; er hat die Streitenden geschieden; er ist von seiner Frau geschieden; die **Schei|dung**

der **Schein; schein|bar** (nur dem Scheine nach); er hört scheinbar aufmerksam zu; aber: er hört anscheinend aufmerksam zu (wie es den Anschein erweckt); **schei|nen;** die Sonne scheint; die Sonne schien; die Sonne hat geschienen; **schein|hei|lig;** der **Schein|tod; schein|tot**

der **Scheiß** *(derb);* der **Scheiß|dreck** *(derb);* die **Schei|ße** *(derb);* **scheißegal** *(derb);* **schei|ßen** *(derb);* du scheißt; du schissest; er schiß, *neu:* schiss; er hat geschissen; scheiß[e]!; **scheiß|freund|lich** *(derb)*

das **Scheit** (Holzstück); die Scheite

der **Schei|tel;** die Scheitel; **schei|teln;** du scheitelst das Haar; er scheitelte das Haar; er hat das Haar gescheitelt; scheit[e]le das Haar!

der **Schei|ter|hau|fen** (Holzstoß für die öffentliche Verbrennung von Menschen)

schei|tern; du scheiterst; er scheitert; er scheiterte; er ist an dem Problem gescheitert; scheitere nicht daran!; das **Schei|tern;** dieser Plan ist von vornherein zum Scheitern verurteilt

die **Schel|le; schel|len;** du schellst; er schellt; er schellte; er hat geschellt; schell[e] nicht so lang!

der **Schell|fisch**

[1]*Alte Trennung:* ...k|k...

der **Schelm; schel|misch**

die **Schel|te; schel|ten;** du schiltst; er schilt; er schalt; er hat mich gescholten; schilt nicht mit ihm!

das **Sche|ma;** die Schemas *und* die Schemata *und* die Schemen; nach Schema F; **sche|ma|tisch**

der **Sche|mel;** die Schemel

die **Schen|ke,** *auch:* **Schän|ke** (Gastwirtschaft)

der **Schen|kel;** die Schenkel

schen|ken; du schenkst; sie hat mir ein Buch geschenkt; schenk[e] ihm etwas!

schep|pern (klappern, klirren); es scheppert; es schepperte; es hat gescheppert

die **Scher|be** *und* der **Scher|ben**

die **Sche|re; sche|ren;** du scherst; er schert; er schor; er hat das Schaf geschoren; schere das Schaf!; der **Sche|ren|schnitt** (aus Papier geschnittenes Umrissbild)

die **Sche|re|rei;** Scherereien haben

das **Scherf|lein;** sein Scherflein zu etwas beitragen

der **Scherz; scher|zen;** du scherzt; er scherzt; er scherzte; er hat gescherzt; scherze nicht!; **scherz|haft**

scheu; scheuer; am scheu[e]sten; der Vogel ist sehr scheu; du sollst das Pferd nicht scheu machen; die **Scheu**

die **Scheu|che; scheu|chen;** du scheuchst; er scheucht; er scheuchte; er hat die Tauben gescheucht; scheuch[e] sie!

scheu|en; das Pferd scheut; das Pferd hat gescheut; sich scheuen; er hat sich vor dieser Arbeit gescheut

scheu|ern; du scheuerst; sie scheuert; sie hat gescheuert; scheu[e]re den Fußboden!; das **Scheu|er|tuch**

die **Scheu|klap|pe**

die **Scheu|ne;** das **Scheu|nen|tor**

das **Scheu|sal;** die Scheusale; **scheußlich**

der **Schi,** *Hauptform:* **Ski;** *vgl. d.*

die **Schicht; schich|ten;** du schichtest; er schichtet; er schichtete; er hat die Bretter geschichtet; schichte sie!

schick; ein schicker Mantel; der **Schick;** diese Dame hat Schick

schi|cken[1]; du schickst; er schickt; er schickte; er hat ihm Bücher geschickt; schick[e] ihm die Bücher!; sich schi-

[1]*Alte Trennung:* ...k|k...

cken; das schickt sich nicht; er hat sich schnell in diese Verhältnisse geschickt; **schick|lich**

das **Schick|sal;** die Schicksale; **schick-sal|haft;** der **Schick|sals|schlag**

schie|ben; du schiebst; er schiebt; er schob; er hat den Wagen geschoben; schieb[e] den Wagen!; der **Schie|ber;** die **Schieb|leh|re** (ein Messwerkzeug); die **Schie|bung**

der **Schieds|rich|ter;** der **Schieds-spruch**

schief; die schiefe Ebene; ein schiefer Winkel; aber: der Schiefe Turm von Pisa; er macht ein schiefes (missvergnügtes) Gesicht; er ist in ein schiefes Licht geraten (er ist falsch beurteilt worden); schief sein, werden, stehen, halten, ansehen, urteilen, denken

der **Schie|fer**

schief|ge|hen, *neue Schreibung:* **schief ge|hen** (*umgangssprachlich für:* misslingen); etwas geht schief; etwas ist schiefgegangen, *neu:* schief gegangen; **schief ge|hen;** er ist immer schief (mit schlechter Haltung) gegangen; **schief|ge|wickelt**[1], *neue Schreibung:* **schief ge|wi|ckelt** (*umgangssprachlich für:* im Irrtum); wenn du das glaubst, bist du schiefgewickelt, *neu:* schief gewickelt; **schief ge|wickelt**[1]; er hat den Draht schief gewickelt; sich **schief|la|chen** (*umgangssprachlich für:* heftig lachen); er hat sich schiefgelacht; **schief|lau|fen,** *neue Schreibung:* **schief lau|fen;** sich die Absätze schieflaufen, *neu:* schief laufen; die Sache ist schiefgelaufen, *neu:* schief gelaufen (missglückt); **schief|lie|gen,** *neue Schreibung:* **schief lie|gen** (*umgangssprachlich für:* einen falschen Standpunkt vertreten); in diesem Falle hat er schiefgelegen, *neu:* schief gelegen; **schief lie|gen;** die Decke hat schief gelegen; **schief|tre|ten,** *neue Schreibung:* **schief tre|ten;** er hat die Absätze schiefgetreten, *neu:* schief getreten

schie|len; du schielst; er schielt; er hat geschielt; schiel[e] nicht!

das **Schien|bein;** die **Schie|ne; schie-nen;** du schienst; er schiente; er hat den Arm geschient

schier (beinahe, fast) *Adverb;* das ist schier unmöglich; **schier** (rein) *Adjektiv;* schieres Gold; schieres Fleisch

[1]*Alte Trennung:* ...k|k...

der **Schier|ling** (eine Giftpflanze)

die **Schieß|bu|de; schie|ßen;** du schießt; sie schießt; sie schoß, *neu:* schoss; sie hat geschossen; schieß[e] nicht!; das **Schie|ßen;** das ist zum Schießen (*umgangssprachlich für:* zum Lachen); die **Schie|ße|rei;** die **Schieß|schar|te;** die **Schieß|schei-be;** der **Schieß|stand**

das **Schiff;** die **Schiffahrt**[1], *neue Schreibung:* **Schiff|fahrt**, *auch möglich:* **Schiff-Fahrt; schiff|bar;** der **Schiff-bruch; schiff|brü|chig;** der **Schif-fer;** die **Schiffs|rei|se;** die **Schiff[s]-schau|kel**

die **Schi|ka|ne** (Bosheit); **schi|ka|nie-ren;** du schikanierst; er hat ihn schikaniert; schikanier[e] ihn nicht!

der **Schi|ko|ree**, *Hauptform:* **Chi|co|rée;** *vgl. d.*

das **Schild** (Erkennungszeichen); die Schilder; der **Schild** (Schutzwaffe); die Schilde

der **Schild|bür|ger;** der **Schild|bür|ger-streich**

die **Schild|drü|se**

schil|dern; du schilderst; er hat den Vorgang geschildert; schildere den Vorgang genauer!; die **Schil|de|rung**

die **Schild|krö|te;** die **Schild|laus;** der **Schild|vul|kan;** die **Schild|wa|che**

das **Schilf;** die Schilfe

schil|lern; das Kleid schillert; das Kleid schillerte; das Kleid hat geschillert

der **Schim|mel** (verschiedene Pilzarten); der **Schim|mel** (weißes Pferd); **schim|me|lig** *und* **schimm|lig; schim|meln;** das Brot schimmelt; das Brot hat geschimmelt; der **Schim-mel|pilz**

der **Schim|mer; schim|mern;** das Licht schimmert; es hat geschimmert

der **Schim|pan|se** (ein Affe); des/dem/den Schimpansen; die Schimpansen

der **Schimpf;** mit Schimpf und Schande; **schimp|fen;** du schimpfst; er schimpft; er schimpfte; er hat geschimpft; schimpf[e] nicht!; **schimpf-lich;** der **Schimpf|na|me;** des Schimpfnamens; die Schimpfnamen; das **Schimpf|wort;** die Schimpfworte *und* die Schimpfwörter

die **Schin|del;** die Schindeln; das **Schin-del|dach**

[1] *Trennung:* ...ff|f...

schin|den; du schindest ihn; er schindet ihn; er schindete, *selten:* schund ihn; er hat ihn geschunden; schind[e] ihn nicht!; sich schinden; du brauchst dich nicht zu schinden; der **Schin|der;** das **Schind|lu|der;** Schindluder mit jemandem treiben (*umgangssprachlich für:* jemanden schmählich behandeln)

der **Schin|ken**

die **Schip|pe** (Schaufel; unmutig aufgeworfene Unterlippe); **schip|pen;** du schippst; sie schippt; sie schippte; sie hat Sand geschippt; schipp[e] den Sand auf den Wagen!

der **Schirm;** der **Schirm|herr**

schir|ren; du schirrst; er schirrt; er schirrte; er hat das Pferd an den Wagen geschirrt; der **Schirr|meis|ter**[1]

der **Schiß,** *neue Schreibung:* **Schiss** (*derb für:* Kot; Angst); des Schisses

die **Schi|zo|phre|nie** (Bewusstseinsspaltung)

die **Schlacht;** die Schlachten

schlach|ten; du schlachtest; er schlachtet; er schlachtete; er hat das Schwein geschlachtet; schlachte das Schwein!; der **Schlach|ter** (*norddeutsch für:* der Fleischer); die **Schlach|te|rei** (*norddeutsch für:* die Fleischerei); der **Schlacht|hof;** das **Schlacht|schiff**

die **Schla|cke**[2]

schla|ckern[2]**;** da schlackerst du mit den Ohren (*umgangssprachlich für:* da bist du überrascht, erstaunt)

der **Schlaf;** der **Schlaf|an|zug**

die **Schlä|fe**

schla|fen; du schläfst; sie schlief; sie hat geschlafen; schlaf[e] jetzt!

schlaff

das **Schla|fitt|chen;** er nahm ihn beim Schlafittchen (*umgangssprachlich für:* jemanden packen)

das **Schlaf|mit|tel;** die **Schlaf|müt|ze;** **schläf|rig;** der **Schlaf|sack;** die Schlafsäcke; der **Schlaf|wa|gen;** der **Schlaf|wand|ler;** das **Schlaf|zimmer**

der **Schlag;** die Schläge; Schlag 8 Uhr; Schlag auf Schlag; die **Schlag|ader;** der **Schlag|an|fall;** **schlag|ar|tig;** der **Schlag|ball;** der **Schlag|ball|weit|wurf;** der **Schlag|baum;** **schla|gen;** du schlägst; er schlägt; er schlug; er hat ihn geschlagen; schlag[e] ihn nicht!; der **Schla|ger;** die Schlager; der **Schlä|ger;** die **Schlä|ge|rei;** **schlag|fer|tig;** das **Schlag|loch;** die Schlaglöcher; die **Schlag|sah|ne;** die **Schlag|sei|te;** das Schiff hat Schlagseite; das **Schlag|wort;** die Schlagworte *und* die Schlagwörter; die **Schlag|zei|le;** das **Schlag|zeug**

der **Schlaks** (*umgangssprachlich für:* lang aufgeschossener, ungeschickter Mensch); die Schlakse; **schlak|sig**

der *und* das **Schla|mas|sel** (*umgangssprachlich für:* Unglück; Widerwärtiges); die Schlamassel

der **Schlamm;** **schlam|mig**

die **Schlam|pe|rei;** **schlam|pig**

die **Schlan|ge;** sich **schlän|geln;** er hat sich durch die Menge geschlängelt

schlank; die **Schlank|heit**

schlapp; die **Schlap|pe** (Niederlage); die Schlappen; **schlapp|ma|chen** (*umgangssprachlich für:* die Kraft verlieren und nicht durchhalten); er hat schlappgemacht; schlappzumachen

das **Schla|raf|fen|land**

schlau; schlauer; am schlau[e]sten; der **Schlau|ber|ger**

der **Schlauch;** die Schläuche; das **Schlauch|boot**

schlau|chen (*umgangssprachlich für:* anstrengen, ermüden); die Arbeit schlaucht mich; die Hitze hat uns geschlaucht

die **Schläue**

die **Schlau|fe**

die **Schlau|heit;** der **Schlau|kopf;** der **Schlau|mei|er**

der **Schla|wi|ner** (*umgangssprachlich für:* durchtriebener Mensch)

schlecht; am schlechtesten; der schlechte Ruf; ein schlechtes Zeichen; etwas ist schlecht und recht. *Groß:* im Schlechten und im Guten; etwas Schlechtes; **schlech|ter|dings;** **schlecht|ge|hen,** *neue Schreibung:* **schlecht ge|hen** (sich in einer üblen Lage befinden); es ist ihm nach dem Kriege schlechtgegangen, *neu:* schlecht gegangen; **schlecht ge|hen;** er ist in diesen Schuhen schlecht gegangen; das wird schlecht (kaum) gehen; **schlecht|ge|launt,** *neue Schreibung:* **schlecht ge|launt;** schlechter gelaunt; am schlechtesten gelaunt; ein schlechtgelaunter, *neu:* schlecht gelaunter Mann; der Mann ist schlecht

[1] *Alte Trennung:* ...|st...
[2] *Alte Trennung:* ...k|k...

gelaunt; die **Schlecht|heit;** die **Schlech|tig|keit; schlecht|machen,** *neue Schreibung:* **schlecht machen** (hässlich von jemandem reden); er hat ihn überall schlechtgemacht, *neu:* schlecht gemacht; **schlecht machen;** er hat seine Aufgaben schlecht gemacht; das kannst du schlecht (kaum) machen; **schlecht|weg** (ohne Umstände, einfach); sie hat das schlechtweg behauptet, aber: sie kam dabei schlecht weg

schle|cken[1]; du schleckst; er hat an dem Eis geschleckt; schleck[e] nicht so viel!; die **Schle|cke|rei**[1]

der **Schle|gel;** die Schlegel

der **Schleh|dorn;** die Schlehdorne; die **Schle|he**

schlei|chen; du schleichst; er schlich; er ist geschlichen; schleich[e] nicht wie eine Katze!; der **Schlei|cher;** der **Schleich|weg;** auf Schleichwegen

die **Schleie** (ein Karpfenfisch); die Schleien

der **Schlei|er;** die **Schlei|er|eu|le; schlei|er|haft**

die **Schlei|fe** (Schlinge)

die **Schlei|fe** (*landschaftlich für:* Gleitbahn); **schlei|fen** (schärfen); du schleifst; er schleift; er schliff; er hat das Messer geschliffen; schleif[e] das Messer!; **schlei|fen** (über den Boden ziehen); du schleifst; er hat ihn durchs Zimmer geschleift; schleif[e] ihn doch nicht durchs Zimmer!; der **Schleifstein**

der **Schleim;** die **Schleim|haut** (Schleim absondernde innere Haut); **schleimig**

schlem|men; du schlemmst; er hat geschlemmt; schlemme mal tüchtig!; der **Schlem|mer**

schlen|dern; du schlenderst; er ist durch den Park geschlendert; schlendere nicht so!; der **Schlend|ri|an** (Schlamperei)

der **Schlen|ker** (schlenkernde Bewegung); **schlen|kern;** du schlenkerst; sie schlenkert; sie schlenkerte; sie hat mit den Beinen geschlenkert; schlenkere nicht mit der Tasche!

schlen|zen; du schlenzt; er schlenzt; er hat den Ball ins Tor geschlenzt

die **Schlep|pe; schlep|pen;** du schleppst; er schleppt; er schleppte; er hat den Sack in den Keller geschleppt; schlepp[e] nicht so viel!; der **Schlepper;** das **Schlepp|netz**

Schle|si|en; schle|sisch, aber: der Erste Schlesische Krieg

Schles|wig-Hol|stein; der **Schleswig-Hol|stei|ner; schles|wig-holstei|nisch**

die **Schleu|der;** der **Schleu|der|ball; schleu|dern;** du schleuderst; er hat den Ball geschleudert; schleudere ihn!; der **Schleu|der|sitz**

schleu|nig; schleu|nigst

die **Schleu|se; schleu|sen;** du schleust; er schleust; er schleuste; er hat ihn über die Grenze geschleust; schleuse ihn über die Grenze!

der **Schlich** (Kniff, Trick); die Schliche; sie ist dem Betrüger auf die Schliche gekommen (hat ihn ertappt, überführt)

schlicht; am schlichtesten; ein schlichtes Kleid; **schlich|ten;** du schlichtest; er schlichtet; er schlichtete; er hat den Streit geschlichtet; schlichte ihn!

der **Schlick** (Schlamm; Schwemmland); die Schlicke

die **Schlie|re** (streifige Stelle in Glas, Luft usw.); die Schlieren

schlie|ßen; du schließt; er schließt; er schloß, *neu:* schloss; er hat die Tür geschlossen, schließ[e] die Tür!; das **Schließ|fach; schließ|lich**

der **Schliff;** die Schliffe

schlimm; es ist schlimm; es steht schlimm um ihn; schlimme Zeiten; im schlimmsten Fall[e]; er ist am schlimmsten dran; es ist das schlimmste, *neu:* Schlimmste (es ist sehr schlimm), dass er nicht kommen kann; das ist noch lange nicht das Schlimmste; ich bin auf das Schlimmste gefasst; sie wurde auf das schlimmste, *auch:* Schlimmste getäuscht; man muss das Schlimmste fürchten; er lässt es zum Schlimmsten kommen; etwas Schlimmes; **schlimms|ten|falls**[1]

die **Schlin|ge; schlin|gen;** du schlingst; er schlingt; er schlang; er hat die Arme um sie geschlungen; schling[e] dir ein Band ins Haar!

der **Schlin|gel;** die Schlingel

schlin|gern; das Schiff schlingert; das Schiff schlingerte; das Schiff hat geschlingert

---

[1] *Alte Trennung:* ...k|k...

[1] *Alte Trennung:* ...|st...

die **Schling|pflan|ze**
der **Schlips**
der **Schlit|ten;** Schlitten fahren; ich bin Schlitten gefahren; das **Schlit|tenfah|ren; schlit|tern** (auf dem Eis gleiten); du schlitterst; er schlittert; er schlitterte; er ist über das Eis geschlittert; der **Schlitt|schuh;** Schlittschuh laufen; ich bin Schlittschuh gelaufen; das **Schlitt|schuh|lau|fen**
der **Schlitz;** die Schlitze; **schlitz|äu|gig;** das **Schlitz|ohr** (gerissener Bursche); **schlitz|oh|rig** (gerissen)
schloh|weiß
das **Schloß,** *neue Schreibung:* **Schloss;** des Schlosses; die Schlösser; der **Schlos|ser;** die Schlosser; die **Schlos|se|rei;** der **Schloß|gar|ten,** *neue Schreibung:* **Schloss|gar|ten**
die **Schlo|ße** (Hagelkorn)
der **Schlot** (Schornstein); die Schlote
schlot|tern; du schlotterst; er schlotterte; er hat vor Kälte geschlottert
die **Schlucht;** die Schluchten
schluch|zen; du schluchzt; er schluchzt; er schluchzte; er hat jämmerlich geschluchzt; der **Schluch|zer**
der **Schluck;** die Schlucke *und (seltener:)* die Schlücke; der **Schluck|auf;** **schlu|cken**[1]**;** du schluckst; sie schluckt; sie schluckte; sie hat die Tablette geschluckt; schluck[e] die Tablette!; der **Schlu|cker**[1] (armer Kerl); die **Schluck|imp|fung; schluckwei|se**
schlu|de|rig *und* **schlu|d|rig** (nachlässig); **schlu|dern** (nachlässig arbeiten); du schluderst; er hat bei dieser Arbeit geschludert; schludere nicht so!
der **Schlum|mer; schlum|mern;** du schlummerst; er hat selig geschlummert; schlummere noch ein wenig!
der **Schlumpf** (zwergenhafte Comicfigur); des Schlumpf[e]s; die Schlümpfe
der **Schlund;** die Schlünde
schlüp|fen; du schlüpfst; er schlüpft; er schlüpfte; er ist in sein Bett geschlüpft; schlüpf[e] schnell in dein Bett!; der **Schlüp|fer; schlüpf|rig;** die **Schlupf|wes|pe;** der **Schlupfwin|kel**
schlur|fen (schleppend gehen); du schlurfst; er hat geschlurft; er ist über den Flur geschlurft; schlurf[e] nicht!
schlür|fen (hörbar trinken); du schlürfst; er hat geschlürft; schlürf[e] nicht!
der **Schluß,** *neue Schreibung:* **Schluss;** des Schlusses; die Schlüsse; seine Schlüsse aus etwas ziehen
der **Schlüs|sel;** die Schlüssel; das **Schlüs|sel|bein;** die **Schlüs|selblu|me;** der *und* das **Schlüs|selbund;** die Schlüsselbunde; **schlüssel|fer|tig;** der Neubau ist schlüsselfertig; das **Schlüs|sel|loch**
die **Schluß|fol|ge|rung,** *neue Schreibung:* **Schluss|fol|ge|rung; schlüssig;** schlüssig sein; sich über etwas schlüssig werden; das **Schluß|licht,** *neue Schreibung:* **Schluss|licht;** die Schlußlichter, *neu:* Schlusslichter; der **Schluß|pfiff,** *neue Schreibung:* **Schluss|pfiff** *(Sport)*; der **Schlußver|kauf,** *neue Schreibung:* **Schlussver|kauf**
die **Schmach** (Schande)
schmäch|tig
schmach|voll
schmack|haft; am schmackhaftesten
schmä|hen; du schmähst ihn; er schmäht ihn; er schmähte ihn; er hat ihn geschmäht; schmäh[e] ihn nicht!; **schmäh|lich;** die **Schmä|hung**
schmal; schmaler *und* schmäler; am schmalsten *und* am schmälsten; **schmä|lern;** du schmälerst; er hat den Erfolg geschmälert; schmälere ihn nicht!
das **Schmalz; schmal|zig**
schma|rot|zen (auf Kosten anderer leben); du schmarotzt; er schmarotzt; er schmarotzte; er hat schmarotzt; schmarotze nicht!; der **Schma|rotzer**
der **Schmar|ren** (eine Mehlspeise; *umgangssprachlich für:* etwas Wertloses)
der **Schmatz** (Kuss); die Schmatze; **schmat|zen;** du schmatzt; sie schmatzt; sie schmatzte; sie hat geschmatzt; schmatz[e] nicht!
der **Schmaus** (reichhaltiges, gutes Mahl); die Schmäuse; **schmau|sen;** du schmaust; er schmaust; er schmauste; er hat ausgiebig geschmaust
schme|cken[1]**;** das Essen schmeckt; das Essen hat ihm geschmeckt
die **Schmei|che|lei; schmei|chel|haft;** am schmeichelhaftesten; **schmeicheln;** du schmeichelst; er schmei-

[1] *Alte Trennung:* ...k|k...

[1] *Alte Trennung:* ...k|k...

chelt; er schmeichelte; er hat ihm geschmeichelt; schmeich[e]le ihm nicht!; der **Schmeich|ler; schmeich|lerisch**

schmei|ßen; du schmeißt; er schmeißt; er schmiß, *neu:* schmiss; er hat einen Stein geschmissen; schmeiße nicht mit Steinen!

die **Schmeiß|flie|ge**

der **Schmelz; schmel|zen** (flüssig werden); der Schnee schmilzt; der Schnee schmolz; der Schnee ist geschmolzen; **schmel|zen** (flüssig machen); du schmilzt; er schmilzt; er schmolz; er hat das Eisen geschmolzen; schmilz das Eisen!; der **Schmelz|ofen;** der **Schmelz|punkt**

der **Schmerz; schmer|zen;** die Wunde schmerzt; die Wunde schmerzte; die Wunde hat geschmerzt; **schmerzhaft; schmerz|lich;** ein schmerzlicher Verlust; **schmerz|los;** am schmerzlosesten; **schmerz|stil|lend;** schmerzstillende Tabletten; aber: einige den Schmerz stillende Mittel

der **Schmet|ter|ball** *(Tischtennis, Tennis usw.);* die Schmetterbälle

der **Schmet|ter|ling;** die **Schmet|terlings|blü|te** *(Biologie);* der **Schmetter|lings|blüt|ler;** der **Schmet|terlings|stil** *(Schwimmen)*

schmet|tern; du schmetterst; er schmettert; er schmetterte; er hat den Ball über das Netz geschmettert; schmettere den Ball über das Netz!

der **Schmied;** die **Schmie|de; schmiede|ei|sern; schmie|den;** du schmiedest; er schmiedet; er schmiedete; er hat das Eisen geschmiedet; schmiede das Eisen!

sich **schmie|gen;** du schmiegst dich; er schmiegt sich; er schmiegte sich; er hat sich eng an seine Mutter geschmiegt; schmieg[e] dich eng an mich!; **schmieg|sam**

die **Schmie|re** (Wache); er hat Schmiere gestanden

die **Schmie|re** (Fett; *auch für:* schlechtes Theater); die Schmieren; **schmie|ren;** du schmierst; er schmiert; er schmierte; er hat Butter aufs Brot geschmiert; schmier[e] die Butter nicht so dick!; der **Schmier|fink;** des/dem/den Schmierfinken; die Schmierfinken; **schmie|rig;** das **Schmier|öl**

die **Schmin|ke; schmin|ken;** du schminkst ihn; er hat ihn geschminkt; schmink[e] ihn!; sich schminken; schminke dich!

schmir|geln; du schmirgelst; er schmirgelt; er schmirgelte; er hat die Herdplatte geschmirgelt; schmirg[e]le die Herdplatte!; das **Schmir|gel|papier**

der **Schmiß,** *neue Schreibung:* **Schmiss** (Schwung; Hiebnarbe); des Schmisses; die Schmisse; **schmis|sig;** schmissige Musik

der **Schmö|ker** (*umgangssprachlich für:* anspruchsloses, aber fesselndes Buch); **schmö|kern** (behaglich und viel lesen); du schmökerst; sie hat viel geschmökert; schmökere nicht so viel!

schmol|len; du schmollst; er schmollt; er schmollte; er hat geschmollt; schmoll[e] nicht!; der **Schmoll|win|kel**

der **Schmor|bra|ten; schmo|ren;** du schmorst; er hat das Fleisch geschmort; schmor[e] das Fleisch!

der **Schmu** (*umgangssprachlich für:* leichter Betrug); Schmu machen

schmuck; ein schmucker Junge; der **Schmuck; schmü|cken[1];** du schmückst; er schmückt; er schmückte; er hat den Saal geschmückt; schmück[e] den Saal!; der **Schmuckkas|ten[2];** das **Schmuck|stück**

der **Schmud|del** (*umgangssprachlich für:* Unsauberkeit); des Schmuddels; **schmud|de|lig** *und* **schmudd|lig**

der **Schmug|gel; schmug|geln;** du schmuggelst; er schmuggelt; er schmuggelte; er hat Kaffee über die Grenze geschmuggelt; schmuggle nicht!; der **Schmugg|ler**

schmun|zeln; du schmunzelst; sie schmunzelt; sie schmunzelte; sie hat geschmunzelt; schmunzle nicht!

der **Schmus** (*umgangssprachlich für:* leeres Gerede, Schmeichelei); **schmusen;** du schmust; er schmust; er schmuste; er hat mit ihr geschmust

der **Schmutz; schmut|zen;** das schmutzt; das schmutzte; es hat geschmutzt; der **Schmutz|fink;** des/dem/den Schmutzfinken; die Schmutzfinken; **schmut|zig; schmut|ziggrau,** *neue Schreibung:* **schmut|zig grau**

der **Schna|bel; schnä|beln;** die Tauben

---

[1]*Alte Trennung:* ...k|k...
[2]*Alte Trennung:* ...|st...

schnäbeln; sie schnäbelten; sie haben geschnäbelt; das **Schna|bel|tier** (ein Eier legendes Säugetier); **schna|bu|lie|ren** *(umgangssprachlich);* du schnabulierst; er hat die Kirschen schnabuliert

das **Schna|der|hüp|fel** *und* das **Schna|der|hüp|ferl** (*bayrisch und österreichisch für:* scherzhafter, oft zum Tanz gesungener Vierzeiler); die Schnaderhüpfel *und* die Schnaderhüpferl

die **Schna|ke** (Stechmücke); der **Schna|ken|stich**

die **Schnal|le; schnal|len;** du schnallst; er hat den Gürtel enger geschnallt; schnall[e] deinen Gürtel fester!

schnal|zen; du schnalzt; er schnalzt; er schnalzte; er hat geschnalzt

schnap|pen; du schnappst ihn; er schnappt ihn; er schnappte ihn; er hat ihn geschnappt; schnapp[e] ihn!; das **Schnäpp|chen** (*umgangssprachlich für:* vorteilhafter Kauf); das **Schnapp|schloß,** *neue Schreibung:* **Schnapp|schloss;** die Schnappschlösser; der **Schnapp|schuß,** *neue Schreibung:* **Schnapp|schuss;** des Schnappschusses; die Schnappschüsse

der **Schnaps;** die **Schnaps|idee** (verrückter Einfall); die **Schnaps|zahl** (*scherzhaft für:* Zahl aus gleichen Ziffern)

schnar|chen; du schnarchst; er hat geschnarcht; schnarch[e] nicht so laut!; der **Schnar|cher**

die **Schnar|re; schnar|ren;** seine Stimme schnarrt; sie schnarrte; sie hat laut geschnarrt

schnat|tern; die Gans schnattert; sie schnatterte; sie hat geschnattert

schnau|ben; das Pferd schnaubt; das Pferd schnaubte; es hat geschnaubt

schnau|fen; du schnaufst; er schnauft; er schnaufte; er hat geschnauft

der **Schnauz|bart; schnauz|bär|tig;** die **Schnau|ze;** halt die Schnauze! *(derb);* **schnau|zen;** du schnauzt; er schnauzt; er schnauzte; er hat geschnauzt; schnauz[e] nicht immer!; der **Schnau|zer** (ein Hund)

die **Schne|cke**[1]; das **Schne|cken|haus**[1]; das **Schne|cken|tem|po**[1]

der **Schnee;** der **Schnee|ball;** die **Schnee|ball|schlacht;** das **Schnee|brett** (flach überhängende Schneemassen); die **Schnee|flo|cke**[1]; das **Schnee|ge|stö|ber;** das **Schnee|glöck|chen;** die **Schnee|gren|ze; schnee|ig;** die **Schnee|ket|te** *meist Plural;* der **Schnee|mann;** die Schneemänner; der **Schnee|pflug;** das **Schnee|trei|ben; schnee|weiß;** das **Schnee|witt|chen**

der, *süddeutsch und österreichisch auch:* die **Schneid** (Mut)

der **Schneid|bren|ner** (Gerät zum Zerschneiden von Metall); die **Schnei|de; schnei|den;** du schneidest; er schneidet; er schnitt; er hat das Fleisch geschnitten; schneide das Fleisch!; sich schneiden; ich habe mich geschnitten; ich habe mir, *auch:* mich in den Finger geschnitten; der **Schnei|der;** die **Schnei|de|rin;** die Schneiderinnen; **schnei|dern;** du schneiderst; sie schneidert; sie schneiderte; sie hat das Kleid geschneidert; der **Schnei|der|sitz;** der **Schnei|de|zahn**

schnei|dig

schnei|en; es schneit; es schneite; es hat geschneit

die **Schnei|se**

schnell; schnellstens; ein schneller Bote; der **Schnelläu|fer**[2], *neue Schreibung:* **Schnell|läu|fer,** *auch möglich:* **Schnell-Läu|fer;** die Schnelläufer, *neu:* Schnellläufer, *auch:* Schnell-Läufer; **schnel|len;** der Pfeil schnellt; der Pfeil schnellte; der Pfeil ist durch die Luft geschnellt; die **Schnel|lig|keit;** der **Schnell|im|biß,** *neue Schreibung:* **Schnell|im|biss;** die **Schnell|stra|ße;** der **Schnell|zug**

die **Schnep|fe** (ein Vogel)

sich **schneu|zen;** du schneuzt dich; sie schneuzt sich; sie schneuzte sich; sie hat sich geschneuzt; schneuz[e] dich!

das **Schnipp|chen;** jemandem ein Schnippchen schlagen (*umgangssprachlich für:* jemandem einen Streich spielen); **schnip|peln** *(umgangssprachlich);* ich schnipp[e]le; du schnippelst; sie hat die Bohnen geschnippelt; schnipp[e]le die Bohnen!; **schnip|pen;** du schnippst mit den Fingern; er schnippte mit den Fingern; er hat mit den Fingern geschnippt

schnip|pisch; am schnippischsten

[1] *Alte Trennung:* ...k|k...

[2] *Trennung:* ...ll|l...

der *und* das **Schnip|sel;** die Schnipsel; **schnip|sen;** du schnipst; er schnipst; er hat geschnipst; ↑schnippen

der **Schnitt;** die **Schnit|te;** der **Schnit|ter; schnit|tig;** ein schnittiges Auto; der **Schnitt|lauch;** die **Schnitt|men|ge** (*Mathematik:* Menge der gemeinsamen Elemente mehrerer Mengen); das **Schnitt|mus|ter**[1]; der **Schnitt|punkt**

das **Schnit|zel;** die Schnitzel; die **Schnit|zel|jagd; schnit|zeln;** du schnitzelst; er hat das Papier geschnitzelt

schnit|zen; du schnitzt; er schnitzt; er schnitzte; er hat ein Reh geschnitzt; schnitz[e] ein Reh!; der **Schnit|zer;** das **Schnitz|mes|ser**

schnöd *und* **schnö|de;** am schnödesten; ein schnöder Gewinn

schnod|de|rig *und* **schnodd|rig** (*umgangssprachlich für:* vorlaut, respektlos)

der **Schnor|chel** (Luftrohr für das tauchende U-Boot; Teil eines Sporttauchgerätes); die Schnorchel

der **Schnör|kel;** die Schnörkel; **schnör|ke|lig** *und* **schnörk|lig**

schnor|ren (*umgangssprachlich für:* betteln); du schnorrst; er schnorrte; er hat geschnorrt; der **Schnor|rer**

der **Schnö|sel** (*umgangssprachlich für:* dummer und frecher junger Mann); die Schnösel

die **Schnüf|fe|lei; schnüf|feln;** du schnüffelst; er hat geschnüffelt; schnüffle nicht in fremden Sachen!; der **Schnüff|ler**

der **Schnul|ler**

die **Schnul|ze** (*umgangssprachlich für:* rührseliges Lied oder Theaterstück, rührseliger Film)

der **Schnup|fen;** der **Schnupf|ta|bak**

schnup|pe (*umgangssprachlich für:* gleichgültig); es ist mir schnuppe

schnup|pern; du schnupperst; er schnupperte; er hat an dem Essen geschnuppert; schnuppere nicht daran!

die **Schnur;** die Schnüre; **schnü|ren;** du schnürst; sie hat die Schuhe geschnürt; schnür[e] sie!; **schnur|ge|ra|de**

der **Schnurr|bart; schnur|ren;** die Katze schnurrt; die Katze hat geschnurrt; **schnur|rig;** er ist ein schnurriger Kauz

der **Schnür|sen|kel;** die Schnürsenkel; **schnur|stracks**

[1]*Alte Trennung:* ...|st...

die **Schnu|te** (*umgangssprachlich für:* Mund, Schmollmund)

der **Scho|ber** (*süddeutsch für:* geschichteter Getreidehaufen; kleine Scheune)

das **Schock** (60 Stück); 3 Schock Eier; **schock|wei|se**

der **Schock** (Nervenerschütterung; akutes Kreislaufversagen); die Schocks; **scho|ckie|ren**[1]; sie hat ihn schockiert

scho|fel (*umgangssprachlich für:* gemein, geizig)

der **Schöf|fe;** des/dem/den Schöffen; die Schöffen; das **Schöf|fen|ge|richt**

die **Scho|ko|la|de;** der **Scho|ko|la|den|pud|ding;** der **Scho|ko|rie|gel**

die **Schol|le** (ein Seefisch)

die **Schol|le** (Erd-, Eisklumpen; Heimatboden)

schon; obschon, wennschon; wennschon – dennschon

schön; das schöne Wetter; die schöne Literatur; der Saal ist auf das *oder* aufs schönste, *auch:* Schönste (schönstens) geschmückt; sie ist die Schönste unter ihnen; er bewahrt sich das Gefühl für das Schöne und das Gute; etwas Schönes wird es schon geben; schön sein; sich schön anziehen; schön singen

scho|nen; du schonst ihn; er hat ihn geschont; schone ihn!; der **Scho|ner** (Schutzdecke)

der **Scho|ner** (ein mehrmastiges Segelschiff)

schön|fär|ben (günstig darstellen); er hat diesen Vorgang schöngefärbt; **schön fär|ben;** das Kleid wurde besonders schön gefärbt; die **Schön|fär|be|rei;** die **Schön|heit; schön|schrei|ben** (Schönschrift schreiben); sie haben während des Unterrichts schöngeschrieben; **schön schrei|ben;** er hat diesen Aufsatz besonders schön geschrieben; das **Schön|schreib|heft;** die **Schön|schrift; schön|tun** (sich zieren; schmeicheln); er hat in ihrer Anwesenheit immer schöngetan

die **Scho|nung; scho|nungs|los;** am schonungslosesten; die **Schon|zeit**

der **Schopf;** die Schöpfe

schöp|fen; du schöpfst; sie schöpft; sie schöpfte; sie hat Wasser geschöpft; schöpf[e] Wasser!; der **Schöpf|löf|fel**

der **Schöp|fer; schöp|fe|risch;** die **Schöp|fung**

[1]*Alte Trennung:* ...k|k...

der **Schop|pen** (ein Flüssigkeitsmaß); 3 Schoppen Wein; **schop|pen|wei|se**
der **Schorf;** die Schorfe
die **Schor|le** (Getränk aus Wein oder Fruchtsaft und Mineralwasser)
der **Schorn|stein;** der **Schorn|stein|fe-ger**
der **Schoß;** die Schöße; der **Schoß|hund**
der **Schöß|ling,** *neue Schreibung:* **Schöss|ling** (Trieb einer Pflanze)
die **Scho|te**
das **Schott** (wasserdichte [Quer]wand im Schiff); die Schotte *und* die Schotten
der **Schot|te** (Einwohner von Schottland); **schot|tisch; Schott|land**
der **Schot|ter** (zerkleinerte Steine); die **Schot|ter|stra|ße**
schraf|fie|ren; du schraffierst; er hat die Zeichnung schraffiert; schraffier[e] die Zeichnung noch etwas!
schräg; die **Schrä|ge;** der **Schräg-strich**
die **Schram|me; schram|men;** du schrammst; er hat den Wagen geschrammt; schramm[e] ihn nicht!
der **Schrank**
die **Schran|ke; schran|ken|los;** der **Schran|ken|wär|ter**
die **Schrank|wand**
der **Schrat** (zottiger Waldgeist)
die **Schrau|be; schrau|ben;** du schraubst; er hat den Rekord höher geschraubt; sich schrauben; der Adler hat sich in die Höhe geschraubt; der **Schrau|ben|dre|her** (Schraubenzieher); der **Schrau|ben|schlüs|sel;** der **Schrau|ben|zie|her;** der **Schraub-stock**
der **Schre|ber|gar|ten**
der **Schreck;** die Schrecke; einen großen Schreck bekommen; der **Schre-cken**[1]; die Schrecken; Angst und Schrecken verbreiten; **schre|cken**[1]; du schreckst ihn; er hat ihn geschreckt; schreck[e] ihn nicht!; **schreck|haft;** am schreckhaftesten; **schreck|lich**
der **Schrei;** die Schreie
schrei|ben; du schreibst; er schreibt; er schrieb; er hat einen Brief geschrieben; schreib[e] einen Brief an deine Mutter!; das **Schrei|ben;** der **Schrei-ber; schreib|faul;** der **Schreib|feh-ler;** die **Schreib|ma|schi|ne;** der **Schreib|tisch;** die **Schrei|bung;** das **Schreib|wa|ren|ge|schäft**

[1]*Alte Trennung:* ...k|k...

schrei|en; du schreist; er schreit; er schrie; er hat geschrien; schrei[e] nicht so laut!; der **Schrei|er;** der **Schrei-hals**
der **Schrein** (Sarg; Reliquienbehältnis); der **Schrei|ner; schrei|nern;** du schreinerst; sie hat einen Schrank geschreinert; schreinere mir diesen Schrank!
schrei|ten; du schreitest; er schreitet; er schritt; er ist würdevoll über den Marktplatz geschritten
die **Schrift; der Schrift|ge|lehr|te; schrift|lich;** der **Schrift|set|zer;** die **Schrift|spra|che;** der **Schrift|stel-ler;** das **Schrift|stück;** das **Schrift-zei|chen;** die **Schrift|zü|ge** (Handschrift eines Menschen) *Plural*
schrill; schril|len; das Telefon schrillt; das Telefon hat geschrillt
der **Schritt;** die Schritte; aber: 5 Schritt weit; er folgte ihr auf Schritt und Tritt; du sollst Schritt halten; hier musst du Schritt fahren; der **Schritt|ma|cher; schritt|wei|se**
schroff; die **Schroff|heit**
schröp|fen; du schröpfst; er schröpft; er schröpfte; er hat ihn geschröpft; schröpf[e] ihn nicht!
der *und* das **Schrot;** die Schrote; das **Schrot|brot; schro|ten** (grob zerkleinern); du schrotest; sie schrotet; sie schrotete; sie hat den Weizen geschrotet; schrote ihn!; die **Schrot|flin|te**
der **Schrott** (Alteisen); die Schrotte
schrub|ben; du schrubbst; er schrubbt; er schrubbte; er hat geschrubbt; schrubb[e] den Boden!; der **Schrub|ber**
die **Schrul|le** (sonderbare Angewohnheit; sonderbarer Einfall); **schrul|lig**
schrum|pe|lig *und* **schrump|lig; schrump|fen;** das Gewebe schrumpft bei der Wäsche; der Vorrat ist geschrumpft
der **Schub;** die Schübe; das **Schub|fach;** die Schubfächer; die **Schub|kar|re** *und* der **Schub|kar|ren;** die **Schub-kraft;** die Schubkräfte; die **Schub|la-de;** die Schubladen; die **Schub|leh-re;** ↑Schieblehre; der **Schubs** (*umgangssprachlich für:* Stoß); die Schubse; **schub|sen;** du schubst; er schubst; er hat ihn geschubst; schubs[e] nicht!; **schub|wei|se**
schüch|tern; die **Schüch|tern|heit**
der **Schuft**

schuf|ten (*umgangssprachlich für:* hart arbeiten); du schuftest; er schuftet; er schuftete; er hat geschuftet; schufte nicht so viel!; die **Schuf|te|rei**
schuf|tig

der **Schuh;** die **Schuh|creme;** die **Schuh|grö|ße;** der **Schuh|ma|cher;** die **Schuh|num|mer;** der **Schuh-platt|ler** (ein Volkstanz); die **Schuh-soh|le**

der **Schul|ab|schluß,** *neue Schreibung:* **Schul|ab|schluss;** die **Schul|ar|beit** *meist Plural;* die **Schul|auf|ga|ben** *Plural;* die **Schul|bank;** die Schulbänke; die **Schul|bil|dung;** das **Schul|buch;** der **Schul|bus;** des Schulbusses; die Schulbusse

die **Schuld;** er trägt Schuld daran; es ist meine Schuld; er ist schuld; er hat schuld, *neu:* Schuld; man kann ihm nicht schuld, *neu:* Schuld geben; er ließ sich nichts zuschulden, *auch:* zu Schulden kommen; **schuld|be|la|den,** aber: er ist mit großer Schuld beladen; **schuld|be|wußt,** *neue Schreibung:* **schuld|be|wusst,** aber: er ist sich seiner Schuld bewußt, *neu:* bewusst; **schul|den;** du schuldest; er schuldet; er schuldete; er hat mir noch 5 Mark geschuldet; schulde niemandem etwas!; **schul|den|frei;** das Haus ist schuldenfrei, aber: er ist von allen Schulden frei; **schul|dig;** er ist eines Verbrechens schuldig; er wurde schuldig gesprochen; **schuld|los;** der **Schuld-ner**

die **Schu|le; schu|len;** Auswendiglernen schult das Gedächtnis; es hat immer das Gedächtnis geschult; schul[e] dein Gedächtnis!; der **Schü|ler;** die **Schü-le|rin;** die Schülerinnen; der **Schü-ler|lot|se;** des/dem/den Schülerlotsen; die Schülerlotsen; die **Schü|ler-mit|ver|wal|tung;** der **Schü|ler|ver-tre|ter;** die **Schü|ler|zei|tung;** das **Schul|fach;** die **Schul|fe|ri|en** *Plural;* **schul|frei;** der **Schul|funk;** das **Schul|heft;** der **Schul|hof;** das **Schul|jahr;** die **Schul|klas|se;** die **Schul|pflicht; schul|pflich|tig;** der **Schul|ran|zen;** der **Schul|spre-cher;** die **Schul|stun|de;** der **Schul-tag;** die **Schul|ta|sche**

die **Schul|ter;** das **Schul|ter|blatt; schul|tern;** du schulterst; er hat das Gewehr geschultert; schultere das Gewehr!; der **Schul|ter|stand** *(Turnen)*

die **Schul|tü|te;** der **Schul|un|ter|richt;** der **Schul|weg;** das **Schul|zeug|nis**
schum|meln (*umgangssprachlich für:* [leicht] betrügen); du schummelst; er hat geschummelt; schumm[e]le nicht!
schum|me|rig *und* **schumm|rig** (*umgangssprachlich für:* dämmrig)

der **Schund** (Wertloses)
schun|keln; du schunkelst; er schunkelt; er schunkelte; er hat geschunkelt; schunk[e]le mit!

die **Schup|pe; schup|pen;** du schuppst; er hat den Karpfen geschuppt; **schup-pig**

der **Schup|pen**

die **Schur** (das Scheren [der Schafe]); die Schuren
schü|ren; du schürst; er hat das Feuer geschürt; schür[e] das Feuer!
schür|fen; du schürfst; er schürft; er schürfte; er hat Gold geschürft

der **Schur|ke;** des/dem/den Schurken; die Schurken; **schur|kisch**

der **Schurz;** die Schurze; die **Schür|ze;** die Schürzen; **schür|zen;** du schürzt; sie schürzt; sie schürzte; sie hat ihren Rock geschürzt; schürz[e] den Rock!

der **Schuß,** *neue Schreibung:* **Schuss;** des Schusses; die Schüsse; 2 Schuß, *neu:* Schuss *und* 2 Schüsse abgeben; er hält seine Sachen in Schuß, *neu:* Schuss (in Ordnung)

die **Schüs|sel;** die Schüsseln
schus|se|lig *und* **schuß|lig,** *neue Schreibung:* **schuss|lig**

die **Schuß|waf|fe,** *neue Schreibung:* **Schuss|waf|fe**

der **Schus|ter**[1]

der **Schutt;** der **Schutt|ab|la|de|platz**

der **Schüt|tel|frost; schüt|teln;** du schüttelst; er hat den Baum geschüttelt; schütt[e]le die Pflaumen!; sich schütteln; er hat sich vor Lachen geschüttelt
schüt|ten; du schüttest; er hat das Getreide auf die Tenne geschüttet; schütte das Getreide auf die Tenne!
schüt|ter (spärlich; schwach); schütteres Haar

der **Schutt|hau|fen**

der **Schutz;** jemandem Schutz gewähren; der **Schutz|an|zug;** das **Schutz-blech**

der **Schüt|ze**
schüt|zen; du schützt; er schützt; er hat ihn geschützt; schütz[e] ihn!

---
[1] *Alte Trennung:* ...|st...

das **Schüt|zen|fest**

der **Schutz|en|gel**

der **Schüt|zen|ver|ein**

der **Schutz|helm;** die **Schutz|imp|fung;** der **Schütz|ling; schutz|los;** am schutzlosesten; der **Schutz|mann;** die Schutzmänner *und* die Schutzleute; die **Schutz|mas|ke;** der **Schutz|pa|t|ron;** der **Schutz|zoll**

der **Schwa|be;** die **Schwä|bin;** die Schwäbinnen; **schwä|bisch;** aber: die Schwäbische Alb

schwach; schwächer; am schwächsten; er hat eine schwache Stunde; das ist eine schwache Hoffnung; die schwache Deklination; aber: das Recht des Schwachen; **schwach|be|völ|kert,** *neue Schreibung:* **schwach be|völ|kert;** die schwachbevölkerte, *neu:* schwach bevölkerte Gegend; die Gegend ist schwach bevölkert; die **Schwä|che; schwä|chen;** die Grippe schwächt; die Grippe schwächte; die Grippe hat seinen Körper geschwächt; **schwäch|lich;** der **Schwäch|ling;** der **Schwach|sinn; schwach|sin|nig**

der **Schwa|den** (Dampf, Dunst); die Schwaden

die **Schwa|fe|lei** (*umgangssprachlich für:* überflüssiges Gerede); **schwa|feln;** du schwafelst; er hat geschwafelt; schwaf[e]le nicht!

der **Schwa|ger;** die Schwäger; die **Schwä|ge|rin;** die Schwägerinnen

die **Schwal|be**

der **Schwall** (die Welle, der Guss); die Schwalle

der **Schwamm;** die Schwämme; **schwam|mig**

der **Schwan;** die Schwäne

schwa|nen; es schwant mir (ich ahne)

schwan|ger; die **Schwan|ger|schaft**

der **Schwank;** die Schwänke; **schwan|ken;** du schwankst; sie hat geschwankt; schwank[e] nicht!

der **Schwanz;** die Schwänze; **schwän|zeln;** der Hund schwänzelt; der Hund hat geschwänzelt

schwän|zen; du schwänzt; sie schwänzt; sie hat die letzte Stunde geschwänzt; schwänz[e] nicht!

die **Schwanz|flos|se**

schwap|pen; das Wasser hat geschwappt; das Wasser ist über den Rand geschwappt

der **Schwarm;** die Schwärme; **schwär|men;** du schwärmst; er hat von ihr geschwärmt; schwärm[e] nicht dauernd!; der **Schwär|mer; schwär|me|risch**

die **Schwar|te** (dicke Haut; *umgangssprachlich für:* dickes Buch); der **Schwar|ten|ma|gen** (eine Wurstsorte)

schwarz; schwärzer; am schwärzesten; ↑blau; der schwarze Kater; die schwarze Rasse; ein schwarzer Tag; etwas schwarz auf weiß besitzen; aus schwarz weiß, *neu:* aus Schwarz Weiß machen; die Farbe Schwarz; ins Schwarze treffen; das Schwarze Meer; der Schwarze Erdteil (Afrika); das Schwarze, *neu:* schwarze Brett (Anschlagbrett); der Schwarze, *neu:* schwarze Peter (beim Kartenspiel); etwas schwarz färben; etwas schwarz anstreichen; das **Schwarz;** er spielt Schwarz aus *(Kartenspiel);* sie geht in Schwarz (in Trauerkleidung); ↑Blau; die **Schwarz|ar|beit; schwarz|ar|bei|ten;** du arbeitest schwarz; er arbeitet schwarz; er hat schwarzgearbeitet; **schwarz|braun,** *auch möglich:* **schwarz-braun;** das **Schwar|ze;** ins Schwarze treffen; die **Schwär|ze** (Farbe zum Schwarzmachen); **schwär|zen;** der Ruß der Lokomotiven schwärzt; er schwärzte; er hat die Mauern geschwärzt; **schwarz|fah|ren;** er ist von München nach Hamburg schwarzgefahren (ohne Fahrkarte gefahren); fahr[e] niemals schwarz!; der **Schwarz|han|del; schwarz|hö|ren** (*Rundfunk:* ohne Genehmigung mithören); er hört schwarz; er hat schwarzgehört; hör[e] niemals schwarz!; der **Schwarz|hö|rer; schwarz|ma|len,** *neue Schreibung:* **schwarz ma|len** (pessimistisch sein); er hat immer nur schwarzgemalt, *neu:* schwarz gemalt; der **Schwarz|markt** (illegaler Markt); **schwarz|rot|gol|den,** *auch möglich:* **schwarz-rot-gol|den;** eine schwarzrotgoldene, *auch:* schwarz-rotgoldene Fahne; aber: die Fahne Schwarz-Rot-Gold; **schwarz|se|hen** (*umgangssprachlich für:* ohne Anmeldung fernsehen); sie hat schwarzgesehen; **schwarz|se|hen,** *neue Schreibung:* **schwarz se|hen** (pessimistisch beurteilen); er sieht immer schwarz; er hat immer schwarzgesehen, *neu:* schwarz gesehen; sieh nicht immer schwarz!; der **Schwarz|se|her;** der **Schwarz|wald; schwarz|weiß,** *auch möglich:* **schwarz-weiß;** der **Schwarz|weiß|film**

schwat|zen *und* **schwät|zen;** du schwatzt *und* du schwätzt; er hat geschwatzt *und* er hat geschwätzt; der **Schwät|zer; schwatz|haft;** am schwatzhaftesten

die **Schwe|be;** alles ist in der Schwebe; die **Schwe|be|bahn;** der **Schwe|be|bal|ken** (ein Turngerät); **schwe|ben;** du schwebst; er schwebt; er schwebte; er hat in Lebensgefahr geschwebt

der **Schwe|de;** des Schweden; **Schwe|den; schwe|disch**

der **Schwe|fel; schwe|fe|lig** *und* **schwef|lig;** die **Schwe|fel|säu|re**

der **Schweif; schwei|fen;** du schweifst; er schweift; er schweifte; er ist durch den Wald geschweift

schwei|gen; du schweigst; sie schweigt; sie schwieg; sie hat geschwiegen; schweig[e]!; das **Schwei|gen; schweig|sam**

das **Schwein;** das **Schwei|ne|fleisch;** die **Schwei|ne|rei;** der **Schwei|ne|stall**

der **Schweiß; schweiß|be|deckt;** aber: von Schweiß bedeckt; **schweiß|trei|bend;** ein schweißtreibendes Arzneimittel; **schweiß|trie|fend;** aber: von Schweiß triefend; der **Schweiß|trop|fen**

schwei|ßen (*Jägersprache:* bluten); das Reh schweißt; das Reh hat geschweißt

schwei|ßen (bei Weißglut verbinden); du schweißt; er schweißt; er schweißte; er hat die Bleche geschweißt; schweiß[e] die Bleche!; der **Schweiß|bren|ner** (Gerät zum Schweißen); der **Schwei|ßer**

die **Schweiz;** der **Schwei|zer; schwei|zer|deutsch;** das **Schwei|zer|deutsch** (mundartliche Verkehrssprache in der deutschsprachigen Schweiz); des Schweizerdeutsch[s] ; **schwei|ze|risch;** aber: die Schweizerischen Bundesbahnen; der **Schwei|zer Kä|se**

schwe|len; das Feuer schwelt; es hat geschwelt; schwelender Hass

schwel|gen; du schwelgst; er schwelgt; er schwelgte; er hat in Erinnerungen geschwelgt; **schwel|ge|risch**

die **Schwel|le**

schwel|len; der Finger schwillt; der Finger schwoll; der Finger ist geschwollen; die **Schwel|lung**

die **Schwem|me;** sie führt die Pferde in die Schwemme; **schwem|men;** das Meer hat das Wrack an die Küste geschwemmt; das **Schwemm|land**

der **Schwen|gel;** die Schwengel

schwen|ken; du schwenkst; er schwenkt; er hat die Fahne geschwenkt; schwenk[e] sie!; die **Schwen|kung**

schwer; ein schwerer Junge (*umgangssprachlich für:* Gewaltverbrecher); er sprach mit schwerer Zunge; der Tod seines Freundes war ein schwerer Schlag (großer Verlust) für ihn; der **Schwer|ath|let;** des/dem/den Schwerathleten; die Schwerathleten; **schwer|be|hin|dert,** *neue Schreibung:* **schwer be|hin|dert** (durch gesundheitliche Schädigung nur bedingt erwerbsfähig); er ist schwerbehindert, *neu:* schwer behindert; der Verkehr ist schwer behindert (gestört); **schwer|be|la|den,** *neue Schreibung:* **schwer be|la|den;** schwerer beladen; am schwersten beladen; ein schwerbeladener, *neu:* schwer beladener Wagen; der Wagen ist schwer beladen; **schwer|be|waff|net,** *neue Schreibung:* **schwer be|waff|net;** ein schwerbewaffneter, *neu:* schwer bewaffneter Soldat; der Soldat ist schwer bewaffnet; **schwer|er|zieh|bar,** *neue Schreibung:* **schwer er|zieh|bar;** ein schwererziehbares, *neu:* schwer erziehbares Kind; das Kind ist schwer erziehbar; **schwer|fal|len,** *neue Schreibung:* **schwer fal|len** (Mühe verursachen); die Arbeit fiel ihm schwer; die Arbeit ist ihm schwergefallen, *neu:* schwer gefallen; **schwer fal|len;** er ist sehr schwer gefallen; **schwer|fäl|lig;** das **Schwer|ge|wicht** (eine Körpergewichtsklasse); **schwer|hal|ten,** *neue Schreibung:* **schwer hal|ten** (schwierig sein); es hat schwergehalten, *neu:* schwer gehalten, ihn davon zu überzeugen; **schwer hal|ten;** er konnte das Pferd nur schwer halten; **schwer|hö|rig;** die **Schwer|kraft** (Anziehungskraft der Erde); **schwer|krank,** *neue Schreibung:* **schwer krank;** ein schwerkrankes, *neu:* schwer krankes Kind; das Kind ist schwer krank; der **Schwer|kran|ke;** ein Schwerkranker;

die Schwerkranken; zwei Schwerkranke; die **Schwer|kran|ke;** eine Schwerkranke; **schwer|lich; schwer|ma|chen,** *neue Schreibung:* **schwer ma|chen** (Schwierigkeiten machen); er hat ihm das Leben schwergemacht, *neu:* schwer gemacht; **schwer ma|chen;** das lässt sich nur schwer machen; die Nässe hat den Sand schwer gemacht; das **Schwer|me|tall; schwer|mü|tig; schwer|neh|men,** *neue Schreibung:* **schwer neh|men** (ernst nehmen); er hat die Nachricht schwergenommen, *neu:* schwer genommen; **schwer neh|men;** der Reiter konnte das Hindernis nur schwer nehmen; der **Schwer|punkt; schwer|reich** (*umgangssprachlich für:* sehr reich); ein schwerreicher Mann; aber: dieser Mann ist schwer reich

das **Schwert;** die Schwerter; der **Schwert|fisch;** die **Schwert|li|lie**

sich **schwer|tun,** *neue Schreibung:* sich **schwer tun;** er hat sich schwergetan, *neu:* schwer getan; er hat sich sehr schwer getan; der **Schwer|ver|bre|cher; schwer|ver|letzt,** *neue Schreibung:* **schwer ver|letzt;** schwerer verletzt; am schwersten verletzt; ein schwerverletzter, *neu:* schwer verletzter Radfahrer; er ist schwer verletzt; **schwer|ver|ständ|lich,** *neue Schreibung:* **schwer ver|ständ|lich;** eine schwerverständliche, *neu:* schwer verständliche Sprache; die Sprache ist schwer verständlich; **schwer|ver|wun|det,** *neue Schreibung:* **schwer ver|wun|det;** ein schwerverwundeter, *neu:* schwer verwundeter Soldat; dieser Soldat ist schwer verwundet; **schwer|wie|gend;** schwerwiegendere Fehler *oder* schwerer wiegende Fehler; der schwerwiegendste Fehler

die **Schwes|ter**[1]; **schwes|ter|lich**[1]

die **Schwie|ger|el|tern** *Plural;* die **Schwie|ger|mut|ter;** der **Schwie|ger|sohn;** die **Schwie|ger|toch|ter;** der **Schwie|ger|va|ter**

die **Schwie|le; schwie|lig**

schwie|rig; die **Schwie|rig|keit**

das **Schwimm|bad;** das **Schwimm|be|cken**[2]; der **Schwimmei|ster**[3], *neue Schreibung:* **Schwimm|meis|ter,** *auch möglich:* **Schwimm-Meis|ter; schwim|men;** du schwimmst; er schwimmt; er schwamm; er ist über den See geschwommen; er hat zwei Stunden geschwommen; schwimm[e]!; der **Schwim|mer;** die **Schwimm|flos|se;** der **Schwimm|vo|gel;** die **Schwimm|wes|te**[1]

der **Schwin|del; schwin|del|er|re|gend,** *neue Schreibung:* **Schwin|del er|re|gend; schwin|del|frei; schwin|de|lig** *und* **schwind|lig; schwin|deln;** du schwindelst; er hat geschwindelt; schwind[e]le nicht!; der **Schwind|ler**

schwin|den; etwas schwindet; etwas schwand; etwas ist geschwunden; die **Schwind|sucht**

die **Schwin|ge** (Flügel); die Schwingen; **schwin|gen;** du schwingst; er schwingt; er schwang; er hat die Fahne geschwungen; schwing[e] die Fahne!; der **Schwin|ger** (Boxhieb); die **Schwin|gung**

der **Schwips** (leichter Rausch); die Schwipse

schwir|ren; der Pfeil schwirrt; der Pfeil ist durch die Luft geschwirrt

schwit|zen; du schwitzt; er schwitzt; er hat bei der Arbeit geschwitzt

der **Schwof** (Tanzvergnügen); **schwo|fen;** du schwofst; er hat die ganze Nacht geschwoft

schwö|ren; du schwörst; er schwört; er schwor; er hat geschworen; schwör[e]!

schwul (*umgangssprachlich für:* homosexuell); **schwül;** die **Schwü|le**

der **Schwulst; schwüls|tig**[1]

der **Schwund** (Verlust, Verringerung)

der **Schwung;** die Schwünge; die **Schwung|kraft; schwung|voll**

der **Schwur;** die Schwüre; das **Schwur|ge|richt** (Gericht für besonders schwere Straftaten)

die **Sci|ence-fic|tion,** *neue Schreibung:* **Sci|ence|fic|tion** [*ßaienßfikschen*] (wissenschaftlich-utopische Literatur)

Scot|land Yard [*ßkotlend ja'd*] (die Londoner Kriminalpolizei)

das **Scrat|ching** [*skrätsching*] (das Hervorbringen bestimmter akustischer Effekte durch Manipulation der laufenden Schallplatte); des Scratchings

sec = Sekunde

[1]*Alte Trennung:* ...|st...
[2]*Alte Trennung:* ...|ck...
[3]*Trennung:* ...mm|m...

[1]*Alte Trennung:* ...|st...

sechs; wir sind zu sechsen *und* zu sechst; wir sind sechs; ↑acht; die **Sechs** (Zahl); die Sechsen; er hat in Deutsch eine Sechs geschrieben; er hat eine Sechs gewürfelt; ↑Acht; der **Sechs|ach|tel|takt** ($^6/_8$-Takt); **sechs|fach; sechs|jäh|rig; sechs|mal** ↑achtmal; **sechs|te**[1] ↑achte; das **Sechs|tel**[1]; die Sechstel; ↑Achtel; **sechs|tens**[1]; **sech|zehn** ↑acht; **sech|zig** ↑achtzig

der **Se|cond|hand|shop** [*ßĕkᵉndhänd-schop*] (Laden, in dem gebrauchte Kleidung u. a. verkauft wird); des Secondhandshops; die Secondhandshops

SED = Sozialistische Einheitspartei Deutschlands (Staatspartei in der DDR [1946–1989])

das **Se|di|ment** (Ablagerung, Schicht)

der **See** (Landsee); die Seen; die **See** (Meer); die Seen; der **See|ad|ler;** die **See|fahrt;** der **See|gang;** starker Seegang; der **See|hund; see|krank**

die **See|le; see|len|ru|hig; see|len|ver|gnügt; see|lisch;** die **Seel|sor|ge;** der **Seel|sor|ger**

der **See|mann;** die Seeleute; die **See|not;** das **See|pferd|chen;** der **See|räu|ber;** die **See|rei|se;** die **See|ro|se;** der **See|stern** (ein Meerestier); **see|tüch|tig;** die **See|zun|ge** (ein Fisch)

das **Se|gel;** die Segel; das **Se|gel|boot;** der **Se|gel|flug;** das **Se|gel|flug|zeug; se|geln;** er hat drei Stunden gesegelt; er ist nach Schweden gesegelt; segle mit mir!; das **Se|gel|schiff;** der **Seg|ler**

der **Se|gen; se|gens|reich**

das **Seg|ment** (Abschnitt); die Segmente

seg|nen; du segnest; er segnet; er segnete; er hat ihn gesegnet; segne ihn!

se|hen; du siehst; er sieht; er sah; er hat den Mann gesehen; sieh!; **seh|be|hin|dert; se|hens|wert;** die **Se|hens|wür|dig|keit**

die **Seh|ne; seh|nig**

sich **seh|nen;** du sehnst dich; er sehnt sich; er sehnte sich; er hat sich nach ihr gesehnt; **sehn|lichst;** die **Sehn|sucht;** die Sehnsüchte; **sehn|süch|tig**

das **Seh|ver|mö|gen**

sehr; zu sehr; so sehr; gar sehr; sehr viel; sehr vieles; er hat die Note „sehr gut" erhalten

seicht; am seichtesten

[1]*Alte Trennung:* ...|st...

die **Sei|de;** die Seiden; **sei|den** (aus Seide); **sei|dig** (wie Seide)

die **Sei|fe;** die **Sei|fen|bla|se; sei|fig**

sei|hen; du seihst; er seiht; er seihte; er hat die Milch geseiht; seih[e] die Milch!

das **Seil;** die **Seil|bahn;** der **Sei|ler;** die **Seil|schaft** (Gruppe von Bergsteigern, die durch ein Seil verbunden sind; *übertragen für:* Gruppe von Personen, die [politisch] eng zusammenarbeiten); **seil|sprin|gen;** wir sind seilgesprungen; das **Seil|sprin|gen**

der **Seim** (dicker, zäher Saft, z. B. Honig); **sei|mig**

sein; ich bin; du bist; er ist; wir sind; ihr seid; sie sind; er war; er ist dort gewesen; sei nicht dumm!

sein; sein Heft; jedem das Seine, *auch:* seine; er muss das Seine, *auch:* seine *und* das Seinige, *auch:* seinige dazu tun; Seine Exzellenz; Seine Majestät; Seine Hoheit

die **Sei|ne** [*ßän*ᵉ] (Fluss in Frankreich)

sei|ner|seits; sei|ner|zeit, aber: alles zu seiner Zeit; **sei|nes|glei|chen; sei|net|we|gen; sei|net|wil|len;** um seinetwillen; die **Sei|ni|gen,** *auch:* **sei|ni|gen** (seine Angehörigen) *Plural;* er sorgt für die Seinigen, *auch:* seinigen

sein|las|sen, *neue Schreibung:* **sein las|sen** (unterlassen); er ließ es sein; er hat es seinlassen, *neu:* sein lassen

seit; seit alters; seit damals; seit gestern; seit heute; seit kurzem; seit langem; **seit|dem;** seitdem er gesund ist

die **Sei|te;** von allen Seiten; von zuständiger Seite; jemandem zur Seite stehen; auf seiten, *neu:* aufseiten, *auch:* auf Seiten; er stand auf seiten, *neu:* aufseiten, *auch:* auf Seiten der Gegner; von seiten, *neu:* vonseiten, *auch:* von Seiten; er erhielt Hilfe von seiten, *neu:* vonseiten, *auch:* von Seiten seiner Verwandten; die **Sei|ten|hal|bie|ren|de** *(Geometrie);* eine Seitenhalbierende; **sei|ten|lang;** die Beschreibung war seitenlang; aber: der Brief war vier Seiten lang; **sei|ten|ver|kehrt**

seit|her

seit|lich; seit|wärts; seitwärts gehen

die **Se|kan|te** (Gerade, die eine Kurve schneidet); die Sekanten

das **Se|k|ret** (Absonderung, Ausscheidung); die Sekrete

der **Se|k|re|tär** (ein Beamter des mittleren Dienstes; Funktionär in einer Partei,

Gewerkschaft o. Ä.; kaufmännischer Angestellter; Schreibschrank); die Sekretäre; das **Se|k|re|ta|ri|at** (Geschäftsstelle); die Sekretariate; die **Se|k|re|tä|rin;** die Sekretärinnen

der **Sekt** (Schaumwein); die Sekte; die **Sekt|fla|sche**

die **Sek|te** (kleinere Glaubensgemeinschaft); die Sekten; das **Sek|ten|we|sen;** der **Sek|tie|rer** (Anhänger einer Sekte); **sek|tie|re|risch**

die **Sek|ti|on** (Abteilung, Gruppe)

der **Sek|tor** (Gebiet; Teil; Ausschnitt); die Sektoren

se|kun|där (zweitrangig); die **Se|kun|dar|stu|fe** (vom 5. Schuljahr an)

die **Se|kun|de; se|kun|den|lang,** aber: vier Sekunden lang; **se|kund|lich** *und* **se|künd|lich**

sel|ber; selbst; von selbst; selbst wenn; **selb|stän|dig,** *auch:* **selbst|stän|dig;** sich selbständig, *auch:* selbstständig machen; der **Selbst|aus|lö|ser;** die **Selbst|be|die|nung;** die **Selbst|be|frie|di|gung;** die **Selbst|be|herr|schung; selbst|be|wußt,** *neue Schreibung:* **selbst|be|wusst;** der **Selbst|er|hal|tungs|trieb;** der **Selbst|laut** (Vokal); **selbst|los;** am selbstlosesten; der **Selbst|mord; selbst|tä|tig; selbst|ver|ständ|lich;** das **Selbst|ver|trau|en**

se|lig; selig sein; selig machen; selig werden; die **Se|lig|keit; se|lig|prei|sen,** *neue Schreibung:* **se|lig prei|sen;** er pries ihn selig; er hat ihn seliggepriesen, *neu:* selig gepriesen; die **Se|lig|prei|sung; se|lig|spre|chen,** *neue Schreibung:* **se|lig spre|chen;** man sprach ihn selig; man hat ihn seliggesprochen, *neu:* selig gesprochen; die **Se|lig|spre|chung**

der **Sel|le|rie;** die Sellerie *und* die Selleries *oder* die **Sel|le|rie;** die Sellerie *und* die Sellerien

sel|ten; die **Sel|ten|heit**

das **Sel|ters|was|ser;** die Selterswässer

selt|sam

das **Se|mes|ter**[1] (das Studienhalbjahr)

das **Se|mi|ko|lon** (der Strichpunkt); die Semikolons

das **Se|mi|nar** (katholische Priesterausbildungsanstalt; ein Hochschulinstitut; Übungskurs an der Hochschule); die Seminare

[1] *Alte Trennung:* ...|st...

die **Sem|mel;** die Semmeln

der **Se|nat** (eine Regierungs-, Verwaltungsbehörde); die Senate; der **Se|na|tor;** die Senatoren; die **Se|na|to|rin;** die Senatorinnen

sen|den (übertragen); der Rundfunk sendet; der Rundfunk sendete; der Rundfunk hat Musik gesendet; **sen|den** (schicken); du sendest mir einen Brief; sie sendet mir einen Brief; sie sandte, *auch:* sendete mir einen Brief; sie hat mir einen Brief gesandt, *auch:* gesendet; der **Sen|der;** die **Sen|dung**

Se|ne|gal (Staat in Afrika); der **Se|ne|ga|le|se; se|ne|ga|le|sisch**

der **Senf**

sen|gen (anbrennen); die brennende Zigarette sengte ein Loch in die Decke; sie hat ein Loch in die Decke gesengt

se|nil (greisenhaft)

der **Se|ni|or** (Ältester); die Senioren; die **Se|ni|o|ren** (ältere Menschen) *Plural;* die **Se|ni|o|rin;** die Seniorinnen

das **Senk|blei;** die **Sen|ke**

der **Sen|kel** (Schnürband); die Senkel

sen|ken; du senkst; er senkt; er senkte; er hat den Kopf gesenkt; senk[e] die Preise!

senk|recht; die **Senk|rech|te;** der Senkrechten; die Senkrechten; zwei Senkrechte *und* zwei Senkrechten

der **Senn;** die Sennen; die **Sen|ne|rin;** die Sennerinnen

die **Sen|sa|ti|on** (Aufsehen erregendes Ereignis); **sen|sa|ti|o|nell**

die **Sen|se;** der **Sen|sen|mann** (*verhüllend für:* Tod)

sen|si|bel (empfindsam, feinfühlig)

sen|ti|men|tal (empfindsam; rührselig); die **Sen|ti|men|ta|li|tät** (Gefühlsseligkeit)

Se|oul [*seul*] (Hauptstadt von Südkorea)

se|pa|rat (abgesondert; einzeln)

der **Sep|tem|ber;** die **Sep|ti|me** (der siebte Ton vom Grundton an); die Septimen

der **Ser|be** (Angehöriger eines südslawischen Volkes); des/dem/den Serben; **Ser|bi|en; ser|bisch**

die **Se|re|na|de** (Abendmusik, -ständchen)

die **Se|rie** (Reihe, Folge); die Serien [*se-ri^en*]; **se|ri|en|mä|ßig;** die **Se|ri|en|pro|duk|ti|on;** die **Se|ri|en|schal|tung** (Reihenschaltung); **se|ri|en|wei|se**

se|ri|ös (ernsthaft, gediegen, anständig); am seriösesten; ein seriöser Bewerber

die **Ser|pen|ti|ne** (Straßenwindung, Kehrschleife)

das **Se|rum** (wässriger Bestandteil des Blutes; Impfstoff); die Seren *und* die Sera

das **Ser|vice** [*serwiß*] (Tafelgeschirr); die Service [*serwiße*]

der **Ser|vice** [*ßörwiß*] (Kundendienst); die Services [*ßörwißis*]

ser|vie|ren; er hat serviert; servier[e] das Essen!; die **Ser|vie|re|rin;** die Serviererinnen; die **Ser|vi|et|te**

der **Se|sam** (eine Pflanze mit ölhaltigem Samen); des Sesams; die Sesams

der **Ses|sel;** die Sessel; der **Ses|sel|lift**

seß|haft, *neue Schreibung:* **sesshaft;** die **Seß|haf|tig|keit,** *neue Schreibung:* **Sess|haf|tig|keit**

das *und* der **Set** (zusammengehörige Gegenstände, Satz; Platzdeckchen); des Set[s]; die Sets

set|zen; du setzt; sie setzt; sie setzte; sie hat einen Baum gesetzt; setz[e] ihm eine Frist!; sich setzen; sie hat sich auf einen Stuhl gesetzt; der **Set|zer** (Schriftsetzer); die **Set|ze|rei;** der **Setz|ling**

die **Seu|che**

seuf|zen; du seufzt; er seufzt; er hat geseufzt; seufz[e] nicht!; der **Seuf|zer**

der **Sex** (Geschlechtlichkeit; Geschlechtsverkehr); des Sex[es]; der **Sex|film;** der **Se|xis|mus** ([Diskriminierung aufgrund der] Vorstellung, nach der eines der beiden Geschlechter dem anderen von Natur aus überlegen ist); die **Se|xu|a|li|tät** (Geschlechtlichkeit); die **Se|xu|al|kun|de;** der **Se|xu|al|trieb; se|xu|ell; se|xy** (geschlechtlich attraktiv)

se|zie|ren (eine Leiche öffnen); der Arzt sezierte; er hat die Leiche seziert

der **Shake** [*scheik*] (ein Mischgetränk); des Shakes; die Shakes

das **Sham|poo** [*schampu*], *auch:* **Scham|pon** (flüssiges Haarwaschmittel); des Shampoos, *auch:* Schampons; die Shampoos, *auch:* Schampons

der **She|riff** [*schärif*] (Verwaltungsbeamter in England; oberster Vollzugsbeamter einer amerikanischen Stadt); des Sheriffs; die Sheriffs

der *und* das **Shit** [*schit*] (*umgangssprachlich für:* Haschisch); des Shits

der **Shop** [*schop*] (Laden, Geschäft); des Shops; die Shops

die **Shorts** [*schårz*] (kurze Hose) *Plural;* die **Short sto|ry,** *neue Schreibung:* **Short|sto|ry,** *auch:* **Short Sto|ry** [*schort stori*] (Kurzgeschichte); der Short story, *neu:* Shortstory, *auch:* Short Story; die Short storys, *neu:* Shortstorys, *auch:* Short Storys

die **Show** [*schou*] (Schau; bunte, aufwändige Darbietung); die Shows; der **Show|down,** *auch:* **Show-down** [*schoudaun*] (Entscheidungskampf [im Wildwestfilm]); des Showdowns, *auch:* Show-downs; die Showdowns, *auch:* Show-downs

der **Shut|tle** [*schat(e)l*] ([Fahrzeug im] Pendelverkehr); des Shuttles; die Shuttles

Si|bi|ri|en; si|bi|risch

sich

die **Si|chel;** die Sicheln; **si|chel|för|mig**

si|cher; er gab mir ein sicheres Geleit; hier wird er sicher sein; im sicher[e]n, *neu:* Sicher[e]n (geborgen) sein; es ist das sicherste, *neu:* Sicherste (am sichersten), wenn du zu Hause bleibst; es ist das Sicherste, was du tun kannst; wir suchen etwas Sicheres; er ist auf Nummer Sicher, *auch:* sicher (im Gefängnis); er geht auf Nummer Sicher, *auch:* sicher (er wagt nichts); sicher sein, werden, gehen; **si|cher|ge|hen** (Gewissheit haben); er geht sicher; er ist sichergegangen; **si|cher ge|hen** (ohne Gefahr, ohne Schwanken gehen); über diesen Stamm ist er sicher gegangen; die **Si|cher|heit; si|cher|lich; si|chern;** sie hat ihre Zukunft gesichert; sicher[e] deine Zukunft!; sich sichern; sie hat sich eine gute Ausgangslage gesichert; **si|cher|stel|len** (sichern; in behördliche Verwahrung nehmen); er stellt das Fahrrad sicher; er hat das Fahrrad sichergestellt; die **Si|che|rung**

die **Sicht;** auf lange Sicht; in Sicht kommen; in Sicht sein; **sicht|bar; sichten;** du sichtest; er hat ihn gesichtet; **sicht|lich;** die **Sicht|wei|te;** auf Sichtweite herankommen

die **Si|cker|gru|be**[1]; **si|ckern**[1]; das Blut ist aus der Wunde gesickert; das **Sicker|was|ser**[1]

sie; sie kommt; sie kommen; **Sie;** kommen Sie bitte!

[1] *Alte Trennung:* ...k|k...

das **Sieb; sie|ben;** du siebst; er siebte; er hat das Mehl gesiebt; sieb[e] das Mehl!
sie|ben; wir sind sieben; wir sind zu sieben *und* zu siebt; die sieben Sakramente; ein Buch mit sieben Siegeln (ein unverständliches Buch); die sieben fetten und die sieben mageren Jahre; sieben auf einen Streich; die Sieben, *neu:* sieben Raben (im Märchen); ↑acht; die **Sie|ben;** eine böse Sieben; ↑Acht; **sie|ben|fach; sie|ben|hun|dert; sie|ben|jäh|rig,** aber: der Siebenjährige Krieg; **sie|ben|mal** ↑achtmal; der **Sie|ben|schlä|fer** (ein Nagetier); das **Sie|ben|tel** *und* das **Sieb|tel;** die Siebentel *und* die Siebtel; **sieb|te;** ↑achte; **sieb|tens; sieb|zehn** ↑acht; **sieb|zig;** ↑achtzig
siech; sieche Männer; das **Siech|tum**
sie|deln; du siedelst; er hat am Fluss gesiedelt; der **Sied|ler;** die **Sied|lung**
sie|den; du siedest; er siedet; er sott *und* er siedete; er hat die Eier gesotten *und* gesiedet; siede die Eier!; der **Sie|de|punkt**
der **Sieg; sie|gen;** er siegte; er hat gesiegt; sieg[e]!; der **Sie|ger;** die **Sie|ge|rin;** die Siegerinnen; **sie|ges|ge|wiß,** *neue Schreibung:* **sie|ges|ge|wiss;** der **Sie|ges|preis; sieg|reich**
das **Sie|gel;** die Siegel; der **Sie|gel|lack; sie|geln;** du siegelst; er hat den Brief gesiegelt; sieg[e]le den Brief!
sie|he; siehe oben
der *und* das **Siel** (Deichschleuse; Abwasserkanal); des Siel[e]s; die Siele
das **Si̱|gel** (Abkürzungszeichen, z. B. in der Kurzschrift); die Sigel
das **Si|g|na̱l;** die Signale; **si|g|na|li|sie̱|ren;** er hat seine Ankunft signalisiert; signalisier[e] seine Ankunft!; **si|g|nie̱|ren** (mit dem eigenen Namenszeichen versehen); er hat das Bild signiert
die **Sil|be;** das **Sil|ben|rät|sel;** die **Silben|tren|nung**
das **Sil|ber;** die **Sil|ber|hoch|zeit; sil|bern**
die **Sil|hou|et|te** [*siluạtᵉ*] (Schattenriss, Schattenbild); die Silhouetten
der *und* das **Si̱|lo** (Großspeicher); die Silos
das **Sil|vẹs|ter**[1] (letzter Tag des Jahres)
Sim|bạb|we (Staat in Afrika); der **Sim|bạb|wer; sim|bạb|wisch**
sim|pel (einfach; einfältig); simpler; am simpelsten

[1] *Alte Trennung:* ...|st...

das *und* der **Sims;** die Simse
der **Si|mu|lạnt** (der Krankheitsheuchler); des/dem/den Simulanten; die Simulanten; **si|mu|lie̱|ren** (sich verstellen; zur Übung nachahmen); du simulierst; sie simulierte; sie hat den Raumflug simuliert; simulier[e] nicht!
si|mul|ta̱n (gemeinsam, gleichzeitig)
die **Sin|fo|nie̱,** *auch:* **Sym|pho|nie̱** (ein Musikwerk für Orchester); die Sinfoni̱en, *auch:* Symphoni̱en; **sin|fo̱|nisch,** *auch:* **sym|pho̱|nisch**
Sing. = Singular
Sin|ga|pur [*singapu̱r*] (Staat in Südostasien; dessen Hauptstadt); der **Sin|ga|pu̱|rer; sin|ga|pu̱|risch**
sin|gen; du singst; er singt; er sang; er hat gesungen; sing!; das **Sing|spiel;** die **Sing|stim|me**
der **Sin|gle** [*ßịngᵉl*] (allein stehender Mensch); des Single[s]; die Singles; die **Sin|gle** [*ßịngᵉl*] (kleine Schallplatte); die Singles
der **Sịn|gu|lar** (Einzahl); die Singulare; **sin|gu|la̱r** (vereinzelt vorkommend)
der **Sing|vo|gel**
sin|ken; er sank; er ist gesunken
der **Sinn;** von Sinnen sein; das **Sinn|bild; sin|nen;** du sinnst; er sinnt; er sann; er hat auf Mittel und Wege gesonnen; das **Sin|nes|or|gan; sinn|ge|mäß; sin|nig; sinn|lich; sinn|los;** am sinnlosesten; **sinn|ver|wandt; sinn|voll**
die **Sint|flut**
die **Sip|pe;** die **Sipp|schaft**
die **Si|re̱|ne;** das **Si|re̱|nen|ge|heul**
der **Si̱|rup;** die Sirupe; das **Si̱|rup|glas**
der **Si̱|sal** (eine Blattfaser); des Sisals; der **Si̱|sal|hanf** (Sisal); der **Si̱|sal|tep|pich**
das **Sit-in** [*ßit-ịn*] (Sitzstreik); des Sit-in[s]; die Sit-ins
die **Sit|te; sitt|lich; sitt|sam**
der **Sit|tich** (ein Papagei); des Sittichs; die Sittiche
die **Si|tu|a|ti|o̱n** (Lage, Zustand)
der **Sitz; sit|zen;** du sitzt; er sitzt; er saß; er hat auf dem Stuhl gesessen; sitz gerade!; ich bin noch nicht zum Sitzen gekommen; **sịt|zen|blei|ben,** *neue Schreibung:* **sit|zen blei|ben** (in der Schule nicht versetzt werden); du bleibst sitzen; er ist sitzengeblieben, *neu:* sitzen geblieben; **sịt|zen blei̱|ben;** du sollst auf diesem Stuhl sitzen bleiben; **sịt|zen|las|sen,** *neue Schreibung:* **sit|zen las|sen** (*umgangs-*

sprachlich für: im Stich lassen); du lässt ihn sitzen; sie lässt ihn sitzen; sie ließ ihn sitzen; sie hat ihn sitzenlassen, *neu:* sitzen lassen; lass ihn nicht sitzen!; sie hat den Vorwurf auf sich sitzenlassen, *neu:* sitzen lassen (sie hat dem Vorwurf nicht widersprochen); **sit|zen las|sen;** du sollst kleine Kinder nicht auf kaltem Boden sitzen lassen; der **Sitz|platz;** die **Sit|zung**

Si|zi|li|en [*siziliᵉn*] (Insel im Mittelmeer)

die **Ska|la** (Maßeinteilung; Stufenfolge); die Skalen

der **Skalp** (abgezogene Kopfhaut des Gegners, die früher bei den Indianern als Siegeszeichen galt); die Skalpe

das **Skal|pell** (kleines chirurgisches Messer); des Skalpells; die Skalpelle

der **Skan|dal** (Ärgernis; Aufsehen); die Skandale; **skan|da|lös**

Skan|di|na|vi|en [*ßkandinawiᵉn*]; **skan|di|na|visch**

der **Skat** (ein Kartenspiel)

das **Skate|board** [*ßkeⁱtbård*] (Rollerbrett); des Skateboards; die Skateboards

das **Ske|lett** (Knochengerüst); die Skelette

die **Skep|sis** (Zweifel, Bedenken); der **Skep|ti|ker; skep|tisch**

der **Sketch,** *Hauptform:* **Sketsch** [*ßkätsch*] (kurze, effektvolle Bühnenszene); des Sketch[e]s, *auch:* Sketsch[e]s; die Sketche[s] *oder* Sketchs, *auch:* Sketsche

der **Ski** [*schi*], *Nebenform:* **Schi;** die Skier, *auch:* Schier *und* die Ski, *auch:* Schi; Ski, *auch:* Schi fahren, laufen; der **Ski|lauf;** das **Ski|lau|fen;** der **Ski|läu|fer;** der **Ski|lift**

der **Skin|head** [*ßkinhäd*] ([zu Gewalttätigkeit neigender] Jugendlicher mit kahl geschorenem Kopf); des Skinheads; die Skinheads

das **Ski|sprin|gen**

die **Skiz|ze** (Entwurf; flüchtige Zeichnung); der **Skiz|zen|block;** die Skizzenblocks; **skiz|zie|ren;** du skizzierst; er hat die Landschaft skizziert; skizzier[e] sie!

der **Skla|ve** [*sklawᵉ*, auch: *sklafᵉ*] (unfreier, rechtloser Mensch); die **Skla|ve|rei; skla|visch**

der *und* das **Skon|to** (Preisnachlass); die Skontos, *selten:* die Skonti

der **Skor|pi|on** (ein Spinnentier); die Skorpione

der **Skru|pel** (Bedenken; Gewissensbiss); die Skrupel; er hat keine Skrupel; **skru|pel|los;** am skrupellosesten

die **Skulp|tur** (Werk der Bildhauerkunst); die Skulpturen

skur|ril (verschroben, drollig)

der **Sla|lom** (Torlauf beim Skisport); die Slaloms

der **Slang** [*ßläng*] (lässige Umgangssprache); des Slangs; die Slangs

der **Sla|we** (Angehöriger einer Völkergruppe); die **Sla|win;** die Slawinnen; **sla|wisch**

der **Slip** (Unterhöschen); des Slips; die Slips; der **Slip|per** (Schlupfschuh mit niedrigem Absatz); des Slippers; die Slipper

der **Slo|gan** [*ßloᵘgᵉn*] (Werbeschlagwort); des Slogans; die Slogans

der **Slo|we|ne** (Einwohner von Slowenien); **Slo|we|ni|en** (osteuropäischer Staat); **slo|we|nisch**

der **Slum** [*ßlam*] (Elendsviertel) *meist Plural*

der **Sma|ragd** (ein Edelstein); die Smaragde

der **Smog** (mit Abgasen, Rauch u.a. gemischter Dunst oder Nebel über Städten); des Smog[s]; die Smogs

der **Smo|king** (ein Gesellschaftsanzug); die Smokings

der **Snack** [*ßnäk*] (Imbiss); des Snacks; die Snacks

so; so sein; so werden; so bleiben; so ein Mann; so einer; so eine; so etwas; so dass, *auch:* sodass; so schnell wie möglich; so wahr mir Gott helfe

s. o. = siehe oben!

so|bald; sobald er kann; aber: komme so bald wie möglich

die **So|cke**[1], *landschaftlich auch:* der **Socken**[1]; die Socken

der **So|ckel**[1]; die Sockel

die *und* das **So|da**

das **Sod|bren|nen**

so|eben (vor einem Augenblick); er kam soeben; **so e|ben;** so eben (gerade) noch; er ist so eben dem Unglück entgangen

das **So|fa**

so|fern (falls); sofern sie ihre Pflicht getan hat; **so fern;** die Sache liegt so fern, dass ich mich nicht mehr erinnere

So|fia [*sofia*] (Hauptstadt von Bulgarien)

---

[1] *Alte Trennung:* ...k|k...

so|fort; er soll sofort kommen!; **so fort;** mach nur so fort (so weiter)!

der **Soft Drink,** *Hauptform:* **Soft|drink** (alkoholfreies Getränk); die Soft Drinks, *auch:* Softdrinks; das **Soft-Eis,** *neue Schreibung:* **Soft|eis** (sehr weiches Speiseeis); die **Soft|ware** [*ßoftᵘäʳ*] (*EDV:* Programme, Anweisungen usw.); die Softwares; ↑Hardware

der **Sog;** die Soge

sog. = so genannt

so|gar; er kam sogar zu mir nach Hause; **so gar;** er hat so gar kein Vertrauen zu mir

so|ge|nannt, *neue Schreibung:* **so genannt;** die sogenannten, *neu:* so genannten besseren Leute; **so ge|nannt;** der fälschlich so genannte Mann

so|gleich; er soll sogleich kommen; **so gleich;** sie sind alle so gleich, dass man sie kaum unterscheiden kann

die **Soh|le; soh|len;** du sohlst; er hat die Schuhe gesohlt; sohle die Schuhe!

der **Sohn**

die **So|ja|boh|ne;** das **So|ja|mehl**

so|lan|ge; solange ich krank war, bist du bei mir geblieben; **so lan|ge;** du hast mich so lange warten lassen; er blieb so lange wie möglich

die **So|lar|ener|gie** (Sonnenenergie); das **So|lar|kraft|werk;** die **So|lar|zel|le** (Sonnenzelle)

solch; solcher; solches; solch einer; solch eine; solch feiner Stoff *oder* solcher feine Stoff; solch gute Menschen *oder* solche guten, *auch:* gute Menschen; das Leben solch frommer Leute *oder* solcher frommen, *auch:* frommer Leute; **sol|cher|art;** solcherart Dinge; aber: Dinge solcher Art

der **Sold;** der **Söld|ner**

der **Sol|dat;** des/dem/den Soldaten; die Soldaten

die **So|le** (ein kochsalzhaltiges Wasser); die Solen; das **Sol|ei**

so|li|da|risch (gemeinsam, eng verbunden); sich mit jemandem solidarisch erklären; die **So|li|da|ri|tät** (Zusammengehörigkeitsgefühl, Gemeinsinn)

so|lid *und* **so|li|de** (zuverlässig; gediegen; haltbar); am solidesten

der **So|list** (Einzelsänger, -spieler); des/dem/den Solisten; die Solisten; die **So|lis|tin**[1]; die Solistinnen

[1]*Alte Trennung:* ...|st...

das **Soll;** des Soll[s]; die Soll[s]; Soll und Haben; der **Soll-Be|stand,** *Hauptform:* **Soll|be|stand;** der **Soll-Be|trag,** *Hauptform:* **Soll|be|trag; sol|len;** du sollst; er soll; er sollte; er hat gesollt; aber: ich hätte das nicht tun sollen

so|lo (allein); das **So|lo** (Einzelvortrag); die Solos *und* die Soli

So|ma|lia (Staat in Afrika); der **So|ma|li|er; so|ma|lisch**

so|mit (also, folglich)

der **Som|mer;** die **Som|mer|fe|ri|en** *Plural;* **som|mer|lich;** der **Som|mer|schluß|ver|kauf,** *neue Schreibung:* **Som|mer|schluss|ver|kauf;** die **Som|mer|spros|se;** die Sommersprossen *meist Plural*

die **So|na|te**

die **Son|de** (Instrument zum Einführen in Körperhöhlen)

das **Son|der|an|ge|bot; son|der|bar; son|der|glei|chen; son|der|lich;** der **Son|der|ling;** der **Son|der|müll** (Müll, der gefährliche [Gift]stoffe enthält); **son|dern;** du sonderst; er sondert; er hat die Spreu vom Weizen gesondert; **son|dern;** nicht nur der Bruder, sondern auch die Schwester; **son|ders;** samt und sonders; die **Son|der|schu|le**

son|die|ren (vorsichtig erkunden); er hat die Lage sondiert

das **So|nett** (eine Gedichtform); die Sonette

der **Song** [*ßong*] (Schlagerlied, politisches Lied); des Songs; die Songs

der **Sonn|abend** ↑Dienstag; **sonn|abends**

die **Son|ne;** sich **son|nen;** du sonnst dich; sie sonnt sich; sie sonnte sich; sie hat sich gesonnt; sonne dich!; das **Son|nen|bad;** die **Son|nen|blu|me;** der **Son|nen|brand;** die **Son|nen|bril|le;** die **Son|nen|ener|gie;** die **Son|nen|fins|ter|nis**[1]; die **Son|nen|fle|cken**[2] *Plural;* der **Son|nen|schein;** der **Son|nen|schirm;** der **Son|nen|stich** (eine Erkrankung); das **Son|nen|sys|tem**[1] *(Astronomie);* die **Son|nen|uhr;** die **Son|nen|wen|de** (höchster oder niedrigster Stand der Sonne während ihres jährlichen Laufs); die **Son|nen|zel|le** (zur Erzeugung

[1]*Alte Trennung:* ...|st...
[2]*Alte Trennung:* ...k|k...

von elektrischer Energie aus Sonnenenergie); **son|nig**

der **Sonn|tag;** des Sonntags; aber: sonntags; sonntags sind die Läden geschlossen; sonn- und feiertags; sonn- und werktags; ↑Dienstag; **sonn|täg|lich; sonn|tags**

sonst; sonst jemand; sonst etwas; **sons|tig[1];** die sonstigen Möglichkeiten; alles sonstige, *neu:* Sonstige (andere) besprechen wir morgen; **sonst-wie,** *neue Schreibung:* **sonst wie; sonst|wo,** *neue Schreibung:* **sonst wo**

so|oft; sooft du kommst; **so oft;** ich habe es dir so oft gesagt

der **So|p|ran** (höchste Frauenstimme; Sopransängerin); die Soprane

die **Sor|ge; sor|gen;** du sorgst; er sorgt; er sorgte; er hat für Nahrung gesorgt; sorg[e] dafür!; die **Sorg|falt; sorg|fäl-tig; sorg|los;** am sorglosesten; **sorg-sam**

die **Sor|te; sor|tie|ren;** er sortierte; er hat die Äpfel sortiert; sortier[e] sie!; das **Sor|ti|ment;** die Sortimente

SOS (internationales Seenotzeichen); der **SOS-Ruf**

so|sehr; sosehr ich das auch billige; **so sehr;** sie lief so sehr, dass sie außer Atem kam

die **So|ße,** *fachsprachlich auch:* **Sau|ce**

der **Souf|f|leur** [*suflör*] (Vorsager beim Theater); die **Souf|f|leu|se** [*suflös[e]*] (Vorsagerin beim Theater)

der **Soul** [*ßo[u]l*] (stark ausdrucksbetonter Jazz oder Beat)

der **Sound** [*ßaund*] (Klangwirkung in der Musik)

so|und|so (*umgangssprachlich für:* unbestimmt wie ...); soundso breit; der Paragraph soundso; **so und so;** man kann etwas so und so erzählen

das **Sou|ter|rain** [*sutäräng*] (Kellergeschoss); des Souterrains; die Souterrains

das **Sou|ve|nir** [*suw[e]nir*] (das Erinnerungsstück); die Souvenirs

sou|ve|rän [*suw[e]rän*] (unumschränkt; selbstständig; überlegen); der **Sou|ve-rän** (Herrscher); die Souveräne; die **Sou|ve|rä|ni|tät** (Unabhängigkeit; Landeshoheit)

so|viel; soviel ich weiß; sein Wort bedeutet soviel, *neu:* so viel (dasselbe) wie ein Eid; soviel, *neu:* so viel (dieses) für heute; soviel, *neu:* so viel wie *oder* als möglich; er hat doppelt soviel, *neu:* so viel wie *oder* als ich; **so viel;** du weißt so viel, dass ich staunen muss; er hat so viel Zeit wie ich; er muss so viel leiden

so|weit; soweit ich es beurteilen kann; ich bin noch nicht soweit, *neu:* so weit; soweit, *neu:* so weit wie *oder* als möglich; **so weit;** so weit, so gut; er wirft den Ball so weit wie kein anderer

so|we|nig; sowenig du auch gelernt hast, das wirst du doch wissen; sowenig verstehe ich, dass ...; sowenig, *neu:* so wenig wie *oder* als möglich; **so we|nig;** ich habe so wenig Geld, dass ich mir dies nicht leisten kann; du hast so wenig gelernt, dass du die Prüfung nicht bestehen wirst

so|wie (sobald); sowie er kommt, soll er anrufen; aber: so, wie ich ihn kenne

so|wie|so

der **So|w|jet** (Form der Volksvertretung in der ehemaligen Sowjetunion); die Sowjets; der **So|w|jet|bür|ger** (Bürger der ehemaligen Sowjetunion); **so|w|je-tisch;** die **So|w|jet|uni|on**

so|wohl; sowohl die Eltern als auch die Kinder machten mit; **so wohl;** du fühlst dich heute so wohl wie gestern

so|zi|al (die Gesellschaft, die Gemeinschaft betreffend; gemeinnützig; wohltätig); die **So|zi|al|de|mo|k|ra|tie; so|zi|al|de|mo|k|ra|tisch;** aber: die Sozialdemokratische Partei Deutschlands; die **So|zi|a|li|sie|rung;** der **So-zi|a|lis|mus;** des Sozialismus; der **So-zi|a|list;** des/dem/den Sozialisten; die Sozialisten; **so|zi|a|lis|tisch[1];** die **So-zi|al|kun|de;** die **So|zi|o|lo|gie** (Gesellschaftswissenschaft); der **So|zi|us** (Genosse; Teilhaber; Beifahrersitz); des Sozius; die Soziusse

so|zu|sa|gen (gewissermaßen)

der **Space|shut|tle** [*spes schat([e])l*] ([wieder verwendbare] Raumfähre)

der **Spach|tel** *und* die **Spach|tel;** die Spachtel *und* die Spachteln; **spach-teln;** du spachtelst; er spachtelt; er hat die Fugen gespachtelt; spacht[e]le die Fugen!

der *und* das **Spa|gat** (eine gymnastische Übung); die Spagate

die **Spa|ghet|ti,** *Nebenform:* **Spa|get|ti** (Fadennudeln) *Plural*

---

[1] *Alte Trennung:* ...|st...

[1] *Alte Trennung:* ...|st...

spä|hen; du spähst; sie späht; sie hat über den Zaun gespäht; späh[e] nach ihm!; der **Spä|her;** der **Späh|trupp**
das **Spa|lier;** die Spaliere; Spalier bilden; Spalier stehen; das **Spa|lier|obst**
der **Spalt;** die Spalte; die **Spal|te;** die Spalten; **spal|ten;** du spaltest; er spaltet; er spaltete; er hat Holz gespalten *und* gespaltet; aber nur: eine gespaltene Zunge; die **Spal|tung**
der **Span;** die Späne
das **Span|fer|kel** (Ferkel, das noch gesäugt wird)
die **Span|ge**
Spa|ni|en; der **Spa|ni|er;** **spa|nisch;** aber: der Spanische Erbfolgekrieg
der **Spann** (Fußrücken, Rist); des Spann[e]s; die Spanne; die **Span|ne;** **span|nen;** du spannst; er spannte; er hat den Bogen gespannt; spann[e] ihn!; **span|nend;** die **Span|nung**
die **Span|plat|te** (aus zusammengepressten und verleimten Holzspänen)
das **Spar|buch;** die **Spar|büch|se;** **spa|ren;** du sparst; er spart; er sparte; er hat viel gespart; spar[e]!; der **Spa|rer**
der **Spar|gel;** des Spargels; die Spargel
die **Spar|kas|se;** **spär|lich;** **spar|sam;** die **Spar|sam|keit**
der **Spar|ren** (schräger Balken des Daches)
das **Spar|ring** (Boxtraining); des Sparrings; der **Spar|rings|part|ner**
das **Spar|schwein**
die **Spar|te** (Fachgebiet, Abteilung)
der **Spaß;** die Späße; **spa|ßen;** du spaßt; er spaßt; er spaßte; er hat gespaßt; spaß[e] nicht!; **spa|ßes|hal|ber;** **spa|ßig;** der **Spaß|ma|cher;** der **Spaß|vo|gel**
der **Spas|ti|ker**[1] (an einer spasmischen Erkrankung Leidender); **spas|tisch**[1] (krampfartig; mit erhöhter Muskelspannung, mit Muskellähmung verbunden)
spät; später; am spätesten; spät sein; spät werden; **spät|abends**
der *und* die **Spa|tel** (Spachtel); die Spatel *und* die Spateln
der **Spa|ten;** des Spatens; die Spaten
spä|ter|hin; **spä|tes|tens**[1]
der **Spät|herbst**
der **Spatz;** des Spatzen, *auch:* des Spatzes; die Spatzen
spa|zie|ren; du spazierst; sie spazierte; sie ist durch die Straßen spaziert; **spa|zie|ren|ge|hen,** *neue Schreibung:* **spa|zie|ren ge|hen;** sie ging spazieren; sie ist spazierengegangen, *neu:* spazieren gegangen; geh[e] spazieren!; der **Spa|zier|gang;** die Spaziergänge; der **Spa|zier|gän|ger**
SPD = Sozialdemokratische Partei Deutschlands
der **Specht**
der **Speck;** **spe|ckig**[1]; die **Speck|sei|te**
der **Spe|di|teur** [*schpeditör*]; die Spediteure; die **Spe|di|ti|on;** die **Spe|di|ti|ons|fir|ma**
der **Speer**
die **Spei|che**
der **Spei|chel**
der **Spei|cher;** **spei|chern;** er speicherte; er hat Strom gespeichert; speichere!
spei|en; du speist; er speit; er spie; er hat Blut gespie[e]n, *neu nur:* gespien; spei[e] nicht!
die **Spei|se;** Speis und Trank; das **Spei|se|fett;** die **Spei|se|kam|mer;** die **Spei|se|kar|te** *und* die **Spei|sen|kar|te;** **spei|sen;** du speist; er speist; er speiste; er hat gespeist; speis[e] mit mir!; die **Spei|se|röh|re;** der **Spei|se|wa|gen**
der **Spek|ta|kel** (Krach, Lärm)
das **Spek|t|rum** (durch Lichtzerlegung entstehendes farbiges Band); die Spektren *und* die Spektra
der **Spe|ku|lant** (jemand, der gewagte Geschäfte macht); des/dem/den Spekulanten; die Spekulanten; die **Spe|ku|la|ti|on;** **spe|ku|lie|ren;** du spekulierst; er spekuliert; er spekulierte; er hat an der Börse spekuliert; spekulier[e] nicht!
der **Spe|ku|la|ti|us** (ein Gebäck)
die **Spe|lun|ke** (verrufene Kneipe; unsauberer Wohnraum)
die **Spel|ze** (Hülse des Getreidekorns); die Spelzen
die **Spen|de;** **spen|den;** du spendest; er spendet; er spendete; er hat gespendet; spende für die Notleidenden!; die **Spen|den|ak|ti|on;** der **Spen|der;** **spen|die|ren;** er hat eine Runde spendiert; spendier[e] eine Runde!
der **Speng|ler** (Klempner)
der **Sper|ber**
die **Spe|renz|chen** *und* die **Spe|ren|zi-**

[1] *Alte Trennung:* ...|st...

[1] *Alte Trennung:* ...k|k...

en [...*zi^e^n*] (*umgangssprachlich für:* hindernde Umstände, Schwierigkeiten) *Plural;* Sperenzchen machen

der **Sper|ling**

das **Sper|ma** (Samenflüssigkeit mit männlichen Keimzellen); die Spermen

die **Sper|re; sper|ren;** die Polizei sperrte; sie hat den Weg gesperrt; sperr[e] ihn in die Zelle!; das **Sperrholz; sper|rig;** der **Sperr|müll**

die **Spe|sen** (Auslagen) *Plural*

sich **spe|zi|a|li|sie|ren** (sich auf ein Teilgebiet beschränken); du spezialisierst dich; sie hat sich auf Flugzeugbau spezialisiert; spezialisier[e] dich!; der **Spe|zi|a|list** (Fachmann); des/dem/den Spezialisten; die Spezialisten; die **Spe|zi|a|li|tät** (Besonderheit); **spe|zi|ell** (besonders; eigens); **spe|zi|fisch** (kennzeichnend, eigentümlich); spezifisches Gewicht

die **Sphä|re** (Himmelsgewölbe; Gesichtskreis, Wirkungskreis); die Sphären

die **Sphinx** (ein Fabelwesen mit Löwenleib und Menschenkopf); die Sphinxe

spi|cken[1] (Fleisch zum Braten mit Speckstreifen durchziehen); du spickst; er spickt; er spickte; er hat den Rehrücken gespickt; spick[e] den Braten!

spi|cken[1] (abschreiben); er spickte; er hat gespickt; spick[e] nicht!

der **Spie|gel;** die Spiegel; das **Spie|gel|ei; spie|gel|glatt; spie|geln;** der See hat gespiegelt; sich spiegeln; die Bäume spiegelten sich im Wasser; die **Spie|ge|lung; spie|gel|ver|kehrt**

das **Spiel;** das **Spiel|bein** (*Gegensatz:* Standbein); **spie|len;** du spielst; er spielt; er hat gespielt; spiel[e]!; der **Spie|ler; spie|le|risch;** das **Spielfeld;** der **Spiel|platz;** der **Spielraum;** die **Spiel|re|gel;** die Spielregeln; die **Spiel|sa|chen** *Plural;* der **Spiel|ver|der|ber;** das **Spiel|wa|ren|ge|schäft;** das **Spiel|zeug**

der **Spieß;** der **Spieß|bra|ten;** der **Spieß|bür|ger; spie|ßen;** du spießt; er hat die Wurst auf die Gabel gespießt; der **Spie|ßer; spie|ßig**

der **Spike** [*ßpaik*] (Spezialstift für Rennschuhe oder Autoreifen); die Spikes; die **Spikes** [*ßpaikß*] (Rennschuhe; Autoreifen mit Spezialstiften) *Plural;* der **Spike[s]|rei|fen**

[1]*Alte Trennung:* ...k|k...

der **Spi|nat**

das *und* der **Spind;** die Spinde

die **Spin|del;** die Spindeln; **spin|del|dürr**

die **Spin|ne; spin|ne|feind,** *neue Schreibung:* **Spin|ne|feind;** *nur in:* jemandem spinnefeind, *neu:* Spinnefeind sein; **spin|nen;** du spinnst; er spinnt; er spann; er hat das Garn gesponnen; spinn[e] das Garn!; das **Spin|nen|ge|we|be** *und* das **Spinn|ge|we|be;** der **Spin|ner;** die **Spin|ne|rei;** die **Spinne|rin;** das **Spinn|rad;** die **Spinnwe|be;** die Spinnweben

der **Spi|on;** die **Spi|o|na|ge** [*schpionasch^e^*]; **spi|o|nie|ren;** du spionierst; er spionierte; er hat spioniert; spionier[e] nicht!

die **Spi|ra|le; spi|ral|för|mig; spi|ra|lig**
spi|ri|tis|tisch[1] (die Geisterlehre betreffend; übersinnliche Erscheinungen betreffend); eine spiritistische Sitzung; die **Spi|ri|tu|o|sen** (alkoholische Getränke) *Plural;* der **Spi|ri|tus** (Weingeist; Alkohol); des Spiritus; die Spiritusse; der **Spi|ri|tus|ko|cher**

das **Spi|tal** (Krankenhaus); die Spitäler

spitz; spitzer; am spitzesten; eine spitze Zunge haben; ein spitzer Winkel; der **Spitz** (ein Hund); **spitz|be|kommen** (*umgangssprachlich für:* erfahren, ausfindig machen); du bekommst spitz; sie bekam spitz; sie hat unsere Verabredung spitzbekommen; der **Spitz|bogen;** der **Spitz|bu|be;** die **Spit|ze;** der **Spit|zel;** die Spitzel; **spit|zen;** du spitzt; er spitzt; er hat den Bleistift gespitzt; spitz[e] ihn; die **Spit|zen|klas|se; spitz|fin|dig;** der **Spitz|na|me; spitz|wink|lig**

der **Splitt** (zerkleinertes Gestein); des Splitt[e]s; die Splitte; der **Split|ter; split|tern;** das Holz splittert; die Scheibe ist gesplittert; **split|ter|nackt**

der **Spoi|ler** (Luftleitblech)

spon|sern (als Sponsor jemanden oder etwas fördern); die Firma X hat den Rennfahrer Y gesponsert; der **Spon|sor** [*schpons^e^r*] (Förderer, Geldgeber); des Sponsors; die Sponsoren

spon|tan (von selbst; aus innerem Antrieb); eine spontane Äußerung

die **Spo|re** (Fortpflanzungszelle der Pflanze); die Sporen *meist Plural*

der **Sporn;** die Sporen *meist Plural;* **sporn|streichs**

[1]*Alte Trennung:* ...|st...

der **Sport;** die **Sport|art;** der **Sport|ler; sport|lich;** der **Sport|platz**
der **Spot** [*ßpot*] (Werbekurzfilm); die Spots
der **Spott; spott|bil|lig; spot|ten;** du spottest; er spottete; er hat gespottet; spotte nicht!; der **Spöt|ter; spöt-tisch**
die **Spra|che;** der **Sprach|feh|ler;** das **Sprach|la|bor** (mit spezieller technischer Ausstattung für das Sprachenlernen); **sprach|lich; sprach|los**
der *und* das **Spray** [*schpre^i*] (Flüssigkeit zum Zerstäuben); die **Spray|do|se**
die **Sprech|bla|se** (in Comics); **sprechen;** du sprichst; er spricht; er sprach; er hat gesprochen; sprich ein Wort!; der **Spre|cher;** der **Sprech-funk;** die **Sprech|stun|de;** das **Sprech|zim|mer**
die **Spree** (ein Fluss)
sprei|zen; du spreizt; sie hat die Finger gespreizt; spreiz[e] die Finger!
spren|gen; du sprengst; er sprengte; er hat die Brücke gesprengt; spreng[e] die Fesseln!; die **Spreng|la|dung;** der **Spreng|stoff;** die **Spren|gung**
die **Spreu**
das **Sprich|wort;** die Sprichwörter
sprie|ßen; das Korn sprießt; das Korn sproß, *neu:* spross; das Korn ist gesprossen
der **Spring|brun|nen; sprin|gen;** du springst; er springt; er sprang; er ist gesprungen; spring[e]!; der **Sprin|ger;** die **Spring|flut; spring|le|ben|dig;** das **Spring|rei|ten**
der **Sprink|ler** (Berieselungsgerät); des Sprinklers; die Sprinkler
der **Sprint** (Kurzstreckenlauf; Spurt); des Sprints; die Sprints; **sprin|ten;** du sprintest; er ist über den Hof gesprintet; der **Sprin|ter** (Kurzstreckenläufer)
der **Sprit** (*umgangssprachlich für:* Treibstoff); die Sprite
die **Sprit|ze; sprit|zen;** du spritzt; er spritzte; er hat die Bäume gespritzt; spritz[e] die Bäume!; der **Sprit|zer; sprit|zig;** die **Spritz|tour** (*umgangssprachlich für:* kurzer Ausflug)
spröd *und* **sprö|de;** am sprödesten
der **Sproß,** *neue Schreibung:* **Spross** (Nachkomme; Pflanzentrieb); des Sprosses; die Sprosse; **spros|sen;** es sproßt, *neu:* sprosst; es sproßte, *neu:* sprosste; es hat gesproßt, *neu:* gesprosst; der **Spröß|ling,** *neue Schreibung:* **Sprös|ling**
die **Spros|se** (Querholz der Leiter); die Sprossen; die **Spros|sen|wand** (ein Turngerät)
die **Sprot|te;** Kieler Sprotten
der **Spruch;** die Sprüche
der **Spru|del;** die Sprudel; **spru|deln;** das Wasser sprudelt; das Wasser sprudelte; das Wasser hat gesprudelt
sprü|hen; du sprühst; er sprüht; er sprühte; er hat vor Lebenslust gesprüht; die Funken sind nach allen Seiten gesprüht; der **Sprüh|re|gen**
der **Sprung;** die Sprünge; das **Sprung-bein** (*Sport:* Bein, mit dem der Springer abspringt); **sprung|be|reit;** das **Sprung|brett;** die **Sprung|gru|be; sprung|haft;** die **Sprung|schan|ze;** das **Sprung|tuch** (ein Rettungsgerät); die Sprungtücher; der **Sprung|turm**
die **Spu|cke**[1]**; spu|cken**[1]**;** du spuckst; er spuckte; er hat in die Stube gespuckt; spuck[e] nicht!; der **Spuck|napf**
der **Spuk** (Gespenst; geisterhaftes Treiben); des Spuks; **spu|ken;** in der Burg spukt es; in der Burg hat es gespukt
die **Spu|le; spu|len;** du spulst; er spulte; er hat das Garn gespult; spul[e] das Garn!
die **Spü|le; spü|len;** du spülst; er spült; er spülte; er hat das Geschirr gespült; spül[e]!; das **Spül|mit|tel;** die **Spü-lung;** das **Spül|was|ser**
der **Spund** (Fassverschluss); die Spünde; der **Spund** (junger Kerl); die Spunde
die **Spur; spu|ren** (*umgangssprachlich für:* sich fügen); du spurst; er spurte; er hat gespurt; spur[e] endlich!; **spur-los; spür|bar; spü|ren;** du spürst; er spürte; er hat den Schlag gespürt; der **Spür|hund;** der **Spür|sinn**
der **Spurt;** die Spurts; **spur|ten;** du spurtest; sie ist gespurtet; spurte!
sich **spu|ten;** du sputest dich; er sputete sich; er hat sich gesputet; spute dich!
der **Sput|nik** (erster russischer Erdsatellit); des Sputniks; die Sputniks
das **Squash** [*ßk^uosch*] (ein Ballspiel); des Squash
Sri Lan|ka [*ßri lanka*] (Inselstaat im Indischen Ozean); der **Sri|lan|ker,** *neue Schreibung:* **Sri-Lan|ker; sri|lan-kisch,** *neue Schreibung:* **sri-lan|kisch**
St. = Sankt; Stück; Stunde

[1] *Alte Trennung:* ...k|k...

der **Staat;** von Staats wegen; Staat machen (prunken); **staat|lich;** der **Staats|bür|ger; staats|feind|lich;** der **Staats|mann;** die Staatsmänner; der **Staats|prä|si|dent**

der **Stab;** der **Stab|hoch|sprung**

sta|bil (beständig; haltbar; fest); **sta|bi|li|sie|ren** (stabil machen; standfest machen); du stabilisierst; er stabilisierte; er hat die Währung stabilisiert; die **Sta|bi|li|tät** (Dauerhaftigkeit; Standfestigkeit)

der **Sta|chel;** die Stacheln; die **Sta|chel|bee|re;** der **Sta|chel|draht;** der **Sta|chel|draht|zaun; sta|che|lig** *und* **stach|lig;** das **Sta|chel|schwein**

das **Sta|di|on** (Kampfbahn, Sportfeld); die Stadien [*schtadi^e^n*]; die **Sta|di|on|an|sa|ge;** der **Sta|di|on|spre|cher**

das **Sta|di|um** (Abschnitt, Entwicklungsstufe); die Stadien [*schtadi^e^n*]

die **Stadt; stadt|be|kannt;** der **Städ|ter; städ|tisch;** der **Stadt|plan;** der **Stadt|rand;** die **Stadt|rand|sied|lung;** der **Stadt|rat;** der **Stadt|teil;** das **Stadt|tor;** der **Stadt|ver|ord|ne|te;** ein Stadtverordneter; die Stadtverordneten; zwei Stadtverordnete; die **Stadt|ver|ord|ne|te;** eine Stadtverordnete; die **Stadt|ver|wal|tung;** die **Stadt|wer|ke** *Plural*

die **Sta|fet|te** (Staffellauf, auch die Läufer selbst); die Stafetten

die **Staf|fel;** die Staffeln; die **Staf|fe|lei;** der **Staf|fel|lauf; staf|feln;** du staffelst; er staffelte; er hat die Preise gestaffelt; staff[e]le die Abgaben!

der **Stahl;** die Stähle *und (seltener:)* die Stahle; **stäh|len;** du stählst; er stählte; er hat seinen Körper gestählt; stähl[e] deinen Körper!; **stäh|lern;** der **Stahl|helm**

stak|sen (mit steifen Schritten gehen); du stakst; er stakste; er ist durch das Laub gestakst; staks[e] nicht so!

der **Sta|lag|mit** (nach oben wachsender Tropfstein); des/dem/den Stalagmiten; die Stalagmiten; der **Sta|lak|tit** (nach unten wachsender Tropfstein); des/dem/den Stalaktiten; die Stalaktiten

der **Stall;** die **Stalla|ter|ne**[1], *neue Schreibung:* **Stall|la|ter|ne,** *auch möglich:* **Stall-La|ter|ne;** die **Stal|lung**

der **Stamm;** der **Stamm|baum;** das **Stamm|buch**

[1] *Trennung:* ...ll|l...

stam|meln; du stammelst; sie stammelte; sie hat eine Entschuldigung gestammelt; stamm[e]le nicht so!

stam|men; du stammst; sie stammt; sie stammte aus Frankfurt; die **Stamm|form; stäm|mig;** der **Stamm|tisch;** der **Stamm|va|ter**

stamp|fen; du stampfst; sie stampft; sie stampfte; sie hat zornig mit den Füßen gestampft; stampfe nicht mit den Füßen!; der **Stamp|fer**

der **Stand;** einen schweren Stand haben; etwas instand, *auch:* in Stand halten; etwas instand, *auch:* in Stand setzen; jemanden in den Stand setzen[,] etwas zu tun; außerstande, *auch:* außer Stande sein; imstande, *auch:* im Stande sein; etwas zustande, *auch:* zu Stande bringen; zustande, *auch:* zu Stande kommen

der **Stan|dard** (Maß, Richtschnur); die Standards

die **Stan|dar|te** (Banner; Fahne)

das **Stand|bein** (*Gegensatz:* Spielbein); das **Stand|bild**

das **Stand-by** [*ständbai*] (Form der [Flug]reise ohne feste Buchung; *EDV:* Freischaltung); des Stand-by[s]; die Stand-bys

das **Sländ|chen;** der **Stän|der;** das **Stan|des|amt;** der **Stan|des|be|am|te; stand|haft;** am standhaftesten; **stand|hal|ten;** du hältst stand; sie hielt stand; sie hat standgehalten; halte stand!; **stän|dig** (dauernd); der **Stand|ort;** der **Stand|punkt**

die **Stan|ge;** der **Stän|gel,** *alte Schreibung:* **Sten|gel;** *vgl. d.*

stän|kern (*umgangssprachlich für:* dauernd nörgeln und damit für Unfrieden sorgen); du stänkerst; er stänkerte; er hat gestänkert; stänkere nicht!

das **Stan|ni|ol** (Zinn- oder Aluminiumfolie); die Stanniole; das **Stan|ni|ol|pa|pier**

stan|zen (mit einem Stempel ausschneiden); du stanzt; sie stanzte; sie hat das Blech gestanzt

der **Sta|pel;** die Stapel; der **Sta|pel|lauf; sta|peln;** du stapelst; sie stapelt; sie stapelte; sie hat die Bretter gestapelt; stap[e]le die Bretter!

die **Stap|fe** *und* der **Stap|fen** (Fußspur); die Stapfen; **stap|fen;** du stapfst; sie stapft; sie stapfte; sie ist durch den Schnee gestapft

der **Star** (Augenkrankheit); die Stare; der graue, grüne, schwarze Star

der **Star** (Vogel); die Stare
der **Star** (berühmter Künstler, berühmte Persönlichkeit); die Stars
stark; stärker; am stärksten; stark erhitzt; stark beschädigt; die **Stär|ke; stär|ken;** du stärkst; er stärkt; er stärkte; er hat seinen Glauben gestärkt; sich stärken; ich muss mich erst stärken; der **Stark|strom;** die **Stär|kung**
starr; die **Star|re; star|ren;** du starrst; sie starrt; sie starrte; sie hat aus dem Fenster gestarrt; starre nicht!; der **Starr|kopf;** der **Starr|sinn**
der **Start;** die Starts *und (selten:)* die Starte; die **Start|bahn;** der **Start-block** *(Sport);* die Startblöcke; **starten;** du startest; sie startete; sie ist gestartet; starte sofort!; **start|klar**
die, *selten:* der **Sta|si** (*umgangssprachlich kurz für:* Staatssicherheitsdienst in der DDR)
die **Sta|tik** ([Lehre vom] Gleichgewicht der Kräfte bei ruhenden Körpern); der **Sta|ti|ker** (Fachmann für Statik)
die **Sta|ti|on; sta|ti|o|när** (an einen festen Ort, Aufenthalt gebunden); die stationäre Behandlung; **sta|ti|o|nie|ren** (an einen bestimmten Ort bringen, stellen); du stationierst; er stationierte; man hat dort Raketen stationiert; der **Sta|ti|ons|arzt**
sta|tisch (ruhend, stillstehend)
der **Sta|tist** (stumme Person in einem Theaterstück); des/dem/den Statisten; die Statisten; die **Sta|tis|tik**[1] (zahlenmäßige Erfassung); die Statistiken; der **Sta|tis|ti|ker**[1]**; sta|tis|tisch**[1]**;** statistische Erhebungen; a b e r : das Statistische Bundesamt (in Wiesbaden)
das **Sta|tiv** (ein Ständer); die Stative
statt; sie konnte nicht kommen, statt dessen, *neu:* stattdessen schickte sie ihre Schwester; statt meiner; statt einer Erklärung; statt mit Drohungen wird man besser mit Ermahnungen zum Ziel kommen; statt einen Koffer haben wir zwei Taschen gekauft; **Statt,** *neue Schreibung:* **statt;** an Eides Statt, *neu:* statt; an Kindes Statt, *neu:* statt; die **Stät|te; statt|fin|den;** es findet statt; es fand statt; es hat stattgefunden; **statt|haft;** der **Statt|hal|ter**
statt|lich
die **Sta|tue** (das Standbild); die Statuen
die **Sta|tur** (Gestalt, Wuchs); die Staturen

[1]*Alte Trennung:* ...|st...

der **Sta|tus** (Zustand; Vermögensstand); die Status [*schtátuß*]
das **Sta|tut** (Satzung); die Statuten
der **Stau;** des Stau[e]s; die Staus, *auch:* Staue
der **Staub;** der **Staub|beu|tel; staubben;** es staubt; es staubte; es hat gestaubt; der **Staub|fa|den;** das **Staub-ge|fäß; stau|big; staub|sau|gen** *oder* **Staub sau|gen;** er staubsaugte *oder* er saugte Staub; er hat staubgesaugt *oder* er hat Staub gesaugt
die **Stau|chung**
der **Stau|damm**
die **Stau|de**
stau|en; sich stauen; das Eis hat sich an der Brücke gestaut
stau|nen; du staunst; sie staunt; sie staunte; sie hat gestaunt; staune nur!; das **Stau|nen;** sie kommt aus dem Staunen nicht mehr heraus; **staunens|wert**
der **Stau|see;** die **Stau|stu|fe;** die **Stauung**
Std. = Stunde
das **Steak** [*ßtek*] (gebratene Fleischschnitte); des Steaks; die Steaks
das **Ste|a|rin** (Rohstoff für Kerzen)
ste|chen; du stichst; sie stach; sie hat ihn, *auch:* ihm ins Bein gestochen; stich ihn nicht!; die **Stech|mü|cke**[1]
der **Steck|brief; steck|brief|lich;** die **Steck|do|se; ste|cken**[1] (etwas in etwas einfügen; etwas festheften); du steckst; sie steckte; sie hat den Brief in den Kasten gesteckt; steck das Geld in die Tasche!; **ste|cken**[1] (sich irgendwo befinden; befestigt sein); die Uhr steckte, *auch:* stak in der Tasche; sie hat in der Manteltasche gesteckt
der **Ste|cken**[1]
stecken|blei|ben[1]**,** *neue Schreibung:* **ste|cken blei|ben;** sie blieb stecken; sie ist steckengeblieben, *neu:* stecken geblieben; bleibe nicht stecken!; **stecken|las|sen**[1]**,** *neue Schreibung:* **ste|cken las|sen** (etwas belassen, wo es steckt); sie lässt den Schlüssel stecken; sie ließ den Schlüssel stecken; sie hat den Schlüssel steckenlassen *und* steckengelassen, *neu:* stecken lassen *und* stecken gelassen
das **Ste|cken|pferd**[1]
der **Ste|cker**[1]**;** der **Steck|ling;** die **Steck|na|del;** die Stecknadeln

[1]*Alte Trennung:* ...k|k...

der **Steg;** die Stege
der **Steg|reif;** etwas aus dem Stegreif (unvorbereitet) hersagen
das **Steh|auf|männ|chen; ste|hen;** du stehst; sie steht; sie stand; sie hat an der Tür gestanden; **ste|hen|blei|ben,** *neue Schreibung:* **ste|hen blei|ben** (nicht weitergehen; übrig bleiben); du bleibst stehen; sie blieb stehen; sie ist stehengeblieben, *neu:* stehen geblieben; die Uhr ist stehengeblieben, *neu:* stehen geblieben; der Fehler ist stehengeblieben, *neu:* stehen geblieben; **ste|hen blei|ben;** du sollst bei der Begrüßung stehen bleiben; **ste|hen|las|sen,** *neue Schreibung:* **ste|hen las|sen** (nicht anrühren; vergessen); du lässt stehen; sie ließ stehen; sie hat die Suppe, den Schirm stehenlassen (*seltener:* stehengelassen), *neu:* stehen lassen (*seltener:* stehen gelassen); **ste|hen las|sen;** du solltest ihn bei dieser Arbeit stehen lassen; die **Steh|lam|pe;** die **Steh|lei|ter**
steh|len; du stiehlst; sie stiehlt; sie stahl; sie hat Geld gestohlen; stiehl nicht!
der **Steh|platz**
steif; ein steifer Hals; der Arm kann steif werden; **steif|hal|ten,** *neue Schreibung:* **steif hal|ten;** sie hat die Ohren steifgehalten, *neu:* steif gehalten (*umgangssprachlich für:* sie hat sich nicht entmutigen lassen); **steif hal|ten;** du sollst das Bein steif halten; die **Steif|heit**
der **Steig;** die Steige; der **Steig|bü|gel; stei|gen;** du steigst; sie steigt; sie stieg; sie ist auf die Leiter gestiegen; steig auf die Leiter!; die **Stei|gung**
stei|gern; du steigerst; sie steigert; sie steigerte; sie hat die Geschwindigkeit gesteigert; steigere deine Leistung!; die **Stei|ge|rung;** die **Stei|ge|rungs|stu|fe;** erste Steigerungsstufe (Komparativ); zweite Steigerungsstufe (Superlativ)
steil; der **Steil|hang;** die **Steil|küs|te**[1]
der **Stein;** der **Stein|bock;** der **Stein|bruch;** die Steinbrüche; **stei|nern** (aus Stein); das **Stein|gut; stei|nig;** die **Stein|koh|le;** der **Stein|metz;** des/dem/den Steinmetzen; die Steinmetzen; das **Stein|obst;** der **Stein|pilz; stein|reich;** der **Stein|schlag;** die **Stein|zeit;** der **Stein|zeit|mensch**
der **Steiß;** das **Steiß|bein**
die **Stel|le;** anstelle, *auch:* an Stelle von; zur Stelle sein; an erster, zweiter Stelle; **stel|len;** du stellst; sie stellte; sie hat den Schrank in die Ecke gestellt; stelle die Milch in den Kühlschrank!; **stel|len|wei|se;** der **Stel|len|wert;** die **Stel|lung;** zu etwas Stellung nehmen; die **Stel|lung|nah|me; stell|ver|tre|tend;** der **Stell|ver|tre|ter;** das **Stell|werk**
die **Stel|ze;** die Stelzen; **stel|zen;** du stelzt; sie stelzt; sie stelzte; sie ist durch den Garten gestelzt; die **Stelz|wur|zel**
das **Stemm|ei|sen; stem|men;** du stemmst; er stemmt; er stemmte; er hat gestemmt; stemme dieses Gewicht!; sich gegen etwas stemmen
der **Stem|pel;** die Stempel; **stem|peln;** du stempelst; sie stempelte; sie hat den Brief gestempelt; stemp[e]le den Brief!
der **Sten|gel,** *neue Schreibung:* **Stän|gel;** die Stengel, *neu:* Stängel
die **Ste|no|gra|fie,** *Nebenform:* **Ste|no|gra|phie; ste|no|gra|fie|ren,** *Nebenform:* **ste|no|gra|phie|ren;** du stenografierst, *auch:* stenographierst; sie hat stenografiert, *auch:* stenographiert; die **Ste|no|ty|pis|tin**[1]; die Stenotypistinnen
die **Stepp|de|cke**[2]; **step|pen;** du steppst; sie steppt; sie steppte; sie hat den Rand gesteppt; steppe den Saum!
die **Step|pe** (baumlose, wasserarme Ebene)
ster|ben; du stirbst; sie stirbt; sie starb; sie ist gestorben; **ster|bens|krank; sterb|lich**
die **Ste|re|o|an|la|ge; ste|re|o|phon,** *Nebenform:* **ste|re|o|fon** (räumlich klingend); stereophone, *auch:* stereofone Tonwiedergabe
ste|re|o|typ (unveränderlich)
ste|ril (keimfrei; unfruchtbar); **ste|ri|li|sie|ren** (keimfrei machen); sie hat die Milch sterilisiert
der **Stern;** das **Stern|bild; stern|klar;** die **Stern|kun|de** (Astronomie); die **Stern|schnup|pe;** die **Stern|war|te;** das **Stern|zei|chen** (Tierkreiszeichen)

[1] *Alte Trennung:* ...|st...

[1] *Alte Trennung:* ...|st...
[2] *Alte Trennung:* ...k|k...

das **Ste|tho|s|kop** (Hörrohr des Arztes); des Stethoskops; die Stethoskope
ste|tig; die **Ste|tig|keit; stets**
die **Steu|er** (Abgabe); die Steuern
das **Steu|er** (Lenkvorrichtung); die Steuer
das **Steu|er|bord** (die rechte Schiffsseite [von hinten gesehen]); die Steuerborde; der **Steu|er|knüp|pel** (im Flugzeug); der **Steu|er|mann;** die Steuermänner *und* die Steuerleute; **steu|ern;** du steuerst; sie steuert; sie steuerte; sie hat falsch gesteuert; steuere das Schiff!
steu|er|pflich|tig
das **Steu|er|rad;** das **Steu|er|ru|der;** die **Steu|e|rung**
der **Steu|er|zah|ler**
der **Ste|ward** [*ßtju^e^rt*] (Betreuer auf Schiffen und in Flugzeugen); die Stewards; die **Ste|war|deß,** *neue Schreibung:* **Ste|war|dess** [*ßtju^e^rdäß* und *ßtju^e^rdäß*]; die Stewardessen
sti|bit|zen (*umgangssprachlich für:* entwenden); du stibitzt; sie hat drei Eier stibitzt
der **Stich;** er hat ihn im Stich gelassen; der **Sti|chel** (ein Werkzeug); die Stichel; die **Sti|che|lei; sti|cheln;** du stichelst; er stichelt; er stichelte; er hat gestichelt; stich[e]le nicht!; die **Stich|flam|me; stich|hal|tig;** der **Stich|ling** (ein Fisch); die **Stich|pro|be;** das **Stich|wort;** die Stichwörter (Wörter, die in einem Nachschlagebuch behandelt werden) *und* die Stichworte (kurze Notizen; Einsatzwort für den Auftritt)
sti|cken[1]**;** du stickst; sie stickt; sie stickte; sie hat eine Decke gestickt; sticke eine schöne Decke!; die **Sti|cke|rei**[1]
der **Sti|cker**[1] [*ßtik^e^r*] (Aufkleber); des Stickers; die Sticker
sti|ckig[1]**;** stickige Luft
der **Stick|stoff; stick|stoff|frei,** *auch möglich:* **Stick|stoff-frei**
der **Stief|bru|der**
der **Stie|fel;** die Stiefel; **stie|feln;** du stiefelst; sie ist nach Hause gestiefelt
die **Stief|el|tern** *Plural;* das **Stief|kind;** die **Stief|mut|ter;** das **Stief|müt|ter|chen** (eine Blume); die **Stief|schwes|ter**[2]**;** der **Stief|va|ter**
die **Stie|ge**
der **Stieg|litz** (ein Vogel)
der **Stiel;** die Stiele; mit Stumpf und Stiel

[1]*Alte Trennung:* ...k|k...
[2]*Alte Trennung:* ...|st...

der **Stier; stier|na|ckig**[1]
der **Stift** (Nagel; Bleistift); die Stifte; der **Stift** (*umgangssprachlich für:* halbwüchsiger Junge, Lehrling); die Stifte
das **Stift** (eine Anstalt, ein Altersheim); die Stifte; **stif|ten;** du stiftest; sie stiftete; sie hat Geld für die Armen gestiftet; stifte etwas!; die **Stif|tung**
der **Stil** (Ausdrucksform; Bauart; Schreibart); die Stile; **sti|li|siert** (stark vereinfachend dargestellt); eine stilisierte Rose
still; eine stille Stunde; etwas im stillen, *neu:* Stillen (unbemerkt) tun; der Stille Ozean; die **Stil|le;** in aller Stille; in der Stille; das **Stille|ben**[2]**,** *neue Schreibung:* **Still|le|ben,** *auch möglich:* **Still-Le|ben** (*Malerei:* die Darstellung lebloser Gegenstände); **stille|gen**[2]**,** *neue Schreibung:* **still|le|gen,** *auch möglich:* **still-le|gen;** du legst still; er legt still; er legte still; er hat die Fabrik stillgelegt; lege die Fabrik still!; **stil|len;** du stillst; sie stillt; sie stillte; sie hat ihr Kind gestillt; still[e] das Kind!; **still|hal|ten** (erdulden, ertragen); du hältst still; er hält still; er hielt still; er hat stillgehalten; halt[e] still!; **still hal|ten;** du musst die Lampe still halten; **stillie|gen**[2]**,** *neue Schreibung:* **still|lie|gen,** *auch möglich:* **still-lie|gen** (außer Betrieb sein); die Fabrik liegt still; sie hat stillgelegen; **still lie|gen;** das Kind hat still gelegen; **still|schwei|gen;** du schweigst still; sie schweigt still; sie schwieg still; sie hat stillgeschwiegen; schweig[e] still!; **still|schwei|gend;** der **Still|stand; still|ste|hen** (aufhören); sein Herz steht still; sein Herz stand still; sein Herz hat stillgestanden; **still ste|hen** (ruhig stehen); nun bleib doch endlich still stehen!; **still|ver|gnügt**
stil|los; ein stilloses Verhalten
das **Stimm|band** (im Kehlkopf); die Stimmbänder *meist Plural;* der **Stimm|bruch;** die **Stim|me; stim|men;** diese Rechnung stimmt; er stimmte die Geige; das stimmte ihn fröhlich; sie hat für/gegen den Kandidaten gestimmt; die **Stimm|ga|bel;** die **Stimm|la|ge** (z.B. Sopran, Tenor); **stimm|lich; stimm|haft; stimm|los;** das **Stimm|recht;** die **Stim|mung**

[1]*Alte Trennung:* ...k|k...
[2]*Trennung:* ...ll|l...

sti|mu|lie|ren (anregen); der Erfolg hat ihn stimuliert

stin|ken; du stinkst; er stinkt; er stank; er hat gestunken; der **Stin|ke-fin|ger** (*umgangssprachlich:* eine obszöne Geste); **stink|faul** (*umgangssprachlich für:* sehr faul); das **Stink-tier**

das **Sti|pen|di|um** (Stiftung, Geldbeihilfe); die Stipendien [*schtipändi^en*]

stip|pen (*umgangssprachlich für:* tupfen; tunken); du stippst; er stippte; er hat den Zwieback in die Milch gestippt

die **Stirn**

stö|bern (*umgangssprachlich für:* [wühlend herum]suchen); du stöberst; er stöbert; er stöberte; er hat auf dem Dachboden gestöbert; stöber[e] nicht in meiner Schublade!

sto|chern; du stocherst; er stocherte; er hat im Ofen gestochert

der **Stock;** über Stock und Stein

der **Stock** (das Stockwerk); das Haus hat zwei Stock; es ist zwei Stock hoch

stock|dun|kel

sto|cken[1]**;** der Verkehr stockt; der Verkehr hat gestockt

Stock|holm (Hauptstadt von Schweden)

die **Sto|ckung**[1]

das **Stock|werk**

der **Stoff;** die **Stoffar|be**[2], *neue Schreibung:* **Stoff|far|be**, *auch möglich:* **Stoff-Far|be;** der **Stoffet|zen**[2], *neue Schreibung:* **Stoff|fet|zen**, *auch möglich:* **Stoff-Fet|zen; stoff|lich;** der **Stoff|wech|sel**

stöh|nen; du stöhnst; er stöhnt; er stöhnte; er hat laut gestöhnt; stöhn[e] nicht ständig!; er hört ein leises Stöhnen

die **Sto|la** (ein Umhang); die Stolen

die **Stol|le** *und* der **Stol|len** (ein Weihnachtsgebäck); die Stollen; der **Stollen** (Zapfen an Hufeisen und an Schuhen; waagerechter Grubenbau); die Stollen

stol|pern; du stolperst; sie stolpert; sie stolperte; sie ist über die Türschwelle gestolpert; stolper[e] nicht!

stolz; am stolzesten; der **Stolz; stol-zie|ren** (stolz einherschreiten); du stolzierst; er ist über den Marktplatz stolziert; stolzier[e] nicht so daher!

[1]*Alte Trennung:* ...k|k...

[2]*Trennung:* ...ff|f...

stop!, *auch:* **stopp!** (halt!)

stop|fen; du stopfst; er stopft; er stopfte; er hat die Strümpfe gestopft; stopf[e] die Strümpfe!; der **Stop|fen** (Stöpsel); das **Stopf|garn**

die **Stop|pel;** die Stoppeln; das **Stop|pel-feld; stop|pe|lig**, *auch:* **stopp|lig**

stop|pen; du stoppst; er stoppte; er hat plötzlich gestoppt; stopp[e] die Maschine!; das **Stopp|licht;** das **Stopp-schild;** die **Stopp|uhr**

der **Stöp|sel;** die Stöpsel

der **Storch;** die Störche; das **Stor|chen-nest**, *auch:* das **Storch|nest;** der **Storch|schna|bel** (eine Pflanze)

der **Store** [*ßtor*] (Vorhang); die Stores

stö|ren; du störst; er stört; er störte; er hat den Unterricht gestört; stör[e] nicht!; **stö|rend;** störende Zwischenrufe; der **Stö|ren|fried;** der **Stör|fall** (in einem Kernkraftwerk)

stör|risch, *seltener auch:* **stör|rig**

die **Stö|rung**

die **Sto|ry** [*ßtåri*] ([Kurz]geschichte); die Storys

der **Stoß; sto|ßen;** du stößt; sie stößt; sie stieß; sie hat ihn gestoßen; stoß[e] ihn nicht!; der **Stoß|seuf|zer; stoß|si-cher;** eine stoßsichere Uhr; die **Stoß-stan|ge;** der **Stoß|trupp; stoß|wei-se;** der **Stoß|zahn**

der **Stot|te|rer; stot|tern;** du stotterst; er stottert; er stotterte; er hat in seiner Jugend gestottert; er geriet ins Stottern; er kaufte das Fahrrad auf Stottern (auf Ratenzahlung)

Str. = Straße

das **Strac|cia|tel|la** [*ßtratscha...*] (Speiseeissorte aus Milchspeiseeis mit Schokoladenstückchen); des Stracciatella[s]

stracks (geradeaus; sofort)

straf|bar; die **Stra|fe; stra|fen;** du strafst; er straft; er strafte; er hat ihn mit Verachtung gestraft; straf[e] ihn!

straff; straf|fen; du straffst; er straffte; er hat die Leine gestrafft; straff[e] deine Erzählung!

der *und* die **Straf|ge|fan|ge|ne;** das **Straf|la|ger; sträf|lich;** der **Sträf-ling;** der **Straf|raum** *(Fußball);* der **Straf|stoß** *(Fußball, Hockey);* der **Straf|voll|zug**

der **Strahl;** die Strahlen; **strah|len;** du strahlst; er strahlt; er strahlte; seine Augen haben vor Begeisterung gestrahlt; die **Strah|lung**

die **Sträh|ne; sträh|nig**

stramm; stramm|ste|hen; du stehst stramm; er steht stramm; er hat strammgestanden
stram|peln; du strampelst; er hat gestrampelt; stramp[e]le nicht!
der **Strand;** die Strände; **stran|den;** das Schiff strandet; das Schiff strandete; das Schiff ist gestrandet
der **Strang;** die Stränge
die **Stra|pa|ze; stra|pa|zie|ren;** du strapazierst; er strapaziert; er strapazierte; er hat unsere Geduld strapaziert; strapazier[e] unsere Geduld nicht länger!; sich strapazieren (sich abmühen)
die **Stra|ße;** die **Stra|ßen|bahn;** die **Stra|ßen|sei|te;** der **Stra|ßen|verkehr**
die **Stra|te|gie** (Art des Vorgehens, geplante Verfahrensweise); **stra|tegisch**
sich **sträu|ben;** du sträubst dich; er hat sich gesträubt; da hilft kein Sträuben
der **Strauch;** die Sträucher
strau|cheln; du strauchelst; er strauchelte; er ist gestrauchelt
der **Strauß** (Blumengebinde); die Sträuße
der **Strauß** (ein Vogel); die Strauße; die Vogel-Strauß-Politik; die **Strau|ßenfe|der**
die **Stre|be** (schräge Stütze); **stre|ben;** du strebst; sie strebt; sie strebte; sie hat nach Höherem gestrebt; strebe danach!; der **Stre|ber; streb|sam**
die **Stre|cke**[1]**;** Wild zur Strecke bringen; **stre|cken**[1]**;** du streckst; er streckt; er streckte; er hat die Glieder gestreckt; sich strecken; er hat sich gestreckt; der **Streck|mus|kel**
die **Street|work** [*stritwö(r)k*] (Hilfe und Beratung für Drogenabhängige u. a. innerhalb ihres Wohnbereiches); der Streetwork; der **Street|wor|ker** (jemand, der Streetwork durchführt)
der **Streich**
strei|cheln; du streichelst ihn; er streichelt ihn; er streichelte ihn; er hat ihn gestreichelt; streich[e]le ihn!
strei|chen; du streichst; er strich; er hat die Wände gestrichen; streich[e] die Wände!; das **Streich|holz;** die **Streich|holz|schach|tel;** das **Streich|in|s|t|ru|ment;** das **Streich|quar|tett**
die **Strei|fe** (polizeilicher Kontrollgang); **strei|fen;** du streifst; er streift; er streifte; er ist durch Feld und Wald gestreift; die Kugel hat nur seinen Arm gestreift; der **Strei|fen;** der **Strei|fenwa|gen** (für Polizeistreifen)
der **Streik** (Arbeitsniederlegung); die Streiks; **strei|ken;** du streikst; er streikt; er streikte; er hat gestreikt; streike!
der **Streit;** die Streite; **strei|ten;** du streitest; er streitet; er stritt; er hat gestritten; streite nicht!; der **Streit|fall;** die **Streit|fra|ge; strei|tig;** die **Streitkräf|te** *Plural;* die **Streit|sa|che; streit|süch|tig**
streng; auf das, aufs strengste, *auch:* Strengste; jemanden streng bestrafen, beurteilen; die **Stren|ge; streng|genom|men,** *neue Schreibung:* **streng ge|nom|men;** strenggenommen, *neu:* streng genommen ist er ein Betrüger; **streng|neh|men,** *neue Schreibung:* **streng neh|men** (genau nehmen); du nimmst es streng; er hat es strenggenommen, *neu:* streng genommen; **strengs|tens**[1]
der **Streß,** *neue Schreibung:* **Stress** (starke körperliche und seelische Belastung, Überbeanspruchung); des Stresses; die Stresse; **stres|sen;** die Arbeit streßt, *neu:* stresst ihn; sie hat ihn gestreßt, *neu:* gestresst
das **Stret|ching** [*ßtretsching*] (aus Dehnungsübungen bestehende Form der Gymnastik); des Stretchings
streu|en; du streust; er streut; er streute; er hat Sand gestreut; streu[e] Sand!
streu|nen; der Hund ist über die Felder gestreunt
der **Streu|sel|ku|chen**
der **Strich; stri|cheln;** ich strich[e]le; eine gestrichelte Linie; der **Strich|punkt; strich|wei|se**
der **Strick; stri|cken**[2]**;** du strickst; sie strickt; sie strickte; sie hat gestrickt; strick[e] einen Pullover!; die **Strickl|ei|ter;** die **Strick|na|del;** die Stricknadeln
der **Strie|gel;** die Striegel; **strie|geln;** du striegelst; er hat das Pferd gestriegelt
der **Strie|men**
strikt; ein striktes (strenges) Verbot
die **Strip|pe** (*landschaftlich für:* Schnur)
strit|tig

[1]*Alte Trennung:* ...k|k...

[1]*Alte Trennung:* ...|st...
[2]*Alte Trennung:* ...k|k...

das **Stroh;** das **Stroh|dach;** der **Stroh|halm;** der **Stroh|hut; stro|hig;** der **Stroh|mann;** die Strohmänner

der **Strolch;** die Strolche; **strol|chen;** du strolchst; er strolcht; er strolchte; er ist durch die Straßen gestrolcht

der **Strom;** die Ströme; **strom|ab|wärts; strö|men;** die Menge strömte; die Menge ist aus dem Kino geströmt

der **Stro|mer** (*umgangssprachlich für:* Landstreicher, Herumtreiber); **stro|mern;** du stromerst; er ist durch den Wald gestromert

strom|li|ni|en|för|mig; die **Strom|schnel|le;** die **Strö|mung**

die **Stro|phe**

strot|zen; du strotzt; sie strotzte; sie hat vor Gesundheit gestrotzt

strub|be|lig *und* **strubb|lig**

der **Stru|del;** die Strudel; **stru|deln;** das Wasser strudelt; es hat gestrudelt

die **Struk|tur** (Gefüge, Aufbau); die Strukturen

der **Strumpf;** die Strümpfe; die **Strumpf|ho|se**

strup|pig

der **Struw|wel|pe|ter**

die **Stu|be;** die **Stu|ben|flie|ge;** der **Stu|ben|ho|cker**[1]**; stu|ben|rein**

der **Stuck** (Wand-, Deckenornamente aus Gips)

das **Stück;** die Stücke; 5 Stück Zucker

der **Stu|cka|teur,** *alte Schreibung:* **Stuk|ka|teur;** *vgl. d.*

das **Stück|chen; stück|wei|se**

der **Stu|dent;** des/dem/den Studenten; die Studenten; die **Stu|den|tin;** die Studentinnen; die **Stu|die** [*schtudi^e*] (Entwurf, Vorarbeit; wissenschaftliche Einzeluntersuchung); **stu|die|ren;** du studierst; er hat Physik studiert; studier[e] in Bamberg!; Probieren geht über Studieren, *auch:* probieren geht über studieren

das **Stu|dio** (Atelier; Aufnahmeraum beim Film und Rundfunk); die Studios

das **Stu|di|um;** die Studien [*schtudi^en*]

die **Stu|fe;** der **Stu|fen|bar|ren** *(Turnen);* das **Stu|fen|heck**

der **Stuhl;** der **Stuhl|gang**

der **Stuk|ka|teur,** *neue Schreibung:* **Stu|cka|teur** [*schtukatör*] (Stuckarbeiter; Stuckkünstler); die Stukkateure, *neu:* Stuckateure

die **Stul|le** (*norddeutsch für:* Brotschnitte)

[1]*Alte Trennung:* ...k|k...

stül|pen; er hat den Kaffeewärmer über die Kanne gestülpt

stumm; stumm sein, werden; der **Stum|me**

der **Stum|mel;** die Stummel

der **Stüm|per; stüm|per|haft**

stumpf; der **Stumpf;** die Stümpfe; etwas mit Stumpf und Stiel ausrotten; **stumpf|sin|nig; stumpf|win|ke|lig** *und* **stumpf|wink|lig**

die **Stun|de;** eine halbe Stunde; eine viertel Stunde, aber: die Viertelstunde; der **Stun|den|ki|lo|me|ter** (Kilometer je Stunde); **stun|den|lang,** aber: eine Stunde lang; der **Stun|den|lohn;** der **Stun|den|plan; stünd|lich**

der **Stunk** (*umgangssprachlich für:* Zank, Unfrieden)

der **Stunt|man** [*ßtantmän*] (Double für gefährliche akrobatische Szenen); des Stuntmans; die Stuntmen

stu|pid *und* **stu|pi|de** (dumm, stumpfsinnig); am stupidesten

stup|sen; du stupst; er stupst; er stupste; er hat ihn gestupst; stups[e] ihn nicht!; die **Stups|na|se**

stur; die **Stur|heit**

der **Sturm;** die Stürme; **stür|men;** es stürmt; es hat gestürmt; die Zuschauer haben die Bühne gestürmt; die Kinder sind aus dem Haus gestürmt; der **Stür|mer;** die **Sturm|flut; stür|misch**

der **Sturz;** die Stürze; **stür|zen;** du stürzt; er stürzt; er stürzte; er ist auf der Treppe gestürzt; er hat die Regierung gestürzt; der **Sturz|helm**

der **Stuß,** *neue Schreibung:* **Stuss** (*umgangssprachlich für:* Unsinn); des Stusses

die **Stu|te**

Stutt|gart (Hauptstadt von Baden-Württemberg)

der **Stütz** *(Turnen);* des Stützes; die Stütze; die **Stüt|ze; stüt|zen;** du stützt; sie stützt; sie stützte; sie hat ihn gestützt; stütz[e] ihn!

stut|zen; du stutzt; er stutzt; er hat gestutzt; der **Stut|zen; stut|zig**

der **Stütz|punkt**

sty|len [*ßtail^en*] (modern formen, gestalten); gestylt

das **Sty|ro|por** (ein Kunststoff)

s. u. = sieh[e] unten!

die **Sub|do|mi|nan|te** (*Musik:* Quarte vom Grundton aus)

das **Sub|jekt** (Satzgegenstand; *Philosophie:* ein denkendes Wesen); die Subjekte; **sub|jek|tiv** (persönlich; einseitig); seine Ansichten sind sehr subjektiv

das **Sub|s|tan|tiv** (Hauptwort); die Substantive; **sub|s|tan|ti|viert** [...*wirt*] (hauptwörtlich gebraucht)

die **Sub|s|tanz** (Stoff; Wesen); die Substanzen

der **Sub|t|ra|hend** (abzuziehende Zahl); des/dem/den Subtrahenden; die Subtrahenden; **sub|t|ra|hie|ren** (abziehen); du subtrahierst; er hat die Zahlen subtrahiert; subtrahier[e] sieben von zwölf!; die **Sub|t|rak|ti|on**

die **Sub|tro|pen** (zwischen Tropen und gemäßigter Zone) *Plural*

die **Sub|ven|ti|on** (Unterstützung aus öffentlichen Mitteln)

die **Su|che;** auf der Suche sein; auf die Suche gehen; **su|chen;** du suchst; er hat gesucht; such[e] ihn!; die **Su|che|rei**

die **Sucht;** die Süchte; **süch|tig**

Süd (Himmelsrichtung); Nord und Süd; **Süd|af|ri|ka** (Staat in Afrika); der **Süd|af|ri|ka|ner; süd|af|ri|ka|nisch**

der **Su|dan** (Staat in Afrika); der **Su|da|ne|se** *und* der **Su|da|ner; su|da|ne|sisch** *und* **su|da|nisch**

der **Sü|den;** das Gewitter kommt aus Süden; gen Süden; **Süd|ko|rea** ↑Korea; **süd|lich;** südlich des Meeres; südlich vom Meere; südlicher Breite; **Süd|ost** (Himmelsrichtung); der **Süd|os|ten;** der **Süd|pol;** die **Süd|see; süd|wärts; Süd|west** (Himmelsrichtung); der **Süd|wes|ten**[1]

das **Suf|fix** (Nachsilbe); die Suffixe

die **Süh|ne; süh|nen;** du sühnst; er sühnte; er hat sein Verbrechen mit dem Leben gesühnt; sühn[e] deine Untat!

die **Sui|te** [*ßwit*$^{(e)}$] (Komposition, die aus einer Folge von tänzerischen oder anderen Sätzen besteht); die Suiten

der **Sul|tan** (Titel islamischer Herrscher); des Sultans; die Sultane

die **Sül|ze; sül|zen** (*umgangssprachlich für:* [herum]reden); du sülzt; er hat gesülzt

Su|ma|t|ra [*sumatra,* auch: *sumatra*] (indonesische Insel)

der **Sum|mand** (hinzuzuzählende Zahl); des/dem/den Summanden; die Summanden; die **Sum|me**

sum|men; du summst; sie hat gesummt; summ[e] nicht!; der **Sum|mer**

sich **sum|mie|ren** (anwachsen); die Fehler summierten sich; die Fehler haben sich summiert

der **Sumpf;** die Sümpfe; **sump|fig**

die **Sün|de;** der **Sün|den|bock;** der **Sün|den|fall;** der **Sün|der; sünd|haft; sün|di|gen;** du sündigst; er sündigte; er hat gesündigt; sündige nicht!

su|per (*umgangssprachlich für:* hervorragend, großartig)

der **Su|per-G** [...*dschi*] (Superriesenslalom)

der **Su|per|la|tiv** (2. Steigerungsstufe); die Superlative

der **Su|per|markt;** die Supermärkte

der **Su|per|rie|sen|sla|lom**

die **Sup|pe;** das **Sup|pen|fleisch;** der **Sup|pen|löf|fel;** die Suppenlöffel

das **Surf|brett** [*ßö'f...*] (zum Segeln oder zum Wellenreiten); **sur|fen** (mit dem Surfbrett segeln); er hat gesurft; er ist zum anderen Ufer gesurft

Su|ri|na|me [*ßürinam*^{e}] (Staat in Südamerika); der **Su|ri|na|mer; su|ri|na|misch**

sur|ren; das Rad surrt; das Rad surrte; das Rad hat gesurrt

süß; am süßesten; **sü|ßen;** du süßt; sie hat den Kaffee gesüßt; süß[e] den Kaffee!; die **Sü|ßig|keit; süß|lich;** die **Süß|spei|se;** das **Süß|was|ser**

svw. = so viel wie

das **Sweat|shirt** [*ß*^{u}*ätschö't*] (weit geschnittener Pullover); die Sweatshirts

der **Swim|ming|pool** [*ßwimingpul*] (Schwimmbecken); des Swimmingpools; die Swimmingpools

Syd|ney [*ßidni*] (Stadt in Australien)

Sylt [*sült*] (Insel in der Nordsee)

die **Sym|bi|o|se** (Zusammenleben ungleicher Lebewesen zu gegenseitigem Nutzen)

das **Sym|bol** (Wahrzeichen, Sinnbild); die Symbole; **sym|bol|haft; sym|bo|lisch**

die **Sym|me|t|rie** (spiegelbildliche Gleichheit); die Symmetrien; die **Sym|me|t|rie|ach|se; sym|me|t|risch**

die **Sym|pa|thie** ([Zu]neigung); die Sympathien; **sym|pa|thisch** (Sympathie erweckend); **sym|pa|thi|sie|ren;** du sympathisierst; er sympathisierte; er hat mit diesem Plan sympathisiert

die **Sym|pho|nie,** *auch:* **Sin|fo|nie** (ein Musikwerk für Orchester); die Symphonien, *auch:* Sinfonien; **sym|pho|nisch,** *auch:* **sin|fo|nisch**

---

[1] *Alte Trennung:* ...|st...

das **Sym|p|tom** (Anzeichen, Merkmal)
die **Sy|n|a|go|ge** (jüdisches Gotteshaus)
syn|chron [*sünkron*] (gleichzeitig, zeitgleich; gleichlaufend); **syn|chro|ni|sie|ren** (synchron machen; mit einer unterlegten synchronen Sprachwiedergabe versehen); synchronisierte ausländische Filme
die **Syn|ko|pe** (*Musik:* Verschiebung der Betonung); die Synkopen
die **Sy|n|o|de** (Kirchenversammlung)
das **Sy|n|o|nym** (sinnverwandtes Wort); die Synonyme
die **Syn|tax** ([Lehre vom] Satzbau)
syn|the|tisch (zusammensetzend; *Chemie:* künstlich hergestellt)
der **Sy|rer; Sy|ri|en** (Staat im Vorderen Orient); **sy|risch**
das **Sys|tem**[1] (Gliederung; Aufbau; Ordnungsprinzip); die Systeme; die **Sys|te|ma|tik**[1] (planmäßige Darstellung); **sys|te|ma|tisch**[1]; **sys|tem|los**[1]
die **Sze|ne** (Bühne, Schauplatz; Abschnitt eines Bühnenwerks; Vorgang; charakteristischer gesellschaftlicher Bereich); die Szenen; der **Sze|nen|wech|sel**

T

das **T** (Buchstabe); des T; die T; aber: das t in Rate
t = Tonne
der **Ta|bak** [auch: *tabak* und *tabak*]; die Tabake; die **Ta|baks|pfei|fe**
die **Ta|bel|le** (Aufstellung, Verzeichnis)
das **Ta|b|lett;** die Tablette *und* die Tabletts
die **Ta|b|let|te** (Arzneimittel); die Tabletten
ta|bu (verboten, unantastbar); das ist tabu; das **Ta|bu** (gesellschaftliches Verbot; etwas, wovon man nicht sprechen darf); die Tabus; es ist für ihn ein Tabu
das *und* der **Ta|cho|me|ter** (Drehzahl-, Geschwindigkeitsmesser)
der **Ta|del;** die Tadel; **ta|del|los; ta|deln;** du tadelst; sie tadelt; sie tadelte; sie hat ihn getadelt; tad[e]le ihn!
das **Taek|won|do** [*te...*] (koreanische Abart des Karate)
die **Ta|fel;** die Tafeln
tä|feln (mit Holz verkleiden); du täfelst; er hat das Zimmer getäfelt

[1]*Alte Trennung:* ...|st...

der **Tag.** *Groß:* am, bei Tage; heute über acht Tage; heute in acht Tagen; heute vor vierzehn Tagen; von Tag zu Tag; Tag für Tag; des Tags zuvor; eines Tag[e]s; über Tage, unter Tage (im Bergbau); unter Tags (den Tag über); vor Tag[e]; den ganzen Tag; guten, *auch:* Guten Tag sagen. *Klein:* tags; tags darauf; tags zuvor; **tag|aus, tag|ein;** der **Ta|ge|bau** (Bergbau über Tage); die Tagebaue; das **Ta|ge|buch; ta|ge|lang;** aber: ganze, mehrere Tage lang; das **Ta|ges|licht;** bei Tageslicht; die **Ta|ges|zeit;** die **Ta|ges|zei|tung; täg|lich;** das tägliche Brot; **tags** ↑Tag; **tags|über; tag|täg|lich;** die **Tag|und|nacht|glei|che;** die **Ta|gung**
der **Tai|fun** (Wirbelsturm); die Taifune
die **Tai|ga** (sibirischer Waldgürtel)
die **Tail|le** [*talje*] (schmalste Stelle des Rumpfes; Gürtelweite)
Tai|wan [auch: *taiwan, taiwan*] (Inselstaat in Ostasien); der **Tai|wa|ner; tai|wa|nisch**
der **Takt;** Takt halten
die **Tak|tik** (planmäßige Ausnutzung einer Lage); die Taktiken; **tak|tisch**
takt|los; am taktlosesten; die **Takt|lo|sig|keit;** der **Takt|stock;** die Taktstöcke; der **Takt|strich; takt|voll**
das **Tal**
der **Ta|lar** (langes Amtskleid); die Talare
das **Ta|lent** (Begabung, Fähigkeit); die Talente; **ta|len|tiert** (begabt)
der **Ta|ler** (ehemalige Münze); des Talers; die Taler
der **Talg** (festes Fett)
der **Ta|lis|man** (glücksbringender Gegenstand); die Talismane
die **Talk-Show,** *Hauptform:* **Talk|show** [*tåkscho*ᵘ] (Unterhaltungssendung, in der bekannte Persönlichkeiten interviewt werden); die Talk-Shows, *auch:* Talkshows
die **Tal|soh|le;** die **Tal|sper|re; tal|wärts**
der **Tam|bour** [*tambur*] (Trommler); die Tamboure
der **Tam|pon** (Watte-, Mullbausch); des Tampons; die Tampons
das **Tam|tam** (Lärm, aufdringliches Getue)
der **Tand** (Wertloses)
das **Tan|dem** (Fahrrad mit zwei Sitzen hintereinander); die Tandems
der **Tang** (Meeresalgen); die Tange

der **Tan|ga** [*tanga*] (sehr knapper Bikini); des Tangas; die Tangas

die **Tan|gen|te** (Gerade, die eine gekrümmte Linie in einem Punkt berührt)

der **Tan|go** (ein Tanz); die Tangos

der **Tank;** die Tanks; **tan|ken;** du tankst; er tankt; er tankte; er hat 10 Liter Benzin getankt; tanke voll!; der **Tan|ker;** die **Tank|stel|le;** der **Tank|wa|gen;** der **Tank|wart;** die Tankwarte

die **Tan|ne;** der **Tan|nen|baum;** der **Tannen|zap|fen**

Tan|sa|nia [auch: *tansania*] (Staat in Afrika); der **Tan|sa|ni|er; tan|sanisch**

die **Tan|te**

der **Tanz;** die Tänze; **tän|zeln;** das Pferd tänzelte; das Pferd hat getänzelt; **tanzen;** du tanzt; er tanzte; er hat einen Walzer getanzt; tanze auch einmal mit deiner Schwester!; der **Tän|zer;** die **Tän|ze|rin;** die Tänzerinnen

das **Ta|pet;** etwas aufs Tapet bringen (zur Sprache bringen)

die **Ta|pe|te; ta|pe|zie|ren;** du tapezierst; sie hat das Zimmer tapeziert; tapeziere auch den Flur!; der **Ta|pe|zierer**

tap|fer; die **Tap|fer|keit**

tap|pen; du tappst; er ist im Dunkeln durch das Zimmer getappt; er hat lange im Dunkeln getappt (er wusste lange nicht Bescheid); **täp|pisch**

die **Ta|ran|tel** (eine Spinne); die Taranteln

der **Ta|rif** (Lohn-, Preisstaffel; Gebührenordnung); die Tarife

tar|nen; du tarnst; er tarnt; er tarnte; er hat sein Versteck getarnt; tarne dich gut!; die **Tarn|kap|pe;** die **Tar|nung**

die **Ta|sche;** das **Ta|schen|buch;** der **Taschen|dieb;** das **Ta|schen|geld;** die **Ta|schen|lam|pe;** der **Ta|schenrech|ner;** das **Ta|schen|tuch**

die **Tas|se**

die **Tas|ta|tur**[1]**;** die **Tas|te**[1]**; tas|ten**[1]**;** du tastest; er tastete; er hat vorsichtig nach ihrer Hand getastet; sich tasten; er hat sich durch den dunklen Gang getastet; der **Tast|sinn**

die **Tat;** in der Tat; der **Tat|be|stand;** der **Tä|ter; tä|tig;** tätig sein; die **Tä|tigkeit; tät|lich;** tätlich werden; die **Tätlich|keit;** der **Tat|ort**

tä|to|wie|ren (eine Zeichnung mit Farbe in die Haut einritzen); du tätowierst; er tätowiert; er tätowierte; er hat ihm ein Schiff auf den Unterarm tätowiert; tätowiere ihn!; die **Tä|to|wierung**

die **Tat|sa|che; tat|säch|lich**

tät|scheln; du tätschelst; er tätschelte; er hat ihr die Hand getätschelt

die **Tat|ze**

der **Tau** (Niederschlag)

das **Tau** (Schiffsseil); die Taue

taub; taub sein; eine taube (leere) Nuss

die **Tau|be;** der **Tau|ben|schlag;** der **Täu|be|rich**

die **Taub|heit;** die **Taub|nes|sel;** die Taubnesseln; **taub|stumm**

tau|chen; du tauchst; sie tauchte; sie hat *und* sie ist getaucht; aber nur: sie ist bis auf den Boden des Schwimmbeckens getaucht; sie hat den Pinsel in die Farbe getaucht; der **Tau|cher;** der **Tau|cher|an|zug;** der **Tauch|sie|der**

tau|en; es taut; es taute; es hat getaut

die **Tau|fe; tau|fen;** du taufst; er taufte; er hat mich getauft; taufe das Kind auf den Namen Stefanie!; der **Täu|fer;** der **Täuf|ling;** der **Tauf|pa|te;** die **Taufpa|tin**

tau|gen; du taugst; er taugt; er taugte; er hat nichts getaugt; der **Tau|genichts;** die Taugenichtse; **taug|lich**

der **Tau|mel;** im Taumel der Begeisterung; **tau|meln;** du taumelst; er taumelte; er ist durch die Straßen getaumelt

der **Tau|nus** (Gebirge in Hessen)

der **Tausch;** die Tausche; **tau|schen;** du tauschst; er tauschte; er hat Briefmarken getauscht; tausche mit mir!

täu|schen; du täuschst; er täuscht; er täuschte; er hat ihn getäuscht; täusche ihn nicht!; sich täuschen; ich habe mich getäuscht; die **Täu|schung**

tau|send; Land der tausend Seen (Finnland); einige tausend, *auch:* Tausend Menschen; an die tausend Menschen; der fünfte Teil von tausend; das Tausend; ein halbes Tausend; viele Tausende, *auch:* tausende; fünf vom Tausend; einige Tausend, *auch:* tausend Büroklammern (Packungen von je tausend Stück); Tausende, *auch:* tausende von Menschen; Tausende und aber Tausende, *neu nur noch:* Tausende und Abertausende, *auch:* tausende und abertausende; zu Hunderten und Tausenden, *auch:* zu hunderten und tausenden; es geht in die Tausende; der Protest einiger Tausende, *auch:* tausende;

[1] *Alte Trennung:* ...|st...

der Einsatz Tausender, *auch:* tausender Pioniere; der Beifall Tausender, *auch:* tausender von Zuschauern; die **Tausend** (die Zahl); die Tausenden; **tausend|ein,** *auch:* **tau|send|und|ein; tau|send|eins,** *auch:* **tau|send|undeins;** der **Tau|sen|der; tau|sen|derlei; tau|send|fach; tau|send|fältig;** der **Tau|send|fü|ßer** *und* der **Tau|send|füß|ler; tau|send|jäh|rig; tau|send|mal** ↑hundertmal; das **Tausend|schön** (eine Pflanze); **tausends|te**[1]**;** der tausendste Besucher; aber: vom Hundertsten ins Tausendste kommen; ↑hundertste; das **Tausends|tel**[1] ↑Achtel; **tau|send|undein,** *auch:* **tau|send|ein;** tausendundein Weizenkorn; mit tausendundein Weizenkörnern. *Groß:* Ein Märchen aus Tausendundeiner Nacht

der **Tau|trop|fen;** das **Tau|wet|ter**

die **Ta|ver|ne** (italienisches Wirtshaus)

die **Ta|xe** (Schätzpreis; Gebühr); die Taxen; die **Ta|xe** (Mietauto); die Taxen *und* das **Ta|xi;** des Taxis; die Taxis; **taxie|ren;** du taxierst; sie hat die Ware taxiert; taxiere sie!; der **Ta|xi|fah|rer**

Tb *und* **Tbc** = Tuberkulose

das **Team** [*tim*] (Arbeitsgruppe; Mannschaft); die Teams

die **Tech|nik;** die Techniken; der **Tech|niker; tech|nisch**

das *oder* der **Tech|no** [*tekno*] (elektronische, von besonders schnellem Rhythmus bestimmte Tanzmusik)

die **Tech|no|lo|gie** (Fertigungstechnik; Gesamtheit technischer Verfahren); die Technologien

das **Tech|tel|mech|tel** (*umgangssprachlich für:* Liebelei); des Techtelmechtels; die Techtelmechtel

der **Te|ckel**[2] (Dackel); die Teckel

der **Ted|dy|bär;** des/dem/den Teddybären; die Teddybären

der **Tee;** die Tees; schwarzer Tee; chinesischer Tee; das **Tee-Ei,** *Hauptform:* **Tee|ei;** die **Tee-Ern|te,** *Hauptform:* **Tee|ern|te;** die **Tee|kan|ne;** der **Teelöf|fel**

der **Teen|ager** [*tineidscher*] (Junge oder Mädchen im Alter von 13 bis 19 Jahren); die Teenager

der **Teer; tee|ren;** du teerst; er hat die Einfahrt geteert; **tee|rig**

[1]*Alte Trennung:* ...|st...
[2]*Alte Trennung:* ...k|k...

der **Te|gern|see** (See in Bayern)

Te|he|ran [*teheran,* auch: *teheran*] (Hauptstadt des Iran)

der **Teich**

der **Teig**

der **Teil** *und* das **Teil;** zum Teil; ein großer Teil des Gebietes; er prüfte jedes Teil; ein gut Teil; sein[en] Teil dazu beitragen; ich für mein[en] Teil; **teil|bar; teilen;** du teilst; er teilt; er teilte; er hat mit seinem Bruder geteilt; teile mit ihm!; zehn geteilt durch fünf ist, macht, gibt zwei; der **Tei|ler** (Divisor); **teilha|ben;** er hat teil; er hat an meiner Freude teilgehabt; **teil|haf|tig;** einer Sache teilhaftig sein; die **Teil|men|ge** (*Mathematik:* Menge, die in einer Menge als Teil enthalten ist); die **Teilnah|me; teil|neh|men;** sie nimmt teil; sie hat an dieser Veranstaltung teilgenommen; nimm daran teil!; der **Teilneh|mer; teils;** teils gut, teils schlecht; **teil|wei|se;** die **Teil|zeit;** Teilzeit arbeiten; du arbeitest Teilzeit; er arbeitete Teilzeit; er hat Teilzeit gearbeitet

der **Teint** [*täng*] ([Farbe der] Gesichtshaut); die Teints

Tel. = Telefon

das **Te|le|fax** (Fernkopie; Fernkopierer; Fernkopiersystem für Text- und Bildvorlagen); des Telefax; die Telefax[e]

das **Te|le|fon;** das **Te|le|fon|buch; te|lefo|nie|ren;** du telefonierst; er telefoniert; er telefonierte; er hat telefoniert; telefonier[e] mit deinem Freund!; **tele|fo|nisch;** die **Te|le|fon|num|mer**

der **Te|le|graf;** des/dem/den Telegrafen; die Telegrafen; die **Te|le|gra|fie; tele|gra|fie|ren;** du telegrafierst; er telegrafierte; er hat telegrafiert; telegrafier[e]!; **te|le|gra|fisch;** das **Te|legramm;** der **Te|le|graph** usw., *Hauptform:* **Te|le|graf;** *vgl. d.*

das **Te|le|kol|leg** (unterrichtende Sendereihe im Fernsehen)

die **Te|le|kom** (*kurz für:* Deutsche Telekom AG)

das **Te|le|phon** usw., *neu nur noch:* **Te|lefon;** *vgl. d.*

das **Te|le|s|kop** (Fernrohr); die Teleskope

das **Te|le|spiel** (Spiel, das mit einem Zusatzgerät auf dem Bildschirm gespielt wird)

die **Te|le|vi|si|on** [*...wi...*] (Fernsehen)

der **Tel|ler**

der **Tem|pel;** die Tempel

das **Tem|pe|ra|ment** (Gemütsart; Lebhaftigkeit); die Temperamente
die **Tem|pe|ra|tur;** die Temperaturen
das **Tem|po** (Geschwindigkeit; Zeitmaß); die Tempos *und (Musik:)* die Tempi; das **Tem|pus** (Zeitform des Verbs); des Tempus; die Tempora
die **Ten|denz** (Hang, Neigung; Entwicklungsrichtung); die Tendenzen; **ten|den|zi|ös** (etwas bezweckend, beabsichtigend; parteilich zurechtgemacht); am tendenziösesten; **ten|die|ren** (hinneigen, gerichtet sein); die Partei tendiert nach rechts; er hat ursprünglich zu einer anderen Auffassung tendiert
die **Ten|ne**
das **Ten|nis;** Tennis spielen; der **Ten|nis|ball;** der **Ten|nis|schlä|ger**
der **Te|nor** (hohe Männerstimme; Tenorsänger); des Tenors; die Tenöre; der **Te|nor** (Sinn, Inhalt); des Tenors
der **Tep|pich**
der **Term** (mathematischer Ausdruck); die Terme; der **Ter|min;** der **Ter|mi|nus** (Fachausdruck); des Terminus; die Termini
die **Ter|mi|te** (ein Insekt)
das **Ter|pen|tin**
das **Ter|rain** [*täräng*] (Gebiet); die Terrains
das **Ter|ra|ri|um** (Behälter für die Haltung kleiner Lurche u. Ä.); die Terrarien [*tärarien*]
die **Ter|ras|se**
der **Ter|ri|er** [*täri^e^r*] (ein Hund)
die **Ter|ri|ne** (Suppenschüssel)
das **Ter|ri|to|ri|um** (Bezirk; Hoheitsgebiet); die Territorien [*täritori^e^n*]
der **Ter|ror** (Verbreitung von Angst und Schrecken); **ter|ro|ri|sie|ren;** du terrorisierst; er terrorisierte; er hat seine Mitschüler terrorisiert; der **Ter|ro|ris|mus;** der **Ter|ro|rist;** des/dem/den Terroristen; die Terroristen
die **Terz** (der dritte Ton vom Grundton aus); die Terzen
der **Te|sa|film** (ein Klebeband); des Tesafilms
der **Test** (Probe, Prüfung); die Tests; **tes|ten**[1]**;** sie hat das Material getestet
das **Tes|ta|ment**[1]**;** das Alte Testament; das Neue Testament; **tes|ta|men|ta|risch**[1]
der **Te|ta|nus** (Wundstarrkrampf); des Tetanus; die **Te|ta|nus|imp|fung**

[1]*Alte Trennung:* ...|st...

teu|er; teuer; am teuersten; das kommt mir *oder* mich teuer zu stehen; die **Teu|e|rung**
der **Teu|fel;** die Teufel; **teuf|lisch**
Te|xas (Staat in den USA)
der **Text**
die **Tex|ti|li|en** [*tekßtili^e^n*] *Plural;* die **Tex|til|in|dus|t|rie**
TH = technische Hochschule
Thai|land (Staat in Hinterindien); der **Thai|län|der; thai|län|disch**
das **The|a|ter; the|a|t|ra|lisch**
die **The|ke** (Schanktisch, Ladentisch); die Theken
das **The|ma;** die Themen *und* die Themata
die **Them|se** (Fluss in England)
der **The|o|lo|ge;** des Theologen; die Theologen; die **The|o|lo|gie** (Wissenschaft von Gott und seiner Offenbarung; Religions-, Glaubenslehre); die Theologien; **the|o|lo|gisch**
the|o|re|tisch; die **The|o|rie** (Lehre; Erklärungsversuch); die Theorien
die **The|ra|pie** (Heilbehandlung); die Therapien
das **Ther|mal|bad** (Warmquellbad)
das **Ther|mo|me|ter** (Temperaturmessgerät)
die **Ther|mos|fla|sche** (ein Warmhaltegefäß)
der **Ther|mo|s|tat** (Wärmeregler); des Thermostat[e]s *und* des Thermostaten; die Thermostate *und* die Thermostaten
die **The|se** (Behauptung)
das **Thing** (germanische Volksversammlung); die Thinge
der **Thril|ler** [*thril^e^r*] (reißerischer Film oder Roman)
der **Thron;** die Throne; der **Thron|fol|ger**
der **Thun|fisch,** *Nebenform:* **Tun|fisch**
Thü|rin|gen; der **Thü|rin|ger; thü|rin|gisch**
Ti|bet (Hochland in Zentralasien); der **Ti|be|ter,** *auch:* der **Ti|be|ta|ner; ti|be|tisch,** *auch:* **ti|be|ta|nisch**
der **Tick** (wunderliche Eigenart); die Ticks
ti|cken[1]**;** die Uhr tickt; die Uhr tickte; die Uhr hat getickt
die **Ti|de** ([Ebbe und] Flut); die Tiden
der *oder* das **Tie-Break,** *Hauptform:* **Tiebreak** [*taibre^i^k*] (*Tennis:* Satzverkürzung [beim Stand 6:6]); die Tie-Breaks, *auch:* Tiebreaks
tief; etwas auf das, aufs tiefste, *auch:* Tiefste beklagen; tief graben, pflügen;

[1]*Alte Trennung:* ...k|k...

ein tief ausgeschnittenes Kleid; das **Tief** (Tiefdruckgebiet); die Tiefs; **tief|be|wegt,** *neue Schreibung:* **tief bewegt;** der tiefbewegte, *neu:* tief bewegte Mann; der Mann ist tief bewegt; **tief|blau;** die **Tie|fe;** die **Tief|ebe|ne; tief|emp|fun|den,** *neue Schreibung:* **tief emp|fun|den;** ein tiefempfundener, *neu:* tief empfundener Dank; sein Dank war tief empfunden; **tief|er|schüt|tert,** *neue Schreibung:* **tief erschüt|tert;** der tieferschütterte, *neu:* tief erschütterte Mann; der Mann ist tief erschüttert; der **Tief|gang; tief|ge|kühlt;** tiefgekühltes Gemüse; das Gemüse ist tiefgekühlt; **tief|grei|fend,** *neue Schreibung:* **tief grei|fend; tief|grün|dig; tief|schwarz;** die **Tief|see; tief|sin|nig**

der **Tie|gel** (flacher Topf); die Tiegel

das **Tier;** der **Tier|arzt; tie|risch;** der **Tier|park;** die **Tier|quä|le|rei;** die **Tier|welt**

der **Ti|ger**

der **Ti|g|ris** (Fluss in Vorderasien)

til|gen; du tilgst; sie tilgt; sie tilgte; sie hat ihre Schulden getilgt; tilg[e] deine Schulden!; die **Til|gung**

das **Ti|ming** [*taiming*] (zeitliche Abstimmung); des Timings

Ti|mor (indonesische Insel)

die **Tin|te;** das **Tin|ten|faß,** *neue Schreibung:* **Tin|ten|fass;** die Tintenfässer; der **Tin|ten|fisch;** der **Tin|ten|klecks;** die Tintenkleckse; der **Tin|ten|ku|li**

der **Tip,** *neue Schreibung:* **Tipp;** die Tips, *neu:* Tipps; **tip|peln** (*umgangssprachlich für:* zu Fuß gehen; wandern); du tippelst; er ist getippelt; **tip|pen** (leicht stoßen; *umgangssprachlich für:* Maschine schreiben); du tippst an die Scheibe; sie tippte den Brief; **tip|pen** (wetten); er hat getippt; tipp[e] richtig!; der **Tipp|schein**

tipp|topp (*umgangssprachlich für:* makellos, sehr gut)

das **Ti|ra|mi|su** (italienische Süßspeise)

Ti|ra|na (Hauptstadt von Albanien)

der **Tisch;** die **Tisch|de|cke**[1]; das **Tisch|fuß|ball|spiel;** der **Tisch|ler;** die **Tisch|le|rei;** das **Tisch|ten|nis;** Tischtennis spielen

der **Ti|tel;** die Titel; der **Ti|tel|ver|tei|di|ger** *(Sport)*

[1]*Alte Trennung:* ...k|k...

der **Toast** [*toßt*] (Trinkspruch; geröstete Weißbrotschnitte); die Toaste *und* die Toasts; der **Toas|ter**[1]

to|ben; du tobst; er hat getobt; tobe nicht!; die **Tob|sucht; tob|süch|tig**

die **Toch|ter;** die Töchter

der **Tod;** jemanden zu Tode erschrecken; **tod|blaß,** *neue Schreibung:* **tod|blass** ↑totenblaß; **tod|brin|gend; tod|elend; tod|ernst;** die **To|des|angst;** das **To|des|op|fer;** die **To|des|stra|fe;** das **To|des|ur|teil; tod|feind;** der **Tod|feind; tod|krank; töd|lich; tod|mü|de; tod|si|cher; tod|still** ↑totenstill; die **Tod|sün|de; tod|wund**

To|go (Staat in Westafrika); der **To|go|er** [*togoer*]; **to|go|isch** [*togo-isch*]

das **To|hu|wa|bo|hu** (Durcheinander); des Tohuwabohu[s]; die Tohuwabohus

die **Toi|let|te** [*toaläte*]

To|kio (Hauptstadt von Japan)

to|le|rant (duldsam; nachsichtig); am tolerantesten; die **To|le|ranz** (Duldung)

toll; tol|len; du tollst; sie tollt; sie tollte; sie hat getollt; die **Toll|heit; toll|kühn;** die **Toll|wut; toll|wü|tig**

der **Tol|patsch,** *neue Schreibung:* **Toll|patsch;** die Tolpatsche, *neu:* Tollpatsche; **tol|pat|schig,** *neue Schreibung:* **toll|pat|schig**

der **Töl|pel;** die Tölpel; **töl|pel|haft**

die **To|ma|te**

die **Tom|bo|la** (Verlosung); die Tombolas *und (selten:)* die Tombolen

der **Ton** (Bodenart); die Tone

der **Ton** (Laut; Farbton); die Töne; die **Ton|art;** das **Ton|band;** die Tonbänder; das **Ton|band|ge|rät; tö|nen** (klingen); es tönt; es hat getönt; **tö|nen** (färben); sie hat ihr Haar rötlich getönt **tö|nern** (aus Ton); tönernes Geschirr

der **Ton|film**

das **Ton|ge|schlecht** (Dur oder Moll); die **Ton|hö|he;** die **To|ni|ka** (Grundton einer Tonart); die Toniken; die **Ton|lei|ter**

die **Ton|na|ge** [*tonasche*] (Rauminhalt eines Schiffes; Frachtraum); die Tonnagen; die **Ton|ne**

der **Topf;** die Töpfe; der **Töp|fer**

top|fit (in bester körperlicher Verfassung); die **Top ten,** *neue Schreibung:* **Top|ten,** *auch möglich:* **Top Ten** (Hitparade) *Plural*

[1]*Alte Trennung:* ...|st...

das **Tor;** die Tore
der **Tor** (törichter Mensch); des/dem/den Toren; die Toren
der **Torf;** das **Torf|moor**
die **Tor|heit; tö|richt**
der **Tor|hü|ter**
tor|keln; du torkelst; er ist getorkelt
der **Tor|mann;** die Tormänner
der **Tor|na|do** (Wirbelsturm); des Tornados; die Tornados
der **Tor|nis|ter**[1] (Ranzen)
der **Tor|pe|do** (Unterwassergeschoss); des Torpedos; die Torpedos
der **Tor|so** (Rumpf einer Statue; Bruchstück, unvollendetes Werk); des Torsos; die Torsos *und* die Torsi
die **Tor|te;** der **Tor|ten|bo|den;** der **Torten|he|ber**
die **Tor|tur** (Folter; Qual); die Torturen
der **Tor|wart;** die Torwarte
tot; der tote Punkt; etwas auf ein totes Gleis schieben; totes Kapital; aber: das Tote Meer
to|tal (gänzlich, völlig); **to|ta|li|tär** (alles erfassend und kontrollierend); totalitäre Staaten
sich **tot|ar|bei|ten** (*umgangssprachlich für:* sich verausgaben); er arbeitet sich tot; er hat sich totgearbeitet; der **To|te;** ein Toter; die Toten; zwei Tote; die **To|te;** eine Tote
das **To|tem** (Stammeszeichen bei den Indianern); der **To|tem|pfahl**
tö|ten; du tötest; er tötet; er tötete; er hat ihn getötet; töte nicht!; die **To|ten|bah|re; to|ten|blaß,** *neue Schreibung:* **to|ten|blass;** der **To|ten|grä|ber;** der **To|ten|kopf;** die **To|ten|mes|se; to|ten|still; tot|fah|ren;** er fuhr ihn tot; er hat ihn totgefahren; **tot|ge|boren,** *neue Schreibung:* **tot ge|bo|ren;** ein totgeborenes, *neu:* tot geborenes Kind; das Kind ist tot geboren; sich **tot|la|chen** *(umgangssprachlich);* er hat sich totgelacht
das, *auch:* der **To|to** (Glücksspiel); die Totos
tot|schla|gen; er schlug ihn tot; er hat ihn totgeschlagen
das **Tou|pet** [*tupe*] (Perücke); des Toupets [*tupeß*]; die Toupets [*tupeß*]
die **Tour** [*tur*] (Ausflug, Fahrt; Umlauf, Umdrehung); die Touren; der **Touren|zäh|ler;** der **Tou|rist** (Reisende); des/dem/den Touristen; die Touristen;
die **Tour|nee** [*turne*] (Gastspielreise); die Tournees *und* die Tourneen
der **Trab;** Trab reiten, laufen; sich in Trab setzen
der **Tra|bant** (ein [künstlicher] Mond); des/dem/den Trabanten; die Trabanten
tra|ben; das Pferd trabt; es trabte; das Pferd ist über den Acker getrabt; das Pferd hat zwei Stunden getrabt
die **Tracht;** eine Tracht Prügel
trach|ten; du trachtest; sie trachtete; sie hat mir nach dem Leben getrachtet
träch|tig; eine trächtige Kuh
die **Tra|di|ti|on** (Überlieferung; Brauch); **tra|di|ti|o|nell** (überliefert, herkömmlich)
der **Tra|fo** (*kurz für:* Transformator); des Trafo *und* des Trafos; die Trafos
träg *und* **trä|ge**
die **Trag|bah|re; trag|bar;** die **Tra|ge; tra|gen;** du trägst; er trägt; er trug; er hat den Koffer getragen; trag[e] ihr den Korb!; der **Trä|ger;** die **Tra|ge|tasche; trag|fä|hig;** die **Trag|flä|che;** das **Trag|flü|gel|boot**
die **Träg|heit**
die **Tra|gik** (erschütterndes Leid); **tragisch;** die **Tra|gö|die** [*tragödi*[e]] (Trauerspiel; Unglück); die Tragödien
die **Trag|wei|te**
der **Trai|ner** [*träner*] (jemand, der andere auf Wettkämpfe vorbereitet); **trai|nieren** [*tränir*[e]*n*]; du trainierst; sie trainiert; sie trainierte; sie hat oft trainiert; trainier[e]!; das **Trai|ning** [*träning*]; die Trainings; der **Trai|nings|an|zug**
der **Trakt** (Gebäudeteil); die Trakte
der **Trak|tor** (Zugmaschine); die Traktoren
träl|lern; er hat ein Lied geträllert
die **Tram** (Straßenbahn); die Trams
tram|peln; du trampelst; er hat getrampelt; tramp[e]le nicht!; das **Trampel|tier** (zweihöckeriges Kamel; *umgangssprachlich für:* plumper Mensch)
tram|pen [*trämp*[e]*n*] (per Anhalter fahren); er ist durch Italien getrampt
das **Tram|po|lin** (ein Sprunggerät); des Trampolins; die Trampoline
der **Tran** (flüssiges Fett von Seetieren); **tra|nig**
die **Trä|ne; trä|nen;** das Auge tränt; das Auge tränte; das Auge hat getränt; das **Trä|nen|gas**
der **Trank;** die Tränke; die **Trän|ke; tränken;** du tränkst; er tränkt; er tränkte; er hat die Pferde getränkt; tränk[e] sie!

[1] *Alte Trennung:* ...|st...

der **Trans|for|ma|tor** (Umspanner elektrischer Ströme); die Transformatoren
die **Trans|fu|si|on** ([Blut]übertragung)
der **Tran|sis|tor**[1] (Teil eines elektrischen Verstärkers); des Transistors; die Transistoren
der **Tran|sit** (Durchfuhr von Waren; Durchreise); des Transits; die Transite; **tran|si|tiv** (ein Akkusativobjekt fordernd; zielend); ein transitives Verb
trans|pa|rent (durchscheinend; durchsichtig; durchschaubar); das **Trans|pa|rent** (durchscheinendes Bild; Spruchband); die Transparente
die **Trans|plan|ta|ti|on** (Organ-, Gewebeverpflanzung)
der **Trans|port;** der **Trans|por|ter; trans|por|tie|ren;** du transportierst; er hat die Säcke nach Hause transportiert; transportier[e] sie nach Hause!; die **Trans|port|kos|ten**[1] *Plural*
das **Tra|pez;** die Trapeze; **tra|pez|för|mig**
der **Trap|per** (nordamerikanischer Pelztierjäger)
die **Tras|se** (Verlauf eines Verkehrsweges; Bahnkörper; Straßendamm)
der **Tratsch** (Klatsch); **trat|schen;** du tratschst; er tratschte; er hat getratscht
die **Trau|be;** der **Trau|ben|zu|cker**[2]
trau|en; du traust; er traut; er traute; er hat ihm getraut; trau[e] ihm nicht; ich traue mich nicht, *seltener:* mir nicht, das zu tun; der Pfarrer hat das Paar getraut (ehelich verbunden)
die **Trau|er;** der **Trau|er|marsch; trau|ern;** du trauerst; er trauert; er trauerte; er hat um sie getrauert; trauer[e] nicht!; die **Trau|er|wei|de**
die **Trau|fe; träu|feln;** du träufelst; er hat ihm Tropfen in die Augen geträufelt
der **Traum;** die Träume; **träu|men;** du träumst; sie hat geträumt; träum[e] nicht!; der **Träu|mer; träu|me|risch**
trau|rig
der **Trau|ring;** die **Trau|ung**
der **Treck** (Zug von Flüchtlingen, Auswanderern); die Trecks; der **Tre|cker**[2] (Zugmaschine)
der **Treff** (Treffen, Zusammenkunft); die Treffs; **tref|fen;** du triffst; er traf; er hat ihn getroffen; triff!; das **Tref|fen;** der **Tref|fer; treff|lich;** der **Treff|punkt**

---
[1]*Alte Trennung:* ...|st...
[2]*Alte Trennung:* ...k|k...

das **Treib|eis; trei|ben;** du treibst; er treibt; er trieb; er hat das Vieh auf die Weide getrieben; treib[e] das Vieh!; das **Trei|ben;** der **Trei|ber;** das **Treib|haus;** der **Treib|haus|ef|fekt** (Wirkung der Erdatmosphäre auf die von der Erde abgestrahlte Wärme); der **Treib|stoff**
das **Trek|king,** *Nebenform:* **Tre|cking** (mehrtägige Wanderung oder Fahrt); des Trekkings, *auch:* Treckings; die Trekkings, *auch:* Treckings
der **Trench|coat** [*träntschkoᵘt*] (ein Wettermantel); die Trenchcoats
der **Trend** (Richtung einer Entwicklung); des Trends; die Trends
trenn|bar; tren|nen; du trennst; er trennt; er trennte; er hat sie getrennt; trenn[e] sie nicht!; die **Tren|nung;** der **Tren|nungs|strich**
trepp|ab; trepp|auf; die **Trep|pe;** das **Trep|pen|haus**
der **Tre|sen** (Laden-, Schanktisch)
der **Tre|sor** (Panzerschrank); die Tresore
die **Tres|se** (Borte)
tre|ten; du trittst; er tritt; er trat; er ist in die Pfütze getreten; er hat ihn getreten; tritt!; der **Tret|rol|ler**
treu; treuer; am treu[e]sten; die **Treue;** auf Treu und Glauben; der **Treu|hän|der; treu|her|zig; treu|lich; treu|los;** am treulosesten
der **Tri|an|gel** (*Musik:* ein Schlaggerät); die Triangel
die **Tri|bü|ne** (Redner-, Zuschauerbühne)
der **Tri|but** (Opfer, Zwangsabgabe); die Tribute
die **Tri|chi|ne** (ein schmarotzender Fadenwurm); die Trichinen; **tri|chi|nös**
der **Trich|ter**
der **Trick;** die Tricks
der **Trieb; trieb|haft;** am triebhaftesten; der **Trieb|wa|gen;** das **Trieb|werk**
trie|fen; seine Haare trieften, *selten:* troffen; seine Haare haben vor Nässe getrieft, *selten:* getroffen
trie|zen (quälen, plagen); du triezt mich; er hat ihn getriezt
die **Trift** (Weideland; *auch für:* Meeresströmung, Drift); die Triften
trif|tig; ein triftiger Grund
die **Tri|go|no|me|t|rie** (Dreiecksberechnung); **tri|go|no|me|t|risch;** der trigonometrische Punkt
die **Tri|ko|lo|re** (dreifarbige Fahne [Frankreichs])
das **Tri|kot** [*triko* und *triko*] (eng anliegen-

des Kleidungsstück aus dehnbarem Gewebe); die Trikots; der, *selten:* das **Tri|kot** (eine Gewebeart)

der **Tril|ler; tril|lern;** du trillerst; er trillerte; er hat auf seiner Pfeife getrillert; triller[e] einmal!; die **Tril|ler|pfei|fe**

die **Tri|lo|gie** (Folge von drei [zusammengehörenden] Dichtwerken oder Kompositionen); die Trilogien

der **Trimm-dich-Pfad; trim|men** (in einen gewünschten Zustand bringen); du trimmst; er trimmt; er hat den Pudel getrimmt (geschoren); er hat sich getrimmt (körperlich fit gemacht)

Tri|ni|dad und To|ba|go (Staat im Karibischen Meer)

trink|bar; trin|ken; du trinkst; er trinkt; er trank; er hat Milch getrunken; trink[e] viel Milch!; der **Trin|ker;** das **Trink|geld;** das **Trink|was|ser**

das **Trio** (Musikstück für drei Instrumente; auch die drei ausführenden Personen); die Trios; die **Tri|o|le** (*Musik:* 3 Noten statt 2); die Triolen

der **Trip** (Ausflug, Reise; Rauschzustand durch Drogeneinwirkung, auch die dafür benötigte Dosis)

Tri|po|lis (Hauptstadt von Libyen)

trip|peln; du trippelst; er ist nach Hause getrippelt; tripp[e]le nicht!

der **Trip|per** (eine Geschlechtskrankheit)

trist (traurig, trostlos); am tristesten

der **Tritt;** das **Tritt|brett;** die Trittbretter; **tritt|fest**

der **Tri|umph;** die Triumphe; **tri|um|phie|ren;** du triumphierst; sie hat triumphiert; triumphier[e] nicht zu früh!

tri|vi|al [*triwial*] (platt, abgedroschen)

tro|cken[1]**;** trockenes Brot; auf dem trock[e]nen, *neu:* Trock[e]nen sitzen (in Verlegenheit sein); sein Schäfchen im trock[e]nen, *neu:* Trock[e]nen haben (sich seinen Vorteil gesichert haben); im Trock[e]nen (auf trockenem Boden) sein; die **Tro|cken|heit**[1]**; tro|cken|le|gen**[1] (mit frischen Windeln versehen; entwässern); die Mutter legt das Kind trocken; man hat das Moor trockengelegt; **tro|cken|rei|ben**[1] (durch Reiben trocknen); das Kind wurde nach dem Bad trockengerieben; die **Tro|cken|zeit**[1]**; trock|nen;** du trocknest; sie trocknet; sie trocknete; sie hat die Kleider getrocknet; trockne deine nassen Kleider!

[1] *Alte Trennung:* ...k|k...

die **Trod|del** (Quaste); die Troddeln

der **Trö|del; trö|deln;** du trödelst; er hat getrödelt; tröd[e]le nicht!; der **Tröd|ler**

der **Trog;** die Tröge

Tro|ja (antike Stadt in Kleinasien); **tro|ja|nisch,** aber: das Trojanische Pferd

die **Trom|mel;** die Trommeln; das **Trom|mel|fell** (auf der Trommel; im Ohr); **trom|meln;** du trommelst; er hat getrommelt; tromm[e]le!; der **Trom|mel|re|vol|ver;** der **Tromm|ler**

die **Trom|pe|te; trom|pe|ten;** du trompetest; er trompetet; er trompetete; er hat trompetet; trompete!; der **Trom|pe|ter**

die **Tro|pen** (heiße Zone zwischen den Wendekreisen) *Plural*

der **Tropf** (armseliger Mensch); die Tröpfe; **tröp|feln;** es tröpfelte; es hat getröpfelt; **trop|fen;** es tropfte; es hat getropft; der **Trop|fen;** der **Tropf|stein;** die **Tropf|stein|höh|le**

die **Tro|phäe** (Siegeszeichen; Jagdbeute); die Trophäen

tro|pisch (zu den Tropen gehörend; südlich; heiß)

der **Troß,** *neue Schreibung:* **Tross** (Wagenpark mit Nachschub für die Truppe; Gefolge); des Trosses; die Trosse

die **Tros|se** (starkes Tau; Drahtseil); die Trossen

der **Trost; trös|ten**[1]**;** du tröstest; er tröstet; er tröstete; er hat seinen Freund getröstet; tröste ihn!; der **Trös|ter**[1]**; tröst|lich; trost|los;** am trostlosesten

der **Trott**

der **Trot|tel;** die Trottel

trot|ten (*umgangssprachlich für:* schwerfällig, langsam gehen); der Hund trottet; der Hund trottete; der Hund ist zu seiner Hütte getrottet

trotz; trotz des Regens, *selten auch:* trotz dem Regen

der **Trotz;** aus Trotz; dir zum Trotz; **trotzen;** du trotzt; er hat getrotzt; **trot|zig;** der **Trotz|kopf; trotz|dem**

trüb *und* **trü|be;** trübes Wetter; im trüben, *neu:* Trüben fischen (aus einer unklaren Lage Vorteile ziehen)

der **Tru|bel**

trü|ben; diese Nachricht hat unsere Freude getrübt; die **Trüb|sal;** die Trübsale; **trüb|se|lig;** der **Trüb|sinn; trüb|sin|nig**

[1] *Alte Trennung:* ...|st...

tru|deln (drehend niedergehen); das Flugzeug trudelte; es ist getrudelt

die *und* der **Trüf|fel** (ein Pilz); die Trüffel[n]

der **Trug;** Lug und Trug; **trü|gen;** meine Erinnerung trügt mich; sie trog mich; sie hat mich getrogen; **trü|ge|risch;** der **Trug|schluß,** *neue Schreibung:* **Trug|schluss;** des Trugschlusses; die Trugschlüsse

die **Tru|he**

die **Trüm|mer** *Plural;* der **Trüm|mer-hau|fen**

der **Trumpf;** die Trümpfe

der **Trunk;** die Trünke; **trun|ken;** er ist vor Freude trunken; die **Trun|ken|heit; trunk|süch|tig**

der **Trupp;** die Trupps; die **Trup|pe**

der **Trust** [*traßt*] (Konzern); die Truste *und* die Trusts

der **Trut|hahn;** die **Trut|hen|ne**

Tschad (Staat in Afrika); der **Tscha-der; tscha|disch**

der **Tscha|ko** (*früher:* Helm des Polizisten); die Tschakos

der **Tsche|che; Tsche|chi|en** (*kurz für:* Tschechische Republik); **tsche-chisch;** die **Tsche|chi|sche Re|pu-b|lik** (Staat in Mitteleuropa)

tschüs!, *auch:* **tschüss!** [auch: *tschüß*] (*umgangssprachlich für:* auf Wiedersehen!)

Tsd. = Tausend

die **Tse|tse|flie|ge** (Stechfliege im tropischen Afrika)

das **T-Shirt** [*tischö'rt*] (Trikothemd mit kurzen Ärmeln); die T-Shirts

die **Tu|ba** (tiefes Blechblasinstrument); die Tuben

die **Tu|be;** die Tuben

tu|ber|ku|lös (schwindsüchtig); die **Tu|ber|ku|lo|se** (Schwindsucht)

das **Tuch** (Stoff); die Tuche; das **Tuch** (z. B. das Handtuch); die Tücher

tüch|tig; die **Tüch|tig|keit**

die **Tü|cke**[1]**; tü|ckisch**[1]

tu|ckern[1]**;** das Motorboot tuckerte; es hat getuckert; das Boot ist über den See getuckert

der **Tuff** (ein poröses Gestein); des Tuffs; die Tuffe

tüf|teln; du tüftelst; er tüftelt; er tüftelte; er hat gern getüftelt; der **Tüft|ler**

die **Tu|gend; tu|gend|haft**

der **Tüll** (ein netzartiges Gewebe); die Tülle

die **Tul|pe**

sich **tum|meln;** du tummelst dich; er tummelte sich; er hat sich getummelt; tumm[e]le dich!; der **Tum|mel|platz;** der **Tümm|ler** (ein Delphin)

der **Tu|mor** (Geschwulst); die Tumoren *und* die Tumore

der **Tüm|pel;** die Tümpel

der **Tu|mult;** die Tumulte

tun; du tust es; sie tut es; sie tat es; sie hat es getan; tu[e] es!; sie tut viel Gutes; sie hat ihm nichts getan; das **Tun;** das Tun und Lassen; das Tun und Treiben

die **Tün|che; tün|chen;** du tünchst; er tüncht; er tünchte; er hat die Wand getüncht; tünch[e] den Stall!

die **Tun|d|ra** (arktische Kältesteppe); die Tundren

Tu|ne|si|en (Staat in Nordafrika); der **Tu|ne|si|er; tu|ne|sisch**

der **Tun|fisch,** *Hauptform:* **Thun|fisch**

der **Tu|nicht|gut;** die Tunichtgute

Tu|nis (Hauptstadt von Tunesien)

die **Tun|ke; tun|ken;** du tunkst; er hat das Brot in den Kaffee getunkt

tun|lich; tun|lichst; tunlichst bald

der **Tun|nel;** die Tunnel *und* die Tunnels

das **Tüp|fel|chen;** das Tüpfelchen auf dem i; das I-Tüpfelchen, *neu:* i-Tüpfelchen

tup|fen; du tupfst; er tupft; er tupfte; er hat getupft; tupf[e] die Salbe auf die Wunde!; der **Tup|fen** (runder Fleck)

die **Tür;** von Tür zu Tür

der **Tur|ban** (Kopfbedeckung besonders der Moslems und Hindus); des Turbans; die Turbane

die **Tur|bi|ne** (eine Kraftmaschine); **tur-bu|lent** (stürmisch bewegt); am turbulentesten; die **Tur|bu|lenz** (turbulentes Geschehen; allgemeine Erregung; Wirbel in einer Strömung); die Turbulenzen

der **Tür|ke;** die **Tür|kei; tür|kisch**

tür|kis (türkisfarben); das Kleid ist türkis; der **Tür|kis** (blauer, auch grüner Edelstein); die Türkise

der **Turm; tür|men** (aufschichten); sie hat die Äpfel zu einer Pyramide getürmt; sich türmen; auf dem Schreibtisch haben sich die Akten getürmt (gestapelt)

tür|men (ausreißen); du türmst; er türmte; er ist schnell getürmt

das **Turm|sprin|gen** *(Wassersport)*

tur|nen; du turnst; sie turnt; sie turnte; sie hat geturnt; turn[e] öfter!; der **Tur|ner;** die **Turn|hal|le;** die **Turn|ho|se**

[1]*Alte Trennung:* ...k|k...

das **Tur|nier** (ein Wettkampf); die Turniere
der **Turn|schuh;** der **Turn|ver|ein**
der **Tur|nus** (Wechsel, festgelegte regelmäßige Wiederkehr); die Turnusse
die **Tur|tel|tau|be**
der **Tusch** (musikalisches Signal, das eine Ehrung ausdrückt); einen Tusch blasen
die **Tu|sche**
tu|scheln; sie haben getuschelt
die **Tusch|zeich|nung**
die **Tü|te**
tu|ten; die Lokomotive tutet; sie tutete; sie hat getutet; er hat von Tuten und Blasen keine Ahnung (*umgangssprachlich für:* er versteht nichts von der Sache)
TÜV = Technischer Überwachungs-Verein
TV = Television [*tefau*]
der **Twen** (Mann oder Frau in den Zwanzigern); die Twens
der **Twist** (ein Stopfgarn; ein Tanz); die Twiste
der **Typ** (Urbild; Modell, Bauart; *auch für:* Mensch, Person); die Typen; die **Ty|pe** (gegossener Druckbuchstabe; komische Figur); die Typen
der **Ty|phus** (eine Infektionskrankheit)
ty|pisch (bezeichnend)
der **Ty|rann** (Gewaltherrscher; herrschsüchtiger Mensch); des/dem/den Tyrannen; die Tyrannen; die **Ty|ran|nei; ty|ran|nisch** (gewaltsam, willkürlich); **ty|ran|ni|sie|ren;** du tyrannisierst ihn; er tyrannisierte ihn; er hat ihn tyrannisiert
der **Ty|ran|no|sau|rus** (ein Dinosaurier)

U

das **U** (Buchstabe); des U; die U; aber: das u in Mut
u. = und
u. a. = und andere[s]; unter anderem, unter anderen
u. ä. = und ähnliche; Hüte, Mützen u. ä. Kopfbedeckungen
u. ä., *neue Schreibung:* **u. Ä.** = und ähnliche[s], *neu:* und Ähnliche[s]; Hüte, Mützen u. ä., *neu:* u. Ä.
u. a. m. = und andere[s] mehr
die **U-Bahn** (*kurz für:* Untergrundbahn); der **U-Bahn|hof;** der **U-Bahn-Tunnel;** der **U-Bahn-Wa|gen**
ü|bel; übler; am übelsten; üble Nachrede; ein übler Ruf; übel werden, übel riechen. *Groß:* sie hat mir nichts Übles getan; das **Ü|bel;** des Übels; die Übel; **übel|ge|launt,** *neue Schreibung:* **ü|bel ge|launt;** ein übelgelaunter, *neu:* übel gelaunter Mann; der Mann ist übel gelaunt; **übel|ge|sinnt,** *neue Schreibung:* **ü|bel ge|sinnt;** der übelgesinnte, *neu:* übel gesinnte Nachbar; der Nachbar ist mir übel gesinnt; die **Ü|bel|keit; übel|neh|men,** *neue Schreibung:* **übel neh|men;** sie nimmt übel; sie hat es ihm übelgenommen, *neu:* übel genommen; der **Ü|bel|tä|ter**
ü|ben; du übst; sie übt; sie übte; sie hat den Handstand geübt; übe ihn!
ü|ber; das Bild hängt über dem Sofa; aber: er hängt das Bild über das Sofa; Kinder über 8 Jahre; Gemeinden über 10 000 Einwohner; über Nacht; über kurz oder lang; über und über (sehr, völlig); wir mussten über zwei Stunden warten; er ist mir über (überlegen)
ü|ber|all; ü|ber|aus
ü|ber|be|legt; der Raum war überbelegt
ü|ber|bie|ten; bis jetzt hat keiner diese Leistung überboten
das **Ü|ber|bleib|sel;** die Überbleibsel
der **Ü|ber|blick; ü|ber|bli|cken**[1]; sie überblickt die Lage; sie hat sie überblickt
ü|ber|brü|cken[1]; sie überbrückt die Gegensätze; sie hat sie überbrückt
ü|ber|dies
ü|ber|di|men|si|o|nal (übergroß)
die **Ü|ber|do|sis**
der **Über|druß,** *neue Schreibung:* **Ü|ber|druss;** des Überdrusses; **ü|ber|drüs|sig;** einer Sache überdrüssig sein; ich bin seiner überdrüssig *und* ich bin ihn überdrüssig
ü|ber|durch|schnitt|lich
ü|ber|ei|len; sie hat nichts übereilt
ü|ber|ei|n|an|der; sie haben übereinander geredet, gesprochen; **über|ein|an|der|le|gen,** *neue Schreibung:* **ü|ber|ei|n|an|der le|gen;** sie legten die Decken übereinander; sie haben sie übereinandergelegt, *neu:* übereinander gelegt; ebenso: **über|ein|an|der|lie|gen,** *neue Schreibung:* **ü|ber|ei|n|an|der lie|gen; über|ein|an|der|schla|gen,** *neue Schreibung:* **ü|ber|ei|n|an|der schla|gen** usw.

[1] *Alte Trennung:* ...k|k...

das **Ü|ber|ein|kom|men** *und* die **Ü|ber|ein|kunft** (Abmachung); die Übereinkommen *und* die Übereinkünfte

ü|ber|ein|stim|men; wir stimmen überein; wir haben übereingestimmt

ü|ber|fah|ren (überrollen); er überfährt den Hund; er hat ihn überfahren;

ü|ber|fah|ren (über einen Fluss, See fahren); sie fährt über; sie ist übergefahren

der **Ü|ber|fall; ü|ber|fal|len;** sie überfällt ihn; sie hat ihn überfallen

ü|ber|flie|ßen; das Wasser fließt über; es floß, *neu:* floss über; es ist übergeflossen; der **Über|fluß,** *neue Schreibung:* **Ü|ber|fluss;** des Überflusses; **ü|ber|flüs|sig**

ü|ber|for|dern; sie hat ihn überfordert; die **Ü|ber|for|de|rung**

ü|ber|fra|gen; da bin ich überfragt (darüber weiß ich nicht genug)

ü|ber|füh|ren *und* **ü|ber|füh|ren;** sie überführt die Leiche; sie hat die Leiche übergeführt, *auch:* überführt; **ü|ber|füh|ren** (eine Schuld nachweisen); sie überführt ihn; sie hat ihn überführt

ü|ber|füllt

der **Ü|ber|gang;** die **Ü|ber|gangs|zeit**

ü|ber|ge|ben; sie übergab ihr die Leitung; sie hat sie übergeben; er hat sich übergeben (erbrochen)

ü|ber|ge|hen; sie ist zum Feind übergegangen; **ü|ber|ge|hen;** sie übergeht ihn; sie hat ihn übergangen (ignoriert)

ü|ber|ge|ord|net

das **Ü|ber|ge|wicht**

der **Ü|ber|griff**

über|hand|neh|men, *neue Schreibung:* **ü|ber|hand neh|men;** es nimmt überhand; es hat überhandgenommen, *neu:* überhand genommen

ü|ber|haupt

ü|ber|heb|lich

ü|ber|ho|len; sie überholt den Wagen; sie hat ihn überholt; das **Ü|ber|hol|ver|bot**

ü|ber|las|sen; sie überließ mir das Buch; sie hat die Entscheidung mir überlassen

ü|ber|las|tet[1]

ü|ber|lau|fen; die Milch läuft über; der Topf ist übergelaufen; **ü|ber|lau|fen;** es überlief sie kalt; es hat sie kalt überlaufen; der Ort ist von Fremden überlaufen

ü|ber|le|ben; er hat seine Frau überlebt; diese Vorstellungen sind überlebt

ü|ber|le|gen; sie hat lange überlegt

ü|ber|le|gen; sie ist mir überlegen; die **Ü|ber|le|gen|heit**

die **Ü|ber|le|gung**

die **Ü|ber|lie|fe|rung**

ü|ber|lis|ten[1]**;** sie hat mich überlistet

die **Ü|ber|macht**

ü|ber|mä|ßig

ü|ber|mit|teln; ich übermitt[e]le dir ihre Grüße; sie hat mir eine Nachricht übermittelt

ü|ber|mor|gen; übermorgen Abend

der **Ü|ber|mut; ü|ber|mü|tig**

ü|ber|näch|ste[1]**;** am übernächsten Freitag; du bist der/die übernächste, *neu:* Übernächste

ü|ber|nach|ten; du übernachtest; er übernachtete; er hat bei uns übernachtet; die **Ü|ber|nach|tung**

ü|ber|neh|men; sie übernimmt die Aufgabe; sie hat sie übernommen; er hat sich übernommen (sich zu viel zugemutet); übernimm dich nicht!

ü|ber|que|ren; du überquerst; er hat den Platz überquert; überquere ihn!

ü|ber|ra|schen; du überraschst ihn; sie hat ihn überrascht; überrasche ihn!; die **Ü|ber|ra|schung**

ü|ber|re|den; sie überredet ihn; sie hat ihn überredet; die **Ü|ber|re|dung**

ü|ber|reif

ü|ber|rum|peln; er hat den Feind überrumpelt

ü|ber|run|den; sie überrundet die letzten Läuferinnen; sie hat sie überrundet

ü|bers (über das); übers Jahr

ü|ber|schau|bar; die Kosten sind noch überschaubar; **ü|ber|schau|en;** er überschaut das Land

der **Ü|ber|schlag; ü|ber|schla|gen;** sie überschlägt die Kosten (sie rechnet sie kurz durch); er hat drei Seiten überschlagen; das Auto hat sich überschlagen

sich **ü|ber|schnei|den;** ihre Arbeitsgebiete haben sich überschnitten

ü|ber|schrei|ten; sie hat die zulässige Geschwindigkeit überschritten

die **Ü|ber|schrift**

der **Über|schuß,** *neue Schreibung:* **Ü|ber|schuss;** des Überschusses; die Überschüsse; **ü|ber|schüs|sig**

[1] *Alte Trennung:* ...|st...

[1] *Alte Trennung:* ...|st...

ü|ber|schüt|ten; er schüttet über; er hat die Milch übergeschüttet; **ü|ber|schüt|ten;** sie überschüttet ihn; sie hat ihn mit Komplimenten überschüttet

der **Ü|ber|schwang;** im Überschwang der Gefühle; **ü|ber|schwäng|lich,** *alte Schreibung:* **über|schweng|lich**

ü|ber|schwem|men; der Fluss überschwemmte die Wiesen; der Fluss hat die Wiesen überschwemmt; die **Ü|ber|schwem|mung**

über|schweng|lich, *neue Schreibung:* **ü|ber|schwäng|lich**

Ü|ber|see *ohne Artikel*; Waren von *oder* aus Übersee; **ü|ber|see|isch**

ü|ber|se|hen; er übersah den Fehler; er hat ihn übersehen

ü|ber|set|zen; er übersetzt den Satz; wir haben übersetzt; **ü|ber|set|zen;** die Fähre setzt die Autos über; sie hat die Autos übergesetzt; wir haben *und* wir sind übergesetzt; die **Ü|ber|set|zung**

die **Ü|ber|sicht; ü|ber|sicht|lich**

ü|ber|spitzt; überspitzt formuliert

ü|ber|ste|hen; sie hat die Gefahr überstanden; **ü|ber|ste|hen;** das Brett steht über; es hat übergestanden

ü|ber|stim|men; die Gegner des Antrags wurden überstimmt

die **Ü|ber|stun|de;** Überstunden machen

ü|ber|stür|zen; die Ereignisse haben sich überstürzt

der **Ü|ber|trag; ü|ber|tra|gen;** sie überträgt ihm ein Amt; sie hat die Zwischensumme übertragen; die **Ü|ber|tra|gung**

ü|ber|tref|fen; sie übertrifft sich selbst; sie hat alle übertroffen

ü|ber|trei|ben; er übertrieb gern; sie hat das Training übertrieben

ü|ber|tre|ten; er übertritt das Gesetz; er hat es übertreten; **ü|ber|tre|ten;** sie hat *und* sie ist beim Weitsprung übergetreten

ü|ber|voll

ü|ber|wäl|ti|gen; du überwältigst ihn; sie überwältigte ihn; sie hat ihn überwältigt; **ü|ber|wäl|ti|gend**

ü|ber|wei|sen; sie überweist das Geld; sie hat es überwiesen; die **Ü|ber|wei|sung**

ü|ber|wie|gend [auch: *übᵉrwigᵉnt*]

ü|ber|win|den; du überwindest; er überwindet; er überwand; er hat seine Bedenken überwunden; überwinde sie!; die **Ü|ber|win|dung**

ü|ber|zäh|lig

ü|ber|zeu|gen; du überzeugst; sie überzeugte; sie hat ihn überzeugt; **ü|ber|zeu|gend;** die **Ü|ber|zeu|gung**

ü|ber|zie|hen; er zieht den Pullover über; er hat ihn übergezogen; **ü|ber|zie|hen;** sie überzieht das Kästchen mit Samt; sie hat ihr Konto überzogen (zu viel abgehoben); der **Ü|ber|zug;** die Überzüge

üb|lich

das **U-Boot;** der **U-Boot-Krieg**

üb|rig; ein übriges, *neu:* Übriges tun; im übrigen, *neu:* Übrigen; alles übrige, *neu:* Übrige (alles andere); die übrigen, *neu:* Übrigen (die anderen); ich habe etwas übrig; dies ist übrig; **üb|rig|blei|ben,** *neue Schreibung:* **üb|rig blei|ben;** das bleibt übrig; das ist übriggeblieben, *neu:* übrig geblieben; **üb|ri|gens; üb|rig|las|sen,** *neue Schreibung:* **üb|rig las|sen;** sie lässt übrig; sie hat nichts übriggelassen, *neu:* übrig gelassen

die **Ü|bung**

u. dgl. [m.] = und dergleichen [mehr]

ü. d. M. = über dem Meeresspiegel

die **UdSSR** (*früher:* die Union der Sozialistischen Sowjetrepubliken)

das **U|fer; u|fer|los;** das Uferlose (Endlose); ihre Pläne gingen ins uferlose, *neu:* Uferlose (allzu weit)

U|gan|da (Staat in Afrika); der **U|gan|der; u|gan|disch**

die **Uhr;** der **Uhr|ma|cher;** das **Uhrwerk;** der **Uhr|zei|ger|sinn;** im Uhrzeigersinn; entgegen dem Uhrzeigersinn

der **U|hu;** die Uhus

die **U|k|ra|i|ne** [auch: *ukrainᵉ*] (Staat in Osteuropa); der **U|k|ra|i|ner; u|k|ra|i|nisch**

UKW = Ultrakurzwellen

der **Ulk; ul|ken;** du ulkst; sie ulkt; sie ulkte; sie hat geulkt; ulke nicht!; **ul|kig**

die **Ul|me;** das **Ul|men|ster|ben**

das **Ul|ti|ma|tum** (letzte befristete Aufforderung); die Ultimaten

die **Ul|t|ra|kurz|wel|le;** der **Ul|t|ra|kurz|wel|len|sen|der** (UKW-Sender); der **Ul|t|ra|schall** (für Menschen unhörbarer, sehr kurzwelliger Schall); **ul|t|ra|vi|o|lett;** ultraviolette Strahlen

um; um so, *neu:* umso größer; um so, *neu:* umso mehr; um zu

um|än|dern; er ändert um; er hat den Anzug umgeändert

um|ar|men; du umarmst ihn; er umarmte ihn; er hat ihn umarmt
der **Um|bau;** die Umbaue *und* die Umbauten
um|brin|gen; er hat ihn umgebracht
um|dre|hen; er dreht um; er hat jeden Pfennig umgedreht; sich umdrehen; er hat sich umgedreht; die **Um|dre|hung**
um|ei|n|an|der; sich umeinander kümmern; ↑aneinander
um|fal|len; der Stuhl fällt um; der Stuhl ist umgefallen
der **Um|fang; um|fang|reich**
um|for|men; er hat die Gleichung umgeformt
die **Um|fra|ge**
der **Um|gang; um|gäng|lich;** die **Um|gangs|spra|che; um|gangs|sprach|lich**
um|ge|ben; er ist von Kindern umgeben; die **Um|ge|bung**
um|ge|kehrt
um|gra|ben; sie gräbt um; sie hat den Garten umgegraben
der **Um|hang**
um|her; um|her|ge|hen; er geht umher; er ist umhergegangen
um|hin; um|hin|kön|nen; er kann nicht umhin; er hat nicht umhingekonnt[,] dies zu tun
die **Um|kehr; um|keh|ren;** er kehrt um; er ist umgekehrt; das Verhältnis hat sich umgekehrt; die **Um|keh|rung**
um|kip|pen; er hat die Kiste umgekippt; die Stimmung ist umgekippt (umgeschlagen)
sich **um|klei|den;** er kleidet sich um; er hat sich umgekleidet
um|kom|men; er ist bei einem Schiffbruch umgekommen
der **Um|kreis** (Umgebung; Kreis durch alle Ecken eines Vielecks); im Umkreis von 50 Kilometer[n]; **um|krei|sen;** die Hyänen haben den Kadaver umkreist
das **Um|land**
um|le|gen; er legt ihr eine Decke um; man hat ihn umgelegt (erschossen)
um|lei|ten; der Verkehr wird umgeleitet; die **Um|lei|tung**
um|rin|gen; die Kinder umringten den Besucher; sie haben ihn umringt
der **Um|riß,** *neue Schreibung:* **Um|riss;** des Umrisses; die Umrisse
ums (um das)
um|sat|teln; der Student hat umgesattelt (ein anderes Fach gewählt)
der **Um|satz;** die Umsätze
die **Um|schau;** Umschau halten; sich **um|schau|en;** ich habe mich umgeschaut
der **Um|schlag;** die Umschläge
um|schrei|ben; er hat den Aufsatz umgeschrieben (neu, anders geschrieben); **um|schrei|ben** (mit anderen Worten ausdrücken); er hat den Begriff umschrieben; die **Um|schrei|bung**
um|schu|len; der Schüler wurde umgeschult; die **Um|schu|lung**
Um|schwei|fe *Plural;* ohne Umschweife (geradeheraus)
sich **um|se|hen;** sie sieht sich um; sie hat sich umgesehen; **um|sich|tig**
um|sie|deln; er ist umgesiedelt
um so bes|ser, *neue Schreibung:* **um|so bes|ser; um so eher,** *neue Schreibung:* **um|so e|her; um so mehr,** *neue Schreibung:* **um|so mehr; um so we|ni|ger,** *neue Schreibung:* **um|so we|ni|ger**
um|sonst
der **Um|stand;** unter Umständen; keine Umstände machen; **um|stän|de|hal|ber; um|ständ|lich**
um|stei|gen; sie steigt um; sie ist am Paradeplatz umgestiegen
um|stel|len; sie stellt den Schrank um; sie hat sich umgestellt (sich der neuen Lage angepasst); **um|stel|len;** die Polizei hat das Haus umstellt
der **Um|sturz;** die Umstürze
der **Um|tausch; um|tau|schen;** er tauscht um; er hat den Hut umgetauscht
die **U-Mu|sik** (*kurz für:* Unterhaltungsmusik)
die **Um|ver|pa|ckung**[1] (für den Verkauf oder Transport einer Ware entbehrliche Verpackung)
um|wäl|zend; eine umwälzende Erfindung; die **Um|wäl|zung**
der **Um|weg**
die **Um|welt;** die **Um|welt|be|las|tung**[2]; **um|welt|freund|lich;** der **Um|welt|schutz;** die **Um|welt|ver|schmut|zung; um|welt|ver|träg|lich**
um|zie|hen; sie zieht um; sie ist umgezogen; sich umziehen; er hat sich umgezogen
um|zin|geln; sie haben den Feind umzingelt
der **Um|zug**

---

[1] *Alte Trennung:* ...k|k...
[2] *Alte Trennung:* ...|st...

UN = United Nations (Vereinte Nationen) *Plural;* ↑UNO
un|ab|än|der|lich
un|ab|hän|gig
un|ab|läs|sig
un|acht|sam
un|an|ge|nehm
un|an|ge|paßt, *neue Schreibung:* **un|an|ge|passt**
Un|an|nehm|lich|keit *meist Plural*
un|an|stän|dig
un|ar|tig; die **Un|ar|tig|keit**
un|äs|the|tisch (unschön)
un|auf|fäl|lig
un|auf|hör|lich
un|auf|merk|sam; die **Un|auf|merk|sam|keit**
un|aus|steh|lich
un|bän|dig
un|barm|her|zig
un|be|deu|tend
un|be|dingt
un|be|fugt (zu etwas nicht berechtigt); der **Un|be|fug|te;** ein Unbefugter; die Unbefugten; zwei Unbefugte
un|be|grenzt; unbegrenztes Vertrauen
un|be|hel|ligt
un|be|hol|fen
un|be|kannt; die **Un|be|kann|te** (Variable in Gleichungen); die Unbekannten; zwei Unbekannte; Gleichungen mit einer Unbekannten
un|be|quem
un|be|schränkt; unbeschränkte Vollmachten
un|be|schreib|lich
un|be|sorgt
un|be|stimmt
un|be|wußt, *neue Schreibung:* **un|be|wusst;** das **Un|be|wuß|te,** *neue Schreibung:* **Un|be|wuss|te;** des Unbewußten, *neu:* Unbewussten
und; und Ähnliches; und so weiter; und vieles andere mehr
der **Un|dank; un|dank|bar;** die **Un|dank|bar|keit**
der **Un|der|dog** [*and^e(r)dog*] ([sozial] Benachteiligter, Schwächerer)
das **Un|ding;** das ist ein Unding
un|echt
un|ei|gen|nüt|zig
un|end|lich; er setzte die Diskussion bis ins unendliche, *neu:* Unendliche (unaufhörlich) fort; der Weg scheint bis ins Unendliche zu führen; die **Un|end|lich|keit**
un|ent|gelt|lich
un|ent|schie|den; das **Un|ent|schie|den** *(Sport);* des Unentschiedens; die Unentschieden
un|ent|wegt
un|er|bitt|lich
un|er|heb|lich
un|er|hört; das ist ja unerhört!
un|er|müd|lich
un|er|war|tet
un|fä|hig
un|fair [*unfär*] (unsportlich)
der **Un|fall;** die Unfälle; der **Un|fall|arzt;** die **Un|fall|flucht;** die **Un|fall|ver|si|che|rung;** der **Un|fall|wa|gen**
un|fehl|bar; die **Un|fehl|bar|keit**
un|flä|tig
un|freund|lich
der **Un|fug;** des Unfugs
der **Un|gar** [*ungar*] (Einwohner Ungarns); des/dem/den Ungarn; **un|ga|risch; Un|garn**
un|ge|bär|dig
un|ge|bühr|lich
die **Un|ge|duld; un|ge|dul|dig**
un|ge|eig|net
un|ge|fähr
un|ge|hal|ten
un|ge|heu|er; das **Un|ge|heu|er; un|ge|heu|er|lich**
un|ge|hö|rig
un|ge|hor|sam; der **Un|ge|hor|sam**
un|ge|lernt; ein ungelernter Arbeiter
un|ge|niert [...*sche*...]
un|ge|nieß|bar
un|ge|nü|gend; er hat die Note „ungenügend" erhalten
un|ge|ra|de; eine ungerade Zahl
un|ge|ra|ten; ein ungeratenes Kind
un|ge|recht; die **Un|ge|rech|tig|keit**
un|gern
das **Un|ge|schick; un|ge|schickt**
un|ge|schlecht|lich; ungeschlechtliche Vermehrung von Pflanzen
un|ge|scho|ren
un|ge|stüm; das **Un|ge|stüm**
un|ge|sund
das **Un|ge|tüm;** die Ungetüme
un|ge|wiß, *neue Schreibung:* **un|ge|wiss;** es ist ungewiß, *neu:* ungewiss; im ungewissen, *neu:* Ungewissen bleiben; eine Fahrt ins Ungewisse; die **Un|ge|wiß|heit,** *neue Schreibung:* **Un|ge|wiss|heit**
das **Un|ge|wit|ter**
un|ge|wöhn|lich; un|ge|wohnt

das **Un|ge|zie|fer**
un|ge|zo|gen
un|gläu|big; un|glaub|lich
die **Un|glei|chung** (in der Mathematik)
das **Un|glück; un|glück|lich; un|glück|li|cher|wei|se;** der **Un|glücks|fall**
un|gül|tig
un|güns|tig[1]
un|gut; nichts für ungut
das **Un|heil; un|heil|bar;** sie ist unheilbar krank; **un|heil|voll**
un|heim|lich
der **Un|hold;** die Unholde
un|hy|gi|e|nisch
u|ni [*üni*] (einfarbig, nicht gemustert)
die **U|ni** (*kurz für:* Universität); die Unis
die **UNICEF** (Kinderhilfswerk der UNO)
die **U|ni|form** [auch: *uniform*]; **u|ni|for|miert**
das **U|ni|kum** (etwas in seiner Art Einziges; origineller Mensch); die Unika, *auch:* die Unikums
die **U|ni|on** (der Bund, die Vereinigung); die Unionen
u|ni|ver|sal [*...wär...*] (allgemein, umfassend); ein universales Wissen
die **U|ni|ver|si|tät** [*...wär...*]
das **U|ni|ver|sum** [*...wär...*] (Weltall)
die **Un|ke; un|ken** (*umgangssprachlich für:* Unheil voraussagen); du unkst; er hat geunkt; unke nicht!
un|klar; sie hat ihn im unklaren, *neu:* Unklaren gelassen; die **Un|klar|heit**
die **Un|kos|ten**[1] *Plural*
das **Un|kraut**
un|lau|ter (nicht ehrlich); unlauterer Wettbewerb
die **Un|mas|se**
die **Un|men|ge**
der **Un|mensch; un|mensch|lich;** die **Un|mensch|lich|keit**
un|mit|tel|bar
un|mög|lich; nichts Unmögliches verlangen; die **Un|mög|lich|keit**
un|mün|dig (noch nicht mündig)
un|nah|bar
un|nö|tig
un|nütz
die **UNO** (die Vereinten Nationen); ↑UN
un|par|tei|isch
un|pas|send; am unpassendsten
un|päß|lich, *neue Schreibung:* **un|päss|lich** (leicht krank; unwohl)
un|per|sön|lich
un|po|pu|lär

der **Un|rat**
un|recht; in unrechte Hände fallen; am unrechten Platz sein; unrecht tun; unrecht, *neu:* Unrecht bekommen, geben, haben; etwas Unrechtes tun; an den Unrechten kommen; das **Un|recht;** zu Unrecht; es geschieht ihm Unrecht; ein Unrecht begehen; im Unrecht sein; du sollst ihm kein Unrecht tun; **un|recht|mä|ßig**
un|re|gel|mä|ßig
un|reif; die **Un|rei|fe**
un|rein; ich habe den Aufsatz ins unreine, *neu:* Unreine geschrieben
un|rich|tig
die **Un|ru|he; un|ru|hig**
uns
un|sag|bar; un|säg|lich
un|schein|bar
die **Un|schuld; un|schul|dig;** der **Un|schul|di|ge;** ein Unschuldiger; die Unschuldigen; zwei Unschuldige; die **Un|schul|di|ge;** eine Unschuldige
un|selb|stän|dig, *auch:* **un|selbst|stän|dig**
un|ser; wir sind unser drei; erbarme dich unser; unseres Wissens. *Groß:* Unsere Liebe Frau (Maria, die Mutter Jesu); Unserer Lieben Frau[en] Kirche; **un|se|re, uns|re, uns|ri|ge;** die Unseren, die Unsren, die Unsrigen *oder* unseren, unsren, unsrigen; **un|ser|ei|ner; un|ser|eins; un|ser|seits, un|se|rer|seits, uns|rer|seits; un|sert|we|gen, uns|ret|we|gen**
un|si|cher; die **Un|si|cher|heit**
un|sicht|bar
der **Un|sinn; un|sin|nig**
un|so|zi|al
un|sterb|lich; die **Un|sterb|lich|keit**
un|stet (ruhelos)
die **Un|sum|me**
un|sym|pa|thisch
un|ta|de|lig *und* **un|tad|lig**
un|teil|bar; unteilbare Zahlen
un|ten; er blieb unten; er ist unten; man wusste kaum noch, was unten und was oben war; es steht weiter unten; etwas nach unten transportieren; von unten her; von unten hinauf
un|ter; unter der Bedingung, dass er kommt; Kinder unter zwölf Jahren haben keinen Zutritt; unter anderem; unter Tage arbeiten; unter Umständen
der **Un|ter|arm**
das **Un|ter|be|wußt|sein,** *neue Schreibung:* **Un|ter|be|wusst|sein**

---
[1] *...te Trennung:* ...|st...

un|ter|blei|ben (nicht geschehen); der Versuch ist unterblieben
un|ter|bre|chen; die Verbindung wurde unterbrochen; die **Un|ter|bre|chung**
un|ter|brin|gen; sie hat den Koffer im Wagen untergebracht
un|ter|des|sen, *älter:* **un|ter|des**
un|ter|drü|cken[1]; er unterdrückt die Schwachen
un|ter|ei|n|an|der; untereinander tauschen; **un|ter|ein|an|der|ste|hen,** *neue Schreibung:* **un|ter|ei|n|an|der ste|hen;** die Zahlen stehen untereinander; sie haben untereinandergestanden, *neu:* untereinander gestanden
un|ter|ent|wi|ckelt[1]; ein körperlich unterentwickeltes Kind
un|ter|er|nährt; die **Un|ter|er|näh|rung**
die **Un|ter|füh|rung**
der **Un|ter|gang; un|ter|ge|hen;** die Sonne geht unter; sie ist untergegangen
un|ter|ge|ord|net
der **Un|ter|grund;** in den Untergrund gehen; die **Un|ter|grund|be|we|gung** (verbotene politische Gruppe)
un|ter|halb; unterhalb des Dorfes
der **Un|ter|halt;** seinen Unterhalt verdienen; **un|ter|hal|ten;** sie unterhält (unterstützt) ihre Mutter; sich **un|ter|hal|ten;** sie unterhält sich; sie hat sich gut unterhalten; die **Un|ter|hal|tung**
das **Un|ter|hemd**
das **Un|ter|holz** (Gebüsch im Wald)
die **Un|ter|ho|se**
un|ter|ir|disch; ein unterirdisches Lager
un|ter|kom|men; sie ist bei einer Freundin untergekommen; die **Un|ter|kunft;** die Unterkünfte
die **Un|ter|küh|lung**
die **Un|ter|la|ge**
un|ter|las|sen; sie unterläßt, *neu:* unterlässt es; sie hat es unterlassen; die **Un|ter|las|sung**
un|ter|le|gen; die unterlegene Mannschaft
der **Un|ter|leib**
die **Un|ter|lip|pe**
un|term (unter dem)
die **Un|ter|mie|te;** in Untermiete wohnen; der **Un|ter|mie|ter**
un|ter|neh|men; sie unternimmt etwas; das **Un|ter|neh|men** (größerer Betrieb); der **Un|ter|neh|mer;** die **Un|ter|neh|mung**
un|ter|ord|nen; er ist ihr untergeordnet; die **Un|ter|ord|nung**
un|ter|pri|vi|le|giert [...*wi*...] (sozial benachteiligt)
die **Un|ter|re|dung**
der **Un|ter|richt; un|ter|rich|ten;** du unterrichtest; sie unterrichtete; sie hat ihn von diesem Ereignis unterrichtet
der **Un|ter|rock**
un|ters (unter das)
un|ter|sa|gen (verbieten); er untersagte ihr das Rauchen
der **Un|ter|satz;** die Untersätze
un|ter|schei|den; er unterscheidet; er hat Mein und Dein nicht unterschieden; die **Un|ter|schei|dung;** der **Un|ter|schied**
der **Un|ter|schen|kel**
die **Un|ter|schicht**
un|ter|schla|gen; er hat Geld unterschlagen; die **Un|ter|schla|gung**
der **Un|ter|schlupf;** einen Unterschlupf finden
un|ter|schrei|ben; sie unterschreibt; sie hat den Vertrag unterschrieben; die **Un|ter|schrift**
un|ter|set|zen; ich habe den Eimer untergesetzt; der **Un|ter|set|zer; un|ter|setzt** (klein und kräftig gewachsen); ein untersetzter Mann
un|ter|stel|len; ich stelle mein Fahrrad hier unter; **un|ter|stel|len;** ich unterstelle ihn deiner Aufsicht; er hat ihr eine Lüge unterstellt (fälschlich behauptet, sie lüge); die **Un|ter|stel|lung**
un|ter|strei|chen; sie hat das Wort unterstrichen
die **Un|ter|stu|fe**
un|ter|stüt|zen; sie unterstützt mich; sie hat mich unterstützt; die **Un|ter|stüt|zung**
un|ter|su|chen; sie hat dies genau untersucht; die **Un|ter|su|chung**
der **Un|ter|ta|ge|bau** (Bergbau unter Tage)
un|ter|tan; er ist ihm untertan; der **Un|ter|tan;** des Untertans, *älter:* des Untertanen; dem/den Untertanen; die Untertanen; **un|ter|tä|nig** (ergeben)
die **Un|ter|tas|se**
die **Un|ter|wä|sche**
un|ter|wegs
die **Un|ter|welt** (Totenreich; Verbrec[illegible] milieu)

[1] *Alte Trennung:* ...k|k...

un|ter|wer|fen; die Gallier wurden von den Römern unterworfen; unterwirf dich dem Richterspruch!; die **Un|ter|wer|fung**
un|ter|zeich|nen; sie hat den Vertrag unterzeichnet
die **Un|tie|fe** (seichte Stelle; *auch für:* abgrundartige Tiefe)
das **Un|tier** (Ungeheuer)
un|über|sicht|lich
un|un|ter|bro|chen
un|ver|ant|wort|lich
un|ver|blümt
un|ver|ein|bar
un|ver|fro|ren
un|ver|geß|lich, *neue Schreibung:* **un|ver|gess|lich**
un|ver|hofft
un|ver|hoh|len
un|ver|meid|lich
un|ver|nünf|tig
un|ver|schämt; die **Un|ver|schämt|heit**
un|ver|se|hens (plötzlich)
un|ver|sehrt
un|ver|stän|dig (unklug); **un|ver|ständ|lich** (undeutlich; unbegreiflich)
un|ver|wüst|lich
un|ver|züg|lich
un|voll|stän|dig
un|vor|sich|tig
un|wahr
un|weg|sam
un|wei|ger|lich
un|weit; unweit des Flusses *oder* unweit vom Fluss
un|we|sent|lich
das **Un|wet|ter**
un|wi|der|ruf|lich
un|wi|der|steh|lich
un|wie|der|bring|lich
un|wil|lig
un|will|kür|lich
un|wirsch (unfreundlich)
un|wis|send; die **Un|wis|sen|heit; un|wis|sent|lich**
un|wohl; mir ist unwohl
die **Un|zahl** (sehr große Zahl); **un|zäh|lig; un|zäh|li|ge|mal,** *neue Schreibung:* **un|zäh|li|ge Mal;** unzählige Male
die **Un|ze** (Gewichtseinheit)
un|zeit|ge|mäß
un|zer|trenn|lich
die **Un|zucht** (unsittliche sexuelle Handlung); **un|züch|tig**
un|zu|frie|den
un|zu|ver|läs|sig
das **Up|date** [*apde^it*] (*EDV:* Aktualisierung; aktualisierte Version eines Programms, einer Datei o.Ä.); des Updates; die Updates
üp|pig; die **Üp|pig|keit**
up to date [*ap tu de^it*] (zeitgemäß, auf dem neuesten Stand)
die **Ur|ab|stim|mung** (Abstimmung aller Mitglieder einer Gewerkschaft)
der **Ur|ahn** (Urgroßvater); des Urahn[e]s *und* des Urahnen; dem/den Urahnen; die Urahnen; die **Ur|ah|ne** (Urgroßmutter)
der **U|ral** (Gebirge zwischen Asien und Europa; Fluss)
ur|alt
das **U|ran** (ein Metall)
die **Ur|auf|füh|rung**
ur|bar; urbar machen
der **Ur|be|woh|ner** *und* der **Ur|ein|woh|ner**
der **Ur|en|kel**
die **Ur|ge|mein|de** (urchristliche Gemeinde)
ur|ge|müt|lich
die **Ur|groß|el|tern** *Plural;* die **Ur|groß|mut|ter;** der **Ur|groß|va|ter**
der **Ur|he|ber;** das **Ur|he|ber|recht**
der **U|rin** (Harn)
die **Ur|kun|de; ur|kund|lich**
der **Ur|laub;** der **Ur|lau|ber;** die **Ur|laubs|rei|se**
die **Ur|ne**
der **U|ro|lo|ge** (Arzt für Erkrankungen der Harnorgane); des/dem/den Urologen; die Urologen
die **Ur|sa|che; ur|säch|lich**
die **Ur|schrift; ur|schrift|lich**
der **Ur|sprung; ur|sprüng|lich**
das **Ur|strom|tal**
das **Ur|teil; ur|tei|len;** sie urteilt; sie hat richtig geurteilt
das **Ur|tier|chen** (mikroskopisch kleines, einzelliges Tierchen)
U|ru|gu|ay [*urug^uai,* auch: *urug^uai*] (Staat in Südamerika); der **U|ru|gu|ay|er; u|ru|gu|ay|isch**
der **Ur|wald**
ur|wüch|sig
die **Ur|zeit**
die **USA** (die Vereinigten Staaten von Amerika) *Plural*
der **U|ser** [*jus^e(r)*] (jemand, der Drogen nimmt; *EDV:* Anwender eines Systems, Programms); des Users; die User
usw. = und so weiter
das **U|ten|sil** (notwendiges Gerät, Ge-

brauchsgegenstand); des Utensils; die Utensilien [...s*ili*e*n*]

der **U|te|rus** (Gebärmutter); des Uterus; die Uteri

die **U|to|pie** (nicht oder nur im Prinzip realisierbare Idee); die Utopien

UV = ultraviolett; die **UV-Strah|len** *Plural*

u|zen (*umgangssprachlich für:* necken); du uzt; er hat ihn geuzt

V

das **V** [*fau*] (Buchstabe); des V; die V; aber: das v in brav

V = Volt

Va|duz [*faduz*, auch: *waduz*] (Hauptstadt von Liechtenstein)

vag [*wak*] *und* **va|ge** [*wag*e] (unbestimmt, ungewiss)

der **Va|ga|bund** [*wagabunt*]; des/dem/den Vagabunden; die Vagabunden

die **Va|gi|na** [*wagina,* auch: *wagina*] (weibliche Scheide); der Vagina; die Vaginen

va|kant [*wakant*] (leer, unbesetzt); das **Va|ku|um** [*waku-um*] (nahezu luftleerer Raum); die Vakua *und* die Vakuen

Val|let|ta [*waläta*] (Hauptstadt von Malta)

die **Va|lu|ta** [*wa* ...] (Wert; Geld in ausländischer Währung); die Valuten

der **Vamp** [*wämp*] (verführerische, kalt berechnende Frau); des Vamps; die Vamps; der **Vam|pir** [auch: *wampir*] (Blut saugendes Gespenst; Fledermausgattung); die Vampire

die **Va|nil|le** [*wanil*e und *wanilj*e]; das **Va-nil|le|eis**

va|ri|a|bel [*wa...*] (veränderlich); variable Größen; die **Va|ri|a|b|le** (unbestimmte, veränderliche Größe); der Variablen; die Variablen; mehrere Variable[n]; die **Va|ri|an|te** (Abwandlung, Abweichung; Abart, Spielart); der Variante; die Varianten; die **Va|ri|a|ti|on** (Veränderung, [musikalische] Abwandlung); das **Va|ri|e|té,** *Hauptform:* **Va-ri|e|tee** [*wari-ete*] (Bühne mit buntem Unterhaltungsprogramm); die Varietés, *auch:* Varietees; **va|ri|ie|ren;** er hat das Thema variiert

der **Va|sall** [*wasal*] (Lehnsmann); des/dem/den Vasallen; die Vasallen

die **Va|se** [*was*e]; die **Va|sen|ma|le|rei**

die **Va|se|li|ne** [*was*e*lin*e] (mineralisches Fett; eine Salbe)

der **Va|ter;** der Heilige Vater (der Papst); das **Va|ter|haus;** das **Va|ter|land;** die Vaterländer; **vä|ter|lich;** das **Va|ter-un|ser;** der **Va|ti;** des Vatis; die Vatis

der **Va|ti|kan** [*watikan*] (Residenz des Papstes in Rom; oberste Behörde der katholischen Kirche); **va|ti|ka|nisch;** die **Va|ti|kan|stadt**

v. Chr. = vor Christus

VEB = volkseigener Betrieb (in der DDR)

der **Ve|ge|ta|ri|er** [*wegetari*e*r*] (Pflanzenkostesser); **ve|ge|ta|risch;** die **Ve|ge-ta|ti|on** (Pflanzenwuchs; Pflanzendecke); die **Ve|ge|ta|ti|ons|zo|ne; ve-ge|ta|tiv;** vegetatives (vom Bewusstsein unabhängiges) Nervensystem; **ve-ge|tie|ren** (kümmerlich leben); er hat in diesem Kellerloch vegetiert

das **Ve|hi|kel** [*wehik*e*l*] (altes, schlechtes Fahrzeug); die Vehikel

das **Veil|chen**

der **Vek|tor** (gerichtete Größe); des Vektors; die Vektoren

die **Ve|ne** [*wen*e] (Blutader)

der **Ve|ne|zo|la|ner** [*wenezolan*e*r*] (Einwohner von Venezuela); **ve|ne|zo|la-nisch; Ve|ne|zu|e|la** (Staat in Südamerika)

das **Ven|til** [*wäntil*] (Absperrvorrichtung; Luft-, Dampfklappe); die Ventile; die **Ven|ti|la|ti|on** (Lüftung; Luftwechsel); der **Ven|ti|la|tor** (Lüfter); die Ventilatoren

Ve|nus (römische Liebesgöttin); die **Ve|nus** (ein Planet)

ver|ab|re|den; du verabredest; sie verabredete; sie hat einen Treffpunkt verabredet; sich verabreden; wir haben uns für heute Abend verabredet; die **Ver|ab|re|dung**

ver|ab|scheu|en; du verabscheust; er verabscheut; er verabscheute; er hat jede Gewalttätigkeit verabscheut

ver|ab|schie|den; du verabschiedest ihn; er verabschiedete ihn; er hat ihn verabschiedet; sich verabschieden; ich muss mich noch verabschieden

ver|ach|ten; du verachtest; er verachtet; er verachtete; er hat ihn verachtet; **ver|ächt|lich;** die **Ver|ach|tung**

ver|all|ge|mei|nern; ich verallgemeinere; ich habe verallgemeinert

ver|al|ten; das Buch veraltete schnell; es ist schnell veraltet

die **Ve|ran|da** [*weranda*]; die Veranden
ver|än|der|lich; ver|än|dern; du veränderst; er verändert; er veränderte; er hat alles verändert; veränder[e] nichts!; sich verändern; du hast dich sehr verändert; die **Ver|än|de|rung**
die **Ver|an|la|gung**
ver|an|las|sen; was hat dich dazu veranlaßt, *neu:* veranlasst?
ver|an|schau|li|chen; er hat uns das an einem Beispiel veranschaulicht (deutlich, anschaulich gemacht)
ver|an|stal|ten; du veranstaltest; sie veranstaltete; sie hat dieses Fest veranstaltet; die **Ver|an|stal|tung**
ver|ant|wor|ten; er muss sein Tun selbst verantworten (dafür einstehen); er hat sich vor Gericht verantwortet; **ver|ant|wort|lich;** die **Ver|ant|wor|tung**
ver|ar|bei|ten; Leder zu Schuhen verarbeiten; er hat die Enttäuschung verarbeitet
ver|är|gern; ich verärgere ihn noch; die Kritik hat ihn verärgert
das **Verb** [*wärp*] (Zeitwort, Tätigkeitswort, z. B. arbeiten); die Verben
der **Ver|band;** der **Ver|band|kas|ten**[1] *und* der **Ver|bands|kas|ten**[1]
ver|ban|nen; du verbannst ihn; er verbannte ihn; er hat ihn verbannt; verbann[e] ihn!; die **Ver|ban|nung**
ver|ber|gen; du verbirgst; er verbirgt; er verbarg; er hat etwas verborgen; verbirg es schnell!
ver|bes|sern; du verbesserst; er verbessert; er verbesserte; er hat den Fehler verbessert; verbessere *und* verbeßre, *neu:* verbessre ihn!; die **Ver|bes|se|rung**
sich **ver|beu|gen;** du verbeugst dich; er verbeugt sich; er verbeugte sich; er hat sich höflich verbeugt; verbeug[e] dich!; die **Ver|beu|gung**
ver|beu|len; ein verbeulter Kotflügel
ver|bie|ten; du verbietest; er verbietet; er verbot; er hat mir das Rauchen verboten; verbiete es ihm!
ver|bin|den; du verbindest; er verbindet; er verband; er hat die Wunde verbunden; verbinde sie!; **ver|bind|lich** (höflich; verpflichtend); die **Ver|bin|dung**
ver|bis|sen
ver|bit|ten; du verbittest dir; sie verbittet sich; sie verbat sich; sie hat sich diese Frechheit verbeten
ver|bit|tert
ver|bleu|en, *neue Schreibung:* **ver|bläu|en** (prügeln); er verbleute, *neu:* verbläute ihn; er hat ihn verbleut, *neu:* verbläut
ver|blüf|fen; du verblüffst; er verblüfft; er verblüffte; er hat ihn mit dieser Antwort verblüfft; **ver|blüf|fend**
ver|blü|hen; die Blume verblüht; die Blume verblühte; sie ist verblüht
ver|blu|ten; der Verletzte ist verblutet
das **Ver|bot;** die Verbote; **ver|bo|ten;** das **Ver|bots|schild;** die Verbotsschilder
der **Ver|brauch; ver|brau|chen;** du verbrauchst; er verbraucht; er verbrauchte; er hat das Geld verbraucht; verbrauch[e] nicht so viel!; der **Ver|brau|cher**
das **Ver|bre|chen;** der **Ver|bre|cher**
ver|brei|ten; du verbreitest; er verbreitet; er verbreitete; er hat ein Gerücht verbreitet; verbreite keine Gerüchte!
ver|bren|nen; du verbrennst; sie verbrennt; sie verbrannte; sie hat den Brief verbrannt; verbrenn[e] ihn!
ver|brin|gen; er verbrachte seinen Urlaub an der See; der Kranke hat eine ruhige Nacht verbracht
ver|brü|hen; du hast dich verbrüht; ich habe mir den Arm mit kochendem Wasser verbrüht
der **Ver|bün|de|te;** ein Verbündeter; die Verbündeten; zwei Verbündete; die **Ver|bün|de|te;** eine Verbündete
der **Ver|dacht; ver|däch|tig; ver|däch|ti|gen;** du verdächtigst ihn; er verdächtigt ihn; er verdächtigte ihn; er hat ihn zu Unrecht verdächtigt; verdächtige ihn nicht!; die **Ver|däch|ti|gung**
ver|dam|men; du verdammst ihn; er verdammt ihn; er verdammte ihn; er hat ihn dazu verdammt; verdamm[e] ihn nicht dazu!; die **Ver|damm|nis**
ver|damp|fen; das Wasser ist verdampft
ver|dan|ken; wir haben dir viel zu verdanken
ver|dat|tert (*umgangssprachlich für:* verwirrt)
ver|dau|en; du verdaust; er verdaut; er verdaute; er hat das Essen verdaut; verdau[e] diesen Brocken!; die **Ver|dau|ung;** das **Ver|dau|ungs|or|gan**
das **Ver|deck;** die Verdecke; **ver|de-**

[1]*Alte Trennung:* ...|st...

cken[1]; du verdeckst; er verdeckt; er verdeckte; er hat das Bild verdeckt; verdeck[e] es!

der **Ver|derb;** auf Gedeih und Verderb; **ver|der|ben** (zugrunde richten; verleiden); du verdirbst mir das Kleid; er verdarb mir den Tag; er hat mir den Tag verdorben; verdirb nicht das gute Kleid!; **ver|der|ben** (schlecht werden); das Obst verdirbt; das Obst verdarb; das Obst ist verdorben; das **Ver|der|ben;** jemanden ins Verderben stürzen; **ver|derb|lich**

ver|die|nen; du verdienst; sie verdient; sie verdiente; sie hat viel verdient; verdien[e] dir etwas!; der **Ver|dienst** (Lohn, Gewinn); das **Ver|dienst** (Anspruch auf Dank und Anerkennung)

ver|dop|peln; du verdoppelst; er verdoppelt; er verdoppelte; er hat sein Vermögen verdoppelt; verdopp[e]le den Betrag!; die **Ver|dop|pe|lung** *und* die **Ver|dopp|lung**

ver|dor|ben; verdorbene Lebensmittel

ver|dor|ren; das Gras verdorrt; das Gras verdorrte; das Gras ist verdorrt

ver|drän|gen; du verdrängst; er verdrängte ihn von seinem Platz; er hat dieses Erlebnis verdrängt (die Erinnerung daran unterdrückt)

ver|drie|ßen; etwas verdrießt ihn; etwas verdroß, *neu:* verdross ihn; etwas hat ihn arg verdrossen; ich lasse es mich nicht verdrießen; **ver|drieß|lich;** der **Ver|druß,** *neue Schreibung:* **Ver|druss;** des Verdrusses; die Verdrusse

ver|dün|nen; verdünnte Schwefelsäure; die **Ver|dün|nung**

ver|duns|ten[2]; das Wasser verdunstet; es verdunstete; es ist verdunstet; die **Ver|duns|tung**[2]; die **Ver|duns|tungs|käl|te**[2]

ver|durs|ten[2]; er ist verdurstet

ver|dutzt; er war verdutzt

ver|eh|ren; du verehrst sie; er verehrt sie; er verehrte sie; er hat sie verehrt; verehr[e] sie!; die **Ver|eh|rung**

der **Ver|ein**

ver|ein|ba|ren; du vereinbarst ein Treffen mit ihm; ihr habt eine Zusammenkunft vereinbart; die **Ver|ein|ba|rung**

ver|ein|fa|chen; du vereinfachst; er vereinfachte; er hat das Modell vereinfacht; das vereinfacht (erleichtert) die Arbeit sehr

ver|ei|ni|gen; du vereinigst; sie vereinigt; sie vereinigte; sie hat alles in einer Hand vereinigt

das **Ver|ei|nig|te Kö|nig|reich Groß|bri|tan|ni|en und Nord|ir|land**

die **Ver|ei|nig|ten A|ra|bi|schen E|mi|ra|te** *Plural*

die **Ver|ei|nig|ten Staa|ten** *oder* die **Ver|ei|nig|ten Staa|ten von A|me|ri|ka** *Plural* (*Abkürzung:* USA)

die **Ver|ei|ni|gung;** die Vereinigungen; die **Ver|ei|ni|gungs|men|ge** (Menge, in der die Elemente mehrerer Mengen zusammengefasst sind)

ver|eint; mit vereinten Kräften; die Vereinten Nationen (*Abkürzung:* VN, UN)

ver|ein|zelt

ver|ei|sen; eine vereiste Fahrbahn

ver|ei|teln (zunichte machen, verhindern); du vereitelst; er vereitelte; er hat unseren Plan vereitelt

ver|ei|tern; die Wunde ist vereitert

ver|en|den; das Wild verendete; es ist verendet

ver|er|ben; er vererbte mir sein Vermögen; diese Krankheit hat sich vererbt; die **Ver|er|bung**

Verf. = Verfasser

ver|fah|ren; du verfährst zu rücksichtslos mit ihm; das **Ver|fah|ren**

sich **ver|fah|ren;** er verfuhr sich; er hat sich unterwegs verfahren

der **Ver|fall; ver|fal|len;** das Haus verfällt (wird baufällig); die Eintrittskarten sind verfallen; sie verfiel in Nachdenken

ver|fäng|lich; eine verfängliche Frage

ver|fas|sen; du verfaßt, *neu:* verfasst; er verfaßte, *neu:* verfasste ein Gedicht; er hat es verfaßt, *neu:* verfasst; der **Ver|fas|ser;** die **Ver|fas|sung**

ver|flüs|si|gen; verflüssigte Luft

ver|fol|gen; du verfolgst ihn; er verfolgt ihn; er verfolgte ihn; er hat ihn verfolgt; verfolg[e] ihn!; die **Ver|fol|gung**

ver|fü|gen; du verfügst; er verfügt; er verfügte; er hat darüber verfügt; verfüg[e] darüber!; die **Ver|fü|gung**

ver|füh|ren; er hat ihn verführt; der **Ver|füh|rer**

ver|gäl|len (verbittern; ungenießbar

---

[1] *Alte Trennung:* ...k|k...
[2] *Alte Trennung:* ...|st...

machen); du vergällst; er vergällt; er vergällte; er hat ihm die Freude vergällt; vergällter Alkohol

die **Ver|gan|gen|heit; ver|gäng|lich**

der **Ver|ga|ser**

ver|ge|ben; du vergibst; er vergibt; er vergab; er hat dir vergeben; vergib ihm!; **ver|ge|bens; ver|geb|lich;** die **Ver|ge|bung**

ver|ge|hen; das Jahr vergeht; das Jahr verging; das Jahr ist vergangen

sich **ver|ge|hen;** du vergehst dich; sie hat sich gegen das Gesetz vergangen; das **Ver|ge|hen**

ver|gel|ten; du vergiltst; sie vergilt; sie vergalt; sie hat Böses mit Gutem vergolten; vergilt!; die **Ver|gel|tung**

ver|ges|sen; du vergißt, *neu:* vergisst; er vergißt, *neu:* vergisst; er vergaß; er hat alles vergessen; vergiß, *neu:* vergiss es!; **ver|geß|lich,** *neue Schreibung:* **ver|gess|lich**

ver|geu|den; du vergeudest; er vergeudet; er hat sein Geld vergeudet; vergeude nichts!; die **Ver|geu|dung**

ver|ge|wal|ti|gen; er hat sie vergewaltigt; die **Ver|ge|wal|ti|gung**

sich **ver|ge|wis|sern;** ich habe mich vergewissert; vergewissere dich!

ver|gif|ten; sie hat ihn vergiftet; vergiftete Speisen; die **Ver|gif|tung**

das **Ver|giß|mein|nicht,** *neue Schreibung:* **Ver|giss|mein|nicht;** die Vergißmeinnicht, *neu:* Vergissmeinnicht *und* die Vergißmeinnichte, *neu:* Vergissmeinnichte

der **Ver|gleich; ver|gleich|bar; ver|glei|chen;** du vergleichst; er vergleicht; er verglich; er hat die beiden Aufsätze verglichen; vergleich[e] sie!; die **Ver|gleichs|form** (Komparativ oder Superlativ); **ver|gleichs|wei|se**

sich **ver|gnü|gen;** du vergnügst dich; er hat sich vergnügt; vergnüg[e] dich!; das **Ver|gnü|gen;** viel Vergnügen!; **vergnügt**

sich **ver|grei|fen;** er hat sich an ihm vergriffen; **ver|grif|fen;** das Buch ist vergriffen (nicht mehr lieferbar)

ver|grö|ßern; du vergrößerst das Foto; er hat seinen Betrieb vergrößert; die **Ver|grö|ße|rung**

die **Ver|güns|ti|gung**[1]

die **Ver|gü|tung**

verh. = verheiratet

[1] *Alte Trennung:* ...|st...

ver|haf|ten; du verhaftest ihn; er verhaftete ihn; er hat ihn verhaftet; verhafte ihn!; die **Ver|haf|tung**

sich **ver|hal|ten;** er hat sich ablehnend verhalten; **ver|hal|ten;** verhalten sprechen, fahren; das **Ver|hal|ten;** die **Ver|hal|tens|for|schung; ver|hal|tens|ge|stört;** die **Ver|hal|tens|wei|se;** das **Ver|hält|nis;** des Verhältnisses; die Verhältnisse; **ver|hält|nis|mä|ßig;** das **Ver|hält|nis|wort** (Präposition)

ver|han|deln; du verhandelst mit ihm; wir haben darüber verhandelt; verhand[e]le klug!; die **Ver|hand|lung**

ver|hän|gen; wir verhängten die Fenster; der Schiedsrichter hat einen Elfmeter verhängt; das **Ver|häng|nis;** des Verhängnisses; die Verhängnisse; **ver|häng|nis|voll**

ver|haßt, *neue Schreibung:* **ver|hasst**

ver|hee|rend; das ist verheerend (entsetzlich, katastrophal)

ver|heim|li|chen; er hat mir seine Entdeckung verheimlicht

sich **ver|hei|ra|ten;** er hat sich verheiratet

ver|hei|ßen; du verheißt; er verheißt; er verhieß; er hat mir das verheißen; die **Ver|hei|ßung**

ver|hin|dern; du verhinderst; er verhindert; er verhinderte; er hat den Plan verhindert; verhindere ihn!

ver|höh|nen; du verhöhnst ihn; er verhöhnt ihn; er verhöhnte ihn; er hat ihn verhöhnt; verhöhn[e] ihn nicht!

ver|hol|zen; der Stängel verholzt; er ist verholzt

das **Ver|hör; ver|hö|ren;** man hat ihn eingehend verhört; er hat sich verhört (etwas falsch verstanden)

ver|hül|len; sie hat ihr Gesicht verhüllt

ver|hun|gern; du verhungerst; sie verhungerte; sie ist verhungert

ver|hü|ten; du verhütest; er verhütet; er verhütete; er hat einen Unfall verhütet; verhüte das Unheil!

ver|hüt|ten (zu Metall verarbeiten); hier werden Eisenerze verhüttet

sich **ver|ir|ren;** du verirrst dich; er verirrt sich; er verirrte sich; er hat sich im Wald verirrt; verirr[e] dich nicht!

ver|jäh|ren; das Vergehen ist verjährt (kann nicht mehr bestraft werden)

ver|ka|beln; die Haushalte wurden verkabelt (an das Netz des Kabelfernsehens angeschlossen)

die **Ver|kal|kung**

der **Ver|kauf; ver|kau|fen;** du verkaufst; er verkauft; er verkaufte; er hat das Auto verkauft; verkauf[e] es!; der **Ver|käu|fer; ver|käuf|lich**

der **Ver|kehr; ver|keh|ren;** du verkehrst; er verkehrt; er verkehrte; er hat bei uns verkehrt; er hat diese Absicht ins Gegenteil verkehrt; die **Ver|kehrs|am|pel;** die Verkehrsampeln; das **Ver|kehrs|cha|os;** das **Ver|kehrs|mit|tel;** mit öffentlichen Verkehrsmitteln fahren; der **Ver|kehrs|po|li|zist;** die **Ver|kehrs|re|gel;** der **Ver|kehrs|teil|neh|mer;** der **Ver|kehrs|un|fall;** das **Ver|kehrs|zei|chen; ver|kehrt;** seine Antwort ist verkehrt

ver|klei|den; ich habe mich als trauriger Clown verkleidet

die **Ver|klei|ne|rungs|form**

ver|knüp|fen; zwei durch „und“ verknüpfte Sätze

ver|knu|sen; ich kann ihn nicht verknusen (*umgangssprachlich für:* nicht ausstehen)

ver|kom|men; er verkommt hier; er ist ganz verkommen; ein verkommener Mensch

ver|krampft

sich **ver|krie|chen;** er hat sich verkrochen

ver|küm|mern; der Baum ist verkümmert

ver|kün|den; der Richter hat das Urteil verkündet; **ver|kün|di|gen;** das Evangelium verkündigen

der **Ver|lag;** die Verlage; **ver|la|gern;** er verlagerte das Gewicht auf das andere Bein; die Firma hat ihre Produktion ins Ausland verlagert

ver|lan|gen; du verlangst; sie verlangte; sie hat ein Bier verlangt; das **Ver|lan|gen**

ver|län|gern; du verlängerst das Kleid; sie hat es verlängert; der Vertrag wurde verlängert; die **Ver|län|ge|rung**

der **Ver|laß,** *neue Schreibung:* **Ver|lass;** des Verlasses; es ist kein Verlaß, *neu:* Verlass auf ihn; **ver|las|sen;** du verläßt, *neu:* verlässt uns; er verläßt, *neu:* verlässt uns; er verließ uns; er hat uns verlassen; verlasse *und* verlaß, *neu:* verlass uns nicht!; sich verlassen; er verläßt, *neu:* verlässt sich auf ihn; **ver|läß|lich,** *neue Schreibung:* **ver|läss|lich**

der **Ver|lauf** (Ablauf); **ver|lau|fen;** die Untersuchung verlief ergebnislos; er hat sich verlaufen (verirrt)

ver|le|gen; du verlegst; er verlegte; er hat die Brille verlegt; verleg[e] sie nicht!; er verlegt eine Leitung (er legt sie); **ver|le|gen** (ein Buch herausbringen); er hat viele Bücher verlegt; **ver|le|gen;** er war sehr verlegen; die **Ver|le|gen|heit;** der **Ver|le|ger** (Inhaber eines Buch- oder Zeitungsverlags)

ver|lei|den; er hat mir die Arbeit verleidet

der **Ver|leih;** des Verleih[e]s; die Verleihe; **ver|lei|hen;** du verleihst; er verleiht; er verlieh; er hat sein Fahrrad verliehen; verleih[e] nichts!

ver|let|zen; du verletzt; er verletzt; er verletzte; er hat ihn verletzt; verletz[e] ihn nicht!; sich verletzen; ich habe mich beim Spielen verletzt; die **Ver|let|zung**

ver|leug|nen; du verleugnest ihn; er hat ihn verleugnet; verleugne nicht dein Alter!; er ließ sich verleugnen

ver|leum|den; du verleumdest ihn; er hat ihn verleumdet; verleumde ihn nicht!; der **Ver|leum|der;** die **Ver|leum|dung**

sich **ver|lie|ben;** er hat sich in sie verliebt; die **Ver|liebt|heit**

ver|lie|ren; du verlierst; sie verlor; sie hat Geld verloren; verlier[e] nichts!

das **Ver|lies** (Kerker); die Verliese

sich **ver|lo|ben;** sie haben sich verlobt; der **Ver|lob|te;** ein Verlobter; die Verlobten; zwei Verlobte; die **Ver|lob|te;** eine Verlobte; die **Ver|lo|bung**

ver|lo|ren|ge|hen, *neue Schreibung:* **ver|lo|ren ge|hen;** der Ring ging verloren; er ist verlorengegangen, *neu:* verloren gegangen

ver|lo|sen; wertvolle Preise werden verlost

der **Ver|lust**

ver|ma|chen; er hat ihm sein Haus vermacht; das **Ver|mächt|nis;** des Vermächtnisses; die Vermächtnisse

sich **ver|mäh|len;** du vermählst dich; er vermählte sich; er hat sich vermählt; die **Ver|mäh|lung**

ver|meh|ren; er vermehrte seinen Besitz; die Mäuse haben sich stark vermehrt; die **Ver|meh|rung**

ver|meid|bar; ver|mei|den; er vermied jede Begegnung; er hat sie vermieden; vermeide Fehler!

ver|meint|lich

der **Ver|merk**

ver|mes|sen; du vermißt, *neu:* ver-

missst; sie vermißt, *neu:* vermisst; sie vermaß; sie hat das Grundstück vermessen
ver|mes|sen (auf anmaßender Selbstüberschätzung beruhend); ein vermessenes Unternehmen
ver|mie|sen; du vermiest; du hast mir den Urlaub vermiest (*umgangssprachlich für:* verdorben)
ver|mie|ten; du vermietest; er vermietete; er hat das Zimmer vermietet
ver|min|dern; er hat das Tempo vermindert; eine verminderte (um einen Halbton verkleinerte) Terz
ver|mis|sen; du vermißt, *neu:* vermisst; er vermißt, *neu:* vermisst; er vermißte, *neu:* vermisste; er hat Geld vermißt, *neu:* vermisst; der **Ver|miß|te,** *neue Schreibung:* **Ver|miss|te;** ein Vermißter, *neu:* Vermisster; die Vermißten, *neu:* Vermissten; zwei Vermißte, *neu:* Vermisste
ver|mit|teln; er hat mir Arbeit vermittelt; der **Ver|mitt|ler;** die **Ver|mitt|lung**
ver|mo|dert (verfault)
das **Ver|mö|gen; ver|mö|gend**
ver|mum|men; ich habe mich vermummt
ver|mu|ten; du vermutest; er vermutet; er vermutete; er hat es vermutet; **ver|mut|lich;** die **Ver|mu|tung**
ver|nach|läs|si|gen; du vernachlässigst; er vernachlässigte; er hat seine Arbeit vernachlässigt
ver|neh|men; du vernimmst; er vernahm; er hat das Geräusch vernommen (gehört); er hat den Angeklagten vernommen (verhört); das **Ver|neh|men;** dem Vernehmen nach; die **Ver|neh|mung**
ver|nei|nen; er hat die Frage verneint; ein verneinter Satz; die **Ver|nei|nung**
ver|nich|ten; du vernichtest; er vernichtet; er vernichtete; er hat die Akten vernichtet; vernichte sie!
die **Ver|nunft; ver|nünf|tig**
ver|öf|fent|li|chen; du veröffentlichst; er veröffentlicht; er veröffentlichte; er hat seine Gedichte veröffentlicht; veröffentliche sie!; die **Ver|öf|fent|li|chung**
ver|ord|nen; der Arzt hat mir eine Medizin verordnet; die **Ver|ord|nung**
ver|pach|ten; er verpachtete mir das Land; er hat es an mich verpachtet
ver|pa|cken[1]; sie verpackte; sie hat das Geschenk verpackt; die **Ver|pa|ckung[1]**
ver|pas|sen; du verpaßt, *neu:* verpasst; er verpaßte, *neu:* verpasste den Zug; er hat den Zug verpaßt, *neu:* verpasst
ver|pet|zen (*umgangssprachlich für:* [beim Lehrer] anzeigen); du verpetzt ihn; er hat uns verpetzt; verpetz[e] ihn nicht!
ver|pfle|gen; du verpflegst; er verpflegt; er verpflegte; er hat die Schüler verpflegt; die **Ver|pfle|gung**
ver|pflich|ten; er hat ihn verpflichtet zu kommen; verpflichte dich dazu!; die **Ver|pflich|tung**
sich **ver|pup|pen;** die Raupe hat sich verpuppt
ver|put|zen; du verputzt die Wände; er hat die Fassade verputzt
ver|qui|cken[1] (vermischen); du verquickst; er verquickt; er verquickte; er hat die Dinge miteinander verquickt
der **Ver|rat; ver|ra|ten;** du verrätst; er verrät; er verriet; er hat den Plan verraten; verrat[e] ihn nicht!; der **Ver|rä|ter**
ver|rech|nen; du verrechnest; er verrechnet; er verrechnete; er hat den Betrag verrechnet; verrechne ihn!; sich verrechnen; er hat sich verrechnet
ver|re|cken[1] (*derb für:* verenden; elend umkommen); die Kuh ist verreckt
ver|rei|sen; du verreist; sie verreist; sie verreiste; sie ist verreist; verreise!
ver|ren|ken; du verrenkst; er verrenkte; er hat mir den Arm verrenkt; ich habe mir die Schulter verrenkt
ver|rich|ten; er hat seine Arbeit verrichtet
ver|rin|gern; er verringerte den Abstand; die Aussichten auf Besserung haben sich verringert
ver|ros|ten[2]; das Messer verrostet; es ist verrostet
ver|rot|ten (verfaulen); das Laub verrottet; es ist verrottet
ver|rückt; am verrücktesten; der **Ver|rück|te;** ein Verrückter; die Verrückten; zwei Verrückte; die **Ver|rück|te;** eine Verrückte; die **Ver|rückt|heit;** das **Ver|rückt|wer|den;** es ist zum Verrücktwerden

---

[1]*Alte Trennung:* ...k|k...
[2]*Alte Trennung:* ...|st...

der **Ver|ruf;** jemanden in Verruf bringen; in Verruf kommen; **ver|ru|fen;** ein verrufenes Lokal

der **Vers** (Gedichtzeile); die Verse

ver|sa|gen; du versagst; er hat versagt; das **Ver|sa|gen;** der **Ver|sa|ger**

ver|sal|zen; du versalzt die Suppe; er hat ihm die Freude versalzen

ver|sam|meln; du versammelst; er versammelt; er versammelte; er hat die Schüler alle um sich versammelt; versamm[e]le sie um dich!; die **Ver|samm|lung;** das **Ver|samm|lungs|recht**

der **Ver|sand**

ver|sau|en (*derb für:* verschmutzen; verderben); du versaust deine Kleidung; du hast mir den Abend versaut

ver|sau|ern (*umgangssprachlich für:* die geistige Frische verlieren); du versauerst hier; er ist versauert

ver|säu|men; du versäumst; er versäumt; er versäumte; er hat den Termin versäumt; versäum[e] ihn nicht!; das **Ver|säum|nis;** des Versäumnisses; die Versäumnisse

ver|schaf|fen; ich habe mir Gewissheit verschafft

ver|scheu|chen; du verscheuchst; er verscheuchte; er hat die Vögel verscheucht; verscheuch[e] sie nicht!

ver|schie|ben; ich verschiebe das Dreieck um 2 cm nach rechts; er verschob seinen Besuch; der Termin hat sich verschoben; die **Ver|schie|bung**

ver|schie|den; verschieden lang; verschiedene, *neu:* Verschiedene (manche) sagen, es sei anders gewesen; verschiedenes, *neu:* Verschiedenes (manches) war mir unklar; Ähnliches und Verschiedenes; etwas Verschiedenes; **ver|schie|dent|lich**

ver|schla|fen; ich verschlief mich; ich habe verschlafen

der **Ver|schlag** (abgeteilter Raum mit Bretterwänden); die Verschläge

ver|schla|gen (hinterlistig); die **Ver|schla|gen|heit**

ver|schlech|tern; du verschlechterst deine Lage nur; die Lage hat sich verschlechtert

der **Ver|schleiß; ver|schlei|ßen;** du verschleißt; er verschleißt; er verschliß, *neu:* verschliss; er hat viele Kleider verschlissen; verschleiß[e] deine Kräfte nicht!; er hat sich in diesem Kampf verschlissen

ver|schlep|pen; man hat ihn in ein Lager verschleppt

ver|schlie|ßen; du verschließt; er verschließt; er verschloß, *neu:* verschloss; er hat den Keller verschlossen; verschließ[e] ihn!; sich verschließen; er hat sich meinen Wünschen verschlossen

ver|schlim|mern; eine Erkältung verschlimmerte seine Krankheit; sein Zustand hat sich verschlimmert

ver|schlin|gen; der Hund verschlang das Fleisch; der Bau hat Unsummen verschlungen

ver|schlu|cken[1]; du verschluckst; sie hat den Bissen verschluckt; sich verschlucken; sie hat sich verschluckt

der **Ver|schluß,** *neue Schreibung:* **Verschluss;** des Verschlusses; die Verschlüsse

ver|schmitzt (schlau)

ver|schmut|zen; du verschmutzt; er verschmutzte; er hat den Boden verschmutzt; verschmutz[e] den Wald nicht!; die **Ver|schmut|zung**

ver|schol|len

ver|scho|nen; verschon[e] mich mit deinem Geschwätz!

ver|schrei|ben; der Arzt verschrieb (verordnete) ihm ein Medikament; ich habe mich verschrieben (ich habe beim Schreiben einen Fehler gemacht)

ver|schro|ben (seltsam, wunderlich); ein verschrobener Mensch

ver|schul|den; er hat den Unfall selbst verschuldet; das **Ver|schul|den;** ohne sein Verschulden

ver|schwei|gen; er verschwieg ihr sein Alter; sie hat ihre Vorstrafen verschwiegen

ver|schwen|den; du verschwendest; er verschwendet; er verschwendete; er hat sein Geld verschwendet; verschwende nicht so viel Geld!; der **Ver|schwen|der; ver|schwen|de|risch**

ver|schwin|den; du verschwindest; er verschwindet; er verschwand; er ist verschwunden; verschwinde!

ver|schwit|zen (*umgangssprachlich für:* vergessen); er hat die Klavierstunde verschwitzt; **ver|schwitzt** (schweißnass); verschwitzte Kleider

ver|schwom|men

die **Ver|schwö|rung**

ver|se|hen; du versiehst; er versieht; er versah; er hat seinen Dienst treu ver-

[1] *Alte Trennung:* ...k|k...

sehen; sich versehen; ich habe mich bei der Abrechnung versehen (geirrt); das **Ver|se|hen; ver|se|hent|lich**

der **Ver|sehr|te;** ein Versehrter; die Versehrten; zwei Versehrte; die **Ver|sehr|te;** eine Versehrte

ver|sen|den; du versendest; sie versendet; sie versendete *und* sie versandte; sie hat die Post versendet *und* versandt

ver|sen|gen; du versengst; er versengte; er hat sich das Haar versengt

ver|sen|ken; du versenkst; er versenkte; er hat das Boot im Teich versenkt; die **Ver|sen|kung**

ver|ses|sen; auf Schokolade ist sie ganz versessen; die **Ver|ses|sen|heit**

ver|set|zen; du versetzt; er versetzte den Grenzstein; der Schüler ist versetzt worden; versetz[e] ihn!; die **Ver|set|zung**

ver|seucht

ver|si|chern; du versicherst; er versichert; er versicherte; er hat sein Auto gegen Diebstahl versichert; sich versichern; er hat sich hoch versichert; die **Ver|si|che|rung**

ver|sie|gen; die Quelle versiegte; sie ist versiegt

ver|siert [*wärsirt*]; in etwas versiert (erfahren) sein; ein versierter Fachmann

die **Ver|si|on** [*wär...*] (Fassung, Formulierung; Ausführung); die Versionen

ver|söh|nen; du versöhnst; er versöhnt; er versöhnte; er hat die beiden Kampfhähne versöhnt; sich versöhnen; versöhn[e] dich mit ihm!; die **Ver|söh|nung**

ver|sor|gen; er hat ihn mit Proviant versorgt; die **Ver|sor|gung**

ver|spach|teln; er hat die Ritzen verspachtelt

sich **ver|spä|ten;** du verspätest dich; er verspätet sich; er verspätete sich; er hat sich verspätet; verspäte dich nicht!; die **Ver|spä|tung**

ver|spot|ten; sie haben ihn verspottet

ver|spre|chen; du versprichst; er verspricht; er versprach; er hat ihr die Heirat versprochen; versprich nicht zu viel!; sich versprechen; er hat sich versprochen; das **Ver|spre|chen**

ver|staat|li|chen (in Staatseigentum übernehmen); der Bergbau wurde verstaatlicht; die **Ver|staat|li|chung**

der **Ver|stand; ver|stän|dig** (klug, einsichtig); sich **ver|stän|di|gen;** du verständigst dich mit ihm; er verständigte sich mit ihm; er hat sich mit ihm verständigt; die **Ver|stän|di|gung; ver|ständ|lich;** das **Ver|ständ|nis;** des Verständnisses

ver|stär|ken; er hat die Mauer verstärkt; verstärk[e] den Ton!; der **Ver|stär|ker**

ver|stau|chen; du verstauchst; sie verstauchte sich den Fuß; sie hat sich den Fuß verstaucht; verstauch[e] dir nicht den Fuß!

das **Ver|steck;** die Verstecke; Versteck spielen; **ver|ste|cken**[1]**;** du versteckst; er versteckt; er versteckte; er hat das Spielzeug versteckt; versteck[e] es!; sich verstecken; die Kinder haben sich versteckt; das **Ver|ste|cken**[1]**;** Verstecken spielen

ver|ste|hen; du verstehst; er versteht; er verstand; er hat verstanden; versteh[e] doch!; jemandem etwas zu verstehen geben; das **Ver|ste|hen**

ver|stei|gern; das Bild wurde versteigert; die **Ver|stei|ge|rung**

die **Ver|stei|ne|rung**

sich **ver|stel|len;** du verstellst dich; er verstellt sich; er verstellte sich; er hat sich verstellt; verstell[e] dich nicht!

ver|stimmt

ver|stop|fen; er hat die Öffnung verstopft; der Abfluss ist verstopft

ver|stor|ben; der **Ver|stor|be|ne;** ein Verstorbener; die Verstorbenen; zwei Verstorbene; die **Ver|stor|be|ne;** eine Verstorbene

der **Ver|stoß;** die Verstöße; **ver|sto|ßen;** der König verstieß seine Gemahlin; er hat gegen die Vorschrift verstoßen

ver|strah|len (radioaktiv verseuchen); verstrahltes Gebiet

ver|strei|chen; er verstrich die Farbe mit einem Pinsel; er hat die Farbe verstrichen; aber: der Termin ist verstrichen (vorübergegangen)

ver|stüm|meln; eine verstümmelte Leiche; ein verstümmelter Text

der **Ver|such; ver|su|chen;** du versuchst; er versucht; er versuchte; er hat alles versucht; versuch[e] es!; **ver|suchs|wei|se;** die **Ver|su|chung**

ver|ta|gen; die Sitzung wurde vertagt

ver|tau|schen; mit vertauschten Rollen

ver|tei|di|gen; du verteidigst; er ver-

[1]*Alte Trennung:* ...k|k...

teidigt; er verteidigte die Festung; er hat den Angeklagten verteidigt; verteidige ihn!; sich verteidigen; er hat sich tapfer verteidigt; der **Ver|tei|di|ger;** die **Ver|tei|di|gung**

ver|tei|len; du verteilst; er verteilt; er verteilte; er hat die Geschenke verteilt; verteil[e] sie!

die **Ver|tie|fung**

ver|ti|kal [*wärtikal*] (senkrecht); die **Ver|ti|ka|le** (Senkrechte); der Vertikalen; die Vertikalen; zwei Vertikale *und* zwei Vertikalen

der **Ver|trag;** die Verträge

ver|tra|gen; du verträgst; er verträgt; er vertrug; er hat den Wein gut vertragen; sich vertragen; die Kinder haben sich gut vertragen; **ver|träg|lich**

ver|trau|en; du vertraust; er vertraut; er vertraute; er hat ihm vertraut; vertrau[e] ihm nicht!; das **Ver|trau|en;** der **Ver|trau|ens|leh|rer; ver|trau|lich**

ver|traut; am vertrautesten; er hat sich damit vertraut gemacht

ver|trei|ben; du vertreibst; er vertreibt; er vertrieb; er hat mehrere Zeitschriften vertrieben; vertreib[e] die Kinder vom Spielfeld!; die **Ver|trei|bung**

ver|tre|ten; er hat seinen Bruder vertreten; sich die Füße vertreten; der **Ver|tre|ter;** die **Ver|tre|tung**

der **Ver|trieb** (Verkauf); die Vertriebe

der **Ver|trie|be|ne;** ein Vertriebener; die Vertriebenen; zwei Vertriebene; die **Ver|trie|be|ne;** eine Vertriebene

ver|trock|nen; das Gras vertrocknet; es vertrocknete; das Gras ist vertrocknet

ver|trö|deln; du vertrödelst; er vertrödelte; er hat viel Zeit vertrödelt; vertröd[e]le nicht kostbare Zeit!

ver|tun; ich habe mich vertan; vertane Zeit

ver|tu|schen; du vertuschst; er vertuscht; er vertuschte; er hat den Vorfall vertuscht; vertusch[e] nichts!

ver|un|glimp|fen; er hat seinen Konkurrenten verunglimpft

ver|un|glü|cken[1]**;** du verunglückst; er verunglückt; er verunglückte; er ist verunglückt; verunglück[e] nicht!

ver|un|rei|ni|gen; er hat den Brunnen verunreinigt; die **Ver|un|rei|ni|gung**

[1] *Alte Trennung:* ...k|k...

ver|un|stal|ten (entstellen); er hat das Bild verunstaltet; die **Ver|un|stal|tung**

ver|ur|sa|chen; du verursachst; er verursachte; er hat einen Verkehrsunfall verursacht; der **Ver|ur|sa|cher**

ver|ur|tei|len; du verurteilst; er verurteilte; er hat ihn verurteilt; verurteil[e] ihn nicht!; der **Ver|ur|teil|te;** ein Verurteilter; die Verurteilten; zwei Verurteilte; die **Ver|ur|teil|te;** eine Verurteilte

ver|viel|fa|chen; du vervielfachst; er vervielfacht; er vervielfachte; er hat sein Vermögen vervielfacht; vervielfache es!; **ver|viel|fäl|ti|gen;** du vervielfältigst; er vervielfältigt; er vervielfältigte; er hat den Text vervielfältigt

ver|wah|ren; du verwahrst; er verwahrt; er verwahrte; er hat die Akten verwahrt; verwahr[e] sie!

ver|wahr|lo|sen; du verwahrlost; er verwahrlost; er verwahrloste; er ist völlig verwahrlost

ver|waist

ver|wal|ten; du verwaltest; er verwaltete; er hat die Kasse verwaltet; verwalte sie!; der **Ver|wal|ter;** die **Ver|wal|tung**

ver|wan|deln; du verwandelst; er verwandelte; er hat das Kaninchen in Luft verwandelt; die **Ver|wand|lung**

ver|wandt; der **Ver|wand|te;** ein Verwandter; die Verwandten; zwei Verwandte; die **Ver|wand|te;** eine Verwandte; die **Ver|wandt|schaft; ver|wandt|schaft|lich**

ver|war|nen; der Schiedsrichter hat den Spieler verwarnt; die **Ver|war|nung**

ver|wech|seln; du verwechselst; er verwechselt; er verwechselte; er hat die Namen verwechselt; verwechs[e]le sie nicht!; die **Ver|wech|se|lung** *und* die **Ver|wechs|lung**

ver|we|gen

ver|weh|ren; er hat mir den Zutritt verwehrt

ver|wei|gern; er hat die Annahme verweigert (abgelehnt)

der **Ver|weis; ver|wei|sen;** du verweist; er verweist; er verwies; er hat auf die frühere Stelle verwiesen; verweis[e] ihn an die höhere Dienststelle!; der Verbrecher wurde des Landes verwiesen

ver|wel|ken; die Blume verwelkt; die Blume verwelkte; sie ist verwelkt

ver|wen|den; du verwendest; sie verwendet; sie verwandte *und* sie verwendete; sie hat neues Material verwandt *und* verwendet; verwende neues Material!
ver|wer|fen; sein Plan wurde verworfen (abgelehnt); **ver|werf|lich** (moralisch abzulehnen)
ver|wer|ten; er hat alle Reste verwertet
ver|we|sen; das tote Tier war bereits verwest; die **Ver|we|sung**
ver|wi|ckeln[1]**;** er hat sich in Widersprüche verwickelt; verwick[e]le ihn in ein Gespräch!; **ver|wi|ckelt**[1]**;** die **Ver|wi|cke|lung**[1] *und* **Ver|wick|lung**
ver|wirk|li|chen; du verwirklichst; er verwirklichte; er hat seinen Plan verwirklicht; verwirkliche ihn!
ver|wir|ren; meine Frage verwirrte ihn; sie hat ihn verwirrt; die **Ver|wir|rung**
ver|wit|tern; das Holz ist verwittert; die **Ver|wit|te|rung**
ver|wöh|nen; du verwöhnst; er verwöhnte; er hat ihn verwöhnt
ver|wor|ren; verworrenes Zeug reden
ver|wun|den; du verwundest; er verwundet; er verwundete; er hat ihn verwundet; verwunde ihn nicht!; der **Ver|wun|de|te;** ein Verwundeter; die Verwundeten; zwei Verwundete; die **Ver|wun|de|te;** eine Verwundete; die **Ver|wun|dung**
ver|wun|dern; es verwundert mich; es verwunderte mich; es hat mich verwundert; die **Ver|wun|de|rung**
ver|wụs|ten[2]**;** ein Sturm hat das Land verwüstet
ver|za|gen; sie ist *oder* hat nicht verzagt
ver|zeh|ren; du verzehrst; er verzehrt; er verzehrte; er hat in aller Ruhe sein Brot verzehrt; verzehr[e] es!
ver|zeich|nen; in der Liste sind alle Namen verzeichnet; das **Ver|zeich|nis;** des Verzeichnisses; die Verzeichnisse
ver|zei|hen; du verzeihst; er verzeiht; er verzieh; er hat ihm alles verziehen; verzeih[e] mir!; **ver|zeih|lich;** die **Ver|zei|hung;** Verzeihung!
ver|zer|ren; Schmerz verzerrte sein Gesicht; eine verzerrte Darstellung; die **Ver|zer|rung**
der **Ver|zicht; ver|zich|ten;** du verzichtest; er verzichtet; er verzichtete; er hat auf das Erbe verzichtet; verzichte darauf!
ver|zie|hen; du verziehst; sie verzieht; sie verzog; sie ist nach Frankfurt verzogen; sich verziehen; sie hat sich gestern Abend schnell verzogen
ver|zie|ren; sie hat den Pudding mit Nüssen verziert; die **Ver|zie|rung**
ver|zö|gern; die Fertigstellung hat sich verzögert; die **Ver|zö|ge|rung**
ver|zol|len; er hat den Wein verzollt
ver|zwei|feln; du verzweifelst; er verzweifelt; er verzweifelte; er ist verzweifelt; verzweif[e]le nicht!; die **Ver|zweif|lung;** die **Ver|zweif|lungs|tat**
ver|zwickt; am verzwicktesten; eine verzwickte Geschichte
die **Ves|per;** die Vespern; **ves|pern;** du vesperst; er vesperte; er hat gevespert
der **Ve|suv** [*wesuf*] (Vulkan in Italien)
der **Ve|te|ran** [*wet^e^ran*] (altgedienter Soldat; Oldtimer); des/dem/den Veteranen; die Veteranen
der **Ve|te|ri|när** [*we...*] (Tierarzt); die Veterinäre
das **Ve|to** [*weto*] (Einspruch); die Vetos
der **Vet|ter;** die Vettern
vgl. = vergleiche!
v. H. = vom Hundert
der, *auch:* das **Vi|a|dukt** [*wiadukt*] (Talbrücke, Straßen- oder Bahnüberführung); die Viadukte
vi|b|rie|ren [*wi...*] (beben, zittern); die Fensterscheiben haben vibriert
der **Vic|to|ri|a|see** (See in Afrika)
das **Vi|deo** [*wi...*] (Videofilm, Videoband); des Videos; die Videos; das **Vi|de|o|band** (zur Aufzeichnung und Wiedergabe von Fernsehsendungen, Filmen usw.); die Videobänder; der **Vi|de|o|clip** (kurzer Videofilm zu einem Thema); des Videoclips; die Videoclips; der **Vi|de|o|film** (Film zur Wiedergabe auf dem Bildschirm); die **Vi|de|o|ka|me|ra;** die **Vi|de|o|kas|set|te** (mit Videoband); der **Vi|de|o|re|cor|der,** *auch:* **Vi|de|o|re|kor|der** (Gerät zur Aufzeichnung von Fernsehsendungen)
das **Vieh; vie|hisch;** die **Vieh|zucht**
viel; in vielem; mit vielem; um vieles; ich habe viel[es] erlebt; viel Gutes *oder* vieles Gute; mit viel Gutem *oder* mit

[1]*Alte Trennung:* ...k|k...
[2]*Alte Trennung:* ...|st...

vielem Guten; vieler schöner Schnee; mit vielem kalten Wasser; viel *oder* viele gute Nachbildungen; viele Begabte; **vie|ler|lei; vie|ler|orts; viel|fach;** das **Viel|fa|che;** um ein Vielfaches; um das Vielfache; das kleinste gemeinsame Vielfache; **viel|fäl|tig** (häufig, oft); **viel|leicht; viel|mals; viel|mehr;** er ist nicht dumm, er weiß vielmehr alles; aber: er weiß viel mehr als du; **viel|sei|tig**

Vi|en|tiane [*wientjan*] (Hauptstadt von Laos)

vier; die vier Jahreszeiten; die vier Evangelisten; in seinen vier Wänden (*umgangssprachlich für:* zu Hause) bleiben; sich auf seine vier Buchstaben setzen (*umgangssprachlich für:* sich hinsetzen); etwas unter vier Augen besprechen; alle viere von sich strecken; auf allen vieren gehen; wir sind zu vieren *oder* zu viert; ↑acht; die **Vier** (Zahl); die Vieren; eine Vier würfeln; er hat in Deutsch eine Vier geschrieben; ↑Acht; das **Vier|eck; vier|eckig; vier|fach** ↑achtfach; **vier|jäh|rig; vier|köp|fig** ↑dreiköpfig; **vier|mal** ↑achtmal; **vier|stel|lig; vier|te** ↑achte; **vier|tel** ↑achtel; das **Vier|tel;** es ist [ein] Viertel vor *oder* nach eins; es hat [ein] Viertel eins geschlagen; es ist fünf Minuten vor drei Viertel; wir treffen uns um Viertel, *neu:* viertel acht; wir treffen uns um drei Viertel, *neu:* viertel acht; ↑Achtel; das **Vier|tel|jahr; vier|tel|jäh|rig** (ein Vierteljahr alt, dauernd); **vier|tel|jähr|lich** (alle Vierteljahre wiederkehrend); der, *auch:* das **Vier|tel|li|ter** ↑achtel; die **Vier|tel|no|te** *(Musik);* die **Vier|tel|stun|de;** eine Viertelstunde, *auch:* eine viertel Stunde; **vier|tens; vier|zehn** ↑acht; **vier|zig** ↑achtzig

Vi|et|nam [*wiätnam,* auch: *wiätnam*] (Staat in Südostasien); der **Vi|et|na|me|se; vi|et|na|me|sisch**

der **Vi|kar** [*wikar*]; die Vikare

die **Vil|la** [*wila*]; die Villen

vi|o|lett [*wiolät*]; ↑blau; das **Vi|o|lett**

die **Vi|o|li|ne** [*wiolinᵉ*]; der **Vi|o|lin|schlüs|sel** (G-Schlüssel auf der zweiten Notenlinie)

VIP *oder* **V. I. P.** [*wip*] = very important person[s] (sehr wichtige Person[en], Persönlichkeit[en])

die **Vi|per** [*wipᵉr*] (Giftschlange); die Vipern

die **Vi|ren** ↑Virus

der **Vir|tu|o|se** [*wirtuosᵉ*] (Meister einer [künstlerischen] Technik); des Virtuosen; die Virtuosen

das, *auch:* der **Vi|rus** [*wiruß*] (kleinster Krankheitserreger); die Viren; die **Vi|rus|in|fek|ti|on**

die **Vi|sa|ge** [*wisaschᵉ*] (*umgangssprachlich für:* Gesicht); die Visagen

das **Vi|sier** [*wisir*] (Zielvorrichtung; Teil des Helms); die Visiere

die **Vi|si|on** [*wision*] (realistisches Vorstellungsbild von eindringlicher Wirkung)

die **Vi|si|te** [*wisitᵉ*] (Krankenbesuch des Arztes); die Visiten

die **Vis|ko|se** [*wißkosᵉ*] (glänzende Chemiefasern aus Zellulose)

vi|su|ell [*wisuäl*] (das Sehen betreffend); das **Vi|sum** [*wisum*] (amtlich beurkundete Genehmigung für den Grenzübertritt; Sichtvermerk im Pass); die Visa *und* die Visen

vi|tal [*wital*] (lebenswichtig; frisch)

das **Vi|t|a|min** [*witamin*] (ein lebenswichtiger Wirkstoff); die Vitamine; Vitamin C; **Vi|t|a|min-B-hal|tig;** der **Vi|t|a|min-B-Man|gel; vi|t|a|min|reich**

die **Vi|t|ri|ne** [*wi...*] (Schaukasten; Glasschrank)

der **Vi|ze|kanz|ler** [*fizᵉ...*] (Stellvertreter des Kanzlers)

VN = Vereinte Nationen

der **Vo|gel;** die **Vo|gel|bee|re; vo|gel|frei** (*früher:* geächtet und daher rechtlos und schutzlos); das **Vo|gel|häus|chen;** das **Vo|gel|nest;** die **Vo|gel|scheu|che;** der **Vo|gel|schutz;** das **Vo|gel|schutz|ge|biet**

die **Vo|ge|sen** [*wogesᵉn*] (Gebirge in Ostfrankreich) *Plural*

der **Vogt** (*früher:* Verwaltungsbeamter eines Landesherrn); des Vogt[e]s; die Vögte

die **Vo|ka|bel** [*wo...*] (einzelnes Wort eines Wortschatzes); die Vokabeln

der **Vo|kal** [*wokal*] (Selbstlaut); die Vokale

das **Volk;** der **Völ|ker|ball** (ein Ballspiel); das **Völ|ker|recht;** die **Völ|ker|wan|de|rung;** die **Volks|ab|stim|mung;** die **Volks|hoch|schu|le;** das **Volks|lied;** die **Volks|mu|sik;** der **Volks|stamm;** der **Volks|tanz; volks|tüm|lich**

voll; zehn Minuten nach voll (*umgangssprachlich für:* nach der vollen Stunde); voll *oder* voller Angst; ein Eimer voll *oder* voller Wasser; der Saal war voll *oder* voller Menschen; voll heiligem Ernst; aus dem vollen, *neu:* Vollen schöpfen; jemanden nicht für voll (*umgangssprachlich für:* nicht ernst) nehmen; den Mund recht voll nehmen (*umgangssprachlich für:* prahlen); etwas voll (ganz) begreifen oder erfassen; **voll|auf**

vollau|fen[1], *neue Schreibung:* **voll lau|fen;** die Wanne läuft voll; sie ist vollgelaufen, *neu:* voll gelaufen

vol|l|en|den; du vollendest; er vollendet; er vollendete; er hat sein Werk vollendet; vollende es!; **vol|l|ends;** die **Vol|l|en|dung**

vol|ler ↑voll

vol|ley [*wọli*] (aus der Luft, im Flug); den Ball volley nehmen; der **Vol|ley** (volley geschlagener Ball); des Volleys; die Volleys; der **Vol|ley|ball** [*wọlibal*] (ein Ballspiel)

das **Voll|gas;** Vollgas geben; **völ|lig; voll|jäh|rig** (mündig); die **Voll|jäh|rig|keit**

voll|kom|men

das **Voll|korn|brot; voll|ma|chen,** *neue Schreibung:* **voll ma|chen;** um das Maß vollzumachen, *neu:* voll zu machen; vollgemacht, *neu:* voll gemacht; die **Voll|macht;** die **Voll|milch;** der **Voll|mond; voll|stän|dig**

voll|strẹ|cken[2]**;** er vollstreckte den Beschluss; er hat das Urteil vollstreckt

der **Voll|tref|fer**

das **Voll|verb** (Verb, das allein das Prädikat bilden kann); die **Voll|ver|samm|lung; voll|wer|tig;** die **Voll|wert|kost; voll|zäh|lig**

voll|zie|hen; er vollzog die Trennung; er hat sie vollzogen; die vollziehende Gewalt (Exekutive)

das **Volt** [*wọlt*] (Einheit der elektrischen Spannung); des Volt *und* des Volt[e]s; die Volt; 220 Volt

das **Vo|lu|men** [*wolu̲men*] (Ausdehnung, Rauminhalt); die Volumen *und* die Volumina

vom (von dem); **von;** von vorn; von mir aus; von weit her; von jeher; von wegen! (*umgangssprachlich für:* auf keinen Fall!)

von|ei|n|an|der; etwas voneinạnder ha̲ben; etwas voneinạnder wịssen

von|stạt|ten ge|hen

vor; vor allem; vor Zeiten

[1]*Trennung:* ...ll|l...

[2]*Alte Trennung:* ...k|k...

vo|r|an; vo|r|an|ge|hen; die Dinge gehen gut voran; sie sind gut vorangegangen

der **Vor|ar|bei|ter**

vo|r|au̲s; er war allen vorau̲s; im, zum vo̲raus, *neu:* Vo̲raus; **vo|r|aus|ge|hen;** sie geht voraus; sie ist vorausgegangen; **vo|r|aus|sa|gen;** sie hat ihm die Zukunft vorausgesagt; die **Voraus|sa|ge;** präzise Voraussagen machen; **vo|r|aus|set|zen;** sie setzt voraus; sie hat viel vorausgesetzt; die **Voraus|set|zung; vo|r|aus|sicht|lich**

der **Vor|be|halt;** die Vorbehalte; mit, unter, ohne Vorbehalt

vor|bei; vor|bei|fah|ren; vor|bei|ge|hen; er geht vorbei; als er vorbeiging; er ist vorbeigegangen; **vor|bei|kom|men; vor|bei|re|den;** sie haben aneinander vorbeigeredet

vor|be|rei|ten; er hat die Wanderung gut vorbereitet; die **Vor|be|rei|tung**

vor|be|straft

vor|beu|gen; du beugst vor; er beugt vor; er beugte vor; er hat vorgebeugt; beug[e] vor!

das **Vor|bild;** die Vorbilder; **vor|bild|lich**

vor|de|re; der vordere Teil; an der vordersten Front; der **Vor|der|grund**

vo̲r|der|hand (einstweilen)

der **Vor|der|mann;** das **Vor|der|rad**

vor|drän|gen; die Menge drängte vor; du hast dich vorgedrängt

vor|drin|gen; die Feuerwehr drang vor; sie ist bis zum Brandherd vorgedrungen; **vor|dring|lich** (sehr wichtig)

vor|ehe|lich

vor|ei|lig

vor|ei|n|an|der; sich voreinander fürchten; sich voreinạnder hịnstellen

vor|ent|hal|ten; er enthält vor; er hat uns einiges vorenthalten; enthalte uns nichts vor!

die **Vor|ent|schei|dung**

vor|erst

der **Vor|fahr** *und* der **Vor|fah|re;** des/dem/den Vorfahren; die Vorfahren

die **Vor|fahrt;** [die] Vorfahrt haben; er hat die Vorfahrt nicht beachtet

der **Vor|fall;** die Vorfälle

vor|füh|ren; er hat seine Dias vorgeführt; die **Vor|füh|rung**

der **Vor|gang;** die Vorgänge; der **Vorgän|ger; vor|ge|hen;** sie ging schon vor (voraus); was ist hier vorgegangen (geschehen)?; das **Vor|ge|hen**

der **Vor|ge|setz|te;** ein Vorgesetzter; die

Vorgesetzten; zwei Vorgesetzte; die **Vor|ge|setz|te;** eine Vorgesetzte
vor|ges|tern[1]; vorgestern Abend
vor|ha|ben; was hast du vor?; ich weiß nicht, was er vorgehabt hat; das **Vor|ha|ben**
die **Vor|hand** *(beim Tennis usw.)*
vor|han|den; vorhanden sein
der **Vor|hang**
vor|her; vorher gehen; vorher baden; **vor|her|ge|hen;** was ging vorher?; einiges ist vorhergegangen; im vorhergehenden, *neu:* Vorhergehenden (weiter oben); die **Vor|her|sa|ge; vor|her|sa|gen;** er sagt vorher; er hat die Niederlage vorhergesagt; **vor|her|se|hen;** er sah es vorher; er hat alles vorhergesehen
die **Vor|herr|schaft**
vor|hin
vo|rig; vorigen Jahres; der, die, das vorige, *neu:* Vorige; im vorigen, *neu:* Vorigen (weiter oben); die Vorigen (die Personen des Theaterstücks); das Vorige (die vorigen Ausführungen)
vor|jäh|rig; die vorjährige Ernte
die **Vor|keh|rung** (sichernde Maßnahme); Vorkehrung[en] treffen
vor|kom|men; die Sache kam ihm seltsam vor; das ist alles schon vorgekommen; das **Vor|kom|men;** des Vorkommens; die Vorkommen; ergiebige Vorkommen von Erdöl
die **Vor|la|ge**
der **Vor|lauf** *(Sport);* die Vorläufe; der **Vor|läu|fer** (Vorgänger); **vor|läu|fig**
vor|laut; am vorlautesten
vor|le|sen; er liest vor; er hat den Text vorgelesen; die **Vor|le|sung**
vor|letz|te ↑letzte
die **Vor|lie|be**
vor|lie|gen; mir lag ein Gutachten vor; ein Verschulden hat nicht vorgelegen
vor|ma|chen; mir kannst du nichts vormachen; er hat mir jeden Handgriff vorgemacht
der **Vor|mit|tag;** heute vormittag, *neu:* Vormittag; **vor|mit|tags,** aber: des, eines Vormittags; ↑Abend, abends
der **Vor|mund;** die Vormunde *und* die Vormünder
vorn, *auch:* **vor|ne;** von vorn beginnen
der **Vor|na|me;** des Vornamens; die Vornamen

[1] *Alte Trennung:* ...|st...

vor|nehm; vornehm tun
vor|neh|men; du nimmst dir viel vor; du hast dir viel vorgenommen
vor|nehm|lich (besonders)
vorn|he|r|ein; von vornherein
der **Vor|ort;** die Vororte
der **Vor|rang; vor|ran|gig**
der **Vor|rat; vor|rä|tig**
die **Vor|rich|tung**
der **Vor|satz;** die Vorsätze; **vor|sätz|lich**
die **Vor|schau**
der **Vor|schein;** *(nur in:)* zum Vorschein kommen, bringen
der **Vor|schlag; vor|schla|gen;** er schlägt vor; er hat diesen Kandidaten vorgeschlagen
vor|schrei|ben; die Satzung schreibt geheime Wahl vor; das ist vorgeschrieben; die **Vor|schrift; vor|schrifts|mä|ßig**
der **Vor|schub;** Vorschub leisten
die **Vor|schu|le**
der **Vor|schuß,** *neue Schreibung:* **Vorschuss;** des Vorschusses; die Vorschüsse
sich **vor|se|hen;** du siehst dich vor; sie hat sich vorgesehen; die **Vor|sicht; vor|sich|tig; vor|sichts|hal|ber**
die **Vor|sil|be** (Präfix)
der **Vor|sitz;** der **Vor|sit|zen|de;** ein Vorsitzender; die Vorsitzenden; zwei Vorsitzende; die **Vor|sit|zen|de;** eine Vorsitzende
die **Vor|sor|ge;** Vorsorge treffen; **vor|sorg|lich**
der **Vor|spann** (eines Films); die Vorspanne
das **Vor|spiel**
der **Vor|sprung;** die Vorsprünge
der **Vor|stand;** die Vorstände; der **Vor|ste|her**
vor|stel|len; du stellst dir etwas vor; ich habe mich vorgestellt (meinen Namen genannt); die **Vor|stel|lung;** die **Vor|stel|lungs|kraft**
die **Vor|stra|fe;** die Vorstrafen
vor|täu|schen; er hat eine Krankheit vorgetäuscht
der **Vor|teil;** im Vorteil sein; **vor|teil|haft;** am vorteilhaftesten
der **Vor|trag; vor|tra|gen;** du trägst vor; er trägt vor; er hat das Gedicht vorgetragen; trag[e] es vor!; die **Vor|trags|be|zeich|nung** *(Musik)*
vor|treff|lich; die **Vor|treff|lich|keit**
vo|r|ü|ber; es ist alles vorüber; **vo|r|ü|ber|ge|hen;** er geht vorüber; er ist vo-

rübergegangen; **vo|r|ü|ber|ge|hend** (für kurze Zeit)
das **Vor|ur|teil; vor|ur|teils|los**
die **Vor|ver|gan|gen|heit** (Plusquamperfekt)
der **Vor|wand**
vor|wärts; vor- und rückwärts; **vor|wärts|ge|hen,** *neue Schreibung:* **vor|wärts ge|hen** (besser werden); es geht vorwärts; es ist vorwärtsgegangen, *neu:* vorwärts gegangen; **vor|wärts ge|hen;** er ist immer vorwärts gegangen
vor|weg
vor|wer|fen; sie wirft ihm vor; sie hat ihm Feigheit vorgeworfen
vor|wie|gend (vor allem, meist)
vor|wit|zig
das **Vor|wort**
der **Vor|wurf; vor|wurfs|voll**
das **Vor|zei|chen**
vor|zei|gen; er hat seinen Ausweis vorgezeigt
die **Vor|zeit; vor|zei|tig** (verfrüht); **vor|zeit|lich** (der Vorzeit angehörend)
vor|zie|hen; er zieht ihn vor; er hat ihn vorgezogen; der **Vor|zug; vor|züg|lich**
v. T. = vom Tausend
vul|gär [*wulgär*] (gewöhnlich; gemein, niedrig)
der **Vul|kan** [*wulkan*] (Feuer speiender Berg); die Vulkane; **vul|ka|nisch; vul|ka|ni|sie|ren** (Kautschuk zu Gummi verarbeiten); du vulkanisierst; er hat den Reifen vulkanisiert

W

das **W** (Buchstabe); des W; die W; aber: das w in Löwe
W = Watt; Westen
die **Waa|ge; waa|ge|recht** *und* **waag|recht;** die **Waa|ge|rech|te** *und* die **Waag|rech|te;** der Waag[e]rechten; die Waag[e]rechten; zwei Waag[e]rechte *und* zwei Waag[e]rechten; die **Waag|scha|le**
wab|be|lig *und* **wabb|lig** (unangenehm weich); ein wabb[e]liger Hals
die **Wa|be**
wach; wach sein, bleiben, werden; ↑aber: wachrütteln; die **Wa|che; wa|chen;** du wachst; sie wacht; sie wachte; sie hat bei dem Kranken gewacht; **wach|hal|ten,** *neue Schreibung:* **wach hal|ten** (lebendig erhalten); sie hielt das Interesse wach; sie hat es wachgehalten, *neu:* wach gehalten; **wach hal|ten;** er hat sich mühsam wach gehalten; der **Wach|hund;** der **Wach|mann;** die Wachmänner *und* die Wachleute
der **Wa|chol|der;** die **Wa|chol|der|bee|re**
der **Wach|pos|ten**[1]; **wach|ru|fen** (hervorrufen, wecken); das Bild rief Erinnerungen wach; es hat die Vergangenheit wachgerufen; **wach|rüt|teln** (aufrütteln); er rüttelte uns wach; er hat unser Gewissen wachgerüttelt; **wach rüt|teln,** *neue Schreibung:* **wach|rüt|teln** (wecken); sie muss uns jeden Morgen wach rütteln, *neu:* wachrütteln
das **Wachs;** die Wachse; **wach|sen** (mit Wachs glätten); du wachst; er wachst; er wachste; er hat die Skier gewachst; wachse die Skier!; die **Wachs|ker|ze**
wach|sam
wach|sen (größer werden); du wächst; er wächst; er wuchs; er ist gewachsen; das **Wachs|tum**
die **Wach|tel;** die Wachteln
der **Wäch|ter;** der **Wacht|meis|ter**[1]; der **Wacht|turm** *und* der **Wach|turm**
wa|cke|lig[2] *und* **wack|lig;** der Stuhl steht wack[e]lig; der **Wa|ckel|kon|takt**[2]; **wa|ckeln**[2]; du wackelst; er wackelt; er wackelte; er hat gewackelt; wack[e]le nicht!
wa|cker[2]
die **Wa|de**
die **Waf|fe;** der **Waf|fen|still|stand**
die **Waf|fel;** die Waffeln
wa|gen; du wagst; er wagt; er wagte; er hat den Sprung gewagt; wag[e] nicht zu viel!; **wa|ge|mu|tig; wag|hal|sig**
der **Wa|gen**
der **Wag|gon,** *Nebenform:* **Wa|gon** [*wagong und wagong*] (Eisenbahnwagen); die Waggons, *auch:* Wagons
das **Wag|nis;** des Wagnisses; die Wagnisse
die **Wahl; wahl|be|rech|tigt; wäh|len;** du wählst; er wählt; er wählte; er hat gewählt; wähl[e] richtig!; der **Wäh|ler; wäh|le|risch;** das **Wahl|fach;** die Wahlfächer; der **Wahl|kampf**
der **Wahn; wäh|nen;** du wähnst; er wähnte (glaubte fälschlich), sie sei ver-

[1] *Alte Trennung:* ...|st...
[2] *Alte Trennung:* ...k|k...

reist; der **Wahn|sinn; wahn|sin|nig**

wahr; nicht wahr?; sein wahres Gesicht zeigen; der wahre Jakob (*umgangssprachlich für:* der rechte Mann, das Rechte); wahr machen, werden, sein; ↑aber: wahrhaben, wahrsagen

wah|ren; er wahrte das Geheimnis; sie hat ihre Rechte gewahrt

wäh|ren (dauern); was lange währt, wird endlich gut; **wäh|rend;** während des Unterrichts; **wäh|rend|des|sen**

wahr|ha|ben; sie will es nicht wahrhaben; **wahr|haft; wahr|haf|tig;** die **Wahr|heit; wahr|lich; wahr|neh|men;** sie nimmt wahr; sie hat es wahrgenommen; **wahr|sa|gen;** du sagst wahr *und* du wahrsagst; er sagte wahr *und* er wahrsagte; er hat wahrgesagt *und* gewahrsagt; der **Wahr|sa|ger;** die **Wahr|sa|ge|rin;** die Wahrsagerinnen; **wahr|schein|lich** [auch: *warschainlich*]; die **Wahr|schein|lich|keit;** die **Wahr|schein|lich|keits|rech|nung**

die **Wäh|rung**

das **Wahr|zei|chen**

die **Wai|se;** das **Wai|sen|haus;** das **Wai|sen|kind**

der **Wal** (ein Meeressäugetier); die Wale

der **Wald;** die **Wald|gren|ze;** das **Wald|horn** (ein Blechblasinstrument); die Waldhörner; der **Wald|lauf;** der **Wald|meis|ter**[1] (eine Pflanze); der **Wald|rand** *und* der **Wal|des|rand;** das **Wald|ster|ben**

Wales [*ueⁱls*] (Teil von Großbritannien)

das **Wal|kie-tal|kie,** *neue Schreibung:* **Wal|kie-Tal|kie** [*uåkitåki*] (tragbares Funksprechgerät); des Walkie-talkie[s], *neu:* Walkie-Talkie[s]; die Walkie-talkies, *neu:* Walkie-Talkies; der **Walk|man** [*uåkmᵉn*] (kleiner Kassettenrekorder mit Kopfhörern); des Walkmans; die Walkmen

der **Wall** (Erdaufschüttung); die Wälle

der **Wal|lach** (kastrierter Hengst); des Wallachs; die Wallache

wal|len; das Wasser wallt; es wallte; es hat gewallt

wall|fah|ren; ich wallfahre; ich wallfahrte; ich bin nach Rom gewallfahrt *und* **wall|fahr|ten;** ich wallfahrtete; ich bin nach Rom gewallfahrtet; der **Wall|fah|rer;** die **Wall|fahrt;** der **Wall|fahrts|ort**

[1] *Alte Trennung:* ...|st...

die **Wal|nuß,** *neue Schreibung:* **Wal|nuss;** die Walnüsse

das **Wal|roß,** *neue Schreibung:* **Wal|ross** (eine Robbe); des Walrosses; die Walrosse

wal|ten; Gnade walten lassen

die **Wal|ze; wal|zen;** du walzt; er walzt; er walzte; er hat den Acker gewalzt; walz[e] ihn noch!; **wäl|zen;** du wälzt; er wälzt; er wälzte; er hat den Stein zur Seite gewälzt; wälz[e] ihn zur Seite!

der **Wal|zer;** ein Wiener Walzer

das **Wams;** die Wämser

die **Wand;** die Wände

der **Wan|da|lis|mus,** *auch:* **Van|da|lis|mus** (Zerstörungswut)

der **Wan|del; wan|deln;** du wandelst; er wandelt; er wandelte; er ist auf und ab gewandelt; sich wandeln; die Mode hat sich schnell gewandelt

die **Wan|der|dü|ne;** der **Wan|de|rer;** die **Wan|de|rin** *und* die **Wand|re|rin;** die Wanderinnen *und* die Wandrerinnen; **wan|dern;** du wanderst; sie wanderte; sie ist drei Stunden gewandert; wand[e]re viel!; die **Wan|der|schaft;** die **Wan|de|rung;** der **Wan|der|weg**

die **Wand|lung**

die **Wan|ge**

wan|kel|mü|tig; wan|ken; du wankst; er wankt; er wankte; er ist gewankt

wann

die **Wan|ne;** das **Wan|nen|bad**

der **Wanst;** die Wänste

die **Wan|ze**

das **Wap|pen;** das *und* der **Wap|pen|schild**

sich **wapp|nen;** du wappnest dich; er wappnete sich; er hat sich dagegen gewappnet; wappne dich dagegen!

war ↑sein

die **Wa|re;** das **Wa|ren|zei|chen**

warm; wärmer; am wärmsten; warme Würstchen; das Essen warm stellen, warm halten; die **Wär|me;** die **Wär|me|ener|gie;** die **Wär|me|leh|re;** **wär|men;** du wärmst; er wärmt; er wärmte; er hat das Essen gewärmt; wärm[e] das Essen!; sich wärmen; ich habe mich am Ofen gewärmt; die **Wärm|fla|sche; warm|hal|ten,** *neue Schreibung:* **warm hal|ten** (*umgangssprachlich für:* sich jemandes Gunst erhalten); ich halte ihn mir warm; ich habe ihn mir warmgehalten, *neu:* warm gehalten; **warm hal|ten;**

die Suppe warm halten; **wa̤rm|lau|fen**, *neue Schreibung:* **warm lau|fen**; der Motor ist warmgelaufen, *neu:* warm gelaufen; ich habe mich warmgelaufen, *neu:* warm gelaufen

war|nen; du warnst; er warnt; er warnte; er hat ihn gewarnt; warn[e] ihn!; das **Warn|drei|eck** (ein Warnzeichen bei Autounfällen und Pannen); das **Warn|schild;** die Warnschilder; die **War|nung**

Wa̤r|schau (Hauptstadt von Polen)

die **War|te** (Wartturm); **war|ten;** du wartest; er wartet; er wartete; er hat auf ihn gewartet; er hat die Maschine gewartet (gepflegt); warte auf ihn!; der **Wär|ter;** der **War|te|saal;** die Wartesäle; das **War|te|zim|mer;** der **Wart|turm;** die **War|tung**

wa|r|um; warum nicht?

die **War|ze**

was; was ist los?; was für ein Mittel; was für einer; das ist das Schönste, was ich erlebt habe; aber: das Werkzeug, das ich in der Hand habe

der **Wasch|bär;** des Waschbären; die Waschbären; das **Wasch|be|cken**[1]; die **Wä|sche;** die **Wä|sche|klam|mer;** **wa|schen;** du wäschst; er wäscht; er wusch; er hat das Auto gewaschen; wasch[e] das Auto!; sich waschen; du hast dich noch nicht gewaschen; die **Wä|sche|rei;** der **Wasch|lap|pen;** die **Wasch|ma|schi|ne;** das **Wasch|mit|tel;** das **Wasch|pul|ver**

Wa|shing|ton [*ᵘǫschingtᵉn*] (Hauptstadt der USA)

das **Was|ser;** die Wasser *und (für Mineral-, Spül-, Speise- und Abwasser:)* die Wässer; der **Was|ser|ball;** der **Was|ser|dampf;** **was|ser|dicht;** der **Was|ser|fall;** die Wasserfälle; der **Was|ser|hahn;** **wäs|se|rig** *und* **wäß|rig**, *neue Schreibung:* **wäss|rig**; das **Was|ser|klo|sett;** die **Was|ser|lei|tung;** **wäs|sern;** du wässerst; er wässert; er wässerte; er hat die Heringe gewässert; die **Was|ser|pfei|fe;** die **Was|ser|schei|de** (zwischen den Einzugsgebieten von zwei Wasserläufen); **was|ser|scheu;** der **Was|ser|ski;** Wasserski fahren; der **Was|ser|spie|gel;** der **Was|ser|stand;** der **Was|ser|stoff;** die **Was|ser|stoff|bom|be;** die **Was|ser|stra|ße** (für den Schiffsverkehr); die **Was|ser|waa|ge** (zum Prüfen waagerechter, senkrechter oder geneigter Lage); das **Was|ser|werk**

wa|ten; du watest; er watet; er watete; er ist durch den Fluss gewatet

die **Wa̱t|sche** (Ohrfeige)

wa̤t|scheln; die Ente watschelt; sie watschelte; sie ist über den Hof gewatschelt

das **Watt** (Einheit der [elektrischen] Leistung); die Watt; 40 Watt

das **Watt** (seichter Streifen an der Nordseeküste); die Watten; das **Wat|ten|meer**

die **Wat|te;** **wat|tie|ren;** du wattierst; er wattierte; wattierte Schultern

der **Watz|mann** (Berg in den Alpen)

das **WC** [*we̱ze̱*] (Wasserklosett, Toilette)

we|ben; du webst; er webt; er webte *und* er wob; er hat das Tuch gewebt *und* gewoben; der **We|ber;** die **We|be|rei;** der **Web|stuhl**

der **Wech|sel;** die Wechsel; **wech|seln;** du wechselst; sie wechselt; sie wechselte; sie hat das Geld gewechselt; wechs[e]le mir bitte 20 Mark!; **wech|sel|sei|tig;** der **Wech|sel|strom;** die **Wech|sel|wir|kung**

der **Weck** *und* der **We|cken**[1]

we|cken[1]; du weckst; er weckt; er weckte; er hat ihn geweckt; weck[e] ihn!; der **We|cker**[1]

der **We|del;** **we|deln;** der Hund wedelte; er hat mit dem Schwanz gewedelt

we|der; weder er noch sie

we̤g; weg da!; sie ist ganz weg (*umgangssprachlich für:* begeistert); frisch von der Leber weg; sie ist längst darüber weg; sie war schon weg, als ich kam

der **We̱g;** jemandem im Wege stehen; wohin des Wegs?; gerade[n]wegs; halbwegs; keineswegs; allerwegen; unterwegs; etwas zuwege, *auch:* zu Wege bringen

we|gen; von wegen!; wegen Diebstahls; wegen des Vaters *und* des Vaters wegen; wegen der hohen Preise; wegen etwas anderem; von Amts wegen; von Rechts wegen; von Staats wegen; meinet-, deinet-, unsertwegen *und* unsretwegen, euertwegen *und* euretwegen

weg|fah|ren; er fuhr weg; er ist weggefahren

weg|fal|len; einige Abschnitte sind weggefallen

[1] *Alte Trennung:* ...k|k...

[1] *Alte Trennung:* ...k|k...

weg|ge|hen; du gehst weg; er ist weggegangen
weg|las|sen; er ließ mich nicht weg; du hast ein Wort weggelassen
weg|neh|men; du nimmst weg; er hat das Buch weggenommen
der **Weg|wei|ser**
weg|wer|fen; wirf hier kein Papier weg!; er hat den Stock weggeworfen; das **Weg|werf|hand|tuch**
weh *und* **we|he;** wehe tun, weh tun, *neu:* wehtun; weh[e] dir!; o weh!; ach und weh, *neu:* Ach und Weh schreien; das **Weh;** mit Ach und Weh; die **Wehe** (schmerzhafte Zusammenziehung der Gebärmutter beim Geburtsvorgang); die Wehen *meist Plural*
we|hen; die Fahne weht; die Fahne wehte; die Fahne hat geweht
weh|lei|dig; weh|mü|tig
die **Wehr** (Befestigung; Abwehr); die Wehren; sich zur Wehr setzen; das **Wehr** (Stauwerk); die Wehre; der **Wehr|dienst;** der **Wehr|dienst|ver|wei|ge|rer; weh|ren;** wehret den Anfängen!; sich wehren; ich habe mich gewehrt; **wehr|los;** am wehrlosesten; die **Wehr|macht** (Militär; die deutschen Streitkräfte 1921–1945); die **Wehrpflicht;** die allgemeine Wehrpflicht
das **Weib;** die Weiber; **weib|lich**
weich; etwas weich machen, klopfen
die **Wei|che** (Umstellvorrichtung bei Gleisen); der **Wei|chen|stel|ler**
wei|chen (weich machen); du weichst; er weicht; er weichte; er hat die Erbsen geweicht
wei|chen (zurückgehen); du weichst; er weicht; er wich; er ist der Übermacht gewichen; weiche!
weich|ge|kocht, *neue Schreibung:* **weich ge|kocht;** weicher gekocht; am weichsten gekocht; ein weichgekochtes, *neu:* weich gekochtes Ei; das Ei ist weich gekocht; **weich|lich**
die **Weich|sel** (Fluss in Polen)
die **Weich|tei|le** *Plural;* das **Weich|tier;** die Weichtiere
die **Wei|de** (ein Baum)
die **Wei|de** (Weideland); **wei|den;** das Vieh weidet; es weidete; es hat geweidet; **weid|lich** (gehörig, tüchtig); der **Weid|mann;** die Weidmänner; **weid|män|nisch**
sich **wei|gern;** du weigerst dich; sie weigerte sich; sie hat sich geweigert; weiger[e] dich nicht!; die **Wei|ge|rung**
die **Wei|he** (ein Greifvogel); die Weihen
die **Wei|he** (das Weihen, Geweihtwerden, Geweihtsein); **wei|hen;** du weihst; er weiht; er weihte; er hat ihn geweiht
der **Wei|her**
die **Weih|nacht;** das **Weih|nach|ten** (Weihnachtsfest); Weihnachten ist bald; zu Weihnachten; fröhliche Weihnachten!; ↑Ostern; **weih|nacht|lich;** der **Weih|nachts|baum;** das **Weih|nachts|fest;** der **Weih|nachts|mann;** die Weihnachtsmänner; der **Weih|nachts|tag;** am zweiten Weihnachtstag; die **Weih|nachts|zeit**
der **Weih|rauch;** das **Weih|was|ser**
weil
die **Wei|le;** alleweil[e], bisweilen, zuweilen; einstweilen; mittlerweile; ein **Weil|chen;** warte ein Weilchen
der **Wei|ler** (kleine ländliche Siedlung)
der **Wein;** der **Wein|bau;** die **Wein|bee|re;** der **Wein|berg;** die **Wein|berg|schne|cke**[1]; der **Wein|brand;** die Weinbrände; die **Wein|re|be;** der **Wein|stock;** die Weinstöcke; die **Wein|trau|be**
wei|nen; du weinst; er weint; er weinte; er hat geweint; wein[e] nicht!;
wei|ner|lich
die **Wei|se** (Art; einfache Melodie); auf diese Weise
wei|se (klug); der **Wei|se** (der kluge Mensch); des Weisen; die Weisen; die **Weis|heit; weis|ma|chen;** du machst mir nichts weis; das hat er dir weisgemacht?
weiß; am weißesten; die weiße Wand; etwas schwarz auf weiß (schriftlich) besitzen, nach Hause tragen; aus schwarz weiß, *neu:* aus Schwarz Weiß, aus weiß schwarz, *neu:* aus Weiß Schwarz machen; ein weißer Rabe (eine Seltenheit); eine weiße Weste haben (*umgangssprachlich für:* unschuldig sein); weiße Mäuse sehen (übertriebene Befürchtungen haben); der Weiße, *neu:* weiße Tod (das Erfrieren); die Farbe Weiß; das Weiße Haus (Amtssitz des Präsidenten der USA in Washington); der Weiße Sonntag (der Sonntag nach Ostern); das **Weiß** (die weiße Farbe); ein Stoff in Weiß; in Weiß gekleidet
weis|sa|gen; du weissagst; er hat geweissagt; die **Weis|sa|ge|rin;** die **Weis|sa|gung**

[1] *Alte Trennung:* ...k|k...

das **Weiß|blech;** das **Weiß|brot; wei|ßen;** du weißt; sie weißt; sie weißte; sie hat die Wand geweißt; weiße die Wand!; **weiß|ge|klei|det,** *neue Schreibung:* **weiß ge|klei|det;** ein weißgekleidetes, *neu:* weiß gekleidetes Mädchen; das Mädchen ist weiß gekleidet; der **Weiß|kohl;** der **Weiß|rus|se; Weiß|ruß|land,** *neue Schreibung:* **Weiß|russ|land** (Staat in Osteuropa)

die **Wei|sung**

weit; am weitesten; ein weiter Weg; bei weitem; von weitem; weit und breit; so weit, so gut. *Groß:* das Weite suchen; **weit|ab;** die **Wei|te; wei|ten;** du weitest; er weitete; der Schuhmacher hat die Schuhe geweitet; **wei|ter;** ohne weiteres; bis auf weiteres; im weiteren, *neu:* Weiteren darlegen; des weiteren, *neu:* Weiteren berichten; das Weitere hierüber folgt später; Weiteres findet sich dort; alles Weitere demnächst; **wei|ter|ge|ben;** sie hat das Buch weitergegeben; **wei|ter|ge|hen** (vorangehen); die Arbeiten gehen gut weiter; sie sind gut weitergegangen; nach einer Pause sind wir weitergegangen; **wei|ter ge|hen;** ich kann weiter gehen als du; **wei|ter|ma|chen;** wir haben fleißig weitergemacht; **wei|ter|sa|gen;** er hat alles weitergesagt; **weit|gehend;** weiter gehend *und* weitgehender; weitestgehend *und* weitgehendst; das scheint mir zu weitgehend; aber: eine zu weit gehende Erklärung; **weit|ge|reist,** *neue Schreibung:* **weit ge|reist; weit|läu|fig; weit|räu|mig; weit|schwei|fig; weit|sich|tig;** der **Weit|sprung; weit|ver|brei|tet,** *neue Schreibung:* **weit ver|brei|tet;** weiter verbreitet; am weitesten verbreitet; eine weitverbreitete, *neu:* weit verbreitete Zeitung; die Zeitung ist weit verbreitet; **weit|ver|zweigt,** *neue Schreibung:* **weit ver|zweigt;** das **Weit|win|kel|ob|jek|tiv**

der **Wei|zen;** das **Wei|zen|mehl**

welch; welch ein Held; welch Wunder; welch große Frauen; welches nette Kind; welche großen Frauen; welche Stimmberechtigten; **wel|cher|art; wel|cher|ge|stalt; wel|cher|lei**

welk; wel|ken; die Blume welkt; die Blume welkte; die Blume ist gewelkt

das **Well|blech;** die **Wel|le; wel|len;** der Teppichboden hat sich gewellt; das **Wel|len|bad;** der **Wel|len|gang;** die **Wel|len|län|ge;** der **Wel|len|sit|tich** (ein Vogel); die Wellensittiche; **wel|lig**

der **Wel|pe** (das Junge von Hund, Fuchs, Wolf); des/dem/den Welpen; die Welpen

der **Wels** (Fisch); des Welses; die Welse

die **Welt;** das **Welt|all;** die **Welt|an|schau|ung;** das **Welt|bild; welt|fremd;** die **Welt|ge|schich|te;** der **Welt|krieg;** der Erste, der Zweite Weltkrieg; **welt|lich;** die **Welt|macht;** das **Welt|meer** (Ozean); der **Welt|meis|ter**[1]; die **Welt|meis|ter|schaft**[1]; der **Welt|raum;** der **Welt|raum|fah|rer;** das **Welt|reich;** der **Welt|re|kord;** der **Welt|un|ter|gang; welt|weit**

wem; wem glaubst du?; sag[e] mir, mit wem sie kommt; **wen;** wen meint er?

die **Wen|de;** der **Wen|de|kreis** (nördlichster bzw. südlichster Breitenkreis, über dem die Sonne zur Zeit der Sonnenwende den Zenit erreicht); die **Wen|del|trep|pe; wen|den;** du wendest; er wendet; er wandte *und* er wendete; er hat gewandt *und* er hat gewendet; *in der Bedeutung „die Richtung ändern" und „umkehren" (z. B. einen Mantel) wird nur schwach gebeugt:* das Auto hat gewendet; sie hat den Rock gewendet; *„sich wenden" wird überwiegend stark gebeugt:* sie wandte sich zu ihm; sie hat sich zu ihm gewandt; bitte wenden!; der **Wen|de|punkt; wen|dig;** die **Wen|dung**

we|nig; ein wenig; ein weniges; ein klein wenig; einiges wenige; der, die, das wenige; weniges genügt; die wenigen; mit wenig[em] auskommen; in dem wenigen, was erhalten ist; nicht[s] mehr und nicht[s] weniger; wie wenig gehört dazu!; wenig Gutes *oder* weniges Gute[s]; wenig Neues; wenige alte Leute; wenige Mutige; es ist das wenigste; das wenigste, was du tun kannst; das **We|nig;** viele Wenig machen ein Viel; **we|nigs|tens**[1]

wenn; wenn auch; komm doch[,] wenn möglich[,] etwas früher. *Groß:* das Wenn und das Aber; die Wenn und die Aber; viele Wenn und Aber; **wenn|gleich; wenn|schon;** wennschon – dennschon

wer; wer ist da?; ist wer gekommen?; wer alles; Halt! Wer da?; irgendwer

---

[1] *Alte Trennung:* ...|st...

wer|ben; du wirbst; sie wirbt; sie warb; sie hat geworben; wirb für unseren Verein!; der **Wer|be|slo|gan** [...*ßloᵘgᵉn*]; der **Wer|be|spot; wer|be|wirk|sam;** die **Wer|bung**
wer|den; du wirst; sie wird; sie wurde (*dichterisch auch:* sie ward); sie ist etwas geworden; sie ist groß geworden; sie ist gelobt worden; werde groß und stark! *Groß:* das ist noch im Werden
wer|fen; du wirfst; sie wirft; sie warf; sie hat den Stein geworfen; wirf!
die **Werft** (Anlage zum Bau und zur Reparatur von Schiffen); die Werften; der **Werft|ar|bei|ter**
das **Werk;** ans Werk!; ans Werk, zu Werke gehen; etwas ins Werk setzen; die **Werk|bank;** die **Werk|bän|ke; wer|ken;** du werkst; sie werkt; sie werkte; sie hat von früh bis spät gewerkt; das **Werk|ge|län|de** *oder* das **Werks|ge|län|de;** die **Werk|statt** *und* die **Werk|stät|te;** der **Werk|tag; werk|tags; werk|tä|tig;** der **Werk|un|ter|richt;** das **Werk|zeug**
der **Wer|mut** (eine Pflanze; ein Wein; etwas Bitteres, Bitterkeit)
die **Wer|ra** (Quellfluss der Weser)
wert; wert sein; Berlin ist eine Reise wert; das ist nicht der Rede wert; der **Wert;** auf etwas Wert legen; **wer|ten;** du wertest; sie wertet; sie wertete; sie hat gewertet; werte dies nicht gering!; **wert|los;** am wertlosesten; die **Wer|tung; wert|voll**
wes (*ältere Form von:* wessen); wes das Herz voll ist, des geht der Mund über; wes Brot ich ess, des Lied ich sing
das **We|sen;** viel Wesen[s] um etwas machen; **we|sent|lich;** im wesentlichen, *neu:* Wesentlichen; das Wesentliche; etwas, nichts Wesentliches
die **We|ser** (deutscher Fluss)
wes|halb
die **Wes|pe;** das **Wes|pen|nest**
wes|sen
der **Wes|si** (*umgangssprachlich für:* Einwohner der alten Bundesländer; Westdeutscher); des Wessis; die Wessis;
West (Himmelsrichtung); Ost und West; der Wind kommt aus West; der **Wes|ten**[1]; der Wilde Westen; der **Wes|tern**[1] (Film, der im Wilden Westen spielt); des Western[s]; die Western
die **Wes|te**[1]; die **Wes|ten|ta|sche**[1]

[1]*Alte Trennung:* ...|st...

west|lich; westlich des Waldes; westlich vom Walde; **west|wärts**
wes|we|gen
der **Wett|be|werb;** die **Wet|te;** der **Wett|ei|fer; wett|ei|fern;** du wetteiferst; sie wetteifert; sie wetteiferte; sie hat mit ihm gewetteifert; **wet|ten;** du wettest; sie wettete; sie hat um 5 Mark gewettet; wette nicht um hohe Beträge!
das **Wet|ter;** der **Wet|ter|be|richt; wet|ter|emp|find|lich;** die **Wet|ter|kar|te;** das **Wet|ter|leuch|ten; wet|tern** (*umgangssprachlich für:* laut schimpfen); er wettert; er wetterte; er hat gewettert; wettere nicht!; die **Wet|ter|vor|her|sa|ge; wet|ter|wen|disch**
der **Wett|kampf;** der **Wett|kämp|fer;** die **Wett|kämp|fe|rin;** die Wettkämpferinnen; der **Wett|lauf; wett|ma|chen;** er hat das Versäumte schnell wieder wettgemacht; das **Wett|ren|nen;** das **Wettur|nen**[1], *neue Schreibung:* **Wett|tur|nen**
wet|zen; du wetzt; sie wetzt; sie wetzte; sie hat das Messer gewetzt; aber: sie ist um die Ecke gewetzt (*umgangssprachlich für:* gerannt); wetze das Messer!; der **Wetz|stein**
der **Whirl|pool** [*ᵘö'lpul*] (Becken mit sprudelndem Wasser); des Whirlpools; die Whirlpools
der **Whis|ky,** *auch:* der **Whis|key** [*ᵘißki*] (ein Branntwein)
die **Wich|se; wich|sen;** du wichst; er wichst; er wichste; er hat die Schuhe gewichst; wichse die Schuhe!
der **Wicht;** das **Wich|tel|männ|chen**
wich|tig; alles Wichtige; etwas, nichts Wichtiges; Wichtigeres; wichtig tun; sich wichtig machen; die **Wich|tig|keit;** der **Wich|tig|tu|er**
die **Wi|cke**[2] (eine Pflanze)
der **Wi|ckel**[2]; die Wickel; **wi|ckeln**[2]; du wickelst; die Mutter wickelt; sie wickelte; sie hat den Säugling gewickelt; wick[e]le du ihn!
der **Wid|der** (männliches Zuchtschaf)
wi|der (gegen; entgegen); das war wider seinen Befehl; wider Willen. *Groß:* das Für und das Wider
der **Wi|der|ha|ken**
der **Wi|der|hall**
wi|der|le|gen; sie widerlegt; sie hat die Behauptung widerlegt

[1]*Trennung:* ...tt|t...
[2]*Alte Trennung:* ...k|k...

die/der/sich entries:

wi|der|lich
wi|der|recht|lich
die **Wi|der|re|de**
wi|der|ru|fen; er widerruft; sie hat ihr Geständnis widerrufen
der **Wi|der|sa|cher**
der **Wi|der|schein**
sich **wi|der|set|zen;** ich widersetzte mich dem Beschluss; sie hat sich dieser Maßnahme widersetzt
wi|der|spens|tig[1]
wi|der|spie|geln; die Sonne spiegelt sich im Wasser wider; der Brief hat seine Verzweiflung widergespiegelt (erkennen lassen)
wi|der|spre|chen; er widerspricht; sie hat ihm widersprochen; widersprich nicht!; der **Wi|der|spruch; wi|der|sprüch|lich**
der **Wi|der|stand; wi|der|stands|fä|hig;** der **Wi|der|stands|kämp|fer;** die **Wi|der|stands|kraft; wi|der|ste|hen;** sie widersteht; sie hat der Versuchung widerstanden
wi|der|stre|ben; es widerstrebt mir[,] so etwas zu tun; es hat mir widerstrebt
wi|der|wär|tig
der **Wi|der|wil|le; wi|der|wil|lig**
wid|men; du widmest; sie widmet; sie widmete; sie hat ihm das Buch gewidmet; widme es ihm!; die **Wid|mung**
wid|rig; wid|ri|gen|falls
wie; sie ist so beliebt wie ihre Freundin; *aber:* sie ist beliebter als ihre Freundin; wie sehr; wie lange; wie oft; wie [auch] immer. *Groß:* es kommt auf das Wie an; es handelt sich um das Was, nicht um das Wie
der **Wie|de|hopf** (ein Vogel); des Wiedehopf[e]s; die Wiedehopfe
wie|der (nochmals; erneut); für nichts und wieder nichts; hin und wieder
die **Wie|der|auf|be|rei|tungs|an|la|ge** (für abgebrannte Brennelemente)
wie|der|auf|neh|men, *neue Schreibung:* **wie|der auf|neh|men** (sich mit einer Sache erneut befassen); wir nahmen die Verhandlungen wieder auf; wir haben sie wiederaufgenommen, *neu:* wieder aufgenommen; ich habe den Korb wieder aufgenommen
die **Wie|der|be|le|bung**
wie|der|brin|gen (zurückbringen); sie bringt das Buch wieder; sie hat es wiedergebracht

[1] *Alte Trennung:* ...|st...

wie|der|er|ken|nen, *neue Schreibung:* **wie|der er|ken|nen;** er erkannte mich wieder; sie hat ihn wiedererkannt, *neu:* wieder erkannt
die **Wie|der|ga|be; wie|der|ge|ben** (zurückgeben; berichten, darstellen); sie gab mir das Buch wieder; sie hat meine Worte falsch wiedergegeben
die **Wie|der|ge|burt**
wie|der|gut|ma|chen, *neue Schreibung:* **wie|der gut|ma|chen;** sie machte den Schaden wieder gut; sie hat ihn wiedergutgemacht, *neu:* wieder gutgemacht
wie|der|her|stel|len; er stellte die Ordnung wieder her; die Ärzte haben ihn wiederhergestellt
wie|der|ho|len; sie wiederholt die Lektion; sie hat alles wiederholt; die **Wie|der|ho|lung**
der **Wie|der|käu|er**
die **Wie|der|kehr** (Rückkehr); **wie|der|keh|ren;** diese Gelegenheit kehrt nicht wieder; die Gelegenheit ist nicht wiedergekehrt
wie|der|kom|men (zurückkommen; noch einmal kommen); sie kam von der Arbeit wieder; eine solche Gelegenheit ist nicht wiedergekommen
wie|der|se|hen, *neue Schreibung:* **wie|der se|hen;** du siehst sie wieder; du hast sie wiedergesehen, *neu:* wieder gesehen; **wie|der se|hen;** nach der Operation kann er wieder sehen; das **Wie|der|se|hen;** auf Wiedersehen!; auf, *auch:* Auf Wiedersehen sagen
wie|de|rum
die **Wie|der|ver|ei|ni|gung**
die **Wie|ge; wie|gen** (sanft hin und her bewegen); er wiegte das Kind; sie hat sich in den Hüften gewiegt
wie|gen; wieviel wiegst du?; sie wiegt; sie wog; sie hat den Brief gewogen; wiege ihn!
das **Wie|gen|lied**
wie|hern; das Pferd hat gewiehert
Wien (Hauptstadt von Österreich); der **Wie|ner; wie|ne|risch**
Wies|ba|den (Hauptstadt von Hessen)
die **Wie|se**
das **Wie|sel;** die Wiesel; **wie|sel|flink**
wie|so
wie|viel, *neue Schreibung:* **wie viel;** wieviel, *neu:* wie viel Personen; wie viele Personen; ich weiß nicht, wieviel, *neu:* wie viel er hat; **wie|viel|mal;**

aber: wie viele Male; **wie|viel|te;** das wievielte Mal ist das jetzt?

wie|weit (inwieweit); ich bin im Zweifel, wieweit ich mich darauf verlassen kann; aber: wie weit ist es von hier bis dort?

der **Wi|kin|ger** (Normanne)

wild; am wildesten; wildes Fleisch; wilder Streik; wilder Wein; er spielt den wilden Mann. *Groß:* der Wilde Westen; die Wilde Jagd (ein Geisterheer); der Wilde Jäger (eine Geistergestalt); sich wie ein Wilder gebärden; das **Wild;** das **Wild|bret;** der **Wild|dieb;** die **Wild|en|te;** der **Wil|de|rer; wil|dern;** du wilderst; er wilderte; er hat gewildert; wildere nie!; **wild|fremd;** die **Wild|gans;** die **Wild|kat|ze;** die **Wild|nis;** die Wildnisse; das **Wild|schwein;** der **Wild|wech|sel;** der **Wild|west|film**

der **Wil|le;** des Willens; der letzte Wille; wider Willen; jemandem zu Willen sein; willens sein; **wil|len;** um Gottes willen; um seiner selbst willen; um meinet-, deinet-, euretwillen; **wil|lens|schwach; wil|lens|stark; wil|lig**

will|kom|men; willkommen heißen, sein; das **Will|kom|men;** die Willkommen; ein fröhliches Willkommen!

die **Will|kür; will|kür|lich**

wim|meln; es wimmelt; es wimmelte; es hat von Ameisen gewimmelt

wim|mern; du wimmerst; er wimmerte; er hat gewimmert; das ist zum Wimmern; man hört ein leises Wimmern

der **Wim|pel;** die Wimpel

die **Wim|per;** die Wimpern

der **Wind**

die **Win|de; win|den;** du windest; sie windet; sie wand; sie hat das Handtuch gewunden; winde es!

die **Win|del;** die Windeln

der **Wind|fang;** der **Wind|hund; win|dig;** die **Wind|ja|cke**[1]; die **Wind|müh|le;** die **Wind|po|cken**[1] *Plural;* die **Wind|ro|se** (Darstellung der Himmelsrichtungen, besonders auf einem Kompass); der **Wind|schat|ten** (windgeschützte Seite); **wind|schief;** die **Wind|schutz|schei|be;** die **Wind|stär|ke;** die **Wind|stil|le;** das **Wind|sur|fen** [*...ßörfᵉn*]

die **Win|dung**

der **Wink; win|ken;** du winkst; er winkt; er winkte; er hat ihr gewinkt; winke den Eltern!; der **Win|ker**

der **Win|kel;** die Winkel; die **Win|kel|hal|bie|ren|de;** der Winkelhalbierenden; die Winkelhalbierenden; eine Winkelhalbierende; **win|ke|lig** *und* **wink|lig;** der **Win|kel|mes|ser**

win|seln; du winselst; er winselt; er winselte; er hat um Gnade gewinselt

der **Win|ter; win|ter|hart;** winterhartes Getreide; **win|ter|lich;** der **Win|ter|schlaf;** der **Win|ter|schluß|ver|kauf,** *neue Schreibung:* **Win|ter|schluss|ver|kauf;** der **Win|ter|sport**

der **Win|zer**

win|zig

der **Wip|fel;** die Wipfel

die **Wip|pe; wip|pen;** du wippst; sie wippt; sie wippte; sie hat gewippt; wippe nicht!

wir; wir alle; wir beide; wir bescheidenen Leute; wir Armen; wir Deutschen, *auch:* wir Deutsche

der **Wir|bel;** die Wirbel; **wir|beln;** du wirbelst; sie wirbelt; sie wirbelte; sie hat ihn durch die Luft gewirbelt; die **Wir|bel|säu|le;** der **Wir|bel|sturm;** das **Wir|bel|tier** (Tier mit Wirbelsäule); der **Wir|bel|wind**

wir|ken; du wirkst; sie wirkt; sie wirkte; sie hat gewirkt; ihr segensreiches Wirken; **wirk|lich;** die **Wirk|lich|keit; wirk|sam;** die **Wirk|sam|keit;** die **Wir|kung;** der **Wir|kungs|grad** (einer Maschine); **wir|kungs|voll;** am wirkungsvollsten; die **Wir|kungs|wei|se**

wirr; der **Wirr|kopf;** der **Wirr|warr**

der **Wir|sing**

der **Wirt;** die **Wir|tin;** die Wirtinnen; die **Wirt|schaft; wirt|schaf|ten;** du wirtschaftest; sie wirtschaftet; sie wirtschaftete; sie hat gut gewirtschaftet; **wirt|schaft|lich;** das **Wirts|haus**

der **Wisch** (wertloses Schriftstück); des Wischs; die Wische; **wi|schen;** du wischst; er wischt; er wischte; er hat Staub gewischt

der **Wi|sent** (ein Wildrind); des Wisents; die Wisente

wis|pern; du wisperst; sie wisperte; sie hat mir etwas ins Ohr gewispert

die **Wiß|be|gier** *und* die **Wiß|be|gier|de,** *neue Schreibung:* **Wiss|be|gier** *und* **Wiss|be|gier|de; wiß|be|gie|rig,** *neue Schreibung:* **wiss|be|gie|rig;**

---

[1] *Alte Trennung:* ...k|k...

wis|sen; du weißt; sie weiß; sie wußte, *neu:* wusste; sie hat alles gewußt, *neu:* gewusst; das **Wis|sen;** meines Wissens; wider besseres Wissen; ohne mein Wissen; die **Wis|sen|schaft;** der **Wis|sen|schaft|ler; wis|sen|schaft|lich; wis|sent|lich**
wit|tern; du witterst; sie hat Gefahr gewittert; die **Wit|te|rung**
die **Wit|te|rung** (Wetterlage)
die **Wit|we;** der **Wit|wer**
der **Witz;** der **Witz|bold; wit|zeln;** du witzelst; sie hat nur gewitzelt; witz[e]le nicht so!; **wit|zig; witz|los;** am witzlosesten
WM = Weltmeisterschaft
wo; wo immer er auch sein mag. *Groß:* das Wo spielt keine Rolle; **wo|an|ders;** ich werde ihn woanders suchen; aber: wo anders (wo sonst) als hier sollte ich ihn suchen?; **wo|bei**
die **Wo|che;** das **Wo|chen|bett;** das **Wo|chen|en|de;** die Wochenenden; das **Wo|chen|end|haus;** die **Wo|chen|kar|te; wo|chen|lang;** der **Wo|chen|tag; wo|chen|tags; wö|chent|lich; wo|chen|wei|se;** die **Wöch|ne|rin;** die Wöchnerinnen
Wo|dan, *auch:* **Wo|tan** (höchster germanischer Gott, Odin)
wo|durch; wo|für; wo|ge|gen
die **Wo|ge**
wo|her; sie geht hin, woher sie gekommen ist; aber: sie geht hin, wo sie hergekommen ist; **wo|hin;** sieh, wohin sie geht!; aber: sieh, wo sie hingeht!
wohl; besser; am besten *und* wohler; am wohlsten; wohl ihr!; wohl oder übel musste sie dableiben; das ist wohl das Beste; leben Sie wohl!; wohl bekomm's!, *auch:* bekomms!; sich wohl fühlen; das **Wohl;** auf dein Wohl!; zum Wohl!; **wohl|an; wohl|auf; wohl|be|hal|ten;** sie kam wohlbehalten an; **wohl|be|kannt,** *neu:* **wohl bekannt;** besser bekannt; bestbekannt; ein wohlbekannter, *neu:* wohl bekannter Vorgang; das **Wohl|er|ge|hen;** die **Wohl|fahrt; wohl|ha|bend;** wohlhabende Kaufleute; der **Wohl|stand;** die **Wohl|stands|ge|sell|schaft;** die **Wohl|tat; wohl|tä|tig; wohl|tu|end; wohl|tun,** *neue Schreibung:* **wohl tun;** das tut mir wohl; das hat mir wohlgetan, *neu:* wohl getan; **wohl tun;** sie wird es wohl tun; **wohl|weis|lich;** das **Wohl|wol|len; wohl|wol|lend**
der **Wohn|block;** die Wohnblocks *und* die Wohnblöcke; **woh|nen;** du wohnst; sie wohnt; sie wohnte; sie hat hier gewohnt; die **Wohn|ge|mein|schaft;** das **Wohn|haus; wohn|lich;** der **Wohn|ort;** die **Woh|nung;** der **Wohn|wa|gen;** das **Wohn|zim|mer**
wöl|ben; sich wölben; eine gewölbte Fläche; die **Wöl|bung**
der **Wolf;** die Wölfe; die **Wöl|fin;** die Wölfinnen; der **Wolfs|hun|ger;** die **Wolfs|milch** (eine Pflanze)
die **Wol|ga** (Strom in Osteuropa)
die **Wol|ke;** der **Wol|ken|bruch;** die Wolkenbrüche; der **Wol|ken|krat|zer; wol|ken|los; wol|kig**
der **Wollap|pen**[1], *neue Schreibung:* **Woll|lap|pen;** die **Woll|de|cke**[2]; die **Wol|le; wol|len;** ein wollener Pullover
wol|len; du willst; sie will; sie wollte; sie hat gewollt; ich habe das nicht gewollt; aber: ich habe helfen wollen
wol|lig
die **Wol|lust;** die Wollüste; **wol|lüs|tig**[3]
wo|mit; wo|mög|lich (möglicherweise); **wo|nach**
die **Won|ne; won|nig**
wo|r|an; wo|r|auf; wo|r|aus; wo|r|in
der **Wor|k|a|ho|lic** [*ᵘöʳkᵉholik*] (jemand, der zwanghaft ständig arbeitet); des Workaholics; die Workaholics; der **Work|shop** [*ᵘöʳkschop*] (Arbeitsgruppe); des Workshops; die Workshops
das **Wort;** die Wörter (Einzelwörter) *und* die Worte (Äußerungen, Erklärungen); mit anderen Worten; dies waren seine letzten Worte; ich will nicht viele Worte machen; aufs Wort; Wort halten; jemanden beim Wort nehmen; er ließ mich nicht zu Wort[e] kommen; die **Wort|art;** die Wortarten; die **Wort|bil|dung; wort|brü|chig;** das **Wör|ter|buch;** die **Wort|fa|mi|lie; wort|ge|wandt;** am wortgewandtesten; **wort|karg;** der **Wort|laut; wört|lich;** die wörtliche Rede; der **Wort|schatz;** der **Wort|wech|sel; wort|wört|lich** (Wort für Wort); etwas wortwörtlich wiedergeben
wo|r|ü|ber; wo|r|um; wo|r|un|ter
Wo|tan ↑Wodan

[1] *Trennung:* ...ll|l...
[2] *Alte Trennung:* ...k|k...
[3] *Alte Trennung:* ...|st...

wo|von; wo|vor; wo|zu
das **Wrack;** die Wracks
wrin|gen; du wringst; er wringt; er wrang; er hat die Wäsche gewrungen; wringe die Wäsche!
der **Wu|cher;** der **Wu|che|rer; wu|chern;** du wucherst; er wuchert; er wucherte; er hat gewuchert (Wucher getrieben); aber: das Unkraut ist *oder* hat gewuchert (hat sich übermäßig ausgebreitet); die **Wu|che|rung**
der **Wuchs**
die **Wucht; wuch|tig**
wüh|len; du wühlst; sie wühlt; sie wühlte; sie hat in der Kiste gewühlt; wühle nicht!; die **Wühl|maus**
der **Wulst** *und* die **Wulst;** die Wülste; **wuls|tig**[1]
wund; wund sein, werden; sich die Füße wund laufen, reiben; sich den Mund wund reden; ↑ wundliegen; die **Wun|de**
das **Wun|der;** Wunder tun; kein Wunder; du wirst dein blaues Wunder erleben; er glaubt, wunder, *neu:* Wunder was getan zu haben; er glaubt, wunder, *neu:* Wunder *oder* wunders wie geschickt er sei; **wun|der|bar;** die **Wun|der|ker|ze;** das **Wun|der|kind; wun|der|lich;** sich **wun|dern;** du wunderst dich; sie wundert sich; sie wunderte sich; sie hat sich gewundert; wundere dich nicht!; **wun|der|schön; wun|der|voll**
sich **wund|lie|gen,** *neue Schreibung:* **wund lie|gen;** die Kranke liegt sich wund; sie hat sich wundgelegen, *neu:* wund gelegen; der **Wund|starr|krampf**
der **Wunsch;** die **Wün|schel|ru|te** (zum Aufspüren von Wasser- oder Erzadern); **wün|schen;** du wünschst; sie wünscht; sie wünschte; wünsche ihm alles Gute!; sich wünschen; ich habe mir ein Fahrrad gewünscht; der **Wunsch|satz** *(Grammatik);* der **Wunsch|traum**
die **Wür|de;** der **Wür|den|trä|ger; wür|dig; wür|di|gen;** du würdigst; sie würdigt; sie würdigte; sie hat ihre Leistung gewürdigt; würdige sie!; die **Wür|di|gung**
der **Wurf;** die Würfe
der **Wür|fel;** die Würfel; **wür|feln;** du würfelst; sie würfelt; sie würfelte; sie hat eine Sechs gewürfelt; würf[e]le!

[1]*Alte Trennung:* ...|st...

der **Wurf|speer;** der **Wurf|spieß**
wür|gen; du würgst; sie würgt; sie würgte; sie hat ihn gewürgt; würge ihn nicht!; mit Hängen und Würgen (mit knapper Not)
der **Wurm;** der **Wurm|fort|satz** (am Blinddarm); **wur|mig; wurm|sti|chig**
die **Wurst;** die Würste; das ist mir Wurst; **wurs|teln**[1] (ohne Ziel arbeiten); du wurstelst ja nur; er hat immer gewurstelt; **wurs|tig**[1]; die **Wurs|tig|keit**[1]
die **Wür|ze; wür|zen;** du würzt; er würzt; er würzte; er hat gut gewürzt; würze gut!; **wür|zig**
die **Wur|zel;** die Wurzeln; **wur|zeln;** der Baum wurzelt; er wurzelte; er hat tief gewurzelt; das **Wur|zel|werk**
das **Wu|schel|haar** (lockiges oder unordentliches Haar); **wu|sche|lig** *und* **wusch|lig**
wüst; am wüstesten; der **Wüst|ling**
der **Wust;** des Wust[e]s
die **Wüs|te**[1]
die **Wut;** der **Wut|an|fall; wü|ten;** du wütest; sie wütet; sie wütete; sie hat gewütet; wüte nicht!; **wü|tend; wut|ent|brannt;** der **Wü|te|rich**

X

das **X** (Buchstabe); des X; die X; jemandem ein X für ein U vormachen; aber: das x in Hexe
die **x-Ach|se**
die **Xan|thip|pe** (zänkisches Weib, nach der Frau des Philosophen Sokrates)
die **X-Bei|ne** *Plural;* **X-bei|nig,** *auch:* **x-bei|nig**
x-be|lie|big; jeder x-beliebige, *neu:* x-Beliebige; etwas x-beliebiges, *neu:* x-Beliebiges
das **X-Chro|mo|som** (*Biologie:* eines der beiden Geschlechtschromosomen)
x-fach; das **X-fa|che,** *neue Schreibung:* **x-fa|che;** des X-fachen, *neu:* x-fachen
x-mal
x-te; zum x-tenmal, *neu:* x-ten Mal; zum x-ten Male
das **Xy|lo|phon,** *auch:* **Xy|lo|fon;** (ein Musikinstrument); die Xylophone, *auch:* Xylofone

[1]*Alte Trennung:* ...|st...

Y

das **Y** [*üpßilon*] (Buchstabe); des Y; die Y; aber: das y in Rhythmus
die **y-Ach|se**
die **Yacht,** *in der Seemannssprache neben:* **Jacht;** *vgl. d.*
der **Yan|kee** [*jänki*] (Spitzname für den US-Amerikaner)
das **Yard** (englisches und amerikanisches Längenmaß); die Yards; 5 Yard[s]
das **Y-Chro|mo|som** (*Biologie:* eines der beiden Geschlechtschromosomen)
der **Ye|ti** [*jeti*] (legendärer Schneemensch im Himalajagebiet); des Yetis; die Yetis
der *und* das **Yo|ga,** *auch:* **Jo|ga** (indisches philosophisches System [mit körperlichen und geistigen Übungen]); des Yoga[s] *und* des Joga[s]
das **Yp|si|lon** [*üpßilon*] (der Buchstabe Y); des Ypsilon[s]; die Ypsilons

Z

das **Z;** des Z; die Z; aber: das z in Gazelle
die **Za|cke**[1] *und* der **Za|cken**[1]**; za|ckig**[1]
zag|haft; am zaghaftesten
zäh; zäh|flüs|sig; die **Zä|hig|keit**
die **Zahl;** das **Zahl|ad|jek|tiv; zah|len;** du zahlst; sie zahlt; sie zahlte; sie hat den Beitrag gezahlt; zahl[e] bitte!; **zäh|len;** du zählst; er zählt; er zählte; er hat das Geld gezählt; zähl[e] es!; der **Zäh|ler;** die **Zahl|kar|te; zahl|los; zahl|reich;** der **Zahl|tag;** die **Zah|lung;** die **Zäh|lung;** der **Zah|lungs|ver|kehr;** das **Zahl|wort;** die Zahlwörter
zahm; zäh|men; du zähmst; er zähmt; er zähmte; er hat den Löwen gezähmt; zähm[e] ihn!; die **Zäh|mung**
der **Zahn;** die Zähne; der **Zahn|arzt;** die **Zahn|bürs|te**[2]**;** die **Zahn|creme;** das **Zahn|fleisch;** die **Zahn|pas|ta**[2]**;** das **Zahn|rad;** der **Zahn|schmerz;** die Zahnschmerzen *meist Plural;* der **Zahn|sto|cher;** das **Zahn|weh**
Za|ire [*sair*] (Staat in Afrika); der **Za|i|rer; za|i|risch**

[1]*Alte Trennung:* ...k|k...
[2]*Alte Trennung:* ...|st...

die **Zan|ge**
der **Zank; zan|ken;** du zankst; er zankte; er hat mit ihm gezankt; sich zanken; sie haben sich gezankt; **zän|kisch**
das **Zäpf|chen; zap|fen;** er zapfte Bier; er hat Bier gezapft; der **Zap|fen;** des Zapfens; die Zapfen; die **Zapf|säu|le**
zap|pe|lig *und* **zapp|lig; zap|peln;** du zappelst; sie zappelt; sie zappelte; sie hat gezappelt; zapp[e]le nicht!
zap|pen [*säpᵉn*] (*umgangssprachlich für:* mit der Fernbedienung ständig das Fernsehprogramm wechseln); du zappst; sie zappt; sie zappte; sie hat gezappt
der **Zar** (ehemaliger russischer Herrschertitel); des/dem/den Zaren; die Zaren
zart; am zartesten; **zärt|lich**
der **Zas|ter**[1] (*umgangssprachlich für:* Geld); des Zasters
der **Zau|ber;** der **Zau|be|rer;** die **Zau|be|rin;** der **Zau|ber|künst|ler; zau|bern;** du zauberst; er zaubert; er zauberte; er hat gezaubert; der **Zau|ber|stab;** der **Zau|ber|wür|fel**
zau|dern; du zauderst; er zauderte; er hat lange gezaudert; zauder[e] nicht!
der **Zaum** (Kopflederzeug für Zug- und Reittiere); die Zäume; ein Pferd im Zaum halten; das **Zaum|zeug**
der **Zaun;** die Zäune; der **Zaun|kö|nig** (ein Vogel); der **Zaun|pfahl**
zau|sen; der Wind zauste; der Wind hat die Haare gezaust
z. B. = zum Beispiel
ZDF = Zweites Deutsches Fernsehen
das **Ze|b|ra;** die Zebras; der **Ze|b|ra|strei|fen**
der *und* das **Ze|bu** (ein asiatisches Buckelrind); des Zebus; die Zebus
die **Ze|che; ze|chen;** du zechst; er zecht; er zechte; er hat gezecht; der **Ze|cher;** der **Zech|prel|ler** (jemand, der aus dem Gasthaus weggeht, ohne zu bezahlen); die **Zech|prel|le|rei**
die **Ze|cke**[2] (eine Blut saugende Milbe)
die **Ze|der;** die Zedern; das **Ze|dern|holz**
der **Zeh;** die Zehen *und* die **Ze|he;** die Zehen; der große Zeh, der kleine Zeh; die **Ze|hen|spit|ze**
zehn; wir sind zu zehnen *oder* zu zehnt; die Zehn Gebote; ↑auch: acht; die **Zehn** (Zahl); die Zehnen; ↑auch: Acht; der **Zeh|ner; zehn|fach;** das

[1]*Alte Trennung:* ...|st...
[2]*Alte Trennung:* ...k|k...

Zehn|fa|che; der **Zehn|kampf; zehn|mal** ↑achtmal; das **Zehn|pfen|nig|stück; zehn|te** ↑achte; das **Zehn|tel** ↑Achtel; **zehn|tens**

zeh|ren; du zehrst; er zehrt; er zehrte; er hat von den Ersparnissen gezehrt

das **Zei|chen;** der **Zei|chen|block;** die Zeichenblocks *und* die Zeichenblöcke; die **Zei|chen|set|zung;** der **Zei|chen|trick|film; zeich|nen;** du zeichnest; er zeichnet; er zeichnete; er hat den Entwurf gezeichnet; zeichne den Entwurf!; der **Zeich|ner;** die **Zeich|ne|rin;** die Zeichnerinnen; die **Zeich|nung**

der **Zei|ge|fin|ger; zei|gen;** du zeigst; sie zeigt; sie zeigte; sie hat ihm das Haus gezeigt; zeig[e] es ihm!; der **Zei|ger**

die **Zei|le**

die **Zeit;** zu meiner Zeit; zu jeder Zeit; auf Zeit; es ist an der Zeit; von Zeit zu Zeit; Zeit haben; zu der Zeit, zu Zeiten Karls des Großen; alles zu seiner Zeit; das **Zeit|al|ter; zeit|ge|mäß;** am zeitgemäßesten; der **Zeit|ge|nos|se; zeit|ge|nös|sisch; zei|tig;** die **Zeit|kar|te** (für beliebig viele Fahrten in einem Zeitabschnitt); eine **Zeit|lang,** *neue Schreibung:* **Zeit lang;** einige Zeit lang; eine kurze Zeit lang; **zeit|le|bens,** aber: zeit meines Lebens; die **Zeit|lu|pe;** der **Zeit|punkt;** der **Zeit|raf|fer;** der **Zeit|raum;** die Zeiträume; die **Zeit|rech|nung;** vor unserer Zeitrechnung; die **Zeit|schrift;** die **Zei|tung;** der **Zeit|ver|treib; zeit|wei|lig; zeit|wei|se;** das **Zeit|wort** (Verb); die Zeitwörter; die **Zeit|zo|ne** (in der überall die gleiche Uhrzeit gilt)

ze|le|b|rie|ren (feierlich ausführen, feiern); der Priester hat eine Messe zelebriert (gelesen)

die **Zel|le;** der **Zell|kern;** das **Zel|lo|phan;** des Zellophans; der **Zell|stoff;** die **Zell|tei|lung;** das **Zel|lu|loid** [...*leut*]; die **Zel|lu|lo|se**

das **Zelt;** die **Zelt|bahn; zel|ten;** du zeltest; er hat am Bodensee gezeltet; zelte hier!; das **Zelt|la|ger;** die **Zelt|pla|ne**

der **Ze|ment**

der **Ze|nit** (Scheitelpunkt)

zen|sie|ren; du zensierst; er hat die Aufsätze zensiert; die **Zen|sur**

der *und* das **Zen|ti|me|ter**

der **Zent|ner** (50 kg); **zent|ner|wei|se**

zen|t|ral (in der Mitte, im Mittelpunkt befindlich)

der **Zen|t|ral|af|ri|ka|ner** (Einwohner der Zentralafrikanischen Republik); **zen|t|ral|af|ri|ka|nisch;** die **Zen|t|ral|af|ri|ka|ni|sche Re|pu|b|lik**

die **Zen|t|ra|le;** die **Zen|t|ral|hei|zung;** der **Zen|t|ra|lis|mus** (Konzentration der Befugnisse in einer Zentrale); das **Zen|t|ral|ner|ven|sys|tem**[1] (im Gehirn und Rückenmark); die **Zen|t|ri|fu|gal|kraft** (Fliehkraft bei krummliniger Bewegung); die **Zen|t|ri|fu|ge;** die **Zen|t|ri|pe|tal|kraft** (zum Mittelpunkt einer krummlinigen Bewegung hin gerichtete Kraft); das **Zen|t|rum;** die Zentren

der **Zep|pe|lin** (ein Luftschiff); des Zeppelins; die Zeppeline

das **Zep|ter** (Herrscherstab)

zer|bre|chen; du zerbrichst; er zerbricht; er zerbrach; er hat das Glas zerbrochen; er ist an seinem Kummer zerbrochen; zerbrich nichts!; sich den Kopf zerbrechen; **zer|brech|lich**

die **Ze|re|mo|nie** [auch: *zeremonie*] (feierliche Handlung; Förmlichkeit); die Zeremonien *und* die Zeremonien

zer|fah|ren (verwirrt, gedankenlos)

der **Zer|fall; zer|fal|len;** die Mauer zerfällt; sie zerfiel; sie ist zerfallen

zer|fet|zen; du zerfetzt den Brief; eine Granate hat sein Bein zerfetzt

zer|fled|dert (abgenutzt, zerrissen); ein zerfleddertes Buch

zer|flei|schen; der Tiger hat seine Beute zerfleischt

zer|klei|nern; du zerkleinerst; er hat das Holz zerkleinert

zer|klüf|tet; zerklüftetes Gestein

zer|knirscht (schuldbewusst); ein zerknirschter Sünder

zer|knit|tern; du zerknitterst; er hat sein Heft zerknittert

zer|krat|zen; du zerkratzt den Spiegel; die Dornen haben ihre Beine zerkratzt

zer|le|gen; sie hat den Motor in seine Bestandteile zerlegt; zerleg[e] den Satz grammatisch!

zer|mal|men; eine Gerölllawine hat den Bergsteiger zermalmt

zer|mür|ben (mürbe machen); das Warten zermürbt mich; es hat mich zermürbt

zer|quet|schen; er hat die Kartoffeln zerquetscht

---

[1] *Alte Trennung:* ...|st...

das **Zerr|bild;** die Zerrbilder
zer|rei|ßen; du zerreißt; sie zerreißt; sie zerriß, *neu:* zerriss; sie hat den Stoff zerrissen; zerreiß[e] nichts!; die **Zer|reiß|pro|be**
zer|ren; du zerrst; er zerrt; er zerrte; der Hund hat an der Leine gezerrt; die **Zer|rung** (an Muskeln, Sehnen oder Bändern)
zer|rüt|tet; zerrüttete Nerven
zer|schel|len; das Flugzeug zerschellte; es ist am Berg zerschellt
zer|schla|gen; er zerschlug einen Teller; die Polizei hat einen Verbrecherring zerschlagen
zer|schmet|tern; ein Geschoss hat sein Bein zerschmettert
zer|set|zen (auflösen); der elektrische Strom hat die Säure zersetzt
zer|stäu|ben; er hat Parfüm zerstäubt
zer|stö|ren; du zerstörst; er zerstört; er zerstörte; er hat das Bild zerstört; zerstör[e] es nicht!; die **Zer|stö|rung**
zer|streu|en; du zerstreust; er zerstreut; er zerstreute; er hat alle Bedenken zerstreut; zerstreu[e] sie!; **zerstreut;** ein zerstreuter Professor; die **Zer|streut|heit;** die **Zer|streu|ung**
das **Zer|ti|fi|kat** (Bescheinigung, Zeugnis); die Zertifikate
zer|trüm|mern; du zertrümmerst; er hat die Fensterscheiben zertrümmert; zertrümmer[e] nichts!
die **Zer|ve|lat|wurst,** *auch:* **Ser|ve|lat|wurst** [*zärw*ᵉ... und *särw*ᵉ...] (eine Dauerwurst)
das **Zer|würf|nis;** des Zerwürfnisses; die Zerwürfnisse
zer|zaust; zerzauste Haare
ze|tern (wehklagend schreien); du zeterst; sie hat gezetert; zeter[e] nicht so!
der **Zet|tel;** die Zettel
das **Zeug;** die Zeuge; jemandem etwas am Zeug flicken
der **Zeu|ge;** des/dem/den Zeugen; die Zeugen; **zeu|gen** (bezeugen); du zeugst; er zeugt; er zeugte; er hat gezeugt; die Arbeit zeugt von Fleiß; die **Zeu|gin;** die Zeuginnen
das **Zeug|nis;** des Zeugnisses; die Zeugnisse
die **Zeu|gung** (Befruchtung beim Geschlechtsakt)
Zeus (höchster griechischer Gott)
z. H. = zu Händen

die **Zi|cken**[1] (*umgangssprachlich für:* Dummheiten) *Plural;* das **Zick|lein** (Lamm der Ziege)
der **Zick|zack;** im Zickzack laufen; aber: zickzack laufen
die **Zie|ge**
der **Zie|gel;** die Ziegel; die **Zie|ge|lei; zie|gel|rot;** der **Zie|gel|stein**
der **Zie|gen|bock**
zie|hen; du ziehst; sie zieht; sie zog; sie hat den Wagen gezogen; zieh[e] ihn!; die **Zie|hung**
die **Zieh|har|mo|ni|ka;** die Ziehharmonikas *und* die Ziehharmoniken
das **Ziel; ziel|be|wußt,** *neue Schreibung:* **ziel|be|wusst; zie|len;** du zielst; er zielt; er zielte; er hat schlecht gezielt; ziel[e] genau!; die **Ziel|ge|ra|de** (einer Lauf-, Rennbahn); die **Ziel|li|nie; ziel|los;** die **Ziel|schei|be; ziel|stre|big**
sich **zie|men;** es ziemt sich; es hat sich geziemt[,] ihm zu gratulieren; es ziemt mir
ziem|lich
die **Zier;** der **Zie|rat,** *neue Schreibung:* **Zier|rat;** die Zierate, *neu:* Zierrate; die **Zier|de; zie|ren;** das Bild ziert; es zierte; es hat das Zimmer geziert; sich zieren (sich bescheiden stellen); er hat sich geziert; zier[e] dich nicht!; **zierlich;** die **Zier|pflan|ze**
die **Zif|fer;** die Ziffern; die arabischen, die römischen Ziffern; das **Zif|fer|blatt**
die **Zi|ga|ret|te;** das, *auch:* der **Zi|ga|ril|lo;** die **Zi|gar|re**
der **Zi|geu|ner** (vom Zentralrat deutscher Sinti und Roma als diskriminierend abgelehnte Bezeichnung)
die **Zi|ka|de** (grillenähnliches Insekt)
das **Zim|mer;** der **Zim|mer|mann;** die Zimmerleute; **zim|mern;** du zimmerst; er hat den Schrank gezimmert
zim|per|lich; die **Zim|per|lie|se** (*umgangssprachlich für:* zimperliches Mädchen)
der **Zimt** (ein Gewürz)
das **Zink;** das **Zink|blech**
die **Zin|ke** (Zacke); **zin|ken** (mit Zinken, Zeichen versehen); du zinkst; er zinkte; er hat die Karten gezinkt; der **Zin|ken** ([Gauner]zeichen; *umgangssprachlich für:* große Nase); des Zinkens; die Zinken
das **Zinn**
die **Zin|ne** (zahnartiger Mauerabschluss)
der **Zin|no|ber** (eine rote Farbe; *auch umgangssprachlich für:* Blödsinn); **zin|no|ber|rot**

---
[1] *Alte Trennung:* ...k|k...

der **Zins;** des Zinses; die Zinsen; der **Zinses|zins;** der **Zins|fuß;** die Zinsfüße; **zins|los;** die **Zins|rech|nung;** der **Zins|satz**

der **Zi|o|nis|mus** (Bewegung zur Gründung und Sicherung eines nationalen jüdischen Staates); der **Zi|o|nist;** des/dem/den Zionisten; die Zionisten

der **Zip|fel;** die Zipfel; die **Zip|fel|müt|ze**

zir|ka (ungefähr); zirka 15 Mark

der **Zir|kel;** die Zirkel; die **Zir|ku|la|ti|on** (Umlauf, Kreislauf); **zir|ku|lie|ren;** das Blut zirkuliert in den Adern

der **Zir|kus;** des Zirkus; die Zirkusse

zir|pen; die Grille zirpt; sie zirpte; sie hat gezirpt

zi|schen; du zischst; er zischt; er zischte; er hat gezischt; zisch[e] nicht!; der **Zisch|laut**

die **Zis|ter|ne**[1] (unterirdischer Behälter für Regenwasser)

die **Zi|ta|del|le** (Festung; Kern einer Festung)

das **Zi|tat** (wörtlich angeführte Belegstelle; bekannter Ausspruch); die Zitate

die **Zi|ther** (ein Saiteninstrument); die Zithern

zi|tie|ren (wörtlich anführen); du zitierst; sie zitiert; sie zitierte; sie hat ihn zitiert; zitier[e] richtig!

das **Zi|t|ro|nat** (kandierte Zitronenschale); die **Zi|t|ro|ne;** der **Zi|t|ronen|fal|ter; zi|t|ro|nen|gelb;** die **Zit|ro|nen|säu|re;** die **Zi|t|rus|frucht;** die Zitrusfrüchte (Zitrone, Apfelsine usw.)

zit|te|rig *und* **zitt|rig; zit|tern;** du zitterst; er zittert; er zitterte; er hat gezittert; zitter[e] nicht!; **zit|ternd**

die **Zit|ze** (Säugeorgan)

zi|vil [*ziwil*] (bürgerlich; nicht militärisch); zivile Preise (niedrige Preise); das **Zi|vil** (Zivilkleidung); in Zivil; die **Zi|vil|be|völ|ke|rung;** die **Zi|vil|coura|ge** (Mut im bürgerlichen Leben); der **Zi|vil|dienst** (anstelle des Wehrdienstes); der **Zi|vil|dienst|leis|tende**[1]**;** ein Zivildienstleistender; die **Zivi|li|sa|ti|on** (die durch den Fortschritt verbesserten Lebensbedingungen); der **Zi|vi|list** (Bürger; Nichtsoldat); des/dem/den Zivilisten; die Zivilisten; der **Zi|vil|schutz** (Schutz der Zivilbevölkerung im Kriegs- und Katastrophenfall)

[1]*Alte Trennung:* ...|st...

die **Zo|fe**

der **Zoff** (*umgangssprachlich für:* Streit, Ärger)

zö|gern; du zögerst; er zögert; er zögerte; er hat gezögert; zögere nicht!

der **Zög|ling**

das *und* der **Zö|li|bat** (Ehelosigkeit aus religiösen Gründen); des Zölibat[e]s

der **Zoll** (ein Längenmaß); 3 Zoll breit; der **Zoll|stock;** die Zollstöcke

der **Zoll** (Abgabe); die Zölle; der **Zoll|beam|te; zoll|frei;** die **Zoll|kon|t|rol|le;** der **Zöll|ner**

der **Zom|bie** (*in Horrorfilmen:* wieder erweckter Toter ohne eigenen Willen); des Zombie[s]; die Zombies

die **Zo|ne** (Gebietsstreifen); die **Zo|nengren|ze**

der **Zoo** [*zo*]; die Zoos; die **Zo|o|lo|gie** [*zo-o...*] (Tierkunde); **zo|o|lo|gisch**

der **Zopf;** die Zöpfe

der **Zorn; zor|nig**

zot|tig

z. T. = zum Teil

Ztr. = Zentner

zu; zu|al|ler|erst; zu|al|ler|letzt

das **Zu|be|hör**

der **Zu|ber** (ein Gefäß)

zu|be|rei|ten; er hat das Essen zubereitet; die **Zu|be|rei|tung**

zu|brin|gen; er hat eine Nacht im Freien zugebracht; der **Zu|brin|ger;** die **Zu|brin|ger|stra|ße**

die **Zuc|chi|ni,** *seltener:* der **Zuc|chi|no** [*tsuk...*] (ein gurkenähnliches Gemüse) *meist Plural*

die **Zucht; züch|ten;** du züchtest; er züchtet; er hat Rosen gezüchtet; züchte sie!; der **Züch|ter**

züch|ti|gen; du züchtigst; er züchtigt; er züchtigte; er hat ihn gezüchtigt

zu|ckeln[1] (*umgangssprachlich für:* langsam gehen oder fahren); du zuckelst; er zuckelte; er ist gemütlich nach Hause gezuckelt

zu|cken[1]**;** du zuckst; sie zuckt; sie zuckte; sie hat gezuckt; zucke nicht!

zü|cken[1]**;** du zückst; er zückt; er zückte; er hat das Messer gezückt

der **Zu|cker**[1]**; zu|cker|krank**[1]**;** die **Zucker|krank|heit**[1] (mit erhöhtem Zuckergehalt des Blutes); **zu|ckern**[1]**;** du zuckerst; er zuckert; er zuckerte; er hat das Obst gezuckert; zuckere es!; die **Zu|cker|rü|be**[1]**; zu|cker|süß**[1]

[1]*Alte Trennung:* ...k|k...

zu|de|cken[1]; er deckt zu; er hat das Kind zugedeckt; sich zudecken
zu|dem (überdies)
zu|dring|lich; die **Zu|dring|lich|keit**
zu|ei|n|an|der; zueinander sprechen, passen; **zu|ein|an|der|fin|den,** *neue Schreibung:* **zu|ei|n|an|der fin|den** (zusammenfinden); sie haben zueinandergefunden, *neu:* zueinander gefunden
zu|erst; der zuerst genannte Name nennt den Verfasser
die **Zu|fahrt;** die **Zu|fahrts|stra|ße**
der **Zu|fall; zu|fäl|lig**
zu|fas|sen; du faßt, *neu:* fasst zu; er faßte, *neu:* fasste zu; er hat blitzschnell zugefaßt, *neu:* zugefasst
die **Zu|flucht;** der **Zu|fluchts|ort**
zu|fol|ge; dem Befehl zufolge; aber: zufolge des Befehls
zu|frie|den; zufrieden machen, sein, werden; es hat ihn zufrieden gemacht; sich **zu|frie|den|ge|ben,** *neue Schreibung:* **zu|frie|den ge|ben** (sich begnügen); er hat sich damit zufriedengegeben, *neu:* zufrieden gegeben; die **Zufrie|den|heit; zu|frie|den|las|sen,** *neue Schreibung:* **zu|frie|den las|sen** (in Ruhe lassen); ihr sollt ihn zufriedenlassen, *neu:* zufrieden lassen!; **zu|frieden|stel|len,** *neue Schreibung:* **zufrie|den stel|len;** wir haben alle Kunden zufriedengestellt, *neu:* zufrieden gestellt
zu|fü|gen; er fügte ihm Schaden zu; er hat mir [ein] Unrecht zugefügt
der **Zug;** Zug um Zug; der 10-Uhr-Zug
die **Zu|ga|be**
der **Zu|gang; zu|gäng|lich**
zu|ge|ben; sie hat alles zugegeben (gestanden)
zu|ge|gen; zugegen bleiben, sein
zu|ge|hen; er geht auf das Haus zu; die Rechnung geht Ihnen gesondert zu; es ging sehr fröhlich zu; der Koffer ist nicht zugegangen
der **Zü|gel;** die Zügel; **zü|gel|los;** am zügellosesten; **zü|geln;** du zügelst; er zügelt; er zügelte; er hat sein Temperament gezügelt; züg[e]le es!
das **Zu|ge|ständ|nis;** des Zugeständnisses; die Zugeständnisse
zü|gig (rasch, ohne Stockung); die **Zug|kraft** (Anziehungskraft)
zu|gleich

[1]*Alte Trennung:* ...k|k...

zu|grei|fen; er griff zu; er hat zugegriffen
zu|grun|de, *auch:* **zu Grun|de;** zugrunde, *auch:* zu Grunde gehen, legen, liegen, richten
die **Zug|spit|ze** (höchster Berg Deutschlands)
zu|guns|ten[1], *auch:* **zu Guns|ten;** zugunsten, *auch:* zu Gunsten bedürftiger Kinder; aber: dem Freund zugunsten, *auch:* zu Gunsten
zu|gu|te; zugute halten, kommen, tun
der **Zug|vo|gel**
zu Haus *und* **zu Hau|se;** das **Zu|hause;** er hat kein Zuhause mehr; aber: ich bin zu Hause
zu|hö|ren; du hörst zu; sie hört zu; sie hörte zu; sie hat kaum zugehört; hör[e] gut zu!; der **Zu|hö|rer**
zu|kom|men; er kommt auf mich zu; er kam auf mich zu; sie hat mir eine Nachricht zukommen lassen; dabei ist ihm eine besondere Rolle zugekommen
die **Zu|kunft; zu|künf|tig**
die **Zu|la|ge**
zu|lan|de, *neue Schreibung:* **zu Lande;** bei uns zulande, *neu:* zu Lande; hierzulande, *auch:* hier zu Lande; zu Wasser und zu Lande
zu|las|sen; du läßt, *neu:* lässt zu; er ließ zu; er hat die Öffentlichkeit zugelassen; **zu|läs|sig;** die **Zu|las|sung**
der **Zu|lauf**
zu|leid *und* **zu|lei|de,** *auch:* **zu Leid** *und* **zu Lei|de;** jemandem etwas zuleid[e], *auch:* zu Leid[e] tun
zu|letzt; aber: zu guter Letzt
zu|lie|be; er hat es ihm zuliebe getan
zum (zu dem)
zu|ma|chen; er macht zu; er hat die Tür zugemacht
zu|meist
zu|min|dest; aber: zum Mindesten
zu|mu|te, *auch:* **zu Mu|te;** mir ist gut, schlecht zumute, *auch:* zu Mute
zu|mu|ten; du hast dir zu viel zugemutet; die **Zu|mu|tung**
zu|nächst; zunächst ging er nach Hause; zunächst dem Hause *oder* dem Hause zunächst
die **Zu|nah|me; zu|neh|men;** er nimmt zu; er hat an Gewicht zugenommen
der **Zu|na|me** (Familienname)
das **Zünd|blätt|chen; zün|den;** du zündest; er zündet; er zündete; er hat den

[1]*Alte Trennung:* ...|st...

Motor gezündet; der **Zün|der;** das **Zünd|holz;** die **Zünd|ker|ze;** der **Zünd|schlüs|sel;** die **Zün|dung**
die **Zu|nei|gung**
die **Zunft** (ein Berufsverband); die Zünfte; **zünf|tig**
die **Zun|ge; zün|geln;** die Schlange züngelte; sie hat gezüngelt
zu|nich|te; zunichte machen, werden
zu|nụt|ze, *auch:* **zu Nut|ze;** sich etwas zunutze, *auch:* zu Nutze machen
zu|ọberst
zu|ord|nen; jedem X ist genau ein Y zugeordnet
zu|pa|cken[1]**;** er packte zu; jeder hat zugepackt
zup|fen; du zupfst; er zupft; er zupfte; er hat ihn am Haar gezupft; zupf[e] ihn nicht!; das **Zupf|in|s|t|ru|ment**
zur (zu der)
sich **zu|rẹcht|fin|den;** er findet sich zurecht; er hat sich zurechtgefunden
zu|rẹcht|kom|men; er kam zurecht; er ist mit der Maschine zurechtgekommen
zu|rẹcht|le|gen; er legt sich zurecht; er hat sich alles zurechtgelegt
zu|rẹcht|wei|sen; er weist ihn zurecht; er hat ihn zurechtgewiesen; die **Zu|recht|wei|sung**
zu|re|den; er redet ihm zu; er hat ihm gut zugeredet
Zü̱|rich [schweizerisch: *zụrich*] (Stadt in der Schweiz)
zür|nen; du zürnst; sie zürnt; sie zürnte; sie hat gezürnt; zürne nicht!
zu|rụ̈ck; zurück sein. *Groß:* es gibt kein Zurück mehr
zu|rück|be|hal|ten; er behält zurück; er hat den Betrag zurückbehalten
zu|rück|füh|ren; es führte kein Weg zurück; er hat die Gruppe zum Hotel zurückgeführt; das Unglück ist auf menschliches Versagen zurückzuführen
zu|rück|ge|ben; er hat den Schlüssel zurückgegeben
zu|rück|ge|hen; ich ging zurück; die Produktion ist zurückgegangen; diese Redensart geht auf Luther zurück
zu|rück|hal|ten; er hielt mich zurück; er hat die Nachricht zurückgehalten; halt[e] dich zurück!; **zu|rück|hal|tend**
zu|rück|keh|ren; er kehrt zurück; er ist zurückgekehrt

[1] *Alte Trennung:* ...k|k...

zu|rück|kom|men; der Brief kam zurück; er ist zurückgekommen
zu|rück|le|gen; sie legte den Kopf zurück; sie hat die Strecke zu Fuß zurückgelegt
zu|rück|neh|men; er hat seine Behauptung zurückgenommen
zu|rück|schre|cken[1]**;** er schreckte vor nichts zurück; er ist zurückgeschreckt
zu|rück|set|zen; der Fahrer setzte [den Wagen] zurück; man hat ihn immer zurückgesetzt (kränkend benachteiligt)
zu|rück|tre|ten; der Minister ist zurückgetreten
zu|rück|zie|hen; er hat den Antrag zurückgezogen; er zog sich zurück (entfernte sich)
zu|ru|fen; er rief mir etwas zu
die **Zu|sa|ge; zu|sa|gen;** das Zimmer sagt mir zu (gefällt mir); sie hat mir Hilfe zugesagt (versprochen)
zu|sạm|men; zusammen mit seinen Mitarbeitern; **zu|sạm|men|ar|bei|ten** (Hand in Hand arbeiten); sie arbeiteten zusammen; sie haben zusạmmengearbeitet; aber: zusạmmen (gemeinsam) ạrbeiten und zusạmmen (gemeinsam) ẹssen
zu|sam|men|bre|chen; die Brücke ist zusammengebrochen; der **Zu|sam|men|bruch**
zu|sạm|men|fas|sen; er hat den Inhalt zusammengefaßt, *neu:* zusammengefasst; die **Zu|sam|men|fas|sung**
zu|sam|men|ge|setzt; ein zusammengesetztes Wort
zu|sạm|men|hal|ten; wir halten zusammen; wir haben zusammengehalten
der **Zu|sam|men|hang;** die Zusammenhänge
die **Zu|sam|men|kunft;** die Zusammenkünfte
zu|sam|men|neh|men; er hat seinen ganzen Mut zusammengenommen; nimm dich zusammen!
der **Zu|sam|men|prall**
zu|sạm|men|sein, *neue Schreibung:* **zu|sam|men sein;** wir sind zusammengewesen, *neu:* zusammen gewesen; solange wir zusammen sind, zusammen waren
die **Zu|sam|men|set|zung**
der **Zu|sam|men|stoß; zu|sạm|men-**

[1] *Alte Trennung:* ...k|k...

sto|ßen; sie stießen zusammen; sie sind zusammengestoßen
zu|sam|men|zäh|len; sie hat die Beträge zusammengezählt
zu|sam|men|zu|cken[1]**;** er ist zusammengezuckt
der **Zu|satz;** die Zusätze; **zu|sätz|lich**
zu|schan|den, *auch:* **zu Schan|den;** zuschanden, *auch:* zu Schanden machen, werden
zu|schau|en; sie schaut zu; sie hat zugeschaut; der **Zu|schau|er**
der **Zu|schlag; zu|schla|gen;** er schlug zu; er hat die Tür zugeschlagen; die Tür ist zugeschlagen
die **Zu|schrift**
zu|schul|den, *auch:* **zu Schul|den;** sich etwas zuschulden, *auch:* zu Schulden kommen lassen
der **Zu|schuß,** *neue Schreibung:* **Zuschuss;** die Zuschüsse
zu|se|hen; er sieht zu; er hat zugesehen; **zu|se|hends**
das **Zu|spiel** *(Sport)*
der **Zu|stand; zu|stan|de,** *auch:* **zu Stan|de;** zustande, *auch:* zu Stande bringen, kommen; **zu|stän|dig**
zu|stat|ten; zustatten kommen
zu|ste|hen; dieses Recht stand ihm zu; es hat ihm zugestanden
zu|stel|len; die Post hat das Paket zugestellt; die **Zu|stell|ge|bühr**
zu|stim|men; sie hat zugestimmt; die **Zu|stim|mung**
zu|sto|ßen; er stieß mit dem Messer zu; er hat die Tür zugestoßen; es ist ihm etwas zugestoßen (passiert)
zu|ta|ge, *auch:* **zu Ta|ge;** zutage, *auch:* zu Tage bringen, fördern, treten
die **Zu|tat;** die Zutaten (beim Kochen) *meist Plural*
zu|teil; zuteil werden; **zu|tei|len;** man hat ihm seine Portion zugeteilt; die **Zu|tei|lung**
zu|tiefst
zu|trau|en; er traut es mir zu; er hat es mir zugetraut; das **Zu|trau|en; zu|trau|lich**
zu|tref|fend; das **Zu|tref|fen|de**
der **Zu|tritt;** Zutritt verboten
das **Zu|tun;** ohne mein Zutun (ohne meine Mitwirkung)
zu|un|guns|ten[2]**,** *auch:* **zu Un|guns|ten;** ↑zugunsten

[1] *Alte Trennung:* ...k|k...
[2] *Alte Trennung:* ...|st...

zu|un|terst
zu|ver|läs|sig
die **Zu|ver|sicht; zu|ver|sicht|lich**
zu|viel, *neue Schreibung:* **zu viel;** zuviel, *neu:* zu viel des Guten; er weiß zuviel, *neu:* zu viel; er weiß viel, ja zu viel davon; du hast viel zuviel, *neu:* zu viel gesagt; besser zuviel als zuwenig, *neu:* zu viel als zu wenig
zu|vor; zu|vor|kom|men (schneller sein); er ist mir zuvorgekommen; **zu|vor|kom|mend**
der **Zu|wachs** (Vermehrung, Erhöhung)
zu|we|ge, *auch:* **zu We|ge;** etwas zuwege, *auch:* zu Wege bringen
zu|wei|len
zu|we|nig, *neue Schreibung:* **zu wenig;** du weißt viel zuwenig, *neu:* zu wenig
zuwi|der; zuwider sein; **zu|wi|der|han|deln** (Verbotenes tun); er handelt dem Befehl zuwider; er hat ihm zuwidergehandelt
zu|zei|ten (bisweilen); aber: zu Zeiten Karls des Großen
zu|zie|hen; sie zieht den Vorhang zu; sie hat ihn zugezogen; sich etwas zuziehen; sie hat sich einen Schnupfen zugezogen; sie ist neu zugezogen
der **Zwang; zwän|gen;** er zwängte das Buch in die Tasche; ich habe mich ins Abteil gezwängt; **zwang|los;** am zwanglosesten; **zwangs|läu|fig**
zwan|zig ↑achtzig; der **Zwan|zig|mark|schein; zwan|zigs|te**[1] ↑achte
zwar; er ist zwar alt, aber noch sehr rüstig; viele Sorten, und zwar Äpfel, Birnen, Pflaumen
der **Zweck** (Sinn, Absicht); die Zwecke; **zweck|ent|spre|chend; zweck|los; zweck|mä|ßig**
zwei; wir sind zu zweien *oder* zu zweit; herzliche Grüße von uns zweien; die Meinung zweier Gutachter; ↑acht; **zwei|deu|tig; zwei|di|men|si|o|nal; zwei|ein|halb;** in zweieinhalb Stunden; **zwei|er|lei; zwei|fach** ↑achtfach
der **Zwei|fel;** die Zweifel; **zwei|fel|haft; zwei|fel|los; zwei|feln;** du zweifelst; er zweifelt; er zweifelte; er hat gezweifelt; zweifle nicht!
der **Zweig;** die **Zweig|stel|le**
zwei|häu|sig (*Botanik:* nur mit männlichen oder nur mit weiblichen Blüten);

[1] *Alte Trennung:* ...|st...

eine zweihäusige Pflanze; **zwei|jäh|rig;** der **Zwei|kampf; zwei|mal;** ein- bis zweimal; ↑achtmal; das **Zwei|mark|stück; zwei|spu|rig; zwei|stel|lig; zweit|bes|te**[1]**; zwei|te;** er ist zweiter Geiger; etwas aus zweiter Hand kaufen; er hat wie kein zweiter, *neu:* Zweiter gearbeitet; zum ersten, zum zweiten, zum dritten, *neu:* zum Ersten, zum Zweiten, zum Dritten; das zweite, *neu:* Zweite Programm; Zweites Deutsches Fernsehen; der Zweite Weltkrieg; es ist noch ein Zweites zu erwähnen; ↑auch: achte; **zwei|tens;** die **Zwei|zim|mer|woh|nung** (*mit Ziffer:* 2-Zimmer-Wohnung)

das **Zwerch|fell**

der **Zwerg**

die **Zwet|sche,** *auch (meist landschaftlich):* die **Zwetsch|ge** *und* die **Zwetsch|ke**

der **Zwi|ckel**[2] (keilförmiger Einsatz); die Zwickel

zwi|cken[2]**;** du zwickst; sie zwickt; sie zwickte; sie hat mich gezwickt; zwick[e] nicht!

die **Zwick|müh|le**

der **Zwie|back;** die Zwiebäcke *und* die Zwiebacke

die **Zwie|bel;** die Zwiebeln

das **Zwie|ge|spräch**

das **Zwie|licht; zwie|lich|tig**

der **Zwie|spalt;** die Zwiespalte *und* die Zwiespälte; **zwie|späl|tig**

die **Zwie|tracht**

der **Zwil|ling**

zwin|gen; du zwingst; sie zwingt; sie zwang; sie hat uns gezwungen; zwing[e] uns nicht dazu!; der **Zwin|ger** (fester Turm; Gehege, Käfig)

zwin|kern (blinzeln); du zwinkerst; er zwinkert; er zwinkerte; er hat mit den Augen gezwinkert

zwir|beln; du zwirbelst; er zwirbelte; er hat seinen Bart gezwirbelt; zwirb[e]le den Faden!

der **Zwirn;** die Zwirne (Zwirnarten); der **Zwirns|fa|den**

zwi|schen; zwi|schen|durch; der **Zwi|schen|fall;** der **Zwi|schen|raum;** die **Zwi|schen|zeit** (Zeit dazwischen; *Sport:* für eine Teilstrecke gemessene Zeit)

der **Zwist;** die Zwiste; die **Zwis|tig|keit**[1]

zwit|schern; der Vogel zwitschert; der Vogel zwitscherte; der Vogel hat gezwitschert

der **Zwit|ter** (Wesen mit weiblichen und männlichen Geschlechtsmerkmalen)

zwölf; wir sind zu zwölfen *oder* zu zwölft; es ist fünf [Minuten] vor zwölf; die zwölf Apostel; ↑acht; die **Zwölf** (Zahl); die Zwölfen; ↑Acht; **zwölf|jäh|rig; zwölf|mal** ↑achtmal; **zwölf|te** ↑achte; das **Zwölf|tel;** die Zwölftel; ↑Achtel; **zwölf|tens**

das **Zy|an|ka|li** (ein starkes Gift); des Zyankalis

der **Zy|k|lus** [auch: *züklus*] (Kreislauf, Kreis); die Zyklen

der **Zy|lin|der;** der **Zy|lin|der|hut; zy|lin|d|risch**

der **Zy|ni|ker; zy|nisch** (auf grausame Weise spöttisch); am zynischsten; der **Zy|nis|mus** (zynische Einstellung; zynische Äußerung); die Zynismen

Zy|pern (Insel und Staat im Mittelmeer); der **Zy|p|rer** *und* der **Zy|p|ri|ot;** des/dem/den Zyprioten; die Zyprioten; **zy|p|ri|o|tisch** *und* **zy|p|risch**

die **Zy|p|res|se** (ein Nadelbaum)

die **Zys|te**[1] (krankhafter, mit Flüssigkeit gefüllter Hohlraum im Gewebe); die Zysten

z. Z. = zur Zeit

[1]*Alte Trennung:* ...|st...
[2]*Alte Trennung:* ...k|k...

[1]*Alte Trennung:* ...|st...

Regeln zur deutschen Rechtschreibung

A Buchstabenregeln
B Regeln zur Getrennt- und Zusammenschreibung
C Regeln zur Schreibung mit Bindestrich
D Regeln zur Groß- und Kleinschreibung
E Regeln zur Zeichensetzung
F Regeln zur Silbentrennung (Trennung am Zeilenende)

A Buchstabenregeln

Bei den Buchstabenregeln geht es um die Wortschreibung im engeren Sinn. Die Buchstabenregeln sagen dir beispielsweise, ob du *Beume* oder *Bäume, Wurtzel* oder *Wurzel, du sitzst* oder *du sitzt* schreiben sollst. Nicht zu den Buchstabenregeln gehören die Regeln der Groß- und Kleinschreibung, der Getrennt- und Zusammenschreibung sowie der Schreibung mit Bindestrich. Diese Gebiete der Rechtschreibung behandeln wir in eigenen Abschnitten.

Es gibt viele Buchstabenregeln und viele Ausnahmen dazu. Wir wollen uns im Folgenden auf die **sicheren Regeln** beschränken, also auf die Regeln, zu denen es gar keine oder wenigstens nicht allzu viele Ausnahmen gibt. Bei diesen Regeln lohnt es sich, wenn du sie dir einprägst.

Wenn diese Regeln bei einem Zweifelsfall nicht weiterhelfen, musst du im Wörterbuchteil dieses Schülerdudens nachschlagen.

1 Die Wortstammregeln

1.1 die Fart *oder* die Fahrt?
du stelst *oder* du stellst?

Bei Unsicherheiten dieser Art ist es oft hilfreich, nach dem **Wortstamm** zu fragen. Der Wortstamm ist der Kern der Wörter, an den die Endungen und die Vorsilben (Präfixe) gefügt werden.

Für die Schreibung des Wortstammes gilt die folgende Regel:

A1 Ein **Wortstamm** wird in allen Wörtern, in denen er vorkommt, **gleich geschrieben:**

fahr...
fahren, ich fahre, du fährst, er/sie fährt, wir sind gefahren
Fahrt, Vorfahrt, Schifffahrt, Fahrbahn, Autofahrerin

stell...
stellen, ich stelle, du stellst, er/sie stellt, ich stellte, ich habe gestellt
Stellung, Gestell, Stellwand

1.2 Rat *oder* Rad?

Oft ist nicht recht klar, mit welchem Konsonanten (Mitlaut) ein Wortstamm endet: mit *d* oder *t,* mit *b* oder *p*, mit *s* oder *ß?* In solchen und ähnlichen Fällen hilft dir die folgende Probe:

A2 Vergleiche mit einer verwandten Wortform, die auf eine Endung ausgeht wie: ***-e, -en, -er, -es, -in, -ung***. Wenn du dir die Wortform deutlich vorsprichst, hörst du, auf welchen Laut der Wortstamm endet:

der Dieb (wegen: des Diebes, die Diebin)
sei lieb (wegen: lieben, die Liebe)

das Los (wegen: des Loses, die Lose, verlosen, die Verlosung)
bloß (wegen: ein bloßer Zufall, entblößen)

das Rad (wegen: des Rades, die Räder)
der Rat (wegen: des Rates, raten)

billig (wegen: ein billiges Buch)
bläulich (wegen: ein bläuliches Licht)

der Käfig (wegen: die Käfige)
der Rettich (wegen: die Rettiche)

1.3 Felle *oder* Fälle? Leute *oder* Läute?

Oft ist unklar, ob man ein Wort mit *e* oder *ä*, mit *eu* oder *äu* schreiben soll. Hier merkst du dir am besten, wann *ä* oder *äu* zu verwenden ist.

A3 Ein Wort wird mit ***ä*** oder ***äu*** geschrieben, wenn es ein **verwandtes Wort** mit ***a*** oder ***au*** gibt:

die Hände (wegen: die Hand)
die Fälle (wegen: der Fall)
fällen, das Gefälle (wegen: fallen)
fälschen, der Geldfälscher (wegen: falsch)
die Stärke (wegen: stark)

läuten (wegen: laut)
die Bäume, das Bäumchen (wegen: der Baum)
bläulich (wegen: blau)
wiederkäuen (wegen: kauen)

Wenn es kein verwandtes Wort mit *a* oder *au* gibt, schreibt man *e* oder *eu:*

die Felle (wie: das Fell)
die Werke (wie: das Werk, werken)

die Leute
neulich (wie: neu)

Einige wenige Wörter haben *ä* oder *äu,* obwohl es im Deutschen keine verwandten Wörter mit *a* oder *au* gibt:

ätzen, dämmern, Geländer, Lärm, März, Schärpe, -wärts (zum Beispiel: abwärts, aufwärts)

Knäuel, Räude, sich räuspern, Säule, sich sträuben, täuschen

1.4 Schiffahrt *oder* Schifffahrt *oder* Schiff-Fahrt? Seelefant *oder* Seeelefant *oder* See-Elefant?

A4 Wenn in einem zusammengesetzten Wort **drei gleiche Buchstaben** zusammentreffen, bleiben alle drei stehen:

Schifffahrt, Schifffracht
Schritttempo, Schutttrümmer
Flusssand, Flussstrecke
Seeelefant, Hawaiiinseln

Wenn schwer lesbare Schriftbilder entstehen, kannst du einen Bindestrich setzen:

Betttuch (besser lesbar: Bett-Tuch)
Seeelefant (besser lesbar: See-Elefant)

2 Ergänzende Regeln für die Schreibung der Konsonanten (Mitlaute)

2.1 Geheimnis *oder* Geheimniss? Freundinen *oder* Freundinnen?

A5 Bei den Endungen ***-in*** und ***-nis*** wird der letzte Konsonant (Mitlaut) nur dann verdoppelt, wenn eine weitere Endung angefügt wird:

-in:	die Ärztin → die Ärztinnen die Königin → die Königinnen
-nis:	das Geheimnis → des Geheimnisses, die Geheimnisse die Kenntnis → die Kenntnisse

Diese Regel gilt auch für viele Wörter auf *-as, -is, -os* und *-us:*

-as:	die Ananas → die Ananasse der Atlas → des Atlasses, die Atlasse (neben: die Atlanten)
-is:	der Iltis → die Iltisse der Kürbis → des Kürbisses, die Kürbisse
-os:	der Albatros → die Albatrosse das Rhinozeros → die Rhinozerosse
-us:	der Diskus → die Diskusse der Globus → die Globusse (neben: die Globen)

2.2 Haken *oder* Hacken? Wurzel *oder* Wurtzel?

Hier merkst du dir am besten, wann du *ck* und *tz* schreiben musst.

A6 In deutschen Wörtern steht nach einem **kurzen betonten** Vokal (Selbstlaut) ***ck*** statt ***kk*** und ***tz*** statt ***zz:***

hacken, ich hacke, er/sie hackt; erschrecken, du erschrickst; Fackel; dick; Schnecke
ritzen, er/sie ritzt; Dutzend; Platz, platzieren; Katze

In allen übrigen Fällen schreibst du einfaches *k* oder *z.*

Du schreibst einfaches *k* oder *z,* wenn ein **langer** oder ein **doppelter Vokal** (Selbstlaut) vorangeht:

Haken, Schnake, wir erschraken, Pauke, heikel
(jemanden) duzen, Schnauze, reizen

Du schreibst einfaches *k* oder *z,* wenn ein **Konsonant** (Mitlaut) vorangeht:

merken, winken, Balken
Wurzel, stanzen, Walze

2.3 Strasse *oder* Straße? Gasse *oder* Gaße?

A7 Wenn in einem Wortstamm auf einen **langen** oder einen **doppelten Vokal** (Selbstlaut) ein einfacher, scharfer s-Laut folgt, schreibt man **Eszett (ß):**

Straße, Sträßchen; groß, Größe; grüßen, er/sie grüßt
draußen; heiß, heißer, am heißesten; schweißen, er/sie schweißt

Wenn der Vokal (Selbstlaut) **kurz** ist, schreibt man **Doppel-s (ss):**

Gasse, Gässchen; Kuss, küssen, er/sie küsst; vermissen, er/sie vermisst, misslich

Das Eszett (ß) gibt es nur als Kleinbuchstaben. Wenn du ein Wort ganz in Großbuchstaben schreiben willst, musst du das Eszett durch Doppel-s ersetzen:

STRASSE, GROSS, GRÜSSEN

Bei den unregelmäßigen Verben (Tätigkeitswörtern, Zeitwörtern) musst du genau darauf achten, wie du den Vokal (Selbstlaut) vor dem s-Laut aussprichst:

vergessen, er/sie vergisst, ich habe vergessen; *aber:* ich vergaß, wir vergaßen
schließen, er/sie schließt; *aber:* ich schloss, wir schlossen, sie haben geschlossen

2.4 Hexe *oder* Hechse? Axe *oder* Achse?

A8 **Grundregel:** Für die Lautverbindung [ks] schreibt man den Buchstaben ***x:***

Axt, boxen, Hexerei, mixen, Taxi, verflixt, Xylofon

!!! In den folgenden Wörtern wird entgegen der Grundregel *chs* geschrieben:

Achse (aber: axial), Achsel, Büchse, Dachs, drechseln, Echse, Flachs, Fuchs, Hachse (auch: Haxe), Lachs, Luchs, Ochse, sechs, Wachs, wachsen, Wechsel, Weichsel(kirsche), wichsen

!!! Achte darauf, ob das *s* an einen Wortstamm angefügt ist, der auf *-g, -k* oder *-ck* ausgeht! Beispiele:

flugs (wegen: der Flug)
die Streiks (wegen: der Streik)
der Knicks (wegen: knicken)

2.5 du sitzt *oder* du sitzst? du reißt *oder* du reißst?

A 9 Wenn der Stamm eines Verbs (Tätigkeitsworts, Zeitworts) auf einen s-Laut ausgeht, wird die Endung ***-st*** zu ***-t*** verkürzt:

reisen (Stamm: reis...) → du reist
hassen (Stamm: hass...) → du hasst
reißen (Stamm: reiß...) → du reißt
mixen (Stamm: mix...) → du mixt
scherzen (Stamm: scherz...) → du scherzt
sitzen (Stamm: sitz...) → du sitzt

2.6 das reizenste *oder* das reizendste Kleid? die trockenste *oder* die trockendste Wüste?

Manchmal weiß man nicht, ob vor dem **Superlativ,** der höchsten Steigerungs- oder Vergleichsstufe von Adjektiven (Eigenschaftswörtern), ein *d* oder ein *t* steht.

A 10 Beachte: Die Schreibung des Superlativs leitet sich vom Positiv (von der Grundstufe) ab:

trocken:	die trockene Wüste → die trockenste Wüste
entlegen:	die entlegene Insel → die entlegenste Insel
reizend:	das reizende Kleid → das reizendste Kleid
bedeutend:	das bedeutende Werk → das bedeutendste Werk
erbittert:	die erbitterten Feinde → die erbittertsten Feinde
gemäßigt:	die gemäßigte Ansicht → die gemäßigtste Ansicht

3 Ergänzende Regeln für die Schreibung der Vokale (Selbstlaute)

3.1 Sib *oder* Sieb? Tiger *oder* Tieger?

Als Faustregel kannst du dir merken:

A 11 Für den **lang gesprochenen i-Laut** schreibt man in **deutschen** Wörtern ***ie,*** in **Fremdwörtern *i.***

Deutsche Wörter:

Knie, sie, wie, Sieb, Miete, Tier, frieren, Diele, ziemlich, Biest, gießen

Fremdwörter (Wörter aus anderen Sprachen):

Krise, Ventil, stabil, Maschine, Turbine

Wenn du Regel A 11 beherrschst, musst du dir nur noch die folgenden Ausnahmen einprägen.

!!! In einigen deutschen Wörtern schreibt man für den lang gesprochenen i-Laut einfaches *i:*

dir, mir, wir; gib, du gibst, er gibt (aber: ergiebig); Bibel, Biber, Brise, Fibel, Igel, Nische, Primel, Tiger, Wisent

Unterscheiden musst du zwischen gleich lautenden, aber unterschiedlich geschriebenen Wörtern wie:

Lid (am Auge)	Lied (Gesangsstück)
Mine (Bergwerk; im Bleistift; Sprengkörper)	Miene (Gesichtsausdruck)
Stil (Bau-, Schreibart usw.)	Stiel (z. B. am Hammer)
wider (gegen)	wieder (erneut)

!!! Man schreibt *ie,* wenn fremde Wörter auf *-ie, -ier, -ieren* enden:

Industrie, Magie, Batterie
Manier, Scharnier, Offizier
regieren, er/sie regiert, die Regierung

Einzelfälle wie die folgenden musst du auswendig lernen:

Geysir, Saphir, Souvenir, Vampir, Wesir

Zur Buchstabengruppe *ieh* vergleiche die Regel A 12.

!!! Die Buchstabengruppe *ih* steht nur bei den folgenden Pronomen (Fürwörtern):
ihm, ihn, ihnen, ihr (→ *ihre, ihren, ihrem* ...)

Zur Buchstabengruppe *ieh* vergleiche die Regel A 12.

3.2 es gefiel mir *oder* es gefiehl mir?

A 12 Die Buchstabengruppe ***ieh*** steht nur in Formen von Verben (Tätigkeitswörtern, Zeitwörtern), deren Grundform (Infinitiv) die Buchstabenverbindung ***eh*** oder ***eih*** aufweist:

sehen → du siehst, er/sie sieht
befehlen → du befiehlst, er/sie befiehlt
leihen → ich lieh, ich habe geliehen

Aber:

fallen → ich fiel
gefallen → es gefiel mir
schreien → ich schrie, ich habe geschrien

!!! Die Buchstabengruppe *ieh* steht außerdem in den folgenden vier Wörtern:
fliehen, ziehen, Vieh, wiehern

3.3 Kloster *oder* Klohster? Wut *oder* Wuht?

In vielen Wortstämmen schreibt man nach einem lang gesprochenen Vokal (Selbstlaut) noch ein *h*. Es wird Dehnungs-h genannt. Beispiele:

Stahl, zahm, kühn, sehr

Solche Schreibungen verführen manche dazu, fälschlich nach allen lang gesprochenen Vokalen ein *h* zu setzen. Wenn du auch dazu neigst, zu viele *h* zu schreiben, helfen dir die folgenden Regeln. Sie sagen dir, wann im Deutschen ganz sicher **kein Dehnungs-h** steht.

A 13 Wenn im Wortstamm auf den langen Vokal (Selbstlaut) noch **zwei oder mehr Konsonanten** (Mitlaute) folgen, steht **kein Dehnungs-h:**

Kloster, Wüste, Trost, Mond

Beachte die folgenden zwei Ausnahmen:

ahnden, fahnden

A14 Wenn im Wortstamm auf den langen Vokal (Selbstlaut) noch ein **Verschlusslaut** oder ein **Reibelaut** folgt, steht **kein Dehnungs-h.**

Verschlusslaute sind: *p, b, t, d, k, g.* Man schreibt also ohne *h:*

Stapel, loben, Wut, Not, Planet, laden, fad, Haken, Luke, Regen, Weg

Ausnahmen:

Fehde; Draht (gehörte ursprünglich zu: drehen)

Reibelaute sind: *f, v, w, s, ß, sch, ch.* Man schreibt also ohne *h:*

Ofen, Ufer, Frevel, Möwe, Rose, grüßen, suchen

3.4 Härchen *oder* Häärchen?

A15 Die Umlaute *ä* und *ö* werden **nie verdoppelt.**

Diese Regel gilt auch für Wörter, die zu Wörtern mit *aa* und *oo* gehören:

das Härchen (trotz: das Haar); das Pärchen (trotz: das Paar); die Säle (Mehrzahl von: der Saal); das Bötchen (trotz: das Boot)

3.5 Weier *oder* Weiher? Keiser *oder* Kaiser?

A16 Die Schreibung mit *ei* ist der **Normalfall.** Du musst dir also nur die Wörter mit *eih* und *ai* merken.

▸ Beispiele für den Normalfall:

Blei, drei, schreien, Kleie, schneien, Feier

In den folgenden Wörtern wird *eih* geschrieben:

gedeihen, Geweih, leihen (≠ Laien), Reihe, Reiher, seihen, verzeihen, weihen, Weiher

In einigen Wörtern wird *ai* geschrieben. Beispiele:

Kaiser, Hai, Mai

Unterscheiden musst du zwischen gleich lautenden, aber unterschiedlich geschriebenen Wortstämmen wie:

Laib (zum Beispiel Brotlaib) .... Leib (Körper)
Laich (zum Beispiel Froschlaich) .... Leiche (toter Mensch)
Laie (Nichtfachmann) .... leihen (ausleihen)
Saite (zum Beispiel bei der Geige) ...... Seite (im Buch)
Waise (elternloses Kind) .... Weise (Art)

B Regeln zur Getrennt- und Zusammenschreibung

Ob ein Wort getrennt oder zusammengeschrieben wird, lässt sich nicht immer in Regeln festlegen. Wir zeigen deshalb nur eine Auswahl derjenigen Fälle, die einigermaßen sicher geregelt sind.

Wenn du beim Schreiben Zweifel hast, ob eine Regel zutrifft oder nicht, schlägst du am besten im Wörterbuchteil dieses Schülerdudens nach.

1 Verbindungen mit Verben (Tätigkeitswörtern, Zeitwörtern)

1.1 sitzen bleiben *oder* sitzenbleiben? fallen lassen *oder* fallenlassen?

B1 Die **Grundform** des Verbs (Infinitiv) steht immer **getrennt** von einer folgenden Verbform:

sitzen bleiben → Sie ist während der Pause *sitzen geblieben.* Er ist wegen seiner schlechten Mathekenntnisse *sitzen geblieben.* Hoffentlich kann ich noch eine Zeit lang auf diesem Platz *sitzen bleiben.* Wenn Erika nur nicht in diesem Schuljahr *sitzen bleibt!*

Ebenso: fallen lassen, sitzen lassen, stehen bleiben, stehen lassen, spazieren gehen, kennen lernen

1.2 teilnehmen *oder* Teil nehmen? anteilnehmen *oder* Anteil nehmen?

B2 Man schreibt die folgenden Verbindungen aus Substantiv (Nomen, Hauptwort) und Verb (Tätigkeitswort, Zeitwort) zusammen:

heim-	heimbringen, heimfahren, heimführen, heimgehen, heimkehren, heimleuchten, heimreisen, heimsuchen, heimzahlen (und weitere)
irre-	irreführen, irreleiten; (außerdem:) irrewerden
preis-	preisgeben
stand-	standhalten
statt-	stattfinden, stattgeben, statthaben
teil-	teilhaben, teilnehmen
wett-	wettmachen
wunder-	wundernehmen

Diese Bestandteile schreibst du auch dann klein, wenn sie allein am Satzende stehen (Regel D 8):

teilnehmen → Ich nehme am Rennen teil.
preisgeben → Gib dieses Geheimnis nicht preis!

Alle übrigen Verbindungen aus Substantiv (Nomen, Hauptwort) und Verb (Tätigkeitswort, Zeitwort) schreibst du getrennt:

Anteil nehmen, Acht geben, Schritt halten, Fuß fassen, Posten stehen, Schlange stehen, Maschine schreiben, Klavier spielen, Rad fahren, Auto fahren, Ski laufen, Eis laufen, Gefahr laufen, Maß halten, Kopf stehen, Not tun

1.3 aufsein *oder* auf sein?

B3 Verbindungen mit dem Verb (Tätigkeitswort, Zeitwort) ***sein*** schreibt man immer **getrennt:**

auf sein → Ich melde mich, sobald ich *auf bin.* Gegen neun Uhr wird sie wohl *auf sein.* Ohne Wecker wäre ich um elf Uhr noch nicht *auf gewesen.*

Ebenso: beisammen sein, vorbei sein, dabei sein, da sein; schade sein, pleite sein; los sein, fertig sein

1.4 aufwärtsgehen *oder* aufwärts gehen? auseinanderfallen *oder* auseinander fallen?

B4 Wörter auf ***-wärts*** und ***-einander*** stehen **getrennt** von einem folgenden Verb (Tätigkeitswort, Zeitwort):

aufwärts gehen → Ich freute mich, als es mit meinem kranken Bruder endlich wieder *aufwärts ging.* Es ist endlich wieder *aufwärts gegangen.* Wir sind den Weg *aufwärts gegangen.*

aufeinander legen → Es ist nötig, dass du die Tücher sorgfältig *aufeinander legst.* Ich habe die Tücher *aufeinander gelegt.*

Ebenso: abwärts gehen, rückwärts fahren, seitwärts rollen, einwärts biegen, durcheinander bringen, aneinander ketten, zueinander finden

1.5 lästigfallen *oder* lästig fallen?

B5 Wörter auf ***-ig, -isch, -lich*** stehen **getrennt** von einem folgenden Verb (Tätigkeitswort, Zeitwort):

lästig fallen → Es wäre mir unangenehm, wenn ich euch *lästig fiele.* Hoffentlich bin ich euch nicht *lästig gefallen.*

Ebenso: übrig bleiben; kritisch denken, spöttisch reden; freundlich grüßen, gründlich säubern

1.6 verlorengehen *oder* verloren gehen?

B6 Ursprüngliche **Partizipien** (Mittelwörter) stehen **getrennt** von einem folgenden Verb (Tätigkeitswort, Zeitwort):

Diesen Ring habe ich *geschenkt bekommen.* Ich hoffe, dass er mir nie *verloren geht.* Der Gauner wurde *gefangen genommen.*

1.7 näherkommen *oder* näher kommen?

B7 **Komparative** (Steigerungsformen auf ***-er***) stehen **getrennt** von einem folgenden Verb (Tätigkeitswort, Zeitwort):

näher kommen → Es freut mich, dass ihr euch allmählich *näher kommt.* Wir sind uns auf der Reise *näher gekommen.* Der Wagen ist schnell *näher gekommen.*

2 Verbindungen mit Adjektiven (Eigenschaftswörtern) und Partizipien (Mittelwörtern)

2.1 jahrelang *oder* Jahre lang?

B8 Man schreibt **zusammen,** wenn der **erste Bestandteil** aus einer **Wortgruppe verkürzt** worden ist:

jahrelang (= mehrere Jahre lang), fingerbreit (= einen Finger breit), herzerquickend (= das Herz erquickend), butterweich (= weich wie Butter), angsterfüllt (= von Angst erfüllt), freudestrahlend (= vor Freude strahlend), nikotinabhängig (= vom Nikotin abhängig)

2.2 winzigklein *oder* winzig klein?

B 9 Adjektive (Eigenschaftswörter) auf ***-ig, -isch, -lich*** stehen **getrennt** von einem folgenden Adjektiv:

riesig groß, mikroskopisch klein, schrecklich nervös

2.3 kochendheiß *oder* kochend heiß?

B 10 Ursprüngliche **Partizipien** (Mittelwörter) stehen **getrennt** von einem folgenden Adjektiv (Eigenschaftswort):

abschreckend hässlich, blendend weiß, gestochen scharf, kochend heiß, leuchtend rot, strahlend hell

2.4 schwererverdaulich *oder* schwerer verdaulich?

B 11 **Komparative** (Steigerungsformen auf ***-er***) stehen **getrennt** von einem folgenden Adjektiv (Eigenschaftswort) oder Partizip (Mittelwort):

eine schwerer verdauliche Speise, noch etwas dünner besiedelt

3 Zusammensetzungen mit Substantiven (Nomen, Hauptwörtern)

3.1 Stein Treppe *oder* Steintreppe?

B 12 Zusammengesetzte Substantive (Nomen, Hauptwörter) schreibt man **zusammen:**

Steintreppe, Wochenlohn, Altbau, Schwerindustrie, Fünfkampf, Ichsucht, Rastplatz, Rechenmaschine, Außenpolitik, Nebeneingang

3.2 Neunzigerjahre *oder* neunziger Jahre?

B 13 Ableitungen von **Grundzahlen** (Kardinalzahlen) auf ***-er*** schreibt man mit einem folgenden Substantiv (Nomen, Hauptwort) **zusammen:**

die Achterbahn, die Zehnergruppe

In Verbindung mit *Jahr* kannst du auch getrennt schreiben (die Ableitung auf *-er* ist dann klein):

in den Neunzigerjahren *oder* in den neunziger Jahren

3.3 ein viertel Kilo *oder* ein Viertelkilo?

B 14 Wenn **Bruchzahlen auf *-tel*** und ***-stel*** vor einer Maßangabe stehen, schreibt man sie entweder getrennt und klein oder zusammen und groß:

ein viertel Kilogramm *oder* ein Viertelkilogramm
ein zehntel Millimeter *oder* ein Zehntelmillimeter
eine tausendstel Sekunde *oder* eine Tausendstelsekunde

Zur Großschreibung vergleiche auch die Regel D 12.

3.4 die Schweizer Berge *oder* die Schweizerberge?

B 15 **Ableitungen von geografischen Eigennamen auf *-er*** schreibt man nur dann mit dem folgenden Substantiv (Nomen, Hauptwort) **zusammen,** wenn sich die Ableitung auf **Personen** bezieht:

die Schweizergarde (= die Garde des Papstes, die aus Schweizern besteht)
der Römerbrief (= Brief des Apostels Paulus an die Römer)

Als **Normalfall** kannst du dir also die **Getrenntschreibung** merken; die Ableitung bezieht sich dann unmittelbar auf das betreffende Gebiet oder die betreffende Ortschaft. Beispiele:

die Schweizer Berge (= die Berge der Schweiz)
das Ulmer Münster (= das Münster von Ulm)
das Genfer Abkommen (= das Abkommen, das in Genf getroffen wurde)

3.5 beim Feuer anfachen *oder* beim Feueranfachen?

B 16 Wortgruppen mit einer **Grundform** des Verbs (Infinitiv) kann man in Substantive (Nomen, Hauptwörter) umwandeln. Es entsteht dann jeweils ein einziges Substantiv aus mehreren Teilen; man schreibt zusammen:

Feuer anfachen → beim Feueranfachen
Schlange stehen → während des Schlangestehens
abhanden kommen → das Abhandenkommen
auseinander gehen → beim Auseinandergehen
sauber machen → beim Saubermachen
sitzen bleiben → das Sitzenbleiben

Wenn du umfangreichere Fügungen mit einer Grundform in ein Substantiv umwandelst, musst du den Bindestrich verwenden (vergleiche die Regel C 5):

Kastanien aus dem Feuer holen → das Kastanien-aus-dem-Feuer-Holen

3.6 das klein Gedruckte *oder* das Kleingedruckte?

B 17 Wenn eine Wortgruppe mit einem **Adjektiv** (Eigenschaftswort) oder einem **Partizip** (Mittelwort) wie ein Substantiv (Nomen, Hauptwort) gebraucht wird, behalten die vorangehenden Wörter ihre Selbstständigkeit:

auf der Wiese liegend → die auf der Wiese Liegenden
vom Blitz überrascht → die vom Blitz Überraschten
vom Nikotin abhängig → ein vom Nikotin Abhängiger

Aber nach Regel B 8:

nikotinabhängig → ein Nikotinabhängiger

Gelegentlich ist auch Zusammenschreibung möglich; Getrenntschreibung ist aber nie falsch:

klein gedruckt → das klein Gedruckte *oder* das Kleingedruckte
nicht zutreffend → das nicht Zutreffende *oder* das Nichtzutreffende

C Regeln zur Schreibung mit Bindestrich

Bei den Regeln für den Bindestrich kannst du dir drei Anwendungsbereiche merken:

1 Man setzt einen Bindestrich bei Zusammensetzungen und Ableitungen mit **Ziffern, Einzelbuchstaben** und **Abkürzungen.**

2 Mit dem Bindestrich kannst du **unübersichtliche Zusammensetzungen** so gliedern, dass sie leichter zu verstehen sind.

3 Mit dem Bindestrich kannst du **Eigennamen** von den übrigen Teilen einer Zusammensetzung abtrennen.

1 Der Bindestrich bei Ziffern, Einzelbuchstaben und Abkürzungen

1.1 17jährig *oder* 17-jährig? Fußball WM *oder* Fußball-WM?

C1 Der Bindestrich steht bei Zusammensetzungen und Ableitungen mit Ziffern, Einzelbuchstaben und Abkürzungen:

3-Tonner, 8-Zylinder; 5-mal, 100-prozentig, 1-zeilig, 17-jährig, der 17-Jährige

A-Dur, b-Moll, i-Punkt, S-Kurve, s-Laut, T-Shirt, x-beliebig, etwas x-Beliebiges, x-mal, y-Achse; Dativ-e; (außerdem:) der x-te Versuch, zum x-ten Mal, die n-te Potenz

km-Bereich, S-Bahn, Fußball-WM; H_2O-gesättigt, DB-eigen, Na-haltig, UV-bestrahlt

Abt.-Leiter, Abt.-Ltr. (= Abteilungsleiter), Tgb.-Nr. (= Tagebuchnummer)

!!! Bei Abkürzungen und Ziffern, auf die nur eine **Endung** folgt, darfst du keinen Bindestrich setzen:

SPDler, der 68er, ein 32stel, 100%ig, 25fach, das 25fache

Nach Einzelbuchstaben dagegen steht ein Bindestrich:

der x-te Versuch, zum x-ten Mal

Bildet eine Verbindung aus Ziffern und Endung den vorderen Teil einer Zusammensetzung, so setzt du nur nach der Endung einen Bindestrich:

ein 100stel-Millimeter, die 61er-Bildröhre, eine 5er-Gruppe

1.2 800-Jahrfeier *oder* 800-Jahr-Feier? S-Bahn Wagen *oder* S-Bahn-Wagen?

C2 Bei mehrgliedrigen Zusammensetzungen mit Ziffern, Abkürzungen und Einzelbuchstaben musst du zwischen allen Bestandteilen einen Bindestrich setzen:

800-Jahr-Feier, 2-Mark-Stück, 35-Stunden-Woche, 80-Pfennig-Briefmarke, 8-Zylinder-Motor, 400-m-Lauf, 2-kg-Büchse, 3-Zimmer-Wohnung, $^1/_2$-kg-Packung

S-Bahn-Wagen, A-Dur-Tonleiter, S-Kurven-reich (*aber:* kurvenreich), Vitamin-B-haltig (*aber:* vitaminhaltig), UV-Strahlen-gefährdet (*aber:* strahlengefährdet), Dipl.-Ing.-Ök.

Vergleiche auch die Regel C3.

2 Der Bindestrich bei unübersichtlichen Zusammensetzungen

2.1 das Kopf an Kopf-Rennen *oder* das Kopf-an-Kopf-Rennen?

C3 Zusammensetzungen können Bestandteile enthalten, die auf eine Wortgruppe oder auf eine Zusammensetzung mit Bindestrich zurückzuführen sind. Solche Zusammensetzungen musst du als Ganzes „durchbinden“:

sie rannten *Kopf an Kopf* → das *Kopf-an-Kopf*-Rennen
die Gespräche zwischen *Nord* und *Süd* → die *Nord-Süd*-Gespräche
etwas *ad hoc* bilden → die *Ad-hoc*-Bildung
ein Laden für diejenigen, die nach dem Motto *„Do it yourself“* werken → der *Do-it-yourself*-Laden
das *Make-up* für den Abend → das Abend-*Make-up*

Die folgenden Beispiele enthalten Ziffern, Abkürzungen und Einzelbuchstaben:

der Lauf über eine Strecke von *400 Metern* → der *400-Meter*-Lauf
der Lauf über eine Strecke von *400 m* → der *400-m*-Lauf
eine Wohnung mit *3 Zimmern* → die *3-Zimmer*-Wohnung

ein Wagen der *S-Bahn* → der *S-Bahn*-Wagen

reich an *S-Kurven* → *S-Kurven*-reich
die Anreicherung mit *Vitamin B* → die *Vitamin-B*-Anreicherung
Vitamin B enthaltend → *Vitamin-B*-haltig

Vergleiche hierzu auch die Regel C 2.

Die folgenden Beispiele enthalten Eigennamen:

das Denkmal für *Karl May* → das *Karl-May*-Denkmal
der Kanal zwischen *Elbe* und *Havel* → der *Elbe-Havel*-Kanal

Vergleiche hierzu auch die Regel C 7.

2.2 Haushaltmehrzweckküchenmaschine *oder* Haushalt-Mehrzweckküchenmaschine?

C 4 Zur **Gliederung** unübersichtlicher Zusammensetzungen oder zur **Hervorhebung** einzelner Bestandteile einer Zusammensetzung kannst du einen Bindestrich setzen.

▸ Beispiele für die Gliederung mit Bindestrich:

Arbeiter-Unfallversicherungsgesetz, Lotto-Annahmestelle, Haushalt-Mehrzweckküchenmaschine

der wissenschaftlich-technische Fortschritt, ein lateinisch-deutsches Wörterbuch, physikalisch-chemisch-biologische Prozesse

▸ Beispiele für die Hervorhebung durch einen Bindestrich:

der dass-Satz, die Ich-Erzählung, das Ist-Aufkommen, die Kann-Bestimmung; die Hoch-Zeit, das Nach-Denken, be-greifen

2.3 das Löcher in den Himmel starren *oder* das Löcher-in-den-Himmel-Starren?

C 5 Verbindungen mit einem Verb (Tätigkeitswort, Zeitwort) können als Ganzes zu einem Substantiv (Nomen, Hauptwort) gemacht werden. Wenn eine solche Verbindung aus drei oder mehr Wörtern besteht, musst du sie mit dem Bindestrich gliedern:

Löcher in den Himmel starren → Dein ständiges Löcher-in-den-Himmel-Starren macht mich nervös.

auf die lange Bank schieben → Mit diesem ewigen Auf-die-lange-Bank-Schieben kommen wir nicht weiter.

Vergleiche hierzu auch die Regeln B 16 und D 14.

3 Der Bindestrich bei Zusammensetzungen mit Eigennamen

3.1 die Goetheausgabe *oder* die Goethe-Ausgabe?

C6 Wenn in einer Zusammensetzung ein einfacher Eigenname an erster Stelle steht, kannst du einen Bindestrich setzen, du musst aber nicht:

die Goethe-Ausgabe *oder* die Goetheausgabe
die Johannes-Passion *oder* die Johannespassion

die Ganges-Ebene *oder* die Gangesebene
das Mekong-Delta *oder* das Mekongdelta
Moskau-freundlich *oder* moskaufreundlich

!!! Bei anderen Zusammensetzungen mit einfachen Eigennamen musst du einen Bindestrich setzen:

Frau Müller-Weber; die Bäcker-Anna, der Schneider-Karl; Blumen-Richter, Foto-Müller; Annaberg-Buchholz, Baden-Württemberg

3.2 die Albrecht Dürerallee *oder* die Albrecht-Dürer-Allee?

C7 Zusammensetzungen mit mehrteiligen Eigennamen oder mit mehreren Eigennamen werden „durchgebunden". Du musst also zwischen allen Bestandteilen der Zusammensetzung einen Bindestrich setzen:

die Albrecht-Dürer-Allee, der Kaiser-Karl-Ring, die Ernst-Ludwig-Kirchner-Straße, das Goethe-Schiller-Archiv

der Elbe-Havel-Kanal, die Oder-Neiße-Grenze

Vergleiche hierzu auch die Regel C 3.

D Regeln zur Groß- und Kleinschreibung

Großschreibung triffst du im Deutschen in vier Bereichen an:

- am **Satzanfang** sowie bei Überschriften (Titeln)

- bei **Substantiven** (Nomen, Hauptwörtern) sowie bei Wörtern, die wie Substantive gebraucht sind
- bei **Eigennamen**
- bei der höflichen **Anrede** *(Sie, Ihnen, Ihr ...)*

Wir gehen auf diese Bereiche der Reihe nach ein.

1 Satzanfänge und Überschriften

1.1 Grundregel

D1 **Grundregel: Satzanfänge** schreibt man groß:

Gestern hat es geregnet.
Vor dem Öffnen bitte Stecker ziehen.
Hat sie das wirklich gesagt?
Komm doch auch mit!
Guten Morgen!

1.2 Die Großschreibung nach Doppelpunkt

D2 Nach einem **Doppelpunkt** musst du großschreiben,

1. wenn auf den Doppelpunkt eine direkte Rede folgt;
2. wenn du willst, dass der Leser das nach dem Doppelpunkt Stehende als einen eigenständigen Satz auffasst.

► Beispiele:

Sie fragte: „*Kommt* er heute?“
Er sagte: „*Wir* wissen es nicht.“
Alle baten: „*Bleibt* doch noch bis zum Abendessen!“

Beachten Sie bitte folgenden Hinweis: *Alle* Bänke sind frisch gestrichen.
Es ist nicht zu bestreiten: *Die* Arbeitslosigkeit nimmt weiter zu.

Die Regel gilt auch für Ausdrücke, die einem Satz nahe kommen, aber nicht die Form eines ausgebildeten Satzes haben:

Sie rief: „*Ja!*“
In der Anleitung steht: *Vor* dem Öffnen des Deckels bitte Stecker ziehen.

!!! Wo die in Regel D2 genannten Bedingungen nicht zutreffen, schreibst du klein.

So musst du kleinschreiben, wenn auf den Doppelpunkt eine Aufzählung folgt:

Die Packung enthält: *eine* Montageanleitung, zwanzig Schrauben sowie einen Schraubenzieher.

1.3 Überschriften (Titel)

D3 **Überschriften (Titel)** schreibt man groß:

(Aufsatz:) *Mein* Lieblingstier
(Überschrift in der Zeitung:) *Schweres* Erdbeben in Marokko

Die Regel gilt auch, wenn Überschriften und Titel im laufenden Text genannt werden. Meist setzt man sie dann in Anführungszeichen (Regel E 15):

Mir hat „*Das* kleine Gespenst" gut gefallen.

Im Artikel „*Schweres* Erdbeben in Marokko" ist von vielen Toten und Verletzten die Rede.

1.4 Liebe Anna!
Sehr geehrte Frau Beer, …

D4 Die **Anrede in Briefen** wird meist als frei stehende Zeile angeordnet. Das erste Wort musst du daher wie in Überschriften **großschreiben.**

Am Schluss der Anrede kannst du ein Ausrufezeichen oder ein Komma setzen. Für den Absatz nach der Anrede gilt dann:

D5 Wenn du nach der Anrede ein **Ausrufezeichen** setzt, beginnt der folgende Absatz mit einem **großen** Buchstaben.

Wenn du nach der Anrede ein **Komma** setzt, beginnt der folgende Absatz **klein.**

Liebe Anna! *Wie* am Telefon versprochen, schicke ich dir zusammen mit diesem Brief … Mit herzlichen Grüßen Oskar	*Sehr* geehrte Frau Beer, *entsprechend* unserer telefonischen Vereinbarung schicken wir Ihnen hiermit … Mit freundlichen Grüßen Oskar Schneider

2 Die Großschreibung der Substantive (Nomen, Hauptwörter)

Großschreibung gilt im Deutschen nicht nur für eigentliche **Substantive** (Nomen, Hauptwörter), sondern auch für **Substantivierungen** (Nominalisierungen). Substantivierungen sind Wörter, die von ihrer Wortart her keine Substantive sind, aber wie Substantive gebraucht sind. Sie werden beim substantivischen Gebrauch wie Substantive großgeschrieben.

2.1 Eigentliche Substantive

D 6 **Grundregel:** Substantive (Nomen, Hauptwörter) schreibt man **groß:**

Die *Katze* sprang auf den *Baum*.
In der *Küche* roch es nach *Zimt*.
Im *Sommer* genießen wir die *Wärme* und die frische *Luft*.
Sie zeigte *Verständnis* für meine *Lage*.
Ich komme heute *Abend* bei dir vorbei.

Achte auf Substantive (Nomen, Hauptwörter), die Teil fester Wortverbindungen sind. Sie werden ebenfalls großgeschrieben:

in Bälde; in Bezug (auf eine Sache); (auf etwas) Bezug nehmen; Auto fahren; Rad fahren; Schlange stehen; etwas außer Acht lassen; jemandem zu Hilfe kommen; etwas in Kauf nehmen; Recht haben; Angst haben; (auf etwas) Wert legen

2.2 Aus Substantiven (Nomen, Hauptwörtern) entstandene andere Wörter

In einigen Verwendungsweisen werden ursprüngliche Substantive (Nomen, Hauptwörter) wie Wörter anderer Wortarten gebraucht. Du musst sie dann kleinschreiben.

Die Regeln D 7 bis D 12 zeigen dir die wichtigsten Fälle.

2.2.1 an etwas Schuld sein *oder* an etwas schuld sein?

D 7 In Verbindung mit den Verben (Tätigkeitswörtern, Zeitwörtern) ***sein, werden, bleiben*** schreibst du folgende Wörter **klein:**

angst (und bange), gram, leid, pleite, schuld.

▸ Beispiele:

Sie bleibt ihm gram. Sie ist diese Geschichte leid. Er ist pleite. Er ist schuld daran. (*Aber:* Es ist seine Schuld.)

In Verbindung mit anderen Verben schreibst du nach der Grundregel für Substantive (Regel D 6) groß:

Die Firma machte Pleite (ging Pleite). Ich habe Angst. Du hast mir Angst gemacht. Sie hat keine Schuld. Sie trägt keine Schuld.

2.2.2 ich nehme Teil *oder* ich nehme teil?

D 8 Aus Substantiven (Nomen, Hauptwörtern) entstandene **Verbzusätze** schreibt man klein:

teilnehmen → Ich nehme daran teil.
preisgeben → Wir geben unser Ziel nicht preis.
wundernehmen → Es nimmt mich wunder.

2.2.3 abends *oder* Abends?

D 9 Aus Substantiven (Nomen, Hauptwörtern) entstandene **Wörter** auf *-s* und *-ens* schreibt man klein:

abends, morgens, nachts, dienstags, sonntags, anfangs, hungers (hungers sterben), willens (willens sein), rechtens (rechtens sein, etwas rechtens machen); abseits, angesichts, mangels, mittels, namens, seitens; falls, teils ... teils

Wenn einem Wort der bestimmte oder der unbestimmte Artikel vorangeht, handelt es sich um ein Substantiv (Nomen, Hauptwort). Man schreibt es also groß:

eines Abends, des Nachts

2.2.4 kraft ihres Amtes *oder* Kraft ihres Amtes?

D 10 Die folgenden aus Substantiven (Nomen, Hauptwörtern) entstandenen **Präpositionen** (Verhältniswörter) schreibt man klein:

dank, kraft, laut, statt, an ... statt, trotz, wegen, von ... wegen, um ... willen, zeit.

▸ Beispiele:

kraft ihres Amtes, laut seiner Behauptung, an Kindes statt, an seiner statt, von Amts wegen, zeit seines Lebens

2.2.5 ein bisschen *oder* ein Bisschen?

D 11 Die folgenden Wörter sind **Indefinitpronomen** (unbestimmte Fürwörter, unbestimmte Zahlwörter). Du musst sie daher kleinschreiben:

(ein) bisschen, (ein) paar

▸ Beispiele:

Da hast du wohl *ein bisschen* übertrieben. Mit ein klein *bisschen* Geduld wird es dir gelingen! Mit diesem *bisschen* Sand kannst du keine Burg bauen. Es kamen nur *ein paar* Leute. Mit diesen *paar* Leuten wird der Saal nicht voll.

Aber: Zum Glück hatte ich *ein Paar* (= zwei) Handschuhe bei mir.

2.2.6 ein viertel Liter *oder* ein Viertelliter?

D 12 Wenn **Bruchzahlen auf *-tel*** und ***-stel*** vor einer Maßangabe stehen, schreibt man sie entweder getrennt und klein oder zusammen und groß:

ein viertel Liter *oder* ein Viertelliter
ein zehntel Millimeter *oder* ein Zehntelmillimeter
eine tausendstel Sekunde *oder* eine Tausendstelsekunde

Sonst schreibst du Bruchzahlen auf *-tel* und *-stel* nach der Grundregel für Substantive (Nomen, Hauptwörter) groß (Regel D 6):

ein Drittel, das erste Fünftel, neun Zehntel des Umsatzes, um drei Viertel größer

2.3 Wie Substantive (Nomen, Hauptwörter) gebrauchte Verben (Tätigkeitswörter, Zeitwörter)

2.3.1 das warten *oder* das Warten? beim spielen *oder* beim Spielen?

D 13 Verben (Tätigkeitswörter, Zeitwörter), die wie Substantive (Nomen, Hauptwörter) gebraucht sind, werden großgeschrieben.

Dass ein Verb (Tätigkeitswort, Zeitwort) wie ein Substantiv (Nomen, Hauptwort) gebraucht ist, kannst du meist an einem der folgenden Merkmale erkennen:

a) Es geht ihm ein Wort wie *das, dem, dieses, ein, etwas* voran (= Begleiter).

b) Es geht ihm ein Wort wie *mit, für, am, im, ins, beim, zum* voran (= Präpositionen, Verhältniswörter).

c) Man kann im fraglichen Satz ohne weiteres ein Wort wie *das, dem, dieses, ein, etwas* (= Begleiter) vor das Wort setzen.

▸ Beispiele:

Das Warten fällt mir schwer.
Susanne ist *beim Spielen* ein Missgeschick passiert.
Ich schenkte *dem* lauten *Knistern* keine Beachtung.
Die Sache kam *ins Stocken.*
Ich verbrachte viel Zeit *mit Nachdenken.*
Sie verabscheut *Rennen* und *Rasen* (= *das Rennen* und *das Rasen*).

2.3.2 beim Feuer anfachen *oder* beim Feueranfachen?

D 14 Verbindungen mit einem Verb (Tätigkeitswort, Zeitwort) können als Ganzes zu einem Substantiv (Nomen, Hauptwort) gemacht werden. Wenn eine solche Verbindung aus drei oder mehr Wörtern besteht, musst du sie mit dem Bindestrich gliedern:

Feuer anfachen → beim Feueranfachen
sauber machen → das Saubermachen
Fenster putzen → das Fensterputzen

Gliederung mit Bindestrich:

Kastanien aus dem Feuer holen → das Kastanien-aus-dem-Feuer-Holen

Vergleiche hierzu auch die Regeln B 16 und C 5.

2.4 Wie Substantive (Nomen, Hauptwörter) gebrauchte Adjektive (Eigenschaftswörter)

2.4.1 ein unbekannter *oder* ein Unbekannter? etwas neues *oder* etwas Neues?

D 15 **Grundregel:** Adjektive (Eigenschaftswörter), die wie Substantive (Nomen, Hauptwörter) gebraucht sind, werden großgeschrieben:

Vor der Tür stand ein *Unbekannter.*
Die *Großen* fressen die *Kleinen.*
Das nie *Erwartete* trat ein.
Sie ist die *Beste.*
Die Arbeiten sind im *Allgemeinen* nicht schlecht geraten.
Die Kommissarin war auf dem *Laufenden.*
Sie hat dies des *Langen* und *Breiten* erklärt.
Er hat den *Kürzern* gezogen.

Häufig gehen solchen Adjektiven Wörter wie *etwas, nichts, viel, wenig, alles* voraus:

Ich kann dir *etwas (nichts, viel, wenig, allerlei …) Neues* erzählen.
In der Zeitung stand *viel (nichts, allerlei …) Interessantes.*
Es gab für mich *nichts Aufregenderes.*
Zum Aperitif gab es *Süßes* und *Salziges* (→ … *etwas Süßes* und *etwas Salziges*).

Beachte aber auch die Regel D 18:

Sie suchte etwas *anderes.*

Zu den Adjektiven (Eigenschaftswörtern) gehören auch die **Ordnungszahlen** (Ordinalzahlen) sowie die verwandten Wörter *nächste* und *letzte;* diese Wörter können daher ebenfalls wie Substantive (Nomen, Hauptwörter) gebraucht werden:

Er kam als *Dritter* an die Reihe.
Trotz ihrer Verletzung wurde sie noch *Viertletzte.*
Jeder *Fünfte* lehnte das Projekt ab.
Der *Nächste,* bitte!
Liebe deinen *Nächsten* wie dich selbst!
Als *Letztes* muss der Deckel angeschraubt werden.

Die Grundregel D 15 kennt fünf Ausnahmen. Wir behandeln sie in den Regeln D 16 bis D 20.

2.4.2 Die großen Fische fressen die Kleinen *oder* Die großen Fische fressen die kleinen?

D 16 Manchmal wird nach einem Adjektiv (Eigenschaftswort) ein Substantiv (Nomen, Hauptwort) **eingespart,** das im selben Satz (oder in einem vorangehenden Satz) schon an anderer Stelle auftritt. Du kannst dir das betreffende Substantiv aber immer noch zu dem Adjektiv hinzudenken. Das Adjektiv wird deshalb kleingeschrieben:

Die großen Fische fressen die *kleinen* (= die *kleinen* Fische).
Alte Schuhe sind meist bequemer als *neue* (= als *neue* Schuhe).
Der Verkäufer zeigte mir seine Auswahl an Socken. Die *gestreiften* und *gepunkteten* (= die *gestreiften* und die *gepunkteten* Socken) gefielen mir am besten.

2.4.3 am Schnellsten *oder* am schnellsten? aufs Herzlichste *oder* aufs herzlichste?

D 17 **Superlative** (Steigerungsformen auf ***-ste***) mit ***am*** schreibt man klein, wenn man mit ***Wie?*** danach fragen kann:

Dieser Weg ist *am steilsten.* (Frage: *Wie* ist der Weg?)
Dieser Stift schreibt *am feinsten.* (Frage: *Wie* schreibt dieser Stift?)

Superlative mit *aufs* (= *auf das*) kannst du groß- oder kleinschreiben, wenn sie sich mit *Wie?* erfragen lassen:

Sie hat uns *aufs Herzlichste* (oder: *aufs herzlichste*) gedankt. (Frage: *Wie hat sie uns gedankt?)*

!!! Superlative mit *am* und *aufs,* die sich **nicht** mit *Wie?* erfragen lassen, schreibt man nach der Grundregel D 15 groß:

Es fehlt ihnen *am/an dem Nötigsten.* (Frage: *Woran* fehlt es ihnen?) Wir sind *aufs/auf das Beste* angewiesen. (Frage: *Worauf* sind wir angewiesen?)

2.4.4 die vielen *oder* die Vielen? etwas anderes *oder* etwas Anderes?

D 18 Die vier Wörter ***viel, wenig, ein, ander*** werden in allen Formen kleingeschrieben:

Das haben schon *viele* (die meisten; wenige, die wenigsten) erlebt.
Sie hat das *wenige,* was noch da war, in einer Kiste verstaut.
Die *einen* kommen, die *anderen* gehen.
Sie hatte etwas *anderes* erwartet.

2.4.5 von klein auf *oder* von Klein auf? seit langem *oder* seit Langem?

D 19 Im Deutschen gibt es feste **Wendungen**, die aus einer **bloßen Präposition** (einem Verhältniswort, Vorwort) und einem **Adjektiv** (Eigenschaftswort) bestehen. Solche Wortgruppen schreibt man klein.

in bar, gegen bar (bezahlen); auf ewig; von fern; von früh auf, von früher her; von klein auf; von nah; (eine Anzeige) gegen unbekannt, nach unbekannt (verreisen)

Paarformeln:

durch dick und dünn; von nah und fern; von früh bis spät; jenseits von gut und böse; über kurz oder lang

Paarformeln mit Farbbezeichnungen:

schwarz auf weiß (etwas schwarz auf weiß beweisen); blau in blau, grau in grau

Feste Wendungen mit Adjektiven (Eigenschaftswörtern), die auf *-em, -es* enden:

binnen kurzem, vor kurzem, seit kurzem; seit langem, vor langem, seit längerem, vor längerem; von nahem; von neuem, seit neuestem; von weitem, bei weitem, bis auf weiteres, ohne weiteres

2.4.6 die ersten zehn *oder* die ersten Zehn? die böse dreizehn *oder* die böse Dreizehn?

D 20 Die **Grundzahlen** (Kardinalzahlen) von 0 bis 999 999 schreibt man klein:

Sie kam schließlich doch noch unter die ersten *zehn*. Was *drei* wissen, wissen bald *dreißig*. Diese *drei* kommen mir bekannt vor. Sie rief um *fünf* an. Wir waren an die *zwanzig*. Er sollte die Summe durch *acht* teilen.

!!! Beachte: Man schreibt Grundzahlen (Kardinalzahlen) von 0 bis 999 999 nur dann groß, wenn sie die Ziffer oder den Zahlwert als solchen bezeichnen:

Sie fürchtete sich vor der bösen *Dreizehn*. Der Zeiger nähert sich der *Elf*. Sie hat lauter *Einsen* im Zeugnis. Er würfelt eine *Sechs*.

Zahlen wie *Million, Milliarde* usw. sind Substantive (Nomen, Hauptwörter); du musst sie daher immer großschreiben:

Diese Maschine kostet mehr als eine *Million* Mark.
Auf der Erde leben sieben *Milliarden* Menschen.

2.5 Wie Substantive (Nomen, Hauptwörter) gebrauchte andere Wörter

2.5.1 das gewisse etwas *oder* das gewisse Etwas?

D 21 Pronomen (Fürwörter), die wie Substantive (Nomen, Hauptwörter) gebraucht sind, werden großgeschrieben:

Sie hatte das gewisse *Etwas*.
Er bot ihr das *Du* an.
Dieser Hund ist eine *Sie* und nicht ein *Er*.
Jetzt stehen wir vor dem *Nichts*.

!!! Beachte aber: Pronomen (Fürwörter), die als **Stellvertreter** gebraucht werden, schreibt man klein:

Kann mir *jemand* helfen?
In diesem Wald hat sich schon *mancher* verirrt.
So *etwas* kann *jedem* passieren.
Sie hat *alles* aufgeschrieben.
Ich hatte noch *einiges* vor.

2.5.2 ein durcheinander *oder* ein Durcheinander? im nachhinein *oder* im Nachhinein?

D 22 Unveränderliche Wörter (Unflektierbare), die wie Substantive (Nomen, Hauptwörter) gebraucht sind, werden großgeschrieben:

Es herrschte ein großes *Durcheinander.*
Sie bekam im *Nachhinein* doch noch Recht.
Uns stört dieses ewige *Hin* und *Her.*
Der Ball flog ins *Aus.*
Er bestand die Prüfung mit *Ach* und *Krach.*

3 Die Großschreibung der Eigennamen

3.1 Grundregel

D 23 **Grundregel:** Eigennamen schreibt man **groß.**

Einfache Eigennamen sind immer Substantive (Nomen, Hauptwörter). Deshalb schreibt man sie auch nach Regel D 6 groß:

Da kommt *Anna.*
Sie reist nach *Genf.*

Beachte, dass es daneben auch mehrteilige Eigennamen gibt (vergleiche die Regel D 24).

3.2 das rote Kreuz *oder* das Rote Kreuz? die rote Karte *oder* die Rote Karte?

D 24 In mehrteiligen Eigennamen kommen außer Substantiven (Nomen, Hauptwörtern) oft auch **Adjektive** (Eigenschaftswörter) vor. Man schreibt sie ebenfalls groß, damit man die ganze Fügung als Eigenname erkennt:

der *Alte* Fritz, Holbein der *Jüngere*
die *Vereinigten* Staaten, die *Schwäbische* Alb, der *Indische* Ozean
das *Rote* Kreuz, die *Deutsche* Bahn, die *Schweizerischen* Bundesbahnen

Von den mehrteiligen Eigennamen musst du die so genannten festen Begriffe unterscheiden. Für feste Begriffe gilt die folgende Regel:

D 25 In festen Begriffen schreibt man die Adjektive (Eigenschaftswörter) klein:

die rote Karte, die erste Hilfe, der erste Spatenstich, das schwarze Brett, die schwarze Magie, das schwarze Schaf, der goldene Schnitt, die schwedischen Gardinen, die höhere Mathematik, der italienische Salat

Beachte, dass es zu dieser Regel Ausnahmen gibt:

!!! Vier Fallgruppen von festen Begriffen werden **großgeschrieben:**

1 **Titel und Ehrenbezeichnungen:**

der Heilige Vater, der Regierende Bürgermeister, der Technische Direktor

2 **klassifizierende Benennungen** in der Biologie (Botanik, Zoologie):

die Schwarze Witwe (eine Spinnenart), das Fleißige Lieschen (eine Zimmerpflanzenart), der Rote Milan (eine Vogelart)

3 **besondere Kalendertage:**

der Heilige Abend, der Internationale Frauentag, der Erste Mai

4 bestimmte **historische Ereignisse und Epochen:**

der Westfälische Friede, der Deutsch-Französische Krieg 1870/71, der Zweite Weltkrieg, die Goldenen Zwanziger, die Jüngere Steinzeit

3.3 die schweizerischen Berge *oder* die Schweizerischen Berge? die schweizer Berge *oder* die Schweizer Berge?

D 26 **Grundregel:** Von Eigennamen abgeleitete Adjektive (Eigenschaftswörter) schreibt man klein:

die darwinsche Evolutionstheorie, eine kafkaeske Situation, eulenspiegelhafte Possen
die schweizerischen Berge, die österreichischen Alpen, die deutschen Städte

Beachte, dass das Adjektiv (Eigenschaftswort) nach Regel D 24 großgeschrieben wird, wenn die ganze Fügung aus Adjektiv und Substantiv einen mehrteiligen Eigennamen bildet:

die Schweizerischen Bundesbahnen, die Deutsche Bahn

Außerdem gibt es zu Regel D 26 eine Ausnahme:

!!! **Ableitungen** von geografischen Eigennamen auf **-er** werden großgeschrieben:

die Salzburger Festspiele, die Schweizer Berge, die Berliner Kunstszene

Beachte auch die Getrennt- und Zusammenschreibung, Regel B 15.

4 Die höfliche Anrede *Sie*

D 27 Die Pronomen (Fürwörter) für die höfliche Anrede schreibt man groß: ***Sie, Ihnen, Ihr*** *(→ Ihre, Ihren, Ihrem ...):*

Bitte rufen *Sie* mich bald an.
Ich danke *Ihnen* für *Ihren* Brief.
Die Nachbarin fragte: „Haben *Sie Ihren* Schlüssel wieder gefunden?"

Alle übrigen Anredepronomen (Anredefürwörter) schreibt man klein:

Ich danke *dir* für *deinen* Brief.
Ich danke *euch* für *euren* Brief.
Die Nachbarin fragte: „Hast *du deinen* Schlüssel wieder gefunden?"

!!! Beachte, dass das Reflexivpronomen (rückbezügliche Fürwort) **sich** immer kleingeschrieben wird:

Bitte melden Sie *sich* auf dem Sekretariat.

E Regeln zur Zeichensetzung

In diesem Abschnitt gehen wir auf die folgenden Satzzeichen ein:

1 Satzschlusszeichen: Punkt, Fragezeichen, Ausrufezeichen
2 Doppelpunkt
3 Strichpunkt (Semikolon)
4 Komma (Beistrich)
5 Gedankenstrich
6 Klammern
7 Anführungszeichen
8 Auslassungspunkte

Im Anschluss an diese Zeichen behandeln wir drei weitere Zeichen. Sie gehören nicht zu den Satzzeichen im engeren Sinn. Es sind dies:

9 Apostroph (Auslassungszeichen)
10 Ergänzungsstrich
11 Abkürzungspunkt
12 Punkt bei Ordnungszahlen

1 Die Satzschlusszeichen

E1 Den **Schluss eines Satzes** kannst du mit einem Punkt, einem Fragezeichen oder einem Ausrufezeichen kennzeichnen.
Normalerweise setzt du einen **Punkt.**
Nach Fragen setzt du ein **Fragezeichen.**
Nach Ausrufen und Aufforderungen setzt du ein **Ausrufezeichen.**

► Beispiele:

Sie singt.
Sie ist fröhlich.

Wann kommst du zurück?
Habt ihr Durst?
Ihr habt wirklich keinen Durst?
Fertig?

Komm mit!
Du kommst jetzt mit!
Hurra!

Beachte: Indirekte Fragesätze (Fragenebensätze) stehen ohne Fragezeichen:

Er erkundigte sich, wann sie kommen könne.
Sie fragte uns, ob wir wirklich keinen Durst hätten.

Zur **Anrede im Brief** vergleiche die Regel D4.

Zum **Abkürzungspunkt** vergleiche die Regel E21.

Zum **Punkt bei Ordnungszahlen** vergleiche die Regel E22.

E2 Der Punkt wird in bestimmten Fällen weggelassen.

Am Ende von Überschriften:

Allmähliche Normalisierung im Erdbebengebiet
Schneeverwehungen behindern Autoverkehr

Bei Sätzen, die in einen anderen Satz eingebettet sind:

Eines Tages – es war mitten im Sommer – hagelte es.

„Dieses Gerät kann man sicher reparieren“, meinte sie.
„Aller Anfang ist schwer“ ist ein banaler Spruch.

Zur Kombination von Anführungszeichen und anderen Satzzeichen bei der direkten Rede vergleiche die Regel E 14.

2 Der Doppelpunkt

E3 Der Doppelpunkt zeigt an, dass etwas Weiterführendes folgt. Er steht darum unter anderem vor Aufzählungen und vor der direkten Rede:

Sie hat viele Hobbys: Briefeschreiben, Fußballspielen, Wandern, Musikhören.
Er sagte: „Bring mir das Buch bitte bis morgen zurück!“

Bei der Groß- und Kleinschreibung nach Doppelpunkt hilft dir die Regel D 2 weiter.

3 Der Strichpunkt (das Semikolon)

E4 Zwischen Teilsätzen steht manchmal ein **Strichpunkt** (Semikolon). Er trennt stärker als das Komma, aber schwächer als der Punkt:

Im Hausflur war es still; ich drückte erwartungsvoll auf die Klingel. Sie wohnt in einem Haus mit einem großen Garten; daher gehen wir sie gerne besuchen. Wir müssen uns überlegen, mit welchem Zug wir fahren wollen; wenn wir den früheren Zug nehmen wollen, müssen wir uns beeilen.

Du kannst den Strichpunkt außerdem zur Gliederung innerhalb längerer Aufzählungen verwenden:

In dieser fruchtbaren Gegend wachsen Roggen, Gerste, Weizen; Kirschen, Pflaumen, Äpfel; ferner Tabak und Hopfen.

4 Das Komma

Kommas stehen in drei Fällen:

1 bei **Reihungen** (Aufzählungen)

2 zwischen **Teilsätzen**

3 bei **Zusätzen**

4.1 Das Komma in Reihungen (Aufzählungen)

4.1.1 Grundregel

E5 **Grundregel:** Die Teile einer **Reihung** (Aufzählung) werden mit **Komma** abgetrennt:

Die Packung enthält eine Montageanleitung, eine Garantiekarte, zwanzig Schrauben, einen Schraubenzieher.

Zu Reihungen mit Teilsätzen vergleiche die Regel E 7.

!!! Beachte: Zwischen *Adjektiven* (Eigenschaftswörtern), die einem *Substantiv* (Nomen, Hauptwort) *vorangehen,* darfst du nur dann ein Komma setzen, wenn sie *gleichrangig* sind, das heißt mit dem gleichen Gewicht vor dem Substantiv stehen. Du kannst dir dann oft ein „und" zwischen den Adjektiven denken:

ein süßes, klebriges Getränk (= ein süßes *und* klebriges Getränk); ein großer, verdienter Erfolg; ein älterer, freundlicher Herr

Du darfst aber **kein Komma** setzen, wenn das dem Substantiv (Nomen, Hauptwort) näher stehende Adjektiv (Eigenschaftswort) mit diesem schon eine engere Verbindung eingegangen ist, die als Ganzes durch das erste Adjektiv näher bestimmt wird:

ein gut gehendes *italienisches Geschäft;* eine lange *hölzerne Tafel;* aus einer sicheren *inneren Haltung* heraus; wertvolle *gotische Fresken*

Beachte, dass du mit der Kommasetzung den Sinn verändern kannst. Lies die folgenden Fügungen zur Probe laut vor!

die *früheren erfolgreichen* Versuche (der neue Versuch ist ebenfalls gelungen)
die *früheren, erfolgreichen* Versuche (der neue Versuch ist gescheitert)

am *nächsten für ihn günstigen* Tag (am nächsten von mehreren günstigen Tagen)
am *nächsten, für ihn günstigen* Tag (der vorangehende Tag war nicht günstig)

4.1.2 Reihungen (Aufzählungen) mit „und“, „oder“

E6 Es steht **kein Komma,** wenn die Teile der Reihung (Aufzählung) mit einem der folgenden Wörter (Konjunktionen, Bindewörter) verbunden sind:

und, *sowie, wie, sowohl … als auch, weder … noch*
oder, *entweder … oder, beziehungsweise* (abgekürzt: *bzw.*)

▶ Beispiele:

Sie kaufte *rote, grüne* ***und*** *gelbe* Paprika.
Sie kaufte *rote* ***sowie*** *grüne* ***und*** *gelbe* Paprika.
Er kaufte ***weder*** *rote Äpfel* ***noch*** *grüne Birnen* ***oder*** *Orangen.*

Zu Reihungen von Teilsätzen vergleiche die Regel E8.

!!! Beachte: Nicht zu den oben stehenden Wörtern (Konjunktionen, Bindewörtern) gehören Wörter mit entgegensetzender Bedeutung wie: *aber, sondern, doch, jedoch.* Wenn diese Wörter in Reihungen (Aufzählungen) auftreten, darfst du das Komma nicht weglassen:

Sie las ein *dickes,* ***aber*** *spannendes* Buch.
Er hat mir ein *süßes,* ***jedoch*** *wohlschmeckendes* Getränk eingeschenkt.
Sie reist *nicht nach Bonn,* ***sondern*** *nach Köln.*

4.2 Das Komma bei Teilsätzen

4.2.1 Grundregel

E7 **Grundregel: Teilsätze** trennt man mit **Komma** voneinander ab. Wenn die Teilsätze **eingeschoben** sind, musst du am **Anfang** und am **Schluss** ein Komma setzen!

▶ Beispiele:

| Die Musik wird leiser | , | der Vorhang hebt sich | , | das Spiel beginnt. |

Sobald die Dämmerung eintritt	,	jagen die Fledermäuse nach Insekten.
Die Fledermäuse jagen,	*sobald die Dämmerung eintritt*	, nach Insekten.
Die Fledermäuse jagen nach Insekten	,	*sobald die Dämmerung eintritt.*

| Sie sah, | *dass es regnete* |, und spannte ihren Regenschirm auf. |

Anreden und Ausrufewörter zählen für die Zeichensetzung wie Teilsätze:

Anna, kauf bitte gelbe Birnen! – *Ja,* ich werde dir gelbe Birnen bringen.

!!! Beachte: Teilsätze enthalten immer mindestens ein Verb (Tätigkeitswort, Zeitwort). Fügungen mit ***als*** oder ***wie*** darfst du daher nur dann mit **Komma** abtrennen, wenn sie ein **Verb** (Tätigkeitswort, Zeitwort) enthalten, also als Teilsätze anzusehen sind:

Gisela rannte noch schneller, *als Sarah letzte Woche gerannt war.*
Sarah rannte fast so schnell, *wie Gisela eine Woche vorher gerannt war.*
Er kam früher, *als er dies sonst zu tun pflegte,* von der Arbeit nach Hause.
Er gab das Geld aus, *als wäre er ein Millionär.*

Aber ohne Komma:

Gisela rannte noch schneller *als Sarah.*
Sarah rannte fast so schnell *wie Gisela.*
Er kam früher *als gewöhnlich* von der Arbeit nach Hause.
Er gab das Geld aus *wie ein Millionär.*

4.2.2 Teilsätze mit „und", „oder"

E8 Es steht kein Komma, wenn die Teilsätze mit einem der folgenden Wörter (Konjunktionen, Bindewörter) verbunden sind:

und, *sowie, wie, sowohl ... als auch, weder ... noch*
oder, *entweder ... oder, beziehungsweise* (abgekürzt: *bzw.*)

▸ Beispiele:

Anna liest ein Buch ***und*** *Felix löst ein Kreuzworträtsel.*

Er erkundigte sich, *was es Neues gebe* ***und*** *ob die Post gekommen sei.*

!!! Zwischen Teilsätzen kannst du aber ein Komma setzen, wenn du die Gliederung des Satzes deutlich machen willst:

Ich habe sie oft besucht[,] und wir saßen bis spät in die Nacht zusammen, wenn sie in guter Stimmung war.

Auf diese Weise können auch Fehllesungen vermieden werden in Sätzen wie:

Wir warten auf euch, oder die Kinder gehen schon voraus.
Ich fotografierte die Berge, und meine Frau lag in der Sonne.

4.2.3 Fügungen mit Infinitiven (Grundformen) und Partizipien (Mittelwörtern)

E9 Fügungen mit einem **Infinitiv** (einer Grundform) oder einem **Partizip** (Mittelwort) können Teilsätzen nahe kommen. Du kannst sie dann mit Komma vom Rest des Satzes abgrenzen.

Wenn die Fügungen **eingeschoben** sind, musst du am **Anfang** und am **Schluss** ein Komma setzen.

▸ Beispiele für Fügungen mit einem Infinitiv (einer Grundform):

Er *zögerte[,]* den Schalter *zu drehen.*
Sie *versuchte[,]* das Gerät *zu flicken.*
Solche Flächen zu berechnen[,] ist nicht einfach.
Um auf diesem Bild etwas zu erkennen[,] brauchst du viel Fantasie.

Je nachdem mit zwei Kommas oder gar keinem Komma:

Den Plan *heimlich abzureisen* hatte sie schon lange gefasst.
Den Plan, *heimlich abzureisen,* hatte sie schon lange gefasst.
Sie hat *ohne ein bisschen zu zögern* die richtige Antwort gegeben.
Sie hat, *ohne ein bisschen zu zögern,* die richtige Antwort gegeben.

▸ Beispiele für Fügungen mit einem Partizip (Mittelwort):

Durch eine Tasse Kaffee gestärkt[,] werden wir die Arbeit fortsetzen. Er sah sich[,] *ihn laut und wütend beschimpfend[,]* nach einem Fluchtweg um.

Vergleiche hierzu auch die Regel E 10.

!!! Beachte: Manchmal kannst du mit dem Setzen des Kommas die Gliederung des Satzes deutlich machen. Auf diese Weise kannst du oft auch Fehllesungen und Missverständnisse vermeiden.

Je nachdem, wie du das Komma im folgenden Beispiel setzt, drückst du einen anderen Sinn aus:

Ich hoffe, jeden Tag in die Stadt gehen zu können.
Ich hoffe jeden Tag, in die Stadt gehen zu können.

Das folgende Beispiel ist ohne Komma schwer lesbar:

Darauf aufmerksam gemacht haben wir den Fehler beseitigt.
Darauf aufmerksam gemacht, haben wir den Fehler beseitigt.

4.3 Das Komma bei Zusätzen

E 10 **Zusätze** trennt man mit **Komma** ab.
Wenn der Zusatz **eingeschoben** ist, musst du am **Anfang** und am **Schluss** des Zusatzes ein Komma setzen:

Sie isst gern Obst, *besonders Bananen.*
Obst, *besonders Bananen,* isst sie gern.

Durch den Sumpf watete ein Saurier, *ein Triceratops.*
Durch den Sumpf watete ein Saurier, *ein Triceratops,* und fraß Schachtelhalme.

Der Patient rief nach einem Arzt, *ganz bleich im Gesicht.*
Der Patient, *ganz bleich im Gesicht,* rief nach einem Arzt.

Das Reh blieb stehen, *vom Scheinwerferlicht geblendet.*
Das Reh, *vom Scheinwerferlicht geblendet,* blieb stehen.

Das erste Training findet nächste Woche statt, *und zwar am Dienstag.*
Nächste Woche, *und zwar am Dienstag,* findet das erste Training statt.

Zusätze kann man oft statt mit Kommas auch mit Gedankenstrichen oder Klammern abgrenzen (vergleiche auch die Regeln E 12 und E 13):

Seine Kopfbedeckung, *ein breitkrempiger Hut,* lag auf dem Tisch.
Seine Kopfbedeckung – *ein breitkrempiger Hut* – lag auf dem Tisch.
Seine Kopfbedeckung *(ein breitkrempiger Hut)* lag auf dem Tisch.

5 Der Gedankenstrich

E 11 Mit dem Gedankenstrich kündigst du an, dass etwas Weiterführendes folgt oder dass du das Folgende als etwas Unerwartetes ansiehst:

Sie trat in das Zimmer und sah – ihren Mann. Im Hausflur war es still – ich drückte erwartungsvoll auf die Klingel. Zuletzt tat er etwas, womit niemand gerechnet hatte – er weinte. Plötzlich – ein vielstimmiger Freudenruf!

E 12 Mit dem Gedankenstrich grenzt man **Zusätze** ab.
Wenn der Zusatz **eingeschoben** ist, musst du am **Anfang** und am **Schluss** des Zusatzes einen Gedankenstrich setzen:

Eines Tages – es war mitten im Sommer – hagelte es. Eines Tages – erinnerst du dich? – hagelte es. Wir gingen in die Hütte – einen kalten Raum mit kleinen Fenstern – und zündeten ein Feuer an. Sie isst gern Obst – besonders Apfelsinen und Bananen.

Oft kannst du statt Gedankenstrichen auch Kommas oder Klammern wählen (vergleiche die Regel E 10).

!!! Beachte: Kommas, die zum Satz gehören, der den Zusatz einschließt, dürfen nicht fehlen. Du findest solche Kommas am einfachsten heraus, indem du den Zusatz probehalber streichst:

Sie betonte – *ich weiß es noch ganz genau* –, dass sie für einen Erfolg nicht garantieren könne.
→ Sie betonte, dass sie für einen Erfolg nicht garantieren könne.

6 Die Klammern

E 13 Mit Klammern schließt man Zusätze ein:

Dieses Bild (es ist das letzte und bekannteste des Künstlers) wurde nach Amerika verkauft. Mein Onkel (ein großer Tierfreund) und seine Katzen leben in einer alten Mühle. Sie isst gern Obst (besonders Apfelsinen und Bananen).

Oft kannst du statt Klammern auch Kommas oder Gedankenstriche wählen (vergleiche die Regel E 10).

!!! Beachte: Kommas, die zum Text außerhalb des Eingeklammerten gehören, dürfen nicht fehlen. Du findest solche Kommas am einfachsten heraus, indem du den Zusatz probehalber streichst:

Sie betonte (ich weiß es noch ganz genau), dass sie für einen Erfolg nicht garantieren könne.
→ Sie betonte, dass sie für einen Erfolg nicht garantieren könne.

7 Die Anführungszeichen

7.1 Direkte Rede

E 14 Mit Anführungszeichen schließt man etwas **wörtlich Wiedergegebenes** ein. Dies gilt insbesondere für die **direkte Rede:**

Sie sagte: „Geht nach Hause!“
„Geh nach Hause!“, rief seine Mutter.

„Kommst du auch?“, fragte Anna ihren Freund.
„Wenn ich nach Hause gehen muss“, antwortete er, „dann komme ich morgen nicht.“

Für die Kombination von Anführungszeichen und anderen Satzzeichen kannst du dich an die folgenden Muster halten:

1. Der Begleitsatz geht voran:

2. Der Begleitsatz ist eingeschoben:

3. Der Begleitsatz steht am Ende:

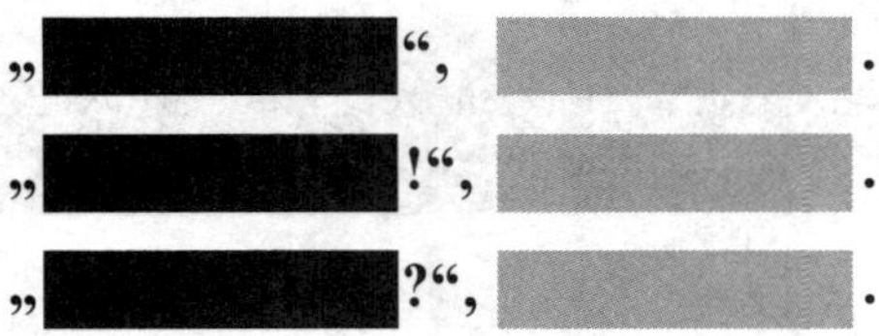

4. Mischung aus 1 und 3: Ein Teil des Begleitsatzes geht voran, der Rest steht am Ende:

7.2 Anführungszeichen zur Hervorhebung

E 15 Mit Anführungszeichen kannst du Wörter oder Teile innerhalb eines Textes hervorheben und in bestimmten Fällen deutlich machen, dass du zu ihrer Verwendung Stellung nimmst, dich auf sie beziehst. Das betrifft zum Beispiel:

Überschriften, Werktitel, Namen von Zeitungen und dergleichen:

Sie las den Artikel „Chance für eine diplomatische Lösung" in der „Wochenpost".
Sie liest Karl Mays Roman „Durch die Wüste".

Äußerungen, Wortgruppen oder Wörter, über die du eine Aussage machen willst:

Das Sprichwort „Eile mit Weile" hört man oft.
Sein kritisches „Der Wein schmeckt nach Essig" ärgerte den Kellner.
Die Präposition „ohne" verlangt den Akkusativ.
Alle seine Freunde nannten ihn „Dickerchen".

Wörter oder Wortgruppen, die du anders als sonst – zum Beispiel ironisch oder übertragen – verstanden haben willst:

Und du willst ein „treuer Freund" sein? Er bekam wieder einmal seine „Grippe". Sie sprang diesmal „nur" 6,60 Meter.

8 Die Auslassungspunkte

E 16 Mit drei Punkten (Auslassungspunkten) zeigst du an, dass du in einem Wort, einem Satz oder einem Text Teile ausgelassen hast:

Du bist ein E...!
Scher dich zum...!
„... ihm nicht weitersagen", hörte er ihn gerade noch sagen.
Der Horcher an der Wand ...

9 Der Apostroph (das Auslassungszeichen)

In gewöhnlichen Texten solltest du den Apostroph (das Auslassungszeichen) nur bei Eigennamen verwenden, an die man die Endung *-s* des Genitivs (Wesfalls) aus lautlichen Gründen nicht anfügen kann.

Darüber hinaus kannst du den Apostroph verwenden, wenn du gesprochene Sprache – zum Beispiel bei direkter Rede – originalgetreu wiedergeben willst. Mit dem Apostroph kannst du dann anzeigen, dass eine Wortform im Vergleich zur Standardsprache verkürzt ist.

9.1 Iris Vorschlag *oder* Iris' Vorschlag? Annas neue Pläne *oder* Anna's neue Pläne?

E 17 Der **Apostroph** (das Auslassungszeichen) steht im Genitiv (Wesfall) von Eigennamen, an die man die Endung ***-s*** aus lautlichen Gründen nicht anfügen kann:

Iris → *Iris'* Vorschlag
Felix → *Felix'* Mappe

!!! Bei Eigennamen, an die du die Endung *-s* anfügen kannst, setzt du besser keinen Apostroph:

Anna → *Annas* neue Pläne
Michael → *Michaels* Mappe

9.2 Mir gehts gut *oder* Mir geht's gut?

E 18 Wenn sich die Kurzform des Pronomens (Fürwortes) ***es*** an ein vorangehendes Wort anlehnt, steht **kein Apostroph** (Auslassungszeichen):

Mir gehts gut. Ich versuchs auch einmal. Nimms mit! Brings mir zurück! Vroni kneift nie, wenns heiß wird.

9.3 aufs Dach *oder* auf's Dach?

E 19 Wenn ***das*** mit einem vorangehenden Wort verschmolzen ist, steht **kein Apostroph** (Auslassungszeichen):

auf das Dach → *aufs* Dach
in das Zimmer → *ins* Zimmer
um das Haus herum → *ums* Haus herum
hinter das Licht führen → *hinters* Licht führen

10 Der Ergänzungsstrich

E 20 **Mit dem Ergänzungsstrich zeigst du an, dass du in einer Zusammensetzung oder einer Ableitung einen Bestandteil ausgelassen hast, der vom Leser sinngemäß zu ergänzen ist.**

Der letzte Bestandteil ist zu ergänzen:

Haupt- und Nebeneingang (= Haupt*eingang* und Nebeneingang); Eisenbahn-, Straßen-, Luft- und Schiffsverkehr; saft- und kraftlos; ein- und ausladen; Natur- und synthetische Gewebe

Der erste Bestandteil ist zu ergänzen:

Verkehrslenkung und -überwachung (= Verkehrslenkung und *Verkehrs*überwachung); Schulbücher, -hefte, -mappen und andere -utensilien; herbeitragen oder -schleppen; bergauf und -ab

Der erste und der letzte Bestandteil sind zu ergänzen:

Textilgroß- und -einzelhandel (= Textilgroß*handel* und *Textil*einzelhandel); Werkzeugmaschinen-Import- und -Exportgeschäfte

11 Der Abkürzungspunkt

E 21 **Abkürzungen werden meist mit einem Punkt gekennzeichnet:**

Bd. (= Band), Bde. (= Bände), Bsp. (= Beispiel), d. h. (= das heißt), Jh. (= Jahrhundert), des Jh.s (= des Jahrhunderts), Tel. (= Telefon), usw. (= und so weiter), v. (= von), v. a. (= vor allem), z. B. (= zum Beispiel)

Für bestimmte Abkürzungen bestehen zum Teil auch andere Regelungen. Schlage im Zweifelsfall im Wörterbuchteil dieses Schülerdudens nach!

Am Ende eines Satzes ist der Abkürzungspunkt zugleich Satzschlusspunkt. Du darfst also nur *einen* Punkt setzen. Beispiel:

Sie brachte Obst: Äpfel, Birnen, Kiwis usw.

!!! Ohne Punkt stehen Abkürzungen von international festgelegten Maßen und von Himmelsrichtungen:

m (= Meter)
g (= Gramm)
km/h (= Kilometer je Stunde)
A (= Ampere)
Hz (= Hertz)

NO (= Nordost)
SSW (= Südsüdwest)

!!! Ohne Punkt stehen außerdem die so genannten Initial- oder Buchstabenwörter. Das sind Abkürzungen, die man beim Lesen buchstabiert:

das BGB (gesprochen: Be-Ge-Be = Bürgerliches Gesetzbuch)
der IQ (gesprochen: I-Ku = Intelligenzquotient)
die GmbH (gesprochen: Ge-Em-Be-Ha = Gesellschaft mit beschränkter Haftung)

12 Der Punkt bei Ordnungszahlen

E22 Nach Ordnungszahlen, die in Ziffern geschrieben sind, steht ein Punkt:

die 20. Auflage, der 65. Geburtstag, zum 5. Mal, Heinrich VIII. (= Heinrich der Achte)

Am Ende eines Satzes ist der Punkt bei der Ordnungszahl zugleich Satzschlusspunkt. Du darfst also nur *einen* Punkt setzen. Beispiel:

An der Wand hing ein Bild von Papst Johannes Paul II.

F Regeln zur Silbentrennung (Trennung am Zeilenende)

1 dro-hen *oder* droh-en? Schü-le-rin *oder* Schül-er-in?

F1 Geschriebene Wörter trennt man am Zeilenende so, wie sie sich bei langsamem Sprechen in **Silben** zerlegen lassen:

Mau-er, Stu-be, frie-ren, Krä-he, Pa-ra-dies, Fre-quenz

!!! Beachte: Diese Regel gilt auch für Wörter, die Endungen aufweisen. Endungen, die mit einem Vokal (Selbstlaut) anfangen, nehmen daher den vorangehenden Konsonanten (Mitlaut) auf die neue Zeile mit:

Schü-ler, Schü-le-rin, Schü-le-rin-nen
dro-hen, Dro-hung, Dro-hun-gen
Än-de-rung, Än-de-run-gen
nach-tei-lig

2 stam-pfen *oder* stamp-fen?
Schwe-ster *oder* Schwes-ter?

F2 Von zwei oder mehr **Konsonanten** (Mitlauten) kommt nur der **letzte** auf die neue Zeile:

Was-ser, stamp-fen, schlüpf-rig, nied-rig, wack-lig, ei-gent-lich, Geg-ner, Schwes-ter, Kas-ten, fins-ter, Wes-pe, sit-zen, Sit-zung, Ach-sel, Quad-rat, möb-liert, Mag-net

Manche Fremdwörter können auch anders getrennt werden. Die Trennung nach Regel F 2 ist aber immer korrekt.

3 Zuc-ker *oder* Zu-cker?
kat-ho-lisch *oder* ka-tho-lisch?

F3 Die **Buchstabengruppen** ***ck, ch, sch*** bleiben immer beisammen, in Fremdwörtern auch ***ph, rh, sh, th,*** sofern sie für einen einzelnen Laut stehen:

Zu-cker, ste-cken, dre-ckig
ste-chen, Kno-chen, Kö-chin
Fla-schen, zwi-schen, klat-schen, Fäl-schung

Stro-phe, Pyr-rhus, Ca-shew-nuss, ka-tho-lisch

4 Zusammensetzungen und Wörter mit Präfixen (Vorsilben)

4.1 Arm-ban-duhr *oder* Arm-band-uhr?
Besch-luss *oder* Be-schluss?

F4 **Zusammengesetzte Wörter** und Wörter mit **Präfixen (Vorsilben)** werden bei der Silbentrennung in ihre Bestandteile aufgelöst.

Zusammengesetzte Wörter:

Arm-band-uhr, Zimmer-pflanzen, Fenster-scheibe, Week-end

Wörter mit Präfixen (Vorsilben):

Be-schluss, ver-stehen, miss-achten, Pro-gramm, at-traktiv, Kon-struk-ti-on

Die einzelnen Bestandteile können weiter nach den Regeln F 1 bis F 3 getrennt werden:

Zimmer-pflanzen → Zim-mer-pflan-zen
ver-stehen → ver-ste-hen
miss-achten → miss-ach-ten

4.2 wor-auf *oder* wo-rauf? in-ter-es-sant *oder* in-te-res-sant?

F 5 Im Deutschen gibt es Wörter, die von der Sprachgeschichte oder von der Herkunftssprache her gesehen Zusammensetzungen sind, aber oft nicht mehr als solche empfunden oder erkannt werden. Solche Wörter kannst du auch nach den Regeln F 1 bis F 3 trennen:

da-rum *oder* dar-um, wa-rum *oder* war-um, wo-rauf *oder* wor-auf, he-rüber *oder* her-über, ei-nan-der *oder* ein-an-der

in-te-res-sant *oder* in-ter-es-sant, Chry-san-the-me *oder* Chrys-an-the-me, Hek-tar *oder* Hekt-ar, He-li-kop-ter *oder* He-li-ko-pter, Pä-da-go-gik *oder* Päd-a-go-gik

Wortkunde

Auf den folgenden Seiten findest du einiges über den Aufbau des Wortschatzes. Dies kann dir bei der Rechtschreibung nützlich sein, aber auch dann, wenn du etwas über Ableitungen, Zusammensetzungen, Wortfamilien oder Wortfelder wissen willst. Die Zusammenstellung sinnverwandter Wörter kann dir helfen, wenn du das passende Wort suchst oder Wiederholungen vermeiden willst.

Die einzelnen Abschnitte sind so aufgebaut:
Anhand vieler Beispiele wird zunächst gezeigt, worum es in dem Abschnitt geht.
Es folgen dann Regeln oder Baumuster, die man entdecken kann. Zum Schluss kannst du die neuen Kenntnisse anwenden, z.B. in lustigen Sprachspielen.

Teil A

Die Wortbildung

Ein Junge, der gerade fünf Jahre alt geworden ist, hat die folgenden Sätze gebildet. Lies sie dir bitte durch! Verstehst du sie?

1. Du benimmst dich so *babyrich.*
2. Du willst immer der *Bestimmer* sein.
3. So eine *Pfuierei* mach ich nicht.
4. Das ist ja *baby,* das kann jeder.
5. Die Uhr hat *geweckert.*
6. Die Männer sind in einem *Safariauto* durch die Wüste gefahren.
7. Ich will mir mal die *Wegschickkarte* ansehen.
8. Der Papa hat einen *Polizeischein* bekommen, weil er falsch geparkt hat.
9. Das ist eine *Gutschmecktablette.*

Du hast die Sätze ganz bestimmt verstanden. Und das erstaunt dich vielleicht; denn die Wörter in schräger Schrift hat das Kind sich selbst ausgedacht. Sie stehen in keinem Wörterbuch, es sind **Neubildungen.**

▸ Fragen:

Warum bildet das Kind neue Wörter?
Wie kommt es, dass du die Wörter so leicht verstehst?
Wie sind die Wörter gebildet?
Gibt es auch Bereiche, wo die Erwachsenen neue Wörter bilden?

Wie könnte man dieses Tier nennen?
Suche verschiedene Namen!

Du hast leicht erkannt, dass der Junge die neuen Wörter aus anderen Wörtern und anderen Bestandteilen gebaut hat:

1. Baby + rich, 2. bestimm(en) + er, 3. pfui + erei,
4. Baby (Substantiv wird Adjektiv), 5. Wecker (Substantiv wird Verb),
6. Safari + Auto, 7. wegschick(en) + Karte, 8. Polizei + Schein,
9. gut + schmeck(en) + Tablette.

Wenn du die neuen Wörter des Kindes betrachtest, so siehst du, dass es gar nichts Besonderes gemacht hat. Es gibt in unserer Sprache viele umfangreiche Wörter, die aus kleineren zusammengebaut sind. Man kann dabei z. B. unterscheiden:

I. **Ableitungen:** Zu einem Wort tritt eine **Vorsilbe** (= Präfix) oder eine **Nachsilbe** (= Suffix):
Vorsilbe: laufen → ver + laufen = verlaufen, alt → ur + alt = uralt, Sinn → Un + Sinn = Unsinn
Nachsilbe: Haus → Haus + chen = Häuschen, laufen → lauf(en) + er = Läufer, gelb → gelb + lich = gelblich, dumm → dumm + heit = Dummheit
Manchmal kommt auch beides zusammen vor:
Leid → be + Leid + ig(en) = beleidigen,
Gnade → be + Gnad(e) + ig(en) = begnadigen

II. **Zusammensetzungen:** Wörter werden aneinander gefügt:
Haus + Tür → Haustür, Schüler + Duden → Schülerduden, Stachel + Beere → Stachelbeere, Nase + Horn → Nashorn, Kind(er) + Garten → Kindergarten

III. a. **Zusammenbildung**
Dies ist eine Verbindung aus Ableitung und Zusammensetzung:
Raupe + schlepp(en) + er = Raupenschlepper, frei + Hand + ig = freihändig

b. **Zusammenrückung**
Hier werden die Wörter, wie sie in einem Satz oder Satzteil vorkommen, aneinander gefügt:
Vergiss mein nicht! → Vergissmeinnicht, (der) hohe Priester → (der) Hohepriester

Wörter, die nicht abgeleitet, zusammengesetzt, zusammengebildet oder zusammengerückt sind, nennen wir **Kernwörter.** Sie bilden mit den Vorsilben und Nachsilben die Bausteine, aus denen der Wortschatz aufgebaut ist. Die umfangreichen (= komplexen) Wörter sind nach bestimmten **Baumustern** aufgebaut, die man teilweise auch bei Neubildungen verwenden kann.

Wenn man alle Wörter zusammenstellt, an denen ein Kernwort beteiligt ist, erhält man die **Wortfamilie** (vergleiche S. 348 ff.).

I. Ableitungen

Wie kann man (neue) Ableitungen bilden?
Das kann am Beispiel leicht klar werden.

Ein Häuschen ist ein kleines Haus.
Ein Löffelchen ist ein kleiner Löffel.
Ein Rädchen ist ein kleines Rad.

Versuche selbst einmal, Wörter nach diesem Muster zu bilden!

Ein kleines Bild ist ein ...?
Ein kleines Gartentor ist ein ...?

Wenn wir für das Kernwort X schreiben, dann kann man als allgemeine Regel hinschreiben:

Ein kleines X ist ein X-chen.

▸ Fragen:

1. Kannst du die Verkleinerungsformen bilden zu: *Korn, Wald, Knopf, Lied, Ball, Schaufel, Bauer, Holz?*
2. Was fällt dir auf bei: *Brot-Brötchen, Teil-Teilchen, Plätzchen, Kaninchen, Mädchen, Männchen (machen), Freundchen, Märchen?*
3. Eine andere Verkleinerungsform ist *-lein (Tischlein, Bettlein).* Empfindest du einen Unterschied zwischen *-lein* und *-chen?*
4. Verändert sich der Selbstlaut des Wortes bei der Ableitung mit *-chen* regelmäßig?

Zu anderen Ableitungen lassen sich ebenfalls Baumuster finden, nach denen man vorhandene Wörter erklären und neue bilden kann.

Ein Fahrer ist jemand, der fährt.
Ein Fischer ist jemand, der fischt.
Wer tanzt, ist ein Tänzer.
Wer liest, ist ein Leser.
Wer x-t, ist ein X-er.

„Los, folgen Sie mir! Laut Vorschrift muss ich jeden Einbrecher verhaften."

▸ Frage:

Kannst du zu *rudern, reiten, schwimmen, kochen* (Achtung!), *stehlen* (Achtung!), *schießen* (Achtung!) Ableitungen mit *-er* bilden?

Andere Ableitungsmuster sind:

Was zerlegt werden kann, ist zerleg**bar.**
Was völlig schwindet, **ver**schwindet.
Was dem Rot ähnlich ist, ist röt**lich.**
Was beachtet wird, verdient Beacht**ung.**
Besonders blondes Haar ist **super**blond.
Der ehemalige Minister ist der **Ex**minister.

Zu manchen Wörtern gibt es auch Ableitungen durch eine lautliche Veränderung:

binden → Band, Bund; reißen → Riss; gießen → Guss, Gosse; voll → füllen; drei → dritte; Gold → gülden; Wetter → Gewitter; trinken → tränken; biegen → beugen

Nach diesem Muster kann man heute keine neuen Ableitungen mehr bilden, aber wir durchschauen noch den Zusammenhang.

▸ Fragen:

1. Wie lauten die Kernwörter in folgenden Ableitungen?
gelblich, tragbar, versickern, Rechnung, Tritt, Schrift, Mühle, Gedächtnis, Gefieder

2. Wie lauten die Baumuster zu folgenden Ableitungen?
-erei: Raserei, Faulenzerei, Marschiererei, Rechnerei
-haft: sündhaft, frühlingshaft, laienhaft, märchenhaft
be-: bedachen, bekränzen, bekleiden, belichten
-in: Ärztin, Läuferin, Botin, Chinesin

3. Manche Wörter kann man heute noch zerlegen in Kernwort und Vor- und Nachsilben, aber diese Ableitungen sind nicht mehr produktiv (= ausbaufähig). Wozu gehören *Fahrt, Blüte, Glut, Jagd, Freude, Zierde, faulenzen, Gespinst, Dienst?*

Wie oft kann man ableiten?

Aus vielen Beispielen oben geht schon hervor, dass man ein abgeleitetes Wort oft wieder ableiten kann: *Schwamm → schwammig → Schwammigkeit.*

Man kann diese Ableitungen dann durchzählen als Ableitungen 1., 2., 3., 4. oder 5. Grades.

Kernwort	Ableitungen				
	1. Grades	2. Grades	3. Grades	4. Grades	5. Grades
1. Schwan Schlamm schreien	Schwänchen verschlammen Schreierei				
2. sorgen treu biegen	Sorge betreuen verbiegen	sorglos Betreuung Verbiegung			
3. Schaden frei verhalten	schädigen Freiheit Verhältnis	Schädiger freiheitlich verhältnislos	Schädigerin Freiheitlichkeit Verhältnislosigkeit		
4. treiben Scham dürfen	betreiben schämen bedürfen	Betrieb verschämt Bedürfnis	betriebsam unverschämt bedürfnislos	Betriebsamkeit Unverschämtheit Bedürfnislosigkeit	
5. klar	klären	erklären	erklärlich	unerklärlich	Unerklärlichkeit

▸ Fragen:

1. Kannst du den Grad der Ableitung feststellen? *Bitterkeit, bläulich, Tischlerei, Erblindung, Blockierung, Verträglichkeit*

2. *„Unfreundlichkeit"* – führen zwei Ableitungswege zu diesem Wort?

3. Wenn wir für Kernwort K, Vorsilbe V, Nachsilbe N schreiben, dann hat *Freiheitlichkeit* das Baumuster K + 1. N + 2. N + 3. N, *Betreuung* das Baumuster 1. V + K + 1. N. Wie lauten die Baumuster von *Vereinheitlichung, nachdenklich, Unritterlichkeit?*

Tabellen für Vorsilben und Nachsilben

In der folgenden Tabelle sind wichtige deutsche Nachsilben und danach einige Nachsilben aus fremden Sprachen zusammengestellt. Die meisten Nachsilben geben auch gleichzeitig die Wortart an:

A. Substantive (Nomen)

-chen	Häuschen, Löffelchen, Tellerchen
-e	Reise, Schwäche, Tiefe
-el	Hebel, Würfel, Deckel
-er	Berliner, Schreiner, Läufer
-(er)ei	Näherei, Rösterei, Wäscherei, Schweinerei, Kinderei, Raserei
-heit	Dummheit, Klugheit, Menschheit
-in	Freundin, Ärztin, Schneiderin
-keit	Freundlichkeit, Betriebsamkeit, Fruchtbarkeit
-lein	Kindlein, Häuslein, Tüchlein
-ler	Sportler, Tischler, Dörfler
-ling	Keimling, Rundling, Schwächling
-ner	Rentner, Pförtner, Amerikaner
-nis	Wildnis, Finsternis, Kenntnis
-schaft	Freundschaft, Erbschaft, Bürgerschaft
-tum	Heiligtum, Reichtum, Irrtum
-ung	Erzählung, Achtung, Verteidigung
-ant	Lieferant, Informant, Musikant
-ent	Student, Präsident, Korrespondent
-enz	Konsequenz, Frequenz, Intelligenz
-eur	Friseur, Masseur, Dompteur
-euse	Friseuse, Masseuse, Dompteuse
-ie	Apathie, Aristokratie, Autonomie
-ier	Hotelier, Kanonier, Vegetarier
-ion	Organisation, Demonstration, Perfektion
-ist	Hornist, Lagerist, Komponist

B. Adjektive

-bar	tragbar, zerbrechbar, machbar
-(e)(r)n	seiden, golden, metallen, hölzern, blechern, gläsern
-haft	feenhaft, zweifelhaft, fehlerhaft
-ig	haarig, freudig, dortig

-isch ..... modisch, bäuerisch, biblisch
-lich ...... hinderlich, polizeilich, mütterlich
-sam ..... gemeinsam, bedeutsam, ratsam
-abel ..... praktikabel, akzeptabel, transportabel
-ant/-ent .. interessant, riskant, intelligent, kongruent
-al/-ell .... prozentual, tangential, maschinell, rationell
-iv .... attributiv, informativ, instinktiv

C. Verben

-el(n) .... lächeln, säuseln, kränkeln
-er(n) ..... einäschern, verwildern
-ig(en) ... ängstigen, sättigen, steinigen
-z(en) ..... duzen, siezen, ächzen
-ier(en) ... spionieren, musizieren, telefonieren
-isier(en) .. motorisieren, magnetisieren, terrorisieren

In der folgenden Tabelle sind wichtige deutsche Vorsilben und danach einige Vorsilben aus fremden Sprachen zusammengestellt:

be- ...... beschreiben, benennen, befestigen
ent- ...... entdecken, enthalten, entsaften
er- .... erkennen, erweisen, erröten
ge- .... Gezappel, Getier, getreu, gebrauchen
un- .... unartig, unbekannt, Unglück
ur- .... Urahne, Urschrift, uralt
ver- ...... versickern, verreisen, versorgen
zer- ...... zerkleinern, zersägen, zerfließen
a- .... amoralisch, anormal, asozial
anti- ..... Antialkoholiker, Antikörper, antidemokratisch
dis- ...... Disharmonie, diskontinuierlich, disqualifizieren
ex- .... Exminister, Exkanzler, Expräsident
inter- .... Interkontinentalrakete, international, interpunktieren
re- .... reagieren, rekonstruieren, reproduzieren
sub- ...... Subtropen, Subkultur, subarktisch

II. Zusammensetzungen

Wie kann man Zusammensetzungen bilden?

Haustür, Eierkorb, Postauto, Rasierapparat, Tageszeitung, Frauenzeitschrift, Wörterbuch, Lederhose, Fingerhut.

Man kann alle diese Zusammensetzungen auflösen und einen kleinen Satz oder den Teil eines Satzes bilden, in dem die Kernwörter vorkommen.

Haustür	Tür, die in das Haus führt
Eierkorb	Korb für Eier
Rasierapparat	Apparat zum Rasieren
Frauenzeitschrift	...?
Mondgesicht	...?
Wörterbuch	...?

Eine Zeitung, die jeden Tag erscheint, ist eine ...?
Eine Hose aus Leder ist eine ...?

Allgemein lässt sich also sagen, dass der erste Teil der Zusammensetzung, das **Bestimmungswort,** in der Regel den 2. Teil, das **Grundwort,** näher beschreibt und eingrenzt, z. B. was für ein Wagen: Personen-, Last-, Kranken-, Kinder-, Leiter-, Pferde-, Heu-...

Bestimmungswort	Grundwort	Bestimmungswort	Grundwort
Personen-		Leber-	
Last-		Blut-	
Kranken-		Gelb-	
Kinder-	-wagen	Dauer-	-wurst
Leiter-		Fleisch-	
Pferde-		Bauern-	
Heu-		Räucher-	
...		...	
...		...	

Dabei ist aber in der Zusammensetzung nicht immer erkennbar, in welcher Weise der erste Teil den zweiten eingrenzt. Obwohl alle Würste weitgehend Fleisch enthalten, heißt nur eine Sorte *Fleischwurst,* die *Leberwurst* enthält einen Zusatz von Leber, aber die *Bauernwurst* ist eine Wurst nach Art der Bauern, und die *Dauerwurst* hält lange. Manchmal kann ein Wort auch als Bestimmungs- oder Grundwort seine eigentliche Bedeutung verlieren. Es ist auf dem Wege, eine Ableitungssilbe zu werden, z. B.:

Mords-	-kerl, -krach, -lärm, -spaß, -gaudi
Riesen-	-erfolg, -glück, -spaß, -pech
sau-	-doof, -blöd, -dumm, -wohl

Flug-, Werk-, Näh-, Strick-, Mal-, Schuh-	-zeug
Blatt-, Lehr-, Läut-, Mach-, Tag-, Lebens-	-werk
verhältnis-, gewohnheits-, mittel-, sau-	-mäßig

▸ Fragen:

1. Kannst du folgende Zusammensetzungen durch einen Satz oder den Teil eines Satzes erklären? *Hühnerei, Modenschau, Zollstock* (!), *vielleicht* (!), *anfangen* (!)
2. Ein Wortspiel: Nimm den ersten Teil einer Zusammensetzung weg und setze hinten ein Wort an, sodass eine neue Zusammensetzung entsteht usw.,

z. B. *Handtuch – Tuchfabrik – Fabrikarbeiter – Arbeiterwohnung – Wohnungs...*

3. Welche Zusammensetzungen ergeben umgedreht eine neue Zusammensetzung, z. B. *Baumstamm – Stammbaum, Witzwort – Wortwitz?* Im Folgenden findest du einige Wörter, die, richtig verbunden, solche Zusammensetzungen ergeben, z. B.: *Ballspiel – Spielball:* Ball, Bier, Brett, Fass, Haus, hoch/ Hoch, Kuh, Milch, Schrank, Spiel, Wand

Graf-Bobby-Witz
Graf Bobby trifft in Wien einen alten Bekannten
und fragt ihn: „Na, was machst denn du?"
„Ich bin Straßenhändler." „Aha! Und was kostet
so ein Kilometer Straße?"

Wie werden die Zusammensetzungen verbunden?
Bei vielen Zusammensetzungen stehen das erste und das zweite Wort unmittelbar hintereinander, z. B.: *Haustür, Waldameise, blaugrün, Fertigteil, Laufrichtung, Strickwaren.*

Manchmal tritt zwischen die beiden Wörter ein **Fugenzeichen** als Bindeglied: *Auge+n+arzt, Ort+s+verzeichnis, Kind+er+garten, Maus +e+falle.*

Über die Anwendung dieses Fugenzeichens brauchst du dir bei Neubildungen keine Gedanken zu machen, da man, ohne es zu wissen, die richtige Regel anwendet. Aber wenn du Lust hast, kannst du die Verteilung untersuchen, bevor du dir die folgende Tabelle anschaust. Um dir einen Fingerzeig zu geben: Beachte das Wortende, z. B. die Nachsilbe des ersten Wortes *-ung, -heit, -keit, -el, -er, -e!* Beachte die Beugung der Wörter! Beachte die Wortart (Substantiv, Verb, Adjektiv)!

Manche Bestimmungswörter können in Zusammensetzungen auf verschiedene Weise erscheinen:

Augenarzt	– Augapfel	
Aschenbahn	– Aschermittwoch	– Ascheimer
Buchladen	– Bücherkiste	
Storchennest	– Storchschnabel	

Tabelle der Fugenzeichen

-s- (auch -es-)	besonders bei Bestimmungswörtern auf -heit, -keit, -schaft, -ung, -ion, -ität: Gebirgsjäger, Gotteshaus, Wahrheitsliebe, Geschwindigkeits-

begrenzung, Mannschaftskampf, Erweiterungsbau, Informationsbüro, Universitätsstadt

-n-, -en- besonders bei weiblichen Substantiven und bei männlichen und sächlichen auf -e: Frauenhaar, Rosenblatt, Knabenchor, Augenarzt

-e- bei einigen Verben und Substantiven: Lesebuch, Siedepunkt, Mausefalle, Gänsefeder

-er- (auch mit Umlaut) bei Substantiven mit der Pluralendung -er: Hühnerei, Eierkuchen, kinderlieb

Wie oft kann man Wörter zusammensetzen?

Die meisten Zusammensetzungen bestehen aus zwei Wörtern. Diese Wörter können Kernwörter oder auch abgeleitete Wörter sein:

Postkarte, Wörterbuch, Bleistift, Mengenlehre, Waldlauf, Werkkunde, Windei, Gesangbuch, Schneiderschere, Krankheitsursache, Gefängnisaufseher, Wörterverzeichnis, Zigarettenautomat

Solche Zusammensetzungen können dann aber wieder mit anderen Wörtern zusammengesetzt werden. Dabei kann die Zusammensetzung ein anderes Wort näher erläutern, also (1. W. + 2. W.) + 3. W. oder aber durch ein anderes Wort näher erläutert werden, also 3. W. + (1. W. + 2. W.), z. B.:

(1. W. + 2. W.) + 3. W. Postkartenformat, Wörterbuchseite, Bleistiftspitzer, Gesangbuchvers, Geburtstagsfeier, Armbanduhr, Weißbrotscheibe

3. W. + (1. W. + 2. W.) Postleitzahl, Kindergottesdienst, Bedarfshaltestelle, Künstlerstammtisch, Jugendfreizeit

Die beiden Arten der Zusammensetzung kann man auch bildlich darstellen:

(1. W. + 2. W.) + 3. W. Geburtstagsfeier

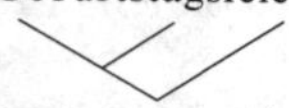

3. W. + (1. W. + 2. W.) Kindergottesdienst

Es gibt natürlich auch Zusammensetzungen mit mehr als drei Wörtern, aber sie sind doch recht selten:

4 Wörter: Haustürschlüsseletui, Wortfamilienwörterbuch, Eisenbahnfahrplan

5 Wörter: Landessparkassenzweiganstalt, Treibstoffstandschauzeichen, Amateurfußballnationalmannschaft

Natürlich wäre es möglich, noch mehr Wörter zu einer Zusammensetzung zu verbinden, aber bei alltäglichen Bildungen erreicht man oft damit kein Verständnis und daher gibt es absichtlich übertreibende Scherzbildungen:

Sonntagnachmittagskaffeeklatsch
Straßenbasaltsplittereinstreudeckenbauverfahren
Donaudampfschifffahrtsgesellschaftskapitänswitwenrenten ...

► Fragen und Spiele:

1. Kannst du die vierteilige Zusammensetzung *Eisenbahnfahrplan* bildlich darstellen?
2. Manche Zusammensetzungen werden auch übertragen gebraucht. Das verlockt dich vielleicht dazu, sie zum Spaß zeichnerisch wortwörtlich zu nehmen. Hier einige Beispiele: *Handschuh, Fingerhut, Löwenzahn, Fuchsschwanz, Notenkopf, Schlüsselbart, Hühnerauge, Pudelmütze, Pechvogel, Eselsohr, Löwenanteil, Gänsefüßchen, Steckenpferd*
3. Wie sind die Bandwurmzusammensetzungen gebaut? Versuche dies durch eine bildliche Darstellung des Baumusters herauszubekommen!
4. Ein Gedächtnisspiel: Der erste Mitspieler sagt ein Wort, der zweite wiederholt das Wort und fügt ein Wort hinzu, sodass eine Zusammensetzung entsteht, der dritte wiederholt die Zusammensetzung und fügt wieder ein Wort hinzu, der vierte wiederholt die Zusammensetzung des dritten usw. Wer sich nicht mehr richtig erinnert, hat die erste Runde verloren.

III a. Zusammenbildung

Es gibt bei der Wortbildung noch einige Besonderheiten, die kurz erwähnt werden sollen:

In vielen Fällen bildet man ein umfangreiches Wort, indem man zugleich ableitet und zusammensetzt. Man nennt diese Wörter **Zusammenbildungen**:

Wer blaue Augen hat, ist blauäugig.
Wer tausend Füße hat, ist ein Tausendfüßler.
Die Maschine, die zugleich mäht und drischt, ist ein Mähdrescher.
Wer beruflich Dächer deckt, ist ein Dachdecker.
Wer den Schornstein/Kamin fegt, ist ein ...?
Eine Veranstaltung, die drei Tage dauert, ist eine ... (Veranstaltung)?

Diese Art der Wortbildung ist heute sehr gebräuchlich:

Anrufbeantworter, Alleswisser, Langschläfer, Weißmacher, Wortverdreher, Pfadfinder, Buchbinder, Wichtigtuer; langflüglig, kurzatmig, breitkrempig, zweiteilig, vierblättrig

▸ Frage:

Durch Zusammenbildung mit der Endung -er werden viele Bezeichnungen für Geräte und andere Dinge gebildet. Du kannst solche Bezeichnungen auch bewusst missverstehen. Was tun folgende „Leute"? Vielleicht fällt dir eine Zeichnung ein: *Korkenzieher, Sockenhalter, Raupenschlepper ...*

III b. Zusammenrückung

Manchmal rückt man einfach Wörter zusammen, wie sie im Satz vorkommen. Man nennt diesen Vorgang **Zusammenrückung:**

Vergissmeinnicht, Jungferrührmichnichtan, Tunichtgut, Gottseibeiuns, heutzutage, demzufolge, Einmaleins, Geratewohl

Diese Art der Wortbildung ist heute recht selten. Manchmal findet sich auch eine Mischung aus Zusammenrückung und Zusammensetzung:

Gutenachtgeschichte, Dummerjungenstreich, Stehaufmännchen

IV. Wortfamilien (= Wortfächer)

Wenn man alle Wörter zusammenstellt, an denen dasselbe Kernwort beteiligt ist (durch Ableitung, Zusammensetzung, Zusammenrückung, Zusammenbildung), so ergibt sich damit die **Wortfamilie** dieses Kernwortes. Es gibt kleine und große Wortfamilien von deutschen und fremden Kernwörtern. Im Folgenden findest du einige Beispiele. Zuvor soll aber noch an einem Fall gezeigt werden, dass nur die Wörter heute zu einer Wortfamilie gehören, die man als dazugehörig empfindet. Manchmal durchschaut man die Beziehung nicht mehr. Ehe du weiter unten schaust, überlege einmal, welche Wörter du zu einer Wortfamilie zusammenstellen würdest (die Zusammensetzungen sind weggelassen):

Weg, weg, wegen, Wagen, Wiege, wägen, wiegen, gewogen, verwegen, Gewicht, Wucht, Waage, wagen, Woge, bewegen, wackeln, aufwiegeln

Diese Wörter gehörten früher einmal zur gleichen Wortfamilie, heute begründen sie weitgehend als Kernwörter eigene Wortfamilien. Nach dem Sprachempfinden des einen oder anderen gehören *wiegen – Waage – Gewicht – wägen – gewogen* noch zusammen zu einer Wortfamilie. Aber vielleicht stellst du *wägen* nicht zu *wiegen,* ebenso findest du vielleicht keinen Zusammenhang mehr zwischen *Gewicht* und *wiegen.* Deshalb wirst du möglicherweise auch bei den folgenden Wortfamilien bei einzelnen Wörtern sagen: „Dieses Wort gehört für mein Empfinden nicht mehr dazu!“

▸ **Hinweis:**

Bei den folgenden Beispielen ist der Grad der Ableitung durch 1, 2, 3, 4 gekennzeichnet. Hinter dem Kernwort und den Ableitungen usw. stehen einige Zusammensetzungen, in denen das Wort als Bestimmungswort oder Grundwort auftreten kann.

Automat

Automat	Automat-en-mensch, -restaurant, -knacker; Kaffee-
1 Automat**ion**	
1 automat**isier**en	
2 Automatisier**ung**	
1 automat**isch**	
1 Automat**ik**	-gurte; Start-
1 Automat**ismus**	
1 automaten**haft**	

biegen

biegen	(bog, gebogen) herab-, herauf-, herum-, vor-, zusammen-, zurück-
1 **ver**biegen	
2 Verbieg**ung**	
1 bieg**bar**	
1 bieg**sam**	
2 Biegsam**keit**	
1 Bieg**e**	
1 Bieg**ung**	
1 b**eu**gen	Beug-e-muskel; nieder-, vor-

2 **ver**beugen	
3 Verbeug**ung**	
2 beug**bar**	
3 **un**beugbar	
2 Beug**er**	
2 gebeugt	(Partizip Präteritum als Adjektiv)
3 **un**gebeugt	
2 beug**sam**	
3 **un**beugsam	
4 Unbeugsam**keit**	
2 Beuge	Arm-, Knie-
2 Beug**ung**	
1 **Bogen**	Fiedel-, Geigen-, Ellen-, Kreis-, Regen-, Fenster-, Brücken- usw.; Bogen-gang, -halle, -schuss, -sehne, -strich usw.
2 bog**ig**	(Variante bög**ig**) spitz-, rund-
1 **Bug**	
2 **Bügel**	Kleider-, Steig-
1 **Buckel**	
2 buck(e)**lig**	älter: buck(e)**licht**
2 buckeln	katz-
1 bücken	nieder-
2 Bück**ling**	(‚Verbeugung')
2 Buck**erl**	

▸ Frage:

Wohin gehören nach deinem Empfinden *bügeln, Bucht, (Papier)bogen*? Hat das noch etwas mit *biegen* zu tun?

elektr-

1 elektr**isch**	
2 Elektrische	
1 elektr**isier**en	
2 elektrisier**bar**	
2 Elektrisier**ung**	
1 Elektr**ik**	
2 Elektrik**er**	Starkstrom-, Schwachstrom-; -ausbildung
1 elektr**ifizier**en	
2 Elektrifizier**ung**	

1 Elektr**izität**	Elektrizität-s-werk, -gesellschaft, -lehre, -versorgung, -wirtschaft, -zähler
1 Elektr**o**-	in Zusammensetzungen: -technik, -fahrzeug, -herd, -ingenieur, -motor usw.
1 Elektr**on**	Elektron-en-beschleuniger, -gehirn, -mikroskop
2 Elektron**ik**	-industrie
2 elektron**isch**	

► Frage:

Empfindest du *elektrifizieren* als Ableitung? (Geschichtlich kommt zu *Elektro-* ein lateinisches Kernwort in der Bedeutung ‚machen', *elektrifizieren* bedeutet also eigentlich ‚elektrisch machen'.)

erfahren („hören, Kenntnis erhalten")

erfahren	(erfuhr, erfahren)
1 Erfahr**ung**	Erfahrung-s-bericht, -austausch; Studien-, Ehe-
1 erfahren	(Partizip Präteritum als Adjektiv)
2 **un**erfahren	
3 Unerfahren**heit**	

► Frage:

Geschichtlich gehört *erfahren* zu *fahren* im Sinne von ‚reisend erkunden'. Empfindest du noch den Zusammenhang? Wenn ja, musst du *erfahren* zur Wortfamilie *fahren* stellen.

fahren

fahren (fuhr, gefahren) zusammen-, dazwischen-, drein-, fest-, fort-, heim-, schwarz-, tot-; Fahr-ausweis, -bahn, -damm, -dienstleiter, -gast, -geld, -karte, -plan, -rad, -schule, -wasser, -zeit, -zeug; fahrlässig

1 **be**fahren
2 befahr**bar**
3 Befahrbar**keit**
3 **un**befahrbar
4 Unbefahrbar**keit**
1 **ent**fahren
1 **durch**fahren

1 **über**fahren	
1 **um**fahren	
1 **unter**fahren	
1 **ver**fahren	(a) ‚falsch fahren'; b) ‚in bestimmter Weise vorgehen')
2 Verfahren	Gerichts-; Verfahren-s-regel, -weise
1 **wider**fahren	
1 zerfahren	(Partizip Präteritum als Adjektiv)
2 Zerfahren**heit**	
1 fahr**bar**	
2 Fahrbar**keit**	
1 Fähr**e**	Fähr-schiff, -mann; Auto-, Eisenbahn-
1 hochfahrend	(‚anmaßend', Partizip Präsens als Adjektiv)
1 Fahr**er**	Auto-, Rad-, Renn-, See-; Fahrer-flucht
2 Fahrer**in**	Auto-, Rad-, Renn-
1 Fahrer**ei**	
1 fahr**ig**	
2 Fahrig**keit**	
1 willf**ährig**	
2 Willfährig**keit**	
1 **Vor**-, **Nach**fahre	
2 Vorfahr**in**, Nachfahr**in**	
1 Fahr**t**	Auto-, Bahn-, Ballon-, Frei-, Gelände-, Heim-, Himmel-, Hin-, Irr-, Kreuz-, Luft-, Pilger-, Probe-, Rück-, Rund-, Schiff-, Schwarz-, See-, Sonder-, Spazier-, Stern-, Vor-, Wall-, Wohl-; Fahrt-signal, Fahrt-en-buch, Fahrt-dauer, -richtung, -wind
2 **Gefährte**	Lebens-, Leidens-, Reise-, Spiel-
3 Gefährt**in**	Lebens-, Leidens-, Reise-, Spiel-
2 **Gefä**hrt	
1 F**u**hre	Fuhr-lohn, -mann, -park
1 f**ü**hr**ig**	
1 f**ü**hren	fort-, her-, herab-, herauf-, herbei-, herum-, mit-, umher-, vor-, weg-
2 **ent**führen	
3 Entführ**ung**	Entführung-s-fall
3 Entführ**er**	
2 **über**führen	
3 Überführ**ung**	Überführung-s-kosten

2 **unter**führen
3 Unterführ**ung**
2 **ver**führen
3 Verführ**ung**
3 Verführ**er**
4 verführer**isch**
2 Führ**er** Restaurant-, Hunde-; Führer-schein, -stand
3 Führer**in**
3 führer**los**
3 Führer**schaft**
2 Führ**ung** Führung-s-stab, -tor, -zeugnis; Museums-, Betriebs-
2 Führ**e** (‚Bergtour')

► Fragen:

Wozu gehören nach deinem Sprachempfinden *Fährte* (eines Tieres), *Furt?* Was heißt: *Er handelt fahrlässig?* Würdest du *fahrlässig* zu *fahren* + *lassen* stellen? Das Wort *erfahren* gehört historisch eigentlich hierher.

Form

Form Kuchen-, Back-; Form-en-lehre; Form-guss, -eisen
1 -förm**ig**: beeren-, ein-, ei-, gleich-
2 -förmig**keit**: Ein-, Gleich-
1 förm**lich**
2 **un**förmlich
2 Förmlich**keit**
3 **Un**förmlichkeit
1 form**los**
2 Formlos**igkeit**
1 formen
2 **ver**formen
3 Verform**ung**
2 Form**ung**
2 form**bar**
3 Formbar**keit**
2 Form**er**

► Frage:

Hängen *Form* und *Reform, Reformation, reformieren* nach deinem Empfinden noch zusammen?

laut

laut	(Adjektiv)	laut-hals, Laut-sprecher; über-, vor-
1 Laut	(Substantiv)	Ab-, Aus-, In-, Mit-, Selbst-, Um-, Wort-; Laut-bildung, -lehre, -malerei, -schrift, -stärke; laut-getreu, -malend, -stark
2 laut	(Präposition)	
2 laut**ier**en		
2 laut**lich**		
2 laut**los**		
3 Lautlos**igkeit**		
1 lauten	(Verb)	
2 **ver**lauten		
2 **läu**ten		
3 **Ge**läut**e**		
3 **Ge**läut		
2 laut**bar**		
3 **ver**lautbaren		
4 Verlautbar**ung**		
2 lautend	(Partizip Präsens als Adjektiv)	aus-, in-, wohl-
2 Laut**ung**		

Norm

Norm	Schreib-, Sprech-; -abweichung
1 norm**al**	Normal-größe, -preis, -spur, -verbraucher, -zeit
2 **a**normal	
2 normal**isier**en	
3 Normalisier**ung**	
2 Normal**ität**	
1 norm**ier**en	
2 Normier**ung**	
1 normen	
2 Norm**ung**	

wiegen/wägen

wiegen	(wog, gewogen)	Wieg-e-meister
1 **über**wiegen		
1 **ver**wiegen		
wägen	(wog, gewogen)	
1 **er**wägen	erwägen-s-wert	
2 Erwäg**ung**		
1 wäg**bar**		
2 **un**wägbar		
2 Wägbar**keit**		
3 **Un**wägbarkeit		
1 gewogen	(Partizip Präteritum als Adjektiv)	
2 **aus**gewogen		
3 Ausgewogen**heit**		
1 **Waa**ge	Waage-meister, Waage-n-fabrik, Waag-schale; Brief-, Vieh-	
1 **Ge**wicht	Über-, Unter-; Gewicht-heber, Gewicht-s-angabe	
2 gewicht**ig**		
3 Gewichtig**keit**		
2 gewichts**los**		
2 wicht**ig**	Wichtig-tuer, -tuerei	
3 **un**wichtig		
4 Unwichtig**keit**		

▸ Fragen:

1. Kannst du Wortfamilien zu einem oder einigen der folgenden Wörter bilden: *denken, informieren, kommunizieren, Nummer, sprechen?*

2. Die deutsche Sprache hat ungefähr 5000 deutsche Kernwörter und ungefähr 4000 fremde Kernwörter. Woher kommt es, dass niemand den Gesamtumfang des deutschen Wortschatzes angeben kann? Die Schätzungen schwanken zwischen 300000 und 500000 Wörtern.

3. Folgende Heiratsanzeige stand im Juli 1977 in der Wochenzeitung DIE ZEIT. Wie findest du das?

MENSCH
sensibel
kreativ
frei
sucht
MENSCHIN
sensibel
kreativ
frei

▸ Hinweis:

Wenn du dich für das Gebiet der Wortbildung und für die Herkunft der Wörter interessierst, dann schlage im Schülerduden „Wortgeschichte" nach.

Teil B

Wörter mit mehreren Bedeutungen und gleich lautende Wörter

Wenn wir uns für einen kurzen Augenblick 200 Jahre zurückversetzen, sehen wir, dass damals vieles fehlte, was für uns heute selbstverständlich ist: Auto, Eisenbahn, Flugzeug, elektrischer Strom und damit auch Kühlschrank, Radio, Fernsehgerät usw. Alle diese neuen Dinge und das, was man damit tun kann, mussten aber auch Bezeichnungen haben. Dazu zwei Beispiele:

Wenn man den *Schalter einschaltet,* schließt sich der Stromkreis. Der *Strom fließt* durch die *Leitung* in die *Birne.* Dort muss er den *Widerstand* fein gewickelter Wolfram*fäden überwinden,* die in den Glas*kolben* ragen. Die hauchdünnen Fäden in der Leucht*wendel* kommen dabei zum Glühen. Dadurch *brennt* die Birne.

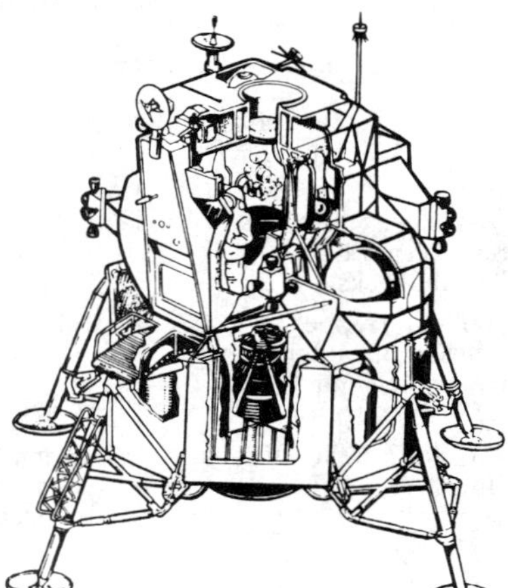

Die Mondfähre

Ein ganz neues Element in der Erforschung des Mondes war die Mond*landung* mithilfe der Mond*fähre*. Die Mondfähre besteht aus zwei Teilen, der Lande*stufe* und der Aufstiegs*stufe*. Die Lande*stufe*, die auf 4 Lande*beinen* steht, die in *Tellern* münden, bleibt auf dem Mond zurück. Haben die Astronauten ihre Forschungen auf dem Mond beendet, dann fliegen sie zur Kommando*kapsel* zurück. *Kapsel* und *Fähre* verwenden besondere Radarsignale, um aufeinander zu stoßen. Mithilfe der Steuer*düse* steuern sie aufeinander zu. Die Astronauten steigen in die *Kapsel* um.

Schon im vorigen Jahrhundert hat Heinrich Goebel die Glühbirne erfunden, aber erst 1969 betraten die Menschen zum ersten Mal den Mond. In beiden Fällen musste man jedoch alles das, was an Geräten (und deren Teilen) eine Rolle spielte, benennen. Dazu dienten nicht nur neue Zusammensetzungen und Ableitungen, manche schon vorhandene Wörter wurden einfach auf das Neue übertragen, vgl. z. B.

	ursprüngliche Bedeutung →	neue Bedeutung
		in der Elektrotechnik:
Schalter	‚Riegel‘	‚Kipphebel zum Schließen des Stromkreises‘
schalten	‚stoßen, schieben, verfahren‘	‚einen Stromkreis verändern‘
Strom	‚großer Fluss‘	‚Elektrizität‘
fließen	(von Flüssigkeit)	(von elektrischem Strom)
Widerstand	‚Gegenwehr im Kampf‘	‚Hindernis für den elektrischen Strom‘
		in der Weltraumfahrt:
Fähre	‚großes, flaches Schiff, das von Ufer zu Ufer fährt‘	‚Landefahrzeug im Weltraum‘
Teller	‚Essschale‘, ‚flache Scheibe am Ende des Skistocks‘	‚tellerförmig gebogene Scheiben an den Landebeinen der Mondfähre‘
Stufe	‚Teil der Treppe‘, ‚regelmäßig aufeinander folgende Teile (z. B. Schulstufe)‘	Raketenstufe, Landestufe
Kapsel	‚Gehäuse, Behältnis aus einer festen Schicht‘	(Kommando)kapsel: ‚abgeschlossener Raum des Raumschiffs‘

▸ Fragen:

1. Hast du schon bei *(Glüh)birne* an die *(Ess)birne* gedacht?
2. Warum hat man damals für die *(Glüh)birne* diese Bezeichnung gewählt?
3. Welche Beziehung besteht zwischen einer *(Fluss)fähre* und einer *(Mondlande)fähre?*
4. Kennst du weitere technische Geräte, die ihre Namen aus anderen Gebieten haben?

Die Übertragung von Wörtern auf neue Gegenstände bringt uns darauf, dass fast alle Wörter mehreres bedeuten können, dazu drei Beispiele:

1. Die Uhr *steht.* Der Schrank *steht* im Zimmer. Es *steht* 3:3. Das *steht* in der Zeitung.
2. Großvater nahm zum Wandern den *Stock* mit. Der Junge wohnte im dritten *Stock.* Die Bienen flogen in den *Stock.* Er warf ein Geldstück in den (Opfer)*stock.* Der Gärtner bedeckte den (Blumen)*stock* mit Erde.
3. Das Messer ist *scharf.* Er fuhr in eine *scharfe* Kurve. Die Suppe war ihm zu *scharf.* Achtung, *scharfer* Hund! Er erhielt eine *scharfe* Zurechtweisung.

Die Tatsache, dass ein Wort mehr als eine Bedeutung haben kann, wird beim Teekesselchenspiel ausgenützt.

Das Teekesselchenspiel.

Zwei Spieler gehen hinaus und suchen ein Wort mit zwei verschiedenen Bedeutungen, z. B. *Raupe.* Ein Spieler übernimmt das Wort in der Bedeutung von Tier, der andere in der Bedeutung von Baufahrzeug. Dann treten sie vor die anderen und der eine sagt z. B.:
„Mein Teekesselchen kriecht auf einem Blatt."
Und der andere:
„Mein Teekesselchen schiebt Erde."
Die Übrigen versuchen das Wort zu erraten. Nach einigen falschen Antworten können die zwei Spieler weiterhelfen: „Mein Teekesselchen ernährt sich von Blättern." – „Mein Teekesselchen hat keine Räder, es hat Ketten."
Wenn ein Mitspieler das Wort mit den zwei Bedeutungen erraten hat, darf er sich einen anderen Spieler aussuchen, damit sie sich ein neues Wort ausdenken.

I. Wörter mit mehreren Bedeutungen

Wenn ein Wort mehrere Bedeutungen hat, so können diese auf zweierlei Weise zusammenhängen:

1. Einmal kann ein tatsächlicher Zusammenhang zwischen den bezeichneten Dingen bestehen. So ist die *Post* eine Einrichtung, die in der *Post* (einem Gebäude) die *Post* (= Briefe, Pakete, Telegramme) bearbeitet.

Hier findest du einige weitere Beispiele. (Wie gehören die bezeichneten Dinge oder Sachverhalte zusammen?)

	a)	b)
Schule	‚Unterricht'	‚Gebäude, in dem der Unterricht stattfindet'
Tor	‚Art Gehäuse bei manchen Ballspielen'	‚Treffer beim Ballspiel'
Papier(e)	‚Schreibmaterial'	‚Ausweis u. Ä.'
Glas	‚durchsichtiges Material'	‚Art Becher'
Tonne	‚Gefäß'	Gewichtseinheit'
Erde	‚Boden'	‚Planet, ganze Welt'
grün	‚eine Farbe'	‚unreif (Obst)'
fertig	‚zu Ende, vollendet'	‚am Ende mit den Kräften'
gehen	‚sich fortbewegen'	‚Der Teig geht.'
treffen	‚ein Ziel erreichen'	‚(ein Tier) verletzen, töten'; jmdm. begegnen'
drücken	‚einen Druck ausüben'	‚jmdn. liebkosen'
verlieren	‚den Schlüssel, Geld usw. verlieren'	‚eine Niederlage (im Spiel) hinnehmen müssen'

2. Es kann aber auch sein, dass zwischen den beiden Dingen kein tatsächlicher Zusammenhang besteht, sondern nur eine Ähnlichkeit. So ist die Form der *(Glüh)birne* der Anlass gewesen, sie nach der *(Ess)birne* zu nennen. Die *Raupe* im Garten hat einiges gemeinsam mit der *Raupe* als Baufahrzeug. Wenn jemand den Kopf mit *Rübe,* die Nase mit *Gurke,* den Mund mit *Scheunentor,* die Zunge mit *Waschlappen* bezeichnet, so liegt immer irgendein bildlicher Vergleichspunkt vor; aber gerade weil alle wissen, dass in Wirklichkeit der Kopf keine Rübe, die Nase keine Gurke usw. ist, ist es so lustig oder auch (manchmal) beleidigend.

▸ Hier findest du einige weitere Beispiele:

Drache(n)	‚Vorzeit- u. Fabelwesen'	‚Fluggerät'
Fliege	‚kleines Tier'	Kleidungsstück'
Kamm	‚zum Kämmen'	‚Hautlappen auf dem Kopf des Hahns'
Löffel	‚Essgerät'	‚Ohr des Hasen' (Jägerspr.)
Pony	‚kleines Pferd'	‚Haarfrisur'
Zylinder	‚Art Hut'	‚Teil des Motors'
grün	‚unreif' (Obst)	‚unerfahren'
hölzern	‚aus Holz'	‚steif im Benehmen'
mager	(z. B. Fleisch)	(z. B. Ergebnis)
mild	(z. B. Wetter)	(z. B. Richter)
einfach	‚nicht doppelt'	‚unkompliziert'
lösen	(eine Kette)	(z. B. einen Vertrag, ein Problem)

Oft wird ein Wort auch durch mehrere Wörter bildlich umschrieben, sei es, um das Gemeinte nicht auszusprechen oder um es kraftwortartig zu steigern. Die Umschreibungen für das Wort *sterben* können dir das verdeutlichen:

den/seinen Geist aufgeben/aushauchen, die Augen für immer schließen, vom Schauplatz/von der Bühne abtreten, sein Leben/Dasein vollenden, in die Ewigkeit abberufen werden, für immer von jemandem gehen, verscheiden, entschlafen, ins Gras beißen, seinen Löffel wegschmeißen, in die ewigen Jagdgründe eingehen, sich die Radieschen von unten ansehen, abkratzen

Bei vielen Wörtern, die mehrere Bedeutungen haben, kann der Zusammenhang nicht so deutlich erkannt werden wie bei den obigen Beispielen. Worin liegt bei dem folgenden Wort nach deiner Meinung der Zusammenhang der verschiedenen Bedeutungen?

Note: a) ‚Schulnote', b) ‚Musiknote', c) ‚Banknote', d) ‚Fußnote',
e) ‚Mitteilung einer Regierung an eine andere'

II. Gleich lautende Wörter

Besteht überhaupt kein Zusammenhang zwischen zwei Bedeutungen, so handelt es sich **nicht** um **ein** Wort. Es sind **zwei** Wörter mit je einer Bedeutung, die nichts miteinander zu tun haben. So hat das *[Königs]schloss* (heute) nichts (mehr) mit dem *[Tür]schloss* zu tun. Wenn etwas 5 DM *kosten* soll, so hat das nichts mit dem *Kosten* einer Speise zu tun. Manchmal schreiben wir diese zufällig gleich lautenden Wörter auch verschieden, um den Unterschied deutlich zu machen, z. B. *Lärche* ‚Baum' – *Lerche* ‚Vogel', *malen (mit Pinsel)* – *mahlen (in der Mühle).* (Die Sprachwissenschaft bezeichnet diese Erscheinung als Homonymie, solche Wörter nennt man Homonyme.)

▸ Hier findest du einige weitere Beispiele:

Akkord	‚Gleichklang'	Akkord	‚Bezahlung nach Leistung'
Bremse	(am Auto)	Bremse	‚ein Tier'
Flur	‚Teil des Hauses'	Flur	‚Wiese und Feld'
Feder	(am Vogel)	Feder	(im Stoßdämpfer)
Hahn	(ein Vogel)	Hahn	‚Absperrvorrichtung'
Kapelle	‚Gotteshaus'	Kapelle	‚Musikgruppe'
Mutter	(eines Kindes)	Mutter	(zur Schraube)
Nagel	(am Finger)	Nagel	(zum Nageln)
Pflaster	(auf der Straße)	Pflaster	(zur Wundabdeckung)
Ton	‚Werkstoff'	Ton	‚Klang'
lecken	(mit der Zunge)	lecken	‚leck, undicht sein'
locken	(die Haare)	locken	(ein Tier)
löschen	(das Feuer)	löschen	‚die Ladung aus einem Schiff heben'
mangeln	(die Wäsche)	mangeln	‚fehlen'
säumen	‚mit einem Saum versehen'	säumen	‚zögern'

▸ Sprachspiele und Fragen:

1. Viele Sprachspiele (z. B. Rätsel, Witze) beruhen auf der Tatsache, dass ein Wort mehr als eine Bedeutung haben kann, z. B.:

Was ist das?
Es hat einen Rücken und kann nicht liegen.
Es hat zwei Flügel und kann nicht fliegen.
Es hat ein Bein und kann nicht stehen.
Es kann nur laufen, aber nicht gehen.

Auflösung: die Nase

Ein Witz
„Papa, was sind das für Früchte?"
„Das sind Blaubeeren!"
„Und warum sind die dann rot?"
„Weil die noch grün sind!"

Kennst du andere Witze oder Rätsel, die auf einem Wortspiel beruhen?

2. Kannst du heute noch einen Zusammenhang erkennen zwischen *[Matratzen]feder* und *[Schreib]feder, Mutter [eines Kindes]* und *[Schrauben]mutter, [Straßen]pflaster* und *[Heft]pflaster?*
3. Viele Tiere müssen dazu herhalten, Dummheit, Schlauheit, Feigheit oder andere menschliche Eigenschaften zu verkörpern: z. B. *Kamel, Fuchs, Hase.* Kannst du andere Tiere und die von ihnen verkörperten Eigenschaften nennen?

► Hinweis:

Falls du dich für diesen Sachverhalt des Bedeutungsfeldes interessierst, dann kannst du im Schülerduden „Wortgeschichte" nachschlagen, aber auch im Schülerduden „Bedeutungswörterbuch".

Teil C

Sinnverwandte Wörter – Wortfelder

In den vorigen Teilen hast du bemerkt, dass wir nicht immer einem Wort eine neue Bedeutung geben, weil wir einen neuen Gegenstand oder Sachverhalt bezeichnen wollen, der bisher noch keinen Namen hat. Ein Gegenstand oder Sachverhalt hat oft schon einen üblichen Namen (= eine übliche Bezeichnung), aber es gibt daneben noch weitere Bezeichnungen für diesen Gegenstand oder Sachverhalt. (In der Sprachwissenschaft nennt man Wörter, die dasselbe oder fast dasselbe bezeichnen, Synonyme. Das Nebeneinander solcher Wörter heißt Synonymie.)

Im folgenden Abschnitt wollen wir uns damit beschäftigen, wie es kommt, dass ein Gegenstand mehrere Bezeichnungen haben kann, und ob das ein Vorteil oder ein Nachteil ist.

I. Stilistische Unterschiede

Beginnen wir mit einem Beispiel. Der *Kopf* kann auch heißen: *Haupt; Birne, Dez, Rübe, Ballon, Kürbis, Nischel; Schädel.*
Aber bedeuten z. B. *Haupt* und *Birne* wirklich dasselbe wie *Kopf?*

1. Der ehrwürdige Greis neigte	sein Haupt seinen Kopf seine Birne	

2. Die Mutter wusch dem Kind	das Haupt den Kopf die Birne	mit Seife.

3. „Ich hau dir einen vor	das Haupt!“, den Kopf!“, die Birne!“,	rief er wutentbrannt.

Alle Wörter für *Kopf* bezeichnen zwar denselben Gegenstand, aber indem man ein bestimmtes Wort auswählt, gibt man als zusätzliche Information eine bestimmte Einstufung und (stilistische) Bewertung zu erkennen:

1. Haupt: gewählt, feierlich, vornehm, erhaben, dichterisch, beschönigend, manchmal ironisch
2. Kopf: Normalwort
3. Birne u.a.: umgangssprachlich, abwertend, gefühlsgeladen, oft auch scherzhaft, ironisch, ordinär

In der folgenden Übersicht sind einige Gegenstände oder Sachverhalte mit gewählten, normalen und abwertenden Bezeichnungen aufgeführt:

gewählt	normal	abwertend
Antlitz	Gesicht	Fresse, Visage
entschlafen, heimgehen	sterben	abkratzen, sich die Radieschen von unten ansehen
umnachtet	verrückt	bekloppt, bescheuert, beknackt
dinieren, speisen, tafeln	essen	fressen, mampfen
–	Fernseher	Glotze, Flimmerkasten
Gewand	Kleid	Fähnchen, Fummel
Ordnungshüter	Polizist	Bulle, Polyp

Manchmal sagt der Ausdruck „gewählt" auch, dass es sich um ein veraltendes, aussterbendes Wort handelt: z. B. *weiland/einst, gedenken/denken an, Aar/Adler, Leu/Löwe, sintemal/da, weil, Feinsliebchen/Geliebte, Hain/kleiner, lichter Wald.*

▸ Frage:

Kennst du zu *frech, dick, Klosett, Auto, laufen, schimpfen* gewählte oder abwertende sinnverwandte Wörter?

II. Landschaftliche Unterschiede

Oft werden sinnverwandte Wörter je nach Gegend unterschiedlich gebraucht. Im Süden sagt man so, im Norden anders. Durch das Fernsehen, das Radio, die Zeitung, durch große Umsiedlungen (insbesondere durch Flüchtlinge, Aussiedler) sind viele Ausdrücke im ganzen deutschen Sprachgebiet bekannt geworden, sodass man sie zumindest versteht.

Zu den folgenden Beispielen kannst du überlegen:

1. Welches der genannten sinnverwandten, bezeichnungsgleichen Wörter gebrauchst du oder gebraucht man in deiner Umgebung?
2. Welche Wörter kannst du zumindest verstehen?
3. Kannst du einige Wörter einer Sprachlandschaft zuordnen?

Samstag/Sonnabend
Semmel/Brötchen/Weck
Murmel/Klicker/Schusser
Tomate/Paradiesapfel
Fleischer/Schlachter/Metzger/Fleischhauer
Junge/Bub
Ohrfeige/Backpfeife/Backs
Harke/Rechen
Schornstein/Kamin/Esse/Rauchfang/Schlot
Dachboden/Boden/Speicher/Bühne
Klingel/Schelle/Glocke/Lüti
Bürgersteig/Fuß(gänger)weg/Trottoir
Kaffeetrinken/Vesper/Jause
dieses Jahr/heuer
Fasching/Karneval/Fas(t)nacht/Fasnet
Jahrmarkt/Kirmes/Messe/Kirchweih/Kerb/Dult
Weihnachtsbaum/Christbaum
tschüs/adieu/ade/servus/tschau
fegen/kehren/wischen
klingeln/schellen/läuten
rutschen/schlittern/schlickern/schlindern
kneifen/zwicken/klemmen

► Fragen:

1. Ist dir auch schon einmal aufgefallen, dass man in anderen Gegenden manche Gegenstände und Sachverhalte anders benennt? Führe Beispiele an!
2. Ist es ein Nachteil oder ein Vorteil, dass es für manche Dinge und Sachverhalte verschiedene Bezeichnungen im deutschen Sprachraum gibt?
3. Warum verwenden manche Lokal- und Heimatzeitungen gerne die Bezeichnungen der Umgebung und nicht die allgemein üblichen (z. B. im Süden: *Jänner, heuer*)?

III. Deutsche Wörter – Fremdwörter

Eine große Fülle sinnverwandter Wörter ergibt sich auch dadurch, dass oft neben dem deutschen Wort ein Fremdwort steht. Dabei ist das Fremdwort oft das gewähltere und meist auch das Fachwort für den entsprechenden Gegenstand oder Sachverhalt. (In manchen Fällen haben Sprachpfleger die Fremdwörter eingedeutscht, um die Zahl der Fremdwörter zu verringern, oft mit dem Erfolg, dass nun Fremdwort und deutsches Wort nebeneinander stehen.)

Adresse/Anschrift
Appartement/kleine Wohnung
Baby/Kleinkind
Bandit/Räuber
Bibliothek/Bücherei
Cousin/Vetter
Demokratie/Volksherrschaft
Dialekt/Mundart
Hobby/Steckenpferd
Inflation/Geldentwertung
Inserat/Anzeige
Idee/Gedanke
Match/Spiel
Moment/Augenblick
Orthographie/Rechtschreibung
Reportage/Bericht
Tendenz/Entwicklungsrichtung
Trikot/Sporthemd
Verb/Tätigkeitswort
Volumen/Rauminhalt
Zentrum/Mittelpunkt

charmant/reizend, anmutig
diagonal/schräg, quer
elegant/vornehm
exzellent/ausgezeichnet
grazil/zart
konsterniert/bestürzt
liiert/(eng) verbunden
naiv/einfältig, arglos
nonstop/pausenlos
progressiv/fortschrittlich
bongen/eintippen
flektieren/beugen
nominieren/benennen
parieren/gehorchen
passieren/sich ereignen
reduzieren/vermindern
reservieren/freihalten
salutieren/(militärisch) grüßen
enorm/gewaltig
traktieren/plagen, quälen
zeremoniell/feierlich, förmlich

▸ Fragen:

1. Eine Wochenzeitung bezeichnete eine alternde Künstlerin als *Klavierspielerin*. Wie wirkt diese Bezeichnung im Vergleich zu der sonst üblichen *Pianistin?*

2. Vor Jahren hat ein Verkehrsminister ein Preisausschreiben veranstaltet. Es ging darum, ein deutsches Wort für *Aquaplaning* zu finden.
Als Lösungen gingen u. a. ein: *Wasserglätte, Wassergleiten, Schleuderwasser, Rutschwasser, Rutschnässe, Regenglätte, Gleitwasser, Wasserrutschgefahr.* Welche Verdeutschung hätte dir am ehesten zugesagt? Hältst du es für richtig, dass man sich bemüht hat, das Wort einzudeutschen?

3. Wie lauten die deutschen Entsprechungen zu: Laboratorium, Labyrinth, Lakai, Lametta, Lava, lavieren, Lazarett, Legende, legieren, legitim, Lektion, Lexikon, liberal, Literatur, Lithographie, Liturgie, Livree, Logik, lokal, luxuriös? Alle diese Fremdwörter findest du in diesem Schülerduden.

4. Wie könnte man *Apotheke, Fotograf, Instrument* verdeutschen?

Werbung auf einem Antialkoholplakat
Alkohol macht
diszipliniert
dlizspiiniert
dzilisnipriet
szidinilritpe

▸ Hinweis:

Wenn du mehr über die Fremdwörter, ihre Bedeutung und ihre Herkunft wissen möchtest, dann greife zum Schülerduden „Fremdwörterbuch".

IV. Allgemeine und fachsprachliche Wörter

Eine ganze Reihe sinnverwandter Wörter ergeben sich auch dadurch, dass manche Berufs- und Personengruppen eigene Bezeichnungen neben den umgangssprachlich üblichen haben. Es kann sich hier um Fachsprachen handeln, z. B. die Jägersprache oder die Fachsprache der Medizin, oder um Gruppensprachen, z. B. die Schülersprache. Da aber oft ein großes Interesse besteht, zumindest zu verstehen, was dieses oder jenes fachsprachliche Wort meint, z. B. beim Arzt, sind sehr viele fachsprachliche und gruppensprachliche Wörter auch in der Alltagssprache bekannt, sodass auch hier sinnverwandte Wörter nebeneinander stehen.

Hier nur einige Beispiele:

Jägersprache:	Löffel/Ohr, Schweiß/Blut, Blume/Schwanz des Hasen, Lunte/Schwanz bei Fuchs und Marder, Äser/Maul, Lichter/Augen
Medizin:	Katarrh/Schnupfen, Karzinom/Krebs, Influenza/Grippe, Rheuma/Gelenkentzündung, Leukämie/Blutkrebs
Schülersprache:	Pauker/Lehrer, Ratzefummel/Radiergummi, ratzeln/radieren, schwänzen/absichtlich versäumen, Penne/Schule, Erdkäs/Erdkunde, Giftblatt/Zeugnis

Werden Ausdrücke und Wörter aus der Jägersprache oder Schülersprache in der normalen Sprache gebraucht, so verbindet sich damit meist auch ein Stilunterschied (vgl. I); in der medizinischen Terminologie (= ärztliche Fachausdrücke) stehen Fremdwort und deutsches Wort oft nebeneinander.

▸ Fragen:

1. Kannst du andere fach- oder gruppensprachliche Wörter zusammenstellen, z. B. aus dem Bereich des Sports und der Teenagersprache?
2. Warum legen sich Schüler, Studenten und Teenager teilweise eigene Wörter zu?

V. Wortfelder

Bisher ging es uns um verschiedene Wörter für den gleichen Gegenstand oder Sachverhalt. Man kann aber auch Wörter zusammenstellen, die nur etwas Ähnliches bezeichnen. Vgl. z. B.:

Urlaub	- Ferien	- Feierabend:	arbeitsfreie Zeit
verhungern	- verdursten	- ersticken:	Todesursache
Student	- Schüler	- Lehrling:	Lehr-/Lernverhältnis
Arbeiter	- Angestellter	- Beamter:	Beschäftigungsverhältnis

Alle diese Wörter meinen etwas Verschiedenes, und trotzdem hängen sie zusammen, weil man einen Oberbegriff angeben kann, dem sie sich unterordnen. Die so zusammengestellten Wörter ergeben ein Wortfeld. Man kann auch kleinere Gruppen wieder zu größeren zusammenfassen, z. B.:

Aufhören des Lebens

1. Tod verschiedener Lebewesen: sterben (Mensch), eingehen (Pflanze), verenden (Tier)
2. Todesursache: verhungern, verdursten, ersticken, ertrinken, erfrieren, verbrennen, verbluten, fallen (Soldat), erliegen (einer Krankheit)

Verhältnis von Rollen

1. Ausbildungsverhältnis: (Lehrer-)Schüler, (Professor-)Student, (Meister-) Lehrling
2. Rollenverhältnis bei Berufen: (Rechtsanwalt-)Klient/Mandant, (Verkäufer-)Kunde, (Arzt-)Patient, (Gastwirt-)Gast, (Ankläger-)Angeklagter, (Arbeitgeber-)Arbeitnehmer, (Herr-)Diener/Bediensteter
3. familiäres Verhältnis: (Eltern-)Kind, (Vormund-)Mündel, (Pate-)Patenkind

Eine Zusammenstellung sinnverwandter Wörter soll uns nun zeigen, dass es nicht immer leicht ist, die Unterschiede so systematisch zu ordnen wie in den obigen Beispielen. Betrachte z. B. folgende Gruppe: *fleißig, arbeitsam, strebsam, eifrig, emsig; rührig, tätig, geschäftig, betriebsam; rastlos, unermüdlich, nimmermüde.* Im Schülerduden „Die richtige Wortwahl. Ein vergleichendes Wörterbuch sinnverwandter Ausdrükke“ findest du unter dem Stichwort *fleißig* folgende Erklärungen zu den zuerst genannten Wörtern:

fleißig:	(Gegensatz: faul) mit Ausdauer und einem gewissen Eifer tätig
arbeitsam:	viel und eifrig arbeitend
strebsam:	mit Energie und Ausdauer auf ein [Berufs]ziel hinarbeitend
eifrig:	mit Lust, Interesse und Hingabe tätig
emsig:	mit großem Fleiß und Eifer unermüdlich arbeitend; mit diesem Wort verbindet sich die Vorstellung, dass etwas schnell und in kleineren Arbeitsgängen getan wird.

Ebenso kann man vielleicht einerseits *rührig, tätig, geschäftig, betriebsam* und andererseits *rastlos, unermüdlich, nimmermüde* näher zusammenordnen. Du kannst das durch Austauschproben ermitteln, z. B.:

Die Bienen flogen ..... von Blüte zu Blüte.
Die Maurer arbeiteten ..... auf der Baustelle.
Die Kinder spielten .... mit den Puppen.
Der Verkäufer rannte .... von Kunde zu Kunde.

Es gibt also deutliche Unterschiede, wie zwischen *Schüler* und *Student,* aber auch ganz feine Unterschiede, wie zwischen *rastlos* und *unermüdlich.* Die folgenden Wortfelder wurden aus dem oben erwähnten Schülerduden „Die richtige Wortwahl“ zusammengestellt. Jeder Artikel ist so aufgebaut, dass zunächst in jeder Untergruppe das normalsprachliche Wort aufgeführt ist, dann folgen die sinnverwandten Ausdrücke, welche sich in der Stilschicht und in der Bedeutung vom Normalwort unterscheiden.

Zu jedem (fett gedruckten) Stichwort findest du zunächst die Stilschicht angegeben, soweit dies erforderlich ist, dann wird die Besonderheit der Bedeutung im Vergleich zum Normalwort beschrieben. In den meisten Fällen folgt dann noch ein Beispiel. Auf weitere Sinnbereiche, in denen das gleiche Wort vorkommt, wird mit einem Pfeil (↑) verwiesen. Diese Verweise geben dir einen Ausblick auf die Vielfalt unseres Wortschatzes, wenn auch die zugehörigen Artikel hier nicht mehr abgedruckt werden konnten.

Folgende Abkürzungen wurden verwendet:

bildungsspr.	bildungssprachlich, z. B. *opulent* für *reichhaltig*
dichter.	dichterisch, z. B. *Lenz* für *Frühling*
fam.	familiär, z. B. *einnicken* für *einschlafen*
geh.	gehoben, z. B. *sich mühen* für *sich anstrengen*
Ggs.	Gegensatz, z. B. *laut – leise*
i.S.v.	im Sinne von
landsch.	landschaftlich, z. B. *fisseln* für *leicht regnen*
scherzh.	scherzhaft, z. B. *Drahtesel* für *Fahrrad*
ugs.	umgangssprachlich, z. B. *motzen* für *nörgeln*

arbeiten

[1]**arbeiten:** (in diesem Sinnbereich) Arbeit leisten, d. h., eine berufliche oder selbst gestellte Aufgabe unter Anspannung seiner Kräfte erfüllen: *fleißig a.; Berlin S arbeitet, Berlin N jeht uff Arbeet, Berlin O schuftet, Berlin W hat zu tun* (Tucholsky); vgl. Arbeit ↑ Tätigkeit; ↑ [2]arbeiten. **schaffen** (landsch.): i.S.v. arbeiten: *den ganzen Tag auf dem Feld s.;* vgl. schaffen ↑ [2]arbeiten. **tätig sein** (geh.) (Ggs. untätig sein ↑ [1]untätig): (in diesem Sinnbereich) nicht ruhen, sondern sich irgendwelchen Aufgaben, Vorhaben, Arbeiten widmen; steht im Allgemeinen mit einer näheren Bestimmung: *unermüdlich tätig sein;* vgl. tätig sein ↑ [2]arbeiten. **schuften** (salopp): unter Druck sehr hart, schnell und angestrengt [für andere] unter Aufbietung körperlicher Kräfte arbeiten; ist stark emotional gefärbt: *den ganzen Tag s.* **malochen** (ugs.): schwer arbeiten. **betätigen,** sich: (in diesem Sinnbereich) nicht müßig sein; etwas tun, um seine Kräfte zu gebrauchen: *er betätigt sich gern draußen im Garten;* vgl. betätigen ↑ [2]arbeiten. **fleißig sein** (fam.): i.S.v. arbeiten; wird hauptsächlich bei Aufforderungen oder Anerkennung gebraucht: *Sie sind ja schon wieder fleißig!* **tun,** etwas (fam.): (in diesem Sinnbereich) ein gewisses Quantum seiner Arbeit hinter sich bringen; steht hier immer mit Objekten wie „etwas, nichts, viel, wenig": *ich habe heute nichts getan.* **regen,** sich (geh.); **rühren,** sich (fam.): (in diesem Sinnbereich) sich intensiv um die Erledigung seiner Pflichten und Geschäfte bemühen: *wer hier vorankommen will, muss sich tüchtig regen/rühren.*

[2]**arbeiten** (+ Angabe des Ortes): (in diesem Sinnbereich) in einer bestimmten Firma, einem bestimmten Wirtschaftszweig oder in einer bestimmten Funktion berufstätig, als Arbeiter oder Angestellter beschäftigt sein: *in einem Warenhaus a.;* ↑ [1]arbeiten. **schaffen** (+ Angabe des Ortes; landsch.): i.S.v. arbeiten: *er schafft bei der Straßenbahn;* vgl. schaffen ↑ [1]arbeiten. **tätig sein als ...** (geh.): (in diesem Sinnbereich) auf einem bestimmten Arbeitsgebiet oder in einer bestimmten Funktion beruflich arbeiten, wirken: *im Katastrophenfall als Krankenschwester tätig sein;* vgl. tätig sein ↑ [1]arbeiten. **betätigen,** sich als ...: (in diesem Sinnbereich) auf einem bestimmten, selbst gewählten Wirkungsfeld arbeiten oder tätig sein; wird oft von Liebhabe-

reien oder Gelegenheitsbeschäftigungen gesagt: *sich nebenberuflich als Schriftsteller b.;* vgl. betätigen ↑ [1]arbeiten.

▸ Fragen:

1. Arbeit ist oft mit Mühe und Plage verbunden. Es folgen einige Wörter, die dies ausdrücken: *sich abrackern, sich [ab]plagen, sich schinden, sich [ab]quälen, sich abmühen, sich abarbeiten.* Ordne die einzelnen Wörter den verschiedenen Erklärungen zu:
   - unter stetigen Anstrengungen versuchen, etwas zu erreichen
   - mühselige und nicht sehr lohnende Arbeiten verrichten
   - beim Arbeiten so viel Mühe haben, dass die Arbeit zur Qual wird
   - arbeiten, ohne die Gesundheit zu schonen
   - so hart arbeiten, dass die Gesundheit darunter leidet
   - ununterbrochen, aber meist erfolglos arbeiten
2. Kannst du in ähnlicher Weise Wörter und Ausdrücke für *sich ausruhen* zusammenstellen?

dumm

[1]**dumm** (Ggs. intelligent ↑ klug): (in diesem Sinnbereich) von schwacher, nicht zureichender Intelligenz; mangelnde Begabung auf intellektuellem Gebiet aufweisend; nicht fähig, schwierigeren Gedankengängen zu folgen oder Zusammenhänge zu erfassen; wird von Personen, seltener von ihrem Verhalten oder ihren Äußerungen gesagt: *seine Antworten wirken erschreckend d.;* ↑ [2]dumm, ↑ gutgläubig. **strohdumm** (emotional verstärkend); **dumm wie Bohnenstroh** (emotional verstärkend): i.S.v. [1]dumm; spricht dem Betreffenden nicht eigentlich wirkliche Intelligenz ab, sondern drückt den Unmut, den Ärger des Sprechers/Schreibers darüber aus, dass es jmdm. an Kenntnissen oder an Begriffsvermögen mangelt; im Allgemeinen auf Personen bezogen: *weil sie den Text nicht übersetzen konnte, sagte der Lehrer, sie sei dumm wie Bohnenstroh.* **unintelligent** (bildungsspr.): nicht die Fähigkeit besitzend, abstrakt und vernünftig zu denken [und daraus zweckvolles Handeln abzuleiten]; wirkt im Unterschied zu „dumm" weniger direkt; drückt in der Negation ein zurückhaltendes Lob aus: *er sieht nicht u. aus.* **dümmlich:** durch sein Aussehen, seine Miene einen leicht dummen, wenig intelligenten Eindruck machend: *er grinste d.*

[2]**dumm** (Ggs. ↑ schlau): (in diesem Sinnbereich) (in Bezug auf jmds. Handeln usw.) von wenig bzw. gar keiner Klugheit, von Mangel an praktischem Verstand zeugend, ihn nicht besitzend; wie auch die übrigen Wörter dieser Gruppe enthält das Wort ein meist ärgerlich-emotional gefärbtes Werturteil über jmdn. oder jmds. unkluges, ungeschicktes Verhalten usw. (im Unterschied zu ↑ [1]dumm); zahlreiche Wörter dieser Gruppe sind inhaltlich so gut wie identisch, sind variierende Möglichkeiten, weichen jedoch in Stillage und im Anwendungsbereich verschiedentlich ab und lassen sich

manchmal in festen Verbindungen nicht austauschen (z. B. in dumm wie Bohnenstroh, sich nicht für dumm verkaufen lassen): *sich d. anstellen; das war sehr d. von dir; er war d. genug, das mitzumachen; sie ist schön d., wenn sie nicht dagegen protestiert; der dumme Kerl hat mir die Vorfahrt genommen; dieser dumme Apparat: andauernd ist er kaputt; ein dummer Einfall; eine dumme Frage, Angewohnheit; sein dummes Gehabe geht mir auf die Nerven; er hat sich d. benommen; er macht ein dummes Gesicht; das war das Dümmste, was uns passieren konnte; das ist wirklich zu d.; diese dumme Gans; er lässt sich nicht für d. verkaufen; d. wie Bohnenstroh.* **dämlich** (salopp): i.S.v. dumm, aber in der Emotionalität stärker abwertend. **doof** (salopp): i.S.v. dumm; wirkt in der Ablehnung, Abwertung weniger aggressiv, eher gutmütig; drückt mehr noch das persönliche Enttäuschtsein, Genervtsein aus: *dieser doofe Pudel hat mich stolpern lassen.* **dusslig**/(seltener:) **dusselig** (salopp): i.S.v. dumm; von derb-vorwurfsvoller Emotionalität. **blöd:** i.S.v. dumm; **blödsinnig** (salopp): (im emotionalen Urteil des Sprechers/Schreibers) ohne jeden vernünftigen Sinn; charakterisiert ärgerlich-abwertend etwas Abstraktes: *eine blödsinnige Frage, Anordnung; ein blödsinniger Einfall; blödsinniges Gerede, Gehabe.* **sinnlos:** ohne jeden Sinn und Nutzen; charakterisiert etwas Abstraktes: *ein sinnloser Versuch; ein sinnloser Streit; eine sinnlose Handlung, Frage.* **schwachsinnig** (salopp): erkennen lassend, dass die nötigen geistigen Voraussetzungen fehlen; während „blödsinnig" ärgerlichen Tadel enthält, der sich auf die Sache selbst bezieht, wird bei „schwachsinnig" mehr der Urheber in die Kritik mit einbezogen: *eine schwachsinnige Anordnung; s. daherreden; dieser schwachsinnige Trottel.* **stumpfsinnig:** Stumpfsinn – Langeweile, Eintönigkeit, Geistlosigkeit – ausdrückend und dumm: *ein stumpfsinniger Gesichtsausdruck; stumpfsinnige Arbeit; ein stumpfsinniger Mensch.* **stupide** (bildungsspr.): i.S.v. stumpfsinnig. **geistlos:** ohne besonderen gedanklichen Gehalt und davon zeugend: *eine geistlose Frage; ein geistloser Mensch; eine geistlose Tätigkeit; ein geistloser Nachahmer.* **saudumm** (derb; abwertend; emotional verstärkend): i.S.v. dumm; ist im Verhältnis zu „dumm" insofern eingeschränkt, als es nicht durch Adverbien gesteigert werden kann (sehr dumm, zu dumm, ziemlich dumm, aber nicht: sehr saudumm, zu saudumm, ziemlich saudumm) und nicht in festen Verbindungen austauschbar ist (nicht: er war saudumm genug, das zu machen). **saublöd** (derb; abwertend; emotional verstärkend): i.S.v. saudumm. **idiotisch** (salopp; abwertend): völlig unsinnig, keinerlei Sinn ergebend; drückt emotional die Verärgerung des Sprechers/Schreibers über jmds. Verhalten, Äußerung u. Ä. aus, die ihm sehr ungereimt vorkommen: *eine idiotische Frage; ich finde es i., wenn man jede Kritik von vornherein unterbindet;* ↑ albern, ↑ beschränkt, ↑ [1]dumm, ↑ gutgläubig, ↑ naiv, ↑ töricht, ↑ unklug.

Redewendungen

Er hat Stroh im Kopf; er hat eine lange Leitung; er hat ein Brett vor dem Kopf; es geht über seinen Horizont; er hat einen beschränkten Horizont; er kann nicht bis drei zählen; er hat das Pulver nicht erfunden; er hat die Weisheit nicht mit Löffeln gefressen; er ist kein Kirchenlicht; er stinkt vor Dummheit; er hat nicht alle Tassen im Schrank; er ist mit Dummheit geschlagen; dem ist nicht zu helfen; da helfen keine Pillen; er ist dümmer als die Polizei erlaubt; er ist dumm wie Bohnenstroh; er ist von der Natur stiefmütterlich behandelt worden; er ist schwer von Begriff

▸ Fragen:

1. Kennst du umgangssprachliche Wörter für jemanden, den man für dumm oder doof hält, z. B. *Hohlkopf, Dummerjan?*
2. Welche Redewendungen sprechen jemandem Klugheit zu, z. B.: *Er hat Grütze im Kopf?*

interessant

instruktiv (bildungsspr.): unterrichtend und belehrend; bezieht sich auf mündliche oder schriftliche Ausführungen über einen Gegenstand, der jmdn. lebhaft interessiert; wird wie die übrigen Wörter der Gruppe im Allgemeinen attributiv und subjektbezogen gebraucht: *sein Vortrag, seine Ausführungen waren sehr i. für uns; ein instruktiver Aufsatz.* **lehrreich:** so beschaffen, dass man daraus viel lernen, viel an Erfahrung und Wissen gewinnen kann; [durch anschauliche, sinnfällige Darstellung] Belehrung über einen bestimmten Gegenstand vermittelnd: *eine lehrreiche Abhandlung über die einheimische Fauna.* **aufschlussreich:** Einblick gewährend im Hinblick auf bestimmte, jmdm. bis dahin gar nicht oder nur unzureichend bekannte Sachzusammenhänge: *ein aufschlussreiches Gespräch.* **interessant:** die Aufmerksamkeit, das Interesse auf sich ziehend.

▸ Frage:

Kannst du in den folgenden Sätzen das Wort *interessant* ersetzen? Als Auswahlwörter stehen zur Verfügung: *aufschlussreich, außergewöhnlich, spannend, fesselnd, anregend, unterhaltend, eigenartig, beachtenswert, auffällig.* Das Fernsehgespräch zwischen den Politikern war interessant (1). Es wurden interessante (2) Fakten aufgedeckt, die interessante (3) Entwicklungen vermuten lassen. Das interessante (4) Schauspiel war so interessant (5), dass jede andere interessante (6) Sendung daneben verblasste. Die interessante (7) Zusammensetzung der Gesprächsrunde war so interessant (8), dass die Zuschauer sich ständig telefonisch einzuschalten versuchten. Es war interessant (9), dass insbesondere Jugendliche sehr starken Anteil daran nahmen.

Mögliche Lösung in der Reihenfolge der angegebenen Ziffern:

(1) aufschlussreich, (2) beachtenswerte, (3) außergewöhnliche, (4) spannende, (5) fesselnd, (6) unterhaltende, (7) eigenartige, (8) anregend, (9) auffällig

Kamerad

Kamerad, der: jmd., mit dem man durch die Gemeinsamkeit der Arbeit, des Schulbesuches, des Spieles verbunden ist, besonders auch jmd., mit dem man zusammen beim Militär dient; setzt nicht unbedingt ein Gefühl der Zuneigung oder der freundschaftlichen Verbundenheit voraus.

Freund, jmd., der sich (gesehen im Zusammenhang mit dem dazugehörigen Partner) zu einem anderen aufgrund großer Gemeinsamkeiten, meist in Übereinstimmung der Gefühle und Gesinnungen, hingezogen fühlt, ihm durch geistig-seelische Gemeinschaft und herzliche Zuneigung (in wechselseitiger Beziehung) verbunden ist, sodass dieser auch in schwierigen Lebenslagen auf ihn zählen kann; vgl. Freund ↑ Liebhaber. **Gefährte,** der (geh.): jmd., mit dem man gemeinsam etwas unternimmt, der einen bei irgendwelchen Unternehmungen, meist von längerer Dauer, begleitet oder mit dem man sich gemeinsam auf einer [längeren] Reise befindet; kann eine gefühlsmäßige Bindung einschließen. **Genosse,** der: **a)** (veraltend) jmd., der mit einem oder mehreren anderen gemeinsam an irgendwelchen Taten und Unternehmungen teilnimmt: *er blieb im Leben sein treuer G.;* **b)** Anhänger der gleichen linksgerichteten politischen Weltanschauung; besonders als Anrede für einen Parteifreund. **Parteifreund,** der: jmd., der in derselben Partei ist. **Kumpan,** der (salopp): jmd., der sich gemeinsam mit einem oder mehreren anderen an etwas – oft an Unternehmungen zweifelhafter Art – beteiligt, wodurch eine gewisse kameradschaftliche Verbundenheit entsteht; wird öfter scherzhaft gebraucht. **Kumpel,** der (salopp): jmd., mit dem man gemeinsam an der gleichen Arbeitsstelle beschäftigt ist oder mit dem man gemeinsam etwas unternimmt und mit dem man sich auf diese Weise irgendwie verbunden fühlt; wird häufig in Arbeiterkreisen oder unter Jugendlichen gesagt. **Duzbruder,** der; **Duzfreund,** der: guter, befreundeter Bekannter, mit dem man sich duzt.

► Fragen:

1. In der Sammlung fehlt das Wort *Kollege.* Wie könnte man seine Bedeutung von den genannten abgrenzen? Suche Beispiele!
2. Kannst du Wörter zusammenstellen, welche den Gegner/Feind bezeichnen?

sprechen

[1]**sprechen:** (in diesem Sinnbereich) durch das Mittel der Stimme zu Wörtern gebildete Laute hervorbringen; Wörter, Sätze klar artikulieren: *er spricht sehr stockend und leise; der Papagei kann sprechen, aber nichts sagen;* vgl. sagen ↑ mitteilen. **stottern:** mit Anstrengung, stockend, unter häufiger Wiederholung einzelner Silben sprechen; kann auf einer krankhaften Störung beruhen oder vorübergehend infolge eines Erregungszustandes, durch Unsicherheit oder Ängstlichkeit zustande kommen. **lispeln:** (in diesem Sinnbereich) beim Sprechen der s-Laute mit der Zunge anstoßen; vgl. lispeln ↑ flüstern. **stammeln:** bestimmte Laute oder Lautverbindungen nicht richtig hervorbringen und daher stockend, stoßweise sprechen; kann auf einer krankhaften Störung beruhen oder vorübergehend durch Unsicherheit oder Erregung hervorgerufen werden. **lallen:** mit versagender Zunge, undeutlich artikulierend sprechen oder zu sprechen versuchen [ohne verständliche Worte hervorzubringen]; wird sowohl von Kindern gesagt, die die allerersten Sprechversuche machen, als von erwachsenen Menschen, denen beim Sprechen die Zunge versagt (z. B. von Betrunkenen).

[2]**sprechen:** (in diesem Sinnbereich) sich als Redner in der Öffentlichkeit, vor einem Kreis von Zuhörern zu einem bestimmten Thema äußern, seine Gedanken, Erkenntnisse über eine bestimmte Sache vortragen; kann durch die Angabe des Themas, der Zuhörerschaft oder des Ortes, an dem der Vortrag stattfindet, ergänzt werden: *morgen spricht Professor X. über die Zukunft der Raumfahrt.* **eine Rede halten:** [aus einem bestimmten Anlass] vor einem Publikum über eine bestimmte Sache im Zusammenhang sprechen; im Allgemeinen geht es in der Rede um die Entwicklung und Darlegung eigener Gedanken, Überzeugungen, um Stellungnahme oder Bekenntnis in irgendeiner Sache; während „sprechen" den Vorgang ganz allgemein ausdrückt, tritt sowohl bei „eine Rede halten" als auch bei folgendem „einen Vortrag halten" die persönliche Aktivität der handelnden Person stärker in den Vordergrund: *er hielt eine kleine Rede;* ↑ Rede; vgl. halten ↑ veranstalten. **reden:** (in diesem Sinnbereich) sich mündlich [zu einem Thema, über ein Thema] äußern; dabei kann es sich um etwas mehr oder weniger Offizielles handeln wie bei „eine Rede halten"; es kann aber auch zwanglos aus einer Situation heraus sein: *wer redet denn heute Abend?; jetzt redet gerade jemand aus dem Publikum.* **einen Vortrag halten:** vor einem interessierten Publikum zusammenhängend über ein bestimmtes Thema, ein Wissensgebiet sprechen: *er hielt einen Vortrag über ein sehr aktuelles Thema;* vgl. Vortrag ↑ Rede. **predigen:** im Verlauf des Gottesdienstes eine geistliche Ansprache halten, in deren Mittelpunkt im Allgemeinen die Auslegung eines Bibeltextes steht. **die Predigt halten:** i.S.v. predigen; hebt mehr die Predigt in ihrer Bedeutsamkeit [innerhalb des Gottesdienstes] hervor. **eine Ansprache halten:** bei einer Veranstaltung, einem besonderen feierlichen Anlass eine [kürzere] Rede halten, die im Allgemeinen dem Zweck dient, die Zuhörer unmittelbar anzusprechen, sie zu begrüßen, einzuführen, sich ganz allgemein – nicht eingehend oder ausführlich – über einen bestimmten Gegen-

stand, den Anlass des Zusammenkommens zu verbreiten; vgl. Ansprache ↑ Rede. **ein Referat halten:** über ein bestimmtes Thema, ein bestimmtes Wissensgebiet besonders vor Fachleuten sprechen: *er wird heute ein Referat über die jüngsten Forschungen auf seinem Spezialgebiet halten;* vgl. Referat ↑ Rede; vgl. halten ↑ veranstalten.

schwatzen: a) über allerlei mehr oder weniger nichts sagende, müßige Dinge sprechen, ohne sich viel dabei zu überlegen; sich wortreich über Dinge auslassen, die es gar nicht wert sind; wird häufig dann gebraucht, wenn man zum Ausdruck bringen will, dass man von den Worten eines anderen nicht allzu viel hält oder darüber ungehalten ist; **b)** sich während des Unterrichts mit seinem Nachbarn möglichst heimlich und leise unterhalten: *wer schwatzt denn da fortwährend?;* vgl. schwatzen ↑ ausplaudern, ↑ unterhalten, sich. **schwätzen** (landsch.): **a)** i.S.v. schwatzen a: wird jedoch oft gebraucht, wenn man – meist in ärgerlich-tadelndem Ton – ausdrücken möchte, dass jmd. dummes, überflüssiges Zeug redet, mit dem er einem lästig fällt: *lass ihn doch s. und kümmere dich nicht darum!;* **b)** i.S.v. schwatzen b: *sie wurden auseinander gesetzt, weil sie immer so viel schwätzen.* **daherreden** (ugs.), **daherschwätzen** (ugs.; landsch.): unbedacht und ohne Überlegung sprechen; [nichts sagende Dinge] ausführlich erzählen. **drauflosreden** (ugs.): [unüberlegt] hastig und pausenlos schnell sprechen: *überlege dir doch besser, was du sagst, und rede nicht so drauflos!* **schwadronieren:** wortreich und aufdringlich [laut und vernehmlich], meist sehr unbekümmert reden, wobei man oft bestrebt ist, mit seinen Worten anderen zu imponieren: *wir gerieten ins Schwadronieren.* **plappern:** viel und schnell hintereinander in naiver Weise [über unwichtige, harmlose Dinge], mehr um der Worte als um des Inhalts willen reden; wird oft von dem [unaufhörlichen] Reden kleiner Kinder gesagt: *den ganzen Weg plapperte die Kleine ohne Pause.* **schnattern** (ugs.): eifrig, hastig [und aufgeregt] über allerlei unwichtige, alberne Dinge schwatzen; wird häufig mit wohlwollend-spöttischem Unterton gesagt und im Allgemeinen auf Frauen angewandt. **palavern** (ugs.; abwertend): lange und ausführlich, meist recht laut und vernehmlich über als unwichtig angesehene Kleinigkeiten, die aber sehr wichtig genommen werden, reden. **schwafeln** (ugs.; abwertend): über eine Sache, die man im Grunde gar nicht sehr genau kennt, mit vielen Worten reden; ungenau über etwas sprechen; um etwas herumreden. **faseln** (ugs.; abwertend): Sinnloses, Unsinniges reden. **quatschen** (ugs.; abwertend): unnützes, törichtes Zeug reden; wird oft mit gefühlsmäßiger Übertreibung, in tadelndem, ärgerlichem Ton zu jmdm. gesagt, der einen mit seinen Worten aufgebracht hat: *wenn er nur einmal aufhören würde, so dumm zu quatschen;* vgl. quatschen ↑ unterhalten, sich. **quasseln** (ugs.; abwertend): immerfort, viel und schnell meist Unwichtiges erzählen [ohne viel dabei zu denken]; wird häufig mit emotionaler Beteiligung gesagt, wenn man jmdn. als [aufdringlichen] Schwätzer kennzeichnen will. **sabbern** (ugs.; abwertend), **sabbeln** (ugs.; abwertend): so viel [Hässliches, Überflüssiges] reden, dass es von anderen als lästig und unangenehm empfunden wird; wird meist voller Unwillen, in ärgerlichem Ton gesagt.

salbadern (ugs.; abwertend): salbungsvoll [frömmelnd], langatmig, feierlich reden und dabei seinen Worten [in wichtigtuerischer Weise] mehr Gewicht beilegen, als es dem Inhalt nach angemessen ist.

mitteilen, jmdm. etwas: jmdm. von etwas Bestimmtem, von dem man möchte, dass der andere es erfährt, schriftlich oder mündlich, meist sachlich [und unpersönlich] Kenntnis geben: *er teilte den Plan dem Vater mit;* ↑ Mitteilung. **erzählen,** jmdm. etwas: (in diesem Sinnbereich) jmdn. in vertraulicher Unterhaltung, im Plauderton von etwas, einer Neuigkeit, einem Erlebnis, einer persönlichen Angelegenheit in Kenntnis setzen; setzt im Allgemeinen gegenüber „mitteilen" mehr persönliche innere Beteiligung des Erzählenden und ein gewisses Vertrauensverhältnis zu dem Gesprächspartner voraus: *er erzählte ihm, dass er sich entschlossen habe, das Elternhaus zu verlassen;* ↑ erzählen. **anvertrauen,** jmdm. etwas: jmdm. etwas Persönliches, ein Geheimnis, eine Neuigkeit im Vertrauen [auf dessen Verschwiegenheit] mitteilen oder erzählen: *jmdm. Geheimnisse a.* **sagen,** jmdm. etwas: (in diesem Sinnbereich) i.S.v. mitteilen; setzt im Unterschied zu den übrigen Wörtern dieser Gruppe keine bestimmte Haltung voraus, in der eine Mitteilung gemacht wird: *er hat mir gesagt, er fühle sich nicht sehr wohl hier;* ↑ erzählen, ↑ verraten.

erzählen [von/über etwas]: (in diesem Sinnbereich) etwas wirklich Geschehenes (Vorgänge, Ereignisse, Begebenheiten) oder etwas, was man sich ausgedacht, erfunden hat, anschaulich, meist ausführlich und auf angenehme, unterhaltsame Art in Worten wiedergeben: *er erzählte uns einiges über seinen Aufenthalt in Paris;* vgl. erzählen ↑ mitteilen. **schildern,** etwas: einen Vorgang, ein Ereignis, einen Tatbestand, einen Zustand ausführlich, meist sehr genau in Worten wiedergeben und dadurch jmdm. ein anschauliches, lebendiges Bild von etwas, was man selbst genau kennt, vermitteln; leitet sich her von dem früheren Wort „schildern" in der Bedeutung „malen, abmalen", ursprünglich „den Schild mit dem Wappen bemalen": *er schilderte den Vorfall.* **darstellen,** etwas: (in diesem Sinnbereich) Tatsachen, Ereignisse, bestimmte Gegebenheiten mit Worten veranschaulichen in der Absicht, die Vorstellungen des Zuhörenden mithilfe des oft plastisch und ausführlich Dargebotenen in eine bestimmte Richtung zu lenken oder ihm ein deutliches Bild davon zu geben: *er stellte die ganze Sache reichlich verzerrt dar;* vgl. darstellen ↑ abhandeln. **beschreiben,** etwas: (in diesem Sinnbereich) Ereignisse und Vorgänge, Sachverhalte oder Zustände, die man selbst genau kennt, im Einzelnen durch anschauliches Erzählen deutlich machen, besonders indem man durch Aufzählen, Nennen von Kennzeichen und Besonderheiten jmdm. eine genaue, klare Vorstellung oder wenigstens einen Eindruck von etwas zu geben sucht: *er beschrieb uns den Hergang des Unfalls.* **eine Beschreibung geben** [von etwas] (nachdrücklich): (in diesem Sinnbereich) jmdm. in Worten eine ausführliche, [sachlich] genaue Darstellung von etwas selbst Erlebtem geben. **berichten,** [von/über] etwas: jmdm. einen Sachverhalt, ein Geschehnis, von dem man selbst genaue Kenntnis hat, sachlich und nüchtern, meist ohne weitere Ausschmückung in den

Hauptzügen mitteilen und dadurch jmdm. etwas [offiziell] zur Kenntnis bringen: *berichten Sie uns über Ihre Erfahrungen!* **Bericht erstatten** [von/über etwas] (nachdrücklich): i.S.v. berichten; wird meist angewandt, wenn von jmdm. [amtlicherseits] erwartet wird, dass er über etwas berichtet, oder wenn man jmdn. dazu auffordert, wobei der Gegenstand des Berichtes meist sachlichen Charakter hat. **einen Bericht geben** [über/von etwas] (nachdrücklich): jmdn. über ein bestimmtes Geschehnis, einen bestimmten Sachverhalt, der einem selbst genau bekannt ist, in sachlich nüchternen Worten [die man sich vorher zurechtgelegt hat] unterrichten, wobei man auf Vollständigkeit und Übersichtlichkeit bedacht ist: *sie gab einen sehr ausführlichen Bericht von ihrer Reise.* **auspacken** [etwas/über jmdn. oder über etwas] (salopp): etwas, nachdem man lange an sich gehalten oder darüber geschwiegen hat, schließlich doch erzählen, berichten: *er hat über die großen Gangster von St. Pauli ausgepackt;* vgl. singen ↑ verraten. **referieren** [über etwas]: einen Sachverhalt sachlich [begutachtend] nach bestimmten [vorher festgelegten] Gesichtspunkten vortragen; jmdm., oft einem bestimmten Zuhörerkreis, etwas in übersichtlichem Zusammenhang [zusammenfassend] berichten, um ihn über bestimmte Geschehnisse zu informieren: *er referierte über ein aktuelles Thema;* ↑ informieren, ↑ mitteilen.

antworten [etwas] (Ggs. ↑ fragen): etwas als Gegenrede, Erwiderung auf die mündliche oder schriftliche Frage, Aufforderung oder Erklärung eines anderen hin sagen oder schreiben; steht, wie die übrigen Wörter dieser Gruppe, im Allgemeinen mit Inhaltssatz der direkten oder indirekten Rede und wird oft durch eine prädikatbezogene Artangabe näher bestimmt; vgl. antworten, auf ↑ beantworten. **die**/(auch:) **zur Antwort geben** (nachdrücklich): auf eine Frage mit einer [kurzen, prägnanten] Gegenrede antworten; vgl. [eine] Antwort geben ↑ beantworten. **entgegnen** [etwas]: im Gespräch auf eine vorgebrachte Meinung oder eine Frage seine [gegenteilige oder abweichende] Ansicht äußern. **erwidern** [etwas]: i.S.v. entgegnen; wird meist durch eine prädikatbezogene Artangabe näher bestimmt: *was hat er denn auf deine Frage erwidert?* **versetzen** (veraltend): in einer Wechselrede antworten, das Wort des anderen aufgreifen; kann im Unterschied zu den übrigen Wörtern nicht mit dem Dativ der Person stehen: *„Vorteile", versetzte er, „auf die du stolz zu sein scheinst."* **zurückgeben:** auf eine Behauptung oder Frage sofort [schlagfertig] eine Antwort geben: *„Liebst du mich?" Unwirsch gab sie zurück: „Bedaure, nicht die Spur!"* **replizieren** (bildungsspr.): im Gespräch auf etwas antworten, etwas einwenden: *er replizierte grundsätzlich, wir kamen vom Hundertsten ins Tausendste;* ↑ widersprechen.

▸ Fragen:

1. Kannst du Wörter zusammenstellen, die das Schweigen oder Verschweigen bezeichnen?

2. Kannst du die Wörter *wispern, flüstern, leise sprechen, rufen, schreien, brüllen, tuscheln* nach dem Grad der Lautstärke ordnen?

fleissig

fleißig (Ggs. ↑ faul): mit Ausdauer und einem gewissen Eifer tätig: *sie ist ein zuverlässiger und fleißiger Mensch.* **arbeitsam:** viel und eifrig arbeitend. **strebsam:** mit Energie und Ausdauer auf ein [Berufs]ziel hinarbeitend: *ein strebsamer junger Mann.* **eifrig:** mit Lust, Interesse und Hingabe tätig. **emsig:** mit großem Fleiß und Eifer unermüdlich arbeitend; mit diesem Wort verbindet sich die Vorstellung, dass etwas schnell und in kleineren Arbeitsgängen getan wird.

rastlos (geh.): nicht zur Ruhe kommend, ohne Unterbrechung tätig und in Bewegung, immer weiterarbeitend; von großem Bewegungs- und Schaffensdrang zeugend; kennzeichnet vor allem die Art des Tuns und Handelns und wird, wie die anderen Wörter dieser Gruppe, im Allgemeinen nicht subjektbezogen gebraucht. **unermüdlich:** unablässig, unentwegt, mit nicht erlahmender Willenskraft in seinen Bemühungen fortfahrend; von großer Ausdauer und Unbeirrbarkeit, oft auch Hingabe zeugend; betont weniger das Eilige, Hastige, das bei „rastlos" häufig mitschwingt; bezieht sich vor allem auf Tätigkeiten und Handlungen, oft auf solche, die sich aus stets sich wiederholenden Einzelakten zusammensetzen. **nimmermüde** (geh.): von bewunderungswürdiger Ausdauer; ohne Unterlass [und voller Hingabe] tätig, sich keine Ruhe gönnend; bezieht sich meist auf einen Menschen, der erfüllt ist von einer Aufgabe, und kennzeichnet oft Handlungen und Tätigkeiten, die aus der Fürsorge für jmdn. erwachsen; drückt meist eine gewisse Anerkennung aus; wird im Allgemeinen attributiv verwendet und dabei öfter auch auf etwas bezogen, was als Teil für den ganzen Menschen steht: *ihr nimmermüdes Hirn;* ↑ eilig, ↑ schnell.

geschäftig: unentwegt tätig; sich mit viel Aufwand an Bewegung unausgesetzt mehr oder weniger sinnvoll beschäftigend. **betriebsam:** durch auffallend hastiges, lautes oder geschäftiges Gebaren den Anschein von großer Arbeitsamkeit erweckend; enthält meist eine leichte Kritik des Sprechers/Schreibers: *ein betriebsamer junger Mann.*

Wenn es dir Spaß macht, Wortfelder zusammenzustellen, dann versuche das einmal bei den Begriffen *Lärm/Schall* oder auch bei solchen wie *Wind, regnen, Kälte.* Diese und viele andere Wortfelder findest du im Schülerduden „Die richtige Wortwahl".

Zur Wortgeschichte[1]

Am Beispiel einiger Wortfamilien und Wortfelder hast du einen Einblick in den Aufbau des deutschen Wortschatzes unserer Zeit bekommen. Aber dieser Wortschatz hat auch eine Geschichte. Er hat sich mit der deutschen Sprache in über 1200 Jahren zu seinem heutigen Bestand entwickelt.

Viele Wörter im Deutschen, Englischen und in den skandinavischen Sprachen stammen aus der gemeinsamen germanischen Urzeit, wir finden sie auch in der längst ausgestorbenen Sprache der Goten wieder, z. B. deutsch *Winter,* englisch *winter,* schwedisch *vinter,* gotisch *wintrus;* deutsch *Schiff,* englisch *ship,* schwedisch *skepp,* gotisch *skip;* deutsch *Heu,* englisch *hay,* schwedisch *hö,* gotisch *hawi;* deutsch *neu,* englisch *new,* schwedisch *ny,* gotisch *niujis.*

Das Adjektiv *neu* haben auch andere europäische Sprachen: lateinisch *novus,* griechisch *néos,* russisch *novyj.* Sie gehören zusammen mit dem Altindischen zu der großen Familie der indogermanischen Sprachen.

Aus dem Schülerduden „Wortgeschichte" und dem Duden, Band 7, „Herkunftswörterbuch" kannst du mehr über solche indogermanischen Erbwörter erfahren, z. B. über *Vater, Mutter, Bruder* und andere Verwandtschaftsnamen.

Es gibt aber in einer Sprache auch Wörter, die aus anderen Sprachen übernommen wurden. Wo Völker aufeinander treffen, sei es durch Eroberung oder im friedlichen Handelsverkehr, da wandern auch Kulturgüter vom einen zum anderen und zugleich die zugehörigen Ausdrücke.

Sieh dir einmal diese deutschen Wörter an: *Mauer, Ziegel, Kalk, Mörtel, Keller, Pfeiler, Fenster.* Sie gehören ebenso zu unserer Sprache wie etwa *Wand, Balken, Brett, Zimmer, Tür.* Aber sie stammen aus dem Lateinischen. Sie haben alle mit dem Steinbau zu tun, und den haben unsere germanischen Vorfahren von den Römern gelernt. So kamen die lateinischen Wörter *murus, tegula, calx, mortarium, cellarium, pilarium, fenestra* in unsere Sprache. Diese lateinischen Fachwörter sind **Lehnwörter** geworden. Lehnwörter sind aus einer fremden Sprache entlehnte Wörter, die sich in ihren Lauten und Formen wie einheimische Wörter weiterentwickelt haben.

1 Eingehender und mit vielen interessanten Einzelheiten wird die Herkunft und Entwicklung des deutschen Wortschatzes in einem anderen Schülerduden dargestellt: Schülerduden „Wortgeschichte" (bearbeitet von Jürgen Folz, 1987).

Im altgermanischen Hausbau wurden Holz und Flechtwerk verwendet. Das Wort *Wand* ist mit *winden* verwandt, es bedeutet eigentlich „das Gewundene, Geflochtene". Und *Zimmer* bedeutete ursprünglich „Bauholz, Gebäude aus Holz". (Noch heute errichtet der *Zimmermann* Fachwerk und Dachgerüste aus Holz, er *zimmert* sie!)

Lehnwörter aus dem Lateinischen gibt es auch in anderen Bereichen. Zum Beispiel wurden viele Gemüse- und Obstarten durch die Klostergärten des Mittelalters bei uns heimisch: der *Kohl* (lateinisch *caulis*), der *Kürbis (cucurbita),* die *Zwiebel (cepula),* die *Kirsche (ceresia),* der *Pfirsich (malum persicum,* d.h. „persischer Apfel").

Gerade am „persischen Apfel" siehst du, dass auch die Römer oft nur Vermittler waren. Sie haben Kirschen, Pfirsiche, Pflaumen und andere Früchte selbst erst im Orient kennen gelernt und die Bezeichnungen dafür meist aus dem Griechischen entlehnt. Überlege einmal, welche Obst- und Gemüsearten du kennst, und schlage ihre Bezeichnungen im Herkunftswörterbuch nach!

Sehr groß war der Einfluss des Lateinischen im Bereich von Christentum und Kirche, aber auch hier hat es oft nur griechische Wörter vermittelt: *Kloster* (lateinisch *claustrum* zu *claudere* „verschließen"), *Abt* (lateinisch-griechisch *abbas,* eigentlich „Vater"), *Mönch* (lateinisch *monachus,* griechisch *monachós*). Einige Wörter sind durch gotische Missionare direkt aus dem Griechischen ins Deutsche gelangt, z.B. *Engel* (griechisch *ángelos,* eigentlich „Bote") und *Teufel* (griechisch *diábolos,* eigentlich „Verleumder"), aber auch der Wochentagsname *Samstag* (griechisch *sámbaton, sábbaton* aus hebräisch *schabbāt* „Sabbat").

Neben den Lehnwörtern gibt es seit alter Zeit **Fremdwörter** im Deutschen. Wir erkennen sie meist daran, dass sie sich nicht völlig angepasst haben, sondern in Schreibung, Betonung und Aussprache von deutschen Wörtern abweichen. Manche haben auch fremde Vor- und Nachsilben wie *ex-, kon-, pro-; -ion, -ismus, -ieren.* Solche Wörter können ihren fremden Charakter durch Jahrhunderte bewahren. Die Fremdwörter *Natur, Fundament, Apostel* sind z.B. schon im 9. Jahrhundert entlehnt worden, das Wort *Bibliothek* immerhin um 1500.

Wir haben bisher vor allem auf die ältere Zeit der deutschen Sprachgeschichte geschaut, auf das so genannte Althochdeutsche. In dieser Zeit, die etwa von Kaiser Karl dem Großen bis zum Beginn der Kreuzzüge reicht (8.–11. Jahrhundert), wurde der Grund gelegt zur

Entwicklung des Deutschen im Kreise der anderen Sprachen Europas. Ihr folgte die mittelhochdeutsche Periode (12.–15. Jahrhundert), die vor allem vom Rittertum und später von den Kaufleuten und Handwerkern in den aufstrebenden Städten bestimmt war, und schließlich begann um 1500 mit dem Humanismus und der Reformation (Luthers Übersetzung der Bibel) die neuhochdeutsche Zeit, in der wir heute noch leben.

Der deutsche Wortschatz hat sich natürlich nicht nur durch Lehn- und Fremdwörter erweitert, sondern vor allem durch die Bildung von Ableitungen und Zusammensetzungen. Die Regeln, nach denen das geschehen ist und immer noch geschieht, sind im Teil A, Die Wortbildung, behandelt worden (oben S. 337 ff.).

Manche Wörter sind auf diese Weise nach fremdsprachlichen Vorbildern geschaffen worden, so althochdeutsch *wolatāt (Wohltat)* nach lateinisch *beneficium* (zu *bene* „gut" und *facere* „machen, tun") oder althochdeutsch *gifatero* (*Gevatter,* Taufpate, eigentlich „Mitvater") nach lateinisch *compater* (zu *con-* „zusammen, mit" und *pater* „Vater"). Man nennt solche Wörter **Lehnübersetzungen**, weil sie die Bestandteile der fremden Wörter einzeln auf Deutsch wiedergeben. Jüngere Bildungen dieser Art sind etwa *Großmutter* (um 1400 nach französisch *grandmère*), *Blumenkohl* (16. Jahrhundert, nach italienisch *cavolfiore* „Kohlblume") und *Fußball* (18. Jahrhundert, nach englisch *football*).

In großer Zahl sind Ableitungen und Zusammensetzungen in den verschiedenen Fachsprachen entstanden. Manche von ihnen gehen in die älteste Zeit der deutschen Sprache zurück, so die Rechtssprache *(Richter, Gericht, Schöffe, Räuber, Diebstahl, Vormund)* und die Sprache des Schmiedes *(Amboss, Blasebalg, Esse, schweißen),* andere haben sich erst später entwickelt, so die Bergmannssprache *(Bergwerk, Bergbau, Steiger, Flöz, Fundgrube, Kobalt)* im 14. bis 16. Jahrhundert und die Seemannssprache *(Ballast, Bugspriet, Fallreep)* in der niederdeutschen Sprache des 14. bis 17. Jahrhunderts (älter sind z. B. *Backbord* und *Steuerbord*).

Auch Lehn- und Fremdwörter sind weiterhin fast immer über den Sprachgebrauch bestimmter Berufe oder Gesellschaftsschichten ins Deutsche gelangt. So hat das Rittertum der mittelhochdeutschen Zeit aus dem Französischen Wörter wie *Abenteuer, Turnier, Lanze, Visier* (am Helm) entlehnt, und später sind Wörter des Gesellschaftslebens wie *Dame, Kavalier, Perücke, Mode* oder des Kriegswesens wie *Armee, Artillerie, Offizier, Bataillon* hinzugekommen. Auch die feine Küche benutzt viele französische Fremdwörter: *Ragout, Sauce, Omelett, Biskuit, Fondue, Bouillon.*

Das Italienische hat besonders im 17. und 18. Jahrhundert die Sprache der Musik befruchtet: *Kantate, Sonate, Sopran, Klarinette, Fagott, Violine, Adagio.* Schon im Mittelalter hat aber das italienische Bankwesen großen Einfluss gehabt: *Kasse, Konto, Bilanz, Kredit, Kapital, Firma, brutto* und *netto* gehören hierher. Auch *Bank* selbst, ein ursprünglich germanisches Wort für die Sitzbank, das ins Italienische entlehnt worden war, kam mit der Bedeutung „langer Tisch des Geldwechslers" und danach „Geldinstitut" ins Deutsche zurück.

Das Englische hat erst in neuerer Zeit auf das Deutsche eingewirkt, so im Seewesen *(Flagge, Paddel, Shanty),* in der Küche *(Beefsteak, Pudding, Punsch, Drink)* und vor allem im Sport *(Tennis, Hockey, Derby, boxen, fair, knock-out).* In großer Zahl sind englische und amerikanische Wörter nach dem Zweiten Weltkrieg bei uns üblich geworden: *Bluejeans, Doping, Job, Matchball, Party, Recycling, Sponsor, Teenager, T-Shirt* und viele andere.

In diesem kurzen Überblick konnten nur die wichtigsten Sprachen genannt werden, die auf den deutschen Wortschatz eingewirkt haben. Entlehnungen aus anderen Sprachen kommen nur vereinzelt vor, z. B. stammen *Peitsche, Tornister, Pistole* aus dem Polnischen oder Tschechischen, *Siesta, Silo, Zigarre* aus dem Spanischen, *Ski* aus dem Norwegischen und *Sauna* aus dem Finnischen. Eine große Rolle spielen nach wie vor das Lateinische und das Griechische, und zwar vor allem im Wortschatz der Wissenschaften und der Technik. Mit Wortelementen aus den beiden alten Sprachen können jederzeit Fachwörter neu gebildet werden, die dann oft internationale Geltung haben. Solche internationalen Wörter sind z. B. (aus griechischen Bestandteilen:) *Automat, Telefon, Biologie, Elektron, Thermostat,* (aus lateinischen Bestandteilen:) *Transformator, Kompressor, Aggregat, Koordinaten.* Eine griechisch-lateinische Mischbildung ist z. B. *Automobil.* Gerade diese modernen Wörter zeigen uns – neben vielen anderen – die starke Verflechtung der deutschen Sprache mit den anderen Kultursprachen. Obwohl jede Sprache ihre Eigenart bewahrt und sich in der Lautung und Schreibung, in den grammatischen Formen und im Satzbau von den anderen unterscheidet, bestehen viele Übereinstimmungen, die auf der gemeinsamen Kultur und Zivilisation der Völker beruhen.